<제2판>

논점·판례

행정법총론

최 우 용 저

법 영 사

이 저서는 동아대학교 서서과제로 선정되어
동아대학교 출판총서 제 146호로 출간되었음

제2판 머리말

제1판을 출간한지 4년 만에 제2판을 출간하게 되었다. 제1판에서 정리하지 못한 판례와 행정법의 주요 쟁점에 대한 사적 견해를 가미하여 제2판을 세상에 내 놓는다. 본서는 제1판과 같이 행정법의 기본 논점의 소개와 이에 관한 판례를 중심으로 구성되어 있다. 행정소송법 관련 판례는 제3편으로 묶어 조문 순서로 정리하였다.

본서에서 소개된 주요 판례만을 읽어 나가더라도, 행정법의 기본적인 내용과 핵심 논점을 이해할 수 있도록 하였다. 이는 법학전문대학원의 개원 이후 각종 시험에서 판례의 중요도가 더해가고 있고, 실증적 사례를 중시하는 우리 법학 교육현장에서의 변화를 가미한 것이다. 따라서 본서는 변화하는 법학교육의 현장과 수험 현실을 반영하여, 축약된 쟁점과 풍부한 판례를 중심으로 구성되어 있다. 본서를 반복하여 성실히 학습해 나간다면 행정법총론에 대한 전반적인 이해는 물론 변호사시험을 비롯한 각종 시험에서 큰 성과를 얻을 것으로 확신한다.

올해로 대학 강단에 서서 행정법 강의를 한 지 만 20년이 되었다. 그러나 행정법이라는 산은 그저 높기만 하다. 급변하는 사회를 반영하기 위한 법률과 행정입법의 양산은 여지없이 저자를 지치게 하지만, 학문을 하는 즐거움 속에서 한 걸음 한 걸음 나아갈 뿐이다.

본서를 준비하는 동안 몇 차례 개인적인 사정으로 이제야 출간을 하게 되었다. 본서의 발간을 위해 노력해 주신 法英社의 모든 분들께 감사를 드린다. 본서를 준비하는 동안 두 달 만에 부모님을 모두 여의는 아픔을 겪었다. 삶의 모범을 보여주시고 사랑을 실천하고 가신 두 분께 본서를 바친다. 그리고 연구생활의 원동력이 되고 있는 사랑하는 가족(심유진, 주영, 재영)에게 고마운 마음과 늘 함께 하지 못하는 미안한 마음을 전하고 싶다.

2019년 8월

한 여름밤 부민캠퍼스 연구실에서

최 우 용

머 리 말

본서는 변호사시험을 준비하는 학생들과 각종 고시를 준비하는 학생들을 위한 수험용 도서이다. 그 동안 저자가 로스쿨 출범이후 강의안으로 활용해 오던 자료를 정리한 것이다.

그 동안의 변호사시험과 전국연합 모의고사 등의 문제를 통하여 변호사시험의 윤곽이 어느 정도 들어났고, 저자 또한 변호사시험 및 모의고사의 출제와 채점에 적지 않게 관여하면서, 나름대로 변호사 시험의 출제 방향과 흐름을 유추할 수 있을 정도는 되었다. 본서는 이러한 필자의 출제 경험과 교육현장에서의 강의를 바탕으로 하여 만들어진 강의용이자 수험용 도서이다. 따라서 시중의 기존 교과서들에 비해 양은 적지만 행정법 총론의 기본적인 큰 흐름과 주요 논점들은 거의 담고 있다. 특히 중요한 판례는 빠짐없이 수록하고자 하였으므로, 기본적인 내용과 함께 관련 판례를 상호 보완적으로 성실히 읽어 나간다면 변호사시험 및 각종 시험에서 좋은 성적을 얻을 수 있을 것으로 확신한다.

본서의 특징을 간단히 두 가지 정도 들어본다.

[1] 본서는 행정법총론의 주요 판례를 거의 망라하고 있다. 특히 제3편에서는 행정소송법과 관련된 판례를 축조정리 하였다. 판례만 읽어나가도 전체적인 행정법의 윤곽이 잡힐 수 있도록 각 분야의 주요 판례는 빠짐없이 수록되어 있으므로, 판례 중심으로 출제되고 있는 변호사시험의 준비에는 많은 도움이 되리라 생각한다.

[2] 본서는 행정법 총론의 내용을 대폭 줄여 수험생의 부담을 줄이고자 하였다. 현실사회에서는 물론 강학적으로도 비중이 낮은 분야는 그 내용을 과감히 축소 또는 요약 정리하여 본서의 전체적인 양을 대폭 줄였다. 그렇지만 주요 논점은 빠지지 않도록 주의를 기울였다. 변호사시험의 사례형 문제나 선택형 문제가 주로 행정법 총론의 주요 논점에 대해서 묻고 있는 경향이므로, 본서를 반복

해서 읽고 이해해 나간다면 행정법 총론에 대한 전반적인 이해는 물론 변호사 시험에서도 좋은 점수를 얻을 수 있을 것으로 확신한다.

책을 출간할 때마다, 학문의 길은 너무나 멀고 자신의 능력은 너무나도 부족하다는 점을 절실히 느낀다. 대학 강단에서 행정법을 강의한지 올해로 만15년이 되었지만, 여전히 행정법이라는 산은 너무나 높고 너무나 깊을 따름이다. 그러니 성실히 한 계단 한 계단 열심히 올라가면서 탐구할 수밖에 없으리라. 무던히도 더웠던 이번 여름 방학 내내 혼자서 고군분투하면서 본서의 출간을 준비하였지만, 생각한 만큼의 완성도에는 이르지 못한 감이 있다. 부족한 부분은 앞으로 계속해서 보충해 나갈 것을 약속한다. 독자 여러분의 많은 사랑과 질정(叱正)을 기대해 본다.

끝으로 본서의 발간을 위해 애써주신 法英社의 모든 분들께 감사를 드린다. 그리고 늘 연구생활의 원동력이 되고 있는 사랑하는 가족(부모님, 심유진, 주영, 재영)에게 감사의 마음을 전한다. 3대째 현역으로 군복무 중인 장남(주영)이 병역 의무를 무사히 마치고 건강한 모습으로 돌아오길 기원하며…

2015. 8.

한 여름밤 부민캠퍼스 연구실에서

최 우 용

차　　례

제 1 편　행정법총론

제 1 장　행정법의 관념

제 2 장　행정법의 법원

제 3 장　행정법관계

제 4 장 행정의 행위형식

제 7 장 행정의 실효성확보수단

제 2 편 행정구제법

제 1 장 행정상 손해배상과 손실보상

제 2 장 행정심판법

제 3 장 행정소송 일반론

제 4 장 항고소송

제 3 편 행정소송법관련판례(逐條정리)

제 1 편

행정법총론

제 1 장 행정법의 관념

제 1 절 행정법의 의의

제 1 항 행정에 관한 법으로서의 행정법

Ⅰ. 행정의 의의

1. 행정의 개념

행정의 의의에 관한 행정법학자들의 정의를 보면 다음과 같다.

① E. Forsthoff : 행정은 정의될 수 없고 단지 묘사될 수 있을 뿐이다.

② F.Fleiner : 공익상 필요한 결과를 실현할 목적으로 하는 기술적, 정신적, 법률적 사무의 전체를 말한다.

③ 田中二郎 : 법 아래에서 법의 규제를 받으면서 현실적·구체적으로 국가 목적의 적극적 실현을 향하여 행하여지는 전체로서 통일성을 가진 계속적인 형성적 국가 활동을 의미한다.

④ 행정법의 규율 대상인 행정은 국가 또는 지방자치단체가 권력분립의 원칙과 법치주의의 원칙 하에서 공익실현을 목적으로 하는 적극적이고 형성적인 활동을 말한다.

2. 행정의 특성

① 사회형성적 작용이다. ② 행정주체에 의한 공익실현 작용이다.

③ 적극적·미래지향적 작용이다.

④ 개별적 사안에 대해 구체적 조치를 취하는 작용이다.

⑤ 행정의 특성상 재량의 영역이 존재한다.

⑥ 다양한 행위형식(행정입법, 행정행위, 행정계획 등)을 동원하는 작용이다.

Ⅱ. 통치행위

1. 의 의

고도의 정치성을 가진 행정행위로 사법심사의 대상에서 제외되는 행정영역을 의미한다.

[표 1-1] 통치행위의 분류

구 분	내 용	사법심사와의 관계
절대적 통치행위	고도의 정치적 행위로 헌법·법률도 그 내용이나 절차를 규제하는 규정을 두지 않고 국민의 기본권 보장과도 직접 관련이 없는 행위	사법심사에서 제외
상대적 통치행위	고도의 정치적 행위를 하는 집행부의 행위라도 헌법·법률에 행사절차와 요건이 구체적으로 규정되어 있거나 국민의 기본권 보장에 중대한 영향을 미치는 행위	사법심사의 대상

2. 이론적 근거

① 긍정설

㉠ 재량행위설 ㉡ 대권행위설 ㉢ 권력분립설(내제적 한계설, 판례)

㉣ 사법부자제설(사법권이 정치적 간섭을 하게 되면 사법은 모든 것을 잃게 된다.)

② 부정설 : 헌법상의 재판청구권 및 재판을 받을 권리로부터 통치행위를 부정

3. 우리나라의 통치행위

① 강학상은 물론 판례상으로도 통치행위를 인정하고 있다.

② 통치행위의 예 : 헌법에 근거한 대통령의 외교 및 군사에 관한 행위, 긴급명령 및 긴급재정경제명령, 계엄선포, 사면, 영전의 수여, 국무총리 및 국무위원 임면, 법률안의 거부권행사, 국민투표에의 부여 등이 있다.

③ 판 례

[판례1] 대통령의 비상계엄선포를 통치행위로 본 사례(대판 1964.7.21, 64초4)

[판례2] 이라크파병결정은 사법심사의 대상이 아니라고 보고 헌법소원심판청구를 각하한 사례(헌재 2004.4.29, 2003헌마814[일반사병이라크파병위헌확인])

[판례3] 사면을 통치행위로 본 사례(헌재 2006.6.1, 97헌바74)

[판례4] 남북정상회담의 개최를 통치행위로 본 사례(대판 2004.3.26, 2003도7878[대북송금사건]). 그러나 동 판결에서 남북정상회담개최과정에서의 현대상선의 대북자금송금행위는 통치행위가 아니라고 하였다.

4. 통치행위의 범위

① 실질적 법치국가 및 법률에 의한 행정의 원리의 구현으로 점차 축소되어 가는 경향이다.

② 통치행위에 대한 사법심사의 가능성을 인정한 예 **[원칙적 부정 예외적 가능성 시사]**

[관련 판례]

[1] ㉠ [대통령의 금융실명제 등 긴급재정명령사건 : 통치행위가 헌법재판소의 심판대상이 되기 위한 요건]

사법심사의 헌법재판소는 대통령의 금융실명거래및비밀보장에관한긴급재정경제명령에 관한 헌법소원심판사건에서 '긴급재정경제명령은 국가긴급권의 일종으로서 고도의 정치적 결단에 의하여 발동되는 행위라고 하여 통치행위에 해당한다고 보았다. 다만 고도의 정치적 결단에 의하여 행해지는 국가작용이라고 할지라도 그것이 국민의 기본권 침해와 직접 관련되는 경우에는 당연히 헌법재판소의 심판대상이 된다고 하였다(헌결 1996.2.29, 93헌마186).

㉡ [전두환 등의 5. 18 내란사건 : 비상계엄의 선포의 사법심사 대상성]

대통령의 비상계엄의 선포나 확대 행위는 고도의 정치적·군사적 성격을 지니고 있는 행위라 할 것이므로, 그것이 누구에게도 일견하여 헌법이나 법률에 위반되는 것으로서 명백하게 인정될 수 있는 등 특별한 사정이 있는 경우라면 몰라도, 그러하지 아니한 이상 그 계엄선포의 요건 구비 여부나 선포의 당·부당을 판단할 권한이 사법부에는 없다고 할 것이나, 비상계엄의 선포나 확대가 국헌문란의 목적을 달성하기 위하여 행하여진 경우에는 법원은 그 자체가 범죄행위에 해당하는지의 여부에 관하여 심사할 수 있다(대판 1997. 4. 17, 96도3376 전원합의체 판결).

㉢ [1]입헌적 법치주의국가의 기본원칙은 어떠한 국가행위나 국가작용도 헌법과 법률에 근거하여 그 테두리 안에서 합헌적·합법적으로 행하여질 것을 요구하며, 이러한 합헌성과 합법성의 판단은 본질적으로 사법의 권능에 속하는 것이고, 다만 국가행위 중에는 고도의 정치성을 띤 것이 있고, 그러한 고도의 정치행위에 대하여 정치적 책임을 지지 않는 법원이 정치의 합목적성이나 정당성을 도외시한 채 합법성의

심사를 감행함으로써 정책결정이 좌우되는 일은 결코 바람직한 일이 아니며, 법원이 정치문제에 개입되어 그 중립성과 독립성을 침해당할 위험성도 부인할 수 없으므로, 고도의 정치성을 띤 국가행위에 대하여는 이른바 통치행위라 하여 법원 스스로 사법심사권의 행사를 억제하여 그 심사대상에서 제외하는 영역이 있으나, 이와 같이 통치행위의 개념을 인정한다고 하더라도 과도한 사법심사의 자제가 기본권을 보장하고 법치주의 이념을 구현하여야 할 법원의 책무를 태만히 하거나 포기하는 것이 되지 않도록 그 인정을 지극히 신중하게 하여야 하며, 그 판단은 오로지 사법부만에 의하여 이루어져야 한다.

[2] 남북정상회담의 개최는 고도의 정치적 성격을 지니고 있는 행위라 할 것이므로 특별한 사정이 없는 한 그 당부를 심판하는 것은 사법권의 내재적·본질적 한계를 넘어서는 것이 되어 적절하지 못하지만, 남북정상회담의 개최과정에서 재정경제부장관에게 신고하지 아니하거나 통일부장관의 협력사업 승인을 얻지 아니한 채 북한 측에 사업권의 대가 명목으로 송금한 행위 자체는 헌법상 법치국가의 원리와 법 앞의 평등원칙 등에 비추어 볼 때 사법심사의 대상이 된다.

(대판 2004.3.26. 선고 2003도7878【외국환거래법위반·남북교류협력에관한법률위반·특정경제범죄가중처벌등에관한법률위반(배임)】)

5. 통치행위에 대한 법적 구속

① 목적에의 구속 : 일반 공공의 의사와 역사에 구속된다.

② 헌법에의 구속 : 헌법상의 원칙과 이념을 위배할 수 없다.

③ 법률에의 구속 : 개별적 법규에 구속된다.

6. 통치행위와 권리구제

통치행위로 인하여 국민에게 특별한 희생이 주어진 경우에는 평등의 원칙에 따라 손실보상이 주어져야 한다.

손해배상의 인정 여부에 대해서는 긍정설도 있으나, 손해배상은 통치행위의 위법성을 전제로 하는 것이므로 인정되지 않는다는 것이 통설이다.

제 2 항 공법으로서의 행정법

Ⅰ. 행정법의 성립과 유형

1. 행정법의 성립

① 대륙법계 국가 : 행정국가형으로 발달(행정재판소제도의 운영)하였다.

② 영미법계 국가 : 사법국가형으로 발달(일반사법부에서 행정재판도 함께 함)하였다.

㉠ 보통법(Common Law)의 지배로 행정법이 발달되지 못하였다.

㉡ 행정위원회를 통하여 행정법이 발달하게 된다.

㉢ 절차법 중심으로 발전하였다.

* 다이시(A.V. Dicey의 법의 지배(Rule of Law))

2. 행정법의 유형

행정법은 성문법은 물론 불문법의 형태로도 나타나며, 그 유형 또한 법령, 자치법규, 행정입법 등 다양하게 나타나고 있다.

현대 행정법의 유형에서 나타나는 특징 중의 하나는 행정 절차에 관한 다양한 법이 제정되고 있는 점이다. 행정절차에 관한 일반법인 행정절차법은 물론, 개별 분쟁을 해결하기 위한 절차법이 다양한 행정 분야에서 나타나고 있다. 한 예로, 공유수면매립법에 의한 매립지에 관한 해상 경계에 관한 분쟁의 경우, 헌법재판소가 관습법에 따라 결정을 해 오다가 지방자치법의 개정으로 그 분쟁해결 절차가 법정된 점을 들 수 있다(지방자치법 제4조).

제 2 절 행정법에 대한 헌법상 법리

제 1 항 민주주의 원리

헌법상 민주주의 원리의 내용으로는, 헌법상의 기본권 보장, 대의제 민주정치, 책임행정, 공무원제도, 지방자치의 실시, 행정의 투명화 등을 들 수 있다.

제 2 항 법치주의원리

Ⅰ. 법치주의의 내용

[표 1-2] 법치주의의 내용

구분	법률유보의 원칙	법률우위의 원칙	법률의 법규창조력
내용	행정권의 발동은 법률(형식적 의미의 법률)의 수권에 의하여 행하여야 한다는 것	행정활동은 헌법과 법률(실질적 의미의 법률)에 저촉되어서는 아니 된다는 것	국민의 권리, 의무에 관한 새로운 규율을 정하는 것은 의회의 전권에 속하고, 의회가 정립한 법률만이 법규로서 구속력을 가진다는 것

Ⅱ. 형식적 법치주의와 실질적 법치주의

1. 형식적 법치주의

2. 실질적 법치주의

① 법률의 법규창조력의 관철 : 위임입법의 통제(특히, 포괄적 위임은 금지된다. 그러나 예외적으로 조례에의 포괄적 위임은 인정된다.)를 통하여 실질적으로 법치주의를 구현한다.

② 합헌적 법률의 우위 : 위헌법률심사제(비례의 원칙, 명확성의 원칙, 과잉금지의 원칙 등)를 통하여 법률의 합헌성을 통제한다.

③ 법률유보의 원칙의 적용범위를 확대한다.

④ 행정의 침해에 대한 구제제도의 강화를 통하여 실질적으로 법치주의를

보장한다.

Ⅲ. 행정의 법률에의 구속

1. 내 용

① 법률의 법규창조력 ② 법률우위의 원칙

③ 법률유보의 원칙

㉠ 법률의 의미 : 형식적 의미의 법률

㉡ 근거 : 법치국가의 원리, 의회민주주의의 원리, 기본권보장의 원리

㉢ 적용범위 : 학설대립

2. 법률유보의 적용범위에 관한 학설

(1) 침해유보설 : 전통적 견해로서 국민의 자유와 재산을 침해하는 행정작용은 법률의 근거가 있어야 한다.

(2) 사회유보설(급부행정유보설) : 복지국가의 이념과 평등의 원칙을 이론적 기초로 하여, 침해행정 외에 급부행정에 대해서도 법률의 근거가 있어야 한다.

(3) 전부유보설 : 모든 행정행위에는 법률의 근거가 있어야 한다.

(4) 중요사항유보설

① 독일 연방행정재판소의 판례를 통하여 발전하였다.

② 본질적 사항 여부는 국민 일반 내지는 개인과의 관계에 있어서 갖는 의미와 중요성에 따른다.

③ 본질적과 비본질적의 구분이 불명확한 단점이 있다.

④ 의회유보의 원칙과 맥을 같이 한다.

[관련 판례]

헌재 1999.5.27, 98헌바70: 오늘날 법률유보원칙은 단순히 행정작용이 법률에 근거를 두기만 하면 충분한 것이 아니라, 국가공동체와 그 구성원에게 기본적이고도 중요한 의미를 갖는 영역, 특히 국민의 기본권실현과 관련된 영역에 있어서는 국민의 대표자인 입법자가 그 본질적 사항에 대해서 스스로 결정하여야 한다는 요구까지 내포하고 있다(의회유보원칙). 그런데 텔레비전방송수신료는 대다수 국민의 재산권 보장의 측면이나 한국방송공사에게 보장된 방송자유의 측면에서 국민의 기본권실현에 관련된 영역에 속하고, 수신료금액의 결정은 납부의무자의 범위 등과 함께 수신

료에 관한 본질적인 중요한 사항이므로 국회가 스스로 행하여야 하는 사항에 속하는 것임에도 불구하고 한국방송공사법 제36조 제1항에서 국회의 결정이나 관여를 배제한 채 한국방송공사로 하여금 수신료금액을 결정해서 문화관광부장관의 승인을 얻도록 한 것은 법률유보원칙에 위반된다.

---

cf) 헌법재판소는 소위 '미네르바' 사건에서 구 전기통신법상의 처벌규정 중 '공익', '허위의 사실을 유포'라는 문구는 명확성의 원칙에 위배된다고 보았다(헌재 2008헌바157; 2009헌바88).

(6) 의회유보 : 국민의 권리·의무에 관한 기본적이고 본질적인 사항은 의회에서 법률로 정하여야 한다.

3. 성문법원

(1) 성문법주의

(2) 성문법원의 종류 : 헌법, 법률, 조약 및 국제법규, 명령, 자치법규

(4) 조약 및 국제법규의 법원성 및 효력

① 법원성 인정(헌법 제6조 제1항 참조)된다.

② 효력 :

* 지방자치단체가 제정한 조례가 GATT 및 AGP에 위반되는 경우는 효력이 없다(대판 2005.9.9, 2004추10).

(5) 행정규칙의 법원성

원칙적으로는 인정이 되지 않으나, 행정규칙의 법규성이 인정되거나 광의의 법원(法源)의 개념 아래에서는 법원성이 인정되는 경우도 있다.

[관련 판례]

▶ 공 익

1. 공익의 판단 기준

공공이익의 비교형량을 함에 있어서는 공공이익 자체의 객관적 가치평가뿐만 아니라 행정처분의 경위와 그 과정, 다시 말하자면 그것이 최초의 행정처분인가, 선행의 행정처분에 따른 일련의 연속된 처분인가, 또는 기존의 처분을 변경하는 처분인가 여하에 따라 공공이익에 대한 가치평가도 달라져야 할 것이고, 또 행정의 독립성과 관련하여 행정청이 최초로 행징처분을 하면서 어느 쪽의 공공이익을 더 중요한

것으로 판단하였는가 하는 문제와 일단 행정청이 어떤 쪽의 공공이익을 더 중요한 것으로 판단한 후 법원이 그 판단에 관하여 재량권의 범위내인가 아니면 재량권의 남용인가 하는 심사를 할 때의 문제를 구별하여 그 판단기준을 달리하여야 한다.

(대법원 1990.4.27. 선고 89누4093 판결【도시계획사업실시계획인가처분취소】)

2. 공공사업의 경제성 판단기준

공공사업에 경제성 내지 사업성이 있는지 여부는 공공사업이 그 시행 당시 적용되는 법률의 요건을 모두 충족하고 있는지 여부에 따라 판단되어야 함은 물론, 경제성 내지 사업성 평가와 관련하여서는 그 평가 당시의 모든 관련 법률의 목적과 의미, 내용 그리고 학문적 성과가 반영된 평가기법에 따라 가장 객관적이고 공정한 방법을 사용하여 평가되었는지 여부에 따라 판단되어야 한다.

(대법원 2006.3.16. 선고 2006두330 전원합의체 판결【정부조치계획취소등】)

3. 재정수입증대를 위한 사업의 공익사업여부

워커힐관광, 서비스 제공사업을 한국전쟁에서 전사한 고 워커 장군을 추모하고 외국인을 대상으로 하여 교통부 소관사업으로 행하기로 하는 정부방침아래 교통부장관이 토지수용법 제3조 소정의 문화시설에 해당하는 공익사업으로 인정하고 스스로 기업자가 되어 토지수용의 재결신청에 의하여 한 수용재결을 적법·유효한 것이다.

(대법원 1971.10.22. 선고 71다1716 판결【소유권이전등기말소】)

▶ 통치행위

4. 대통령긴급재정명령의 통치행위 해당여부

대통령의 긴급재정경제명령은 국가긴급권의 일종으로서 고도의 정치적 결단에 의하여 발동되는 행위이고 그 결단을 존중하여야 할 필요성이 있는 행위라는 의미에서 이른바 통치행위에 속한다고 할 수 있으나, 통치행위를 포함하여 모든 국가작용은 국민의 기본권적 가치를 실현하기 위한 수단이라는 한계를 반드시 지켜야 하는 것이고, 헌법재판소는 헌법의 수호와 국민의 기본권 보장을 사명으로 하는 국가기관이므로 비록 고도의 정치적 결단에 의하여 행해지는 국가작용이라고 할지라도 그것이 국민의 기본권 침해와 직접 관련되는 경우에는 당연히 헌법재판소의 심판대상이 된다(헌재 1996. 2.29, 93헌마186).

제2장 행정법의 법원

제1절 법원의 종류

Ⅰ. 성문법원

Ⅱ. 불문법원

1. 관습법(행정선례법, 민중관습법)

cf) 경상남도 등과 정부 등 간의 권한쟁의(2005헌라9, 2007헌라1·2 병합)시 해상경계선을 관습법으로 인정하였다.

2. 판례법

Ⅲ. 행정법의 일반원칙

> Q1) 1만원의 금품수수를 이유로 한 경찰공무원의 해임처분(대판 2006.6.21, 2006두16274)은 적법한가?
> Q2) 남해대교에서 과적차량 단속을 하던 甲이 여섯 차례에 걸쳐 190만원을 받은 것에 대해, 부산지방국토관리청장이 품위손상을 이유로 甲을 파면 처분한 것은 정당한가?

1. 비례의 원칙

(1) 의의 : 행정주체가 구체적인 행정목적을 실현함에 있어서 그 목적과 수단 간에는 합리적인 비례관계가 유지되어야 한다는 원칙으로 과잉침해금지의 원칙을 말한다.

(2) 법적 근거 : 헌법 제37조제2항, 경찰관직무집행법 제1조제2항 등.

(3) 적용영역 : 주로 경찰법에서 발달하였고, 오늘날에는 재량권의 한계를 설

정하는 법의 일반원칙으로 행정의 모든 영역에서 적용되어야 할 원칙으로 이해되고 있다.

① 재량권행사의 한계 ② 부관의 한계 ③ 취소·철회의 제한 ④ 사정판결 ⑤ 경찰권발동의 한계 ⑥ 급부행정의 한계 등에서 특히 문제된다.

(4) 내용

	내 용	비 고
헌 법	헌법재판소 : 목적의 정당성, 수단의 적합성, 피해의 최소성 및 법익의 균형성을 들고 있다. (헌재 2000.8.31, 98헌바27)	
행정법	① 적합성의 원칙 ② 필요성의 원칙(최소침해의 원칙) ③ 상당성의 원칙(협의의 비례의 원칙, 법익의 균형성) :	"경찰은 참새를 잡기 위하여 대포를 쏘아서는 안 된다"

(5) 위반의 효과 : 위법

(6) 비례의 원칙 위반으로 판시한 예

① 양도인이 등유가 섞인 유사휘발유를 판매한 바를 모르는 양수인에게 양도인의 위법사유를 들어 사업정지 기간 중 최장기인 6월의 사업정지에 처한 영업정지처분(대판 1992.2.25, 91누13106)

② 과징금의 액수가 법정 상한비율을 초과하지 않는다고 하더라도 취득한 이익의 규모를 크게 초과하여 그 매출액을 육박하는 경우에 있어서의 과징금부과처분(대판 2001.2.9, 2000두6206)

(7) 비례의 원칙 위반이 아니라고 판시한 예

① 스스로 사례를 요구하여 금원을 수수한 비위에 대하여 행한 해임처분(대판 1996.5.10, 96누2903)

② 이미 음주운전으로 적발되어 면허정지처분을 받은 적이 있는 운전자에 대하여 교통사고가 발생하지 않았음에도 음주운전을 이유로 한 면허정지처분(대판 1996.9.6, 96누5995)

③ 폭력범죄단체조직에 대한 가중처벌을 규정하고 있는 폭력행위등 처벌에 관한 법률 제4조 제2호(헌재 1997.3.27, 95헌바50)

④ 주택조합의 조합원자격을 무주택자로 한정하고 있는 주택건설촉진법 제3조 제9호(헌재 1997.5.29, 94헌바5)

⑤ 대형마트 규제(대판 2015.12.19, 2015두295 전원합의체 판결)

2. 신뢰보호의 원칙

(1) 의의

행정기관의 어떠한 언동에 대해 국민이 신뢰를 갖고 행위를 한 경우 그 국민의 신뢰가 보호가치 있는 경우에 그 신뢰를 보호하여 주어야 한다는 원칙을 말한다.

(2) 이론적 근거

① 신의칙설 ② 법적안정성설(통설)

③ 사회국가원리설 ④ 독자성설

⑤ 기본권설

(3) 실정법적 근거

행정절차법 제4조제2항, 국세기본법 제18조제3항

(4) 신뢰보호의 요건

① 행정권의 행사에 관하여 상대방인 국민에게 신뢰를 주는 선행조치(공적인 견해표명) : 선행조치 여부에 대한 판단에 있어 형식적인 권한분장(형식적인 담당자가 누구인가)에 구애될 것은 아니다.

* 공적인 견해표명이 있었다고 볼 수 없다고 판시한 예

㉠ 과세관청의 의사표시가 납세자의 추상적인 질의에 대한 일반론적인 견해표명에 불과한 경우(대판 1993. 7. 27, 90누10384 참조)

㉡ 과세관청이 납세의무자에게 면세사업등록증을 교부하고 수년간 면세사업자로서 한 부가가치세 예정신고 및 확정신고를 받은 행위(대판 2002. 9. 4, 2001두9370 참조)

② 선행조치의 존속에 대한 관계인의 신뢰 및 그 신뢰가 보호가치가 있어야 한다.

㉠ 신뢰의 보호가치성의 판단기준 : 법률적합성의 원칙의 실현에 대한 공익과 당해 조치의 존속에 대한 관계자의 사익을 비교형량 하여 판단한다.

㉡ 부정한 방법에 기한 수익적 행정행위의 신뢰의 보호가치성 : 수익자의 사기, 강박 등 부정한 방법에 기초하여 수익적 행정행위가 행해진 경우 혹은 수익자가 행정행위의 위법성을 알았거나 중대한 과실로 알지 못한 경우 등에는 인정되지 않는다.

㉢ 무효인 처분과 신뢰의 보호가치 : 신뢰보호의 원칙이 적용되지 않는다.

③ 상대방인 국민이 행정기관의 선행조치(언동)에 대한 신뢰에 입각하여 어떠한 조치를 취하였어야 한다.

④ 행정기관이 상대방의 신뢰를 져버리는 행정권 행사를 하였고, 그로 인하여 상대방의 권익이 침해되어야 한다.

⑤ 행정기관의 선행조치와 관계자의 조치 또는 권익의 침해 사이에 인과관계(因果關係)가 있어야 한다.

[신뢰보호원칙의 적용 요건 및 귀책사유 여부 판단기준]

행정청의 행위에 대하여 신뢰보호의 원칙이 적용되기 위하여는, 첫째 행정청이 개인에 대하여 신뢰의 대상이 되는 공적인 견해표명을 하여야 하고, 둘째 행정청의 견해표명이 정당하다고 신뢰한 데에 대하여 그 개인에게 귀책사유가 없어야 하며, 셋째 그 개인이 그 견해표명을 신뢰하고 이에 상응하는 어떠한 행위를 하였어야 하고, 넷째 행정청이 그 견해표명에 반하는 처분을 함으로써 그 견해표명을 신뢰한 개인의 이익이 침해되는 결과가 초래되어야 하며, 마지막으로 위 견해표명에 따른 행정처분을 할 경우 이로 인하여 공익 또는 제3자의 정당한 이익을 현저히 해할 우려가 있는 경우가 아니어야 하는바, 둘째 요건에서 말하는 귀책사유라 함은 행정청의 견해표명의 하자가 상대방 등 관계자의 사실은폐나 기타 사위의 방법에 의한 신청행위 등 부정행위에 기인한 것이거나 그러한 부정행위가 없다고 하더라도 하자가 있음을 알았거나 중대한 과실로 알지 못한 경우 등을 의미한다고 해석함이 상당하고, 귀책사유의 유무는 상대방과 그로부터 신청행위를 위임받은 수임인 등 관계자 모두를 기준으로 판단하여야 한다.
(대법원 2002.11.8. 선고 2001두1512 판결【건축선위반건축물시정지시취소】)

3. 평등의 원칙

(1) 개설

① 의의 : 불합리한 차별금지와 상대적 평등(같은 것은 같게, 다른 것은 다르게)을 의미한다.

② 근거 : 헌법 제11조

4. 행정의 자기구속의 법리

(1) 의의 : 재량권 행사에 있어 행정청은 상대방에 대하여 동종 사안에 있어서 제3자에게 행한 결정에 스스로가 구속된다는 법리이다.

(2) 근거

① 신뢰보호의 원칙　　　　② 평등의 원칙

(3) 성립요건

① 법적으로 동종사안(同種事案)에서만 발생

② 동종사안에 있어서의 행정의 결정이 적법한 경우에만 발생(선례필요성)

③ 동일한 행정기관만이 자기구속을 받음

(4) 기능

행정의 재량권 행사에 있어 법원의 심사권이 미치지 않는 영역에 대해 평등원칙을 매개로 하여 사법권이 미칠 수 있게 하여 주는 교량의 기능을 한다. **재량통제의 기능(cf. 재량준칙)**

(5) 적용영역

① 자기구속의 법리의 규범론적 해석이 가능하여, 일정한 경우에는 이를 위반 시 위법한 것이 된다(대판 1992.10.13, 92누2325).

② 예상되는 관행을 전제로 헌재와 대법원은 모두 행정규칙의 구속력을 긍정한다(헌재 1990.9.3, 90헌마13, 대판 2009.12.24, 2009두7967).

1. 행정규칙과 행정의 자기구속

행정규칙(行政規則)이 법령(法令)의 규정(規定)에 의하여 행정관청(行政官廳)에 법령(法令)의 구체적 내용을 보충할 권한을 부여한 경우, 또는 재량권행사(裁量權行使)의 준칙(準則)인 규칙(規則)이 그 정한 바에 따라 되풀이 시행되어 행정관행(行政慣行)이 이룩되게 되면, 평등(平等)의 원칙(原則)이나 신뢰보호(信賴保護)의 원칙(原則)에 따라 행정기관은 그 상대방에 대한 관계에서 그 규칙(規則)에 따라야할 자기구속(自己拘束)을 당하게 되고, 그러한 경우에는 대외적인 구속력(拘束力)을 가지게 된다 할 것이다. (헌재 1990.9.3, 90헌마13)

2. 특정인에 대하여만 행정처분기준을 초과하는 처분을 한 경우의 효력

식품위생법시행규칙 제53조에 따른 별표 15의 행정처분기준은 행정기관 내부의 사무처리준칙을 규정한 것에 불과하기는 하지만 규칙 제53조 단서의 식품등의 수급정책 및 국민보건에 중대한 영향을 미치는 특별한 사유가 없는 한 행정청은 당해 위반사항에 대하여 위 처분기준에 따라 행정처분을 함이 보통이라 할 것이므로, 행정청이 이러한 처분기준을 따르지 아니하고 특정한 개인에 대하여만 위 처분기준을 과도하게 초과하는 처분을 한 경우에는 재량권의 한계를 일탈하였다고 볼 만한 여지가 충분하다. (대법원 1993.6.29. 선고 93누5635 판결【대중음식점업영업정지처분취소】)

3. 신규건조저장시설사업자인정신청반려처분취소

상급행정기관이 하급행정기관에 대하여 업무처리지침이나 법령의 해석적용에 관한 기준을 정하여 발하는 이른바 '행정규칙이나 내부지침'은 일반적으로 행정조직 내부에서만 효력을 가질 뿐 대외적인 구속력을 갖는 것은 아니므로 행정처분이 그에 위반하였다고 하여 그러한 사정만으로 곧바로 위법하게 되는 것은 아니다. 다만, 재량권 행사의 준칙인 행정규칙이 그 정한 바에 따라 되풀이 시행되어 행정관행이 이루어지게 되면 평등의 원칙이나 신뢰보호의 원칙에 따라 행정기관은 그 상대방에 대한 관계에서 그 규칙에 따라야 할 자기구속을 받게 되므로, 이러한 경우에는 특별한 사정이 없는 한 그를 위반하는 처분은 평등의 원칙이나 신뢰보호의 원칙에 위배되어 재량권을 일탈·남용한 위법한 처분이 된다. (대법원 2009.12.24. 선고 2009두7967 판결)

(6) 비판

① 행정부에게 법의 제정권을 부여하게 되는 결과를 초래

② 행정의 탄력적 운용을 저해

5. 부당결부금지의 원칙

(1) 의의 : 행정기관이 행정권을 행사함에 있어서 그것과 실체적인 관련성이 없는 반대급부를 결부시켜서는 안 된다는 원칙을 말한다.

(2) 성질 : 법치국가의 원리와 자의금지의 원칙으로부터 도출되는 헌법적 차원의 법원칙이다.

(3) 적용영역

① 기부채납의무의 부담 : 주택사업과 아무런 관련이 없는 토지를 기부채납하라는 부관은 부당결부금지의 원칙에 반하여 위법하다(대판 1997.3.11, 96다49650).

② 건축법 위반에 따른 수도, 전기의 공급거부(구 건축법 제69조제2항) : 부당결부에 해당되어 동조는 삭제되었다.

③ 관허사업의 제한 : 행정법규위반과 당해 관허사업의 제한 사이에 실체적 관련이 있는지 여부가 판단기준이 된다.

④ 기타, 공법상 계약, 행정상 의무이행의 강제 등의 분야에서 나타난다.

(4) 음주운전관련 판례

① 이륜자동차를 음주운전 한 사유만 가지고서는 제1종 대형면허나 보통면허의 취소나 정지를 할 수 없다.

> 한 사람이 여러 종류의 자동차운전면허를 취득하는 경우뿐 아니라 이를 취소 또는 정지함에 있어서도 서로 별개의 것으로 취급하는 것이 원칙이라 할 것이고 그 취소나 정지의 사유가 특정의 면허에 관한 것이 아니고 다른 면허와 공통된 것이거나 운전면허를 받은 사람에 관한 경우에는 여러 운전면허 전부를 취소 또는 정지할 수도 있다고 보는 것이 상당할 것이지만, 이륜자동차로서 제2종 소형면허를 가진 사람만이 운전할 수 있는 오토바이는 제1종 대형면허나 보통면허를 가지고서도 이를 운전할 수 없는 것이어서 이와 같은 이륜자동차의 운전은 제1종 대형면허나 보통면허와는 아무런 관련이 없는 것이므로 이륜자동차를 음주운전한 사유만 가지고서는 제1종 대형면허나 보통면허의 취소나 정지를 할 수 없다.
> (대법원 1992.09.22. 선고 91누8289 판결【자동차운전면허취소처분취소】)

* 오토바이는 법령상 이륜자동차로 제2종 소형면허를 가진 자만이 운전 할 수 있음이 포인트다. 원동기장치자전거와 이륜자동차의 구별이 중요하다.

② 제1종 보통면허로 운전할 수 있는 차량(승용차)을 음주운전 한 경우에 이와 관련된 면허인 제1종 대형면허와 원동기장치자전거면허까지 취소할 수 있다.

> 한 사람이 여러 종류의 자동차운전면허를 취득하는 경우뿐 아니라 이를 취소 또는 정지하는 경우에 있어서도 서로 별개의 것으로 취급하는 것이 원칙이기는 하나, 자동차운전면허는 그 성질이 대인적 면허일 뿐만 아니라 도로교통법시행규칙 제26조 별표 14에 의하면, 제1종 대형면허 소지자는 제1종 보통면허로 운전할 수 있는 자동차와 원동기장치자전거를, 제1종 보통면허 소지자는 원동기장치자전거까지 운전할 수 있도록 규정하고 있어서 제1종 보통면허로 운전할 수 있는 차량의 음주운전은 당해 운전면허뿐만 아니라 제1종 대형면허로도 가능하고, 또한 제1종 대형면허나 제1종 보통면허의 취소에는 당연히 원동기장치자전거의 운전까지 금지하는 취지가 포함된 것이어서 이들 세 종류의 운전면허는 서로 관련된 것이라고 할 것이므로 제1종 보통면허로 운전할 수 있는 차량을 음주운전 한 경우에 이와 관련된 면허인 제1종 대형면허와 원동기장치자전거면허까지 취소할 수 있는 것으로 보아야 한다.
> (대법원 1994.11.25. 선고 94누9672 판결[자동차운전면허취소처분취소])

* 원동기장치자전거는 이륜자동차와 달리 제1종 대형 및 보통면허 소지자도 운전이 가능하다.

③ 제1종 대형면허로 운전할 수 있는 차량(대형승합자동차)을 운전면허정지 기간 중에 운전한 경우, 이와 관련된 제1종 보통면허까지 취소할 수 있다.

> 사람이 여러 종류의 자동차운전면허를 취득하는 경우뿐 아니라, 이를 취소 또는 정지하는 경우에 있어서도 서로 별개의 것으로 취급하는 것이 원칙이고, 제1종 대형면허를 가진 사람만이 운전할 수 있는 대형승합자동차는 제1종 보통면허를 가지고 운전할 수 없는 것이기는 하지만, 자동차운전면허는 그 성질이 대인적 면허일 뿐만 아니라, 도로교통법시행규칙 제26조 [별표 13의6]에 의하면, 제1종 대형면허 소지자는 제1종 보통면허 소지자가 운전할 수 있는 차량을 모두 운전할 수 있는 것으로 규정하고 있어, 제1종 대형면허의 취소에는 당연히 제1종 보통면허소지자가 운전할 수 있는 차량의 운전까지 금지하는 취지가 포함된 것이어서 이들 차량의 운전면허는 서로 관련된 것이라고 할 것이므로, 제1종 대형면허로 운전할 수 있는 차량을 운전면허정지 기간 중에 운전한 경우에는 이와 관련된 제1종 보통면허까지 취소할 수 있다.
> (대법원 2005.03.11. 선고 2004두12452 판결【자동차운전면허취소처분취소】)

④ 제1종 보통, 대형 및 특수면허를 가지고 있는 자가 레이카크레인을 음주운전 한 행위는 위 특수면허의 취소사유에 해당될 뿐 위 보통 및 대형면허의 취소사유는 아니다.

> 가. 한 사람이 여러 종류의 자동차 운전면허를 취득하는 경우뿐 아니라 이를 취소 또는 정지함에 있어서도 서로 별개의 것으로 취급하는 것이 원칙이고, 한 사람이 여러 종류의 자동차 운전면허를 취득하는 경우 1개의 운전면허증을 발급하고 그 운전면허증의 면허번호는 최초로 부여한 면허번호로 하여 이를 통합관리하고 있다고 하더라도, 이는 자동차 운전면허증 및 그 면허번호 관리상의 편의를 위한 것에 불과할 뿐 그렇다고 하여 여러 종류의 면허를 서로 별개의 것으로 취급할 수 없다거나 각 면허의 개별적인 취소 또는 정지를 분리하여 집행할 수 없는 것은 아니다.
> 나. <u>외형상 하나의 행정처분이라 하더라도 가분성이 있거나 그 처분대상의 일부가 특정될 수 있다면 그 일부만의 취소도 가능하고 그 일부의 취소는 당해 취소부분에 관하여 효력이 생긴다고 할 것</u>인바, 이는 한 사람이 여러 종류의 자동차 운전면허를 취득한 경우 그 각 운전면허를 취소하거나 그 운전면허의 효력을 정지함에 있어서도 마찬가지이다.
> 다. <u>제1종 보통, 대형 및 특수 면허를 가지고 있는 자가 레이카크레인을 음주운전 한 행위는 제1종 특수면허의 취소사유에 해당될 뿐 제1종 보통 및 대형 면허의 취소사유는 아니므로, 3종의 면허를 모두 취소한 처분 중 제1종 보통 및 대형 면허에 대한 부분은 이를 이유로 취소하면 될 것이나, 제1종 특수면허에 대한 부분은 원고가 재량권의 일탈·남용하여 위법하다</u>는 주장을 하고 있음에도, 원심이 그 점에 대하여 심리·판단하지 아니한 채 처분 전체를 취소한 조치는 위법하다고 하여 원심판결 중 제1종 특수면허에 대한 부분을 파기환송 한 사례.
> (대법원 1995.11.16. 선고 95누8850 전원합의체 판결【자동차운전면허취소처분취소】)

⑤ 제1종 대형, 제1종 보통 자동차운전면허를 가지고 있는 갑이 배기량 400cc의 오토바이를 절취하였다는 이유로 지방경찰청장이 갑의 제1종 대형, 제1종 보통 자동차운전면허를 모두 취소할 수 없다.

> 제1종 대형, 제1종 보통 자동차운전면허를 가지고 있는 갑이 배기량 400cc의 오토바이를 절취하였다는 이유로 지방경찰청장이 도로교통법 제93조 제1항 제12호에 따라 갑의 제1종 대형, 제1종 보통 자동차운전면허를 모두 취소한 사안에서, 도로교통법 제93조 제1항 제12호, 도로교통법 시행규칙 제91조 제1항 [별표 28] 규정에 따르면 그 취소 사유가 훔치거나 빼앗은 해당 자동차 등을 운전할 수 있는 특정 면허에 관한 것이며, <u>제2종 소형면허 이외의 다른 운전면허를 가지고는 위 오토바이를 운전할 수 없어 취소 사유가 다른 면허와 공통된 것도 아니므로, 갑이 위 오토바이를 훔친 것은 제1종 대형면허나 보통면허와는 아무런 관련이 없어 위 오토바이를 훔쳤다는 사유만으로 제1종 대형면허나 보통면허를 취소할 수 없다</u>.
> (대법원 2012.05.24. 선고 2012두1891 판결【자동차운전면허취소처분취소】)

판례는 그 동안 복수운전취소처분 등 가분적 행위에 대하여 각 각의 운전면허를 별개로 취급하여 일부취소의 법리를 발전시켜 왔다. 가령 한 사람이 여러 종류의 자동차 운전면허를 취득하는 경우뿐 아니라 이를 취소 또는 정지함에 있어서도 서로 별개의 것으로 취급하는 것이 원칙이라고 하고 있다. 그러나 취소 또는 정지 사유가 다른 면허와 공통된 것이거나 운전면허를 받은 사람에 관한 것일 경우, 여러 면허를 전부 취소할 수 있는 것으로 보고 있어 그 예외도 인정하고 있다.

[관련 판례]

가. 행정법의 일반원칙

▶ 비례원칙

1. 비례의 원칙의 의의

비례의 원칙(과잉금지의 원칙)이란 어떤 행정목적을 달성하기 위한 수단은 그 목적달성에 유효·적절하고 또한 가능한 한 최소침해를 가져오는 것이어야 하며 아울러 그 수단의 도입으로 인한 침해가 의도하는 공익을 능가하여서는 아니된다는 헌법상의 원칙을 말한다.
(대법원 1997.9.26. 선고 96누10096 판결【택지개발예정지구지정처분취소등】)

2. 공무원에 대한 해임처분과 재량권 일탈

공무원이 예비군동원훈련도중 2시간 30분간 군무이탈하여 구멍가게에서 술을 마신 사실은 공무원의 신분을 보유케 할 수 없을 정도로 공무원의 품위를 손상케 한 것이라고 단정하기 어렵고 그보다 가벼운 징계처분으로서도 능히 기강확립의 행정목적을 달할 수 있다 할 것이므로 공무원의 신분을 박탈하는 해임처분은 이른바 비례원칙에 어긋난, 재량권의 범위를 벗어난 위법한 처분이다.

(대법원 1983.6.28. 선고 83누94 판결【해임처분취소】)

▶ 신뢰보호의 원칙

3. 신뢰보호의 원칙이 적용되기 위한 요건

행정상의 법률관계에 있어서 행정청의 행위에 대하여 신뢰보호의 원칙이 적용되기 위해서는, 첫째 행정청이 개인에 대하여 신뢰의 대상이 되는 공적인 견해표명을 하여야 하고, 둘째 행정청의 견해표명이 정당하다고 신뢰한 데에 대하여 그 개인에게 귀책사유가 없어야 하며, 셋째 그 개인이 그 견해표명을 신뢰하고 이에 상응하는 어떠한 행위를 하였어야 하고, 넷째 행정청이 위 견해표명에 반하는 처분을 함으로써 그 견해표명을 신뢰한 개인의 이익이 침해되는 결과가 초래되어야 하며, 마지막으로 위 견해표명에 따른 행정처분을 할 경우 이로 인하여 공익 또는 제3자의 정당한 이익을 현저히 해할 우려가 있는 경우가 아니어야 한다.

(대법원 2006.2.24. 선고 2004두13592 판결【잠수기어업허가신청반려처분취소】)

4. 공적 견해 표명 여부 판단 기준

행정청의 공적 견해표명이 있었는지의 여부를 판단하는 데 있어 반드시 행정조직상의 형식적인 권한분장에 구애될 것은 아니고 담당자의 조직상의 지위와 임무, 당해 언동을 하게 된 구체적인 경위 및 그에 대한 상대방의 신뢰가능성에 비추어 실질에 의하여 판단하여야 한다.

(대법원 1997. 9. 12. 선고 96누18380 판결【토지형질변경행위불허가처분취소】)

5. 과세관청이 납세의무자에게 면세사업자용 사업자등록증을 교부한 행위가 공적인 견해표명인지 여부(소극)

부가가치세법상의 사업자등록은 과세관청이 부가가치세의 납세의무자를 파악하고 그 과세자료를 확보하는 데 입법 취지가 있고, 이는 단순한 사업사실의 신고로서 사업자가 소관 세무서장에게 소정의 사업자등록신청서를 제출함으로써 성립하며, 사업자등록증의 교부는 이와 같은 등록사실을 증명하는 증서의 교부행위에 불과한 것으로 과세관청이 납세의무자에게 부가가치세 면세사업자용 사업자등록증을 교부하였다고 하더라도 그가 영위하는 사업에 관하여 부가가치세를 과세하지 아니함을 시사하는 언동이나 공적인 견해를 표명한 것으로 볼 수 없다.

(대법원 2008.6.12. 선고 2007두23255 판결【부가가치세부과처분취소】)

6. 인터넷 국세종합센터의 답변이 과세관청의 공식적인 견해표명인지 여부

납세의무자가 인터넷 국세종합상담센터의 답변에 따라 세액을 과소신고·납부한 경우, 그 답변은 과세관청의 공식적인 견해표명이 아니라 상담직원의 단순한 상담에 불과하므로, 납세의무자에게 신고·납세의무의 위반을 탓할 수 없는 정당한 사유가 있다고 보기 어렵다.

(대법원 2009.4.23. 선고 2007두3107 판결【종합소득세등부과처분취소】)

7. 부정한 방법으로 행하여진 수익적 처분의 신뢰 보호여부(소극)

수익적 처분이 있으면 상대방은 그것을 기초로 하여 새로운 법률관계 등을 형성하게 되는 것이므로, 이러한 상대방의 신뢰를 보호하기 위하여 수익적 처분의 취소에는 일정한 제한이 따르는 것이나, 수익적 처분이 상대방의 허위 기타 부정한 방법으로 인하여 행하여졌다면 상대방은 그 처분이 그와 같은 사유로 인하여 취소될 것임을 예상할 수 없었다고 할 수 없으므로, 이러한 경우에까지 상대방의 신뢰를 보호하여야 하는 것은 아니라고 할 것이다.

(대법원 1995.1.20. 선고 94누6529 판결【행정처분취소】)

8. 실권 혹은 실효의 법리

실권 또는 실효의 법리는 법의 일반원리인 신의성실의 원칙에 바탕을 둔 파생원칙인 것이므로 공법관계 가운데 관리관계는 물론이고 권력관계에도 적용되어야 함을 배제할 수는 없다 하겠으나 그것은 본래 권리행사의 기회가 있음에도 불구하고 권리자가 장기간에 걸쳐 그의 권리를 행사하지 아니하였기 때문에 의무자인 상대방은 이미 그의 권리를 행사하지 아니할 것으로 믿을 만한 정당한 사유가 있게 되거나 행사하지 아니할 것으로 추인케 할 경우에 새삼스럽게 그 권리를 행사하는 것이 신의성실의 원칙에 반하는 결과가 될 때 그 권리행사를 허용하지 않는 것을 의미한다.

(대법원 1988.4.27. 선고 87누915 판결【행정서사허가취소처분취소】)

9. 법령의 개정과 신뢰보호원칙

법령의 개정에서 신뢰보호원칙이 적용되어야 하는 이유는, 어떤 법령이 장래에도 그대로 존속할 것이라는 합리적이고 정당한 신뢰를 바탕으로 국민이 그 법령에 상응하는 구체적 행위로 나아가 일정한 법적 지위나 생활관계를 형성하여 왔음에도 국가가 이를 전혀 보호하지 않는다면 법질서에 대한 국민의 신뢰는 무너지고 현재의 행위에 대한 장래의 법적 효과를 예견할 수 없게 되어 법적 안정성이 크게 저해되기 때문이고, 이러한 신뢰보호는 절대적이거나 어느 생활영역에서나 균일한 것은 아니고 개개의 사안마다 관련된 자유나 권리, 이익 등에 따라 보호의 정도와 방법이 다를 수 있으며, 새로운 법령을 통하여 실현하고자 하는 공익적 목적이 우월한 때에는 이를 고려하여 제한될 수 있으므로, 이 경우 신뢰보호원칙의 위배 여부를 판단하기 위해서는 한편으로는 침해된 이익의 보호가치, 침해의 중한 정도, 신뢰가 손상된 정도, 신뢰침해의 방법 등과 다른 한편으로는 새 법령을 통해 실현하고자 하는 공익적 목적을 종합적으로 비교·형량하여야 한다.

(대법원 2007.10.29. 선고 2005두4649 전원합의체 판결【한약사국가시험응시원서접수거부처분취소】)

▶ 부당결부금지원칙

10. 부당결부금지원칙의 의미

부당결부금지의 원칙이란 행정주체가 행정작용을 함에 있어서 상대방에게 이와 실질적인 관련이 없는 의무를 부과하거나 그 이행을 강제하여서는 아니 된다는 원칙을 말한다.

(대법원 2009.2.12. 선고 2005다65500 판결【약정금】)

11. 수익적 행정행위에서의 부담의 한계

수익적 행정행위에 있어서는 법령에 특별한 근거규정이 없다고 하더라도 그 부관으로서 부담을 붙일 수 있으나 그러한 부담은 비례의 원칙, 부당결부금지의 원칙에 위반되지 않아야만 적법하다.

(대법원 1997.3.11. 선고 96다49650 판결【소유권이전등기말소】)

12. 기부채납 부관의 적법성

토지형질변경 허가처분을 함에 있어서 도로 등 도시계획시설에 저촉되거나 도로로 정비할 필요성이 있는 부분을 기부채납 하도록 부관을 붙였다면, 그 내용이 이행가능하고 비례의 원칙 및 평등의 원칙에 적합함과 아울러 그 행정처분의 본질적 효력을 해하지 않는 한 적법하다.

(대법원 1999.5.25. 선고 98다53134 판결【소유권이전등기말소】)

나. 행정관습법

13. 납세자에게 받아들여진 국세행정의 관행

국세기본법 제18조 제2항의 규정은 납세자의 권리보호와 과세관청에 대한 납세자의 신뢰보호에 그 목적이 있는 것이므로 이 사건 보세운송면허세의 부과근거이던 지방세법시행령이 1973.10.1 제정되어 1977.9.20.에 폐지될 때까지 4년 동안 그 면허세를 부과할 수 있는 정을 알면서도 피고가 수출확대라는 공익상 필요에서 한 건도 이를 부과한 일이 없었다면 납세자인 원고는 그것을 믿을 수 밖에 없고 그로써 비과세의 관행이 이루어졌다고 보아도 무방하다.

(대법원 1980.6.10. 선고 80누6 전원합의체 판결【면허세부과처분취소】)

제 2 절 행정법의 효력

제1항 시간적 효력

1. 효력발생시기

① 소급입법의 유형

㉠ 진정소급입법 ㉡ 부진정소급입법

② 허용성 : 소급금지는 원칙적 금지, 부진정소급효는 원칙적으로 인정된다.

③ 예외적으로 진정소급효가 인정될 수 있는 경우 : 예외적인 경우로는 일반적으로 국민이 소급입법을 예상할 수 있었거나 법적상태가 불확실하고 혼란스러웠거나 하여 보호할만한 신뢰의 이익이 적은 경우와 소급입법에 의한 당사자의 손실이 없거나 아주 경미한 경우, 그리고 신뢰보호의 요청에 우선하는 심히 중대한 공익상의 사유가 소급입법을 정당화하는 경우 등을 들 수 있다(헌재 1998. 9.30, 97헌바38).

* 부진정소급입법

사실 또는 법률관계가 개정 법률이 시행되기 이전에 이미 완성되거나 종결되지 않고 계속되고 있는 경우에 당해 법령 개정 이전의 사실 또는 법률관계에 개정 법률을 적용하는 것을 말한다. 개정된 건축법이나 세법을 기존의 건축물에 적용하는 경우이다.

2. 소 멸

한시법의 경우에는 명문으로 정해진 유효기간의 경과로, 비한시법의 경우는 당해 법령이나 상위 법령 등의 개정 또는 제정으로 그 효력이 소멸한다. 법령의 위반행위에 대해 당해 법령이 소멸된 뒤에도 처벌할 수 있는가가 문제될 수 있으나 가벌성은 인정된다 하겠다.

대법원 2007.9.6. 선고 2007도4197 판결 【개발제한구역의지정및관리에관한특별조치법위반】

2005.1.27. 법률 제7383호로 개정된 개발제한구역의 지정 및 관리에 관한 특별조치법에서 신설한 제11조 제3항은 "건설교통부령이 정하는 경미한 행위는 허가 또는 신고를 하지 아니하고 행할 수 있다"고 규정하고 있고 그 부칙에 의하여 공포 후 6개월이 경과한 날부터 시행되었으며, 2005.8.10. 건설교통부령 제464호에서 신설한 같은 법 시행규칙 제7조의2와 [별표 3의2]는 그러한 경미한 행위들을 열거하여 규정하고 있으나, 이와 같이 종전에 허가를 받거나 신고를 하여야만 할 수 있던 행위의 일부를 허가나 신고 없이 할 수 있도록 법령이 개정되었다 하더라도 이는 법률 이념의 변천으로 과거에 범죄로서 처벌하던 일부 행위에 대한 처벌 자체가 부당하다는 반성적 고려에서 비롯된 것이라기보다는 사정의 변천에 따른 규제 범위의 합리적 조정의 필요에 따른 것이라고 보이므로, 위 개발제한구역의 지정 및 관리에 관한 특별조치법과 같은 법 시행규칙의 신설 조항들이 시행되기 전에 이미 범하여진 개발제한구역 내 비닐하우스 설치행위에 대한 가벌성이 소멸하는 것은 아니다.

제 2 항 지역적 효력

국가의 법령은 대한민국의 영토 전역에 걸쳐 효력을 가지고, 지방자치단체의 자치법규(조례, 규칙)는 해당 지방자치단체만 그 효력이 미친다. 국제법상의 예외가 있다.

제 3 항 대인적 효력

행정법령은 속지주의의 원칙에 따라 원칙적으로 모든 사람(자연인, 법인, 내외국인 등)에게 미친다. 국제법상의 예외가 있다.

제3장 행정법관계

제1절 행정법관계의 관념

제1항 행정법관계의 의의

행정상 법률관계 중 공법이 적용되는 법률관계, 즉 공법관계를 말한다. 공법관계는 권력관계와 관리관계로 구별한다.

권력관계는 행정주체가 국민에 대하여 일방적인 법률행위를 하는 것을 말한다(예, 인허가 등 행정행위).

관리관계는 행정주체가 사인과 대등한 관계에서 공행정을 수행함에 있어서 국민과 맺는 계약을 말한다(예, 공법상 계약 등).

공법관계에 해당하면 그 법률관계는 공법규정 및 공법의 원리에 따르게 되고, 소송형식이나 절차도 행정소송법에 따라야 한다.

제2항 행정법관계의 당사자

Ⅰ. 행정의 주체

1. 행정주체

(1) 의의 : 행정권을 행사하고, 그 법적 효과가 궁극적으로 귀속되는 당사자로 행정법상의 권리의무의 주체를 말한다. cf. 행정기관(인격성 부정)

(2) 종류

① 국가

② 공공단체

㉠ 지방자치단체

㉡ 공공조합(예; 도시재개발조합, 상공회의소, 국민건강보험공단)

㉢ 영조물법인(예; 한국방송공사, 한국은행)

㉣ 공법상의 재단(예; 한국연구재단)

③ 공무수탁사인(公務受託私人)

예) 교육법에 의한 사립대학의 학위수여행위, 사선(私船)의 선장의 행위, 의사 협회나 변호사협회의 구성원에 대한 징계행위, 공용수용의 사업시행자.

① 자동차검사대행인 : 국토교통부장관의 권한을 대행하는 공무수탁사인
② 차량견인업자 : 통설) 기술적인 집행을 하는 행정보조인으로 공무수탁사인 아님

cf) 견인차량업자, 쓰레기수거업자－(통설) 보조기관

공무수탁사인의 행정주체성을 인정하는 경우에는, ① 공무수탁사인이 하는 처분의 처분성 인정이 가능하고, ② 따라서 공무수탁사인의 처분에 대하여 행정쟁송이 가능해 지며, ③ 공무수탁사인의 행위로 손해가 발생한 경우에는 행정상 손해배상청구도 가능해 진다. 국가배상법이 개정되어 공무수탁사인도 국가배상법상 공무원으로 되어, 공무수탁사인에게 사무를 위탁한 국가나 지방자치단체를 상대로 국가배상청구가 가능해졌다(국가배상법 제2조제1항).

Ⅱ. 행정의 상대방

행정의 상대방은 사인(자연인, 사법인 등)이 되는 것이 일반적이다. 그러나 공공단체나 국가도 행정의 상대방이 되는 경우가 있다. (수도료의 부과 등)

제 3 항 행정법관계의 종류

Ⅰ. 행정법의 특질

(1) 규정내용상의 특징

① 행정주체의 우월성

행정주체는 법률에 의하여 그 우월성이 인정되는 것이나, 공익을 달성하기 위한 행정 고유의 목적상 다음과 같은 특징이 종래부터 인정되어 왔다.

㉠ 지배권의 승인 ㉡ 공정력(公定力)의 승인 ㉢ 자력집행력의 승인

* 공정력에 관하여 상세한 설명은 후술하나, 현대 행정의 가장 큰 특징 중의

하나는 바로 이 공정력이라 할 수 있다.

② 공익우선성

(2) 규정 형식상의 특징

① 성문성 ② 형식의 다양성

(3) 규정 성질상의 특징

① 행정재량의 인정 ② 획일성과 강행성

③ 기술성 : 행정 목적 달성을 위한 구체화된 헌법으로서의 성질

㉠ O. Mayer : 헌법은 사라져도 행정법은 남는다(행정법의 기술성).

㉡ F. werner : 구체화된 헌법으로서의 행정법(행정법의 헌법에의 종속성)

Ⅱ. 공법과 사법의 구별

(1) 구별의 필요성

① 실체법적 필요성 : 적용법규나 법원칙의 결정을 위해 구별이 필요

② 절차법적 필요성 : 쟁송수단과 재판관할의 결정을 위해 구별이 필요

(2) 구별기준

① 구별긍정설 : 권력설(종속설), 이익설, 귀속설(신주체설), 복수기준설(통설)

* 귀속설(신주체설) : 공권력의 담당자의 지위에 있는 자에게만 권리나 의무를 귀속시키는 법률관계가 공법관계이고, 누구에게나 권리나 의무를 귀속시키는 법률관계가 사법관계라는 설

② 구별부정설 : 법일원설

Ⅲ. 행정법관계의 종류

(1) 개관

① 행정조직법적 관계 : 행정조직 내부 관계, 행정주체 상호간의 관계(정부조직법, 국가공무원법 등)를 말한다.

② 행정절차법적 관계 : 행정 절차에 관한 법관계로 일반법인 행정절차법이 있다.

③ 행정작용법적 관계 : 그 법률관계의 성격에 따라 공법관계와 사법관계로 나눌 수 있다.

(2) 공법관계

① 권력관계의 특징

㉠ 공정력, 존속력, 강제력 등이 인정

㉡ 적용법규 등 : 공법 법규와 공법 원리가 적용되고, 행정소송의 대상이 된다.

② 관리관계 : 비권력적 관계이므로 원칙적으로 사법관계가 적용된다.

(3) 행정상의 사법관계의 예

① 국·공유재산의 매각 및 대부
② 물품공급계약의 체결
③ 각종 공사의 도급계약의 체결
④ 국고수표의 발행
⑤ 은행이나 광산의 경영
⑥ 주식시장에의 참가
⑦ 국채(지방채)의 발행
⑧ 입찰보증금의 국고귀속조치
⑨ 환매권의 행사
⑩ 공기업의 이용관계
⑪ 특허기업의 이용관계
⑫ 공법인의 임직원의 근무관계
⑬ 조세의 과오납금반환청구

* 당사자소송 활용론의 입장에서는 위의 ⑨~⑬은 공법관계가 될 수 있다.

Ⅳ. 행정법관계에 대한 사법규정의 적용

1. 사법규정의 적용여부

① 소극설

② 적극설 : ㉠ 직접적용설 ㉡ 유추적용설(통설)

③ 개별적 결정설 : 각각의 법률관계의 구체적 성격에 따라 판단하여야 한다.

2. 공법규정의 준용

① 과오납관세의 환급금에 대하여 '국세기본법'의 관급가산금에 관한 규정의 유추적용을 인정한 판례(대판 1985.9.10, 85다카571).

② 국유화된 제외지(堤外地)의 소유자에 대하여 하천법 제74조를 유추적용하여 손실 보상을 인정한 판례(대판 1987.7.21, 84누126).

V. 특별권력관계

1. 인정여부

상대적 구별설(제한적 긍정설)과 부정설의 대립이 있다.

2. 특별권력관계의 종류

① 공법상의 근무관계(예; 국가와 국가공무원의 근무관계 등)
② 공법상의 영조물이용관계(예; 국·공립학교 재학관계 등)
③ 공법상의 특별감독 관계(예; 공공조합, 특허기업자, 공무수탁사인 등이 국가의 특별한 감독을 받는 관계)
④ 공법상의 사단과 그 구성원간의 관계(예; 공공조합과 그 조합원과의 관계)(농지개량조합과 그 구성원의 관계)
cf) 서울특별시 지하철공사의 임원과 직원의 근무관계－민사관계

3. 특별권력

① 명령권
㉠ 일반적·추상적 명령(행정규칙, 예; 훈령, 국립대학 학칙)
㉡ 개별적·구체적 명령(예; 직무명령)
② 징계권

4. 특별권력관계와 법치주의 등

특별권력관계의 성격을 어떻게 볼 것인가에 따라 법률유보의 적용 여부, 사법심사의 가능성 유무가 결정된다. 판례는 사법심사의 경우 문제의 행위가 행정소송법상 처분인지에 따라 사법심사의 범위를 정하고, 특별권력관계 유무의 판단까지는 하지 않는다(예; 국립교육대학 학생에 대한 퇴학처분). 현대 사법국가의 원리상 전형적인 특별권력관계는 찾기 어렵다.

[관련 판례]

가. 행정의 주체

1. 원천징수의무자인 행정청의 원천징수행위가 행정처분인지여부(소극)

원천징수하는 소득세에 있어서는 납세의무자의 신고나 과세관청의 부과결정이 없이 법령이 정하는 바에 따라 그 세액이 자동적으로 확정되고, 원천징수의무자는 소득세법 제142조 및 제143조의 규정에 의하여 이와 같이 자동적으로 확정되는 세액을 수급자로부터 징수하여 과세관청에 납부하여야 할 의무를 부담하고 있으므로, 원천징수의무자가 비록 과세관청과 같은 행정청이더라도 그의 원천징수행위는 법령에서 규정된 징수 및 납부의무를 이행하기 위한 것에 불과한 것이지, 공권력의 행사로서의 행정처분을 한 경우에 해당되지 아니한다.

(대법원 1990.3.23. 선고 89누4789 판결【기타소득세등부과처분무효확인】)

나. 행정법관계의 발생과 소멸

2. 국유잡종재산에 시효제도의 적용여부

국유잡종재산(國有雜種財産)은 사경제적(私經濟的) 거래(去來)의 대상(對象)으로서 사적(私的) 자치(自治)의 원칙(原則)이 지배되고 있으므로 시효제도(時效制度)의 적용(適用)에 있어서도 동일하게 보아야 하고, 국유잡종재산(國有雜種財産)에 대한 시효취득(時效取得)을 부인하는 동규정(同規定)은 합리적(合理的) 근거(根據)없이 국가(國家)만을 우대하는 불평등(不平等)한 규정(規定)으로서 헌법상(憲法上)의 평등(平等)의 원칙(原則)과 사유재산권(私有財産權) 보장(保障)의 이념(理念) 및 과잉금지(過剩禁止)의 원칙(原則)에 반한다.

(헌재 1991.5.13, 89헌가97)

3. 부당이득반환청구권의 성질

조세부과처분이 무효임을 전제로 하여 이미 납부한 세금의 반환을 청구하는 것은 민사상의 부당이득반환청구로서 민사소송절차에 따라야 한다는 것이 당원의 견해인 바(1969.12.9. 선고 69다1700 판결; 1971.5.24. 선고 71다744 판결; 1990.2.13. 선고 88누6610 판결 각 참조), 1985.1.1.부터 시행하는 현행 행정소송법에 소론과 같은 당사자소송에 관한 규정이 되어 있다고 하여 위와 같은 견해를 변경하여야 할 필요가 있다고 보지 아니한다.

(대법원 1991.2.6. 자 90프2 결정【증여세등부과처분무효】)

다. 특별권력관계

4. 구속 피고인에 대한 접견권 제한의 한계

구속된 피고인 또는 피의자의 타인과의 접견권이 헌법상의 기본권이라 하더라도 국가안전보장, 질서유지 또는 공공복리를 위하여 필요한 경우에는 법률로 제한할 수 있음은 헌법 제37조 제2항의 규정에 의하여 명백하며 구체적으로는 접견을 허용함으로써 도주나 증거인멸의 우려 방지라는 구속의 목적에 위배되거나 또는 구금시설의 질서유지를 해칠 현저한 위험성이 있을 때와 같은 경우에는 구속된 피고인 또는 피의자의 접견권을 제한할 수 있을 것이지만, 그와 같은 제한의 필요가 없는데도 접견권을 제한하거나 또는 제한의 필요가 있더라도 필요한 정도를 지나친 과도한 제한을 하는 것은 헌법상 보장된 기본권의 침해로서 위헌이라고 하지 않을 수 없다.

(대법원 1992.5.8. 선고 91부8 판결【위헌심판제청】)

5. 국립대 학생에 대한 징계의 처분성(적극)

행정소송의 대상이 되는 행정처분이란 행정청이 행하는 구체적 사실에 관한 법집행으로서의 공권력의 행사 또는 그 거부와 그 밖에 이에 준하는 행정작용을 말하는 것인바, 국립 교육대학 학생에 대한 퇴학처분은, 국가가 설립·경영하는 교육기관인 동 대학의 교무를 통할하고 학생을 지도하는 지위에 있는 학장이 교육목적실현과 학교의 내부질서유지를 위해 학칙 위반자인 재학생에 대한 구체적 법집행으로서 국가공권력의 하나인 징계권을 발동하여 학생으로서의 신분을 일방적으로 박탈하는 국가의 교육행정에 관한 의사를 외부에 표시한 것이므로, 행정처분임이 명백하다.

(대법원 1991.11.22. 선고 91누2144 판결【퇴학처분취소】)

라. 공사법관계

▶ 공법관계로 본 예

6. 국유재산의 무단점유자에 대한 변상금 징수

국유재산법 제51조 제1항은 국유재산의 무단점유자에 대하여는 대부 또는 사용, 수익허가 등을 받은 경우에 납부하여야 할 대부료 또는 사용료 상당액 외에도 그 징벌적 의미에서 국가측이 일방적으로 그 2할 상당액을 추가하여 변상금을 징수토록 하고 있으며 동조 제2항은 변상금의 체납시 국세징수법에 의하여 강제징수토록 하고 있는 점 등에 비추어 보면 국유재산의 관리청이 그 무단점유자에 대하여 하는 변상금부과처분은 순전히 사경제 주체로서 행하는 사법상의 법률행위라 할 수 없고 이는 관리청이 공권력을 가진 우월적 지위에서 행한 것으로서 행정소송의 대상이 되는 행정처분이다.

(대법원 1988.2.23. 선고 87누1046, 1047 판결【국유재산변상금부과처분취소】)

7. 국가나 지방자치단체에 근무하는 청원경찰의 근무관계

국가나 지방자치단체에 근무하는 청원경찰은 국가공무원법이나 지방공무원법상의 공무원은 아니지만, 다른 청원경찰과는 달리 그 임용권자가 행정기관의 장이고, 국가나 지방자치단체로부터 보수를 받으며, 산업재해보상보험법이나 근로기준법이 아닌 공무원연금법에 따른 재해보상과 퇴직급여를 지급받고, 직무상의 불법행위에 대하여도 민법이 아닌 국가배상법이 적용되는 등의 특질이 있으며 그 외 임용자격, 직무, 복무의무 내용 등을 종합하여 볼 때, 그 근무관계를 사법상의 고용계약관계로 보기는 어려우므로 그에 대한징계처분의 시정을 구하는 소는 행정소송의 대상이지 민사소송의 대상이 아니다.

(대법원 1993.7.13. 선고 92다47564 판결【파면처분취소】)

8. 행정재산의 사용·수익·허가취소

국·공유재산의 관리청이 행정재산의 사용·수익을 허가한 다음 그 사용·수익하는 자에 대하여 하는 사용·수익허가취소는 순전히 사경제주체로서 행하는 사법상의 행위라 할 수 없고, 이는 관리청이 공권력을 가진 우월적 지위에서 행한 것으로서 항고소송의 대상이 되는 행정처분이다.

(대법원 1997.4.11. 선고 96누17325 판결【점포사용허가취소처분취소】)

9. 시립무용단원의 해촉

서울특별시립무용단원의 공연 등 활동은 지방문화 및 예술을 진흥시키고자 하는 서울특별시의 공공적 업무수행의 일환으로 이루어진다고 해석될 뿐 아니라, 단원으로 위촉되기 위하여는 일정한 능력요건과 자격요건을 요하고, 계속적인 재위촉이 사실상 보장되며, 공무원연금법에 따른 연금을 지급받고, 단원의 복무규율이 정해져 있으며, 정년제가 인정되고, 일정한 해촉사유가 있는 경우에만 해촉되는 등 서울특별시립무용단원이 가지는 지위가 공무원과 유사한 것이라면, 서울특별시립무용단 단원의 위촉은 공법상의 계약이라고 할 것이고, 따라서 그 단원의 해촉에 대하여는 공법상의 당사자소송으로 그 무효확인을 청구할 수 있다.

(대법원 1995.12.22. 선고 95누4636 판결【해촉처분취소등】)

10. 시립합창단원에 대한 재위촉거부

단원의 위촉기간이 정하여져 있고 재위촉이 보장되지 아니하며, 단원에 대하여는 지방공무원의 보수에 관한 규정을 준용하는 이외에는 지방공무원법 기타 관계 법령상의 지방공무원의 자격, 임용, 복무, 신분보장, 권익의 보장, 징계 기타 불이익처분에 대한 행정심판 등의 불복절차에 관한 규정이 준용되지도 아니하는 점 등을 종합하여 보면, 광주광역시문화예술회관장의 단원 위촉은 광주광역시문화예술회관장이 행정청으로서 공권력을 행사하여 행하는 행정처분이 아니라 공법상의 근무관계의 설정을 목적으로 하여 광주광역시와 단원이 되고자 하는 자 사이에 대등한 지위에서 의사가 합치되어 성립하는 공법상 근로계약에 해당한다.

(대법원 2001.12.11. 선고 2001두7794 판결【합창단재위촉거부처분취소】)

11. 하천구역 편입토지 보상

[1] 법률 제3782호 하천법 중 개정법률(이하 '개정 하천법'이라 한다)은 그 부칙 제2조 제1항에서 개정 하천법의 시행일인 1984.12.31. 전에 유수지에 해당되어 하천구역으로 된 토지 및 구 하천법(1971.1.19. 법률 제2292호로 전문 개정된 것)의 시행으로 국유로 된 제외지 안의 토지에 대하여는 관리청이 그 손실을 보상하도록 규정하였고, '법률 제3782호 하천법 중 개정법률 부칙 제2조의 규정에 의한 보상청구권의 소멸시효가 만료된 하천구역 편입토지 보상에 관한 특별조치법' 제2조는 개정 하천법 부칙 제2조 제1항에 해당하는 토지로서 개정 하천법 부칙 제2조 제2항에서 규정

하고 있는 소멸시효의 만료로 보상청구권이 소멸되어 보상을 받지 못한 토지에 대하여는 시·도지사가 그 손실을 보상하도록 규정하고 있는바, 위 각 규정들에 의한 손실보상청구권은 모두 종전의 하천법 규정 자체에 의하여 하천구역으로 편입되어 국유로 되었으나 그에 대한 보상규정이 없었거나 보상청구권이 시효로 소멸되어 보상을 받지 못한 토지들에 대하여, 국가가 반성적 고려와 국민의 권리구제 차원에서 그 손실을 보상하기 위하여 규정한 것으로서, 그 법적 성질은 하천법 본칙(본칙)이 원래부터 규정하고 있던 하천구역에의 편입에 의한 손실보상청구권과 하등 다를 바가 없는 것이어서 공법상의 권리임이 분명하므로 그에 관한 쟁송도 행정소송절차에 의하여야 한다.

[2] 하천법 부칙(1984.12.31.) 제2조와 '법률 제3782호 하천법 중 개정법률 부칙 제2조의 규정에 의한 보상청구권의 소멸시효가 만료된 하천구역 편입토지 보상에 관한 특별조치법' 제2조, 제6조의 각 규정들을 종합하면, 위 규정들에 의한 손실보상청구권은 1984.12.31. 전에 토지가 하천구역으로 된 경우에는 당연히 발생되는 것이지, 관리청의 보상금지급결정에 의하여 비로소 발생하는 것은 아니므로, 위 규정들에 의한 손실보상금의 지급을 구하거나 손실보상청구권의 확인을 구하는 소송은 행정소송법 제3조 제2호 소정의 당사자소송에 의하여야 한다.

(대법원 2006.5.18. 선고 2004다6207 전원합의체 판결【보상청구권확인】)

12. 행정재산의 사용·수익·허가

행정재산의 사용·수익허가처분의 성질에 비추어 국민에게는 행정재산의 사용·수익허가를 신청할 법규상 또는 조리상의 권리가 있다고 할 것이므로 공유재산의 관리청이 행정재산의 사용·수익에 대한 허가 신청을 거부한 행위 역시 행정처분에 해당한다.

(대법원 1998.2.27. 선고 97누1105 판결【공유재산대부신청반려처분무효확인】)

13. 주거용 건축물의 세입자에게 인정되는 주거이전비 보상청구권

구 공익사업을 위한 토지 등의 취득 및 보상에 관한 법률(2007.10.17. 법률 제8665호로 개정되기 전의 것) 제2조, 제78조에 의하면, 세입자는 사업시행자가 취득 또는 사용할 토지에 관하여 임대차 등에 의한 권리를 가진 관계인으로서, 같은 법 시행규칙 제54조 제2항 본문에 해당하는 경우에는 주거이전에 필요한 비용을 보상받을 권리가 있다. 그런데 이러한 주거이전비는 당해 공익사업 시행지구 안에 거주하는 세입자들의 조기이주를 장려하여 사업추진을 원활하게 하려는 정책적인 목적과 주거이전으로 인하여 특별한 어려움을 겪게 될 세입자들을 대상으로 하는 사회보장적인 차원에서 지급되는 금원의 성격을 가지므로, 적법하게 시행된 공익사업으로 인하여 이주하게 된 주거용 건축물 세입자의 주거이전비 보상청구권은 공법상의 권리이고, 따라서 그 보상을 둘러싼 쟁송은 민사소송이 아니라 공법상의 법률관계를 대상으로 하는 행정소송에 의하여야 한다.

(출처 : 대법원 2008.5.29. 선고 2007다8129 판결【주거이전비등】)

▶ 사법관계로 본 예

14. 입찰보증금의 국고귀속조치

예산회계법에 따라 체결되는 계약은 사법상의 계약이라고 할 것이고 동법 제70조의5의 입찰보증금은 낙찰자의 계약체결의무이행의 확보를 목적으로 하여 그 불이행시에 이를 국고에 귀속시켜 국가의 손해를 전보하는 사법상의 손해배상 예정으로서의 성질을 갖는 것이라고 할 것이므로 입찰보증금의 국고귀속조치는 국가가 사법상의 재산권의 주체로서 행위 하는 것이지 공권력을 행사하는 것이거나 공권력작용과 일체성을 가진 것이 아니라 할 것이므로 이에 관한 분쟁은 행정소송이 아닌 민사소송의 대상이 된다.

(대법원 1983.12.27. 선고 81누366 판결【입찰참가자격정지처분취소】)

15. 국유잡종재산 대부행위의 법적 성질

국유재산법, 산림법의 규정 등에 의하여 국유잡종재산에 관한 관리 처분의 권한을 위임받은 기관이 국유잡종재산을 대부하는 행위는 국가가 사경제 주체로서 상대방과 대등한 위치에서 행하는 사법상의 계약이고, 행정청이 공권력의 주체로서 상대방의 의사 여하에 불구하고 일방적으로 행하는 행정처분이라고 볼 수 없으며, 국유잡종재산에 관한 대부료의 납부고지 역시 사법상의 이행청구에 해당하고, 이를 행정처분이라고 할 수 없다.

(대법원 2000.2.11. 선고 99다61675 판결【부당이득금】)

16. 전화가입계약의 해지

전화가입계약은 전화가입희망자의 가입청약과 이에 대한 전화관서의 승낙에 의하여 성립하는 영조물 이용의 계약관계로서 비록 그것이 공중통신역무의 제공이라는 이용관계의 특수성 때문에 그 이용조건 및 방법, 이용의 제한, 이용관계의 종료원인 등에 관하여 여러 가지 법적 규제가 있기는 하나 그 성질은 사법상의 계약관계에 불과하다.

(대법원 1982.12.28. 선고 82누441 판결【전화가입계약해지처분취소】)

17. 국가의 철도운행사업에 의한 손해배상

국가 또는 지방자치단체라 할지라도 공권력의 행사가 아니고 단순한 사경제의 주체로 활동하였을 경우에는 그 손해배상책임에 국가배상법이 적용될 수 없고 민법상의 사용자책임 등이 인정되는 것이고 국가의 철도운행사업은 국가가 공권력의 행사로서 하는 것이 아니고 사경제적 작용이라 할 것이므로, 이로 인한 사고에 공무원이 간여하였다고 하더라도 국가배상법을 적용할 것이 아니고 일반 민법의 규정에 따라야 하므로, 국가배상법상의 배상전치절차를 거칠 필요가 없으나, 공공의 영조물인 철도시설물의 설치 또는 관리의 하자로 인한 불법행위를 원인으로 하여 국가에 대하여 손해배상청구를 하는 경우에는 국가배상법이 적용되므로 배상전치절차를 거쳐야 한다.

(대법원 1999.6.22. 선고 99다7008 판결【손해배상(자)】)

18. 한국마사회의 조교사 및 기수 면허부여 및 면허취소

한국마사회가 조교사 또는 기수의 면허를 부여하거나 취소하는 것은 경마를 독점적으로 개최할 수 있는 지위에서 우수한 능력을 갖추었다고 인정되는 사람에게 경마에서의 일정한 기능과 역할을 수행할 수 있는 자격을 부여하거나 이를 박탈하는 것에 지나지 아니하므로, 이는 국가 기타 행정기관으로부터 위탁받은 행정권한의 행사가 아니라 일반 사법상의 법률관계에서 이루어지는 단체 내부에서의 징계 내지 제재처분이다.

(대법원 2008.1.31. 선고 2005두8269 판결【해고무효등확인청구】)

제2절 행정법관계의 내용

제1항 국가적 공권

제2항 개인적 공권

Ⅰ. 개인적 공권의 개념

1. 의 의

개인이 자기의 이익을 위하여 행정주체에게 일정한 행위를 요구할 수 있는 공법에 의하여 부여된 힘을 말한다.

2. 공권의 발생원인

① 관습법, 법령, 행정행위 등에 의해 생긴다.

② 기본권규정으로부터 공권이 도출될 수 있는지 여부(판례는 긍정)가 문제된다.

㉠ 언론의 자유 조항을 근거로 공문서열람청구권 인정(헌재 1991.5.13, 90헌바133)

㉡ 인간으로서의 존엄과 가치·행복추구권을 근거로 피고인의 접견권 인정(대판 1992.5.8, 91누7552)

3. 공권의 확대화 경향

① 재량행위의 기속행위로의 전환 : 재량권의 영으로의 수축이론의 영향

② 사익보호규범의 확대

③ 헌법상의 기본권 개념의 확대화 경향

Ⅱ. 종 류

1. 무하자재량행사청구권(無瑕疵裁量行使請求權)

(1) 의의 : 행정청에 대하여 재량권의 하자 없는 행사를 청구할 수 있는 권리를 말한다.

(2) 법적 성질 : 절차적 권리(과거의 유력설) 또는 형식적 권리(현재의 통설)로 본다.

(3) 구제수단

① 소극적 공권에 입각한 구제수단으로는 취소쟁송이 있다.

② 적극적 공권을 관철할 수 있는 수단으로는 의무이행심판 내지 부작위위법확인소송이 있다.

(4) 관련 판례

「법령상 검사임용신청 및 그 처리의 제도에 관한 명문규정이 없다고 하여도 조리상 임용권자는 임용신청자들에게 전형의 결과인 임용여부의 응답을 해줄 의무가 있다고 보아야 하고, 원고로서는 그 임용신청에 대하여 임용여부의 응답을 받을 권리가 있다고 할 것이며, 응답할 것인지 여부조차도 임용권자의 편의재량사항이라고는 할 수 없다」(대판 1991.2.12, 90누5825).

* 판례는 무하자재량행사청구권이라는 용어를 직접 사용하지는 않고 있으며, 판례 평석 등을 통하여 그의 독자적 권리성이 인정되고 있을 뿐이다.

2. 행정개입청구권(행정발급청구권)

Q1) A광역시의 외곽에 염색공장을 운영하는 B회사의 배출허용기준을 초과한 위법한 오염물질 방류로 염색공장 주변의 주민 C등의 건강에 심각한 영향을 초래하고 있다. 이때, C주민들은 A광역시장에게 B에 대한 적절한 조치를 해줄 것을 요구할 수 있는 청구권이 있는가?
'수질 및 수생태계 보전에 관한 법률'에 의하면 A 시장은 B에 대해 '조업정지명령'을 할 수 있다.

Q2) 이웃 주민과의 소음분쟁
cf) 환경분쟁조정법상의 구제수단

(1) 의의

① 광의 : 행정권의 발동을 청구할 수 있는 일체의 공권을 의미한다.

② 협의 : 행정청의 부작위로 인하여 권익을 침해당한 자가 자기를 위하여 '타인에 대해' 행정권의 발동을 청구할 수 있는 공권으로, 인정부정설이 있으나 법령의 존재와 그 법령의 사익보호성을 전제로 한 인정설이 통설이다.

(2) 행정개입청구권의 법리와 재량의 0으로의 수축이론

행정편의주의에 따라 행정기관은 행정권을 행사함에 있어 선택·결정의 자유(즉, 재량권)를 갖는 것이 원칙이다. 그리고 행정청에게 재량권(특히 결정재량)이 인정되는 경우에는 개인은 행정권의 발동을 청구할 수 있는 권리를 가질 수 없다. 그러나 목전에 급박한 장해를 제거할 긴급한 필요가 있는 경우에는 재량권이 영으로 수축되어 행정청에게 개입의무가 발생할 수도 있다.

(cf : 법익의 중요성, 회피가능성, 기대가능성, 긴급성 등의 요건 충족→행정개입청구권→손해배상청구권으로 발전가능)

(3) 법적 성질

① 실체법적 권리 ② 예방적 권리이며 사후 구제적 성격도 가짐

(4) 구제수단

① 의무이행심판·부작위위법확인소송

② 불개입으로 인한 손해 발생 → 행정상 손해발생 – 국가배상 등 청구

[관련 판례]

▶ 공권의 성질

1. '법률상 보호되는 이익'의 의미

행정처분의 직접 상대방이 아닌 제3자라 하더라도 당해 행정처분으로 인하여 법률상 보호되는 이익을 침해당한 경우에는 그 처분의 무효확인을 구하는 행정소송을 제기하여 그 당부의 판단을 받을 자격이 있다 할 것이며, 여기에서 말하는 법률상 보호되는 이익이라 함은 당해 처분의 근거 법규 및 관련 법규에 의하여 보호되는 개별적·직접적·구체적 이익이 있는 경우를 말하고, 공익보호의 결과로 국민 일반이 공통적으로 가지는 일반적·간접적·추상적 이익이 생기는 경우에는 법률상 보호되는 이익이 있다고 할 수 없다.

(대법원 2006.3.16. 선고 2006두330 전원합의체 판결【정부조치계획취소등】)

2. 인근의 공장건축허가처분에 대해서 이웃주민이 다툴 수 있는 지 여부(적극)

주거지역안에서는 도시계획법 19조 1항과 개정전 건축법 32조 1항에 의하여 공익상 부득이 하다고 인정될 경우를 제외하고는 거주의 안녕과 건전한 생활환경의 보호를 해치는 모든 건축이 금지되고 있을 뿐 아니라 주거지역내에 거주하는 사람이 받는 위와 같은 보호이익은 법률에 의하여 보호되는 이익이라고 할 것이므로 주거지역내에 위 법조 소정 제한면적을 초과한 연탄공장 건축허가처분으로 불이익을 받고 있는 제3거주자는 비록 당해 행정처분의 상대자가 아니라 하더라도 그 행정처분으로

말미암아 위와 같은 법률에 의하여 보호되는 이익을 침해받고 있다면 당해행정 처분의 취소를 소구하여 그 당부의 판단을 받을 법률상의 자격이 있다.

(대법원 1975.5.13. 선고 73누96,97 판결【건축허가처분취소】)

3. 환경영향평가대상지역 안의 주민들의 환경상의 이익이 직접적·구체적인 이익인지 여부(적극)

환경영향평가에 관한 자연공원법령 및 환경영향평가법령의 규정들의 취지는 집단시설지구개발사업이 환경을 해치지 아니하는 방법으로 시행되도록 함으로써 집단시설지구개발사업과 관련된 환경공익을 보호하려는 데에 그치는 것이 아니라 그 사업으로 인하여 직접적이고 중대한 환경피해를 입으리라고 예상되는 환경영향평가대상지역 안의 주민들이 개발 전과 비교하여 수인한도를 넘는 환경침해를 받지 아니하고 쾌적한 환경에서 생활할 수 있는 개별적 이익까지도 이를 보호하려는 데에 있다 할 것이므로, 위 주민들이 당해 변경승인 및 허가처분과 관련하여 갖고 있는 위와 같은 환경상의 이익은 단순히 환경공익 보호의 결과로 국민일반이 공통적으로 가지게 되는 추상적·평균적·일반적인 이익에 그치지 아니하고 주민 개개인에 대하여 개별적으로 보호되는 직접적·구체적인 이익이라고 보아야 한다.

(대법원 1998.4.24. 선고 97누3286 판결【공원사업시행허가처분취소】)

4. 행정규칙에 근거한 처분의 대상적격(적극)

항고소송의 대상이 되는 행정처분이라 함은 원칙적으로 행정청의 공법상 행위로서 특정 사항에 대하여 법규에 의한 권리의 설정 또는 의무의 부담을 명하거나 기타 법률상 효과를 발생하게 하는 등으로 일반 국민의 권리의무에 직접 영향을 미치는 행위를 가리키는 것이지만, 어떠한 처분의 근거가 행정규칙에 규정되어 있다고 하더라도, 그 처분이 상대방에게 권리의 설정 또는 의무의 부담을 명하거나 기타 법적인 효과를 발생하게 하는 등으로 그 상대방의 권리의무에 직접 영향을 미치는 행위라면, 이 경우에도 항고소송의 대상이 되는 행정처분에 해당한다.

(대법원 2004.11.26. 선고 2003두10251, 10268 판결【노선배분취소처분취소·국제선정기항공운송사업노선면허거부처분취소】)

5. 재량행위의 쟁송가능성(적극)

어떤 행정처분이 재량권의 남용이나 일탈에 해당하는 경우에는 그 재량권이 기속재량이거나 자유재량이거나를 막론하고 사법심사의 대상이 된다고 할 것인바, 외교관 자녀 등의 입학고사 특별전형이 교육법 제111조의2, 동법시행령 제71조의2 제4항에 의하여 대학교 총장이 정하는 방법에 의하도록 그 재량에 위임되어 있더라도 위 특별전형에 관한 대학교 총장의 처분이 재량권을 남용한 위법한 처분이라고 다투는 사건은 행정소송의 대상이 된다.

(대법원 1990.8.28. 선고 89누8255 판결【특별전형에관한불합격처분취소】)

▶ 무하자재량행사청구권

6. 검사임용에 있어서의 응답신청권

검사의 임용에 있어서 임용권자가 임용여부에 관하여 어떠한 내용의 응답을 할 것인지는 임용권자의 자유재량에 속하므로 일단 임용거부라는 응답을 한 이상 설사 그 응답내용이 부당하다고 하여도 사법심사의 대상으로 삼을 수 없는 것이 원칙이나, 적어도 재량권의 한계 일탈이나 남용이 없는 위법하지 않은 응답을 할 의무가 임용권자에게 있고 이에 대응하여 임용신청자로서도 재량권의 한계 일탈이나 남용이 없는 적법한 응답을 요구할 권리가 있다.

(대법원 1991.2.12. 선고 90누5825 판결【검사임용거부처분취소】)

7. 승진대상자로 결정 공포된 4급 공무원에게 승진 임용신청권이 있는지 여부(적극)

지방공무원법, 지방공무원임용령의 각 규정을 종합하면, 2급 내지 4급 공무원의 승진임용은 임용권자가 행정실적·능력·경력·전공분야·인품 및 적성 등을 고려하여 하되 인사위원회의 사전심의를 거치도록 하고 있는바, 4급 공무원이 당해 지방자치단체 인사위원회의 심의를 거쳐 3급 승진대상자로 결정되고 임용권자가 그 사실을 대내외에 공표까지 하였다면, 그 공무원은 승진임용에 관한 법률상 이익을 가진 자로서 임용권자에 대하여 3급 승진임용 신청을 할 조리상의 권리가 있다.

(대법원 2008.4.10. 선고 2007두18611 판결【부작위위법확인의소】)

▶ 계획변경청구권

8. 행정청이 국민의 신청에 대하여 한 거부행위가 항고소송의 대상인 행정처분이 되기 위한 요건 [제2회 변시]

국민의 적극적 신청행위에 대하여 행정청이 그 신청에 따른 행위를 하지 않겠다고 거부한 행위가 항고소송의 대상이 되는 행정처분에 해당하는 것이라고 하려면, <u>그 신청한 행위가 공권력의 행사 또는 이에 준하는 행정작용이어야 하고, 그 거부행위가 신청인의 법률관계에 어떤 변동을 일으키는 것이어야 하며, 그 국민에게 그 행위발동을 요구할 법규상 또는 조리상의 신청권</u>이 있어야만 한다.

(대법원 2003.9.23. 선고 2001두10936 판결【국토이용계획변경승인거부처분취소】)

제 3 절 사인의 공법행위

Ⅰ. 일반론

1. 의 의

식품위생법상의 영업신고, 도로교통법상의 운전면허취득을 위한 면허 신청 등 공법관계에서 사인이 공법적 효과의 발생을 목적으로 하는 행위를 말한다.

2. 종 류

법률효과의 완성 여부를 기준으로 일반적으로 자체완성적 공법행위와 행정요건적 공법행위로 나눈다.

(1) 자체완성적(자기완결적) 공법행위

사인의 행위가 그 자체로 일정한 공법적 효과를 발생시킬 경우, 이를 자체완성적 공법행위라고 한다. 자체완성적 공법행위에 해당하면 형식상의 요건을 모두 갖춘 사인의 행위는 행정청의 수리 여부와 관계없이 그 법적효과가 달성된다. 식품위생법상의 영업신고가 대표적이다.

(2) 행정요건적 공법행위

사인의 어떤 행위가 특정 행정행위의 전제요건을 구성하는 경우, 이를 행정요건적 공법행위라고 한다. 식품위생법상 사인이 영업허가를 신청(사인의 공법행위)하였을 경우, 행정청이 법적 허가 요건을 검토하여 허가를 하였을 경우에 비로소 해당 영업이 가능하게 되는 경우를 예로 들 수 있다.

3. 적용법리

① 의사능력·행위능력

㉠ 의사능력 : 필요하다. 따라서 의사능력이 없는 자의 행위는 무효이다.

㉡ 행위능력 : 재산관계에 관한 것 이외에는 반드시 필요한 것은 아니다.

② 대리 : 일신 전속적이지 않는 한 허용된다.

③ 행위의 형식 : 문서에 의하는 경우가 많으나 반드시 요식은 아니다.

④ 효력발생시기 : 도달주의가 원칙이다. 그러나 실정법이 발신주의를 취하

고 있는 경우도 있다.

⑤ 의사의 흠결·하자있는 행위의 효력 :

㉠ 자체완성적 공법행위 : 하자의 보정이 있기까지 신고의 효과가 발생하지 않는다.

㉡ 행정요건적 공법행위 : 판례는 다음과 같은 견해를 취한다. 신청이나 동의를 요하는 행정행위에서 신청이나 동의가 없거나 신청이나 동의가 무효인 행정행위는 전제요건을 결하는 행정행위이므로 원칙상 무효이다. 사인의 공법행위가 취소할 수 있는 행위인 경우에는 사인은 행정행위가 행해지기 전에는 언제든지 사인의 공법행위를 취소 또는 철회할 수 있고, 행정행위가 행해진 후에는 사인의 공법행위를 취소 또는 철회할 수 없고, 행정행위의 취소를 청구하여야 한다.

⑥ 부관 : 붙일 수 없음이 원칙이다.

⑦ 철회·보정

그에 근거한 공법행위(주로 행정행위)가 행해질 때까지는 자유로이 철회·보정이 가능하지만, 소위 합성행위(예; 투표행위), 합동행위(예; 공공조합설립행위) 등은 철회·보정이 제한된다.

4. 사인의 공법행위의 효과

① 행정청의 처리의무가 생긴다.

② 처리의무의 불이행과 권리보호 : 처리기간이 경과하면 경우에 따라 거부처분으로 간주되기도 하고, 인용처분으로 간주되기도 한다(관련 법률의 규정에 의한다).

[관련 판례]

가. 공법상의 의사표시

1. 행정청에 대한 신청의 의사표시의 방법

구 행정절차법(2002.12.30. 법률 제6839호로 개정되기 전의 것) 제17조 제3항 본문은 “행정청은 신청이 있는 때에는 다른 법령 등에 특별한 규정이 있는 경우를 제외하고는 그 접수를 보류 또는 거부하거나 부당하게 되돌려 보내서는 아니 되며, 신청을 접수한 경우에는 신청인에게 접수증을 교부하여야 한다.”고 규정하고 있는바, 여기에서의 신청인의 행정청에 대한 신청의 의사표시는 명시적이고 확정적인 것이어야 한다고 할 것이므로 신청인이 신청에 앞서 행정청의 허가업무 담당자에게 신청서의 내용에 대한 검토를 요청한 것만으로는 다른 특별한 사정이 없는 한 명시적이고 확정적인 신청의 의사표시가 있었다고 하기 어렵다.

(대법원 2004.9.24. 선고 2003두13236 판결【개발제한구역훼손부담금부과처분취소】)

2. 공법관계에서 강압에 의한 의사표시의 효력

공직자숙정계획의 일환으로 일괄사표의 제출과 선별수리의 형식으로 공무원에 대한 의원면직처분이 이루어진 경우, 사직원 제출행위가 강압에 의하여 의사결정의 자유를 박탈당한 상태에서 이루어진 것이라고 할 수 없고 민법상 비진의 의사표시의 무효에 관한 규정은 사인의 공법행위에 적용되지 않는다는 등의 이유로 그 의원면직처분을 당연무효라고 할 수 없다.

(대법원 2001.8.24. 선고 99두9971 판결【면직무효확인등】)

3. 공법행위에 민법상 비진의 의사표시 법리가 적용되는지 여부

민법의 법률행위에 관한 규정은 행위의 격식화를 특색으로 하는 공법행위에 당연히 타당하다고 말할 수 없으므로 공법행위인 영업재개업신고에 민법 제107조는 적용될 수 없다.

(대법원 1978.7.25. 선고 76누276 판결【영업허가취소처분취소】)

4. 사인의 공법상 행위의 철회

사인의 공법상 행위는 명문으로 금지되거나 성질상 불가능한 경우가 아닌 한 그에 의거한 행정행위가 행하여질 때까지는 자유로이 철회나 보정이 가능하다고 보아야 할 것이다.

(대법원 2001.6.15. 선고 99두5566 판결【주택개량재개발조합설립및사업시행인가처분취소】)

5. 민원서류에 보완을 요구하지 아니한 채 곧바로 신청을 거부할 수 있는지 여부

[1] 민원사무처리에관한법률 제4조 제2항등에 의하면, 행정기관은 민원사항의 신청이 있는 때에는 다른 법령에 특별한 규정이 있는 경우를 제외하고는 그 접수를 보류하거나 거부할 수 없으며, 민원서류에 흠이 있는 경우에는 보완에 필요한 상당한 기간을 정하여 지체 없이 민원인에게 보완을 요구하고 그 기간 내에 민원서류를 보완하지 아니할 때에는 7일의 기간 내에 다시 보완을 요구할 수 있으며, 위 기간 내에 민원서류를 보완하지 아니한 때에 비로소 접수된 민원서류를 되돌려 보낼 수 있도록 규정되어 있는바, 위 규정 소정의 보완의 대상이 되는 흠은 보완이 가능한 경우이어야 함은 물론이고, 그 내용 또한 형식적·절차적인 요건이거나, 실질적인 요건에 관한 흠이 있는 경우라도 그것이 민원인의 단순한 착오나 일시적인 사정 등에 기한 경우 등이라야 한다.

[2] 건축불허가처분을 하면서 그 사유의 하나로 소방시설과 관련된 소방서장의

건축부동의 의견을 듣고 있으나 그 보완이 가능한 경우, 보완을 요구하지 아니한 채 곧바로 건축허가신청을 거부한 것은 재량권의 범위를 벗어난 것이다.

(대법원 2004.10.15. 선고 2003두6573 판결 【건축불허가처분취소】)

Ⅱ. 私人의 공법행위로서의 신고

1. 신고의 유형

① 자기완결적 신고(수리를 요하지 않는 신고) : 신고는 일정한 사항을 통지함으로써 의무가 끝나는 것이어서 신고서가 접수기관에 도달한 때에 신고의무가 이행된 것으로 보아야 한다(행정절차법 제40조 참조).

> ㉠ 「건축법 제9조 등에 의한 소규모 건축물을 건축하고자 하는 자는 적법한 요건을 갖춘 신고만 하면 행정청의 수리처분 등 별다른 조처를 기다릴 필요 없이 건축을 할 수 있다」(대판 2000.9.5, 99두8800).
> ㉡ 「체육시설의 설치이용에 관한 법률 제18조에 의한 변경신고서는 그 신고 자체가 위법하거나 그 신고에 무효사유가 없는 한 이것이 도지사에게 제출하여 접수된 때에 신고가 있었다고 볼 것이고, 도지사의 수리행위가 있어야만 신고가 있었다고 볼 것은 아니다」(대결 1993.7.6, 93마635).

② 수리를 요하는 신고 : 신고의 효과가 발생하기 위해서는 행정청의 수리를 요하는 신고를 말한다.

> ㉠ 「식품위생법 제25조 제3항에 의한 **영업양도에 따른 지위승계신고를 수리**하는 허가관청의 행위는 단순히 양도·양수인 사이에 이미 발생한 사법상의 사업양도의 법률효과에 의하여 양수인이 그 영업을 승계하였다는 사실의 신고를 접수하는 행위에 그치는 것이 아니라, **영업허가자의 변경이라는 법률효과를 발생시키는 행위**라고 할 것이다」(대판 1995.2.24, 94누9146)
> ㉡ 「수산업법 제44조 소정의 어업의 신고는 행정청의 수리에 의하여 비로소 그 효과가 발생하는 이른바 '수리를 요하는 신고'라고 할 것이고, 따라서 설사 관할관청이 어업신고를 수리하면서 공유수면매립구역을 조업구역에서 제외한 것이 위법하다고 하더라도, 그 제외된 구역에 관하여 관할관청의 적법한 수리가 없었던 것이 분명한 이상 그 구역에 관하여는 같은 법 제44조 소정의 적법한 어업신고가 있는 것으로 볼 수 없다」(대판2000.5.26, 99다37382).
> ㉢ 구 유통산업발전법상의 대규모점포의 개설등록은 수리를 요하는 신고로서 행정처분에 해당한다(대판 2015.11.19, 2015두295 전합판결)

2. 수리 거부행위의 법적 성질

① 자기완결적 신고 : 자기완결적 신고의 수리 내지 수리거부행위는 처분성 부정된다.

> ㉠「차고의 증축은 건축법 제9조 제1항에 규정된 신고사항에 해당하여 건축주인 참가인이 건축법에 의한 신고를 한 이상 참가인은 피고의 수리 여부에 관계없이 이 사건 토지상에 차고를 증축할 수 있으므로, 피고가 참가인의 증축신고를 수리한 행위가 참가인은 물론 제3자인 원고 등의 구체적인 권리 의무에 직접 변동을 초래하는 행정처분이라고 할 수 없다」(대판 1999.10.22, 98두18435).
> ㉡「건축법 제9조 등에 의한 소규모 건축물을 건축하고자 하는 자는 적법한 요건을 갖춘 신고만 하면 행정청의 수리처분 등 별단의 조처를 기다릴 필요 없이 건축을 할 수 있으므로, 위 건축신고에 대한 행정청의 반려조치는 국민의 구체적인 권리 의무에 변동을 초래하는 것을 내용으로 하는 행정처분이라고 볼 수 없다」(대판 2000.9.5, 99두8840).

[참고판례]

[1] 행정청의 어떤 행위가 항고소송의 대상이 될 수 있는지의 문제는 추상적·일반적으로 결정할 수 없고, 구체적인 경우 행정처분은 행정청이 공권력의 주체로서 행하는 구체적 사실에 관한 법집행으로서 국민의 권리의무에 직접적으로 영향을 미치는 행위라는 점을 염두에 두고, 관련 법령의 내용과 취지, 그 행위의 주체·내용·형식·절차, 그 행위와 상대방 등 이해관계인이 입는 불이익과의 실질적 견련성, 그리고 법치행정의 원리와 당해 행위에 관련한 행정청 및 이해관계인의 태도 등을 참작하여 개별적으로 결정하여야 한다.

[2] 구 건축법(2008.3.21. 법률 제8974호로 전부 개정되기 전의 것) 관련 규정의 내용 및 취지에 의하면, 행정청은 건축신고로써 건축허가가 의제되는 건축물의 경우에도 그 신고 없이 건축이 개시될 경우 건축주 등에 대하여 공사 중지·철거·사용금지 등의 시정명령을 할 수 있고(제69조 제1항), 그 시정명령을 받고 이행하지 않은 건축물에 대하여는 당해 건축물을 사용하여 행할 다른 법령에 의한 영업 기타 행위의 허가를 하지 않도록 요청할 수 있으며(제69조 제2항), 그 요청을 받은 자는 특별한 이유가 없는 한 이에 응하여야 하고(제69조 제3항), 나아가 행정청은 그 시정명령의 이행을 하지 아니한 건축주 등에 대하여는 이행강제금을 부과할 수 있으며(제69조의2 제1항 제1호), 또한 건축신고를 하지 않은 자는 200만 원 이하의 벌금에 처해질 수 있다(제80조 제1호, 제9조). 이와 같이 건축주 등은 신고제하에서도 건축신고가 반려될 경우 당해 건축물의 건축을 개시하면 시정명령, 이행강제금, 벌금의 대상이 되거나 당해 건축물을 사용하여 행할 행위의 허가가 거부될 우려가 있어 불안

정한 지위에 놓이게 된다. 따라서 건축신고 반려행위가 이루어진 단계에서 당사자로 하여금 반려행위의 적법성을 다투어 그 법적 불안을 해소한 다음 건축행위에 나아가도록 함으로써 장차 있을지도 모르는 위험에서 미리 벗어날 수 있도록 길을 열어 주고, 위법한 건축물의 양산과 그 철거를 둘러싼 분쟁을 조기에 근본적으로 해결할 수 있게 하는 것이 법치행정의 원리에 부합한다. 그러므로 건축신고 반려행위는 항고소송의 대상이 된다고 보는 것이 옳다.
(대법원 2010.11.18. 선고 2008두167 전원합의체 판결【건축신고불허(또는 반려) 처분취소】)

② 수리를 요하는 신고 : 수리를 요하는 신고의 수리와 수리거부행위는 처분성이 인정된다. 따라서 수리거부행위는 항고소송의 대상이 된다.

㉠ 「액화석유가스의안전및사업관리법 제7조 제2항에 의한 사업양수에 의한 지위승계신고를 수리하는 허가관청의 행위는 단순히 양도, 양수자 사이에 발생한 **사법상의 사업양도의 법률효과**에 의하여 양수자가 사업을 승계하였다는 사실의 신고를 접수하는 행위에 그치는 것이 아니라 실질에 있어서 양도자의 사업허가를 취소함과 아울러 양수자에게 적법히 사업을 할 수 있는 법규상 권리를 설정하여 주는 행위로서 사업 허가자의 변경이라는 법률효과를 발생시키는 행위이므로 허가관청이 법제7조 제2항에 의한 사업양수에 의한 지위승계신고를 수리하는 행위는 행정처분에 해당한다」(**대판 1993.6.8, 91누11544**).[이러한 신고를 '정보제공적 신고'로 보기도 한다.]

㉡ 「건축주명의변경신고수리거부행위는 행정청이 허가대상건축물 양수인의 건축주명의변경신고라는 구체적인 사실에 관한 법집행으로서 그 신고를 수리하여야 할 법령상의 의무를 지고 있음에도 불구하고 그 신고의 수리를 거부함으로써, 양수인이 건축공사를 계속하기 위하여 또는 건축공사를 완료한 후 자신의 명의로 소유권보존등기를 하기 위하여 가지는 구체적인 법적이익을 침해하는 결과가 되었다고 할 것이므로, 비록 건축허가가 대물적 허가로서 그 허가의 효과가 허가대상건축물에 대한 권리변동에 수반하여 이전된다고 하더라도, 양수인의 권리의무에 직접 영향을 미치는 것으로서 취소소송의 대상이 되는 처분이라고 하지 않을 수 없다」(대판 1992.3.11, 91누4911).

[관련 판례]

▶ 수리를 요하지 않는 신고

1. 신고에 행정청의 수리행위를 요하는지 여부

행정청에 대한 신고는 일정한 법률사실 또는 법률관계에 관하여 관계행정청에 일방적으로 통고를 하는 것을 뜻하는 것으로서 법에 별도의 규정이 있거나 다른 특별한 사정이 없는 한 행정청에 대한 통고로서 그치는 것이고 그에 대한 행정청의 반사적 결정을 기다릴 필요가 없는 것이므로, 체육시설의 설치·이용에 관한 법률 제18조에 의한 변경신고서는 그 신고 자체가 위법하거나 그 신고에 무효사유가 없는 한 이것이 도지사에게 제출하여 접수된 때에 신고가 있었다고 볼 것이다.

(대법원 1993.7.6. 자 93마635 결정 【과태료처분에대한이의】)

2. 신고에 행정정의 수리를 요하는지 여부

주택건설촉진법의 각 규정들에 의하면, 공동주택 및 부대시설·복리시설의 소유자·입주자·사용자 및 관리주체가 건설부령이 정하는 경미한 사항으로서 신고대상인 건축물의 건축행위를 하고자 할 경우에는 그 관계 법령에 신고만으로 건축할 수 있는 경우에 해당하는 여부 및 그 구비서류 등이 갖추어져 있는지 여부 등을 심사하여 그것이 법규정에 부합하는 이상 이를 수리하여야 하고, 같은 법 규정에 정하지 아니한 사유를 심사하여 이를 이유로 신고수리를 거부할 수는 없다.

(대법원 1999.4.27. 선고 97누6780 판결 【건축물철거대집행계고처분취소】)

3. 건축법상 신고의 효력(=자기완결적 신고)

건축법상 신고사항에 관하여는 건축을 하고자 하는 자가 적법한 요건을 갖춘 신고만 하면 건축을 할 수 있고 행정청의 수리처분 등 별단의 조처를 기다릴 필요가 없다고 할 것이므로 행정청이 신고수리처분을 철회하였다고 하여 신고에 따른 건축행위가 건축법에 위반한 것으로 될 수 없으니 이를 이유로 공사의 중지를 명할 수 없다.

(대법원 1990.6.12. 선고 90누2468 판결 【담장설치공사중지명령취소】)

4. 법령에 규정되지 아니한 사유를 들어 신고를 반려한 경우, 신고의 효력발생 시기(=신고서 제출시)

행정관청에 대한 신고는 일정한 법률사실 또는 법률관계에 관하여 관계 행정관청에 일방적인 통고를 하는 것을 뜻하는 것으로 법령에 별도의 규정이 있거나 다른 특별한 사정이 없는 한 행정관청에 대한 통고로써 그치는 것이고, 그에 대한 행정관청의 반사적 결정을 기다릴 필요가 없는 것인바, 관할 관청에 신고업의 신고서가 제출되었다면 담당공무원이 법령에 규정되지 아니한 다른 사유를 들어 그 신고를 수리하지 아니하고 반려하였다고 하더라도, 그 신고서가 제출된 때에 신고가 있었다고 볼 것이다.

(대법원 1999.12.24. 선고 98다57419, 57426 판결 【보상금】)

▶ 수리를 요하는 신고

[다수의견] 구 유통산업발전법(2013.1.23. 법률 제11626호로 개정되기 전의 것, 이하 같다) 제2조 제3호, 제3의2호, 제8조 제1항, 제12조의2 제1항, 제2항, 제3항, 구 유통산업발전법 시행령(2013.4.22. 대통령령 제24511호로 개정되기 전의 것, 이하 같다) 제3조 제1항 [별표 1], 제7조의2의 내용과 체계, 구 유통산업발전법의 입법 목적 등과 아울러, 구 유통산업발전법 제12조의2 제1항, 제2항, 제3항은 기존의 대규모점포의

등록된 유형 구분을 전제로 '대형마트로 등록된 대규모점포'를 일체로서 규제 대상으로 삼고자 하는 데 취지가 있는 점, 대규모점포의 개설 등록은 이른바 '수리를 요하는 신고'로서 행정처분에 해당하고 등록은 구체적 유형 구분에 따라 이루어지므로, 등록의 효력은 대규모점포가 구체적으로 어떠한 유형에 속하는지에 관하여도 미치는 점, 따라서 대규모점포가 대형마트로 개설 등록되었다면 점포의 유형을 포함한 등록 내용이 대규모점포를 개설하고자 하는 자의 신청 등에 따라 변경등록되지 않는 이상 대규모점포를 개설하고자 하는 자 등에 대한 구속력을 가지는 점 등에 비추어 보면, 구 유통산업발전법 제12조의2 제1항, 제2항, 제3항에 따라 영업시간 제한 등 규제 대상이 되는 대형마트에 해당하는지는, 일단 대형마트로 개설 등록되었다면 특별한 사정이 없는 한, 개설 등록된 형식에 따라 대규모점포를 일체로서 판단하여야 하고, 대규모점포를 구성하는 개별 점포의 실질이 대형마트의 요건에 부합하는지를 다시 살필 것은 아니다.

(대법원 2015.11.19. 선고 2015두295 전원합의체 판결【영업시간제한등처분취소】)

5. 지위승계신고 수리행위가 행정처분에 해당하는지 여부(적극)

액화석유가스의 안전 및 사업관리법 제7조 제2항에 의한 사업양수에 의한 지위승계신고를 수리하는 허가관청의 행위는 단순히 양도, 양수자 사이에 발생한 사법상의 사업양도의 법률효과에 의하여 양수자가 사업을 승계하였다는 사실의 신고를 접수하는 행위에 그치는 것이 아니라 실질에 있어서 양도자의 사업허가를 취소함과 아울러 양수자에게 적법하게 사업을 할 수 있는 법규상 권리를 설정하여 주는 행위로서 사업허가자의 변경이라는 법률효과를 발생시키는 행위이므로 허가관청이 법 제7조 제2항에 의한 사업양수에 의한 지위승계신고를 수리하는 행위는 행정처분에 해당한다.

(대법원 1993.6.8. 선고 91누11544 판결【건축허가무효확인등】)

6. 수리를 요하는 신고에서 위법한 수리의 효력

수산업법 제44조 소정의 어업의 신고는 행정청의 수리에 의하여 비로소 그 효과가 발생하는 이른바 '수리를 요하는 신고'라고 할 것이고, 따라서 설사 관할관청이 어업신고를 수리하면서 공유수면매립구역을 조업구역에서 제외한 것이 위법하다고 하더라도, 그 제외된 구역에 관하여 관할관청의 적법한 수리가 없었던 것이 분명한 이상 그 구역에 관하여는 같은 법 제44조 소정의 적법한 어업신고가 있는 것으로 볼 수 없다.

(대법원 2000.5.26. 선고 99다37382 판결【손해배상(기)】)

7. 주민등록전입신고 수리 여부에 관한 심사의 범위와 대상

주민들의 거주지 이동에 따른 주민등록전입신고에 대하여 행정청이 이를 심사하여 그 수리를 거부할 수는 있다고 하더라도, 그러한 행위는 자칫 헌법상 보장된 국민의 거주·이전의 자유를 침해하는 결과를 가져올 수도 있으므로, 시장·군수 또는 구청장의 주민등록전입신고 수리 여부에 대한 심사는 주민등록법의 입법 목적의 범위 내에서 제한적으로 이루어져야 한다. 한편, 주민등록법의 입법 목적 및 주민등록 대상자에 관한 규정을 고려해 보면, 전입신고를 받은 시장·군수 또는 구청장의 심사 대상은 전입신고자가 30일 이상 생활의 근거로 거주할 목적으로 거주지를 옮기는지 여부만으로 제한된다고 보아야 한다. 따라서 전입신고자가 거주의 목적 이외에 다른 이해관계에 관한 의도를 가지고 있는지 여부, 무허가 건축물의 관리, 전입신고를 수리함으로써 당해 지방자치단체에 미치는 영향 등과 같은 사유는 주민등록법이 아닌 다른 법률에 의하여 규율되어야 하고, 주민등록전입신고의 수리 여부를 심사하는 단계에서는 고려 대상이 될 수 없다.

(대법원 2009.6.18. 선고 2008두10997 전원합의체 판결【주민등록전입신고수리거부처분취소】)

▶ 적법한 신고의 요건

8. 무허가건물에서의 영업 신고

구 건축법(1991.5.31. 법률 제4381호로 전문 개정되기 전의 것)과 체육시설의 설치·이용에 관한 법률은 입법목적, 규정사항, 적용범위 등을 서로 달리하고 있어서 골프연습장의 설치에 관하여 체육시설의 설치·이용에 관한 법률이 건축법에 우선하여 배타적으로 적용되는 관계에 있다고 해석되지 아니하므로 체육시설의 설치·이용에 관한 법률에 따른 골프연습장의 신고요건을 갖춘 자라 할지라도 골프연습장을 설치하려는 건물이 건축법상 무허가 건물이라면 적법한 신고를 할 수 없다.

(대법원 1993.4.27. 선고 93누1374 판결【체육시설업신고서반려처분취소】)

9. 다른 법률에 의해 동시에 신고의무가 부과되는 경우 신고의 요건

학교보건법과 체육시설의 설치·이용에 관한 법률은 그 입법목적, 규정사항, 적용범위 등을 서로 달리 하고 있어서 당구장의 설치에 관하여 체육시설의 설치·이용에 관한 법률이 학교보건법에 우선하여 배타적으로 적용되는 관계에 있다고는 해석되지 아니하므로 체육시설의 설치·이용에 관한 법률에 따른 당구장업의 신고요건을 갖춘 자라 할지라도 학교보건법 제5조 소정의 학교환경 위생정화구역 내에서는 같은 법 제6조에 의한 별도 요건을 충족하지 아니하는 한 적법한 신고를 할 수 없다고 보아야 한다.

(대법원 1991.7.12. 선고 90누8350 판결【체육시설업신고거부처분취소】)

제4장 행정의 행위형식

제1절 행정입법

제1항 법규명령

Ⅰ. 법규명령의 개념

광의의 법령상의 수권에 근거하거나 법령을 집행하기 위하여 행정권이 정립하는 일반적·추상적 규범을 말한다. 전통적 견해는 법령의 근거(수권성)와 법규성(국민의 권리와 의무에 관한 일반구속성)을 법규명령개념의 필수요소로 본다.

Ⅱ. 법규명령의 종류

1. 효력에 의한 분류

① 법률대위명령(대통령의 긴급명령 및 긴급재정·경제명령)

② 법률종속명령

㉠ 위임명령

ⓐ 법률 또는 상위명령에 의해 개별적·구체적으로 위임된 사항에 관하여 발하는 명령이다.

ⓑ 제정에 상위법령의 근거를 필요로 한다.

ⓒ 위임된 범위내에서는 새로운 입법사항에 관해서도 규정이 가능하다.

㉡ 집행명령

ⓐ 법률 또는 상위명령의 규정의 범위안에서 그 시행에 관한 세부적 사항을 정하는 명령이다.

ⓑ 상위법령의 명시적 근거가 없는 경우에도 제정이 가능하다.

ⓒ 새로운 입법사항에 관해서는 규율할 수 없다.

2. 법형식에 의한 분류

① 긴급명령과 긴급재정·경제명령(헌법 제76조) ② 대통령령(헌법 제75조)
③ 총리령·부령(헌법 제95조)
④ 중앙선거관리위원회 규칙(헌법 제114조제6항)
⑤ 감사원 규칙 : 감사원법(제52조)에 근거, 법적 성질(행정규칙·법규명령)의 문제
⑥ 국회의사규칙, 대법원규칙, 헌법재판소규칙(광의의 법규명령에 포함)

Ⅲ. 행정규칙형식의 법규명령

1. 훈 령

① 국세청훈령인 주류면허제도개선업무처리지침, 재산제세사무처리규정(財産諸稅事務處理規定)
② 국무총리훈령인 개별토지가격합동조사지침

「법령이 일정한 행정기관에 대하여 법령의 내용을 구체적으로 보충 규정할 권한을 위임하고 이에 따라 행정기관이 행정규칙의 형식으로 그 법령의 내용이 될 사항을 규정하였다면 위 행정규칙은 법령의 내용과 결합하여 법규로서의 효력을 가진다 할 것이므로 소득세법시행령이 국세청장에게 일정한 범위의 거래를 지정할 수 있는 권한을 부여하고 이에 따라 국세청장이 훈령으로 재산제세사무처리규정을 제정한 것인 만큼 이 규정은 과세의 법령상 근거가 된다.」(대판 1988.3.22, 87누654).

2. 고 시

① 보건복지부 고시인 수탁검사실시기관인정 등 기준·식품제조영업허가 기준

보건복지부장관이 고시의 형식으로 정한 '의료보험진료수가기준' 중 '수탁검사실시기관인정등기준'은 요양급여 및 분만급여의 방법·절차·범위·상한기준 및 그 비용 등 법령의 내용이 되는 구체적인 사항을 보건복지부장관으로 하여금 정하도록 한 의료보험법의 위임에 따라 이를 정한 규정으로서 법령의 위임한계를 벗어나지 아니하는 한 **법령의 내용을 보충하는 기능**을 하면서 **그와 결합하여** 대외적으로 구속력이 있는 법규명령으로서의 효력을 가진다고 볼 것이므로, 요양기관의 진료비청구가 위 규정에 적합하지 아니하여 진료비심사지급기관이 그 지급을 거절하였다면 특별한 사정이 없는 한 그 처분은 적법하다고 보아야 한다(대판 1999.6.22, 98두17807).

② 산업자원부 고시인 공장입지기준고시, 수입선다변화품목의 지정 등에 관

한 고시

③ 허가관청이 정하는 액화석유가스판매업허가처리기준에 관한 고시

Ⅲ. 법규명령의 성립요건·효력요건

1. 성립요건

① 주체에 관한 요건 : 법규명령은 의회입법의 원칙에 대한 예외이므로, 법규명령 제정권자는 원칙상 헌법에 의해 인정되어야 한다(대통령, 총리, 행정각부의 장, 중앙선관위원회위원장 등).

② 내용에 관한 요건

㉠ 수권의 범위내 ㉡ 상위법령에 저촉불가

㉢ 내용이 실현가능, 명백할 것

③ 절차에 관한 요건

㉠ 대통령령 : 법제처심사와 국무회의의 심의를 요한다.

㉡ 총리령·부령 : 법제처심사에 그친다.

㉢ 학사제도 등 다수 국민의 일상생활과 관계되는 법령안 : 입법취지 등을 20일 이상 관보 등에 게재한다.

㉣ 행정상 입법예고(행정절차법 제4장 부분 참조)의 절차를 준수하여야 한다.

④ 형식에 관한 요건 : 조문의 형식을 기본으로 한다.

2. 효력요건

① 공포 : 법규명령은 시행됨으로써 효력을 발생한다. 특별한 규정이 없는 한 공포한 날로부터 20일이 경과함으로써 효력이 발생한다.

② 국민의 권리제한·의무부과와 직접 관련되는 법규명령에 대한 특례 : 공포한 날로부터 30일이 경과한 날로부터 시행한다.

3. 위법한 법규명령의 효력

① 법령의 위임 없는 법규명령은 일반 국민에 대한 구속력은 없고(대법원 전합 2015.6.25, 2007두4995), 행정조직 내에서 적용되는 행정명령의 성격을 가질 뿐이다(대법원 전합 2015.6.23, 2012두2986).

② 어떤 법규명령이 위임의 근거가 없어 무효였더라도 법개정으로 위임의

근거가 부여되면 그 때부터 유효한 법규명령이 된다.

③ 법규명령이 내용상 상위 법령에 저촉되는 등 법규명령이 위법한 경우의 효력에 관해서는 취소·무효설, 상대적 무효설, 유효설 등이 있으며, 판례는 무효로 본다. 소송 실무에서는 처분적 명령에 대해서는 무효확인소송을 제기하는 것이 일반적이다.

④ 법원에 의해 선결문제에서 위헌 또는 위법이 확인된 경우에는 그 명령은 당해 사건에 한하여 적용되지 않는다.

Ⅴ. 위임명령의 제정범위와 한계

1. 포괄적 위임의 금지

① 포괄적 위임여부의 판단기준 : 단순히 외형만을 기준으로 할 것이 아니라, 그 법률의 전반적인 체계·취지·목적, 당해 조항의 규정형식과 내용, 관련법규를 모두 고려하여야 한다.

cf) 예외 : 부천시담배자동판매기설치금지조례 제4조 등 위헌확인, 강남구담배자동판매기설치금지조례 제4조 등 위헌확인(1995.4.20. 92헌마264, 279(병합) 전원재판부)

조례(條例)의 제정권자인 지방의회(地方議會)는 선거를 통해서 그 지역적인 민주적 정당성을 지니고 있는 주민(住民)의 대표기관(代表機關)이고 헌법이 지방자치단체(地方自治團體)에 포괄적(包括的)인 자치권(自治權)을 보장하고 있는 취지로 볼 때, 조례(條例)에 대한 법률(法律)의 위임(委任)은 법규명령(法規命令)에 대한 법률(法律)의 위임(委任)과 같이 반드시 구체적(具體的)으로 범위(範圍)를 정하여 할 필요가 없으며 포괄적(包括的)인 것으로 족하다.

② 개별적·구체적 위임의 의미 : 대상의 한정성·기준의 명확성

③ 구체성·명확성의 정도

㉠ 국민의 기본권을 제한하거나 침해할 소지가 있는 사항에 관한 위임에 있어서는 급부행정의 영역보다 구체성 내지 명확성이 보다 엄격하게 요구되는 반면(대판 2000.10.19, 98두6265 참조).

㉡ 다양한 사실관계를 규율하거나 사실관계가 수시로 변화될 것이 예상될 때에는 위임의 명확성의 요건이 완화되어야 한다(헌재결 1991.2.11, 90헌가27 참조).

cf) 2010.12.28 선고(2008헌바157, 전기통신기본법 제47조제1항 위헌소원)

제47조(벌칙) ① 공익을 해할 목적으로 전기통신설비에 의하여 공연히 허위의 통신을 한 자는 5년 이하의 징역 또는 5천만원 이하의 벌금에 처한다.

헌법재판소 2010.12.28. 선고 2008헌바157,2009헌바88(병합) 전원재판부 【전기통신기본법제47조제1항위헌소원】

이 사건 법률조항은 표현의 자유에 대한 제한입법이며, 동시에 형벌조항에 해당하므로, **엄격한 의미의 명확성원칙이 적용**된다. 그런데 이 사건 법률조항은 "공익을 해할 목적"의 허위의 통신을 금지하는바, 여기서의 "공익"은 형벌조항의 구성요건으로서 구체적인 표지를 정하고 있는 것이 아니라, 헌법상 기본권 제한에 필요한 최소한의 요건 또는 헌법상 언론·출판의 자유의 한계를 그대로 법률에 옮겨 놓은 것에 불과할 정도로 그 의미가 불명확하고 추상적이다. 따라서 어떠한 표현행위가 "공익"을 해하는 것인지, 아닌지에 관한 판단은 사람마다의 가치관, 윤리관에 따라 크게 달라질 수밖에 없으며, 이는 판단주체가 법전문가라 하여도 마찬가지이고, 법집행자의 통상적 해석을 통하여 그 의미내용이 객관적으로 확정될 수 있다고 보기 어렵다. 나아가 현재의 다원적이고 가치상대적인 사회구조 하에서 구체적으로 어떤 행위상황이 문제되었을 때에 문제되는 공익은 하나로 수렴되지 않는 경우가 대부분인바, 공익을 해할 목적이 있는지 여부를 판단하기 위한 공익간 형량의 결과가 언제나 객관적으로 명백한 것도 아니다. 결국, 이 사건 법률조항은 수범자인 국민에 대하여 일반적으로 허용되는 '허위의 통신' 가운데 어떤 목적의 통신이 금지되는 것인지 고지하여 주지 못하고 있으므로 표현의 자유에서 요구하는 명확성의 요청 및 죄형법정주의의 명확성원칙에 위배하여 헌법에 위반된다.

2. 국회전속사항의 위임금지

① 본질적 내용이 법률로 정해지면, 세부적 사항에 관하여는 위임이 가능하다.

② 국회전속사항은 법률로 정하여야 한다.

- ㉠ 대한민국의 국민이 되는 요건(헌법 제2조)
- ㉡ 재산권의 수용·사용·제한 및 그에 대한 보상(同 제23조제3항)
- ㉢ 조세의 종목과 세율(조세법률주의, 同 제59조)
- ㉣ 국회의원의 수, 선거구(同 제41조제2항·제3항)
- ㉤ 병(兵)의 복무기간 등

cf) 중요사항유보설, 의회유보설, KBS수신료사건

3. 벌칙의 위임

구성요건의 구체적 기준과 벌칙의 상·하한(특히, 최고한도)을 정하여 위임하는 것은 가능하다.

4. 재위임

전면적 재위임(백지재위임)만 아니면 가능하다.

재위임에 관한 일반규정으로는 대통령령인 「행정권한의 위임 및 위탁에 관한 규정」이 있다.

> 제4조(재위임) 특별시장·광역시장·특별자치시장·도지사 또는 특별자치도지사(특별시·광역시·특별자치시·도 또는 특별자치도의 교육감을 포함한다. 이하 같다)나 시장·군수 또는 구청장(자치구의 구청장을 말한다. 이하 같다)은 행정의 능률향상과 주민의 편의를 위하여 필요하다고 인정될 때에는 수임사무의 일부를 그 위임기관의 장의 승인을 받아 규칙으로 정하는 바에 따라 시장·군수·구청장(교육장을 포함한다) 또는 읍·면·동장, 그 밖의 소속기관의 장에게 다시 위임할 수 있다.

Ⅵ. 법규명령에 대한 통제

1. 의회에 의한 통제

(1) 간접적 통제

① 의의 : 국정감사권 발동에 의하여 법규명령의 적법·타당성을 감사할 수 있다.

② 간접적 통제의 방법

㉠ 질문

㉡ 국무총리나 국무위원의 해임건의

㉢ 대통령·국무총리 등에 대한 탄핵소추

(2) 직접적 통제

① 헌법 제76조제3항·4항 : 대통령이 긴급명령 또는 긴급재정경제명령을 발한 때에는 지체 없이 국회에 보고하여 승인을 받아야 하며, 승인을 받지 못한 때에는 그 때부터 효력을 상실 한다

② 국회법 제98조의2에 의한 통제 : 국회법 제98조의2는 대통령령·총리령·부령·훈령·예규·고시 등의 제정·개정 및 폐지 및 대통령령을 입법예고하는 경우에 국회 소관상임위원회에 제출하도록 규정하고 있는바, 오늘날 이러한 방식에 의한 통제를 직접적 통제로 설명하기도 한다.

2. 사법적 통제

(1) 법원에 의한 통제－구체적 규범통제

① 법적근거 : 명령·규칙·조례가 헌법이나 법률에 위반되는 여부가 재판의 전제가 된 경우에는 대법원은 이를 최종적으로 심사할 권한을 가진다(헌법 제107조제2항).

② 구체적 규범통제의 대상 : 명령, 규칙(국회규칙, 대법원규칙, 중앙선거관리위원회규칙, 헌법재판소 규칙을 의미) 및 조례

* 행정규칙은 헌법 제107조제2항의 규칙에 해당하지 않음

③ 구체적 규범통제의 주체 : 각급 법원(대법원이 최종적으로 심사)

④ 상위 법령의 위임이 없거나 위임의 한계를 넘은 위임명령은 무효이다(대판 2005,4,29.선고 2004두14090 판결). 무효로 판정된 법규명령은 공식절차에 의하여 폐지되지 않는 한 여전히 유효하고, 당해 사건에만 적용되지 않는다(구체적 규범통제 원칙).

행정소송에 대한 대법원판결에 의하여 명령·규칙이 헌법 또는 법률에 위반된다는 것이 확정된 경우에는 대법원은 지체없이 그 사유를 행정안전부장관에게 통보하여야 한다(행정소송법 제6조).

Q1) 소위 처분적 법규명령에 대하여 항고소송은 가능한가? 　- 두밀분교폐지조례사건(대판 95누8003) Q2) 처분적 법규명령에 대한 부작위위법확인소송이 가능한가? 　- 특정다목적댐법시행령미제정사건(대판 91누11261), 아래 입법부작위 참고

3. 헌법재판소에 의한 통제

① 법규명령의 위헌성 여부에 대한 헌법소원이 제기된 경우에 헌법재판소가 그에 대한 심판권을 갖는가가 문제된다.

② 이에 대해서, ㉠ 적극설(헌재 입장)과 ㉡ 소극설(대법원 입장)로 나눌 수 있

으나, 법규명령이 집행행위의 매개 없이 국민의 기본권을 직접 침해한 경우에는 헌법소원을 통하여 다툴 수 있다는 것이 헌법재판소의 입장이다(헌재 1990.10.15, 89헌마178). 다만, 예외적으로 법규명령의 처분성이 인정되어 항고소송을 통하여 법규명령의 효력을 직접 다툴 수 있는 경우에는 헌법소원의 보충성의 원칙에 의하여 헌법소원을 제기할 수는 없다. 다만, 법규명령이 집행행위의 매개 없이 직접 국민의 기본권을 침해하는 경우라면 항고소송의 대상인 처분에 해당됨과 동시에 헌법소원의 대상도 될 수 있어, 논란의 소지는 있다.

③ 판례 : 법무사법시행규칙(대법원규칙)에 대하여 헌법재판소는 위헌결정을 내린바 있다(헌재 1990.10.15, 89헌바178 참조).

Ⅶ. 입법부작위의 문제

1. 종 류

① 진정입법부작위 : 헌법상 입법의무가 있는 어떤 사항에 관하여 전혀 입법을 하지 아니함으로써 '입법행위의 흠결이 있는 경우'. 입법부작위도 '공권력의 행사나 불행사'에 해당한다.

② 부진정입법부작위 : 입법자가 어떤 사항에 관하여 입법은 하였으나 그 입법의 내용·범위 등이 당해 사항을 불완전하게 규율함으로써 '입법행위에 결함이 있는 경우'를 말한다.

2. 입법부작위에 대한 헌법소원

진정입법부작위는 예외적으로 가능, 부진정입법부작위는 불가하다는 것이 헌재의 입장이다.

> 입법부작위에 대한 헌법소원은 원칙적으로 인정될 수 없고, 다만 헌법에서 기본권 보장을 위해 명시적인 입법위임을 하였음에도 입법자가 이를 이행하지 않거나, 헌법해석상 특정인에게 구체적인 기본권이 생겨 이를 보장하기 위한 국가의 행위의무 내지 보호의무가 발생하였음이 명백함에도 입법자가 아무런 입법조치를 취하지 않고 있는 경우에만 예외적으로 인정될 수 있다. 기본권 보장을 위한 법규정이 불완전하여 보충을 요하는 경우에는 그 불완전한 법규 자체를 대상으로 하여 그것이 헌법위반이라는 적극적인 헌법소원을 청구함은 별론으로 하고, **입법부작위를 헌법소원의 대상으로 삼을 수는 없다**(헌재결 1999.1.28, 97헌마9).

3. 입법부작위에 대한 부작위위법확인소송

판례는 인정하지 않고 있다. 그러나 처분적 행정입법의 경우에는 예외적으로 가능하다고 볼 수 있다.

> 원고는 특정다목적댐법 제41조에 의하여 다목적댐 건설로 인한 손실보상 의무가 국가에게 있고 같은 법 제42조에 의하면 손실보상절차와 그 방법 등 필요한 사항은 대통령령으로 규정하도록 되어 있음에도 피고가 이를 제정하지 아니한 것은 행정입법 부작위에 해당하는 것이어서 그 부작위 위법 확인을 구한다고 주장하나, **행정소송은 구체적 사건에 대한 법률상 분쟁을 법에 의하여 해결함으로써 법적 안정을 기하자는 것**이므로 부작위위법확인소송의 대상이 될 수 있는 것은 구체적 권리의무에 관한 분쟁이어야 하고 추상적인 법령에 관하여 제정 여부 등은 그 자체로서 국민의 구체적인 권리의무에 직접적 변동을 초래하는 것이 아니어서 행정소송의 대상이 될 수 없다(대판 1992.5.8, 91누11261).

Ⅷ. 국가배상청구의 가능성

행정입법부작위로 인하여 손해가 발생한 경우에 행정청의 과실이 인정되는 경우에는 국가배상청구가 가능하다(대판 2007.11.29. 2006다3561: 군법무관보수청구사건).

[관련 판례]

▶ 법규명령의 근거와 한계

1. 위임입법으로서의 법규명령

위임입법이란 법률 또는 상위명령에서 구체적으로 범위를 정하여 위임받은 사항에 관하여 법규로서의 성질을 가지는 일반적·추상적 규범을 정립하는 것을 의미하는 것으로서 형식적 의미의 법률(국회입법)에는 속하지 않지만 실질적으로는 행정에 의한 입법으로서 법률과 같은 성질을 갖는 법규의 정립이기 때문에 권력분립주의 내지 법치주의 원리에 비추어 그 요건이 엄격할 수밖에 없으니 법규적 효력을 가지는 행정입법의 제정에는 반드시 구체적이며 명확한 법률의 위임을 요하는 것이다(헌법 제75조). 우리 헌법의 지도이념인 법의 지배 내지 법치주의의 원리는 국가권력행사의 예측가능성 보장을 위하여 그 주체와 방법 및 그 범위를 법률로 규정한 것을 요구하며 예외적으로 위임입법을 허용하는 경우에 있어서도 법률에 의한 수권에 의거한 명령의 내용이 어떠한 것이 될 수 있을 것인가를 국민에게 예측가능한 것임을 요구하는 것이다.

(헌재 1993.5.13.,92헌마80)

2. 위임입법의 한계 및 그 판단 기준

위임명령은 법률이나 상위명령에서 구체적으로 범위를 정한 개별적인 위임이 있을 때에 가능하고, 여기에서 구체적인 위임의 범위는 규제하고자 하는 대상의 종류와 성격에 따라 달라지는 것이어서 일률적 기준을 정할 수는 없지만, 적어도 위임명령에 규정될 내용 및 범위의 기본사항이 구체적으로 규정되어 있어서 누구라도 당해 법률로부터 위임명령에 규정될 내용의 대강을 예측할 수 있어야 하나, 이 경우 그 예측가능성의 유무는 당해 위임조항 하나만을 가지고 판단할 것이 아니라 그 위임조항이 속한 법률의 전반적인 체계와 취지·목적, 당해 위임조항의 규정형식과 내용 및 관련 법규를 유기적·체계적으로 종합 판단하여야 하며, 나아가 각 규제 대상의 성질에 따라 구체적·개별적으로 검토함을 요한다.

(대법원 2004.7.22. 선고 2003두7606 판결【형질변경허가반려처분취소】)

3. 하위 법령이 위임의 한계를 준수하고 있는지 여부의 판단기준

특정 사안과 관련하여 법률에서 하위 법령에 위임을 한 경우 하위 법령이 위임의 한계를 준수하고 있는지 여부를 판단할 때는 당해 법률 규정의 입법 목적과 규정 내용, 규정의 체계, 다른 규정과의 관계 등을 종합적으로 살펴야 하는바, 위임 규정 자체에서 그 의미 내용을 정확하게 알 수 있는 용어를 사용하여 위임의 한계를 분명히 하고 있는데도 그 문언적 의미의 한계를 벗어났는지 여부나, 수권 규정에서 사용하고 있는 용어의 의미를 넘어 그 범위를 확장하거나 축소하여서 위임 내용을 구체화하는 단계를 벗어나 새로운 입법을 하였는지 여부 등도 고려되어야 한다.

(대법원 2010.4.29. 선고 2009두17797 판결【기반시설부담금부과처분취소】)

4. 재위임의 허용여부

법률에서 위임받은 사항을 전혀 규정하지 않고 재위임하는 것은 위임금지의 법리에 반할 뿐 아니라 수권법의 내용변경을 초래하는 것이 되고, 부령의 제정·개정절차가 대통령령에 비하여 보다 용이한 점을 고려할 때 재위임에 의한 부령의 경우에도 위임에 의한 대통령령에 가해지는 헌법상의 제한이 당연히 적용되어야 할 것이므로 법률에서 위임받은 사실을 전혀 규정하지 아니하고 그대로 재위임하는 것은 허용되지 않으며 위임받은 사항에 관하여 대강을 정하고 그 중의 특정사항을 범위를 정하여 하위 법령에 다시 위임하는 경우에만 재위임이 허용된다.

(헌재 1996.2.29, 94헌마213)

5. 시행령의 규정이 모법위반으로 무효인지 여부의 판단기준

어느 시행령의 규정이 모법에 저촉되는지의 여부가 명백하지 아니하는 경우에는 모법과 시행령의 다른 규정들과 그 입법 취지, 연혁 등을 종합적으로 살펴 모법에 합치된다는 해석도 가능한 경우라면 그 규정을 모법위반으로 무효라고 선언하여서는 안 된다. 이러한 법리는, 국가의 법체계는 그 자체 통일체를 이루고 있는 것이므로 상하규범 사이의 충돌은 최대한 배제되어야 한다는 원칙과 더불어, 민주법치국가에서의 규범은 일반적으로 상위규범에 합치할 것이라는 추정원칙에 근거하고 있을 뿐만 아니라, 실제적으로도 하위규범이 상위규범에 저촉되어 무효라고 선언되는 경우에는 그로 인한 법적 혼란과 법적 불안정은 물론, 그에 대체되는 새로운 규범이 제정될 때까지의 법적 공백과 법적 방황은 상당히 심각할 것이므로 이러한 폐해를 회피하기 위해서도 필요하다.

(대법원 2001.8.24. 선고 2000두2716 판결【수질개선부담금부과처분취소】)

6. 헌법이 인정하고 있는 위임입법의 형식

오늘날 의회의 입법독점주의에서 입법중심주의로 전환하여 일정한 범위 내에서 행정입법을 허용하게 된 동기가 사회적 변화에 대응한 입법수요의 급증과 종래의 형식적 권력분립주의로는 현대사회에 대응할 수 없다는 기능적 권력분립론에 있다는 점 등을 감안하여 헌법 제40조와 헌법 제75조, 제95조의 의미를 살펴보면, 국회입법에 의한 수권이 입법기관이 아닌 행정기관에게 법률 등으로 구체적인 범위를 정하여 위임한 사항에 관하여는 당해 행정기관에게 법정립의 권한을 갖게 되고, 입법자가 규율의 형식도 선택할 수도 있다 할 것이므로, 헌법이 인정하고 있는 위임입법의 형식은 예시적인 것으로 보아야 할 것이고, 그것은 법률이 행정규칙에 위임하더라도 그 행정규칙은 위임된 사항만을 규율할 수 있으므로, 국회입법의 원칙과 상치되지도 않는다. 다만, 형식의 선택에 있어서 규율의 밀도와 규율영역의 특성이 개별적으로 고찰되어야 할 것이고, 그에 따라 입법자에게 상세한 규율이 불가능한 것으로 보이는 영역이라면 행정부에게 필요한 보충을 할 책임이 인정되고 극히 전문적인 식견에 좌우되는 영역에서는 행정기관에 의한 구체화의 우위가 불가피하게 있을 수 있다. 그러한 영역에서 행정규칙에 대한 위임입법이 제한적으로 인정될 수 있다.

(헌재 2004.10.28, 99헌바91)

7. 일반적, 추상적 법령(재무부령)이 행정소송의 대상이 될 수 있는지 여부

행정소송의 대상이 될 수 있는 것은 구체적인 권리의무에 관한 분쟁이어야 하고 일반적 추상적인 법령 그 자체로서 국민의 구체적인 권리의무에 직접적인 변동을 초래하는 것이 아닌 것은 그 대상이 될 수 없으므로 구체적인 권리의무에 관한 분쟁을 떠나서 재무부령 자체의 무효확인을 구하는 청구는 행정소송의 대상이 아닌 사항에 대한 것으로서 부적법하다.

(대법원 1987.3.24. 선고 86누656 판결【재무부령무효확인】)

8. 명령·규칙의 헌법소원의 대상성

명령·규칙 그 자체에 의하여 직접 기본권이 침해되었을 경우에는 그것을 대상으로 하여 헌법소원심판을 청구할 수 있고, 그 경우 제소요건으로서 당해 법령이 구체적 집행행위를 매개로 하지 아니하고 직접적으로 그리고 현재적으로 국민의 기본권을 침해하고 있어야 한다.
(헌재 1993.5.13, 92헌마80)

제2항 행정규칙

Ⅰ. 행정규칙의 개념

전통적인 견해에 따르면 행정조직 내부 또는 특별한 공법상의 법률관계 내부에서 그 조직과 활동을 규율하는 일반적이고 추상적인 명령으로서 법규적 성질을 갖지 않는 규범을 말한다. 작용법적 근거는 필요하지 않고 조직법적 근거를 필요로 한다.

Ⅱ. 행정규칙의 성질

① 비법규설(非法規說)이 지배적이다.
② 다만 규범구체화행정규칙, 재량준칙, 특별명령(또는 특별규칙)은 일정한 요건 하에 법규성이 인정될 수 있다.

Ⅲ. 행정규칙의 기본이론

1. 권력의 기초

① 행정규칙의 제정에 법률유보의 원칙은 적용되지 않는다.
② 법률우위의 원칙은 적용된다.

2. 규율의 대상과 범위

① 대내적 구속력 ② 일면적 구속력
cf. 법규명령 : ① 일반적 구속력 ② 양면적 구속력

3. 행정규칙위반의 효과

① 원칙 : 수명공무원이 행정규칙에 위반하여도 원칙적으로 위반행위 자체의 효력에는 영향이 없다(즉, 위법이 아니다). 따라서 행정규칙의 위반을 이유로 행정소송을 제기할 수는 없다.

② 예외 : 재량준칙이 일단 정립되면 그에 위반된 행정처분은 결국 선례보다 국민에게 불이익한 부담을 과하는 것이 되어 헌법상의 평등의 원칙에 어긋나게 된다. 따라서 행정규칙위반이 위법으로 평가되는 경우가 있다(행정의 자기구속의 법리).

4. 재판규범성

① 원칙 : 부정된다.

② 예외 : 행정규칙 형식이지만 법규명령인 경우에는 재판규범성이 인정된다(행정규칙형식의 법규명령).

Ⅳ. 행정규칙의 종류

1. 내용을 기준

① 조직규칙 ② 근무규칙 ③ 영조물규칙(학칙, 교도소 규칙 등)

2. 형식을 기준

① 훈령 : 상급기관이 하급기관에 대하여 상당한 장기간에 걸쳐 그의 권한행사를 일반적으로 지휘·감독하기 위하여 발하는 명령이다.

② 지시 : 상급기관이 직권 또는 하급기관의 신청에 의하여 개별적·구체적으로 발하는 명령이다.

③ 예규 : 문서로써 반복적 행정사무처리의 기준을 제시하는 명령이다.

④ 일일명령 : 당직, 출장, 퇴근 등 일일업무에 관한 명령이다.

3. 규범구체화행정규칙

① 의의 : 전문기술적인 사항과 관련된 행정규칙에 법규적 성질을 부여하는 것을 말한다. 법령의 내용이 명확·충분하지 못한 경우 그를 구체화하는 내용의 행정규칙이다.

② 발전 : 원자력발전소건설과 관련된 독일의 빌(Wyhl)판결(1985.12.19)을 통해 정립된 이론이다.

③ 성질 : 규범해석규칙과 달리 규범구체화행정규칙은 법규성(재판규범성)이 인정될 수 있다.

④ 논거 : 규범구체화수권설을 논거로 든다.

Ⅴ. 법규명령형식의 행정규칙·행정규칙형식의 법규명령

1. 법규명령형식의 행정규칙

① 학설은 대립 : 법규명령설, 행정규칙설, 수권여부 기준설 등이 있다.

② 판례

㉠ 총리령·부령 형식의 행정규칙 : 행정규칙으로서의 성질

> 공중위생법 제23조 제4항에 의하여 마련된 공중위생법시행규칙은 형식은 부령으로 되어있으나 그 성질은 행정기관내부의 **사무처리준칙을 규정한 것에 불과한** 것으로서 보건사회부장관이 관계 행정기관 및 직원에 대하여 그 직무권한 행사의 지침을 정하여 주기 위한 행정명령의 성질을 가지는 것이지……(대판 1990.6.12, 90누1588).

㉡ 대통령령형식의 행정규칙 : 법규명령의 성질

> 법에 당해 처분의 기준이 된 주택건설촉진법시행령 제10조의3 제1항 [별표 1]은 주택건설촉진법 제7조 제2항의 위임규정에 터 잡은 규정형식상 대통령령이므로 그 성질이 부령인 시행규칙이나 또는 지방자치단체의 규칙과 같이 통상적으로 행정조직 내부에 있어서의 행정명령에 지나지 않는 것이 아니라 대외적으로 국민이나 법원을 구속하는 힘이 있는 법규명령에 해당한다(대판 1997.12.26, 97누15418).

2. 행정규칙형식의 법규명령

① 판례 : 법규명령의 성질

② 학설 : 법규명령설, 행정규칙설, 규범구체화 행정규칙설, 위헌무효설 등이 있다.

③ 법규명령성이 인정된 훈령·고시의 예

- 소득세법시행령의 위임에 근거한 '재산제세사무처리규정'의 법규성
- 공업배치 및 공장설립에 관한 법률에 의한 '공장입지기준고시'
- 구 택지개발촉진법에 의한 '택지개발업무처리지침' 등

Ⅵ. 재량준칙의 법규성에 관한 논의

1. 학 설

① 준법규설 : 재량준칙의 외부적 효력에 대하여 간접적 효력만을 인정하여

그의 준법규성을 인정하는 견해이다. 이에 따르면 재량준칙은 평등원칙 등을 매개로 하여 국민에 대하여도 법규적 효력을 갖는다.

② 법규설 : 재량준칙의 국민에 대한 직접적 효력을 인정하여 그의 법규성을 인정하는 견해이다.

2. 판 례

① 근본적으로 재량준칙에 대하여 평등원칙을 통한 간접적 효력을 인정하지 않는다. 즉, 재량준칙의 법규성은 인정하지 않는다.

> 도로교통법시행규칙 제53조 제1항이 정한 [별표 16]의 운전면허행정처분기준이 운전면허행정처분기준의 하나로 삼고 있는 벌점이란 자동차운전면허의 취소·정지처분의 기초자료로 활용하기 위하여 법규위반 또는 사고야기에 대하여 그 위반의 경중, 피해의 정도 등에 따라 배점되는 점수를 말하는 것으로서, 이러한 벌점의 누산에 따른 처분기준 역시 행정청 내의 사무처리에 관한 재량준칙에 지나지 아니할 뿐 법규적 효력을 가지는 것은 아니다(대판 1998.3.27, 97누20236).

② 재량권의 한계를 일탈한 행정행위의 경우에는 재량준칙의 법규성을 인정하기도 한다.

> 특별한 사유가 없는 한 행정청은 당해 위반사항에 대하여 위 처분기준에 따라 행정처분을 함이 보통이라 할 것이므로, 행정청이 이러한 처분기준을 따르지 아니하고 **특정한 개인에 대하여만 위 처분기준을 과도하게 초과하는 처분을 한 경우에는 재량권의 한계를 일탈**하였다고 볼 만한 여지가 충분하다(대판 1993.6.29, 93누5635).

Ⅶ. 법규명령과 행정규칙의 구별

[표 4-1] 법규명령·행정규칙의 성립요건·효력요건

구 분		법규명령	행정규칙
성립요건	주제	정당한 권한을 가진 기관이 그 권한의 범위 내에서 제정	정당한 권한 있는 발령기관이 수명기관에게 발함
	내용	수권의 범위 내에서 상위법령에 저촉되지 않고 또한 그 내용이 가능·명확해야 함	행정규칙으로서의 정당한 한계 내에서 내용이 가능·명확해야 함
	절차	▸ 대통령령: 법제처심사 이외에 국무회의 심의 필요 ▸ 총리령 및 부령: 법제처 심사	▸ 대통령훈령·국무총리 훈령 : 법제처심사를 요함 ▸ 모든 중앙행정기관이 발령한 훈령·예규는 법제처의 사후평가제 등의 절차 거침

	형식	조문형식(서명·날인·부서 또는 번호일자의 명기 등)	조문형식, 문서·구술 형식
	공포	관보에 공포(공포일-법규명령을 게재한 관보 발행일)	공포 불요
효력요건		특별한 규정이 없는 한 공포일로부터 20이 경과하면 효력 발생	특별한 규정이 없으면 피적용자에게 통보, 도달(통보·문서·게시 등)하면 효력 발생

[표 4-2] 법규명령과 행정규칙의 구별

구 분	법규명령	행정규칙
본 질	법규성 인정 ① 일반적·양면적 구속력 ② 개별적·구체적 처분보다 우월	법규성 부정 ① 대내적·일반적 구속력 ② 개별적·구체적 처분과 동가치라는 견해도 있음
권력적 기초	일반통치권	포괄적 특별권력
근 거	① 위임명령 : 상위법령의 수권 要 ② 집행명령 : 상위법령의 수권 불요	행정권의 당연한 권능으로 제정→법령의 근거 불요
형 식	조문의 형식	요식행위가 아님(구술로도 가능)
종 류	대통령령, 총리령, 부령, 감사원규칙, 중앙선거관리위원회규칙 등	훈령, 지시, 예규, 일일명령
효력발생	공포 要	공포 不要
위반의 효과	① 위법 ② 위반행위에 대한 행정소송제기 可	① 적법, 위반행위의 효력에 영향 無(징계사유가 될 뿐) ② 위반행위에 내한 행정소송 불가
양자의 관련	① 법규명령형식의 행정규칙 : 형식설에 의하면 법규명령, 실질설에 의하면 행정규칙, 판례는 행정규칙 ② 행정규칙형식의 법규명령 : 형식설에 의하면 행정규칙, 실질설에 의하면 법규명령, 판례는 법규명령	

Ⅷ. 행정규칙에 대한 통제

1. 행정청에 의한 통제

절차상, 감독청에 의한 통제 등 내부적 통제가 중요하다.

2. 국회(지방의회)에 의한 통제

국회법 제98조의2에 따라 국회상임위원회에 제출(대통령령, 총리령, 부령, 훈령, 예규, 고시 등)됨으로써 국회의 통제를 받는다. 그러나 모든 행정규칙이 국회에 의해 통제를 받는 것은 아니므로 한계가 있다.

3. 법원에 의한 통제

① 처분성이 인정되면 항고소송을 통하여 해당 행정규칙을 통제할 수 있다. 그러나 행정규칙은 처분성이 부인되는 것이 원칙이기 때문에 법원에 의한 통제는 어려울 것이다.

② 그러나 행정규칙이 대외적 구속력을 갖고 행정처분의 취소소송에서 행정규칙의 위법여부가 전제 문제가 되었을 때에는 헌법 제107조 제2항에 의해 법원의 심판대상이 된다.

4. 헌법재판소에 의한 통제

① 기본권을 침해하고 다른 권리구제 방법이 없다면 헌법소원의 방식으로 구제할 수 있다. 다만, 외부적 효력을 가지는 경우에 한정된다고 보아야 한다.

② 헌법재판소는 서울대학교 입시요강 사건에서, 입시요강의 처분성은 부인했지만, 헌법소원의 대상으로서의 공권력성은 인정하였다.

헌법재판소 1992.10.1. 선고 92헌마68, 76 전원재판부 【1994학년도신입생선발입시안에대한헌법소원】

국립대학인 서울대학교의 "94학년도 대학입학고사주요요강"은 사실상의 준비행위 내지 사전안내로서 행정쟁송의 대상이 될 수 있는 행정처분이나 공권력의 행사는 될 수 없지만 그 내용이 국민의 기본권에 직접 영향을 끼치는 내용이고 앞으로 법령의 뒷받침에 의하여 그대로 실시될 것이 틀림없을 것으로 예상되어 그로 인하여 직접적으로 기본권 침해를 받게 되는 사람에게는 사실상의 규범작용으로 인한 위험성이 이미 현실적으로 발생하였다고 보아야 할 것이므로 이는 헌법소원의 대상이 되는 헌법재판소법 제68조 제1항 소정의 공권력의 행사에 해당된다고 할 것이며, 이 경우 헌법소원 외에 달리 구제방법이 없다.

◎ 예문(2006년 행시)

「식품위생법」 제58조는 유해식품을 판매한 자에 대해서는 영업허가를 취소하거나 6월 이내의 기간을 정하여 그 영업의 전부 또는 일부를 정지하거나, 영업소의 폐쇄를 명할 수 있다고 규정하고 있다. 그런데 각 지역 간 제재처분의 불균형이 문제되자, 보건복지부는 보건복지부령으로 제재처분의 기준을 정하였다. 보건복지부령이 정하고 있는 제재처분기준에는 유해식품 판매금지 1회 위반에 대해서는 1월의 영업정지로 규정되어 있다. 그런데 A시의 시장 갑은 유해식품을 판매하다 처음 적발된 을에 대하여 3월의 영업정지처분을 내렸다. (총40점)

1. 위 보건복지부령에 대한 사법적 통제에 대하여 설명하시오. (20점)
2. 그런데 을에 대한 영업정지처분에 대한 제소기간이 종료되고 영업정지기간도 지난 후 을이 판매한 식품이 유해하지 않다고 판명되었다. 이에 을은 영업정지처분의 취소소송과 위법한 영업정지처분으로 인한 손해배상청구소송을 제기하고자 한다. 양자의 인용가능성을 논하시오. (20점)

[관련 판례]

▶ 법규명령형식의 행정규칙

1. 보건사회부령 형식의 식품위생법시행규칙의 법적 성질

구 식품위생법시행규칙(1993.7.3. 보건사회부령 제910호로 개정되기 전의 것) 제53조에서 [별표 15]로 식품위생법 제58조에 따른 행정처분의 기준을 정하였다고 하더라도 이는 형식만 부령으로 되어 있을 뿐, 그 성질은 행정기관 내부의 사무처리준칙을 정한 것으로서 행정명령의 성질을 가지는 것이고, 대외적으로 국민이나 법원을 기속하는 힘이 있는 것은 아니므로 같은 법 제58조 제1항에 의한 처분의 적법 여부는 같은법시행규칙에 적합한 것인가의 여부에 따라 판단할 것이 아니라 같은 법의 규정 및 그 취지에 적합한 것인가의 여부에 따라 판단하여야 한다.
(대법원 1995.3.28. 선고 94누6925 판결【영업정지처분취소】)

2. 운전면허행정처분기준의 법적 성질

도로교통법시행규칙 제53조 제1항이 정하고 있는 [별표 16] 운전면허행정처분기준은 관할 행정청이 운전면허의 취소 및 운전면허의 효력정지 등의 사무처리를 함에 있어서 처리기준과 방법 등의 세부사항을 규정한 행정기관 내부의 처리지침에 불과한 것으로서 대외적으로 국민이나 법원을 기속하는 것은 아니므로, 자동차운전면허취소처분의 적법 여부는 위 운전면허행정처분기준이 상위법령에 근거가 있는지 여부 등에 의하여 판단할 것이 아니라 도로교통법의 규정 내용과 취지에 따라 판단하여야 하고, 따라서 위 운전면허행정처분기준이 상위법령에 근거가 없다 하여 자동차운전면허 취소처분이 위법한 것이라고 단정할 수는 없다.

(대법원 1996.4.12. 선고 95누10396 판결【자동차운전면허취소처분취소】)

3. 대통령령 형식의 주택건설촉진법 시행령의 법적 성질

당해 처분의 기준이 된 주택건설촉진법시행령 제10조의3 제1항 [별표 1]은 주택건설촉진법 제7조 제2항의 위임규정에 터잡은 규정형식상 대통령령이므로 그 성질이 부령인 시행규칙이나 또는 지방자치단체의 규칙과 같이 통상적으로 행정조직 내부에 있어서의 행정명령에 지나지 않는 것이 아니라 대외적으로 국민이나 법원을 구속하는 힘이 있는 법규명령에 해당한다.

(대법원 1997.12.26. 선고 97누15418 판결【주택건설사업영업정지처분취소】)

4. 청소년 보호법 시행령상 과징금처분기준의 법적 성격 및 그 과징금 액수의 의미

구 청소년보호법(1999.2.5. 법률 제5817호로 개정되기 전의 것) 제49조 제1항, 제2항에 따른 같은법시행령(1999.6.30. 대통령령 제16461호로 개정되기 전의 것) 제40조 [별표 6]의 위반행위의종별에따른과징금처분기준은 법규명령이기는 하나 모법의 위임규정의 내용과 취지 및 헌법상의 과잉금지의 원칙과 평등의 원칙 등에 비추어 같은 유형의 위반행위라 하더라도 그 규모나 기간·사회적 비난 정도·위반행위로 인하여 다른 법률에 의하여 처벌받은 다른 사정·행위자의 개인적 사정 및 위반행위로 얻은 불법이익의 규모 등 여러 요소를 종합적으로 고려하여 사안에 따라 적정한 과징금의 액수를 정하여야 할 것이므로 그 액수는 정액이 아니라 최고한도액이다.

(대법원 2001.3.9. 선고 99두5207 판결【과징금부과처분취소】)

나. 행정규칙

▶ 행정규칙의 법적 성질

5. 행정규칙의 법규성 인정 여부

자동차운수사업법 제31조등의규정에의한 사업면허의취소등의처분에관한규칙은 행정기관 내부에서의 사무처리의 기준을 정한 행정명령으로서 국민이나 법원을 기속하는 법규명령의 성질을 가진 것으로 볼 수 없고, 자동차운송사업면허취소 등의 처분이 위 규칙에서 정한 기준에 적합한 것이라 하여 바로 그 처분이 적법한 것이라고는 할 수 없다.

(대법원 1996.9.6. 선고 96누914 판결【자동차운송사업면허취소처분취소】)

6. 법률에서 위임된 소득금액조정합계표 작성요령의 법적 성질

소득금액조정합계표 작성요령은 법률의 위임을 받은 것이기는 하나 법인세의 부과징수라는 행정적 편의를 도모하기 위한 절차적 규정으로서 단순히 행정규칙의 성질을 가지는 데 불과하여 과세관청이나 일반국민을 기속하는 것이 아니다.

(대법원 2003.9.5. 선고 2001두403 판결 【법인세부과처분취소】)

7. 행정규칙이나 내부지침을 위반한 행정처분이 위법하게 되는 경우

상급행정기관이 하급행정기관에 대하여 업무처리지침이나 법령의 해석적용에 관한 기준을 정하여 발하는 이른바 '행정규칙이나 내부지침'은 일반적으로 행정조직 내부에서만 효력을 가질 뿐 대외적인 구속력을 갖는 것은 아니므로 행정처분이 그에 위반하였다고 하여 그러한 사정만으로 곧바로 위법하게 되는 것은 아니다. 다만, 재량권 행사의 준칙인 행정규칙이 그 정한 바에 따라 되풀이 시행되어 행정관행이 이루어지게 되면 평등의 원칙이나 신뢰보호의 원칙에 따라 행정기관은 그 상대방에 대한 관계에서 그 규칙에 따라야 할 자기구속을 받게 되므로, 이러한 경우에는 특별한 사정이 없는 한 그를 위반하는 처분은 평등의 원칙이나 신뢰보호의 원칙에 위배되어 재량권을 일탈·남용한 위법한 처분이 된다.

(대법원 2009.12.24. 선고 2009두7967 판결 【신규건조저장시설사업자인정신청반려처분취소】)

8. 행정입법이 그 자체로서 행정처분이 되기 위한 요건

어떠한 고시가 일반적·추상적 성격을 가질 때에는 법규명령 또는 행정규칙에 해당할 것이지만, 다른 집행행위의 매개 없이 그 자체로서 직접 국민의 구체적인 권리의무나 법률관계를 규율하는 성격을 가질 때에는 행정처분에 해당한다. 보건복지부 고시인 약제급여·비급여목록 및 급여상한금액표(보건복지부 고시 제2002-46호로 개정된 것)는 다른 집행행위의 매개 없이 그 자체로서 국민건강보험가입자, 국민건강보험공단, 요양기관 등의 법률관계를 직접 규율하는 성격을 가지므로 항고소송의 대상이 되는 행정처분에 해당한다.

(대법원 2006.9.22. 선고 2005두2506 판결 【보험약가인하처분취소】)

9. 행정규칙에 의거한 제재적 행정처분의 제재기간이 경과한 경우 처분의 취소를 구할 법률상 이익

제재적 행정처분이 그 처분에서 정한 제재기간의 경과로 인하여 그 효과가 소멸되었으나, 부령인 시행규칙 또는 지방자치단체의 규칙(이하 이들을 '규칙'이라고 한다)의 형식으로 정한 처분기준에서 제재적 행정처분(이하 '선행처분'이라고 한다)을 받은 것을 가중사유나 전제요건으로 삼아 장래의 제재적 행정처분(이하 '후행처분'이라고 한다)을 하도록 정하고 있는 경우, 제재적 행정처분의 가중사유나 전제요건에 관한 규정이 법령이 아니라 규칙의 형식으로 되어 있다고 하더라도, 그러한 규칙이 법령에 근거를 두고 있는 이상 그 법적 성질이 대외적·일반적 구속력을 갖는 법규명령인지 여부와는 상관없이, 선행처분인 제재적 행정처분을 받은 상대방이 그 처분에서 정한 제재기간이 경과하였다 하더라도 그 처분의 취소를 구할 법률상 이익이 있다.

(대법원 2006.6.22. 선고 2003두1684 전원합의체 판결 【영업정지처분취소】)

10. 어떠한 처분의 근거나 법적인 효과가 행정규칙에 규정되어 있는 경우, 그 처분이 항고소송의 대상이 되는 행정처분에 해당하기 위한 요건

항고소송의 대상이 되는 행정처분이라 함은 원칙적으로 행정청의 공법상 행위로서 특정 사항에 대하여 법규에 의한 권리의 설정 또는 의무의 부담을 명하거나 기타 법률상 효과를 발생하게 하는 등으로 일반 국민의 권리 의무에 직접 영향을 미치는 행위를 가리키는 것이지만, 어떠한 처분의 근거나 법적인 효과가 행정규칙에 규정되어 있다고 하더라도, 그 처분이 행정규칙의 내부적 구속력에 의하여 상대방에게 권리의 설정 또는 의무의 부담을 명하거나 기타 법적인 효과를 발생하게 하는 등으로 그 상대방의 권리 의무에 직접 영향을 미치는 행위라면, 이 경우에도 항고소송의 대상이 되는 행정처분에 해당한다.

(대법원 2002.7.26. 선고 2001두3532 판결【견책처분취소】)

▶ 행정규칙형식의 법규명령

11. 국세청훈령인 구 재산제세조사사무처리규정의 성질

부동산투기 억제를 위하여 필요하다고 인정되는 거래의 유형을 열거하고 있는 구 재산제세조사사무처리규정(국세청훈령 제946호) 제72조 제3항이 비록 훈령의 형식으로 되어 있더라도 이에 의한 거래의 지정은 소득세법시행령의 위임에 따라 그 규정의 내용을 보충하는 기능을 가지면서 그와 결합하여 대외적인 구속력을 갖는 법규명령으로서의 효력을 갖게 된다고 보아야 할 것이다.

(대법원 1990.7.27. 선고 90누3768 판결【양도소득세등부과처분취소】)

12. 수임행정기관이 행정규칙의 형식으로 법령의 내용이 될 사항을 구체적으로 정한 경우의 효력

상급행정기관이 하급행정기관에 대하여 업무처리지침이나 법령의 해석적용에 관한 기준을 정하여 발하는 이른바 행정규칙은 일반적으로 행정조직 내부에서만 효력을 가질 뿐 대외적인 구속력을 갖지 않지만, 법령의 규정이 특정 행정기관에게 그 법령 내용의 구체적 사항을 정할 수 있는 권한을 부여하면서 그 권한 행사의 절차나 방법을 특정하고 있지 않아 수임행정기관이 행정규칙의 형식으로 그 법령의 내용이 될 사항을 구체적으로 정하고 있다면, 그와 같은 행정규칙은 위에서 본 행정규칙이 갖는 일반적 효력으로서가 아니라 행정기관에 법령의 구체적 내용을 보충할 권한을 부여한 법령 규정의 효력에 의하여 그 내용을 보충하는 기능을 갖게 되고, 따라서 이와 같은 행정규칙은 당해 법령의 위임 한계를 벗어나지 않는 한 그것들과 결합하여 대외적인 구속력이 있는 법규명령으로서의 효력을 가진다.

(대법원 2008.3.27. 선고 2006두3742, 3759 판결【목욕장영업신고서처리불가처분취소·영업소폐쇄명령처분취소】)

13. 법률과 결합하여 법규명령의 성질을 가지는 고시

식품제조영업허가기준이라는 고시는 공익상의 이유로 허가를 할 수 없는 영업의 종류를 지정할 권한을 부여한 구 식품위생법 제23조의3 제4호에 따라 보건사회부장관이 발한 것으로서, 실질적으로 법의 규정내용을 보충하는 기능을 지니면서 그것과 결합하여 대외적으로 구속력이 있는 법규명령의 성질을 가진 것이다.

(대법원 1994.3.8. 선고 92누1728 판결【과징금부과처분취소】)

14. 법률보충적 성질을 가진 집행명령

개별토지가격합동조사지침(1990.4.14. 국무총리훈령 제241호로 제정되어 1991.4.2. 국무총리훈령 제248호로 개정된 것) 제6조는 개별토지가격결정 절차를 규정하고 있으면서 그중 제3호에서 산정된 지가의 공개 열람 및 토지소유자 또는 이해관계인의 의견접수를 절차의 하나로 규정하고 있는바, 위 지침은 지가공시 및 토지 등의 평가에 관한 법률 제10조의 시행을 위한 집행명령으로서 법률보충적인 구실을 하는 법규적 성질을 가지고 있는 것으로 보아야 할 것이다.

(대법원 1994.2.8. 선고 93누111 판결【개별토지가격결정처분취소】)

▶ 재량준칙

15. 지방자치단체가 제정한 사무처리규칙의 법적성질(=행정청 내부의 사무처리준칙)

지방자치단체가 제정한 개인택시운송사업면허사무처리규칙은 재량권 행사의 기준으로 마련된 행정청 내부의 사무처리준칙에 불과하고, 그 규칙에서 정하고 있는 서류 이외에 이에 준하는 객관적이고 합리적인 증거자료에 의하여 개인택시운송사업면허를 받고자 하는 사람의 운전경력을 인정할 수 있다.

(대법원 2002.1.22. 선고 2001두8414 판결【개인택시운송사업면허제외처분취소】)

16. '서울특별시 철거민 등에 대한 국민주택 특별공급규칙'의 법적 성격(=사무처리준칙)

'서울특별시 철거민 등에 대한 국민주택 특별공급규칙'은 '주택공급에 관한 규칙' 제19조 제1항 제3호 (다)목에서 규정하고 있는 '도시계획사업으로 철거되는 주택의 소유자'에 해당하는지 여부를 판단하기 위한 서울특별시 내부의 사무처리준칙에 해당하는 것으로서 위 규정의 해석·적용과 관련하여 대외적으로 국민이나 법원을 기속하는 효력이 있는 것으로 볼 수 없다.

(대법원 2007.11.29. 선고 2006두8495 판결【국민주택입주권부여신청거부처분취소】)

17. 공정거래위원회의 심사지침의 법적성질(=행정청 내부의 사무처리준칙)

비상장주식의 양도가 현저히 유리한 조건의 거래로서 부당지원행위에 해당하는지 여부에 관하여 판단함에 있어서 공정거래위원회의 부당한지원행위의심사지침(2002. 4.24. 개정되기 전의 것)은 공정거래위원회 내부의 사무처리준칙에 불과하므로 공정거래위원회가 위 심사지침에서 원용하고 있는 구 상속세및증여세법시행령(2000.12.29. 대통령령 제17039호로 개정되기 전의 것) 제56조 제1항 제2호에서 추정이익을 산출할 수 있도록 한 평가기관에 의뢰하지 않고 스스로 위 규정에 따른 방법으로 주식을 평가하였다고 하더라도 그것만으로는 그 평가가 부적절한 것이라고 할 수는 없다.

(대법원 2005.6.9. 선고 2004두7153 판결【시정조치명령취소】)

18. 처분기준을 따르지 않은 처분의 효력

식품위생법시행규칙 제53조에 따른 별표 15의 행정처분기준은 행정기관 내부의 사무처리준칙을 규정한 것에 불과하기는 하지만 규칙 제53조 단서의 식품 등의 수급정책 및 국민보건에 중대한 영향을 미치는 특별한 사유가 없는 한 행정청은 당해 위반사항에 대하여 위 처분기준에 따라 행정처분을 함이 보통이라 할 것이므로, 행정청이 이러한 처분기준을 따르지 아니하고 특정한 개인에 대하여만 위 처분기준을 과도하게 초과하는 처분을 한 경우에는 재량권의 한계를 일탈하였다고 볼 만한 여지가 충분하다.

(대법원 1993.6.29. 선고 93누5635 판결【대중음식점업영업정지처분취소】)

19. 제재적 행정처분의 기준이 부령의 형식으로 규정되어 있는 경우 그 기준에 따른 처분의 적법성에 관한 판단방법

제재적 행정처분의 기준이 부령의 형식으로 규정되어 있더라도 그것은 행정청 내부의 사무처리준칙을 정한 것에 지나지 아니하여 대외적으로 국민이나 법원을 기속하는 효력이 없고, 당해 처분의 적법 여부는 위 처분기준만이 아니라 관계 법령의 규정 내용과 취지에 따라 판단되어야 하므로, 위 처분기준에 적합하다 하여 곧바로 당해 처분이 적법한 것이라고 할 수는 없지만, 위 처분기준이 그 자체로 헌법 또는 법률에 합치되지 아니하거나 위 처분기준에 따른 제재적 행정처분이 그 처분사유가 된 위반행위의 내용 및 관계 법령의 규정 내용과 취지에 비추어 현저히 부당하다고 인정할 만한 합리적인 이유가 없는 한 섣불리 그 처분이 재량권의 범위를 일탈하였거나 재량권을 남용한 것이라고 판단해서는 안 된다.

(대법원 2007.9.20. 선고 2007두6946 판결【과징금부과처분취소】)

제 2 절 행정행위

제1항 행정행위의 관념

Ⅰ. 행정행위의 개념적 요소

(1) 행정청

① 조직법상의 행정청은 물론이고,

② 보조기관, 국회·법원의 기관, 공공단체, 공무수탁사인 등도 포함된다.

* 지방의회의 의장에 대한 불신임의결(처분성 긍정)과 관련한 사안에서 법원은 지방의회를 행정청으로 보았다.

③ 행정절차법 등 실정법상의 행정청 개념(동법 제2조제1호)

> "행정청"이란 다음 각 목의 자를 말한다.
> 가. 행정에 관한 의사를 결정하여 표시하는 국가 또는 지방자치단체의 기관
> 나. 그 밖에 법령 또는 자치법규(이하 "법령등"이라 한다)에 따라 행정권한을 가지고 있거나 위임 또는 위탁받은 공공단체 또는 그 기관이나 사인(私人)

(2) 법적 행위

① 사실행위는 법적행위가 아니므로 행정행위는 아니다.

② 행정내부적 의사결정이 있을 뿐 외부에 표시되지 않은 행위 또한 행정행위가 아니다. 운전면허 행정처분처리대장상 벌점의 배점, 병역법상 신체등위판정(처분성 부정)

(3) 공법행위 : 공법의 규율을 받는다는 의미

(4) 구체적 사실에 관한 법집행

① 원칙 : 개별적·구체적 규율이 전형적이다.

* 조례(경기도 두밀분교통폐합에 관한 조례)의 처분성이 인정된 예가 있다.

② 개별적·추상적 규율 : 특정 시설에 대한 제설(除雪) 대책 명령, 집회참가자에 대한 해산명령 등

③ 일반적·구체적 규율(인적 일반처분)

④ 물적 행정행위(물적 일반처분) : 공물의 공용개시, 개별공시지가, 주차금지·

횡단보도설치 등 교통표지가 대표적인 예이다.

(5) 공권력의 행사

(6) 거부행위

Ⅱ. 행정행위의 기능 및 특질

1. 행정행위의 기능

구청장 A가 甲의 불법건축물에 대해 철거명령을 내린 경우,

① 실체법적 기능 : 철거명령이 A에게 철거의무(작위의무)를 발생시키는 것

② 절차법적 기능 : A에 대한 철거명령의 발급에 앞서 청문을 하여야 하는 것

③ 집행법적 기능 : A가 철거명령에도 불구하고 스스로 건물을 철거하지 않을 때 강제집행(이 경우 대집행)을 할 수 있는 바, 이처럼 철거 명령이 대집행의 근거가 되는 기능

④ 쟁송법적 기능 : A가 자신에게 발해진 철거명령으로 법률상 이익을 침해를 받았다고 생각하는 경우 행정쟁송을 제기할 수 있는 기능

2. 행정행위의 특질

① 법적합성

② 공정력

③ 존속성(확정성, 불가쟁성·불가변성)

④ 실효성(강제성, 자력집행성과 제재성)

⑤ 구성요건성

⑥ 권리구제의 특수성

[관련 판례]

▶ 공정력과 불가쟁력

1. 하자 있는 행정행위의 공정력과 불가쟁력

행정행위는 공정력과 불가쟁력의 효력이 있어 설혹 행정행위에 하자가 있는 경우에도 그 하자가 중대하고 명백하여 당연 무효로 보아야 할 사유가 있는 경우 이외에는 그 행정행위가 행정소송이나 다른 행정행위에 의하여 적법히 취소될 때까지는 단순히 취소할 수 있는 사유가 있는 것만으로는 누구나 그 효력을 부인할 수는 없고 법령에 의한 불복기간이 경과한 경우에는 당사자는 그 행정처분의 효력을 다툴 수 없다.

(대법원 1991.4.23. 선고 90누8756 판결【액화석유가스판매업신고반려처분취소】)

▶ 구성요건적 효력과 선결문제

2. 행정처분의 무효 여부가 선결문제인 경우

민사소송에 있어서 어느 행정처분의 당연무효 여부가 선결문제로 되는 때에는 이를 판단하여 당연무효임을 전제로 판결할 수 있고 반드시 행정소송 등의 절차에 의하여 그 취소나 무효확인을 받아야 하는 것은 아니다.

(대법원 2010.4.8. 선고 2009다90092 판결【건물인도】)

3. 조세의 과오납이 부당이득이 되기 위한 요건

조세의 과오납이 부당이득이 되기 위하여는 납세 또는 조세의 징수가 실체법적으로나 절차법적으로 전혀 법률상의 근거가 없거나 과세처분의 하자가 중대하고 명백하여 당연무효이어야 하고, 과세처분의 하자가 단지 취소할 수 있는 정도에 불과할 때에는 과세관청이 이를 스스로 취소하거나 항고소송절차에 의하여 취소되지 않는 한 그로 인한 조세의 납부가 부당이득이 된다고 할 수 없다.

(대법원 1994.11.11. 선고 94다28000 판결【부당이득금】)

4. 불복기간의 경과로 확정된 경우 확정력의 의미

일반적으로 행정처분이나 행정심판재결이 불복기간의 경과로 인하여 확정될 경우, 그 확정력은 그 처분으로 인하여 법률상 이익을 침해받은 자가 당해 처분이나 재결의 효력을 더 이상 다툴 수 없다는 의미일 뿐, 더 나아가 판결에 있어서와 같은 기판력이 인정되는 것은 아니어서 그 처분의 기초가 된 사실관계나 법률적 판단이 확정되고 당사자들이나 법원이 이에 기속되어 모순되는 주장이나 판단을 할 수 없게 되는 것은 아니다.

(대법원 1994.11.8. 선고 93누21927 판결【장해등급결정처분취소】)

5. 요양보상급여취소처분에서의 불가쟁력

종전의 산업재해요양보상급여취소처분이 불복기간의 경과로 인하여 확정되었더라도 요양급여청구권이 없다는 내용의 법률관계까지 확정된 것은 아니며 소멸시효에 걸리지 아니한 이상 다시 요양급여를 청구할 수 있고 그것이 거부된 경우 이는 새로운 거부처분으로서 위법 여부를 소구할 수 있다.

(대법원 1993.4.13. 선고 92누17181 판결【요양불승인처분취소】)

▶ 실질적 확정력(불가변력)

6. 대상을 달리하는 동종의 행정행위의 불가변력이 인정되는지 여부

국민의 권리와 이익을 옹호하고 법적안정을 도모하기 위하여 특정한 행위에 대하여는 행정청이라 하여도 이것을 자유로이 취소, 변경 및 철회할 수 없다는 행정행위의 불가변력은 당해 행정행위에 대하여서만 인정되는 것이고, 동종의 행정행위라 하더라도 그 대상을 달리할 때에는 이를 인정할 수 없다.

(대법원 1974.12.10. 선고 73누129 판결【직물류세부과처분취소】)

제2항 행정행위와 재량

Ⅰ. 재량행위

1. 의 의

복수 행위간의 선택의 자유가 인정되어 있는 행정행위를 말한다.

2. 종 류

① 자유재량과 기속재량

② 결정재량과 선택재량

㉠ 결정재량 : 행정행위를 할 수도 안할 수도 있는 자유가 인정되어 있는 경우

㉡ 선택재량 :다수의 행정행위 중 어느 것을 해도 괜찮은 자유가 인정되어 있는 경우

3. 기속행위와의 구별의 필요성

① 행정소송과의 관계 : 재량행위는 원칙적으로 행정소송의 대상이 되기 곤란하다.

② 부관과의 관계 : 기속행위에는 부관을 붙이기 곤란(종래의 다수설)하다.

③ 공권의 성립과의 관계

④ 원고 승소시 판결의 기속력: 당해 처분이 기속행위라면 원고가 신청한 대로, 재량행위라면 적법한 재량의 범위내에서 재처분을 하면 된다.

4. 구별기준

① 학설

㉠ 요건재량설 : 어떤 사실이 법에서 정한 요건에 해당하는가의 판단에 재량이 존재한다는 견해이다. 법률요건의 인정의 결과 법률효과가 도

출되기 때문에 법률효과 자체에는 재량이 인정되지 않는다는 것이다.

㉡ 효과재량설 : 재량은 어떠한 법률효과를 발생시킬 것인가의 선택(결정재량과 선택재량)에 존재한다는 설이다.

② 판례

> 행정행위가 그 재량성의 유무 및 범위와 관련하여 이른바 기속행위 내지 기속재량행위와 재량행위 내지 자유재량행위로 구분된다고 할 때, 그 구분은 당해 행위의 근거가 된 법규의 체제·형식과 그 문언, 당해 행위가 속하는 행정 분야의 주된 목적과 특성, 당해 행위 자체의 개별적 성질과 유형 등을 모두 고려하여 판단하여야 한다(대판 2001.2.9, 98두17593).

③ 소결 : ㉠ 1차적으로 법의 규정방식, ㉡ 2차적으로 부담적 행정행위(기속행위), 수익적 행정행위(재량행위) 여부, ㉢ 그리고 행위자체의 개별적 성질(허가와 예외적 승인을 예로 들어 이해하면 됨)에 따라 판단한다.

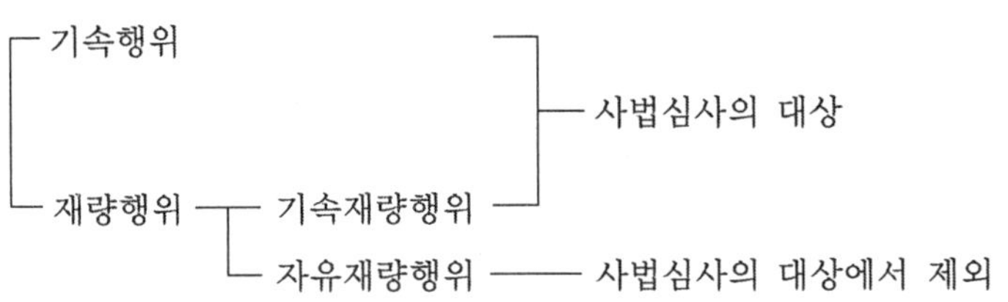

> **[기속행위와 재량행위에 대한 사법심사의 방식]**
>
> 행정행위가 그 재량성의 유무 및 범위와 관련하여 이른바 기속행위 내지 기속재량행위와 재량행위 내지 자유재량행위로 구분된다고 할 때, 그 구분은 당해 행위의 근거가 된 법규의 체재·형식과 그 문언, 당해 행위가 속하는 행정 분야의 주된 목적과 특성, 당해 행위 자체의 개별적 성질과 유형 등을 모두 고려하여 판단하여야 하고, 이렇게 구분되는 양자에 대한 사법심사는, 전자의 경우 그 법규에 대한 원칙적인 기속성으로 인하여 법원이 사실인정과 관련 법규의 해석·적용을 통하여 일정한 결론을 도출한 후 그 결론에 비추어 행정청이 한 판단의 적법 여부를 독자의 입장에서 판정하는 방식에 의하게 되나, 후자의 경우 행정청의 재량에 기한 공익판단의 여지를 감안하여 법원은 독자의 결론을 도출함이 없이 당해 행위에 재량권의 일탈·남용이 있는지 여부만을 심사하게 되고, 이러한 재량권의 일탈·남용 여부에 대한 심사는 사실오인, 비례·평등의 원칙 위배, 당해 행위의 목적 위반이나 동기의 부정 유무 등을 그 판단 대상으로 한다.
> (대법원 2001.2.9. 선고 98두17593 판결【건축물용도변경신청거부처분취소】)

5. 재량의 한계

① 실정법 규정 : 행정소송법 제27조

② 재량행위가 위법하게 되는 유형은 다음과 같다.

㉠ 재량의 유월(재량의 일탈) : 재량권의 외적 한계를 넘어서는 경우

㉡ 재량의 남용 : 재량권의 내적 한계를 벗어난 경우

㉢ 재량의 흠결이 있는 경우: 법규정 위반, 사실오인, 평등원칙 또는 자기구속의 원칙 위반, 비례원칙 위반, 절차위반, 재량권의 불행사 혹은 재량의 해태, 목적 위반 등

6. 재량행위에 대한 통제

① 입법적 통제

㉠ 법규적 통제

㉡ 정치적 통제(국정감사 등)

② 행정적 통제

㉠ 직무감독에 의한 통제

㉡ 행정절차에 의한 통제

㉢ 행정심판에 의한 통제

③ 사법적 통제

㉠ 일반법원에 의한 통제 : 재량권행사에 일탈·남용이 있는 경우 행정소송 가능(행정소송법 제27조)

* 재량행위에 대하여 행정소송을 제기한 경우 법원은 각하할 것이 아니라, 본안심리에서 재량의 일탈·남용이 있는지 여부를 심사한 후 인용 또는 기각을 하여야 한다.

㉡ 헌법재판소에 의한 통제 : 재량권의 잘못된 행사로 인하여 헌법상의 기본권이 침해된 경우에는 헌법소원의 대상이 된다(헌법재판소법 제68조제1항 참조).

Ⅱ. 판단여지의 문제

(1) 판단여지설

① 주창자 : O. Bachof, C. H. Ule 등이다.

② 내용

㉠ 행정행위의 요건을 법이 불확정 법개념으로 규정하고 있을 때, 거기에는 재량이 아니라 그것과는 성질을 달리하는 판단여지가 있을 수 있다.

㉡ 행정청에게 판단여지가 인정된다면, 그 범위에서는 행정청의 전문적·기술적 판단이 종국적인 것으로 존중되며, 그 한도에서 행정청의 판단에 대한 법원의 심사가 제약받게 된다.

(2) 판단여지의 가능성

① 비대체적 결정(학생의 성적평가 등)

② 구속적 가치평가(작품의 가치 또는 유해성 등에 대한 합의제기관의 판단)

③ 예측결정·형성적 결정

(3) 한계 : 판단에 자의(恣意)가 개입되어 있거나 경험법칙에 위배하는 경우에는 판단여지의 한계를 넘어서서 위법한 것이 될 수 있다.

* 판단여지가 인정되는 사항에 대하여 행정소송을 제기한 경우 법원은 각하할 것이 아니라, 판단에 있어 법의 일반원칙의 준수여부·판단에 관한 절차적 규정의 준수여부·판단기관구성의 적법성 여하 등을 심사한 후 인용 또는 기각결정을 하여야 한다.

[관련 판례]

▶ **기속행위와 재량행위**

1. 국유재산의 무단점유에 대한 변상금의 징수가 기속행위인지 여부(적극)

국유재산의 무단점유 등에 대한 변상금징수의 요건은 국유재산법 제51조 제1항에 명백히 규정되어 있으므로 변상금을 징수할 것인가는 처분청의 재량을 허용하지 않는 기속행위이다.

(대법원 2000.1.28. 선고 97누4098 판결【변상금부과처분취소】)

2. 주택건설사업계획 승인처분의 재량행위성

주택건설촉진법 제33조에 의한 주택건설사업계획의 승인은 상대방에게 권리나 이익을 부여하는 효과를 수반하는 이른바 수익적 행정처분으로서, 법령에 행정처분의 요건에 관하여 일의적으로 규정되어 있지 아니한 이상 행정청의 재량행위에 속한다.

(대법원 1997.3.14. 선고 96누16698 판결【사용검사신청반려처분취소】)

3. 공무원 임용을 위한 면접 전형에서의 면접위원의 자유재량

공무원 임용을 위한 면접전형에서 임용신청자의 능력이나 적격성 등에 관한 판단은 면접위원의 고도의 교양과 학식, 경험에 기초한 자율적 판단에 의존하는 것으로서 오로지 면접위원의 자유재량에 속하고, 그와 같은 판단이 현저하게 재량권을 일탈·남용하지 않은 한 이를 위법하다고 할 수 없다.

(대법원 2008.12.24. 선고 2008두8970 판결【지방직특별임용시험불합격처분취소】)

4. 구 택지개발촉진법 시행령에 의한 택지공급이 택지개발사업 시행자의 재량행위인지 여부(적극)

택지개발사업 시행자의 택지공급은 상대방에게 권리나 이익을 부여하는 효과를 수반하는 이른바 수익적 행위인 점, 구 택지개발촉진법 시행령(2005.3.8. 대통령령 제18734호로 개정되기 전의 것)의 관련 조항들을 종합하여 볼 때 택지개발사업의 시행자는 택지를 공급함에 있어 공급대상 토지의 위치 및 면적, 공급의 대상자 또는 대상자 선정방법, 공급의 시기·방법 및 조건, 공급가격 결정방법 등을 스스로 정할 수 있고, 자신의 필요나 정책적 판단에 의하여 택지공급 대상자의 자격을 제한하거나 택지공급가격을 달리 정하거나 수의계약에 의한 택지공급 여부를 결정할 수 있는 점 등을 고려하면, 구 택지개발촉진법 시행령 제13조의2 제5항 제5호에 의한 택지공급은 택지개발사업 시행자의 재량행위에 해당한다.

(대법원 2007.12.13. 선고 2006두19068 판결【택지공급신청거부처분취소】)

5. 도시개발사업의 사업시행자가 이주대책대상자에게 공급할 택지를 정하는데 재량을 가지는지 여부(적극)

구 도시개발법(2007.4.11. 법률 제8376호로 개정되기 전의 것) 제23조, 공익사업을 위한 토지 등의 취득 및 보상에 관한 법률 제78조 제1항, 같은 법 시행령 제40조 제3항 제2호의 문언, 내용 및 입법 취지 등을 종합하여 보면, 위 시행령 제40조 제3항 제2호에서 말하는 '공익사업을 위한 관계 법령에 의한 고시 등이 있은 날'은 이주대책대상자와 아닌 자를 정하는 기준이지만, 나아가 사업시행자가 이주대책대상자 중에서 이주대책을 수립·실시하여야 할 자와 이주정착금을 지급하여야 할 자를 정하는 기준이 되는 것은 아니므로, 사업시행자는 이주대책기준을 정하여 이주대책대상자 중에서 이주대책을 수립·실시하여야 할 자를 선정하여 그들에게 공급할 택지 또는 주택의 내용이나 수량을 정할 수 있고, 이를 정하는 데 재량을 가지므로, 이를 위해 사업시행자가 설정한 기준은 그것이 객관적으로 합리적이 아니라거나 타당하지 않다고 볼 만한 다른 특별한 사정이 없는 한 존중되어야 한다.

(대법원 2009.3.12. 선고 2008두12610 판결【입주권확인】)

6. 처분기준을 따르지 않고 특정 개인에게 과도하게 초과하는 처분을 한 경우 재량한계의 일탈 여부

식품위생법시행규칙 제53조에 따른 별표 15의 행정처분기준은 행정기관 내부의 사무처리준칙을 규정한 것에 불과하기는 하지만 규칙 제53조 단서의 식품 등의 수급정책 및 국민보건에 중대한 영향을 미치는 특별한 사유가 없는 한 행정청은 당해 위반사항에 대하여 위 처분기준에 따라 행정처분을 함이 보통이라 할 것이므로, 행정청이 이러한 처분기준을 따르지 아니하고 특정한 개인에 대하여만 위 처분기준을 과도하게 초과하는 처분을 한 경우에는 재량권의 한계를 일탈하였다고 볼 만한 여지가 충분하다.

(대법원 1993.6.29. 선고 93누5635 판결【대중음식점업영업정지처분취소】)

7. 제재적 행정처분이 재량권의 범위를 일탈·남용하였는지 여부의 판단 기준

제재적 행정처분이 사회통념상 재량권의 범위를 일탈하였거나 남용하였는지 여부는 처분사유인 위반행위의 내용과 당해 처분행위에 의하여 달성하려는 공익목적 및 이에 따르는 제반 사정 등을 객관적으로 심리하여 공익 침해의 정도와 그 처분으로 인하여 개인이 입게 될 불이익을 비교·형량하여 판단하여야 한다.

(대법원 2007.9.20. 선고 2007두6946 판결【과징금부과처분취소】)

▶ 불확정 개념과 판단여지

8. 문화재발굴허가에서의 전문적·기술적 판단

문화체육부장관 또는 그 권한을 위임받은 문화재관리국장 등이 건설공사를 계속하기 위한 발굴허가신청에 대하여 그 공사를 계속하기 위하여 부득이 발굴할 필요가 있는지의 여부를 결정하여 발굴을 허가하거나 이를 허가하지 아니함으로써 원형 그대로 매장되어 있는 상태를 유지하는 조치는 허가권자의 재량행위에 속하는 것이므로, 행정청은 발굴허가가 신청된 고분 등의 역사적 의의와 현상, 주변의 문화적 상황 등을 고려하여 역사적으로 보존되어 온 매장문화재의 현상이 파괴되어 다시는 회복할 수 없게 되거나 관련된 역사문화자료가 멸실되는 것을 방지하고 그 원형을 보존하기 위한 공익상의 필요에 기하여 그로 인한 개인의 재산권 침해 등 불이익이 훨씬 크다고 여겨지는 경우가 아닌 한 발굴을 허가하지 아니할 수 있다 할 것이고, 행정청이 매장문화재의 원형보존이라는 목표를 추구하기 위하여 문화재보호법 등 관계 법령이 정하는 바에 따라 내린 전문적·기술적 판단은 특별히 다른 사정이 없는 한 이를 최대한 존중하여야 한다.

(대법원 2000.10.27. 선고 99두264 판결【유적발굴허가신청불허가처분취소】)

9. 감정평가사시험의 합격 기준 선택의 재량

지가공시및토지등의평가에관한법률시행령 제18조 제1항, 제2항은 감정평가사시험의 합격기준으로 절대평가제 방식을 원칙으로 하되, 행정청이 감정평가사의 수급상 필요하다고 인정할 때에는 상대평가제 방식으로 할 수 있다고 규정하고 있으므로, 감정평가사시험을 실시함에 있어 어떠한 합격기준을 선택할 것인가는 시험실시기관인 행정청의 고유한 정책적인 판단에 맡겨진 것으로서 자유재량에 속한다.

(대법원 1996.9.20. 선고 96누6882 판결 【감정평가사시험불합격결정처분취소】)

10. 국가고시 문제 출제행위의 성질(=재량행위)과 그 한계

행정행위로서의 시험의 출제업무에 있어서, 출제 담당위원은 법령규정의 허용범위 내에서 어떠한 내용의 문제를 출제할 것인가, 그 문제의 문항과 답항을 어떤 용어나 문장형식을 써서 구성할 것인가를 자유롭게 정할 수 있다는 의미에서 재량권을 가진다고 할 것이며, 반면에 그 재량권에는 그 시험의 목적에 맞추어 수험생들의 능력을 평가할 수 있도록 출제의 내용과 구성에서 적정하게 행사되어야 할 한계가 내재되는 바이어서 그 재량권의 행사가 그 한계를 넘을 때에는 그 출제행위는 위법하게 될 것이다.

(대법원 2001.4.10. 선고 99다33960 판결 【손해배상(기)】)

제 3 항 행정행위의 내용

Ⅰ. 대인적 행정행위·대물적 행정행위 · 혼합적 행정행위

(1) 의 의

① 대인적 행정행위 : 주관적 사정에 착안한 행정행위(예; 의사면허, 운전면허 등) 이다.

② 대물적 행정행위 : 객관적 사정을 표준으로 행해진 행정행위(예; 음식점영업허가) 이다.

③ 혼합적 행정행위 : 인적 요소와 물적 요소를 모두 고려하여 행해진 행정행위(예; 가스사업허가, 총포·도금류·화약류 판매허가 등)이다.

(2) 구별의 실익 : 행정행위의 효과가 타인에게 이전될 수 있는지의 여부에 있다.

① 대인적 행정행위의 효과는 이전될 수 없다.

② 대물적 행정행위의 효과는 원칙적으로 이전이 가능하다.

③ 혼합적 행정행위의 효과는 행정청의 승인 등이 있으면 이전 가능하다(대인적 요소에 변화가 있으면 불가능).

Ⅱ. 수익적 행정행위·부담적 행정행위·복효적 행정행위

(1) 수익적 행정행위와 부담적 행정행위

구 분	수익적 행정행위	부담적 행정행위
성 질	① 쌍방적 행정행위성 ② 재량행위성	① 일방적 행정행위성 ② 기속행위성
법률유보의 문제	상대적으로 자유로움	엄격하게 적용됨
절차적 규제	완화	엄격
취소·철회의 제한	조리상의 제한	완화
부 관	부관과 친함	부관과 거리가 멈
특수문제	흠의 치유·전환의 문제 발생	강제적 실현의 문제 발생

(2) 복효적 행정행위

① 의의 : 하나의 행정행위가 수익과 부담의 복효적 효과를 동시에 발생시키는 행위를 말한다.

② 구분

㉠ 혼합효 행정행위 : 복효적 효과가 동일인에게 발생하는 경우의 행정행위를 말한다.

㉡ 제3자효 행정행위 : 1인에게는 이익, 타인에게는 불이익이라는 상반된 효과를 발생시키는 행정행위[예; 당선인(합격자)결정, 경원면허(競願免許), 공매처분, 수용재결 등]를 말한다.

③ 제3자효 행정행위와의 관련문제 : 제3자인 불이익자에 대한 권리구제수단

④ 제3자효 행정행위와 관련된 법적 문제

㉠ 행정절차 : 제3자에게 청문기회 제공(행정절차법 제21조, 제22조 등 참조)

㉡ 제3자효 행정행위의 취소·철회

㉢ 행정쟁송상의 문제: 특히 제3자의 원고적격이 문제된다.

㉣ 제3자의 동의 : 법적 근거 없이 제3자의 동의를 얻게 하는 것은 위법하다고 보아야 한다. 다만, 행정 현실에서는 주민과의 갈등이 예상되는 시설물의 설치 허가(예; LPG충전소 허가, 공장 허가 등)를 하는 경우에 허가 전에 주민의 동의를 요구하는 경우가 자주 발생한다. 이러한 허가의 적법성을 어떻게 볼 것인가가 새로운 문제로 대두되고 있다.

Ⅲ. 행정행위의 내용 개관

1. 개 관

① 법률행위적 행정행위
  ㉠ 명령적 행정행위
    ⓐ 하명 ⓑ 허가 ⓒ 면제
  ㉡ 형성적 행정행위
    ⓐ 특허-설권적 행위(직접상대방을 위한 행위)
    ⓑ 인가-보충행위
    ⓒ 대리-제3자를 위한 행위
② 준법률행위적 행정행위(확인, 공증, 통지, 수리)

2. 주의할 점

학문적 의미의 용어와 실정법상의 용어가 일치하지 않는다.

① 행정재산의 사용·수익허가, 귀화허가, 광업허가 등은 허가라는 용어를 사용하지만, 강학상 특허에 해당한다.
② 발명특허는 학문상 확인행위에 해당한다.
③ 면허라는 용어의 문제
  ㉠ 운전면허·의사면허 등은 강학상 허가에 해당한다.
  ㉡ 공유수면매립면허·어업면허·자동차운수사업면허 등은 강학상 특허에 해당한다.

Ⅳ. 법률행위적 행정행위-명령적 행정행위

1. 하 명

(1) 개념 : 일정한 작위·부작위·급부·수인의 의무를 명하는 행정행위를 말한다.

(2) 성질 : 부담적 행정행위, 기속행위이다.

(3) 형식 : 법령에 근거한 행정행위(하명처분)와, 법령 자체에 의하여 곧 하명의 효과발생하는 법규하명이 있다.

(4) 종류 : (의무의 내용에 따라) 작위하명·급부하명·수인하명 등이 있다.

(5) 대상 : 주로 사실행위를 대상으로 한다. 법률행위를 대상으로 하는 경우(예; 영업금지 등)도 있다.

(6) 하명의 상대방 : 특정인이 원칙이고, 예외적으로 불특정 다수인인 경우(일반처분)도 있다.

(7) 하명의 효과 : 그 내용에 따라 상대방에게 일정한 공법상의 의무가 발생한다.

(8) 하명위반의 효과 : 수명자에 대해서 행정상의 강제집행이 행해지거나 행정상의 제재가 과하여질 뿐, 하명에 위반한 행위의 법률상의 효과 자체는 부인받지 않는 것이 원칙이다.

2. 허 가

(1) 개념 : 일반적·상대적 금지의 해제를 말한다. cf. 면제

(2) 예외적 승인과의 구별

① 예외적 승인의 의의 : 사회적으로 유해한 행위이기 때문에 일반적으로 금지된 행위를 특정한 경우에 예외적으로 적법하게 할 수 있게 하여 주는 행정행위이다(예; 개발제한구역에서의 행위제한의 예외<주민 편의시설, 공동이용시설 등>, 학교위생정화구역 내에서의 유흥음식점 허가 등).

② 허가와 예외적 승인의 구별 : 허가는 예방적 금지의 해제, 예외적 승인은 억제적 금지의 해제를 뜻한다. 허가의 효과는 일반적이지만, 예외적 승인의 효과는 부분적이고 예외적이다.

③ 성질 : 예외적 승인은 재량행위이다(대판 1998.3.27, 96누19772).

(3) 성질

① 명령적 행위이다.

② 기속행위(광천음료수제조업허가에 관한 대판 1993.2.12, 92누5959)이다.

(4) 허가여부의 결정기준 : 허가신청이 있은 후 그에 대한 결정이 있기 전에 허가기준을 정한 법령이 개정된 경우, 처분청은 원칙적으로 개정된 법령을 적용하여야 한다.

(5) 허가의 형식 : 언제나 처분의 형식(문서)이다.

(6) 허가의 대상 : 사실행위(영업, 건축, 운전 등)가 원칙이고, 때로는 법률행위(예; 외국인의 토지매매 등)인 경우도 있을 수 있다.

(7) 허가의 상대방 : 특정인이 원칙이고, 예외적으로 불특정 다수인인 경우도 있다.

(8) 허가의 효과

① 금지가 해제된다. 그러나 이로 인하여 제3자가 누리는 이익은 반사적 이익에 불과하다.

② 법률상 이익

㉠ 주류제조면허 : 「주류제조면허는 국가의 수입확보를 위하여 설정된 재정허가의 일종이지만 일단 이 면허를 얻은 자의 이득은 단순한 사실상의 반사적 이득에만 그치는 것이 아니라 주세법의 규정에 따라 보호되는 이득이고……위 면허권이 가지는 재산적 가치는 현실적으로 부인할 수 없다」(대판 1989.12.22, 89누46).

㉡ 약종상 허가

③ 타법상의 제한 및 집중효

㉠ 타법상의 제한 : 허가는 그 근거가 된 법령상의 금지만을 해제, 타법에 의한 금지까지 해제하지는 않는다.

㉡ 허가의 집중효 : 특정 법률에 정한 허가를 받으면 유사한 다른 법률상의 허가도 받은 것으로 간주하는 것을 말한다. 행정법규에서 많이 활용되는 방식으로 '인·허가 의제' 조항의 형식을 주로 활용한다. 예) 「도시개발법」 제19조(관련 인·허가 등의 의제)에 따르면, 도시개발 실시계획의 인가에 따라 수도법, 하천법 등 31개 법률의 관련 인·허가가 의제된다.

④ 지역적 효과

㉠ 원칙 : 발급 행정청의 관할 구역 내에서만 효력을 갖는 것이 원칙이다.

㉡ 예외 : 운전면허 등

⑤ 허가의 효과의 승계

* 법률의 규정에 따라 취소 등 제재사유가 양수인에게 승계되는 경우도 있다.

(9) 무허가행위의 효과 : 허가를 받고 해야 할 행위를 허가 없이 행한 경우에는 행정상의 강제집행이나 행정벌의 대상은 되지만, 행위 자체는 유효함이 원칙이다.

(10) 허가의 갱신 : 기존의 허가의 효력을 지속시키는 것이지, 기존의 허가와 무관한 새로운 허가가 아니다.

3. 면 제

행정법상의 의무(작위의무, 부작위의무, 급부의무, 수인의 의무 등)를 면제해 주는 행정행위를 말한다.

V. 법률행위명령적 행정행위－형성적 행위

1. 특 허

(1) 개념 : 특정인을 위하여 권리·권리능력 또는 포괄적 법률관계를 설정하는 행위를 말한다.

(2) 성질

① 형성적 행위

② 재량행위

(3) 특허와 출원 : 상대방의 출원이 필요 요건이다.

* 선원주의(先願主義, 광업법 제21조 제1항)

(4) 특허의 형식 : 처분의 형식이 원칙이고, 예외적으로 직접 법령에 의하는 경우(법규특허)도 있다.

(5) 특허의 상대방 : 특정인

(6) 특허의 효과

① 권리설정 : 공권, 사권(예; 어업권·광업권)이 발생한다.

② 이중특허의 문제 : 양립할 수 없는 이중특허가 있는 경우, 특별한 사정이 없는 한 후행 특허는 무효이다.

(7) 허가와 특허의 차이점

가장 큰 차이점은 행정청의 재량의 유무에 있다. 즉 허가는 주로 기속행위에 대해 행해지므로 행정청의 재량의 여지가 적고, 특허는 행정청의 재량에 의해 행해지므로 재량의 폭이 일반적으로 넓다.

2. 인 가

(1) 개념 : 제3자의 법률행위를 보충함으로써 그 법률상 효과를 완성시켜주는 행위이다(보충행위).

(2) 인가와 출원 : 출원이 있는 경우에만 가능하고 수정인가는 불가하다.

(3) 인가의 형식 : 언제나 구체적 처분의 형식으로 행해진다.

(4) 인가의 대상 : 반드시 법률행위이어야 한다. 대상 행위가 공법행위이냐 사법행위이냐는 불문한다.

(5) 무인가행위의 효과 : 要인가 행위를 인가받지 않고 한 행위는 무효가 되는데 그치고, 행정상 강제집행이나 처벌의 문제는 발생하지 않는다.

* 효력요건, cf. 허가－적법요건

(6) 인가와 기본행위

① 기본행위가 불성립 또는 무효인 경우에는 인가가 있더라도 유효로 되지 않으며, 기본행위에 취소원인이 있는 경우에는 인가가 있은 후에도 이를 취소할 수 있다.

② 유효한 기본행위를 대상으로 유효하게 성립된 인가라도 후에 그 기본행위가 취소되거나 실효되게 되면 인가는 그 존립의 바탕을 잃어 실효하게 된다.

기본행위에 하자가 있는 경우 보충행위의 취소·무효 확인을 구할 법률상 이익이 있는지 여부(소극)

인가는 기본행위인 재단법인의 정관변경에 대한 법률상의 효력을 완성시키는 보충행위로서, 그 기본이 되는 정관변경 결의에 하자가 있을 때에는 그에 대한 인가가 있었다 하여도 기본행위인 정관변경 결의가 유효한 것으로 될 수 없으므로 기본행위인 정관변경 결의가 적법 유효하고 보충행위인 인가처분 자체에만 하자가 있다면 그 인가처분의 무효나 취소를 주장할 수 있지만, 인가처분에 하자가 없다면 기본행위에 하자가 있다 하더라도 따로 그 기본행위의 하자를 다투는 것은 별론으로 하고 기본행위의 무효를 내세워 바로 그에 대한 행정청의 인가처분의 취소 또는 무효확인을 소구할 법률상의 이익이 없다.
(대법원 1996.5.16. 선고 95누4810 전원합의체 판결【법인정관변경허가처분무효확인】)

3. 인허(認許, 인가+허가 또는 특허)의 문제

(1) 개인택시 운송사업면허의 양도·양수인가

관할관청의 개인택시 운송사업면허의 양도·양수에 대한 인가는 양도인과 양수인 간의 양도행위를 보충하여 그 법률효과를 완성시키는 의미에서의 인가처분 뿐만 아니라 양수인에 대해 양도인이 가지고 있던 면허와 동일한 내용의 면허를 부여하는 처분이 포함되어 있다고 볼 것이다(대판 1994.8.23. 94누4882).

(2) 토지거래계약허가

① 학설 : ㉠ 인가로 보는 견해(종래의 다수설)와 ㉡ 허가와 인가의 효과가 합쳐진 인가로 보는 견해의 대립이 있다.

② 판례 : 구 국토이용관리법 제21조의3제1항 소정의 허가는 허가전의 유동적 무효상태에 있는 법률행위의 효력을 완성시켜주는 인가적 성질을 띤 것이라고 보는 것이 타당하다(대판 1991.12.24 90다12243).

③ 참조조문

㉠ 국토의 계획 및 이용에 관한 법률 제118조제6항 : 토지거래계약허가를 받지 아니하고 체결한 토지거래계약은 그 효력을 발생하지 아니한다.

㉡ 국토의 계획 및 이용에 관한 법률 제141조 : 토지거래허가구역 내에서 허가를 받지 않고 토지거래계약을 체결한 자는 2년 이하의 징역 또는 계약체결 당시의 공시지가에 의한 당해 토지가격의 100분의30에 상당하는 금액 이하의 벌금에 처한다.

4. 허가·특허·인가의 이동(異同)

구 분	허 가	특 허	인 가
의 의	일반적·상대적 금지의 해제	권리·능력 및 포괄적 법률관계의 설정	제3자의 법률행위 보충
성 질	① 법률행위적 행정행위 ② 수익적 행정행위 ③ 명령적 행정행위 ④ 기속행위	① 좌동 ② 좌동 ③ 형성적 행위(설권행위) ④ 재량행위	① 좌동 ② 좌동 ③ 형성적 행위(보충행위) ④ 기속행위(판례)
상대방	① 특정인(원칙) ② 출원불요(수정허가 가)	① 특정인 ② 출원필요	① 특정인 ② 출원필요 (수정인가 불가)
대 상	사실행위(원칙) 예외적으로 법률행위		법률행위만 (공·사법행위 불문)
효 과	① 자연적 자유의 회복 ② 반사적 이익	① 권리 등의 설정 ② 공권·사권	① 법률효과 완성
위반행위의 효력	① 행위자체는 유효 ② 행정벌, 강제집행의 대상		① 행위자체가 무효 ② 행정벌, 강제집행의 대상은 아님
예	건축허가, 의사면허, 총포·화약류제조허가 등	광업허가·귀화허가·사업인정·어업면허 등	공공조합의 정관승인, 사업양도인가 등

5. 대 리

(1) 대리의 개념 : 제3자가 해야 할 일을 행정청이 대신 행함으로써, 제3자가 한 것과 같은 법적효과를 발생시키는 행정행위를 말한다.

(2) 대리행위 성질 : 법정대리이다.

(3) 대리행위의 예

① 감독적 견지에서 행해지는 감독청에 의한 공법인의 정관작성이나 임원의 임면

② 당사자 사이의 협의가 이루어지지 않은 경우에 있던 조정적 견지에서 행해지는 재정(예; 토지 수용에 관한 토지수용위원회의 수용재결)

③ 국세의 강제징수를 위해 행해지는 공매처분

④ 사자(死者)의 유류물처분

Ⅵ. 준법률행위적 행정행위

1. 확 인

(1) 의의 : 특정한 사실 또는 법률관계에 관해 의문이나 다툼이 있는 경우에 행정청이 이를 공적으로 확정하는 행정행위이다(예, 당선인·합격자의 결정, 발명특허, 행정심판의 재결 등).

* 과세표준의 결정(판례는 처분성 부정)

(2) 확인의 성질

① '판단표시' 행위 ② 준사법적 행위 ③ 기속행위

(3) 확인의 형식

① 구체적 처분의 형식으로 행해진다.

② 문서에 의하는 것이 일반적이다.

(4) 확인의 (공통적)효과 : 불가변력이 발생한다.

2. 공 증

(1) 의의 : 특정한 사실 또는 법률관계의 존재를 공적으로 증명하는 행위를 말한다(예, 각종의 등기·등록, 회의록 등의 기재, 증명서 발급, 영수증교부, 여권·감찰의 발급, 검인의 押捺(압날) 등).

(2) 공증의 성질

① 인식 표시행위

② 기속행위

(3) 공증의 효과

① 공적 증거력이 발생한다.

② 반증이 있게 되면 공증의 최고(催告)를 기다릴 것 없이 그를 뒤집을 수 있다.

(4) 공증의 처분성에 관한 판례

① 처분성을 부정한 사례

㉠ 임야대장에의 등재나 등재사항의 변경

㉡ 지적공부의 복구신청 또는 변경신청의 거부 등

* 헌법재판소는 지적공부의 등록사항에 대한 정정신청을 반려한 행위를 공권력행사인 거부처분으로 보고 있다(헌재결 1999.6.24 97헌마315 참조).

② 처분성을 긍정한 사례

㉠ 상표사용권 설정등록행위(대판 1991.8.13, 90누9414)

㉡ 지목변경신청에 대한 반려(거부)행위(대판 2004.4.22, 2003두9015)

㉢ 지적공부소관청의 토지분할신청의 거부(대판 1993.3.23, 91누8968)

㉣ 건축물 대장의 용도변경 신청(대판 2009.1.30. 선고 2007두7277 판결)

3. 통 지

(1) 의의

① 개념 : 특정인 또는 불특정다수인에 대하여 일정한 사실을 알리는 행정행위이다.

② 이미 성립한 행정행위의 효력발생요건으로서의 통지와 구별된다.

(2) 통지의 종류

① 관념의 통지 : 특정한 사실에 관한 관념을 알리는 행위(예, 특허출원의 공고)

② 의사의 통지 : 행위자의 의사를 알리는 행위(예, 대집행의 계고·납세의 독촉 등)

* 단순한 사실의 통지(당연퇴직의 통보 등)는 통지행위가 아니다.

(3) 통지의 효과

통지는 그 자체가 일정한 법률효과를 발생시키는 행정행위이다.

(4) 통지의 처분성에 관한 판례

① 처분성이 인정되는 통지

㉠ 대집행의 계고(대판 1996.2.9, 95누12507)

㉡ 납세의 독촉(대판 1999.7.13, 97누119)

② 처분성이 부정되는 통지

㉠ 당연퇴직의 통보(대판 1995.11.14, 95누2036)

㉡ 형성적 재결의 결과통보(대판 1997.5.30, 96누14678)

㉢ 성업공사(현 자산관리공사)의 공매통지(대판 1998.6.26, 96누12030)

㉣ 대한의료보험연합회의 심사결과통지(대판 1999.6.25, 98두15863)

4. 수 리

(1) 의 의

행정청이 사인의 행위를 유효한 행위로 받아들이는 행위로 기속행위이며 수리를 요하는 신고를 말한다.

(2) 수리의 거부

수리를 요하는 신고의 거부는 행정상 쟁송의 대상이 된다.

[관련 판례]

가. 법률행위적 행정행위

▶ 허 가

1. 허가권자가 법정사유 외의 사유로 허가를 거부할 수 있는 여부

건축법 소정의 건축허가권자는 건축허가신청이 건축법, 도시계획법등 관계 법규에서 정하는 어떠한 제한에 배치되지 않는 이상 당연히 같은 법조 소정의 건축허가를 하여야 하므로, 법률상의 근거 없이 그 신청이 관계 법규에서 정한 제한에 배치되는지의 여부에 대한 심사를 거부할 수 없고, 심사 결과 그 신청이 법정요건에 합치하는 경우에는 특별한 사정이 없는 한 이를 허가하여야 하며, 공익상 필요가 없음에도 불구하고 요건을 갖춘 자에 대한 허가를 관계 법령에서 정하는 제한사유 이외의 사유를 들어 거부할 수 없다.

(대법원 1995.6.13. 선고 94다56883 판결【소유권이전등기말소】)

2. 허가를 거부할 수 있는 사유로서 관계법규

구 건축법(1991.5.31. 법률 제4381호로 개정되기 전의 것) 제5조 제1항 소정의 건축허가권자는 건축물이 건축법, 도시계획법 등의 관계 법규에서 정하는 어떠한 제한에 배치되지 않는 이상 당연히 같은 법조 소정의 건축허가를 하여야 하고, 위 관계 법규에서 정하는 제한사유 이외의 사유를 들어 그 허가신청을 거부할 수는 없고, 여기서 관계 법규란 건축물에 대한 건축허가의 제한에 관하여 직접 규정하고 있는 법규만을 말하고, 건축허가에 따라 건축된 건축물 내의 시설의 운영이나 용도에 따른 건축물의 사용에 대하여 제한을 가하는 법규를 말하는 것은 아니라 할 것이다.

(대법원 1992.6.9. 선고 91누11766 판결【건축허가거부처분취소】)

3. 조례에 의하여 행위제한지역을 구체적으로 지정하지 아니한 경우에도 그 지정에 관하여 조례가 정한 기준에 해당하는 경우, 건축허가를 거부할 수 있는지 여부(적극)

준농림지역 안으로서 지방자치단체의 조례가 정하는 지역에서 식품위생법 소정의 식품접객업, 공중위생법 소정의 숙박업 등을 영위하기 위한 시설 중 지방자치단체의 조례가 정하는 시설의 건축을 제한할 수 있는바, 이러한 관계 법령의 규정을 종합하여 보면, 지방자체단체의 조례에 의하여 준농림지역 내의 건축제한지역이라는 구체적인 취지의 지정·고시가 행하여지지 아니하였다 하더라도, 조례에서 정하는 기준에 맞는 지역에 해당하는 경우에는 숙박시설의 건축을 제한할 수 있다고 할 것이고, 그러한 기준에 해당함에도 불구하고 무조건 숙박시설 등의 건축허가를 하여야 하는 것은 아니라고 할 것이며, 조례에서 정한 요건에 저촉되지 아니하는 경우에 비로소 건축허가를 할 수 있는 것으로 보아야 할 것이다.

(대법원 1999.8.19. 선고 98두1857 전원합의체 판결【건축허가신청서반려처분취소】)

4. 도로법상 허가와 건축법상의 허가

도로법과 건축법에서 각 규정하고 있는 건축허가는 그 허가권자의 허가를 받도록 한 목적, 허가의 기준, 허가 후의 감독에 있어서 같지 아니하므로 도로법에 의한 이 사건 개축허가가 있었다고 하더라도 건축법에 의한 허가를 다시 받아야 할 것이다.

(대법원 1991.4.12. 선고 91도218 판결【건축법위반】)

5. 허가에 붙은 기한이 성질상 부당하게 짧은 경우, 이를 허가조건의 존속기간으로 볼 수 있는지 여부(적극)

일반적으로 행정처분에 효력기간이 정하여져 있는 경우에는 그 기간의 경과로 그 행정처분의 효력은 상실되며, 다만 허가에 붙은 기한이 그 허가된 사업의 성질상 부당하게 짧은 경우에는 이를 그 허가 자체의 존속기간이 아니라 그 허가조건의 존속기간으로 보아 그 기한이 도래함으로써 그 조건의 개정을 고려한다는 뜻으로 해석할 수 있다.

(대법원 2004.11.25. 선고 2004두7023 판결【사도개설허가취소신청거부처분취소】)

6. 행정행위의 허가기준의 시점

행정행위는 처분 당시에 시행중인 법령 및 허가기준에 의하여 하는 것이 원칙이고, 인, 허가신청 후 처분 전에 관계 법령이 개정 시행된 경우 신법령 부칙에서 신법령 시행 전에 이미 허가신청이 있는 때에는 종전의 규정에 의한다는 취지의 경과규정을 두지 아니한 이상 당연히 허가신청 당시의 법령에 의하여 허가 여부를 판단하여야 하는 것은 아니며, 소관 행정청이 허가신청을 수리하고도 정당한 이유 없이 처리를 늦추어 그 사이에 법령 및 허가기준이 변경된 것이 아닌 한 새로운 법령 및 허가기준에 따라서 한 불허가처분이 위법하다고 할 수 없다.

(대법원 1992.12.8. 선고 92누13813 판결【투전기업소신규허가신청불허처분취소】)

7. 경업자 소송의 허용성(제1회 변시 응용출제)

일반적으로 면허나 인·허가 등의 수익적 행정처분의 근거가 되는 법률이 해당 업자들 사이의 과당경쟁으로 인한 경영의 불합리를 방지하는 것도 그 목적으로 하고 있는 경우, 다른 업자에 대한 면허나 인·허가 등의 수익적 행정처분에 대하여 이미 같은 종류의 면허나 인·허가 등의 수익적 행정처분을 받아 영업을 하고 있는 기존의 업자는 경업자에 대하여 이루어진 면허나 인·허가 등 행정처분의 상대방이 아니라 하더라도 당해 행정처분의 취소를 구할 원고적격이 있다.

(대법원 2006.7.28. 선고 2004두6716 판결【분뇨등관련영업허가처분취소】)

▶ 특 허

8. 행정재산의 사용·수익에 대한 허가의 성질

공유재산의 관리청이 행정재산의 사용·수익에 대한 허가는 순전히 사경제주체로서 행하는 사법상의 행위가 아니라 관리청이 공권력을 가진 우월적 지위에서 행하는 행정처분으로서 특정인에게 행정재산을 사용할 수 있는 권리를 설정하여 주는 강학상 특허에 해당한다.

(대법원 1998. 2. 27. 선고 97누1105 판결【공유재산대부신청반려처분무효확인】)

9. 자동차운송사업면허의 법적 성질

자동차운수사업법 제4조 제1항, 제5조, 제6조, 구 자동차운수사업법시행규칙(1991. 9.27. 교통부령 제960호로 개정되기 전의 것) 제15조 제1항, 제11항 등 관계 법령의 규정내용에 의하면, 자동차운수사업법에 의한 자동차운송사업면허는 특정인에게 특정한 권리를 설정하여 주는 행위로서 법령에 특별한 규정이 없는 한 행정청의 재량에 속하는 것이고, 따라서 관할관청이 그 면허를 위하여 필요한 기준을 정하는 것은 물론 정한 기준을 변경하는 것 역시 행정청의 재량에 속한다고 할 것이다.

(대법원 1992.4.28. 선고 91누13526 판결【개인택시운송사업면허거부처분취소】)

▶ 부분승인·예비결정

10. 원자력법 소정의 부지사전승인제도의 취지

원자력법 제11조 제3항 소정의 부지사전승인제도는 원자로 및 관계 시설을 건설하고자 하는 자가 그 계획 중인 건설부지가 원자력법에 의하여 원자로 및 관계 시설의 부지로 적법한지 여부 및 굴착공사 등 일정한 범위의 공사(이하 '사전공사'라 한다)를 할 수 있는지 여부에 대하여 건설허가 전에 미리 승인을 받는 제도로서, 원자로 및 관계 시설의 건설에는 장기간의 준비·공사가 필요하기 때문에 필요한 모든 준비를 갖추어 건설허가신청을 하였다가 부지의 부적법성을 이유로 불허가될 경우 그 불이익이 매우 크고 또한 원자로 및 관계 시설 건설의 이와 같은 특성상 미리 사전공사를 할 필요가 있을 수도 있어 건설허가 전에 미리 그 부지의 적법성 및 사전공사의 허용 여부에 대한 승인을 받을 수 있게 함으로써 그의 경제적·시간적 부담을 덜어 주고 유효·적절한 건설공사를 행할 수 있도록 배려하려는 데 그 취지가 있다.

(대법원 1998.9.4. 선고 97누19588 판결【부지사전승인처분취소】)

11. 폐기물처리법 사업계획서에 대한 적정·부적정 통보 제도의 취지

폐기물관리법 관계 법령의 규정에 의하면 폐기물처리업의 허가를 받기 위하여는 먼저 사업계획서를 제출하여 허가권자로부터 사업계획에 대한 적정통보를 받아야 하고, 그 적정통보를 받은 자만이 일정기간 내에 시설, 장비, 기술능력, 자본금을 갖추어 허가신청을 할 수 있으므로, 결국 부적정통보는 허가신청 자체를 제한하는 등 개인의 권리 내지 법률상의 이익을 개별적이고 구체적으로 규제하고 있어 행정처분에 해당한다. 폐기물관리법 각 규정에 비추어 보면 폐기물처리업의 허가에 앞서 사업계획서에 대한 적정·부적정 통보 제도를 두고 있는 것은 폐기물처리업을 하고자 하는 자가 스스로 시설 등을 설치하여 허가신청을 하였다가 허가단계에서 그 사업계획이 부적정하다고 판명되어 불허가되면 허가신청인이 막대한 경제적·시간적 손실을 입게 되므로, 이를 방지하는 동시에 허가관청으로 하여금 미리 사업계획서를 심사하여 그 적정·부적정통보 처분을 하도록 하고, 나중에 허가단계에서는 나머지 허가요건만을 심사하여 신속하게 허가업무를 처리하는데 그 취지가 있다.

(대법원 1998.4.28. 선고 97누21086 판결【폐기물처리사업부적정통보취소】)

▶ 인 가

12. 재단법인 정관변경 허가의 성질

민법 제45조와 제46조에서 말하는 재단법인의 정관변경 "허가"는 법률상의 표현이 허가로 되어 있기는 하나, 그 성질에 있어 법률행위의 효력을 보충해 주는 것이지 일반적 금지를 해제하는 것이 아니므로, 그 법적 성격은 인가라고 보아야 한다.

(대법원 1996.5.16. 선고 95누4810 전원합의체 판결【법인정관변경허가처분무효확인】)

13. 도시 및 주거환경정비법상 조합설립인가처분의 법적 성격

행정청이 도시 및 주거환경정비법 등 관련 법령에 근거하여 행하는 조합설립인가처분은 단순히 사인들의 조합설립행위에 대한 보충행위로서의 성질을 갖는 것에 그치는 것이 아니라 법령상 요건을 갖출 경우 도시 및 주거환경정비법상 주택재건축사업을 시행할 수 있는 권한을 갖는 행정주체(공법인)로서의 지위를 부여하는 일종의 설권적 처분의 성격을 갖는다.

(대법원 2009.9.24. 선고 2008다60568 판결【재건축결의부존재확인】)

14. 법규상 근거 없는 인가 거부의 허용성

구 주택건설촉진법(1994.1.7. 법률 제4723호로 개정되기 전의 것) 제44조 및 같은 법시행령(1994.7.30. 대통령령 제14349호로 개정되기 전의 것) 제42조의 규정에 따라 설립인가를 신청한 주택조합의 사업내용이 같은 법 등 관계 법령의 규정에 위배되거나 사회질서를 해칠 우려가 있음이 명백한 때에는 인가를 거부할 수 있다고 보아야 하고 그 경우에 법규에 명문의 근거가 없더라도 거부처분을 할 수 있다.

(대법원 1995.12.12. 선고 94누12302 판결【주택조합설립인가신청거부처분취소】)

나. 준법률행위적 행정행위

▶ 확인행위

15. 준공검사처분의 법적 성질

준공검사처분은 건축허가를 받아 건축한 건물이 건축허가사항대로 건축행정목적에 적합한가의 여부를 확인하고, 준공검사필증을 교부하여 줌으로써 허가받은 자로 하여금 건축한 건물을 사용, 수익할 수 있게 하는 법률효과를 발생시키는 것이다.

(대법원 1992.4.10. 선고 91누5358 판결【준공신청서반려처분취소】)

16. 친일재산에 대한 친일반민족행위자재산조사위원회의 국가귀속결정의 법적 성격(=준법률행위적 행정행위)

친일반민족행위자 재산의 국가귀속에 관한 특별법 규정들의 취지와 내용에 비추어 보면, 친일재산은 친일반민족행위자재산조사위원회가 국가귀속결정을 하여야 비로소 국가의 소유로 되는 것이 아니라 특별법의 시행에 따라 그 취득·증여 등 원인행위 시에 소급하여 당연히 국가의 소유로 되고, 위 위원회의 국가귀속결정은 당해 재산이 친일재산에 해당한다는 사실을 확인하는 이른바 준법률행위적 행정행위의 성격을 가진다.

(대법원 2008.11.13. 선고 2008두13491 판결【친일재산국가귀속처분취소】)

▶ 공증행위

17. 지목변경신청 반려행위의 행정처분성

구 지적법(2001.1.26. 법률 제6389호로 전문 개정되기 전의 것) 제20조, 제38조 제2항의 규정은 토지소유자에게 지목변경신청권과 지목정정신청권을 부여한 것이고, 한편 지목은 토지에 대한 공법상의 규제, 개발부담금의 부과대상, 지방세의 과세대상, 공시지가의 산정, 손실보상가액의 산정 등 토지행정의 기초로서 공법상의 법률관계에 영향을 미치고, 토지소유자는 지목을 토대로 토지의 사용·수익·처분에 일정한 제한을 받게 되는 점 등을 고려하면, 지목은 토지소유권을 제대로 행사하기 위한 전제요건으로서 토지소유자의 실체적 권리관계에 밀접하게 관련되어 있으므로 지적공부 소관청의 지목변경신청 반려행위는 국민의 권리관계에 영향을 미치는 것으로서 항고소송의 대상이 되는 행정처분에 해당한다.

(대법원 2004.4.22. 선고 2003두9015 전원합의체 판결【지목변경신청반려처분취소청구각하취소】)

18. 행정청이 건축물대장의 용도변경신청을 거부한 행위가 행정처분에 해당하는지 여부(적극)

구 건축법(2005.11.8. 법률 제7696호로 개정되기 전의 것) 제14조 제4항의 규정은 건축물의 소유자에게 건축물대장의 용도변경신청권을 부여한 것이고, 한편 건축물의 용도는 토지의 지목에 대응하는 것으로서 건물의 이용에 대한 공법상의 규제, 건축법상의 시정명령, 지방세 등의 과세대상 등 공법상 법률관계에 영향을 미치고, 건물소유자는 용도를 토대로 건물의 사용·수익·처분에 일정한 영향을 받게 된다. 이러한 점 등을 고려해 보면, 건축물대장의 용도는 건축물의 소유권을 제대로 행사하기 위한 전제요건으로서 건축물 소유자의 실체적 권리관계에 밀접하게 관련되어 있으므로, 건축물대장 소관청의 용도변경신청 거부행위는 국민의 권리관계에 영향을 미치는 것으로서 항고소송의 대상이 되는 행정처분에 해당한다.

(대법원 2009.1.30. 선고 2007두7277 판결【건축물표시변경신청불가처분취소】)

▶ 통지행위

19. 교수 임용기간만료의 통지의 처분성(적극)

기간제로 임용되어 임용기간이 만료된 국·공립대학의 조교수는 교원으로서의 능력과 자질에 관하여 합리적인 기준에 의한 공정한 심사를 받아 위 기준에 부합되면 특별한 사정이 없는 한 재임용되리라는 기대를 가지고 재임용 여부에 관하여 합리적인 기준에 의한 공정한 심사를 요구할 법규상 또는 조리상 신청권을 가진다고 할 것이니, 임용권자가 임용기간이 만료된 조교수에 대하여 재임용을 거부하는 취지로 한 임용기간만료의 통지는 위와 같은 대학교원의 법률관계에 영향을 주는 것으로서 행정소송의 대상이 되는 처분에 해당한다.

(대법원 2004.4.22. 선고 2000두7735 전원합의체 판결【교수재임용거부처분취소】)

20. 가산금·중가산금의 납부독촉 행위의 성질

국세징수법 제21조, 제22조가 규정하는 가산금과 중가산금은 국세가 납부기한까지 납부되지 않은 경우 미납분에 관한 지연이자의 의미로 부과되는 부대세의 일종으로서, 과세권자의 확정절차 없이 국세를 납부기한까지 납부하지 아니하면 같은 법 제21조, 제22조의 규정에 의하여 당연히 발생하고 그 액수도 확정되는 것이며, 그에 관한 징수절차를 개시하려면 독촉장에 의하여 그 납부를 독촉함으로써 가능한 것이므로, 그 납부독촉이 부당하거나 절차에 하자가 있는 경우에는 그 징수처분에 대하여 취소소송에 의한 불복이 가능할 것이다.

(대법원 2000.9.22. 선고 2000두2013 판결【토지초과이득세부과처분등취소】)

21. 당연퇴직처분이 통지로서 행정처분인지 여부

국가공무원법 제69조에 의하면 공무원이 제33조 각 호의 1에 해당할 때에는 당연히 퇴직한다고 규정하고 있으므로, 국가공무원법상 당연퇴직은 결격사유가 있을 때 법률상 당연히 퇴직하는 것이지 공무원관계를 소멸시키기 위한 별도의 행정처분을 요하는 것이 아니며, 당연퇴직의 인사발령은 법률상 당연히 발생하는 퇴직사유를 공적으로 확인하여 알려주는 이른바 관념의 통지에 불과하고 공무원의 신분을 상실시키는 새로운 형성적 행위가 아니므로 행정소송의 대상이 되는 독립한 행정처분이라고 할 수 없다.

(대법원 1995.11.14. 선고 95누2036 판결【당연퇴직처분무효확인】)

제 4 항 행정행위의 부관

Ⅰ. 부관의 의의·기능

1. 부관의 개념

행정행위의 효과를 제한 또는 보충하기 위하여 주된 행정행위에 부가된 종된 규율을 말한다. 부관의 종류로는 조건, 기한, 부담, 철회권의 유보, 법률효과의 일부배제 등이 있다.

2. 타 개념과의 구별

① 법정부관

㉠ 의의 : 법령이 직접 행정행위의 효력을 제한하기 위하여 붙인 부관, 원칙적으로 강학상의 부관은 아니다.

㉡ 특징 : 법정부관에는 행정행위의 부관의 한계에 관한 일반적 원칙이 적용되지 않는다.

> 광업법 제12조(광업권의 존속기간) ① 탐사권의 존속기간은 7년을 넘을 수 없다.
> ② 채굴권의 존속기간은 20년을 넘을 수 없다.
> ③ 채굴권자는 채굴권의 존속기간이 끝나기 전에 대통령령으로 정하는 바에 따라 산업통상자원부장관의 허가를 받아 채굴권의 존속기간을 연장할 수 있다. 이 경우 연장할 때마다 그 연장기간은 20년을 넘을 수 없다.

② 행정행위의 내용적 제한과는 구별하기도 한다(예, 영업허가를 발급하면서 영업구역을 설정하거나 영업시간을 제한하는 것).

cf) 법률효과의 일부배제와의 구별: 다수설, 판례는 구별부정, 소수설은 구별 긍정한다.

3. 부관의 기능

① 행정의 탄력성·상황적합성의 부여 : 부관이 없으면 전면적 거부를 할 것을 제한적인 긍정을 행하게 한다는 점에서 탄력적 행정을 가능케 한다.
② 절차경제의 도모에 도움이 된다.
③ 공익 및 제3자 보호 : 행정행위의 효과의 발생을 제한케 함으로써 공익이나 제3자의 보호에도 기여한다.

Ⅱ. 부관의 종류

1. 조 건

① 의의 : 행정행위의 효과의 발생·소멸을 장래의 '불확실한' 사실에 의존시키는 부관을 말한다.
② 종류 : ㉠ 정지조건(조건이 성취되어야 행정행위의 효력이 발생) : 예) 주민과의 합의를 조건으로 하는 공장신축허가
㉡ 해제조건(조건이 성취되면 행정행위의 효력이 상실) : 예) 일정한 기간 내에 공사에 착수할 것을 조건으로 하는 공유수면매립면허

2. 기 한

① 의의 : 행정행위의 효과의 발생·소멸을 장래 도래가 '확실한' 사실에 의존시키는 부관을 말한다.

② 종류

㉠ 시기와 종기가 있다.

㉡ 확정기한, 불확정기한이 있다.

③ 종기는 행정행위의 절대적 소멸원인인가에 대해 다수설과 판례는 부정적이다.

> **＊ 허가자체의 존속기간과 허가조건의 존속기간**(박균성, 행정법강의[2016], 248~249면 참조)
>
> ① 구별기준 : 행정행위의 내용상 장기간에 걸쳐 계속될 것이 예상되는데, 유효기간이 허가 또는 특허된 사업의 성질상 부당하게 단기로 정해진 경우에는 그 유효기간을 '허가조건의 존속기간'으로 보아야 한다.
>
> ② 허가 자체의 존속기간의 효과 : 행정행위 자체의 존속기간인 경우에는 종기의 도래로 주된 행정행위는 당연히 효력을 상실한다. 이 경우 기간연장신청은 새로운 행정행위의 신청에 해당한다.
>
> ③ 허가갱신의 효과 : 허가의 갱신으로 갱신전의 허가는 동일성을 유지하면서 효력을 유지한다.
>
> ④ 판례
>
> 종전 허가의 유효기간이 지나서 신청한 기간연장신청－별도의 처분을 구하는 신청으로 보아야 함(대판 1995.11.10, 94누11866).

3. 부 담

① 의의 : 행정행위의 주된 내용에 부가하여 의무를 부과하는 부관을 말한다.

② 부담의 부관성(附款性) 여부

③ 조건과의 구별

㉠ 정지조건과의 구별 : 주된 행정행위와의 밀접한 연관선상에서 이루어진 부관은 조건이고, 의무의 부과에 해당하는 것은 부담이다.

㉡ 강제집행의 대상 여부 : 조건만의 강제집행은 불가하나, 부담은 강제집행이 가능하다.

㉢ 양자의 구분이 불명확할 때는 부담으로 추정하는 것이 일반적이다. 부담은 그 자체가 행정쟁송의 대상이 될 수 있어 사인의 권리 구제에 보다 효과적이기 때문이다.

4. 철회권의 유보

① 의의 : 장래에 일정한 사유가 발생하는 경우에는 행정행위를 철회하여 그의 효력을 소멸시킬 수 있는 권한을 유보해 놓은 부관이다.

② 철회권 행사의 제한 : 유보된 사실이 발생하더라도 철회권의 행사가 자유로운 것은 아니며, 철회권의 제한에 관한 일반원칙에 따른 제한을 받는다.

* 부담부 행정행위의 상대방은 당해 행정행위의 철회 시에 신뢰보호의 원칙을 원용할 수 없다.

③ 해제조건과의 차이점

㉠ 소급효의 유무 : 철회권의 유보는 장래효, 해제조건은 소급효이다.

㉡ 이익형량여부 : 철회권 유보는 철회 시 이익형량이 이루어지나, 해제조건은 필요 없다.

㉢ 별도의 행정행위 : 철회권의 유보는 필요하나, 해제조건은 조건의 성취 시 별도의 행정행위 불필요 하다는 것이 통설이다.

㉣ 해제조건의 경우에는 조건이 성취되면 행정행위의 효력이 당연히 소멸되지만, 부담의 경우에는 부담에 의해 부가된 의무의 불이행이 있는 경우에 행정행위가 당연히 소멸되는 것이 아니라 철회사유가 된다.

5. 법률효과의 일부배제

① 의의 : 법률이 행정행위에 부여하는 법률효과의 일부를 배제하는 것이다 (예, 버스노선의 지정, 택시 2부제, 야간만의 도로점용허가 등).

② 법적 근거 : 명시적 근거가 있는 경우에만 붙일 수 있다.

Ⅲ. 부관의 가능성

1. 준법률행위적 행정행위와 부관

① 종래의 다수설 : 부관은 법률행위적 행정행위에 대해서만 붙여질 수 있고, 준법률행위적 행정행위에는 붙일 수 없다.

② 법률행위적 행정행위에도 부관을 붙이기가 적당하지 않은 것이 있는가 하면(귀화허가), 준법률행위적 행정행위에도 부관을 붙일 수 있는 경우가 있다(확인·공증). 무엇보다 해당 행정행위의 근거 법령의 규정과 그 행위

의 성격에 따라 판단하여야 할 것이다.

2. 기속행위와 부관

① 종래의 다수설·판례 : 부관은 재량행위에만 붙일 수 있고, 기속행위에는 붙일 수 없다. 만일 기속행위 또는 기속재량행위에 그 효과를 제한하는 부관을 붙이면 그 부관은 무효이다(대판 1995.6.13, 94다56883).

② 그러나 기속행위 또는 기속재량행위에 대해서도 장래에 있어서의 법률요건의 충족을 확보하는 목적에서의 부관은 붙일 수 있다. 이는 무용한 행정의 반복을 피하기 위함이지만(예, 주차장 건설이 미비한 건축허가 신청에 대하여 주차장 건설을 조건으로 하는 건축허가), 행정 운영상 예외적으로 적용되어야 할 것이다.

3. 법적 근거의 문제

법률행위적 행정행위, 특히 수익적 행정행위는 특별한 법적 근거 없이 부관을 붙일 수 있다는 것이 종래의 지배적 견해이다.

4. 사후부관의 가능성

① 학설 : 아래 판례와 같이 제한적 긍정설이 다수설이다. 그러나 상대방의 수인한도를 넘는 부담이나 비례원칙을 위반하는 부관은 위법이라고 보아야 한다.

② 판례

행정처분에 이미 부담이 부가되어 있는 상태에서 그 의무의 범위 또는 내용 등을 변경하는 부관의 사후변경은 법률에 명문의 규정이 있거나 그 변경이 미리 유보되어 있는 경우 또는 상대방의 동의가 있는 경우에 한하여 허용되는 것이 원칙이지만, 사정변경으로 인하여 당초에 부담을 부가한 목적을 달성할 수 없게 된 경우에도 그 목적달성에 필요한 범위 내에서 예외적으로 허용된다」(대판 1997.5.30, 97누2627).

5. 부관의 한계(대판 1997.3.14, 96누16698)

① 적법해야 하고,

② 이행가능 하여야 하며,

③ 주된 행정행위의 본질을 침해해서는 안 되고,
④ 행정법상의 일반원칙에 위배해서는 안 된다.
⑤ 기타, 주된 행정행위와의 실질적 관련성이 있어야 한다.

Ⅳ. 하자있는 부관과 행정행위의 효력

1. 하자있는 부관의 효력

① 하자가 중대하고 명백한 경우에는 그 부관은 무효이다.
② 그렇지 않은 경우에는 그 부관은 취소할 수 있는 것이 된다.

2. 무효인 부관이 붙은 행정행위의 효력

① 원칙 : 원칙적으로는 부관만이 무효가 될 뿐 본체인 행정행위의 효력에는 아무런 영향도 미치지 않지만, 무효인 부관이 본체인 행정행위의 중요한 요소를 이루는 경우에는(즉, 그러한 부관을 붙이지 않았더라면 그러한 행정행위를 하지 않았을 것이라고 인정되는 경우에는) 본체인 행정행위도 무효가 된다.
② 관련 판례 : 「도로점용허가의 점용기간은 행정행위의 본질적 사항에 해당한다고 볼 것이어서 부관인 점용기간을 정함에 있어서 위법사유가 있다면 이로서 도로점용허가처분 전부가 위법하게 된다」(대판 1985.7.9, 84누604).

3. 취소할 수 있는 부관이 붙은 행정행위의 효력

① 부관이 취소되기까지는 유효한 부관부 행정행위로 존재한다.
② 부관이 독립적으로 취소되면 부관이 무효인 경우와 같이 취급한다.

Ⅴ. 하자있는 부관에 대한 쟁송

1. 부관만의 독립쟁송가능성

① 문제의 의의 : 하자있는 부관만의 취소 등을 구하는 것이 가능한가?
* 부관의 독립가쟁성은 (독립취소가능성과 달리) 소송요건의 문제
② 학설
㉠ 부관전부가능설 : 모든 부관에 대한 독립가쟁성을 인정하는 견해이다.
㉡ 부담독립가능설 : 부담만이 독립쟁송이 가능하다는 설(판례의 입장)
㉢ 분리가능성설 : 부관이 주된 행정행위로부터 분리가능하면 독립하여

쟁송이 가능하다는 설(분리가능성설)

③ 판례

현행 행정쟁송제도 아래서는 부관 그 자체만을 독립된 쟁송의 대상으로 할 수 없는 것이 원칙이나, 행정행위의 부관 중에서도 부담인 경우에는 다른 부관과 달리 행정행위의 불가분적인 요소가 아니고 그 존속이 본체인 행정행위의 존재를 전제로 하는 것일 뿐이므로 부담 그 자체로서 행정쟁송의 대상이 될 수 있다고 할 것이다(대판 1992.1.21, 91누1264).

2. 부관만의 독립취소가능성

① 성질설 : 부관의 독립취소 여부는 부관의 위법성 여부에 달려 있다는 견해이다.

② 기속·재량 분리설 : 본체인 행정행위가 기속행위인 경우에는 부관만의 취소가능성을 인정하는 견해이다.

③ 분리가능성설 : 부관이 본체인 행정행위와 분리될 수 있는 경우에 한해서, 즉 부관이 주된 행정행위의 중요한 요소가 아닌 경우에만 부관의 취소 가능성을 인정하는 견해이다.

3. 행정쟁송의 유형

① 부담에 대해서는 부담만의 취소소송을 제기할 수 있다.

② 조건이나 기한의 경우에는 조건이나 기한이 붙지 않은 행정행위를 해 줄 것을 구하는 의무이행소송을 생각할 수 있다(판례는 인정하지 않고 있다).

4. 기 타

① 진정일부취소소송 : 부담은 가능하다. 기부채납부 건축허가소송의 경우이다.

② 부진정일부취소소송 : 부관부행정행위를 소의 대상으로 하면서 부관만의 일부취소를 구하는 것으로 판례는 인정하지 않는다.

③ 부관부취소소송 : 부관부행정행위 전체를 소의 대상으로 하고 전부 취소 결정이 나면, 판결의 기속력에 의해 행정청의 새로운 처분이 행해지게 되는 경우이다. 일반적인 소송형식이다.

[관련 판례]

▶ 부관의 허용성

1. 기속행위에 붙인 부관의 효력

일반적으로 기속행위나 기속적 재량행위에는 부관을 붙일 수 없고 가사 부관을 붙였다 하더라도 무효이다.

(대법원 1995.6.13. 선고 94다56883 판결【소유권이전등기말소】)

2. 기속행위에 붙인 부담인 부관의 효력

기속행위 내지 기속적 재량행위 행정처분에 부담인 부관을 붙인 경우 일반적으로 그 부관은 무효라 할 것이고 그 부관의 무효화에 의하여 본체인 행정처분 자체의 효력에도 영향이 있게 될 수는 있지만, 그러한 사유는 그 처분을 받은 사람이 그 부담의 이행으로서의 증여의 의사표시를 하게 된 동기 내지 연유로 작용하였을 뿐이므로 취소사유가 될 수 있음은 별론으로 하여도 그 의사표시 자체를 당연히 무효화하는 것은 아니다.

(대법원 1998.12.22. 선고 98다51305 판결【소유권이전등기말소】)

[참고] 서울특별시토지의형질변경등행위허가사무취급요령(1994.5.6. 서울특별시예규 제586호)은 법규로서의 효력이 없는 행정청 내부의 사무처리준칙에 불과하지만, 행정청이 이에 근거하여 토지형질변경 허가처분을 함에 있어서 그 토지의 일정 부분을 기부채납하도록 부관을 붙였다면, 그 내용이 이행가능하고 비례의 원칙 및 평등의 원칙에 적합함과 아울러 그 행정처분의 본질적 효력을 해하지 않는 한 적법하다.

3. 재량행위에 (법령의 근거가 없어도)부관을 붙일 수 있는지 여부(적극)

재량행위에 있어서는 법령상의 근거가 없다고 하더라도 부관을 붙일 수 있는데, 그 부관의 내용은 적법하고 이행가능 하여야 하며 비례의 원칙 및 평등의 원칙에 적합하고 행정처분의 본질적 효력을 해하지 아니하는 한도의 깃이어야 한다.

(대법원 1997. 3. 14. 선고 96누16698 판결【사용검사신청반려처분취소】)

4. 하천부지 점용허가에 부관을 붙일 수 있는지 여부(적극)

하천부지 점용허가 여부는 관리청의 재량에 속하고 재량행위에 있어서는 법령상의 근거가 없어도 부관을 붙일 것인가의 여부는 당해 행정청의 재량에 속하며, 또한 구 하천법(2004.1.20. 법률 제7101호로 개정되기 전의 것) 제33조 단서가 하천의 점용허가에는 하천의 오염으로 인한 공해 기타 보건위생상 위해를 방지함에 필요한 부관을 붙이도록 규정하고 있으므로, 하천부지 점용허가의 성질의 면으로 보나 법 규정으로 보나 부관을 붙일 수 있음은 명백하다.

(대법원 2008.7.24. 선고 2007두25930, 25947, 25954 판결【보상금】)

5. 주택재건축사업시행 인가의 법적 성질 및 법령상의 제한에 근거하지 않은

부담을 부과할 수 있는지 여부(적극)

주택재건축사업시행의 인가는 상대방에게 권리나 이익을 부여하는 효과를 가진 이른바 수익적 행정처분으로서 법령에 행정처분의 요건에 관하여 일의적으로 규정되어 있지 아니한 이상 행정청의 재량행위에 속하므로, 처분청으로서는 법령상의 제한에 근거한 것이 아니라 하더라도 공익상 필요 등에 의하여 필요한 범위 내에서 여러 조건(부담)을 부과할 수 있다.

(대법원 2007.7.12. 선고 2007두6663 판결【사업시행인가처분일부취소】)

6. 행정청이 수익적 행정처분을 하면서 부관으로 부담을 붙이는 방법

수익적 행정처분에 있어서는 법령에 특별한 근거규정이 없다고 하더라도 그 부관으로서 부담을 붙일 수 있고, 그와 같은 부담은 행정청이 행정처분을 하면서 일방적으로 부가할 수도 있지만 부담을 부가하기 이전에 상대방과 협의하여 부담의 내용을 협약의 형식으로 미리 정한 다음 행정처분을 하면서 이를 부가할 수도 있다.

(대법원 2009.2.12. 선고 2005다65500 판결【약정금】)

7. 행정처분과 실제적 관련성이 없어 부관으로 붙일 수 없는 부담을 사법상 계약의 형식으로 행정처분의 상대방에게 부과할 수 있는지 여부(소극)

공무원이 인·허가 등 수익적 행정처분을 하면서 상대방에게 그 처분과 관련하여 이른바 부관으로서 부담을 붙일 수 있다 하더라도, 그러한 부담은 법치주의와 사유재산 존중, 조세법률주의 등 헌법의 기본원리에 비추어 비례의 원칙이나 부당결부의 원칙에 위반되지 않아야만 적법한 것인바, 행정처분과 부관 사이에 실제적 관련성이 있다고 볼 수 없는 경우 공무원이 위와 같은 공법상의 제한을 회피할 목적으로 행정처분의 상대방과 사이에 사법상 계약을 체결하는 형식을 취하였다면 이는 법치행정의 원리에 반하는 것으로서 위법하다.

(대법원 2009.12.10. 선고 2007다63966 판결【약정금】)

8. 기부채납받은 행정재산에 대한 사용·수익허가의 법적 성질

공유재산의 관리청이 하는 행정재산의 사용·수익에 대한 허가는 순전히 사경제주체로서 행하는 사법상의 행위가 아니라 관리청이 공권력을 가진 우월적 지위에서 행하는 행정처분이라고 보아야 할 것인바, 행정재산을 보호하고 그 유지·보존 및 운용 등의 적정을 기하고자 하는 지방재정법 및 그 시행령 등 관련 규정의 입법 취지와 더불어 잡종재산에 대해서는 대부·매각 등의 처분을 할 수 있게 하면서도 행정재산에 대해서는 그 용도 또는 목적에 장해가 없는 한도 내에서 사용 또는 수익의 허가를 받은 경우가 아니면 이러한 처분을 하지 못하도록 하고 있는 구 지방재정법(1999.1.21. 법률 제5647호로 개정되기 전의 것) 제82조 제1항, 제83조 제2항 등 규정의 내용에 비추어 볼 때 그 행정재산이 구 지방재정법 제75조의 규정에 따라 기부채납받은 재산이라 하여 그에 대한 사용·수익허가의 성질이 달라진다고 할 수는 없다.

(대법원 2001.6.15. 선고 99두509 판결【무상사용허가일부거부처분취소】)

9. 법정부관에 부관의 한계에 대한 일반 원칙이 적용되는지 여부

고시에 정한 허가기준에 따라 보존음료수 제조업의 허가에 붙여진 전량수출 또는 주한외국인에 대한 판매에 한한다는 내용의 조건은 이른바 법정부관으로서 행정청의 의사에 기하여 붙여지는 본래의 의미에서의 행정행위의 부관은 아니므로, 이와 같은 법정부관에 대하여는 행정행위에 부관을 붙일 수 있는 한계에 관한 일반적인 원칙이 적용되지는 않는다.

(대법원 1994.3.8. 선고 92누1728 판결【과징금부과처분취소】)

10. 행정처분의 근거 법령이 개정되어 부관을 붙일 수 없게 된 경우와 부관의 효력

행정청이 수익적 행정처분을 하면서 부가한 부담의 위법 여부는 처분 당시 법령을 기준으로 판단하여야 하고, 부담이 처분 당시 법령을 기준으로 적법하다면 처분 후 부담의 전제가 된 주된 행정처분의 근거 법령이 개정됨으로써 행정청이 더 이상 부관을 붙일 수 없게 되었다 하더라도 곧바로 위법하게 되거나 그 효력이 소멸하게 되는 것은 아니다. 따라서 행정처분의 상대방이 수익적 행정처분을 얻기 위하여 행정청과 사이에 행정처분에 부가할 부담에 관한 협약을 체결하고 행정청이 수익적 행정처분을 하면서 협약상의 의무를 부담으로 부가하였으나 부담의 전제가 된 주된 행정처분의 근거 법령이 개정됨으로써 행정청이 더 이상 부관을 붙일 수 없게 된 경우에도 곧바로 협약의 효력이 소멸하는 것은 아니다.

(대법원 2009.2.12. 선고 2005다65500 판결【약정금】)

11. 허가기간이 연장되기 위하여 그 종기 도래 이전에 연장신청이 있어야 하는지 여부(적극)

일반적으로 행정처분에 효력기간이 정하여져 있는 경우에는 그 기간의 경과로 그 행정처분의 효력은 상실되고, 다만 허가에 붙은 기한이 그 허가된 사업의 성질상 부당하게 짧은 경우에는 이를 그 허가 자체의 존속기간이 아니라 그 허가조건의 존속기간으로 보아 그 기한이 도래함으로써 그 조건의 개정을 고려한다는 뜻으로 해석할 수는 있지만, 그와 같은 경우라 하더라도 그 허가기간이 연장되기 위하여는 그 종기가 도래하기 전에 그 허가기간의 연장에 관한 신청이 있어야 하며, 만일 그러한 연장신청이 없는 상태에서 허가기간이 만료하였다면 그 허가의 효력은 상실된다.

(대법원 2007.10.11. 선고 2005두12404 판결【보전임지전용허가취소처분무효확인】)

▶ 부관의 쟁송가능성

12. 부담의 행정쟁송 대상성 여부

행정행위의 부관 중에서도 행정행위에 부수하여 그 행정행위의 상대방에게 일정한 의무를 부과하는 행정청의 의사표시인 부담의 경우에는 다른 부관과는 달리 행정행위의 불가분적인 요소가 아니고 그 존속이 본체인 행정행위의 존재를 전제로 하는 것일 뿐이므로 부담 그 자체로서 행정쟁송의 대상이 될 수 있다.

(대법원 1992.1.21. 선고 91누1264 판결【수토대금부과처분취소】)

13. 행정재산에 대한 사용허가 중 그 기간만 다툴 수 있는지 여부

행정행위의 부관은 부담인 경우를 제외하고는 독립하여 행정소송의 대상이 될 수 없는바, 기부채납받은 행정재산에 대한 사용·수익허가에서 공유재산의 관리청이 정한 사용·수익허가의 기간은 그 허가의 효력을 제한하기 위한 행정행위의 부관으로서 이러한 사용·수익허가의 기간에 대해서는 독립하여 행정소송을 제기할 수 없다.

(대법원 2001.6.15. 선고 99두509 판결【무상사용허가일부거부처분취소】)

▶ 부관과 그 이행행위의 관계

14. 부관에 불가쟁력이 생긴 경우 그 이행으로 한 사법상 법률행위의 효력을 다툴 수 있는지 여부(적극)

행정처분에 붙은 부담인 부관이 제소기간의 도과로 확정되어 이미 불가쟁력이 생겼다면 그 하자가 중대하고 명백하여 당연 무효로 보아야 할 경우 외에는 누구나 그 효력을 부인할 수 없을 것이지만, 부담의 이행으로서 하게 된 사법상 매매 등의 법률행위는 부담을 붙인 행정처분과는 어디까지나 별개의 법률행위이므로 그 부담의 불가쟁력의 문제와는 별도로 법률행위가 사회질서 위반이나 강행규정에 위반되는지 여부 등을 따져보아 그 법률행위의 유효 여부를 판단하여야 한다.

(대법원 2009.6.25. 선고 2006다18174 판결【채무부존재확인】)

15. 부관이 무효가 되면 그 부담의 이행으로 한 사법상 법률행위도 당연 무효가 되는지 여부(소극)

행정처분에 부담인 부관을 붙인 경우 부관의 무효화에 의하여 본체인 행정처분 자체의 효력에도 영향이 있게 될 수는 있지만, 그 처분을 받은 사람이 부담의 이행으로 사법상 매매 등의 법률행위를 한 경우에는 그 부관은 특별한 사정이 없는 한 법률행위를 하게 된 동기 내지 연유로 작용하였을 뿐이므로 이는 법률행위의 취소사유가 될 수 있음은 별론으로 하고 그 법률행위 자체를 당연히 무효화하는 것은 아니다.

(대법원 2009.6.25. 선고 2006다18174 판결【채무부존재확인】)

제 5 항 행정행위의 적법요건과 효력

Ⅰ. 행정행위의 성립요건

1. 개관 – 내부적 성립요건과 외부적 성립요건

일반적으로 행정처분이 주체·내용·절차 및 형식이라는 내부적 성립요건과 외부에의 표시라는 외부적 성립요건을 모두 갖춘 경우에는 행정처분이 존재한다고 할 수 있다(대판 1999.8.20, 97누6889).

2. 내부적 성립요건

① 주체에 관한 요건
 ㉠ 정당한 권한을 가진 행정청
 ㉡ 자기에게 부여된 권한 범위내
 ㉢ 정상적인 의사에 기해 행해질 것
② 내용에 관한 요건
 ㉠ 행정행위의 법률적합성, 헌법적합성
 ㉡ 실현가능성, 명백성
 ㉢ 공서양속에의 적합성
③ 절차에 관한 요건을 준수하여야 한다(행정절차법 및 관련 법령상의 절차).
④ 형식에 관한 요건
 ㉠ 서면주의가 원칙이다.
 ㉡ 불이익 처분의 경우에는 이유제시 등 행정절차법의 규정을 준수하여야 한다.

3. 외부적 성립요건 : 대외적 표시

* 내부적 성립요건만을 행정행위의 성립요건으로 이해하고, 외부에의 표시는 행정행위의 효력요건으로 설명하는 견해도 유력하다.

Ⅱ. 행정행위의 효력

1. 공정력

(1) 의의

① 광의의 공정력 개념 : 비록 행정행위에 하자가 있는 경우에도 그 하자가 중대하고 명백하여 당연무효인 경우를 제외하고는 권한 있는 기관에 의하여 취소될 때까지는 일응 유효한 것으로 보아 누구든지(상대방은 물론 제3의 국가기관) 그 효력을 부인하지 못하는 힘을 말한다.

② 협의의 공정력개념과의 관계

광의의 공정력 (종래의 공정력개념)	┌ 협의의 공정력(행정행위의 상대방에 대한 구속력)
	└ 구성요건적 효력(제3의 국가기관에 대한 구속력)

(2) 근거

① 이론적 근거

ㄱ 귀속설(Kelsen)

ㄴ 자기확인설(O. Mayer)

ㄷ 국가권위설(Forsthoff)

ㄹ 예선적 특권설

ㅁ 법적 안정성설(행정정책설, 다수설)

② 실정법적 근거

ㄱ 행정심판법 및 행정소송법에 직접적인 공정력에 관한 규정은 없으나, 행정행위의 위법성을 다투기 위해서는 행정심판법이나 행정소송법상의 구제절차를 거쳐야만 한다는 점에서, 이 두 법을 공정력의 근거법률로 들기도 한다(간접적 근거규정).

ㄴ 직권취소를 인정하는 규정

(3) 한계 : 취소할 수 있는 행정행위에만 인정한다.

(4) 입증책임 : 공정력은 입증책임과 무관하다.

2. 구성요건적 효력

(1) 의의 : 유효한 행정행위가 존재하는 이상 처분청 이외의 모든 국가기관

은 그의 존재를 존중하며 스스로의 판단의 기초로 삼아야 하는 효력을 말한다.

(2) 근거 : 국가기관은 서로 권한을 달리 하므로 다른 국가기관의 권한행사를 존중한다.

(3) 한계 : 무효인 행정행위에는 인정되지 않는다.

(4) 구성요건적 효력과 선결문제

① 행정행위의 위법여부가 선결문제인 경우(예, 국가배상청구사건)

㉠ 문제의 의의 : 행정행위의 위법성 여부가 민사소송의 선결문제로 되는 경우에 민사법원이 그의 위법성을 스스로 심사할 수 있는가의 문제이다.

㉡ 학설 : 부정설과 긍정설이 있다.

㉢ 판례 :

> 「위법한 행정대집행이 완료되면 그 처분의 무효확인 또는 취소를 구할 소의 이익은 없다고 하더라도, 미리 그 행정처분의 취소판결이 있어야만 그 행정처분의 위법임을 이유로 피고에게 배상을 청구할 수 있는 것은 아니다」(대판 1972.4.28, 72다337).

② 행정행위의 존재(무효)여부가 선결문제인 경우(공법상 부당이득반환청구사건) 행정행위의 존재여부(무효여부)가 민사소송의 선결문제가 되는 경우에는 행정행위가 당연무효가 아닌 한 민사법원이 행정행위의 효력까지 부인할 수는 없다.

* 형사사건의 경우도 동일한 이론에 따라 해결이 가능하다(무면허운전죄, 체납범 등).

3. 존속력(또는 확정력)

(1) 불가쟁력(不可爭力)

① 의의 : 행정행위의 상대방 또는 이해관계인이 쟁송의 방법으로 더 이상 행정행위의 효력을 다툴 수 없는 효력을 말한다.

* 불가쟁력은 절차법적 효력에 불과하며, 따라서 불가쟁력이 발생하였다고 하여 행정행위의 적법성이 실체법적으로 확정되는 것은 아니다.

② 한계 : 무효인 행정행위에는 원칙적으로 불가쟁력이 발생하지 않는다.

③ 불가쟁적 행정행위의 재심사 : 확정판결에 대한 재심에 준하는 제도이다.

(2) 불가변경력(不可變更力)

① 의의 : 처분청과 감독청이 직권으로 행정행위를 자유로이 취소·변경·철회할 수 없는 효력을 말한다. 불가변력이라고도 한다.

* 불가변경력은 대상을 달리하는 동종의 행정행위에는 인정되지 않는다.

② 불가변경력이 인정되는 행정행위

㉠ 법률이 명시적으로 소송법적 확정력을 부여하고 있는 경우

㉡ 확인행위(준사법적 행위)

㉢ 수익적 행정행위

㉣ 공공복리가 침해되는 경우

(3) 불가쟁력과 불가변경력과의 관계

① 불가쟁력이 생긴 행위가 당연히 불가변경력을 발생하는 것은 아니다.

② 불가변경력이 발생한 행정행위가 반드시 불가쟁력을 가지는 것도 아니다.

③ 불가쟁력은 절차법적 효력, 불가변경력은 실체법적 효력이다.

④ 불가쟁력은 행정행위의 상대방 및 이해관계인에 대한 구속력, 불가변경력은 처분청 등 행정기관에 대한 구속력이다.

Ⅲ. 다단계 행정결정으로서의 예비결정과 부분허가

1. 의 의

① 예비결정(사전결정) : 다수의 요건이 충족되어야 하는 경우에 개개의 요건에 대한 행정청의 확정적 결정을 말한다(예, 폐기물처리업허가에 앞서 행해지는 사업계획서에 대한 적정·부적정 통보).

② 부분허가(예, 원자로건설허가에 앞선 원자로 및 관계 시설의 부지사전승인처분)

2. 확약과의 구별

비록 한정된 사항이지만 그에 대해 종국적으로 규율하는 행위이다.

3. 예비결정, 부분허가의 구속력

예비결정 등이 있게 되면 행정청은 선행결정에 반하는 후행결정을 내려서는 아니 되며, 후행결정을 행함에 있어 선행결정의 내용을 새로이 검토하여서도 아니 된다.

4. 판 례

[1] 대법원 1998.4.28. 선고 97누21086 판결【폐기물처리사업부적정통보취소】

폐기물관리법 관계 법령의 규정에 의하면 폐기물처리업의 허가를 받기 위하여는 먼저 사업계획서를 제출하여 허가권자로부터 사업계획에 대한 적정통보를 받아야 하고, 그 적정통보를 받은 자만이 일정기간 내에 시설, 장비, 기술능력, 자본금을 갖추어 허가신청을 할 수 있으므로, 결국 부적정통보는 허가신청 자체를 제한하는 등 개인의 권리 내지 법률상의 이익을 개별적이고 구체적으로 규제하고 있어 행정처분에 해당한다.

[2] 대법원 1998.9.4. 선고 97누19588 판결【부지사전승인처분취소】

원자력법 제11조 제3항 소정의 부지사전승인제도는 원자로 및 관계 시설을 건설하고자 하는 자가 그 계획 중인 건설부지가 원자력법에 의하여 원자로 및 관계 시설의 부지로 적법한지 여부 및 굴착공사 등 일정한 범위의 공사(이하 '사전공사'라 한다)를 할 수 있는지 여부에 대하여 건설허가 전에 미리 승인을 받는 제도로서, 원자로 및 관계 시설의 건설에는 장기간의 준비·공사가 필요하기 때문에 필요한 모든 준비를 갖추어 건설허가신청을 하였다가 부지의 부적법성을 이유로 불허가될 경우 그 불이익이 매우 크고 또한 원자로 및 관계 시설 건설의 이와 같은 특성상 미리 사전공사를 할 필요가 있을 수도 있어 건설허가 전에 미리 그 부지의 적법성 및 사전공사의 허용 여부에 대한 승인을 받을 수 있게 함으로써 그의 경제적·시간적 부담을 덜어 주고 유효·적절한 건설공사를 행할 수 있도록 배려하려는 데 그 취지가 있다고 할 것이므로, 원자로 및 관계 시설의 부지사전승인처분은 그 자체로서 건설부지를 확정하고 사전공사를 허용하는 법률효과를 지닌 독립한 행정처분이기는 하지만, 건설허가 전에 신청자의 편의를 위하여 미리 그 건설허가의 일부 요건을 심사하여 행하는 사전적 부분 건설허가처분의 성격을 갖고 있는 것이어서 나중에 건설허가처분이 있게 되면 그 건설허가처분에 흡수되어 독립된 존재가치를 상실함으로써 그 건설허가처분만이 쟁송의 대상이 되는 것이므로, 부지사전승인처분의 취소를 구하는 소는 소의 이익을 잃게 되고, 따라서 부지사전승인처분의 위법성은 나중에 내려진 건설허가처분의 취소를 구하는 소송에서 이를 다투면 된다.

[관련 판례]

▶ 구성요건적 효력과 선결문제

1. 도로교통법에 위반하여 교부된 운전면허의 효력

연령미달의 결격자인 피고인이 소외인의 이름으로 운전면허시험에 응시, 합격하여 교부받은 운전면허는 당연무효가 아니고 도로교통법 제65조 제3호의 사유에 해당함에 불과하여 취소되지 않는 한 유효하므로 피고인의 운전행위는 무면허운전에 해당하지 아니한다.

(대법원 1982.6.8. 선고 80도2646 판결【도로교통법위반】)

2. 조세포탈죄에 있어 과세처분을 취소하는 판결이 확정된 경우 재심사유에의 해당 여부(적극)

조세의 부과처분을 취소하는 행정소송판결이 확정된 경우 그 조세부과처분의 효력은 처분시에 소급하여 효력을 잃게 되고 따라서 그 부과처분을 받은 사람은 그 처분에 따른 납부의무가 없다고 할 것이므로 위 확정된 행정판결은 조세포탈에 대한 무죄 내지 원판결이 인정한 죄보다 경한 죄를 인정할 명백한 증거라 할 것이어서 형사소송법 제420조 제5호 소정의 재심사유에의 해당하며 재심청구사유가 있는 때에 해당한다.

(대법원 1985.10.22. 선고 83도2933 판결【여권법위반·외국환관리법위반·특정범죄가중처벌등에관한법률위반·조세범처벌법위반】)

3. 처분 위반을 이유로 처벌하기 위해서는 처분의 적법성이 전제되어야 하는지 여부(적극)

구 도시계획법(2000.1.28. 법률 제6243호로 전문 개정되기 전의 것) 제78조에 정한 처분이나 조치명령을 받은 자가 이에 위반한 경우 이로 인하여 같은 법 제92조에 정한 처벌을 하기 위하여는 그 처분이나 조치명령이 적법한 것이라야 하고, 그 처분이 당연무효가 아니라 하더라도 그것이 위법한 처분으로 인정되는 한 같은 법 제92조 위반죄가 성립될 수 없다.

(대법원 2004.5.14. 선고 2001도2841 판결【도시계획법위반】)

4. 행정처분 취소소송에서 선결문제로 된 청구가 인용되려면 그 소송절차에서 당해 처분의 취소가 확정되어야 하는지 여부(소극)

행정소송법 제10조는 처분의 취소를 구하는 취소소송에 당해 처분과 관련되는 부당이득반환소송을 관련 청구로 병합할 수 있다고 규정하고 있는바, 이 조항을 둔 취지에 비추어 보면, 취소소송에 병합할 수 있는 당해 처분과 관련되는 부당이득반환소송에는 당해 처분의 취소를 선결문제로 하는 부당이득반환청구가 포함되고, 이러한 부당이득반환청구가 인용되기 위해서는 그 소송절차에서 판결에 의해 당해 처분이 취소되면 충분하고 그 처분의 취소가 확정되어야 하는 것은 아니라고 보아야 한다.

(대법원 2009.4.9. 선고 2008두23153 판결【보험료납부고지처분취소】)

제6항 행정행위의 하자

Ⅰ. 행정행위의 부존재

1. 하자의 유형에 대한 학설 개관

① 부존재, 무효, 취소 ② 무효, 취소

2. 부존재의 의의

행정행위라고 볼 수 있는 외형상의 존재 자체가 없는 경우를 말한다.

3. 부존재의 사유

① 명백한 사인의 행위
② 행정권의 발동으로 볼 수 없는 행위(예; 권유·알선 등)
③ 행정기관내에서 내부적 의사결정이 있을 뿐 아직 외부에 표시되지 않은 경우
④ 행정행위가 취소·철회·실효 등으로 소멸한 경우

4. 무효인 행정행위와의 구별

① 양자의 구별에 대한 긍정설과 부정설의 대립이 있다.
② 구별기준 : 행정행위의 부존재는 행정행위라고 볼 수 있는 외형상의 존재 자체가 없다는 점이고, 무효는 행정행위가 성립하여 외관은 갖추었으나 행정행위의 위법이 중대하고 명백하여 행정행위가 애초부터 효력을 발생하지 않는 경우이다.
③ 구별실익 : 무효인 경우는 행정소송법상의 '무효등확인소송'의 대상이 되고, 행정행위의 전환이 인정되나 행정행위의 부존재는 두 경우 모두 인정되지 않는다는 것이다. 그러나 우리 행정소송법은 제4조에서 무효등확인소송의 개념을 "행정청의 처분등의 효력 유무 또는 존재여부를 확인하는 소송"이라고 하여, 무효와 부존재를 모두 무효등확인소송의 대상으로 보고 있고, 무효와 부존재 모두 실체법적인 효력이 없다는 점에서 구별의 실익이 없다고도 볼 수 있다.

Ⅱ. 무효와 취소의 구별 실익

1. 의 의

① 무효인 행정행위 : 행정행위로서의 외형은 갖추고 있으나, 하자가 중대하고 명백하여 처음부터 행정행위로서의 효력이 전혀 발생하지 않는 행정행위를 말한다.

② 취소할 수 있는 행정행위 : 행정행위의 성립에 하자가 있음에도 불구하고 권한 있는 기관에 의하여 취소되기까지는 그 효력이 지속되는 행정행위를 말한다.

구 분	무 효	취 소
효력	처음부터 발생하지 않음	취소될 때까지는 효력인정
공정력·구성요건적 효력	인정되지 않음	인정
행정쟁송의 형태	무효확인쟁송	취소쟁송
행정쟁송의 제기요건	제소기간 등 요건충족 불요 (불가쟁력 발생하지 않음)	제소기간 등 요건충족 요 (불가쟁력 발생)
사정재결(사정판결)	불가(무효인 행정행위까지 사정판결을 할 필요는 없음)	가능
선결문제	무효인 행정행위에 대해서는 민·형사소송의 수소법원이 위법성심사 가능(학설일치)	행정행위의 효력에 대해서는 수소법원(민·형사법원)이 판단하지 못함(공정력)
하자의 승계	독립하여 별개의 법률효과를 가져오는 경우에도 승계	결합하여 하나의 법률효과를 가져오는 경우에만 승계
하자의 치유와 전환	전환 가능	치유 가능
복종거부의 가능성	인 정	인정되지 않음

2. 무효와 취소의 구별 실익

행정쟁송의 유형(무효확인소송과 취소소송)과 행정소송법의 규정에 따른 내용(제소기간[무효는 제소기간 없음], 사정판결[무효는 불인정], 간접강제[무효는 불인정, 취소의 경우는 인정]) 등에 있어 행정소송법은 무효와 취소를 구별하여 규정하고 있다(행정소송법의 해당 조문 참조).

Ⅲ. 무효와 취소의 구별 기준

1. 학 설

① 중대명백설 : 중대하고 명백한 하자가 있는 경우가 무효이다(통설). 그 외는 취소할 수 있는 행정행위에 그친다.

㉠ 하자의 중대성

㉡ 하자의 명백성 : 통상인의 정상적인 인식능력을 기준으로 판단한다(외관상 일견명백설).

② 명백성보충요건설 : 하자의 중대성은 필수적 요건이고, 명백성은 가중적 요건이다.

2. 판 례

(1) 구체적 사례

① 주체에 관한 하자

㉠ 무권한자의 처분은 당연무효이다(대판 1997.5.16, 97누2313).

㉡ 내부위임 받은 자가 자신의 이름으로 한 처분은 당연무효이다(대판 1993.5.27, 93누6621).

㉢ 기관위임사무를 조례로 재위임한 경우 그 조례에 근거한 처분은 취소사유에 해당한다(대판 1995.7.11, 94누4615 전원합의체 판결).

㉣ 자치사무를 규칙으로 위임한 경우 그 규칙에 근거한 처분은 취소사유에 해당한다(대판 1997.6.19, 95누8669 전원합의체 판결).

② 절차에 관한 하자

㉠ 관계중앙행정기관의 협의를 결여한 택지개발예정지구지정처분은 취소사유에 해당한다(대판 2000.10.13, 99두653).

㉡ 사전통지나 의견제출의 기회를 부여하지 않은 처분은 취소사유에 해당한다(대판 2009.1.30, 2008두16155).

㉢ 학교환경위생정화구역 내의 금지시설 해제처분을 하면서, 학교환경위생정화위원회의 심의를 거치지 않은 처분은 취소사유에 해당한다(대판 2007.3.15, 2006두15806).

㉣ 합의제행정기관의 구성에 하자가 있고, 이에 근거하여 결정한 입지결

정처분은 당연무효이다(대판 2007.4.12, 2006두20150).

ⓜ 환경영향평가를 거치지 않은 경우

(i) 당연무효로 판단한 경우

> [1] 구 환경영향평가법(1999.12.31. 법률 제6095호 환경·교통·재해 등에 관한 영향평가법 부칙 제2조로 폐지) 제1조, 제3조, 제9조, 제16조, 제17조, 제27조 등의 규정 취지는 환경영향평가를 실시하여야 할 사업(이하 '대상사업'이라 한다)이 환경을 해치지 아니하는 방법으로 시행되도록 함으로써 당해 사업과 관련된 환경공익을 보호하려는 데 그치는 것이 아니라, 당해 사업으로 인하여 직접적이고 중대한 환경피해를 입으리라고 예상되는 환경영향평가대상지역 안의 주민들이 전과 비교하여 수인한도를 넘는 환경침해를 받지 아니하고 쾌적한 환경에서 생활할 수 있는 개별적 이익까지도 보호하려는 데에 있는 것이다. 그런데 환경영향평가를 거쳐야 할 대상사업에 대하여 환경영향평가를 거치지 아니하였음에도 불구하고 승인 등 처분이 이루어진다면, 사전에 환경영향평가를 함에 있어 평가대상지역 주민들의 의견을 수렴하고 그 결과를 토대로 하여 환경부장관과의 협의내용을 사업계획에 미리 반영시키는 것 자체가 원천적으로 봉쇄되는바, 이렇게 되면 환경파괴를 미연에 방지하고 쾌적한 환경을 유지·조성하기 위하여 환경영향평가제도를 둔 입법 취지를 달성할 수 없게 되는 결과를 초래할 뿐만 아니라 환경영향평가대상지역 안의 주민들의 직접적이고 개별적인 이익을 근본적으로 침해하게 되므로, 이러한 행정처분의 하자는 법규의 중요한 부분을 위반한 중대한 것이고 객관적으로도 명백한 것이라고 하지 않을 수 없어, 이와 같은 행정처분은 당연무효이다.
> (대법원 2006.6.30. 선고 2005두14363 판결【국방군사시설사업실시계획승인처분무효확인】)

(ii) 취소사유로 판단한 경우

> [4] 하자 있는 행정처분이 당연무효가 되기 위하여는 그 하자가 법규의 중요한 부분을 위반한 중대한 것으로서 객관적으로 명백한 것이어야 하며, <u>하자가 중대하고 명백한지 여부를 판별할 때에는 그 법규의 목적, 의미, 기능 등을 목적론적으로 고찰함과 동시에 구체적 사안 자체의 특수성에 관하여도 합리적으로 고찰함을 요한다.</u> 행정청이 어느 법률관계나 사실관계에 대하여 어느 법률의 규정을 적용하여 행정처분을 한 경우에 그 법률관계나 사실관계에 대하여는 그 법률의 규정을 적용할 수 없다는 법리가 명백히 밝혀져 그 해석에 다툼의 여지가 없음에도 행정청이 위 규정을 적용하여 처분을 한 때에는 그 하자가 중대하고도 명백하다고 할 것이나, 그 법률관계나 사실관계에 대하여 그 법률의 규정을 적용할 수 없다는 법리가 명백히 밝혀지지 아니하여 그 해석에 다툼의 여지가 있는 때에

는 행정관청이 이를 잘못 해석하여 행정처분을 하였더라도 이는 그 처분요건사실을 오인한 것에 불과하여 그 하자가 명백하다고 할 수 없다.
[5] 행정청이 사전환경성검토협의를 거쳐야 할 대상사업에 관하여 법의 해석을 잘못한 나머지 세부용도지역이 지정되지 않은 개발사업 부지에 대하여 사전환경성검토협의를 할지 여부를 결정하는 절차를 생략한 채 승인 등의 처분을 한 사안에서, 그 하자가 객관적으로 명백하다고 할 수 없다고 한 사례.
(대법원 2009.9.24. 선고 2009두2825 판결【개발사업시행승인처분취소】)

③ 형식에 관한 하자

㉠ 세액의 산출근거가 기재되지 아니한 물품세 납세고지서에 의한 부과처분은 위법한 것으로서 취소의 대상이다(대판 1984.5.9, 84누116).

㉡ 행정절차법상의 규정을 위반(구술로 고지한 시정보완명령)하여 행하여진 처분은 무효이다(대판 2011.11.10, 2011도11109).

④ 내용에 관한 하자

㉠ 위헌·무효인 시행령에 근거한 처분[개발부담금 부과처분]은 당연무효의 처분이라고 할 수 없다(대판 1997.5.28, 95다15735).

㉡ 위헌·무효인 법률에 근거한 처분의 효력

대법원 1994.10.28. 선고 92누9463 판결【압류처분등무효확인】

【판시사항】
가. 위헌법률에 근거하여 발하여진 행정처분의 효력
나. 확정력이 발생한 행정처분에 위헌결정의 소급효가 미치는지 여부
다. 행성처분의 근거법률이 위헌이라는 이유로 행정처분무효확인의 소가 제기된 경우, 법원의 조치

【판결요지】
가. 법률에 근거하여 행정처분이 발하여진 후에 헌법재판소가 그 행정처분의 근거가 된 법률을 위헌으로 결정하였다면 결과적으로 행정처분은 법률의 근거가 없이 행하여진 것과 마찬가지가 되어 하자가 있는 것이 되나, 하자 있는 행정처분이 당연무효가 되기 위하여는 그 하자가 중대할 뿐만 아니라 명백한 것이어야 하는데, 일반적으로 법률이 헌법에 위반된다는 사정이 헌법재판소의 위헌결정이 있기 전에는 객관적으로 명백한 것이라고 할 수는 없으므로 헌법재판소의 위헌결정 전에 행정처분의 근거되는 당해 법률이 헌법에 위반된다는 사유는 특별한 사정이 없는 한 그 행정처분의 취소소송의 전제가 될 수 있을 뿐 당연무효사유는 아니라고 봄이 상당하다.

> 나. 위헌인 법률에 근거한 행정처분이 당연무효인지의 여부는 위헌결정의 소급효와는 별개의 문제로서, 위헌결정의 소급효가 인정된다고 하여 위헌인 법률에 근거한 행정처분이 당연무효가 된다고는 할 수 없고, 오히려 이미 취소소송의 제기기간을 경과하여 확정력이 발생한 행정처분에는 위헌결정의 소급효가 미치지 않는다고 보아야 한다.
>
> 다. 어느 행정처분에 대하여 그 행정처분의 근거가 된 법률이 위헌이라는 이유로 무효확인청구의 소가 제기된 경우에는 다른 특별한 사정이 없는 한 법원으로서는 그 법률이 위헌인지 여부에 대하여는 판단할 필요 없이 그 무효확인청구를 기각하여야 한다.

Ⅳ. 하자있는 행정행위의 치유와 전환

1. 개 설

법치주의에 따르면 하자있는 행정행위는 무효 또는 취소되어야 하는 것이 옳다. 그러나 법치주의의 요청을 후퇴시킬 만한 다른 법가치가 존재함을 이유로 행정행위의 효력을 유지시킬 필요가 있는 경우도 1있다. 이러한 경우를 위해 등장한 것이 하자의 치유와 전환의 법리이다.

2. 하자의 치유

① 의의 : 성립 당시에는 하자있는 행정행위가 사후에 하자의 원인인 법정요건이 보완되었거나 하자가 취소를 요하지 않을 정도로 경미해진 경우에 성립 당시의 하자에도 불구하고 유효한 것으로서 다루는 것을 말한다.

> 하자있는 행정행위의 치유나 전환은 행정행위의 성질이나 법치주의의 관점에서 볼 때 원칙적으로 허용될 수 없는 것이지만, 행정행위의 무용한 반복을 피하고 당사자의 법적 안정성을 위해 이를 허용하는 때에도 국민의 권리와 이익을 침해하지 않는 범위에서 구체적 사정에 따라 합목적적으로 인정해야 할 것이다. 과세처분시 납세고지서에 과세표준, 세율, 세액의 산출근거 등이 누락된 경우에는 늦어도 과세처분에 대한 불복여부의 결정 및 불복신청에 편의를 줄 수 있는 상당한 기간내에 보정행위를 하여야 그 하자가 치유된다 할 것이므로, 과세처분이 있은지 4년이 지나서 그 취소소송이 제기된 때에 보정된 납세고지서를 송달하였다는 사실이나 오랜 기간(4년)의 경과로써 과세처분의 하자가 치유되었다고 볼 수는 없다.
>
> (대법원 1983.7.26. 선고 82누420 판결【법인세등부과처분취소】)

② 처분사유의 추가·변경과는 구별된다.

③ 치유의 대상 : 주로 절차, 형식상의 하자이고 내용상 하자는 치유가 곤란하다고 보아야 한다.

④ 하자의 치유의 사유

㉠ 요건의 사후 보완 또는 사후 추완

㉡ 정당한 권한을 가진 관계 행정청의 추인

㉢ 장기간 방치로 인한 법률관계의 확정

㉣ 취소를 불허하는 공익상의 요구의 발생

⑤ 치유의 시한 : 쟁송제기 이전까지만 가능하다(다수설, 판례).

⑥ 치유의 효과 : 소급된다.

⑦ 무효인 행정행위의 치유 : 부정된다(다수설, 판례).

3. 무효인 행정행위의 전환

① 의의 : 무효인 행정행위가 다른 행정행위로서의 성립요건을 갖춘 경우에는 유효한 다른 행정행위로서의 효력이 인정되는 것을 말한다.

② 행정소송법상의 처분사유의 추가·변경과는 구별된다.

③ 전환의 요건

㉠ 전환될 행정행위로서의 성립, 효력요건을 갖출 것

㉡ 당초의 행정행위와 전환될 행정행위 사이에 요건, 목적, 효과 등에 있어 실질적 공통성이 있을 것

㉢ 당사자가 그 전환을 의욕하는 것으로 인정될 것

㉣ 제3자의 이익을 침해하지 않을 것

㉤ 행위의 중복을 회피하는 의미가 있을 것

④ 전환의 성질 : 그 자체가 하나의 행정행위(따라서 행정쟁송을 통해 다툴 수 있음)가 된다.

⑤ 전환의 효력 : 행정행위의 발령당시로 소급된다.

⑥ 전환의 한계 : 기속행위를 재량행위로 전환하는 것은 인정되지 않는다.

⑦ 취소할 수 있는 행정행위의 전환 : 부정된다.

cf. 민법 제138조(무효행위의 전환): 무효인 법률행위가 다른 법률행위의 요건을 구비하고 당사자가 그 무효를 알았더라면 다른 법률행위를 하는 것을 의욕 하였으리라고 인정될 때에는 다른 법률행위로서 효력을 가진다.

V. 하자의 승계

1. 문제의 의의

후행행정행위 자체에는 하자가 없더라도 선행행정행위의 하자를 이유로 후행행정행위의 효력을 다툴 수 있는가의 문제이다.

* 전제조건 : ㉠ 선행 행정행위가 무효가 아닐 것 ㉡ 선행 행정행위가 불가쟁력을 발생하고 있을 것 ㉢ 후행 행정행위에는 고유한 하자가 없을 것을 전제로 한다.

2. 학 설

① 선행행위와 후행행위가 서로 결합하여 하나의 효과를 달성하는 경우 : 선행행위의 하자가 후행행위에 승계된다.

② 선행행위와 후행행위가 서로 독립하여 별개의 법률효과를 발생시키는 경우 : 선행행위가 당연무효인 경우를 제외하고는 선행행위의 하자가 후행행위에 승계되지 않는다.

3. 판례의 경향

하자의 승계를 긍정한 판례	하자의 승계를 부정한 판례
① 표준지 지가고시와 토지수용처분 사이(78누227) ② 안경사시험합격무효처분과 안경사면허취소처분 사이(92누4567) ③ 대집행에 있어서 계고, 통지, 실행, 비용납부명령 사이(95누12507) ④ 개별공시지가 결정과 과세처분사이(93누17935) ⑤ 독촉과 가산금, 중가산금 징수처분 사이(86누8542) ⑥ 조세체납처분에 있어서 독촉과 압류 사이(86누8542) ⑦ 보상금증감소송에 있어서 보상금결정처분과 비교표준지공시지가결정 사이(2007두13845)	① 변상판정과 변상명령 사이(63누65) ② 공무원의 직위해제처분과 면직처분사이(84누191) ③ 토지수용에 있어서 사업인정과 수용재결처분 사이(87누35) ④ 과세처분과 체납처분 사이(87누383) ⑤ 도시계획결정과 수용재결처분 사이(87누947) ⑥ 석유액화가스판매업허가처분과 사업개시신고반려처분 사이((90누8756) ⑦ 토지등급결정, 수정처분과 과세처분 사이(93누23565) ⑧ 표준지공시지가결정과 개별공시지가결정 사이(95누11931) ⑨ 표준지공시지가결정과 과세처분사이(96누8895)

	⑩ 건물철거명령과 대집행계고처분 사이(97누20502) ⑪ 사업계획승인처분과 도시계획시설변경 및 지적승인고시처분 사이(99두9889) ⑫ 택지개발계획의 승인과 수용재결처분 사이(99두653) ⑬ 보충역편입처분과 공익근무요원소집처분 사이(2001두5422)

Ⅵ. 선행 행정행위의 후행 행정행위에 대한 구속력

1. 선행 행정행위의 후행 행정행위에 대한 구속력의 내용

동일한 효과를 추구하는 행정작용이 여러 단계를 거쳐 행해지는 경우에 선행행위는 후행행위에 대하여 일정범위 안에서 구속력을 가지며, 그 범위내에서는 선행행위의 위법성을 이유로 후행행위를 다툴 수 없다.

2. 근 거

행정쟁송 제기 기간에 관한 규정(행정소송법 제20조)을 들 수 있다.

3. 하자의 승계와 선행행위의 후행행정행위에 대한 구속력의 한계

대법원 1994.1.25. 선고 93누8542 판결 【양도소득세등부과처분취소】

① 두 개 이상의 행정처분이 연속적으로 행하여지는 경우 **선행처분과 후행처분이 서로 결합하여 1개의 법률효과를 완성하는** 때에는 선행처분에 하자가 있으면 그 하자는 후행처분에 승계되므로 선행처분에 불가쟁력이 생겨 그 효력을 다툴 수 없게 된 경우에도 선행처분의 하자를 이유로 후행처분의 효력을 다툴 수 있는 반면/

②-1 **선행처분과 후행처분이 서로 독립하여 별개의 법률효과를 목적으로 하는** 때에는 선행처분에 불가쟁력이 생겨 그 효력을 다툴 수 없게 된 경우에는 선행처분의 하자가 중대하고 명백하여 당연무효인 경우를 제외하고는 선행처분의 하자를 이유로 후행처분의 효력을 다툴 수 없는 것이 원칙이나/

②-2 선행처분과 후행처분이 서로 독립하여 별개의 효과를 목적으로 하는 경우에도 (후행처분의 효력을 다툴 수 없다고 한다면)선행처분의 불가쟁력이나 구속력이 그로 인하여 불이익을 입게 되는 자에게 수인한도를 넘는 가혹함을 가져오며, 그 결과가 당사자에게 예측가능한 것이 아닌 경우에는 국민의 재판받을 권리를 보장하고 있는 헌법의 이념에 비추어 **선행처분의 후행처분에 대한 구속력은 인정될 수 없다.**

4. 구속력과 하자승계론

구속력은 후행 행정행위의 단계에서 후행 행정행위의 전제가 되는 선행 행정행위에 배치되는 주장을 하지 못하는 효력을 말한다. 전형적인 예로서는 원자력발전소 건설허가는 부분허가로 행해지는 제 선행행위의 후행행위에 대한 구속력은 선행의 부분허가는 후행행위에 구속력을 갖는다는 것이며, 그의 예외라는 것은 사정변경(부분허가 후에 발견된 과학적 지식에 비추어 허가 신청된 원자력시설의 안전성이 보장될 수 없을 때) 등에 따라 후행행위를 함에 있어 선행부분허가의 구속을 받도록 하는 것이 적절하지 않은 경우에 행정청은 선행행위에 구속받지 않고 후행행정행위를 할 수 있다는 것을 말한다.

판례는 하자승계론의 일반론을 적시하면서(위 ②-1) 하자승계불인정의 예외로서 구속력을 설명하고 있다(위 ②-2). 그러나 선행행위의 후행행위에 대한 구속력은 선행행위의 위법을 전제로 하지 않는 점에서 하자승계론과 구별된다고 보아야 한다. 이 점에서 위 대법원 판례는 구속력의 문제라기 보다는 하자승계론의 문제라고 보아야 한다.

제 7 항 행정행위의 폐지·실효

Ⅰ. 직권취소와 쟁송취소의 구별

1. 의 의

① 직권취소 : 행정청이 직권으로 행하는 것을 말한다.

② 쟁송취소 : 상대방이나 이해관계인의 쟁송제기에 의해 행하는 것을 말한다.

구 별	직권취소	쟁송취소
취소권자	행정청(처분청) 또는 감독청(학설의 다수설 인정)	재결청 또는 법원
목적	행정행위의 적법상태로의 회복	국민의 권익구제 + 행정작용의 위법성 시정
취소사유	위법, 부당 한 경우	위법한 경우(행정소송), 위법·부당한 경우(행정심판)

법적근거	특별한 법적근거를 요하지 않음 (판례 및 학설)	행정심판법, 행정소송법
절차	행정절차법에 따른 절차 행정청의 직권에 의해 개시됨	행정심판법, 행정소송법에 따른 절차
형식	제한이 없음	재결, 판결 등의 형식상의 제한이 있음
대상	수익적 + 부담적 행정행위	주로 부담적 및 복효적 행정행위가 문제가 됨
행사의 제한	조리 및 법일반원칙상의 제한	특별한 제한이 없음(단, 사정재결 및 사정판결 있음)
내용	적극적 변경을 할 수 있음	소극적 변경(소송물에 한정) * 일부취소 인정
취소기간	기간의 제한이 없음 (신뢰보호 등의 의미에서도 제한을 하는 것이 맞다.)	제한 있음 (행정심판법 제27조, 행정소송법 제20조)
효과	부담적 행정행위 : 소급효 긍정 수익적 행정행위인 경우 : 상대방에게 책임이 있는 경우에만 소급	소급효 인정(원칙)

Ⅱ. 취소권의 제한

1. 쟁송취소

사정재판을 제외하고는 취소하여야 한다.

2. 직권취소

① 원칙 : 직권취소의 경우에는 취소에 의하여 달성하려고 하는 '공익상의 필요'와 '상대방의 기득권 존중, 신뢰보호 등 법률상의 안정성' 등의 요청을 비교형량하여, 행정행위를 취소함으로써 얻는 가치가 취소하지 않음으로써 얻는 가치보다 큰 경우에 한하여 취소한다.

② 직권취소가 제한되는 경우
  ㉠ 수익적 행정행위
  ㉡ 행정행위를 취소함으로 인하여 공공복리를 해치게 되는 경우
  ㉢ 준사법적 행정행위(예, 행정심판위원회의 재결, 인사위원회의 결정 등)

㉣ 사인의 법률적 행위의 효력을 완성시켜 주는 행정행위(재단법인설립인가 등)

㉤ 실권의 경우

㉥ 포괄적 신분관계의 설정행위(귀화허가, 공무원의 임명)

㉦ 하자의 치유, 전환이 인정되는 경우

③ 직권취소가 허용되는 경우

㉠ 행정행위의 하자가 사기, 기망 등 수익자의 주관적·객관적 책임에 기인한 경우

㉡ 중대한 공익상의 필요가 있는 경우

3. 일부취소의 가능성

대법원 2000.12.12. 선고 99두12243 판결 【시정명령등취소】

외형상 하나의 행정처분이라 하더라도 가분성이 있거나 그 처분대상의 일부가 특정될 수 있다면 일부만의 취소도 가능하고 그 일부의 취소는 당해 취소부분에 관하여만 효력이 생기는 것인바, 공정거래위원회가 사업자에 대하여 행한 법위반사실공표명령은 비록 하나의 조항으로 이루어진 것이라고 하여도 그 대상이 된 사업자의 광고행위와 표시행위로 인한 각 법위반사실은 별개로 특정될 수 있어 위 각 법위반사실에 대한 독립적인 공표명령이 경합된 것으로 보아야 할 것이므로, 이 중 표시행위에 대한 법위반사실이 인정되지 아니하는 경우에 그 부분에 대한 공표명령의 효력만을 취소할 수 있을 뿐, 공표명령 전부를 취소할 수 있는 것은 아니다.

Ⅲ. 행정행위의 철회

1. 개 념

하자 없이 유효하게 성립한 행정행위의 효력을 그 효력을 존속시킬 수 없는 새로운 사정(법령의 변경, 사실관계의 변경 등)의 발생으로 인하여 공익상 그 효력을 더 이상 존속시킬 수 없을 경우에 본래의 행정행위의 효력을 장래에 향하여 상실시키는 독립된 행정행위를 말한다.

2. 철회권자

처분청

3. 법적근거

철회권은 본래의 행정처분을 장래에 향하여 실효시키는 것에 지나지 않기 때문에 철회권은 처분권에 당연히 포함되어 있다는 것이 다수설과 판례의 입장이다. 새로운 처분이므로 법적근거가 필요하다는 주장도 있다.

4. 철회 사유

① 철회권의 유보
② 상대방의 유책행위에 대한 제재로서의 철회(법령 위반, 의무 위반, 부담의 불이행 등)
③ 사정변경
④ 중대한 공익상의 필요 ⑤ 기타 법령이 정한 사실 등

5. 철회권의 제한

① 부담적 행정행위의 철회 : 원칙적으로 행정청의 재량에 속한다.
② 수익적 행정행위의 취소 : 직권취소의 제한에 관한 법리가 적용된다.

6. 철회의 효과 : 장래효가 있다.

7. 철회의 취소 : 가능하다.

Ⅳ. 행정행위의 실효

1. 의 의

아무런 하자 없이 유효하게 성립한 행정행위가 일정한 사유의 발생으로 인해 장래에 향해 당연히 소멸하는 것을 말한다.

2. 실효의 사유

① 행정행위의 대상의 소멸(도로점용허가의 대상인 도로의 소멸)
② 해제조건인 부관의 발생
③ 목적의 달성(건축허가의 대상물인 건축물의 완공)

3. 실효의 효과

행정행위의 실효사유가 발생하면 행정행위는 행정청의 특별한 의사표시를 기다릴 것 없이 그 때부터 장래에 향하여 당연히 효력이 소멸한다.

[관련 판례]

▶ 행정행위의 무효

1. 하자 있는 행정처분이 당연무효인지를 판별하는 기준

하자 있는 행정처분이 당연무효가 되기 위하여는 그 하자가 법규의 중요한 부분을 위반한 중대한 것으로서 객관적으로 명백한 것이어야 하며 하자가 중대하고 명백한 것인지 여부를 판별함에 있어서는 그 법규의 목적, 의미, 기능 등을 목적론적으로 고찰함과 동시에 구체적 사안 자체의 특수성에 관하여도 합리적으로 고찰함을 요한다.

(대법원 1995.7.11. 선고 94누4615 전원합의체판결【건설업영업정지처분무효확인】)

2. 행정처분에 사실관계를 오인한 중대한 하자가 있는 경우 그 하자가 명백하다고 하기 위한 판단기준

행정처분에 사실관계를 오인한 하자가 있는 경우 그 하자가 중대하다고 하더라도 객관적으로 명백하지 않다면 그 처분을 당연무효라고 할 수 없는바, 하자가 명백하다고 하기 위하여는 그 사실관계 오인의 근거가 된 자료가 외형상 상태성을 결여하거나 또는 객관적으로 그 성립이나 내용의 진정을 인정할 수 없는 것임이 명백한 경우라야 할 것이고 사실관계의 자료를 정확히 조사하여야 비로소 그 하자 유무가 밝혀질 수 있는 경우라면 이러한 하자는 외관상 명백하다고 할 수는 없을 것이다.

(대법원 1992.4.28. 선고 91누6863 판결【한약업사시험합격자결정등취소】)

3. 갑 주식회사의 체납 국세에 관하여, 과세관청이 구 국세기본법 제39조 제1항 제2호 (다)목에 따라 을에게 과세처분을 하였는데, 이후 위 규정에 대해 헌법재판소의 위헌결정이 있었으나 과세관청이 조세채권의 집행을 위해 을의 예금채권에 압류처분을 한 사안

[1] [다수의견] 조세 부과의 근거가 되었던 법률규정이 위헌으로 선언된 경우, 비록 그에 기한 과세처분이 위헌결정 전에 이루어졌고, 과세처분에 대한 제소기간이 이미 경과하여 조세채권이 확정되었으며, 조세채권의 집행을 위한 체납처분의 근거규정 자체에 대하여는 따로 위헌결정이 내려진 바 없다고 하더라도, 위와 같은 위헌결정 이후에 조세채권의 집행을 위한 새로운 체납처분에 착수하거나 이를 속행하는 것은 더 이상 허용되지 않고, 나아가 이러한 위헌결정의 효력에 위배하여 이루어진 체납처분은 그 사유만으로 하자가 중대하고 객관적으로 명백하여 당연무효라고 보아

야 한다.

(대법원 2012. 2. 16. 선고 2010두10907 전원합의체 판결【압류등처분무효확인】)

4. 확정력이 발생한 행정처분에 위헌결정의 소급효가 미치는지 여부

위헌결정의 효력은 그 결정 이후에 당해 법률이 재판의 전제가 되었음을 이유로 법원에 제소된 일반사건에도 미치므로, 당해 법률에 근거하여 행정처분이 발하여진 후에 헌법재판소가 그 행정처분의 근거가 된 법률을 위헌으로 결정하였다면 결과적으로 행정처분은 법률의 근거가 없이 행하여진 것과 마찬가지가 되어 하자가 있는 것이 되나, 이미 취소소송의 제기기간을 경과하여 확정력이 발생한 행정처분의 경우에는 위헌결정의 소급효가 미치지 않는다고 보아야 할 것이다.

(대법원 2002.11.8. 선고 2001두3181 판결【택지초과소유부담금부과처분무효확인】)

5. 위헌법률에 근거하여 발하여진 행정처분의 효력

행정청이 법률에 근거하여 행정처분을 한 후에 헌법재판소가 그 법률을 위헌으로 결정하였다면 그 행정처분은 결과적으로 법률의 근거가 없이 행하여진 것과 마찬가지가 되어 하자가 있다고 할 것이나, 하자 있는 행정처분이 당연무효가 되기 위하여는 그 하자가 중대할 뿐만 아니라 명백한 것이어야 하는데, 일반적으로 법률이 헌법에 위반된다는 사정은 헌법재판소의 위헌결정이 있기 전에는 객관적으로 명백한 것이라고 할 수 없으므로 특별한 사정이 없는 한 이러한 하자는 위 행정처분의 취소사유에 해당할 뿐 당연무효 사유는 아니라고 보아야 한다.

(대법원 2000.6.9. 선고 2000다16329 판결【부당이득금】)

6. 헌법재판소의 위헌결정의 효력이 미치는 범위와 위헌결정의 소급효를 제한할 수 있는지 여부(적극)

헌법재판소의 위헌결정의 효력은 위헌제청을 한 당해 사건, 위헌결정이 있기 전에 이와 동종의 위헌 여부에 관하여 헌법재판소에 위헌제청을 하였거나 법원에 위헌제청신청을 한 사건, 따로 위헌제청신청은 하지 않았지만 당해 법률 또는 법률 조항이 재판의 전제가 되어 법원에 계속중인 사건뿐만 아니라, 위헌결정 이후에 위와 같은 이유로 제소된 일반사건에도 미친다. 그러나 위헌결정의 효력은 그 미치는 범위가 무한정일 수는 없고 다른 법리에 의하여 그 소급효를 제한하는 것까지 부정되는 것은 아니며, 법적 안정성의 유지나 당사자의 신뢰보호를 위하여 불가피한 경우에 위헌결정의 소급효를 제한하는 것은 오히려 법치주의의 원칙상 요청되는 것이다.

(대법원 2009.6.11. 선고 2008두21577 판결【미지급퇴역연금지급】)

7. 상위법령에 위배되는 조례에 근거한 행정처분이 당연무효인지 여부

행정청이 위법하여 무효인 조례를 적용하여 한 행정처분이 당연무효로 되려면 그 규정이 행정처분의 중요한 부분에 관한 것이어서 결과적으로 그에 따른 행정처분의 중요한 부분에 하자가 있는 것으로 귀착되고, 또한 그 규정의 위법성이 객관적으로 명백하여 그에 따른 행정처분의 하자가 객관적으로 명백한 것으로 귀착되어야 하는바, 일반적으로 조례가 법률 등 상위법령에 위반된다는 사정은 그 조례의 규정을 위법하여 무효라고 선언한 대법원의 판결이 선고되지 아니한 상태에서는 그 조례 규정의 위법 여부가 해석상 다툼의 여지가 없을 정도로 명백하였다고 인정되지 아니하는 이상 객관적으로 명백한 것이라 할 수 없으므로, 이러한 조례에 근거한 행정처분의 하자는 취소사유에 해당할 뿐 무효사유가 된다고 볼 수는 없다.

(대법원 2009.10.29. 선고 2007두26285 판결【공법상부당이득금반환청구】)

8. 선행행위가 무효인 경우 후행행위의 효력

적법한 건축물에 대한 철거명령은 그 하자가 중대하고 명백하여 당연무효라고 할 것이고, 그 후행행위인 건축물철거 대집행계고처분 역시 당연무효라고 할 것이다.

(대법원 1999.4.27. 선고 97누6780 판결【건축물철거대집행계고처분취소】)

9. 전결규정에 위반한 행정행위의 효력

전결과 같은 행정권한의 내부위임은 법령상 처분권자인 행정관청이 내부적인 사무처리의 편의를 도모하기 위하여 그의 보조기관 또는 하급 행정관청으로 하여금 그의 권한을 사실상 행사하게 하는 것으로서 법률이 위임을 허용하지 않는 경우에도 인정되는 것이므로, 설사 행정관청 내부의 사무처리규정에 불과한 전결규정에 위반하여 원래의 전결권자 아닌 보조기관 등이 처분권자인 행정관청의 이름으로 행정처분을 하였다고 하더라도 그 처분이 권한 없는 자에 의하여 행하여진 무효의 처분이라고는 할 수 없다.

(대법원 1998.2.27. 선고 97누1105 판결【공유재산대부신청반려처분무효확인】)

10. 취득세 납세의무자의 신고행위의 하자가 당연무효라고 할 수 있는 경우

취득세 신고행위는 납세의무자와 과세관청 사이에 이루어지는 것으로서 취득세 신고행위의 존재를 신뢰하는 제3자의 보호가 특별히 문제되지 않아 그 신고행위를 당연무효로 보더라도 법적 안정성이 크게 저해되지 않는 반면, 과세요건 등에 관한 중대한 하자가 있고 그 법적 구제수단이 국세에 비하여 상대적으로 미비함에도 위법한 결과를 시정하지 않고 납세의무자에게 그 신고행위로 인한 불이익을 감수시키는 것이 과세행정의 안정과 그 원활한 운영의 요청을 참작하더라도 납세의무자의 권익구제 등의 측면에서 현저하게 부당하다고 볼 만한 특별한 사정이 있는 때에는 예외적으로 이와 같은 하자 있는 신고행위가 당연무효라고 함이 타당하다.

(대법원 2009.2.12. 선고 2008두11716 판결【취득세부과처분무효확인】)

11. 법률관계나 사실관계에 대하여 법률의 규정을 잘못 해석한 행정처분의 하자가 중대하고 명백한지 여부를 판단하는 방법

행정청이 어느 법률관계나 사실관계에 대하여 어느 법률의 규정을 적용하여 행정처분을 한 경우에 그 법률관계나 사실관계에 대하여는 그 법률의 규정을 적용할 수 없다는 법리가 명백히 밝혀져 그 해석에 다툼의 여지가 없음에도 행정청이 위 규정을 적용하여 처분을 한 때에는 그 하자가 중대하고도 명백하다고 할 것이나, 그 법률관계나 사실관계에 대하여 그 법률의 규정을 적용할 수 없다는 법리가 명백히 밝혀지지 아니하여 그 해석에 다툼의 여지가 있는 때에는 행정관청이 이를 잘못 해석하여 행정처분을 하였더라도 이는 그 처분 요건사실을 오인한 것에 불과하여 그 하자가 명백하다고 할 수 없다.

(대법원 2009.9.24. 선고 2009두2825 판결 【개발사업시행승인처분취소】)

▶ 하자의 승계

12. 과세처분의 선행처분인 개별공시지가결정의 위법을 독립된 위법사유로 주장할 수 있는지 여부(적극)

개별공시지가결정은 이를 기초로 한 과세처분 등과는 별개의 독립된 처분으로서 서로 독립하여 별개의 법률효과를 목적으로 하는 것이나, 개별공시지가는 이를 토지소유자나 이해관계인에게 개별적으로 고지하도록 되어 있는 것이 아니어서 토지소유자 등이 개별공시지가결정 내용을 알고 있었다고 전제하기도 곤란할 뿐만 아니라 결정된 개별공시지가가 자신에게 유리하게 작용될 것인지 또는 불이익하게 작용될 것인지 여부를 쉽사리 예견할 수 있는 것도 아니며, 더욱이 장차 어떠한 과세처분 등 구체적인 불이익이 현실적으로 나타나게 되었을 경우에 비로소 권리구제의 길을 찾는 것이 우리 국민의 권리의식임을 감안하여 볼 때 토지소유자 등으로 하여금 결정된 개별공시지가를 기초로 하여 장차 과세처분 등이 이루어질 것에 대비하여 항상 토지의 가격을 주시하고 개별공시지가결정이 잘못된 경우 정해진 시정절차를 통하여 이를 시정하도록 요구하는 것은 부당하게 높은 주의의무를 지우는 것이라고 아니할 수 없고, 위법한 개별공시지가결정에 대하여 그 정해진 시정절차를 통하여 시정하도록 요구하지 아니하였다는 이유로 위법한 개별공시지가를 기초로 한 과세처분 등 후행 행정처분에서 개별공시지가결정의 위법을 주장할 수 없도록 하는 것은 수인한도를 넘는 불이익을 강요하는 것으로서 국민의 재산권과 재판받을 권리를 보장한 헌법의 이념에도 부합하는 것이 아니라고 할 것이다.

(대법원 1994.1.25. 선고 93누8542 판결 【양도소득세등부과처분취소】)

13. 수용보상금 증액을 구하는 소송에서 비교표준지공시지가 결정의 위법을 주장할 수 있는지 여부(적극)

표준지공시지가결정은 이를 기초로 한 수용재결 등과는 별개의 독립된 처분으로서 서로 독립하여 별개의 법률효과를 목적으로 하지만, 표준지공시지가는 이를 인근 토지의 소유자나 기타 이해관계인에게 개별적으로 고지하도록 되어 있는 것이 아니어서 인근 토지의 소유자 등이 표준지공시지가결정 내용을 알고 있었다고 전제하기가 곤란할 뿐만 아니라, 인근 토지 소유자는 보상금 산정의 기준이 되는 표준지가 어느 토지인지를 알 수 없으므로, 인근 토지 소유자가 표준지의 공시지가가 확정되기 전에 이를 다투는 것은 불가능하다. 따라서 표준지공시지가결정이 위법한 경우에는 그 자체를 행정소송의 대상이 되는 행정처분으로 보아 그 위법 여부를 다툴 수 있음은 물론, 수용보상금의 증액을 구하는 소송에서도 선행처분으로서 그 수용대상토지 가격 산정의 기초가 된 비교표준지공시지가결정의 위법을 독립한 사유로 주장할 수 있다.

(대법원 2008.8.21. 선고 2007두13845 판결【토지보상금】)

제 3 절 행정계획

제1항 행정계획의 관념

1. 개 념

행정주체가 일정한 행정활동을 위한 목표를 설정하고 서로 관련되는 행정수단을 종합·조정함으로써 목표로 제시된 장래의 일정한 시점에 있어서의 일정한 질서를 실현하기 위한 활동기준 또는 그 설정행위를 의미한다.

> **대법원 1996.11.29. 선고 96누8567 판결 【도시계획시설결정처분무효확인등】**
>
> 【판결요지】
> 행정계획이라 함은 행정에 관한 전문적·기술적 판단을 기초로 하여 도시의 건설·정비·개량 등과 같은 특정한 행정목표를 달성하기 위하여 서로 관련되는 행정수단을 종합·조정함으로써 장래의 일정한 시점에 있어서 일정한 질서를 실현하기 위한 활동기준으로 설정된 것으로서, 도시계획법 등 관계 법령에는 추상적인 행정목표와 절차만이 규정되어 있을 뿐 행정계획의 내용에 대하여는 별다른 규정을 두고 있지 아니하므로 행정주체는 구체적인 행정계획을 입안·결정함에 있어서 비교적 광범위한 형성의 자유를 가진다고 할 것이지만, 행정주체가 가지는 이와 같은 형성의 자유는 무제한적인 것이 아니라 그 행정계획에 관련되는 자들의 이익을 공익과 사익 사이에서는 물론이고 공익 상호간과 사익 상호간에도 정당하게 비교교량하여야 한다는 제한이 있는 것이고, 따라서 행정주체가 행정계획을 입안·결정함에 있어서 이익형량을 전혀 행하지 아니하거나 이익형량의 고려 대상에 마땅히 포함시켜야 할 사항을 누락한 경우 또는 이익형량을 하였으나 정당성·객관성이 결여된 경우에는 그 행정계획결정은 재량권을 일탈·남용한 것으로서 위법하다.

2. 기 능

① 목표설정기능 ② 행정수단의 종합화기능 ③ 행정과 국민의 매개적 기능 (예측가능성 부여기능, 유도적 기능)

3. 종 류

① 구속적 계획

㉠ 국민에 대한 구속적 계획(국토의 계획 및 이용에 관한 법률 제2조의 '도시관리계획')

㉡ 타 계획에 대한 구속적 계획(국토종합계획, 도시기본계획 등)

㉢ 관계행정기관에 대한 구속적 계획(예산의 운용계획 등)

② 비구속적 계획 : 행정 내부의 장기계획 등

4. 법적 성질 - 처분성 여부

① 학설 : 입법행위설, 독자성설, 행정행위설, 개별적 결정설 등

② 판례

㉠ 도시관리계획결정은 처분성을 인정(대판 1982.3.9, 80누105)한다.

㉡ 하수도(기반시설) 정비계획은 처분성을 부정(대판 2002.5.17, 2001두10578)한다.

5. 행정계획의 효력

① 효력 요건

㉠ 행정계획을 법률, 법규명령, 조례의 형식으로 정하는 경우 : 공포, 특별한 규정이 없는 한 공포한 날로부터 20일이 경과함으로써 효력이 발생한다.

㉡ 행정계획을 그 밖의 형식으로 정하는 경우 : 고시, 특별한 규정이 없는 한 고시와 동시에 효력이 발생한다.

② 행정계획의 효력

㉠ 집중효 ㉡ 배제효 ㉢ 구속효

6. 계획재량과 형량명령

① 계획법규범의 특색 : 목적 프로그램

② 계획재량은 통상의 행위재량보다 재량의 범위가 넓다.

③ 형량명령 : 계획재량을 행사함에 있어서는 관련된 제 이익, 즉 공익과 사익, 공익 상호간 및 사익 상호간을 정당하게 형량 할 것이 요구된다.

④ 형량의 하자 : 형량의 해태, 형량의 흠결, 오형량

제2항 행정계획과 권리구제

1. 행정계획과 권리구제

① 행정쟁송을 통한 권리구제의 곤란성 : 행정계획은 그 성격상 처분성 인정이 어려울 수 있고, 계획 수립시 재량이 넓게 인정되어 행정쟁송을 통한 권리구제는 어렵다고 보아야 한다.

② 행정상 손해전보

③ 헌법소원 : 가능성 긍정(헌재)

④ 계획변경청구 : 불가하다는 것이 원칙이다.

> **대법원 2003.9.26. 선고 2003두5075 판결 【국토이용계획변경신청불허처분취소】**
>
> 국민의 적극적 신청행위에 대하여 행정청이 그 신청에 따른 행위를 하지 않겠다고 거부한 행위가 항고소송의 대상이 되는 행정처분에 해당하는 것이라고 하려면, 그 신청한 행위가 공권력의 행사 또는 이에 준하는 행정작용이어야 하고, 그 거부행위가 신청인의 법률관계에 어떤 변동을 일으키는 것이어야 하며, 그 국민에게 그 행위발동을 요구할 법규상 또는 조리상의 신청권이 있어야만 한다(대법원 1998.7.10. 선고 96누14036 판결 등 참조).
>
> 그런데 국토이용관리법상 주민이 국토이용계획의 변경에 대하여 신청을 할 수 있다는 규정이 없을 뿐만 아니라, 국토건설종합계획의 효율적인 추진과 국토이용질서를 확립하기 위한 국토이용계획은 장기성, 종합성이 요구되는 행정계획이어서 그 계획이 일단 확정된 후에 어떤 사정의 변동이 있다고 하여 지역주민이나 일반 이해관계인에게 일일이 그 계획의 변경을 신청할 권리를 인정하여 줄 수 없고(대법원 1995.4.28. 선고 95누627 판결 참조), 원심이 확정한 사실관계를 기록에 비추어 보면, 이 사건에서 원고의 국토이용계획변경신청과 관련하여 피고 시장 등이 보여 준 일련의 행위가 위 계획변경승인에 대한 공적 견해를 표명한 것이라고 볼 수 없으며, 그럼에도 불구하고 원고가 위 변경승인을 받을 것으로 신뢰하였다면 원고에게 귀책사유가 있으므로 신뢰보호의 원칙은 적용되지 않는다고 할 것이니, 원고에게 신뢰보호원칙에 기한 조리상 국토이용계획변경신청권을 인정할 수도 없다.

2. 계획보장청구권

① 내용 : 계획존속청구권, 계획준수청구권, 손해전보청구권 등이 있다.

② 인정여부 : 행정계획에 대한 포괄적인 계획보장청구권은 부정되나, 세부적인 계획 수립 후의 계획준수청구권은 신뢰보호의 원칙에 입각하여 인

정할 수도 있을 것이다.

제 3 항 행정계획의 통제

Ⅰ. 행정내부적 통제

1. 절차상 통제(cf. 행정계획이 처분적 성격을 가지는 경우에는 행정절차법의 적용이 검토되어야 함)
2. 감독권에 의한 통제
3. 공무원에 의한 심사
4. 국무총리행정심판위원회에 의한 통제

Ⅱ. 국회에 의한 통제

1. 입법을 통한 직접적 통제
2. 간접적 통제(국회법 제98조의2를 통한 간접 통제, 국정감사 및 조사 등)

Ⅲ. 법원에 의한 통제

1. 사법심사가능성

행정계획의 성격상 처분성이 인정되어 사법심사의 대상이 될 가능성은 적다. 그러나 구체적인 행정계획에 대해서는 그 처분성을 인정하기도 한다(예, 도시관리계획결정 등).

2. 형성의 자유(계획재량)

계획재량에 있어 사실의 오인, 평등·비례원칙의 위반, 목적위반, 他事고려 등이 있을 시에는 위법 또는 부당한 행정계획이 된다.

Ⅳ. 국민에 의한 통제

1. 계획 과정에 국민의 참여
2. 계획의 보장

[1] 대법원 1997.9.26. 선고 96누10096 판결【택지개발예정지구지정처분취소등】

【판시사항】

[3] 택지개발 예정지구 지정처분의 법적 성질

[4] 행정주체가 행정계획을 입안·결정시 계획재량을 갖는지 여부(적극) 및 이 경우 고려하여야 할 비례의 원칙의 의미

【판결요지】

[3] 택지개발 예정지구 지정처분은 건설교통부장관이 법령의 범위 내에서 도시지역의 시급한 주택난 해소를 위한 택지를 개발·공급할 목적으로 주택정책상의 전문적·기술적 판단에 기초하여 행하는 일종의 행정계획으로서 재량행위라고 할 것이므로 그 재량권의 일탈·남용이 없는 이상 그 처분을 위법하다고 할 수 없다.

[4] 행정주체가 택지개발 예정지구 지정 처분과 같은 행정계획을 입안·결정하는 데에는 비록 광범위한 계획재량을 갖고 있지만 행정계획에 관련된 자들의 이익을 공익과 사익 사이에서는 물론, 공익 상호간과 사익 상호간에도 정당하게 비교·교량하여야 하고 그 비교·교량은 비례의 원칙에 적합하도록 하여야 하는 것이므로, 만약 이익형량을 전혀 하지 아니하였거나 이익형량의 고려대상에 포함시켜야 할 중요한 사항을 누락한 경우 또는 이익형량을 하기는 하였으나 그것이 비례의 원칙에 어긋나게 된 경우에는 그 행정계획은 재량권을 일탈·남용한 위법한 처분이다. 또 여기서 비례의 원칙(과잉금지의 원칙)이란 어떤 행정목적을 달성하기 위한 수단은 그 목적달성에 유효·적절하고 또한 가능한 한 최소침해를 가져오는 것이어야 하며 아울러 그 수단의 도입으로 인한 침해가 의도하는 공익을 능가하여서는 아니 된다는 헌법상의 원칙을 말하는 것인데, 어떠한 지역의 토지들을 토지구획정리사업법에 의한 구획정리의 방식이나 택지개발촉진법에 의한 택지개발의 방식 또는 도시계획법에 의한 일단의 주택지조성의 방식 중 어느 방식으로 개발할 것인지의 여부는 각 방식의 특성, 당해 토지들의 입지조건이나 개발당시의 사회·경제적 여건, 사업의 목표 등 각각의 특성에 따라 결정하여야 할 것이다.

[2] 대법원 2003.9.23. 선고 2001두10936 판결【국토이용계획변경승인거부처분취소】

【판시사항】

[1] 행정청이 국민의 신청에 대하여 한 거부행위가 항고소송의 대상인 행정처분이 되기 위한 요건

[2] 구 국토이용관리법상의 국토이용계획변경신청에 대한 거부행위가 항고소송의 대상이 되는 행정처분에 해당하기 위한 요건

【판결요지】

[1] 국민의 적극적 신청행위에 대하여 행정청이 그 신청에 따른 행위를 하지 않겠다고 거부한 행위가 항고소송의 대상이 되는 행정처분에 해당하는 것이라

고 하려면, 그 신청한 행위가 공권력의 행사 또는 이에 준하는 행정작용이어야 하고, 그 거부행위가 신청인의 법률관계에 어떤 변동을 일으키는 것이어야 하며, 그 국민에게 그 행위발동을 요구할 법규상 또는 조리상의 신청권이 있어야만 한다.

[2] 구 국토이용관리법(2002.2.4. 법률 제6655호 국토의계획및이용에관한법률 부칙 제2조로 폐지)상 주민이 국토이용계획의 변경에 대하여 신청을 할 수 있다는 규정이 없을 뿐만 아니라, 국토건설종합계획의 효율적인 추진과 국토이용질서를 확립하기 위한 국토이용계획은 장기성, 종합성이 요구되는 행정계획이어서 원칙적으로는 그 계획이 일단 확정된 후에 어떤 사정의 변동이 있다고 하여 그러한 사유만으로는 지역주민이나 일반 이해관계인에게 일일이 그 계획의 변경을 신청할 권리를 인정하여 줄 수는 없을 것이지만, 장래 일정한 기간 내에 관계 법령이 규정하는 시설 등을 갖추어 일정한 행정처분을 구하는 신청을 할 수 있는 법률상 지위에 있는 자의 국토이용계획변경신청을 거부하는 것이 실질적으로 당해 행정처분 자체를 거부하는 결과가 되는 경우에는 예외적으로 그 신청인에게 국토이용계획변경을 신청할 권리가 인정된다고 봄이 상당하므로, 이러한 신청에 대한 거부행위는 항고소송의 대상이 되는 행정처분에 해당한다.

[3] 대법원 2004.4.28. 선고 2003두1806 판결【도시계획시설변경입안의제안거부처분취소】

【판시사항】

[1] 도시계획구역 내 토지 소유자의 도시계획입안 신청에 대한 도시계획 입안권자의 거부행위가 항고소송의 대상이 되는 행정처분에 해당하는지 여부(적극)

[2] 일반주거지역 내에 자동차 및 중기운전학원을 설치하도록 한 도시계획시설결정이 당시의 관계 법령상 적법하다고 한 사례

【판결요지】

[1] 구 도시계획법(2002.2.4. 법률 제6655호 국토의계획및이용에관한법률 부칙 제2조로 폐지)은 도시계획의 수립 및 집행에 관하여 필요한 사항을 규정함으로써 공공의 안녕질서를 보장하고 공공복리를 증진하며 주민의 삶의 질을 향상하게 함을 목적으로 하면서도 도시계획시설결정으로 인한 개인의 재산권행사의 제한을 줄이기 위하여, 도시계획시설부지의 매수청구권, 도시계획시설결정의 실효에 관한 규정과 아울러 도시계획 입안권자인 특별시장·광역시장·시장 또는 군수로 하여금 5년마다 관할 도시계획구역 안의 도시계획에 대하여 그 타당성 여부를 전반적으로 재검토하여 정비하여야 할 의무를 지우고, 도시계획입안제안과 관련하여서는 주민이 입안권자에게 '1. 도시계획시설의 설치·정비 또는 개량에 관한 사항 2. 지구단위계획구역의 지정 및 변경과 지구단위계획의 수립 및 변경에 관한 사항'에 관하여 '도시계획도서와 계획설명서를 첨부'하여 도시계획의 입안을 제안할 수 있고, 위 입안제안

을 받은 입안권자는 그 처리결과를 제안자에게 통보하도록 규정하고 있는 점 등과 헌법상 개인의 재산권 보장의 취지에 비추어 보면, 도시계획구역 내 토지 등을 소유하고 있는 주민으로서는 입안권자에게 도시계획입안을 요구할 수 있는 법규상 또는 조리상의 신청권이 있다고 할 것이고, 이러한 신청에 대한 거부행위는 항고소송의 대상이 되는 행정처분에 해당한다.

[2] 일반주거지역 내에 자동차 및 중기운전학원을 설치하도록 한 도시계획시설결정이 당시의 관계 법령상 적법하다고 한 사례.

제 4 절 공법상 계약

1. 의 의

공법적 효과의 발생을 목적으로 복수당사자간의 '반대방향'의 의사표시의 합치로 성립하는 비권력적 행위이다. 현대 행정의 특징의 하나로 공법상계약을 들기도 한다.

2. 종 류

① 행정주체 상호간

② 행정주체와 사인간의 계약

㉠ 특별권력관계의 설정에 관한 계약(공중보건의사의 채용계약, 서울특별시립무용단원의 위촉계약 등)

㉡ 임의적 공용부담(기부채납)

㉢ 보조금지급에 관한 계약

㉣ 행정사무의 위탁계약

㉤ 보상계약

㉥ 지역개발계약

㉦ 환경보전에 관한 협정 등

③ 공무수탁사인과 사인간의 공법상 계약
(사인인 사업시행자와 토지소유자간의 토지수용에 관한 협약)

3. 특수성

① 실체법적 특수성

㉠ 법적합성 : 법률우위는 적용, 법률유보의 원칙은 적용 없다.

㉡ 계약자유의 제한 : 공익을 전제로 하는 행정법의 특성상 사법(私法)상의 완전한 계약자유의 원칙은 적용되지 않는다.

㉢ 사정변경

ⓐ 기준이 된 사정이 본질적으로 변경된 경우에는 계약의 해제, 해지 및 내용 변경이 인정된다.

ⓑ 국민의 일상생활에 필요불가결한 재화나 서비스의 공급을 내용으로 하는 공법상 계약은 행정주체라고 하여도 수급자 측에 부정이 있을 때나 그 밖의 정당한 사유가 있는 경우 이외는 해제할 수 없는 경우처럼 행

정주체에게도 계약의 해제가 제한되는 경우가 있다. 다만 그 같은 경우 행정주체는 요금 기타 공급 조건을 일방적으로 변경할 수 있다.

㉣ 계약의 하자 : 공법상 계약의 하자가 있으면 무효가 되는 것이 원칙이다.

② 절차법적 특수성

㉠ 공법상 계약에 관한 일반법은 존재하지 않는다.

ⓐ 자력강제권 부정(원칙)

ⓑ 예외적으로 가능(법률의 근거, 사전합의가 있는 경우)

㉡ 쟁송절차 : 공법상 당사자소송에 의한다.

> **대법원 1996.5.31. 선고 95누10617 판결【공중보건의사전문직공무원채용계약해지처분취소등】**
>
> 관계 법령의 규정내용에 미루어 보면 현행 실정법이 전문직공무원인 공중보건의사의 채용계약 해지의 의사표시는 일반공무원에 대한 징계처분과는 달라서 항고소송의 대상이 되는 처분 등의 성격을 가진 것으로 인정되지 아니하고, 일정한 사유가 있을 때에 관할 도지사가 채용계약 관계의 한쪽 당사자로서 대등한 지위에서 행하는 의사표시로 취급하고 있는 것으로 이해되므로, 공중보건의사 채용계약 해지의 의사표시에 대하여는 대등한 당사자간의 소송형식인 공법상의 당사자소송으로 그 의사표시의 무효확인을 청구할 수 있는 것이지, 이를 항고소송의 대상이 되는 행정처분이라는 전제하에서 그 취소를 구하는 항고소송을 제기할 수는 없다.

[관련 판례]

▶ 공법상 계약

1. 시립합창단원 위촉의 공법상 계약 해당 여부

지방자치법 등의 규정에 의하면, 광주광역시립합창단의 활동은 지방문화 및 예술을 진흥시키고자 하는 광주광역시의 공공적 업무수행의 일환으로 상임단원은 일반공무원에 준하여 매일 상근하고 단원의 복무규율이 정하여져 있으며, 일정한 해촉사유가 있는 경우에만 해촉되고, 단원의 보수에 대하여 지방공무원의 보수에 관한 규정을 준용하는 점 등에서는 단원의 지위가 지방공무원과 유사한 면이 있으나, 한편 단원의 위촉기간이 정하여져 있고 재위촉이 보장되지 아니하며, 불이익처분에 대한 행정심판 등의 불복절차에 관한 규정이 준용되지도 아니하는 점 등을 종합하여 보면, 광주광역시문화예술회관장의 단원 위촉은 광주광역시문화예술회관장이 행정청으로서 공권력을 행사하여 행하는 행정처분이 아니라 공법상의 근무관계의 설정을 목적으로 하여 광주광역시와 단원이 되고자 하는 자 사이에 대등한 지위에서 의사가 합치되어 성립하는 공법상 근로계약에 해당한다고 보아야 할 것이다.

(대법원 2001.12.11. 선고 2001두7794 판결【합창단재위촉거부처분취소】)

2. 공법상 계약에 대한 소송 형식

현행 실정법이 지방전문직공무원 채용계약 해지의 의사표시를 일반공무원에 대한 징계처분과는 달리 항고소송의 대상이 되는 처분 등의 성격을 가진 것으로 인정하지 아니하고, 지방전문직공무원규정 제7조 각호의 1에 해당하는 사유가 있을 때 지방자치단체가 채용계약관계의 한쪽 당사자로서 대등한 지위에서 행하는 의사표시로 취급하고 있는 것으로 이해되므로, 지방전문직공무원 채용계약 해지의 의사표시에 대하여는 대등한 당사자간의 소송형식인 공법상 당사자소송으로 그 의사표시의 무효확인을 청구할 수 있다.

(대법원 1993.9.14. 선고 92누4611 판결【공무원채용계약해지무효확인】)

3. 지방재정법상 지방자치단체가 당사자인 계약의 성질

예산회계법 또는 지방재정법에 따라 지방자치단체가 당사자가 되어 체결하는 계약은 사법상의 계약일 뿐, 공권력을 행사하는 것이거나 공권력 작용과 일체성을 가진 것은 아니라고 할 것이므로 이에 관한 분쟁은 행정소송의 대상이 될 수 없다.

(대법원 1996.12.20. 선고 96누14708 판결【낙찰취소처분등취소】)

4. 법률상의 요건과 절차를 거치지 않고 체결한 지방자치단체의 사법상 계약의 효력(무효)

구 지방재정법(2005.8.4. 법률 제7663호로 전부 개정되기 전의 것) 제63조 및 국가를 당사자로 하는 계약에 관한 법률 제11조 제1항, 제2항에 의하면 지방자치단체가 계약을 체결하고자 할 때에는 계약의 목적, 계약금액, 이행기간, 계약보증금, 위험부담, 지체상금 기타 필요한 사항을 명백히 기재한 계약서를 작성하여야 하고, 그 담당 공무원과 계약상대자가 계약서에 기명·날인 또는 서명함으로써 계약이 확정된다고 규정하고 있는바, 위 각 규정의 취지에 의하면 지방자치단체가 사경제의 주체로서 사인과 사법상의 계약을 체결함에 있어서는 위 법령에 따른 계약서를 따로 작성하는 등 그 요건과 절차를 이행하여야 하고, 설사 지방자치단체와 사인 사이에 사법상의 계약 또는 예약이 체결되었다 하더라도 위 법령상의 요건과 절차를 거치지 않은 계약 또는 예약은 그 효력이 없다.

(대법원 2009.12.24. 선고 2009다51288 판결【손해배상(기)등】)

제5절 공법상 사실행위

Ⅰ. 공법상 사실행위

1. 의 의

도로 건설, 행정 안내 등과 같이 법적 효과의 발생을 목적으로 하는 것이 아니라, 직접 어떠한 사실상의 효과나 결과를 목적으로 하는 행정작용을 말한다. 위법한 사실행위에 대한 권리구제가 문제된다.

Ⅱ. 행정지도

1. 행정지도의 정의

행정기관이 그 소관사무의 범위에서 일정한 행정목적을 실현하기 위하여 특정인에게 일정한 행위를 하거나 하지 아니하도록 지도, 권고, 조언 등을 하는 행정작용을 말한다(행정절차법 제2조 제3호). 사실행위이며 법적효과는 없다. 그러나 입법의 규정에 의해 구속력을 가질 수도 있으며, 현실적으로는 구속력을 가지고 있다.

2. 행정지도와 행정구제

① 행정쟁송 : 처분성 인정 안 된다.
행정사건소송법상의 처분개념 또는 소의 이익의 확대가 근래 학설의 동향이므로, 규제적 행정지도에 대해서는 그 처분성을 긍정할 여지가 있다.

② 행정상 손해전보 : 손해배상, 손실보상의 가능성에 대해서는 학설의 대립이 있다. 행정지도라 하더라도 사실상의 강제가 인정되어지는 경우에는 국가배상법상의 요건을 충족하고 있으면 긍정하여야 할 것이다.

③ 헌법소원 : 권력적 행정지도에 대한 헌법소원의 제기는 가능하다.

④ 의견제출 : 사전구제수단으로 행정지도에 대해 의견을 제출할 수 있다.

3. 행정절차법상의 행정지도

① 행정지도의 원칙 : 행정지도는 그 목적 달성에 필요한 최소한도에 그쳐야 하며, 행정지도의 상대방의 의사에 반하여 부당하게 강요하여서는 아니 된다(제48조제1항).

행정기관은 행정지도의 상대방이 행정지도에 따르지 아니하였다는 것을 이유로 불이익한 조치를 하여서는 아니 된다(제48조제2항).

② 행정지도의 방식 : 행정지도를 하는 자는 그 상대방에게 그 행정지도의 취지 및 내용과 신분을 밝혀야 한다(제49조제1항).

행정지도가 말로 이루어지는 경우에 상대방이 제1항의 사항을 적은 서면의 교부를 요구하면 그 행정지도를 하는 자는 직무 수행에 특별한 지장이 없으면 이를 교부하여야 한다(제49조제2항).

③ 의견제출 : 행정지도의 상대방은 해당 행정지도의 방식·내용 등에 관하여 행정기관에 의견제출을 할 수 있다(제50조).

④ 다수인을 대상으로 하는 행정지도 : 행정기관이 같은 행정목적을 실현하기 위하여 많은 상대방에게 행정지도를 하려는 경우에는 특별한 사정이 없으면 행정지도에 공통적인 내용이 되는 사항을 공표하여야 한다(제51조).

[관련 판례]

▶ 사실행위

1. 항고소송의 대상이 되는 행정처분의 의미

항고소송의 대상이 되는 행정처분이라 함은 행정청의 공법상 행위로서 특정사항에 대하여 법규에 의한 권리의 설정 또는 의무의 부담을 명하며 기타 법률상 효과를 발생케 하는 등 국민의 구체적 권리의무에 직접적 변동을 초래하는 행위를 말하고 행정권 내부에서의 행위나 알선, 권유, 사실상의 통지 등과 같이 상대방 또는 기타 관계자들의 법률상 지위에 직접적인 법률적 변동을 일으키지 아니하는 행위는 항고소송의 대상이 될 수 없다고 해석하여야한다.

(대법원 1993.10.26. 선고 93누6331 판결【급수공사비등부과처분취소】)

2. 사업자등록 직권말소행위의 행정처분성(소극)

부가가치세법상의 사업자등록은 과세관청으로 하여금 부가가치세의 납세의무자를 파악하고 그 과세자료를 확보케 하려는 데 입법취지가 있는 것으로서, 이는 단순한 사업사실의 신고로서 사업자가 소관 세무서장에서 소정의 사업자등록신청서를 제출함으로써 성립되는 것이고, 사업자등록증의 교부는 이와 같은 등록사실을 증명하는 증서의 교부행위에 불과한 것이며, 부가가치세법 제5조 제5항에 의하면 사업자가 폐업하거나 또는 신규로 사업을 개시하고자 하여 사업개시일 전에 등록한 후 사실상 사업을 개시하지 아니하게 되는 때에는 과세관청이 직권으로 이를 말소하도록 하고 있는데, 사업자등록의 말소 또한 폐업사실의 기재일 뿐 그에 의하여 사업자로서의 지위에 변동을 가져오는 것이 아니라는 점에서 과세관청의 사업자등록 직권말소행위는 불복의 대상이 되는 행정처분으로 볼 수가 없다.

(대법원 2000.12.22. 선고 99두6903 판결【사업자등록말소처분취소】)

3. 수갑 및 포승사용행위의 법적 성질

구속된 피의자가 검사조사실에서 수갑 및 포승을 시용한 상태로 피의자신문을 받도록 한 이 사건 수갑 및 포승 사용행위는 이미 종료된 권력적 사실행위로서 행정심판이나 행정소송의 대상으로 인정되기 어려워 헌법소원심판을 청구하는 외에 달리 효과적인 구제방법이 없으므로 보충성의 원칙에 대한 예외에 해당한다.

(헌법재판소 2005.5.26. 선고 2001헌마728 결정)

▶ 행정지도

4. 행정지도의 한계

이른바 행정지도라 함은 행정주체가 일정한 행정목적을 실현하기 위하여 권고 등과 같은 비강제적인 수단을 사용하여 상대방의 자발적 협력 내지 동의를 얻어내어 행정상 바람직한 결과를 이끌어내는 행정활동으로 이해되고, 따라서 적법한 행정지도로 인정되기 위하여는 우선 그 목적이 적법한 것으로 인정될 수 있어야 할 것이므로, 주식매각의 종용이 정당한 법률적 근거 없이 자의적으로 주주에게 제재를 가하는 것이라면 이 점에서 벌써 행정지도의 영역을 벗어난 것이라고 보아야 할 것이다.

(대법원 1994.12.13. 선고 93다49482 판결【주식인도】)

5. 행정지도에 의한 국가배상청구 가부

국가배상법이 정한 배상청구의 요건인 '공무원의 직무'에는 권력적 작용만이 아니라 행정지도와 같은 비권력적 작용도 포함되며 단지 행정주체가 사경제주체로서 하는 활동만 제외된다.

(대법원 1998.7.10. 선고 96다38971 판결【손해배상(기)】)

6. 한계를 일탈하지 않은 행정지도로 인하여 상대방에게 손해가 발생한 경우 행정기관의 손해배상책임 여부(소극)

행정지도가 강제성을 띠지 않은 비권력적 작용으로서 행정지도의 한계를 일탈하지 아니하였다면, 그로 인하여 상대방에게 어떤 손해가 발생하였다 하더라도 행정기관은 그에 대한 손해배상책임이 없다.

(대법원 2008.9.25. 선고 2006다18228 판결【손해배상(기)】)

7. 교육인적자원부장관의 국·공립대학총장들에 대한 학칙시정요구가 헌법소원의 대상이 되는 공권력행사인지 여부(적극)

교육인적자원부장관의 대학총장들에 대한 이 사건 학칙시정요구는 고등교육법 제6조 제2항, 동법시행령 제4조 제3항에 따른 것으로서 그 법적 성격은 대학총장의 임의적인 협력을 통하여 사실상의 효과를 발생시키는 행정지도의 일종이지만, 그에 따르지 않을 경우 일정한 불이익조치를 예정하고 있어 사실상 상대방에게 그에 따를 의무를 부과하는 것과 다를 바 없으므로 단순한 행정지도로서의 한계를 넘어 규제적·구속적 성격을 상당히 강하게 갖는 것으로서 헌법소원의 대상이 되는 공권력의 행사라고 볼 수 있다.

(헌재 2003.6.26, 2002헌마337, 2003헌마7·8)

제5장 행정절차법

제1절 행정절차일반론

1. 의 의

행정절차라 함은 행정활동을 함에 있어서 거치는 사전통지, 의견청취, 이유제시 등 사전절차를 말한다. 오늘날 행정의 통제 수단으로 적극 활용되고 있다.

2. 행정절차의 필요성

① 적법절차의 원리 ② 민주주의
③ 행정의 적정화 ④ 사전적 권리구제 → 사법적(司法的)구제의 보완
⑤ 행정의 능률성

3. 행정절차의 발달

① 영국 : 자연적 정의의 원칙을 중심으로 발전하였고, 1958년 「심판법 및 심문법」이 제정되었다.
② 미국 : 적법절차의 원칙을 중심으로 발전하였고, 1946년 연방행정절차법(APA)을 제정하여 운영하고 있다.
③ 독일 : 1977년부터 행정절차법이 시행되고 있다. 행정기본법의 역할을 수행하고 있다.
④ 일본 : 행정수속법이 1994년 10월부터 시행되고 있다.

4. 행정절차의 내용

① 개관 : 사전통지 → 청문 → 결정 및 결정이유의 제시
② 사전통지(Notice) : 처분 특히 불이익처분을 하기 전에 미리 그 처분의 내용을 알리는 것을 말한다.

③ 청문(Hearing) : 행정청이 어떠한 처분을 행하기 전에 당사자와 이해관계인 등의 의견을 직접 듣고 증거를 조사하는 절차를 말한다.

④ 이유제시

㉠ 이유제시의 필요성 : 설명·설득기능(명료화기능)·권리구제기능·당사자를 양해·만족시키는 기능, 법원의 부담을 경감시키는 기능을 한다.

㉡ 법적 근거 : 행정절차법 제23조

㉢ 이유제시의 정도 : 처분의 근거가 되는 법령·구체적 사실과 당해 처분과의 관계가 적시 되어야 한다.

㉣ 이유제시의 치유의 인정여부에 대해서는 다툼이 있다(아래 6.② 참조).

5. 행정절차의 헌법적 근거

① 문제의 의의 : 청문절차를 거치지 않거나 이유제시가 없는 행정처분을 헌법을 근거로 하여 위법으로 볼 수 있는가?

② 학설

㉠ 헌법원리근거설(민주국가, 인간의 존엄과 가치 등)

㉡ 적법절차조항근거설(헌법 제12조 제1항의 적법절차조항, 다수설)

③ 판례 : 헌법 제12조상의 적법절차조항을 행정절차의 헌법적 근거로 보는 경향(헌재결 1992.12.24, 92헌가8)이 있다.

6. 행정절차의 하자

① 절차상 하자의 독자적 위법사유성

㉠ 문제의 의의 : 절차상 하자를 독자적 위법사유로 볼 수 있는가? 즉 실체적 하자의 유무와 관계없이 절차상의 하자만을 이유로 행정행위를 취소할 수 있는가의 문제이다.

㉡ 학설 : 적극설(다수설)·소극설·절충설(재량행위에의 경우에는 인정, 기속행위의 경우에는 부정)이 있다.

㉢ 판례 : (기속행위·재량행위 불문)절차상 하자만을 이유로 취소 가능하다.

② 절차상 하자의 치유

국민의 권익을 침해하지 않는 한도에서 구체적 사정에 따라 인정된다는 제한적 긍정설이 다수설·판례의 입장이다.

7. 하자치유의 시기

(1) 학설

학설은 하자 치유부정설, 행정쟁송제기이전시설, 행정소송제기이전시설, 쟁송종결시설 등이 있으나, 행정쟁송제기이전시설이 통설의 입장이다.

(2) 판례

하자의 치유의 시기와 관련하여 판례는 쟁송제기이전시설을 취한 것으로 보인다.

대법원 1984.04.10. 선고 83누393 판결

세액산출근거가 누락된 납세고지서에 의한 과세처분의 하자의 치유를 허용하려면 늦어도 과세처분에 대한 불복여부의 결정 및 불복신청에 편의를 줄 수 있는 상당한 기간내에 하여야 한다고 할 것이므로 위 과세처분에 대한 전심절차가 모두 끝나고 상고심의 계류중에 세액산출근거의 통지가 있었다고 하여 이로써 위 과세처분의 하자가 치유되었다고는 볼 수 없다.

제 2 절 우리나라 행정절차법의 주요 내용

Ⅰ. 개 관

① 처분 절차 중심으로 구성되어 있다.

② 처분, 행정지도 등 한정된 행정행위만을 대상으로 하고 있다.

Ⅱ. 통칙적 규정

1. 목적과 적용범위

(1) 목적(제1조) : 행정의 공정성·투명성 및 신뢰성을 확보하고, 국민의 권익 보호한다.

(2) 적용범위(제3조) : 처분·신고·행정상 입법예고·행정예고 및 행정지도의 절차에 관하여 다른 법률에 특별한 규정이 있는 경우를 제외하고는 행정절차법이 적용된다.

(3) 행정절차법의 적용이 배제되는 경우

① 국회 또는 지방의회의 의결을 거치거나 동의 또는 승인을 얻어 행하는 사항

② 법원 또는 군사법원의 재판에 의하거나 그 집행으로 행하는 사항

③ 헌법재판소의 심판을 거쳐 행하는 사항

④ 각급 선거관리위원회의 의결을 거쳐 행하는 사항

⑤ 감사원이 감사위원회의의 결정을 거쳐 행하는 사항

⑥ 형사·행형 및 보안처분 관계법령에 의하는 행하는 사항

⑦ 국가안전보장·국방·외교 또는 통일에 관한 사항 중 행정절차를 거칠 경우 국가의 중대한 이익을 현저히 해할 우려가 있는 사항

⑧ 심사청구·해양안전심판·조세심판·특허심판·행정심판 기타 불복절차에 의한 사항

⑨ 병역법의 1의한 징집·소집, 외국인의 출입국·난민인정·귀화, 공무원인사 관계법령에 의한 징계 기타 처분 또는 이해조정을 목적으로 법령에 의한

알선·조정·중재·재정 기타 처분 등 당해 행정작용의 성질상 행정절차를 거치기 곤란하거나 불필요하다고 인정되는 사항과 행정절차에 준하는 절차를 거친 사항으로서 대통령령으로 정하는 사항

2. 신의성실 및 신뢰보호(제4조)

(1) 신의성실의 원칙(제1항)

(2) 신뢰보호의 원칙(제2항)

3. 행정청의 관할 및 협조

(1) 행정청의 관할(제6조)

① 관할 행정청에의 이송 : 관할에 속하지 아니하는 사안을 접수·이송 받은 경우에는 지체 없이 이를 관할 행정청에 이송, 그 사실을 신청인에게 통지한다.

② 관할의 결정 : 행정청의 관할이 분명하지 아니하는 경우에는 당해 행정청을 공통으로 감독하는 상급행정청이, 공통으로 감독하는 상급행정청이 없는 경우에는 각 상급행정청의 협의로 그 관할을 결정한다.

* 협의가 성립되지 아니한 때에는 행정각부 장관의 주관쟁의로 되어 최종적으로 국무회의의 심의를 거쳐 대통령이 결정한다.

(2) 행정청 간의 협조(제7조)

4. 행정응원(제8조)

(1) 행정응원을 요청할 수 있는 경우

① 법령 등의 이유로 독자적인 직무수행이 어려운 경우

② 인원·장비의 부족 등 사실상의 이유로 독자적인 직무수행이 어려운 경우

③ 다른 행정청에 소속되어 있는 전문기관의 협조가 필요한 경우

④ 다른 행정청이 관리하고 있는 문서(전자문서를 포함), 통계 등 행정자료가 직무수행을 위하여 필요한 경우

⑤ 다른 행정청의 응원을 받아 처리하는 것이 보다 능률적이고 경제적인 경우

(2) 행정응원의 거부

① 다른 행정청이 보다 능률적이거나 경제적으로 응원할 수 있는 명백한 이유가 있는 경우

② 행정응원으로 인하여 고유의 직무수행이 현저히 지장 받을 것으로 인정되는 명백한 이유가 있는 경우

(3) 지휘·감독

행정응원을 위해 파견된 직원은 응원을 요청한 행정청의 지휘·감독을 받는다.

(4) 비용부담

행정응원에 소요되는 비용은 응원을 요청한 행정청이 부담, 부담금액 및 부담방법은 응원을 요청한 행정청과 응원을 행하는 행정청이 협의하여 결정한다.

5. 당사자등

(1) 의 의

행정청의 처분에 대하여 직접 그 상대가 되는 당사자와 행정청이 직권 또는 신청에 의하여 행정절차에 참여하게 한 이해관계인을 말한다.

(2) 당사자등의 자격(제9조)

① 자연인 ② 법인 또는 법인 아닌 사단이나 재단 ③ 기타, 다른 법령 등에 의하여 권리의무의 주체가 될 수 있는 자

(3) 지위의 승계(제10조)

당사자등이 사망하였을 때는 상속인·당사자등의 권리 또는 이익을 승계한 자, 당사자등이 법인을 합병한 때에는 합병 후 존속하는 법인이나 합병 후 새로 설립된 법인 등이 당사자등의 지위를 승계한다.

(4) 대표자(제11조)

① 대표자의 선정 : 다수의 당사자등이 공동으로 행정절차에 관한 행위를 하는 때에 대표자를 선정할 수 있다.

② 대표자의 선정 요청 : 당사자등이 대표자를 선정하지 않는 경우 등에는 행정청은 3인 이내의 대표자를 선정하여 줄 것을 요청할 수 있으며, 당사자등이 대표자의 선정요청에 응하지 아니한 때에는 행정청이 직접 선정할 수 있다.

③ 대표자의 권한 : 대표자는 행정절차에 관한 모든 행위를 할 수 있다. 다만 행정절차를 끝맺는 행위에 있어서는 당사자등의 동의를 요한다.

* 대표자가 있는 경우에는 당사자등은 그 대표자를 통하여서만 행정절차에 관한 행위를 할 수 있다.

(5) 대리인(제12조)

① 당사자등의 배우자, 직계존속·비속 또는 형제자매, ② 당사자가 법인인 경우에는 법인의 임직원, ③ 변호사 등을 대리인으로 선임이 가능하다.

(6) 대표자·대리인의 통지(제13조)

당사자등이 대표자 또는 대리인을 선정하거나 선임한 때에는 지체 없이 그 사실을 행정청에 통지한다.

6. 송 달

(1) 송달(제14조)

① 개관 : 우편·교부 또는 정보통신망 이용 등의 방법에 의하여 송달한다.

② 교부에 의한 송달 : 수령확인서를 받고 문서를 교부함으로써 행한다. 송달하는 장소에서 송달받을 자를 만나지 못한 때에는 그 사무원·피용자 또는 동거자에게 교부할 수 있다.

③ 정보통신망을 이용한 송달 : 송달받을 자가 동의하는 경우에 한하며, 이 경우 송달받을 자는 송달받을 전자우편주소 등을 지정하여야 한다.

④ 공고에 의한 송달 : 송달받을 자의 주소 등을 통상의 방법으로 확인할 수 없거나 송달이 불가능한 경우에는 관보·공보·게시판·일간신문 중 하나 이상에 공고하고 인터넷에도 공고하여야 한다.

(2) 송달의 효력발생(제15조)

① 원칙 : 송달받을 자에게 도달됨으로써 효력이 발생한다.

② 전자문서에 의한 송달 : 송달받을 자가 지정한 컴퓨터 등에 입력된 때에 도달된 것으로 본다.

③ 공고에 의한 송달 : 공고일부터 14일이 경과한 때에 효력이 발행한다.

Ⅲ. 처분절차

1. 통 칙

(1) 처분기준의 설정·공표(제20조)

① 원칙 : 행정청은 처분기준을 당해 처분의 성질에 비추어 될 수 있는 한 구체적으로 정하여 공표하여야 하며, 당사자등은 공표된 처분기준이 불명확한 경우 당해 행정청에 대하여 그 해석 또는 설명을 요청할 수 있다.

② 예외 : ㉠ 처분기준을 공표하는 것이 당해 처분의 성질상 현저히 곤란하

거나 ㉡ 공공의 안전 또는 복리를 현저히 해하는 것으로 인정될만한 상당한 이유가 있는 경우

(2) 처분의 이유제시(제23조)

① 원칙 : 처분을 하는 때에는 당사자에게 그 근거와 이유를 제시

② 예외

㉠ 신청내용을 모두 그대로 인정하는 처분인 경우

㉡ 단순·반복적인 처분 또는 경미한 처분으로서 당사자가 그 이유를 명백히 알 수 있는 경우

㉢ 긴급을 요하는 경우

(3) 처분의 방식(제24조)

① 서면주의가 원칙이다. 다른 법령 등에 특별한 규정이 있는 경우를 제외하고는 문서로 하여야 하며, 전자문서로 하는 경우에는 당사자등의 동의를 필요로 한다. 위반 시에는 무효가 된다(대판 2011.11.10, 2011도11109).

② 예외 : 신속을 요하거나 사안이 경미한 경우에는 구술 등으로 가능, 당사자의 요청이 있는 때에는 지체 없이 처분에 관한 문서를 주어야 한다.

(4) 고지(제26조)

① 처분에 관하여 행정심판을 제기할 수 있는지 여부 ② 기타 불복을 할 수 있는지 여부 ③ 청구절차 ④ 청구기간 ⑤ 기타 필요한 사항

2. 신청에 의한 처분절차

(1) 처분의 신청(제17조)

① 신청의 방식－문서주의 : 처분을 구하는 신청은 문서로 함이 원칙이다. 전자문서로 신청하는 경우에는 행정청의 컴퓨터 등에 입력된 때에 신청한 것으로 본다.

* 신청인의 행정청에 대한 의사표시는 명시적이고 확정적이어야 한다(대판 2004. 10. 15, 2003두13243).

② 신청의 의무적 접수 : 행정청은 신청이 있는 때에는 다른 법령 등에 특별한 규정이 있는 경우를 제외하고는 그 접수를 보류 또는 거부하거나 부당하게 되돌려 보내서는 아니 되며, 신청을 접수한 경우에는 신청인에게 접수증을 주어야 한다.

③ 행정청의 보완요구 : 행정청은 신청에 구비서류 미비 등의 흠이 있는 경

우에는 보완에 필요한 상당한 기간을 정하여 지체 없이 신청인에게 보완을 요구하여야 한다.

④ 신청인에 의한 보완 : 신청인은 처분이 있기 전에는 신청의 내용을 보완, 변경, 취하할 수 있다.

(2) 다수의 행정청이 관여하는 처분(제18조)

(3) 처리기간의 설정·공표(제19조)

① 처리기간의 설정: 행정청은 처분의 처리기간을 종류별로 미리 정하여 공표하여야 한다.

② 처리기간의 연장 : 부득이한 사유로 제1항의 규정에 의한 처리기간 내에 처리하기 곤란한 경우에는 당해 처분의 처리기간의 범위 내에서 1회에 한하여 연장이 가능하다.

③ 신속처리 요구권 : 행정청이 정당한 처리기간 내에 처리하지 않을 경우 신청인은 신속한 처리의 요청을 할 수 있다.

3. 불이익처분의 절차

(1) 처분의 사전통지(제21조)

① 처분의 사전통지 : 당사자에게 의무를 과하거나 권익을 제한하는 처분을 하는 경우에는 미리 처분의 제목 등을 당사자등에게 통지하여야 한다.

* 신청에 대한 거부처분은 사전통지의 대상이 아니다(대판 2003. 11. 27, 2003두 674 참조).

> 신청에 따른 처분이 이루어지지 아니한 경우에는 아직 당사자에게 권익이 부과되지 아니하였으므로 특별한 사정이 없는 한 신청에 대한 거부처분이라고 하더라도 직접 당사자의 권익을 제한하는 것은 아니어서 신청에 대한 거부처분을 여기에서 말하는 '당사자의 권익을 제한하는 처분'에 해당한다고 할 수 없는 것이어서 처분의 사전통지대상이 된다고 할 수 없다.
> (대법원 2003.11.28. 선고 2003두674 판결【임용거부처분취소】)

② 사전통지의 생략

㉠ 공공의 안전 또는 복리를 위하여 긴급히 처분을 할 필요가 있는 경우

㉡ 법령 등이 요구한 자격이 없거나 없어지게 되면 반드시 일정한 처분을 하여야 하는 경우에 그 자격이 없거나 없어지게 된 사실이 법원의 재판 등에 의하여 객관적으로 증명된 때

ⓒ 의견청취가 현저히 곤란하거나 명백히 불필요하다고 인정될 상당한 이유가 있는 경우

ⓔ 사전통지를 하지 아니하는 경우 행정청은 처분을 할 때 당사자등에게 통지를 하지 아니한 사유를 알려야 한다. 다만, 신속한 처분이 필요한 경우에는 처분 후 그 사유를 알릴 수 있다.

③ 처분의 전제가 되는 사실이 법원의 재판 등에 의하여 객관적으로 증명된 경우 등 사전통지를 하지 아니할 수 있는 구체적인 사항은 대통령령으로 정한다(제5항).

(2) 의견청취(제22조)

① 청문 : 다른 법령 등에서 청문을 실시하도록 규정하고 있거나 행정청이 필요하다고 인정하는 경우에 청문을 실시한다.

② 공청회 : 다른 법령 등에서 공청회를 개최하도록 규정하고 있거나 당해 처분의 영향이 광범위하여 널리 의견을 수렴할 필요가 있다고 행정청이 인정하는 경우에 공청회를 개최한다.

③ 의견제출 : 청문 또는 공청회를 개최하는 경우 외에는 당사자등에게 의견제출의 기회를 주어야 한다.

4. 청 문

(1) 청문의 사전통지(제21조제2항)

처분의 제목 등을 청문이 시작되는 날부터 10일전까지 당사자등에게 통지한다.

(2) 청문 주재자(제28조)

① 선정 : 소속직원 또는 대통령령이 정하는 자격을 가진 자 중에서 선정한다.

② 신분보장 : 청문 주재자는 독립하여 공정하게 직무를 수행하며, 직무수행상의 이류로 본인의 의사에 반하여 신분상 어떠한 불이익도 받지 않는다.

(3) 청문 주재자의 제척·기피·회피(제29조)

① 제척 : 청문 주재자가 행정절차법이 정하는 제척사유에 해당하는 경우

② 기피 : 청문 주재자에게 공정한 청문 진행을 할 수 없는 사정이 있는 경우 당사자등은 행정청에 기피신청을 할 수 있으며, 이 경우 행정청은 청문을 정지하고 그 신청이 이유가 있다고 인정하는 때에는 당해 청문 주재자를 지체 없이 교체하여야 한다.

③ 회피 : 청문 주재자는 제척 또는 기피사유에 해당하는 경우에는 행정청의

승인을 얻어 스스로 청문의 주재를 회피할 수 있다.

(4) 청문의 공개(제30조)

청문은 당사자의 공개신청이 있거나 청문주재자가 필요하다고 인정하는 경우 이를 공개할 수 있다. 다만 공익 또는 제3자의 정당한 이익을 현저히 해할 우려가 있는 경우에는 공개하여서는 아니 된다.

(5) 청문의 진행(제31조)

① 의견진술 및 증거제출 : 당사자등은 의견을 진술하고 증거를 제출할 수 있으며, 참고인·감정인 등에 대하여 질문할 수 있다. 당사자등이 의견서를 제출한 경우에는 그 내용을 출석하여 진술한 것으로 본다.

② 청문의 계속 : 청문을 계속할 경우에는 행정청은 당사자등에게 다음 청문의 일시 및 장소를 서면으로 통지하여야 하며, 당사자등이 동의하는 경우에는 전자문서로 통지할 수 있다. 다만, 청문에 출석한 당사자등에게는 당해 청문일에 청문주재자가 구술로 통지할 수 있다.

(6) 청문의 병합·분리(제32조)

행정청은 직권 또는 당사자의 신청에 의하여 수 개의 사안을 병합하거나 분리하여 청문을 실시할 수 있다.

(7) 증거조사(제33조)

① 직권조사 : 청문 주재자는 신청 또는 직권에 의하여 필요한 조사를 할 수 있으며, 당사자등이 주장하지 아니한 사실에 대하여도 조사할 수 있다.

② 증거조사의 방법 : ㉠ 문서·장부·물건 등 증거자료의 수집, ㉡ 참고인·감정인등에 대한 질문, ㉢ 검증 또는 감정·평가 및 ㉣ 기타 필요한 조사

③ 문서제출 등 : 청문 주재자는 필요하다고 인정하는 때에는 관계행정청에 대하여 필요한 문서의 제출 또는 의견의 진술을 요구할 수 있으며, 이 경우 관계 행정청은 직무 수행상 특별한 지장이 없는 한 이에 응하여야 한다.

(8) 청문조서(제34조)

청문 주재자는 청문조서를 작성하여야 한다. 당사자등은 청문 조서의 기재내용을 열람·확인, 이의가 있을 때에는 정정을 요구할 수 있다.

(9) 청문의 종결(제35조)

① 청문의 종결

㉠ 당해 사안에 대하여 당사자등의 의견진술·증거조사가 충분히 이루어졌다고 인정되는 경우

㉡ 당사자등의 전부 또는 일부가 정당한 사유 없이 청문기일에 출석하지 아니하거나 (제31조 제3항의 규정에 의한) 의견서를 제출하지 아니한 경우

㉢ 당사자등의 전부 또는 일부가 정당한 사유로 인하여 청문기일에 출석하지 못하거나 (제31조 제3항의 규정에 의한) 의견서를 제출하지 못한 경우에 있어서 상당한 기간을 정하여 이들에게 의견진술 및 증거제출을 요구한 후 기간이 경과한 때

② 청문 주재자의 의견서작성 등 : 청문 주재자는 청문을 마친 때에는 청문 주재자의 의견서를 작성하여, 청문조서 등과 함께 행정청에 지체 없이 제출한다.

(10) 청문결과의 반영(제35조의2)

행정청은 청문조서, 청문 주재자의 의견서 등을 충분히 검토하고 상당한 이유가 있다고 인정하는 경우에는 청문결과를 반영하여야 한다.

(11) 청문의 재개(제36조)

행정청은 청문을 마친 후 처분을 할 때까지 새로운 사정이 발견되어 청문을 재개할 필요가 있다고 인정하는 때에는 제출받은 청문조서 등을 되돌려 보내고 청문의 재개를 명할 수 있다.

(12) 문서의 열람 및 비밀유지(제37조)

① 문서의 열람 : 당사자등은 청문의 통지가 있는 날부터 청문이 끝날 때까지 행정청에 대하여 당해 사안의 조사결과에 관한 문서 기타 당해 처분과 관련되는 문서의 열람 또는 복사를 요청할 수 있으며, 행정청은 다른 법령에 의해 공개가 제한되는 경우를 제외하고는 이를 거부할 수 없다. 한편 행정청은 복사에 따른 비용을 요청한 자에게 부담시킬 수 있다.

② 비밀유지 : 누구든지 청문을 통하여 알게 된 사생활 또는 경영상이나 거래상의 비밀을 정당한 이유 없이 누설하거나 다른 목적으로 사용하여서는 아니 된다.

5. 공청회

(1) 의의

행정청이 공개적인 토론을 통하여 어떠한 행정작용에 대하여 당사자등, 전문지식과 경험을 가진 자 기타 일반인으로부터 의견을 널리 수렴하는 절차를 말한다.

(2) 공청회의 개최(제38조)

공청회 개최 14일전까지 일정한 사항을 당사자등에게 통지, 관보·공보·인터넷 또는 일간신문 등에 공고하는 등의 방법으로 알려야 한다.

(3) 전자공청회(제38조의2)

① 전자공청회의 실시 : 행정청은 공청회와 병행하여서만 정보통신망을 이용한 공청회(전자공청회)를 실시할 수 있음

② 정보통신망의 구축·운영 : 행정청은 전자공청회를 실시하는 경우 의견제출 및 토론참여가 가능하도록 적절한 처리능력을 갖춘 정보통신망을 구축·운영하여야 한다.

③ 의견제출 및 토론참여 : 전자공청회를 실시하는 경우에는 누구든지 정보통신망을 이용하여 의견제출을 하거나 제출된 의견 등에 대한 토론에 참여할 수 있다.

(4) 공청회의 주재자 등(제38조의 3)

① 공청회의 주재자 : 공청회의 주재자는 당해 공청회의 사안과 관련된 분야에 전문적 지식이 있거나 그 분야에서 종사한 경험이 있는 자 중에서 행정청이 지명·위촉한다.

② 공청회의 발표자 : 발표를 신청한 자 중에서 행정청이 선정한다.

③ 공정성의 확보 : 공청회의 주재자·발표자의 지명·위촉·선정함에 있어 공정성이 확보 될 수 있도록 하여야 한다.

(5) 공청회의 진행(제39조)

① 발표내용의 제한 등 : 공청회의 주재자는 공청회를 공정하게 진행하여야 하며, 공청회의 원활한 진행을 위하여 발표내용 제한, 질서유지를 위하여 발언중지·퇴장명령들의 조치를 할 수 있다.

② 질의·답변 : 공청회의 주재자는 발표자 상호간에 질의 및 답변을 할 수 있도록 하여야 하며, 방청인에게도 의견을 제시할 기회를 주어야 한다.

③ 발표자는 공청회의 내용과 직접 관련된 사항에 한하여 발표하여야 한다.

(6) 공청회 및 전자공청회 결과의 반영(제39조의2)

행정청은 처분을 함에 있어서 공청회·전자공청회 및 정보통신망 등을 통하여 제시된 사실 및 의견이 상당한 이유가 있다고 인정하는 경우에는 이를 반영하여야 한다.

6. 의견제출

(1) 의의

행정청이 어떠한 행정작용을 하기에 앞서 당사자등이 의견을 제시하는 절차로서 청문이나 공청회에 해당하지 아니하는 절차이다.

(2) 의견제출(제27조)

① 당사자등은 처분 전에 그 처분의 관할행정청에 서면·구술·정보통신망을 이용하여 의견제출을 할 수 있다. 이 경우 자신의 주장을 입증하기 위한 증거자료 등을 첨부할 수 있다.

② 당사자등이 정당한 이유 없이 의견제출 기한 내에 의견제출을 하지 아니한 경우에는 의견이 없는 것으로 본다.

(3) 의견제출의 반영(제27조의2)

행정청은 처분을 함에 있어서 당사자등이 제출한 의견이 상당한 이유가 있다고 인정하는 경우에는 이를 반영하여야 한다.

Ⅳ. 신고·행정상 입법예고·행정예고·행정지도·국민참여의 확대

1. 신고(제40조)

(1) 필요 사항의 게시 : 법령 등에서 (행정청에 대하여 일정한 사항을 통지함으로써 의무가 끝나는)신고를 규정하고 있는 경우 신고를 관장하는 행정청은 신고에 필요한 구비서류와 접수기관 기타 법령 등에 의한 신고에 필요한 사항을 게시하거나(인터넷을 통한 게시를 포함)이에 대한 편람을 비치하여 누구나 열람할 수 있도록 하여야 한다.

(2) 신고 의무의 이행 : 신고가 법정의 요건을 갖춘 경우에는 신고서가 접수기관에 도달 된 때에 신고의 의무가 이행된 것으로 본다.

(3) 행정청의 보완 요구 등 : 행정청은 법정의 요건을 갖추지 못한 신고서가 제출된 경우 지체 없이 상당한 기간을 정하여 신고인에게 보완을 요구하여야 하며, 신고인이 동 기간 내에 보완을 하지 아니한 때에는 그 이유를 명시하여 당해 신고서를 되돌려 보내야 한다.

2. 행정상 입법예고

(1) 행정상 입법예고(제41조)

① 원칙 : 법령 등을 제정·개정·폐지하고자 할 때에는 당해 입법안을 마련한 행정청은 이를 예고하여야 한다.

② 예외

㉠ 입법내용이 국민의 권리·의무 또는 일상생활과 관련이 없는 경우,

㉡ 입법이 긴급을 요하는 경우,

㉢ 상위법령 등의 단순한 집행을 위한 경우,

㉣ 예고함이 공익에 현저히 불리한 영향을 미치는 경우 및

㉤ 입법내용의 성질 그 밖의 사유로 예고의 필요가 없거나 곤란하다고 판단되는 경우에는 입법예고를 아니할 수 있다.

(2) 예고방법(제42조)

① 예고방법 : 행정청은 입법안의 취지, 주요내용 또는 전문을 관보·공보나 인터넷·신문·방송 등의 방법으로 널리 공고하여야 한다.

② 열람·복사의 요청 : 행정청은 예고된 입법안의 전문에 대하여 열람 또는 복사의 요청이 있는 때에는 특별한 사유가 없는 한 이에 응하여야 하며, 이 경우 복사에 따른 비용을 요청한 자에게 부담시킬 수 있다.

③ 예고절차 : 대통령령을 입법예고하는 경우에는 국회 소관상임위원회에 제출한다.

④ 의견수렴 : 행정청은 예고된 입법안에 대하여 전자공청회 등을 통하여 널리 의견을 수렴할 수 있다.

(3) 예고기간(제43조)

예고할 때 정하되, 특별한 사정이 없는 한 20일 이상으로 한다.

(4) 의견제출 및 처리(제44조)

누구든지 예고된 입법안에 대하여 그 의견을 제출할 수 있으며, 행정청은 당해 입법안에 대한 의견이 제출된 경우 특별한 사유가 없는 한 이를 존중하여 처리하여야 한다. 행정청은 의견을 제출한 자에게 그 제출된 의견의 처리결과를 통지하여야 한다.

(5) 공청회(제45조)

행정청은 입법안에 관하여 공청회를 개최할 수 있다.

3. 행정예고

(1) 행정예고(제46조)

① 원칙 : 행정청은 ㉠ 국민생활에 매우 큰 영향을 주는 사항, ㉡ 많은 국민의 이해가 상충되는 사항, ㉢ 많은 국민에게 불편이나 부담을 주는 사항, ㉣ 기타 널리 국민의 의견수렴이 필요한 사항에 대한 정책·제도 및 계획을 수립·시행하거나 변경하고자 하는 때에는 이를 예고하여야 한다.

② 예외 : 예고로 인하여 공공의 안전 또는 복리를 현저히 해할 우려가 있거나 기타 예고하기 곤란한 특별한 사유가 있는 경우에는 예고하지 아니할 수 있다.

(2) 행정예고기간 등

① 예고내용의 성격 등을 고려하여 정하되, 특별한 사정이 없는 한 20일 이상으로 한다.

② 법령 등의 입법을 포함하는 행정예고는 입법예고로 갈음할 수 있다.

4. 행정지도

제4장 제5절 공법상의 사실행위 편 참조

5. 국민참여의 확대

(1) 국민참여 확대 노력(제52조)

행정청은 행정과정에 국민의 참여를 확대하기 위하여 다양한 참여방법과 협력의 기회를 제공하도록 노력하여야 한다.

(2) 전자적 정책토론(제53조)

① 행정청은 국민에게 영향을 미치는 주요 정책 등에 대하여 국민의 다양하고 창의적인 의견을 널리 수렴하기 위하여 정보통신망을 이용한 정책토론(이하 이 조에서 "전자적 정책토론"이라 한다)을 실시할 수 있다.

Ⅴ. 보 칙

(1) 비용의 부담(제54조)

행정절차에 소요되는 비용은 행정청이 부담한다. 다만 당사자등이 자기를 위하여 스스로 지출한 비용은 그러하지 아니하다.

(2) 참고인들에 대한 비용지급(제55조)

행정절차의 진행에 필요한 참고인·감정인 등에 예산의 범위 안에서 여비와 일당을 지급할 수 있음

(3) 협조요청(제56조)

행정자치부장관(제4장의 경우에는 법제처장을 말한다)은 이 법의 효율적인 운영을 위하여 노력하여야 하며, 필요한 경우에는 그 운영 상황과 실태를 확인할 수 있고, 관계 행정청에 관련 자료의 제출 등 협조를 요청할 수 있다.

[관련 판례]

(1) 의의 및 대상

1. 행정상 적법절차의 원칙

헌법 제12조 제3항 본문은 동조 제1항과 함께 적법절차원리의 일반조항에 해당하는 것으로서, 형사절차상의 영역에 한정되지 않고 입법, 행정 등 국가의 모든 공권력의 작용에는 절차상의 적법성 뿐만 아니라 법률의 구체적 내용도 합리성과 정당성을 갖춘 실체적인 적법성이 있어야 한다는 적법절차의 원칙을 헌법의 기본원리로 명시하고 있는 것이다.

(헌재 1992.12.24, 92헌가8)

2. 행정절차법 제3조 제1항의 규정 취지

행정절차법 제3조 제1항은 "행정절차에 관하여 다른 법률에 특별한 규정이 있는 경우를 제외하고는 이 법이 정하는 바에 의한다."고 규정하고 있는바, 이는 행정절차법이 행정절차에 관한 일반법임을 밝힘과 아울러, 매우 다양한 형식으로 행하여지는 행정작용에 대하여 일률적으로 행정절차법을 적용하는 것이 적절하지 아니함을 고려하여, 다른 법률이 행정절차에 관한 특별한 규정을 적극적으로 두고 있는 경우이거나 다른 법률이 명시적으로 행정절차법의 규정을 적용하지 아니한다고 소극적으로 규정하고 있는 경우에는 행정절차법의 적용을 배제하고 다른 법률의 규정을 적용한다는 뜻을 밝히고 있는 것이다.

(대법원 2002.2.5. 선고 2001두7138 판결【취임승인취소처분등취소】)

3. 영업자지위승계신고 수리처분시 종전의 영업자에 대한 행정절차 실시 여부 (제3회 변시 출제)

행정절차법 제21조 제1항, 제22조 제3항 및 제2조 제4호의 각 규정에 의하면, 행정청이 당사자에게 의무를 과하거나 권익을 제한하는 처분을 함에 있어서는 당사자 등에게 처분의 사전통지를 하고 의견제출의 기회를 주어야 하며, 여기서 당사자라

함은 행정청의 처분에 대하여 직접 그 상대가 되는 자를 의미한다 할 것이고, 행정청이 구 식품위생법 규정에 의하여 영업자지위승계신고를 수리하는 처분은 종전의 영업자의 권익을 제한하는 처분이라 할 것이고 따라서 종전의 영업자는 그 처분에 대하여 직접 그 상대가 되는 자에 해당한다고 봄이 상당하므로, 행정청으로서는 위 신고를 수리하는 처분을 함에 있어서 행정절차법 규정 소정의 당사자에 해당하는 종전의 영업자에 대하여 위 규정 소정의 행정절차를 실시하고 처분을 하여야 한다.

(대법원 2003.2.14. 선고 2001두7015 판결【유흥주점영업자지위승계수리처분취소】)

4. 공무원인 인사관계 법령에 의한 처분에 관한 사항에 대하여 행정절차법의 적용이 배제되는 범위

행정과정에 대한 국민의 참여와 행정의 공정성, 투명성 및 신뢰성을 확보하고 국민의 권익을 보호함을 목적으로 하는 행정절차법의 입법목적과 행정절차법 제3조 제2항 제9호의 규정 내용 등에 비추어 보면, 공무원 인사관계 법령에 의한 처분에 관한 사항 전부에 대하여 행정절차법의 적용이 배제되는 것이 아니라 성질상 행정절차를 거치기 곤란하거나 불필요하다고 인정되는 처분이나 행정절차에 준하는 절차를 거치도록 하고 있는 처분의 경우에만 행정절차법의 적용이 배제된다.

(대법원 2007.9.21. 선고 2006두20631 판결【진급낙천처분취소】)

(2) 행정절차의 내용

▶ 이유부기

5. 세액산출근거가 누락된 납세고지서에 의한 부과처분의 효력

국세징수법 제9조 제1항은 단순히 세무행정상의 편의를 위한 훈시규정이 아니라 조세행정에 있어 자의를 배제하고 신중하고 합리적인 처분을 행하게 함으로써 공정을 기함과 동시에 납세의무자에게 부과처분의 내용을 상세히 알려 불복여부의 결정과 불복신청에 편의를 제공하려는 데서 나온 강행규정이므로 세액의 산출근거가 기재되지 아니한 물품세 납세고지서에 의한 부과처분은 위법한 것으로서 취소의 대상이 된다.

(대법원 1984.5.9. 선고 84누116 판결【물품세부과처분취소】)

▶ 사전통지

6. 사전통지를 하지 않은 처분의 효력

행정절차법 제21조 제1항, 제4항, 제22조 제1항 내지 제4항에 의하면, 행정청이 당사자에게 의무를 과하거나 권익을 제한하는 처분을 하는 경우에는 미리 처분하고자 하는 원인이 되는 사실과 처분의 내용 및 법적 근거, 이에 대하여 의견을 제출할 수 있다는 뜻과 의견을 제출하지 아니하는 경우의 처리방법 등의 사항을 당사자등에게 통지하여야 하고, 다른 법령 등에서 필요적으로 청문을 실시하거나 공청회를 개최하도록 규정하고 있지 아니한 경우에도 당사자등에게 의견제출의 기회를 주어야 하되, 당해 처분의 성질상 의견청취가 현저히 곤란하거나 명백히 불필요하다고 인정될 만한 상당한 이유가 있는 경우 등에는 처분의 사전통지나 의견청취를 하지 아니할 수 있도록 규정하고 있으므로, 행정청이 침해적 행정처분을 함에 있어서 당사자에게 위와 같은 사전통지를 하거나 의견제출의 기회를 주지 아니하였다면 사전통지를 하지 않거나 의견제출의 기회를 주지 아니하여도 되는 예외적인 경우에 해당하지 아니하는 한 그 처분은 위법하여 취소를 면할 수 없다.

(대법원 2000.11.14. 선고 99두5870 판결【지하수개발이용수리취소및원상복구명령취소】)

7. 체납자에게 공매통지를 하지 않은 경우를 그 공매처분이 위법한지 여부(적극)

국세징수법이 압류재산을 공매할 때 공고와 별도로 체납자 등에게 공매통지를 하도록 한 이유는, 체납자 등에게 공매절차가 유효한 조세부과처분 및 압류처분에 근거하여 적법하게 이루어지는지 여부를 확인하고 이를 다툴 수 있는 기회를 주는 한편, 국세징수법이 정한 바에 따라 체납세액을 납부하고 공매절차를 중지 또는 취소시켜 소유권 또는 기타의 권리를 보존할 수 있는 기회를 갖도록 함으로써, 체납자 등이 감수하여야 하는 강제적인 재산권 상실에 대응한 절차적인 적법성을 확보하기 위한 것이다. 따라서 체납자 등에 대한 공매통지는 국가의 강제력에 의하여 진행되는 공매에서 체납자 등의 권리 내지 재산상의 이익을 보호하기 위하여 법률로 규정한 절차적 요건이라고 보아야 하며, 공매처분을 하면서 체납자 등에게 공매통지를 하지 않았거나 공매통지를 하였더라도 그것이 적법하지 아니한 경우에는 절차상의 흠이 있어 그 공매처분은 위법하다.

(대법원 2008.11.20. 선고 2007두18154 전원합의체 판결【매각결정취소】)

▶ 의견제출의 기회 제공

8. 퇴직연금의 환수결정시 의견진술의 기회를 주지 아니한 경우, 행정절차법 위반여부(소극)

퇴직연금의 환수결정은 당사자에게 의무를 과하는 처분이기는 하나, 관련 법령에 따라 당연히 환수금액이 정하여지는 것이므로, 퇴직연금의 환수결정에 앞서 당사자에게 의견진술의 기회를 주지 아니하여도 행정절차법 제22조 제3항이나 신의칙에 어긋나지 아니한다.

(대법원 2000.11.28. 선고 99두5443 판결【퇴직급여환수금반납고지처분등취소】)

▶ 청 문

9. 청문절차를 결여한 허가취소처분의 적법 여부

구 공중위생법(1999.2.8. 법률 제5839호 공중위생관리법 부칙 제2조로 폐지), 행정절차법의 각 규정을 종합하면, 행정청이 유기장업허가를 취소하기 위하여는 청문을 실시하여야 하고, 다만 행정절차법 제22조 제4항, 제21조 제4항에서 정한 예외 사유에 해당하는 경우에는 청문을 실시하지 아니할 수 있으며, 행정청이 선정한 청문주재자는 청문을 주재하고, 당사자등의 출석 여부, 진술의 요지 및 제출된 증거, 청문주재자의 의견 등을 기재한 청문조서를 작성하여 청문을 마친 후 지체 없이 청문조서 등을 행정청에 제출하며, 행정청은 제출받은 청문조서 등을 검토하고 상당한 이유가 있다고 인정하는 경우에는 청문결과를 적극 반영하여 행정처분을 하여야 하는바, 이러한 청문절차에 관한 각 규정과 행정처분의 사유에 대하여 당해 영업자에게 변명과 유리한 자료를 제출할 기회를 부여함으로써 위법사유의 시정 가능성을 고려하고 처분의 신중과 적정을 기하려는 청문제도의 취지에 비추어 볼 때, 행정청이 침해적 행정처분을 함에 즈음하여 청문을 실시하지 않아도 되는 예외적인 경우에 해당하지 않는 한 반드시 청문을 실시하여야 하고, 그 절차를 결여한 처분은 위법한 처분으로서 취소 사유에 해당한다.

(대법원 2001.4.13. 선고 2000두3337 판결【영업허가취소처분취소】)

10. 청문을 실시하지 않을 수 있는 사유의 판단 기준

행정절차법 제21조 제4항 제3호는 침해적 행정처분을 할 경우 청문을 실시하지 않을 수 있는 사유로서 “당해 처분의 성질상 의견청취가 현저히 곤란하거나 명백히 불필요하다고 인정될 만한 상당한 이유가 있는 경우”를 규정하고 있으나, 여기에서 말하는 ‘의견청취가 현저히 곤란하거나 명백히 불필요하다고 인정될 만한 상당한 이유가 있는지 여부’는 당해 행정처분의 성질에 비추어 판단하여야 하는 것이지, 청문통지서의 반송 여부, 청문통지의 방법 등에 의하여 판단할 것은 아니며, 또한 행정처분의 상대방이 통지된 청문일시에 불출석하였다는 이유만으로 행정청이 관계 법령상 그 실시가 요구되는 청문을 실시하지 아니한 채 침해적 행정처분을 할 수는 없을 것이므로, 행정처분의 상대방에 대한 청문통지서가 반송되었다거나, 행정처분의 상대방이 청문일시에 불출석하였다는 이유로 청문을 실시하지 아니하고 한 침해적 행정처분은 위법하다.

(대법원 2001.4.13. 선고 2000두3337 판결【영업허가취소처분취소】)

11. 행정청과 당사자가 의견청취절차를 배제하는 조항을 둔 경우의 효력

행정청이 당사자와 사이에 도시계획사업의 시행과 관련한 협약을 체결하면서 관계 법령 및 행정절차법에 규정된 청문의 실시 등 의견청취절차를 배제하는 조항을 두었다고 하더라도, 국민의 행정참여를 도모함으로써 행정의 공정성·투명성 및 신뢰성을 확보하고 국민의 권익을 보호한다는 행정절차법의 목적 및 청문제도의 취지 등에 비추어 볼 때, 위와 같은 협약의 체결로 청문의 실시에 관한 규정의 적용을 배제할 수 있다고 볼 만한 법령상의 규정이 없는 한, 이러한 협약이 체결되었다고 하여 청문의 실시에 관한 규정의 적용이 배제된다거나 청문을 실시하지 않아도 되는 예외적인 경우에 해당한다고 할 수 없다.

(대법원 2004.7.8. 선고 2002두8350 판결【유희시설조성사업협약해지및사업시행자지정 거부처분취소】)

(3) 절차적 하자의 치유

12. 청문서 도달기간을 다소 어겼지만 방어의 기회를 충분히 가진 경우 하자의 치유 여부(적극)

행정청이 식품위생법상의 청문절차를 이행함에 있어 소정의 청문서 도달기간을 지키지 아니하였다면 이는 청문의 절차적 요건을 준수하지 아니한 것이므로 이를 바탕으로 한 행정처분은 일단 위법하다고 보아야 할 것이지만 이러한 청문제도의 취지는 처분으로 말미암아 받게 될 영업자에게 미리 변명과 유리한 자료를 제출할 기회를 부여함으로써 부당한 권리침해를 예방하려는 데에 있는 것임을 고려하여 볼 때, 가령 행정청이 청문서 도달기간을 다소 어겼다하더라도 영업자가 이에 대하여 이의하지 아니한 채 스스로 청문일에 출석하여 그 의견을 진술하고 변명하는 등 방어의 기회를 충분히 가졌다면 청문서 도달기간을 준수하지 아니한 하자는 치유되었다고 봄이 상당하다.

(대법원 1992.10.23. 선고 92누2844 판결【영업허가취소처분취소】)

제 6 장 정보공개법과 개인정보 보호법

제 1 절 행정정보공개제도

Ⅰ. 행정정보공개의 이론

1. 개 설

① 행정정보공개의 이념 : 국민의 알 권리(Right to Know)를 통한 행정의 공정·민주화의 실현에 있다.

② 필요성 : 정보면에서의 무기의 평등을 통한 행정의 투명성을 담보함에 있다.

2. 알 권리의 내용

① 정보수령방해배제청구권 : 일반적으로 접근할 수 있는 정보원으로부터 정보를 얻을 수 있는 권리를 말한다.

② 정보공개청구권(이하 참조)

3. 행정정보공개청구권

① 의의 : 개인이 공공기관에 대하여 그 보유정보를 열람 또는 복사하게 하는 등의 방법으로 공개할 것을 청구하는 권리로 헌법상의 '알 권리'에서 유래한다.

② 행정정보공개청구권의 헌법상의 직접권리성 : 헌법재판소는 인정한다.

> 국민의 알 권리, 특히 국가정보에의 접근의 권리는 우리 헌법상 기본적으로 표현의 자유와 관련하여 인정되는 것으로 그 권리의 내용에는 일반 국민 누구나 국가에 대하여 보유·관리하고 있는 정보의 공개를 청구할 수 있는 이른바 일반적인 정보공개청구권이 포함되고, 이 청구권은 공공기관의 정보공개에 관한 법률이 시행되기 전에는 구 사무관리규정(1997.10.21. 대통령령 제15498호로 개정되기 전의 것) 제33조 제2항과 행정정보공개운영지침에서 구체화되어 있었다.
> (대법원 1999.9.21. 선고 97누5114 판결【정보공개거부처분취소】)

③ 행정정보공개청구권의 헌법적 근거

㉠ 헌법 제21조의 표현의 자유에서 도출하는 견해이다.

㉡ 헌법 제10조의 인간으로서의 존엄과 가치에서 찾는 견해이다.

㉢ 표현의 자유·국민주권의 원리·인간다운생활을 할 권리에서 찾는 견해이다.

4. 행정정보공개의 법제화

① 외국의 입법례 : 미국의 정보자유법(Freedom of Information Act, FOIA)·미국의 정부일조법(회의공개법, Government in the Sunshine Act)

② 우리나라의 경우 : 「공공기관의 정보공개에 관한 법률」이 1996년 제정되어 시행중이다.

Ⅱ. 공공기관의 정보공개에 관한 법률의 주요 내용

1. 통 칙

(1) 목적(제1조)

이 법은 공공기관이 보유·관리하는 정보에 대한 국민의 공개 청구 및 공공기관의 공개 의무에 관하여 필요한 사항을 정함으로써 국민의 알권리를 보장하고 국정에 대한 국민의 참여와 국정 운영의 투명성을 보장함을 목적으로 한다.

(2) 적용 범위(제4조)

① 원칙 : 정보의 공개에 관하여는 다른 법률에 특별한 규정이 있는 경우를 제외하고는 「공공기관의 정보공개에 관한 법률」이 정하는 바에 의한다.

* 정보의 의미 : 공공기관이 직무상 작성 또는 취득하여 관리하고 있는 문서(전자문서를 포함한다)·도면·사진·필름·테이프·슬라이드 및 그 밖에 이에 준하는 매체 등에 기록된 사항을 의미한다.

② 예외 : 국가안전보장과 관련된 정보분석을 목적으로 수집되거나 작성된 정보에 대하여는 동법이 적용되지 아니한다.

2. 정보의 공개

(1) 정보공개의 원칙 등(제3조·제9조)

① 원칙 : 공공기관이 보유·관리하는 정보는 공개하여야 하는바, 여기서 '공

공기관'이란 국가기관, 지방자치단체, 공공기관의 운영에 관한 법률 제2조의 규정에 의한 기관 기타 대통령령이 정하는 기관을 말한다.

* 「공공기관의 정보공개에 관한 법률시행령」 제2조는 '법 제2조 제3호에서 기타 대통령령이 정하는 기관'을 ㉠ 각급 학교, ㉡ 지방공사 및 지방공단, ㉢ 법령의 요건에 적합한 기관으로 지방자치단체의 조례로 정하는 기관, ㉣ 특수법인, ㉤ 국가 또는 지방자치단체로부터 보조금을 받는 사회복지법인 및 사회복지사업을 하는 비영리법인으로 규정한다.

② 예외(비공개대상정보)

㉠ 다른 법률 또는 법률이 위임한 명령에 의하여 비밀 또는 비공개 사항으로 규정된 정보

㉡ 국가안정보장·국방·통일·외교관계 등에 관한 사항으로서 공개될 경우 국가의 중대한 이익을 현저히 해칠 우려가 있다고 인정되는 정보

㉢ 공개될 경우 국민의 생명·신체 및 재산의 보호에 현저한 지장을 초래할 우려가 있다고 인정되는 정보

㉣ 진행 중인 재판에 관련된 정보와 범죄의 예방, 수사, 공소의 제기 및 유지, 형의 집행, 교정, 보안처분에 관한 사항으로 공개될 경우 그 직무수행을 현저히 곤란하게 하거나 형사피고인의 공정한 재판을 받을 권리를 침해한다고 인정할 만한 상당한 이유가 있는 정보

㉤ 감사·감독·검사·시험·규제·입찰계약·기술개발·인사관리·의사결정과정 또는 내부검토과정에 있는 사항 등으로서 공개될 경우 업무의 공정한 수행이나 연구·개발에 현저한 지장을 초래한다고 인정할만한 상당한 이유가 있는 정보

㉥ 해당 정보에 포함되어 있는 성명·주민등록번호 등 개인에 관한 사항으로서 공개될 경우 법인 등의 정당한 이익을 현저히 해할 우려가 있다고 인정되는 정보

㉦ 법인·단체 또는 개인의 경영상·영업상 비밀에 관한 사항으로서 공개될 경우 법인 등의 정당한 이익을 현저히 해할 우려가 있다고 인정되는 정보

㉧ 공개될 경우 부동산 투기, 매점매석 등으로 특정인에게 이익 또는 불이익을 줄 우려가 있다고 인정되는 정보

(2) 정보공개청구권자(제5조)

① 모든 국민

② 정보공개를 청구할 수 있는 외국인의 자격은 대통령령으로 정한다.

㉠ 국내에 일정한 장소를 두고 거주하거나 학술 연구를 위하여 일시적으로 체류하는 자

㉡ 국내에 사무소를 두고 있는 법인 또는 단체

(3) 정보공개의 청구방법(제10조)

정보공개청구서를 제출하거나 구술로써 정보 공개를 청구할 수 있다.

(4) 정보공개 여부의 결정(제11조)

① 공개여부의 결정기간 : 정보공개 청구를 받은 날부터 10일 이내에 공개여부를 결정, 다만 부득이한 사유로 이 기간 이내에 공개여부를 결정할 수 없는 때에는 그 기간의 만료일 다음 날부터 기산하여 10일 이내의 범위에서 공개 여부 결정 기간을 연장할 수 있다.

② 비공개결정 : 정보공개를 청구한 날부터 20일 이내에 공공기관이 공개여부를 결정하지 아니한 때에는 이를 비공개의 결정, 즉 거부처분으로 보고 20일이 경과한 날부터 30일 이내에 해당 공공기관에 문서로 이의신청을 할 수 있다(제18조 제1항).

③ 동일·반복적 정보공개청구에 대해서는 거부할 수 있다(동법 시행령 제6조 제5항).

④ 오로지 공공기관의 담당공무원을 괴롭힐 목적으로 청구하는 것은 권리의 남용에 해당한다(대판 2006.8.24, 2004두2783).

(5) 정보공개심의회(제12조)

① 설치·운영 : 정보공개여부 등의 심의를 위하여 정보공개심의회를 설치·운영한다.

② 구성 : 위원장 1인을 포함하여 5인 내지 7인의 위원으로 구성, 위원장을 제외한 위원은 소속공무원, 임·직원 또는 외부전문가로 지명 또는 위촉하되 그 중 2분의 1은 당해 국가기관 등의 업무 또는 정보공개의 업무에 관한 지식을 가진 외부전문가로 위촉한다.

(6) 정보공개 여부 결정의 통지(제13조)

① 정보의 공개를 결정한 경우 : 공개 일시·공개 장소 등을 명시하여 청구인

에게 통지, 정보를 공개함에 있어 당해 정보의 원본이 오손 또는 파손될 우려가 있는 경우 등에는 당해 정보의 사본·복제물을 공개할 수 있다.

② 정보의 비공개 결정을 한 경우 : 그 내용을 청구인에게 지체 없이 문서로 통지, 이 경우 비공개이유·불복방법 및 불복절차를 구체적으로 명시하여야 한다.

(7) 부분 공개(제14조)

공개청구한 정보가 비공개 대상 정보와 공개 가능한 부분이 혼합되어 있는 경우에는 공개 청구의 취지에 어긋나지 아니하는 범위 안에서 두 부분을 분리할 수 있는 때에는 비공개 대상 정보에 해당하는 부분을 제외하고 공개하여야 한다.

(8) 정보의 전자적 공개(제15조)

① 전자적 형태로 보유·관리하는 정보에 대하여 청구인이 전자적 형태로 공개하여 줄 것을 요청하는 경우에는 당해 정보의 성질상 현저히 곤란한 경우를 제외하고는 청구인의 요청에 응하여야 한다.

② 전자적 형태로 보유·관리하지 아니하는 정보에 대하여 청구인이 전자적 형태로 공개하여 줄 것을 요청한 경우에는 정상적인 업무수행에 현저한 지장을 초래하거나 당해 정보의 성질이 훼손될 우려가 없는 한 정보를 전자적 형태로 변환하여 공개할 수 있다.

(9) 즉시 처리가 가능한 정보의 공개(제16조)

① 즉시 또는 구술처리가 가능한 정보는 정보공개여부결정에 관한 절차를 거치지 아니하고 공개하여야 한다.

② 즉시 또는 구술 처리가 가능한 정보

㉠ 법령 등에 의하여 공개를 목적으로 작성된 정보

㉡ 일반 국민에게 알리기 위하여 작성된 각종 홍보자료

㉢ 공개하기로 결정된 정보로서 공개에 오랜 시간이 걸리지 아니하는 정보

㉣ 그 밖에 공공기관의 장이 정하는 정보

(10) 비용 부담(제17조)

① 정보의 공개 및 우송에 소요되는 비용은 실비의 범위에서 청구인이 부담한다.

② 공개를 청구하는 정보의 사용 목적이 공공복리의 유지·증진을 위하여 필요하다고 인정되는 경우에는 비용을 감면할 수 있다.

3. 공공기관의 의무

(1) 관련 법령의 정비 등(제6조)

① 관련 법령의 정비는 정보공개청구 및 공개를 위한 필수적 전제조건이다. 따라서 공공기관은 소관 법령을 정비하여야 한다.

② 정보공개시스템의 구축 : 공공기관은 정보관리체계를 정비하고, 정보공개 업무 주관부서 및 담당 인력을 적정하게 두어야 하며, 정보통신망을 활용한 정보공개시스템 등을 구축하도록 노력하여야 한다.

(2) 행정정보의 공표 등(제7조)

공공기관은 다음에 열거하는 정보에 대하여는 공개의 구체적 범위, 공개의 주기·시기 및 방법 등을 미리 정하여 공표하고, 이에 따라 정기적으로 공개하여야 한다.

① 국민생활에 매우 큰 영향을 미치는 정책에 관한 정보

② 국가의 시책으로 시행하는 공사(工事) 등 대규모의 예산이 투입되는 사업에 관한 정보

③ 예산 집행의 내용과 사업평가 결과 등 행정 감시를 위하여 필요한 정보

④ 그 밖에 공공기관의 장이 정하는 정보

(3) 정보목록의 작성·비치 등(제8조)

공공기관은 당해 기관이 보유·관리하는 정보에 대하여 정보목록을 작성·비치하고, 그 목록을 정보통신망을 활용한 정보공개시스템 등을 통하여 공개하여야 한다.

4. 불복구제절차

(1) 이의신청(제18조)

① 정보공개청구인은 공공기관의 비공개 또는 부분 공개의 결정에 대하여 불복이 있거나 정보공개 청구 후 20일이 경과하도록 정보공개 결정이 없는 때에는 공공기관으로부터 정보공개 여부의 결정 통지를 받은 날 또는 정보공개 청구 후 20일이 경과한 날부터 30일 이내에 당해 공공기관에 문서로 이의신청을 할 수 있다.

② 공공기관은 이의신청을 받은 날부터 7일 이내에 그 이의신청에 대하여 결정하고 그 결과를 청구인에게 지체 없이 문서로 통지하여야 한다. 다

만, 부득이한 사유로 정해진 기간 이내에 결정할 수 없는 때에는 그 기간의 만료일 다음 날부터 기산하여 7일 이내의 범위에서 연장할 수 있으며, 연장 사유를 청구인에게 통지하여야 한다.

(2) 행정심판(제19조)

청구인이 정보공개와 관련한 공공기관의 결정에 대하여 불복이 있거나 정보공개 청구 후 20일이 경과하도록 정보공개 결정이 없는 때에는 행정심판법에서 정하는 바에 따라 행정심판을 청구할 수 있다. 이 경우 국가 및 지방자치단체 외의 공공기관의 결정에 대한 감독행정기관은 관계 중앙행정기관의 장 또는 지방자치단체의 장으로 한다.

(3) 행정소송(제20조)

① 청구인이 정보공개와 관련한 공공기관의 결정에 대하여 불복이 있거나 정보공개 청구 후 20일이 경과하도록 정보공개 결정이 없는 때에는 행정소송법에서 정하는 바에 따라 행정소송을 제기할 수 있다.

② 재판장은 필요하다고 인정하면 당사자를 참여시키지 아니하고 제출된 공개 청구 정보를 비공개로 열람·심사할 수 있다.

③ 재판장은 행정소송의 대상이 제9조 제1항 제2호에 따른 정보 중 국가안전보장·국방 또는 외교관계에 관한 정보의 비공개 또는 부분 공개 결정처분인 경우에 공공기관이 그 정보에 대한 비밀 지정의 절차, 비밀의 등급·종류 및 성질과 이를 비밀로 취급하게 된 실질적인 이유 및 공개를 하지 아니하는 사유 등을 입증하면 해당 정보를 제출하지 아니하게 할 수 있다.

(4) 제3자의 이의신청 등(제21조)

① 제11조 제3항에 따라 공개 청구된 사실을 통지받은 제3자는 그 통지를 받은 날부터 3일 이내에 해당 공공기관에 대하여 자신과 관련된 정보를 공개하지 아니할 것을 요청할 수 있다.

② 제1항에 따른 비공개 요청에도 불구하고 공공기관이 공개 결정을 할 때에는 공개 결정 이유와 공개 실시일을 분명히 밝혀 지체 없이 문서로 통지하여야 하며, 제3자는 해당 공공기관에 문서로 이의신청을 하거나 행정심판 또는 행정소송을 제기할 수 있다. 이 경우 이의신청은 통지를 받은 날부터 7일 이내에 하여야 한다.

③ 공공기관은 제2항에 따른 공개 결정일과 공개 실시일 사이에 최소한 30일의 간격을 두어야 한다.

5. 보 칙

(1) 정보공개위원회(제22조·제23조)

① 설치 : 정보공개에 관한 다음의 사항을 심의·조정하기 위하여 행정자치부장관 소속으로 정보공개위원회를 둔다.

㉠ 정보공개에 관한 정책의 수립 및 제도 개선에 관한 사항

㉡ 정보공개에 관한 기준 수립에 관한 사항

㉢ 공공기관의 정보공개 운영 실태 평가 및 그 결과 처리에 관한 사항

㉣ 그 밖에 정보공개에 관하여 대통령령이 정하는 사항

② 구성 등 : 위원장과 부위원장 각 1인을 포함한 9인의 위원으로 구성한다. 이 경우 위원장을 포함한 5인은 공무원이 아닌 자로 위촉하여야 한다. 한편 위원장·부위원장 및 위원의 임기는 2년으로 하되, 연임할 수 있다.

(2) 제도 총괄(제24조)

행정자치부장관은 이 법에 의한 정보공개제도의 정책수립 및 제도 개선사항 등에 관한 기획·총괄업무를 관장한다.

(3) 국회에의 보고(제26조)

행정자치부장관은 전년도의 정보공개 운영에 관한 보고서를 매년 정기국회 개회 전까지 국회에 제출하여야 한다.

(4) 위임 규정(제27조)

이 법 시행에 필요한 사항은 국회규칙·대법원규칙·헌법재판소규칙·중앙선거관리위원회규칙 및 대통령령으로 정한다.

대법원 2007.6.1. 선고 2006두20587 판결【행정정보공개청구거부처분취소】

【판시사항】

[1] 구 공공기관의 정보공개에 관한 법률상 당해 정보를 공공기관이 보유·관리하고 있다는 점에 관한 증명책임 및 그 증명의 정도

[2] <u>대한주택공사의 아파트 분양원가 산출내역에 관한 정보는, 그 공개로 위 공사의 정당한 이익을 현저히 해할 우려가 있다고 볼 수 없어 구 공공기관의 정보공개에 관한 법률 제7조 제1항 제7호에서 정한 비공개대상정보에 해당하지 않는다고 한 사례</u>

【주 문】
상고를 기각한다. 상고비용은 피고가 부담한다.

【이 유】
상고이유를 본다.
1. 상고이유 제1점에 대하여
구 공공기관의 정보공개에 관한 법률(2004.1.29. 법률 제7127호로 전문 개정되기 전의 것, 이하 '정보공개법'이라 한다)에 의한 정보공개제도는 공공기관이 보유·관리하는 정보를 그 상태대로 공개하는 제도라는 점 등에 비추어 보면, 당해 정보를 공공기관이 보유·관리하고 있다는 점에 관하여 정보공개를 구하는 자에게 입증책임이 있다 할 것이지만, 그 입증의 정도는 그러한 정보를 공공기관이 보유·관리하고 있을 상당한 개연성이 있다는 점을 증명하면 족하다 할 것이다(대법원 2005.1.28. 선고 2002두12854 판결 참조). (이하 생략)
2. 상고이유 제2점에 대하여
가. 정보공개법 제2조 제1호, 제3조에 의하면, 공공기관이 직무상 작성하여 관리하고 있는 정보는 정보공개법이 정하는 바에 따라 공개하여야 하는 것인바, 이 사건 정보는 피고가 주택건설사업과 분양업무라는 직무와 관련하여 작성하고 관리하는 정보임이 기록상 분명하므로, 정보공개법의 적용대상인 정보에 해당한다고 할 것이다.
따라서 이 사건 정보는 피고가 사경제의 주체라는 지위에서 행한 사업과 관련된 정보이니 정보공개법이 적용될 여지가 없다는 피고의 상고이유의 주장은 이유 없다.
(이하 생략)

[관련 판례]

(1) 정보공개청구권자

1. 기관이 아닌 개인이 타인에 관한 정보의 공개를 청구하는 경우 적용되는 법률

기관이 아닌 개인이 타인에 관한 정보의 공개를 청구하는 경우에는 구 공공기관의 개인정보보호에 관한 법률(2007.5.17. 법률 제8448호로 개정되기 전의 것)에 의할 것이 아니라, 공공기관의 정보공개에 관한 법률 제9조 제1항 제6호에 따라 개인에 관한 정보의 공개 여부를 판단하여야 한다.

(대법원 2010.2.25. 선고 2007두9877 판결【정보공개거부처분취소등】)

2. 정보공개청구권자로서의 국민의 범위

공공기관의정보공개에관한법률 제6조 제1항은 "모든 국민은 정보의 공개를 청구할 권리를 가진다."고 규정하고 있는데, 여기에서 말하는 국민에는 자연인은 물론 법인, 권리능력 없는 사단·재단도 포함되고, 법인, 권리능력 없는 사단·재단 등의 경우에는 설립목적을 불문하며, 한편 정보공개청구권은 법률상 보호되는 구체적인 권리이므로 청구인이 공공기관에 대하여 정보공개를 청구하였다가 거부처분을 받은 것 자체가 법률상 이익의 침해에 해당한다.

(대법원 2003.12.12. 선고 2003두8050 판결【사본공개거부처분취소】)

3. 청구인이 정보공개거부처분의 취소를 구할 법률상의 이익이 있는지 여부(적극)

국민의 정보공개청구권은 법률상 보호되는 구체적인 권리이므로, 공공기관에 대하여 정보의 공개를 청구하였다가 공개거부처분을 받은 청구인은 행정소송을 통하여 그 공개거부처분의 취소를 구할 법률상의 이익이 있다.

(대법원 2003.3.11. 선고 2001두6425 판결【행정정보비공개결정처분취소】)

4. 국민으로부터 정보공개 요구를 받은 경우 공공기관이 취해야 할 조치

국민의 '알권리', 즉 정보에의 접근·수집·처리의 자유는 자유권적 성질과 청구권적 성질을 공유하는 것으로서 헌법 제21조에 의하여 직접 보장되는 권리이고, 그 구체적 실현을 위하여 제정된 공공기관의 정보공개에 관한 법률도 제3조에서 공공기관이 보유·관리하는 정보를 원칙적으로 공개하도록 하여 정보공개의 원칙을 천명하고 있고, 위 법 제9조가 예외적인 비공개사유를 열거하고 있는 점에 비추어 보면, 국민으로부터 보유·관리하는 정보에 대한 공개를 요구받은 공공기관으로서는 위 법 제9조 제1항 각 호에서 정하고 있는 비공개사유에 해당하지 않는 한 이를 공개하여야 하고, 이를 거부하는 경우라 할지라도 대상이 된 정보의 내용을 구체적으로 확인·검토하여 어느 부분이 어떠한 법익 또는 기본권과 충돌되어 위 각 호의 어디에 해당하는지를 주장·증명하여야만 하며, 여기에 해당하는지 여부는 비공개에 의하여 보호되는 업무수행의 공정성 등의 이익과 공개에 의하여 보호되는 국민의 알권리의 보장과 국정에 대한 국민의 참여 및 국정운영의 투명성 확보 등의 이익을 비교·교량하여 구체적인 사안에 따라 개별적으로 판단하여야 한다.

(대법원 2009.12.10. 선고 2009두12785 판결【정보공개거부처분취소】)

(2) 정보공개의 대상과 방법

5. 공공기관이 그 공개방법을 선택할 재량권이 있는지 여부(소극)

공공기관의정보공개에관한법률 각 규정을 종합하면, 정보공개를 청구하는 자가 공공기관에 대해 정보의 사본 또는 출력물의 교부의 방법으로 공개방법을 선택하여 정보공개청구를 한 경우에 공개청구를 받은 공공기관으로서는 같은 법 제8조 제2항에서 규정한 정보의 사본 또는 복제물의 교부를 제한할 수 있는 사유에 해당하지 않는 한 정보공개청구자가 선택한 공개방법에 따라 정보를 공개하여야 하므로 그 공개방법을 선택할 재량권이 없다고 해석함이 상당하다.

(대법원 2003.12.12. 선고 2003두8050 판결【사본공개거부처분취소】)

6. 비공개대상정보와 공개가 가능한 부분이 분리되는 경우의 판결

공개를 거부한 정보에 비공개대상정보에 해당하는 부분과 공개가 가능한 부분이 혼합되어 있고 공개청구의 취지에 어긋나지 아니하는 범위 안에서 두 부분을 분리할 수 있음을 인정할 수 있을 때에는, 위 정보 중 공개가 가능한 부분을 특정하고 판결의 주문에 행정청의 위 거부처분 중 공개가 가능한 정보에 관한 부분만을 취소한다고 표시하여야 한다.

(대법원 2003.3.11. 선고 2001두6425 판결【행정정보비공개결정처분취소】)

7. 공개청구 대상 정보가 원본이어야 하는지 여부(소극)

공공기관의 정보공개에 관한 법률상 공개청구의 대상이 되는 정보란 공공기관이 직무상 작성 또는 취득하여 현재 보유·관리하고 있는 문서에 한정되는 것이기는 하나, 그 문서가 반드시 원본일 필요는 없다.

(대법원 2006.5.25. 선고 2006두3049 판결【사건기록등사불허가처분취소】)

8. 공공기관이 정보를 보유·관리 여부에 관한 증명책임의 소재

정보공개제도는 공공기관이 보유·관리하는 정보를 그 상태대로 공개하는 제도로서 공개를 구하는 정보를 공공기관이 보유·관리하고 있을 상당한 개연성이 있다는 점에 대하여 원칙적으로 공개청구자에게 증명책임이 있다고 할 것이지만, 공개를 구하는 정보를 공공기관이 한 때 보유·관리하였으나 후에 그 정보가 담긴 문서등이 폐기되어 존재하지 않게 된 것이라면 그 정보를 더 이상 보유·관리하고 있지 아니하다는 점에 대한 증명책임은 공공기관에게 있다.

(대법원 2004.12.9. 선고 2003두12707 판결【정보공개거부처분취소】)

9. 정보의 부분 공개가 허용되는 경우

법원이 행정기관의 정보공개거부처분의 위법 여부를 심리한 결과 공개를 거부한 정보에 비공개사유에 해당하는 부분과 그렇지 않은 부분이 혼합되어 있고, 공개청구의 취지에 어긋나지 않는 범위 안에서 두 부분을 분리할 수 있음을 인정할 수 있을 때에는 공개가 가능한 정보에 국한하여 일부취소를 명할 수 있다. 이러한 정보의 부분 공개가 허용되는 경우란 그 정보의 공개방법 및 절차에 비추어 당해 정보에서 비공개대상정보에 관련된 기술 등을 제외 혹은 삭제하고 나머지 정보만을 공개하는 것이 가능하고 나머지 부분의 정보만으로도 공개의 가치가 있는 경우를 의미한다.

(대법원 2009.12.10. 선고 2009두12785 판결【정보공개거부처분취소】)

10. 정보를 공개할 의무가 있는 '특별법에 의하여 설립된 특수법인'에 해당하는지 여부의 판단 기준

어느 법인이 공공기관의 정보공개에 관한 법률 제2조 제3호 등에 따라 정보를 공개할 의무가 있는 '특별법에 의하여 설립된 특수법인'에 해당하는가는, 국민의 알 권리를 보장하고 국정에 대한 국민의 참여와 국정운영의 투명성을 확보하고자 하는 위 법의 입법 목적을 염두에 두고, 당해 법인에게 부여된 업무가 국가행정업무이거나, 이에 해당하지 않더라도 그 업무 수행으로써 추구하는 이익이 당해 법인 내부의 이익에 그치지 않고 공동체 전체의 이익에 해당하는 공익적 성격을 갖는지 여부를 중심으로 개별적으로 판단하되, 당해 법인의 설립근거가 되는 법률이 법인의 조직구성과 활동에 대한 행정적 관리·감독 등에서 민법이나 상법 등에 의하여 설립된 일반법인과 달리 규율한 취지, 국가나 지방자치단체의 당해 법인에 대한 재정적 지원·보조의 유무와 그 정도, 당해 법인의 공공적 업무와 관련하여 국가기관·지방자치단체 등 다른 공공기관에 대한 정보공개청구와는 별도로 당해 법인에 대하여 직접 정보공개청구를 구할 필요성이 있는지 여부 등을 종합적으로 고려하여야 한다.

(대법원 2010.4.29. 선고 2008두5643 판결【정보비공개결정취소】)

(3) 비공개 대상 정보

11. '법률에 의한 명령'의 의미

공공기관의정보공개에관한법률 제1조, 제3조, 헌법 제37조의 각 취지와 행정입법으로는 법률이 구체적으로 범위를 정하여 위임한 범위 안에서만 국민의 자유와 권리에 관련된 규율을 정할 수 있는 점 등을 고려할 때, 공공기관의정보공개에관한법률 제7조 제1항 제1호 소정의 '법률에 의한 명령'은 법률의 위임규정에 의하여 제정된 대통령령, 총리령, 부령 전부를 의미한다기보다는 정보의 공개에 관하여 법률의 구체적인 위임 아래 제정된 법규명령(위임명령)을 의미한다.

(대법원 2003.12.11. 선고 2003두8395 판결【정보공개거부처분취소】)

12. 검찰보존사무규칙에 기한 정보공개거부의 적법성

구 정보공개법 제7조 제1항 제1호 소정의 '법률에 의한 명령'은 법률의 위임규정에 의하여 제정된 대통령령, 총리령, 부령 전부를 의미한다기보다는 정보의 공개에 관하여 법률의 구체적인 위임 아래 제정된 법규명령(위임명령)을 의미한다고 보아야 할 것인바, 검찰보존사무규칙(1996.5.1. 법무부부령 제425호로 개정된 것)은 비록 법무부령으로 되어 있으나, 그 중 불기소사건기록 등의 열람·등사에 대하여 제한하고 있는 부분은 위임 근거가 없어 행정기관 내부의 사무처리준칙으로서 행정규칙에 불과하므로, 위 규칙에 의한 열람·등사의 제한을 구 정보공개법 제7조 제1항 제1호의 '다른 법률 또는 법률에 의한 명령에 의하여 비공개사항으로 규정된 경우'에 해당한다고 볼 수 없다.

(대법원 2004.9.23. 선고 2003두1370 판결【부작위위법확인】[공보불게재])

13. 시험 업무의 공정한 수행에 현저한 지장을 초래하는지 여부의 판단 기준

공공기관의정보공개에관한법률 제7조 제1항 제5호 소정의 시험정보로서 공개될 경우 업무의 공정한 수행에 현저한 지장을 초래하는지 여부는 법 및 시험정보를 공개하지 아니할 수 있도록 하고 있는 입법취지, 당해 시험 및 그에 대한 평가행위의 성격과 내용, 공개의 내용과 공개로 인한 업무의 증가, 공개로 인한 파급효과 등을 종합하여 개별적으로 판단되어야 한다.

(대법원 2003.3.14. 선고 2000두6114 판결【답안지열람거부처분취소】)

14. '공개될 경우 업무의 공정한 수행에 현저한 지장을 초래한다고 인정할 만한 상당한 이유가 있는 경우'의 의미 및 그 판단 기준

공공기관의 정보공개에 관한 법률 제9조 제1항 제5호에서 규정하고 있는 '공개될 경우 업무의 공정한 수행에 현저한 지장을 초래한다고 인정할 만한 상당한 이유가 있는 경우'란, 공공기관의 정보공개에 관한 법률 제1조의 정보공개제도의 목적 및 공공기관의 정보공개에 관한 법률 제9조 제1항 제5호의 규정에 의한 비공개대상정보의 입법 취지에 비추어 볼 때 공개될 경우 업무의 공정한 수행이 객관적으로 현저하게 지장을 받을 것이라는 고도의 개연성이 존재하는 경우를 의미한다고 할 것이고, 여기에 해당하는지 여부는 비공개에 의하여 보호되는 업무수행의 공정성 등의 이익과 공개에 의하여 보호되는 국민의 알권리의 보장과 국정에 대한 국민의 참여 및 국정운영의 투명성 확보 등의 이익을 비교·교량하여 구체적인 사안에 따라 신중하게 판단되어야 한다.

(대법원 2010.6.10. 선고 2010두2913 판결【정보공개거부처분취소】)

15. 문제은행 출제방식을 채택하고 있는 치과의사 국가시험의 문제지와 정답지가 비공개 대상정보에 해당하는지 여부(적극)

치과의사 국가시험에서 채택하고 있는 문제은행 출제방식이 출제의 시간·비용을 줄이면서도 양질의 문항을 확보할 수 있는 등 많은 장점을 가지고 있는 점, 그 시험문제를 공개할 경우 발생하게 될 결과와 시험업무에 초래될 부작용 등을 감안하면, 위 시험의 문제지와 그 정답지를 공개하는 것은 시험업무의 공정한 수행이나 연구·개발에 현저한 지장을 초래한다고 인정할 만한 상당한 이유가 있는 경우에 해당하므로, 공공기관의 정보공개에 관한 법률 제9조 제1항 제5호에 따라 이를 공개하지 않을 수 있다.

(대법원 2007.6.15. 선고 2006두15936 판결【정보공개거부처분취소】)

16. '형의 집행, 교정에 관한 사항'의 의미

구 공공기관의정보공개에관한법률(2004.1.29. 법률 제7127호로 전문 개정되기 전의 것) 제7조 제1항 제4호에서 비공개대상으로 규정한 '형의 집행, 교정에 관한 사항으로서 공개될 경우 그 직무수행을 현저히 곤란하게 하는 정보'라 함은 당해 정보가 공개될 경우 재소자들의 관리 및 질서유지, 수용시설의 안전, 재소자들에 대한 적정한 처우 및 교정·교화에 관한 직무의 공정하고 효율적인 수행에 직접적이고 구체적으로 장애를 줄 고도의 개연성이 있고, 그 정도가 현저한 경우를 의미한다고 할 것이며, 여기에 해당하는지 여부는 비공개에 의하여 보호되는 업무수행의 공정성 등의 이익과 공개에 의하여 보호되는 국민의 알권리의 보장과 국정에 대한 국민의 참여 및 국정운영의 투명성 확보 등의 이익을 비교·교량하여 구체적인 사안에 따라 개별적으로 판단되어야 한다.

(대법원 2004.12.9. 선고 2003두12707 판결【정보공개거부처분취소】)

17. '의사결정과정에 있는 사항'에 준하는 사항으로서 비공개대상정보에 해당성

공공기관의정보공개에관한법률상 비공개대상정보의 입법 취지에 비추어 살펴보면, 같은 법 제7조 제1항 제5호에서의 '감사·감독·검사·시험·규제·입찰계약·기술개발·인사관리·의사결정과정 또는 내부검토과정에 있는 사항'은 비공개대상정보를 예시적으로 열거한 것이라고 할 것이므로 의사결정과정에 제공된 회의관련자료나 의사결정과정이 기록된 회의록 등은 의사가 결정되거나 의사가 집행된 경우에는 더 이상 의사결정과정에 있는 사항 그 자체라고는 할 수 없으나, 의사결정과정에 있는 사항에 준하는 사항으로서 비공개대상정보에 포함될 수 있다.

(대법원 2003.8.22. 선고 2002두12946 판결【정보공개거부처분취소】)

18. '공개하는 것이 공익을 위하여 필요하다고 인정되는 정보'에 해당하는지 여부

공공기관의정보공개에관한법률 제7조 제1항 제6호 단서 (다)목 소정의 '공개하는 것이 공익을 위하여 필요하다고 인정되는 정보'에 해당하는지 여부는 비공개에 의하여 보호되는 개인의 사생활 보호 등의 이익과 공개에 의하여 보호되는 국정운영의 투명성 확보 등의 공익을 비교·교량하여 구체적 사안에 따라 신중히 판단하여야 한다.

(대법원 2003.3.11. 선고 2001두6425 판결【행정정보비공개결정처분취소】)

19. 공개가 공익을 위해 필요하다고 보지 않은 사례

공무원의 주민등록번호와 공무원이 직무와 관련 없이 개인적인 자격으로 간담회·연찬회 등 행사에 참석하고 금품을 수령한 정보는 공공기관의정보공개에관한법률 제7조 제1항 제6호 단서 (다)목에서 정한 '공개하는 것이 공익을 위하여 필요하다고 인정되는 정보'에 해당하지 않는다.

(대법원 2004.8.20. 선고 2003두8302 판결【사본공개거부처분취소】)

20. 법인등의 정당한 이익을 해할 우려가 있는 정보

법인등이 거래하는 금융기관의 계좌번호에 관한 정보는 법인등의 영업상 비밀에 관한 사항으로서 공개될 경우 법인등의 정당한 이익을 현저히 해할 우려가 있다고 인정되는 정보에 해당한다

(대법원 2004.8.20. 선고 2003두8302 판결【사본공개거부처분취소】)

21. 공공기관이 공개를 구하는 정보를 보유·관리하고 있지 아니한 경우, 정보공개거부처분의 취소를 구할 법률상의 이익이 있는지 여부(소극)

정보공개제도는 공공기관이 보유·관리하는 정보를 그 상태대로 공개하는 제도라는 점 등에 비추어 보면, 정보공개를 구하는 자가 공개를 구하는 정보를 행정기관이 보유·관리하고 있을 상당한 개연성이 있다는 점을 입증함으로써 족하다 할 것이지만, 공공기관이 그 정보를 보유·관리하고 있지 아니한 경우에는 특별한 사정이 없는 한 정보공개거부처분의 취소를 구할 법률상의 이익이 없다.

(대법원 2006.1.13. 선고 2003두9459 판결【행정정보비공개결정처분취소】)

(4) 자기정보결정권

22. 헌법 10조 및 17조와 자기정보결정권

헌법 제10조는 "모든 국민은 인간으로서의 존엄과 가치를 가지며, 행복을 추구할 권리를 가진다. 국가는 개인이 가지는 불가침의 기본적 인권을 확인하고 이를 보장할 의무를 진다."고 규정하고, 헌법 제17조는 "모든 국민은 사생활의 비밀과 자유를 침해받지 아니한다."라고 규정하고 있는바, 이들 헌법 규정은 개인의 사생활 활동이 타인으로부터 침해되거나 사생활이 함부로 공개되지 아니할 소극적인 권리는 물론, 오늘날 고도로 정보화된 현대사회에서 자신에 대한 정보를 자율적으로 통제할 수 있는 적극적인 권리까지도 보장하려는 데에 그 취지가 있는 것으로 해석된다.

(대법원 1998.7.24. 선고 96다42789 판결【손해배상(기)】)

제 2 절 개인정보 보호법

1. 법률의 내용

(1) 개인정보 보호법의 적용대상을 공공·민간부문의 모든 개인정보처리자로 한다(제2조).

① 공공기관뿐만 아니라 비영리단체 등 업무상 개인정보파일을 운용하기 위하여 개인정보를 처리하는 자는 모두 이 법에 따른 개인정보 보호규정을 준수하도록 하고, 전자적으로 처리되는 개인정보 외에 수기(手記) 문서까지 개인정보의 보호범위에 포함한다.

② 그 동안 개인정보 보호 관련 법률 적용을 받지 않았던 사각지대를 해소함으로써 국가사회 전반의 개인정보 보호수준을 제고하기 위한 것이다.

(2) 개인정보 보호위원회 설치(제7조·제8조)

① 개인정보 보호 기본계획, 법령 및 제도 개선 등 개인정보에 관한 주요 사항을 심의·의결하기 위하여 대통령 소속으로 위원장 1명, 상임위원 1명을 포함한 15명 이내의 위원으로 구성하는 개인정보 보호위원회를 두고, 개인정보 보호위원회에 사무국을 설치한다.

② 개인정보 보호와 관련한 중요 사항에 대하여 의사결정의 신중성·전문성·객관성을 확보하기 위한 것이다.

(3) 개인정보의 수집, 이용, 제공 등 단계별 보호기준 마련(제15조부터 제22조까지)

① 개인정보를 수집, 이용하거나 제3자에게 제공할 경우에는 정보주체의 동의 등을 얻도록 하고, 개인정보의 수집·이용 목적의 달성 등으로 불필요하게 된 때에는 지체 없이 개인정보를 파기하도록 한다.

② 개인정보의 수집, 이용, 제공, 파기에 이르는 각 단계별로 개인정보처리자가 준수하여야 할 처리기준을 구체적으로 규정함으로써 법규의 실효성이 높아지고 개인정보의 안전한 처리를 가능하도록 하기 위한 것이다.

(4) 고유식별정보의 처리제한 강화(제24조)

① 주민등록번호 등 법령에 의하여 개인을 고유하게 구별하기 위해 부여된

고유식별정보는 원칙적으로 처리를 금지하고, 별도의 동의를 얻거나 법령에 의한 경우 등에 한하여 제한적으로 예외를 인정하는 한편, 대통령령으로 정하는 개인정보처리자는 홈페이지 회원가입 등 일정한 경우 주민등록번호 외의 방법을 반드시 제공하도록 의무화한다.

② 주민등록번호의 광범위한 사용 관행을 제한함으로써 주민등록번호 오·남용을 방지하는 한편, 고유 식별정보에 대한 보호를 한층 강화하기 위한 것이다.

(5) 영상정보처리기기의 설치제한 근거마련(제25조)

① 영상정보처리기기 운영자는 일반적으로 공개된 장소에 범죄예방 등 특정 목적으로만 영상정보처리기기를 설치할 수 있도록 한다.

② 영상정보처리기기의 설치·운영 근거를 구체화함으로써, 폐쇄회로 텔레비전 등 영상정보처리기기의 무분별한 설치를 방지하여 개인영상정보 보호를 강화하기 위한 것이다.

(6) 개인정보영향평가제도 도입(제33조)

① 개인정보처리자는 개인정보파일의 구축·확대 등이 개인정보 보호에 영향을 미칠 우려가 크다고 판단될 경우 자율적으로 영향평가를 수행할 수 있도록 하되, 공공기관은 정보주체의 권리침해 우려가 큰 일정한 사유에 해당될 때에는 영향평가 수행을 의무화한다.

② 개인정보 침해로 인한 피해는 원상회복 등 사후 권리구제가 어려우므로 영향평가의 실시로 미리 위험요인을 분석하고 이를 조기에 제거하여 개인정보 유출 및 오·남용 등의 피해를 효과적으로 예방하기 위한 것이다.

(7) 개인정보 유출사실의 통지·신고제도 도입(제34조)

① 개인정보처리자는 개인정보 유출 사실을 인지하였을 경우 지체 없이 해당 정보주체에게 관련 사실을 통지하고, 일정 규모 이상의 개인정보가 유출된 때에는 전문기관에 신고하도록 하는 한편, 피해의 최소화를 위해 필요한 조치를 하도록 한다.

② 개인정보 유출로 인한 피해의 확산 방지를 위한 신속한 조치 및 정보주체의 효과적 권리 구제 등에 기여하기 위함이다.

(8) 정보주체의 권리 보장(제35조부터 제39조까지)

① 정보주체에게 개인정보의 열람청구권, 정정·삭제 청구권, 처리정지 요구

권 등을 부여하고, 그 권리행사 방법 등을 규정하여, '개인정보 자기결정권'을 명문화 하였다.

② 정보주체의 권리를 명확히 규정함으로써 정보주체가 훨씬 용이하게 개인정보에 대한 자기통제권을 실현하기 위한 것이다.

(9) 개인정보 분쟁조정위원회 설치 및 집단분쟁조정제도의 도입(제40조부터 제50조까지)

① 개인정보에 관한 분쟁조정 업무를 신속하고 공정하게 처리하기 위하여 개인정보 분쟁조정위원회를 두고, 개인정보 분쟁조정위원회의 조정결정에 대해 수락한 경우 재판상 화해의 효력을 부여하며, 개인정보 피해가 대부분 대량·소액 사건인 점을 고려하여 집단분쟁조정제도를 도입하였다.

② 개인정보 관련 분쟁의 공정하고 조속한 해결 및 개인정보처리자의 불법, 오·남용으로 인한 피해의 신속한 구제를 통해 정보주체의 권익 보호를 위한 것이다.

(10) 단체소송의 도입(제51조부터 제57조까지)

① 개인정보처리자로 하여금 개인정보의 수집·이용·제공 등에 대한 준법정신과 경각심을 높이고, 동일·유사 개인정보 소송에 따른 사회적 비용을 절감하기 위해 개인정보 단체소송제도를 도입하였다.

② 다만, 단체소송이 남발되는 것을 막기 위해 단체소송 전에 반드시 집단분쟁조정제도를 거치도록 하고 단체소송의 대상을 권리침해 행위의 중단·정지 청구소송으로 제한하였다.

(11) 개인정보 침해사실의 신고(제62조)

① 개인정보처리자로부터 권리 또는 이익을 침해받은 자는 행정안전부장관에게 그 침해사실을 신고할 수 있으며, 행정안전부장관은 신고 접수 및 업무처리 지원을 위해 개인정보 침해신고센터를 설치·운영하도록 하였다.

② 개인정보 침해사실을 신고하고 상담할 수 있는 창구를 마련하여 정보주체의 신속한 권리구제와 고충처리를 위한 것이다.

2. 시행상의 문제점

본 법은 원칙적으로 주민등록번호 등의 고유식별정보의 처리를 금하면서, 정보주체의 별도 동의 및 법령의 근거가 있는 등의 경우에만 예외적으로 허용하고 있다(제24조). 뿐만 아니라 동법은 개인정보의 최소한의 수집을 규정하고 있다(제3조).

그러나 「정보통신망법」 및 「공직선거법」 등에는 주민등록번호 등(i-pin 등과 같은 고유식별번호 포함)의 활용을 전제로 인터넷 실명제를 여전히 규정하고 있다. 그리고 「전자상거래 등에서의 소비자보호에 관한 법률」 제6조제2항은 거래기록 보존의 목적에서, 「게임산업진흥에 관한 법률」 제12조의3은 청소년 보호의 목적(소위 셧 다운제)에서, 주민등록번호를 활용한 인정 및 보존을 규정하고 있다. 이는 「개인정보 보호법」의 원칙과 일정한 모순을 보여주고 있는 점이다.

빅데이터 시대를 맞이하여 개인정보의 상업목적에의 이용이 급증하면서 개인정보 보호의 문제는 새로운 전기를 맞이하고 있다.

제 7 장 행정의 실효성확보수단

제 1 절 행정벌

Ⅰ. 행정벌의 의의

1. 개 념

행정법상 의무위반에 대하여 일반통치권에 근거하여 과하는 제재로서의 처벌을 말한다.

2. 기 능

① 행정법규의 실효성 확보 ② 행정법상의 의무이행 확보

3. 타 개념과의 구별

① 징계벌과의 구별
   ㉠ 구별의 기준 : 행정벌은 일반 통치권에 의하여, 징계벌은 개별 법률의 수권에 의한다.
   ㉡행정벌과 징계벌의 병과는 가능하다(일사부재리의 원칙에 저촉 안 됨).
② 집행벌과의 구별(후술 제2절 Ⅱ. 이행강제금 참조)
③ 형사벌과의 구별
   ㉠ 구별의 기준 : 비행의 성질이 행정벌은 법정범이고, 형사벌은 자연범이다.
   * 행정벌에 관한 법규는 행위규범과 재판규범을 아울러 규정하는 것이 일반적이고, 형벌에 관한 법규는 재판규범만을 규정하는 것이 일반적이라고 볼 수 있다.
   ㉡ 구별의 실익－형사벌은 형법상의 벌을 과하지만, 행정벌은 질서벌(과

태료) 부과도 가능하고, 형법 제16조의 위법성 인식가능성의 판단에 있어서도 행정벌은 형사벌에 비하여 위법성의 인식가능성이 없는 경우가 넓게 인정될 수 있다. 또한 범죄 행위자 이외에 관련 법인 등도 처벌하는 양벌규정을 둘 수 있다.

ⓒ 구별이 상대화 되어가는 경향이 있다.

Ⅱ. 행정벌과 죄형법정주의

1. 행정형벌과 죄형법정주의의

죄형법정주의는 행정형벌에도 그대로 적용한다.

2. 행정질서벌과 죄형법정주의

① 행정질서벌에의 죄형법정주의의 적용여부 : 헌법재판소는 부정한다.

> 죄형법정주의는 무엇이 범죄이며 그에 대한 형벌이 어떠한 것인가는 국민의 대표로 구성된 입법부가 제정한 법률로써 정하여야 한다는 원칙인데, 부동산등기특별조치법 제11조 제1항 본문 중 제2조 제1항에 관한 부분이 정하고 있는 과태료는 행정상의 질서유지를 위한 행정질서벌에 해당할 뿐 형벌이라고 할 수 없어 죄형법정주의의 규율대상에 해당 되지 아니한다(헌재결 1998.5.28. 96헌바83).

② 조례로 행정질서벌(과태료)을 과할 수 있다(지방자치법 제27조, 제139조).

Ⅲ. 행정벌의 종류

1. 행정형벌과 행정질서벌의 이동(異同)

구 분	행정형벌	행정질서벌
성 질	직접적으로 행정목적 침해	간접적으로 행정목적 침해
수 단	형법상의 형벌	과태료
형법총칙	적용	적용안됨
과벌절차	① 원칙 : 형사소송법절차에 따라 법원이 부과 ② 예외 : 통고처분(즉결심판), 조세범, 관세범, 교통사범 등	① 원칙 : 질서위반행위규제법에 따라 법원이 부과 ② 예외(주무관청이 부과)

* 행정법규위반행위에 대하여 어떠한 제재를 가할 것인가는 입법자의 재량

에 속한다(헌재결 1994. 4.28. 91헌바14).

2. 행정형벌과 행정질서벌의 병과가능성

① 대법원은 행정형벌과 행정질서벌의 병과를 인정한다(대판 1996.4.12. 96도158).

② 헌법재판소는 이중처벌금지의 원칙에 위배되지 않는다고 한다(헌재결 1994.6.30. 92헌바38).

> 구 건축법 제54조 제1항에 의한 형사처벌의 대상이 되는 범죄의 구성요건은 당국의 허가 없이 건축행위 또는 건축물의 용도변경행위를 한 것이고, 동법 제56조의2 제1항에 의한 과태료는 건축법령에 위반되는 위법건축물에 대한 시정명령을 받고도 건축주 등이 이를 시정하지 아니할 때 과하는 것이므로, 양자는 처벌 내지 제재대상이 되는 기본적 사실관계로서의 행위를 달리하는 것이다. 그리고 전자가 무허가건축행위를 한 건축주 등의 행위 자체를 위법한 것으로 보아 처벌하는 것인 데 대하여, 후자는 위법건축물의 방치를 막고자 행정청이 시정조치를 명하였음에도 건축주 등이 이를 이행하지 아니한 경우에 행정명령의 실효성을 확보하기 위하여 제재를 과하는 것이므로 양자는 그 보호법익과 목적에서도 차이가 있고, 또한 무허가건축행위에 대한 형사처벌시에 위법건축물에 대한 시정명령의 위반행위까지 평가된다고 할 수 없으므로 시정명령위반행위가 무허가건축행위의 불가벌적 사후행위라고 할 수도 없다. 이러한 점에 비추어 구 건축법 제54조 제1항에 의한 무허가건축행위에 대한 형사처벌과 동법 제56조2 제1항에 의한 과태료의 부과는 헌법 제13조 제1항이 금지하는 이중처벌에 해당한다고 할 수 없다.

Ⅳ. 통고처분(행정형벌의 과벌 절차에 대한 예외)

1. 의의 및 성질

법률이 정하는 일정한 행정범을 범한 심증이 확실한 때에 그에 대한 벌금, 과료, 몰수 또는 추징금에 상당하는 금액을 일정한 장소에 납부하도록 통고하는 행정행위를 말한다. 주로 조세범, 출입국관리사범, 교통사범 등에 인정되고 있다. 이는 정식재판에 갈음하여 간이·신속을 주안으로 하여 상대방의 동의를 조건으로 하는 준사법적 성질의 행정행위이다.

통고처분의 효과는 범칙자가 통고처분을 받은 날부터 소정의 기간 안에 통고된 내용을 이행함으로써 통고처분은 확정판결과 같은 효력을 발생하고, 그 결과 일사부재리의 원칙이 적용된다. 그러나 소정의 기간 내에 범칙자가 통고내용을 이행하지 아니하면 당해 통고처분은 당연히 효력을 상실하고, 통고처분을 한 행정청은 지체 없이 고발하여야 한다.

한편, 통고처분을 행정행위로 보고, 국민의 권리구제를 위해서는 통고처분도 항고소송의 대상이 되는 처분으로 볼 필요가 있다는 주장도 있다. 통고처분에 불복하면 곧바로 형사절차로 이행되도록 하여 형사절차에서 다투라고 하는 것은 너무 가혹하다는 이유에서이다.

2. 통고처분의 위헌성 여부

통고처분이 국민의 헌법상의 재판받을 권리를 침해한다는 위헌설에 대해, 헌법재판소는 통고처분의 합헌성을 인정하고 있다(헌재결 1999.5.28.96헌바4).

3. 통고처분의 기능

① 전과자의 발생방지 ② 법원의 부담 완화

4. 통고처분의 처분성

판례에 의하면 통고처분의 처분성은 부정된다. 따라서 행정소송의 대상이 될 수 없다.

> 도로교통법 제118조에서 규정하는 경찰서장의 통고처분은 행정소송의 대상이 되는 행정처분이 아니므로 그 처분의 취소를 구하는 소송은 부적법하고, 도로교통법상의 통고처분을 받은 자가 그 처분에 대하여 이의가 있는 경우에는 통고처분에 따른 범칙금의 납부를 이행하지 아니함으로써 경찰서장의 즉결심판청구에 의하여 법원의 심판을 받을 수 있게 될 뿐이다(대판 1995.6.29. 95누4674).

5. 통고처분이 인정되는 범죄

조세범, 관세범, 출입국관리사범, 도로교통사범 등에 주로 적용된다.

Ⅴ. 행정질서벌

1. 행정질서위반행위의 정의

질서위반행위규제법에 의하면, '질서위반행위'란 법률(지방자치단체의 조례를 포함한다. 이하 같다)상의 의무를 위반하여 과태료를 부과하는 행위를 말한다. 다만, 다음 각 목의 어느 하나에 해당하는 행위를 제외한다(제2조제1호).

가. 대통령령으로 정하는 사법(私法)상·소송법상 의무를 위반하여 과태료를

부과하는 행위

나. 대통령령으로 정하는 법률에 따른 징계사유에 해당하여 과태료를 부과하는 행위

2. 행정질서벌과 형법총칙

행절질서벌에는 형법총칙이 적용되지 않는다. 질서위반행위규제법에 따르면 고의 또는 과실이 없는 질서위반행위에 대해서는 과태료를 부과할 수 없게 된다(동법 제7조 참조).

3. 국가가 과하는 행정질서벌

① 원칙 : 과태료에 처할 자의 주소지를 관할하는 지방법원이 질서위반행위규제법에 따라 결정으로 부과, 법원의 과태료결정에 불복하는 자는 즉시항고를 할 수 있다(질서위반행위규제법 제4장 질서위반행위의 재판 및 집행).

㉠ 과태료부과처분에 대한 불복 : 질서위반행위규제법에 의한다.

㉡ 과태료부과처분의 성질 : 司法행위

② 예외 : 과태료를 1차적으로 주무관청이 직접 부과·징수하는 경우도 있다.

4. 과태료부과처분에 대한 불복

질서위반행위규제법에 따르면 행정청의 과태료의 부과에 대한 불복절차는 다음과 같다.

① 행정청의 과태료에 불복하는 당사자는 과태료 부과 통지를 받은 날부터 60일 이내에 행정청에 서면으로 이의제기를 할 수 있다(동법 제20조). ② 이의제기를 받은 행정청은 이의제기를 받은 날로부터 14일 이내에 이에 대한 의견 및 증빙서류를 첨부하여 관할 법원에 통보하여야 한다(동법 제21조). ③ 당사자의 주소지의 지방법원 또는 그 지원이 과태료재판을 하게 된다(동법 제4장).

5. 과태료부과처분의 성질

행정소송의 대상이 되는 행정처분이 아니다(대법원 2012.10.11. 선고 2010다85102).

6. 지방자치단체가 과하는 행정질서벌

조례로써 과태료를 부과할 수 있다(지방자치법 제27조제1항). 조례에 기한 과태

료의 부과 여부 및 그 당부는 최종적으로는 질서위반행위규제법에 의한 절차에 의하여 판단된다.

7. 과태료의 부과징수권과 소멸시효

과태료부과징수권에는 소멸시효에 관한 규정이 적용 될 수 없음이 과거의 판례였으나, 질서위반행위규제법의 제정으로 5년간 징수하지 아니하거나 집행하지 아니하면 시효로 인하여 소멸한다.

질서위반행위규제법 제15조(과태료의 시효) : 과태료는 행정청의 과태료 부과처분이나 법원의 과태료 재판이 확정된 후 5년간 징수하지 아니하거나 집행하지 아니하면 시효로 인하여 소멸한다.

제 2 절 행정상 강제집행

Ⅰ. 대집행

1. 개 설

① 의무자가 법령에 의해 직접 명령되거나, 법령에 근거한 행정처분에 의해 의무자에게 작위의무가 주어진 경우, 그 작위의무가 대체적 작위의무일 경우, 그 작위의무를 이행하지 않은 경우에 당해 행정청이 스스로 또는 제3자로 하여금 의무자가 하여야 할 행위를 하게 함으로써 의무의 이행이 있은 것과 동일한 상태를 실현시킨 후, 그 비용을 의무자로부터 징수하는 것을 말한다. 집행은 행정대집행법이 정한 절차에 따른다.

[대집행의 의의 및 범위와 특정방법]

행정대집행법이 정하는 대집행은 법률에 의하여 직접 명령되었거나 법률에 의거한 행정청의 명령에 의한 행위로서 타인이 대신하여 할 수 있는 행위를 의무자가 이행하지 아니하는 경우에 당해 행정청이 스스로 그 행위를 하거나 제3자로 하여금 대신케 하고 그 비용을 의무자로부터 징수하는 제도이므로 행정청이 행정대집행법 제3조 제1항에 의한 대집행계고를 함에 있어서는 의무자가 스스로 이행하지 아니하는 경우에 대집행할 행위의 내용과 범위가 구체적으로 특정되어야 함은 소론과 같으나 그 행위의 범위 및 내용은 반드시 대집행계고서에 의하여서만 특정되어야 하는 것이 아니고 계고처분 전후에 송달된 문서나 기타 사정을 종합하여 행위의 내용이 특정되면 족하다
(대법원 1985.12.24. 선고 85누314 판결【무허가건물철거계고처분취소】)

* 행정대집행법 제1조(목적), 제3조(대집행의 절차), 제6조(비용징수) 등 참조

2. 대집행의 요건

① 대체적 작위의무의 불이행이 있을 것
  ㉠ 토지·건물의 인도에 대한 대집행의 가능성 : 부정
  ㉡ 부작위의무의 작위의무로의 전환 : 가능, 법적 근거 필요
② 다른 수단으로는 그 이행을 확보하기 곤란할 것
③ 그 불이행을 방치함이 심히 공익을 해치는 것으로 인정될 것

㉠ 불이행의 방치가 심히 공익을 해한다고 본 사례 : 허가 없이 무단 확장된 부분이 상당히 큰데다가 도로 쪽 전면으로 돌출되어 있어 쉽게 발견되고, 기존에 설정된 도시계획선을 침범하고 있는 경우(대판 1992.8.14, 92누3885)

㉡ 불이행의 방치가 심히 공익을 해하지 않는다고 본 사례 : 건축허가 면적보다 0.02평방 미터 정도만 초과하여 이웃의 대지를 침범하게 된 경우(대판 1992.3.12, 90누10070)

[부작위의무로부터 위반결과의 시정을 위한 작위의무가 도출되는지 여부]

행정대집행법 제2조에 따르면 대집행계고처분을 하기 위하여는 법령에 의하여 직접 명령되거나 법령에 근거한 행정청의 명령에 의한 의무자의 대체적 작위의무 위반행위가 있어야 한다. 따라서 단순한 부작위의무의 위반, 즉 관계 법령에 정하고 있는 절대적 금지나 허가를 유보한 상대적 금지를 위반한 경우에는 당해 법령에서 그 위반자에 대하여 위반에 의하여 생긴 유형적 결과의 시정을 명하는 행정처분의 권한을 인정하는 규정을 두고 있지 아니한 이상, 법치주의의 원리에 비추어 볼 때 위와 같은 부작위의무로부터 그 의무를 위반함으로써 생긴 결과를 시정하기 위한 작위의무를 당연히 끌어낼 수는 없으며, 또 위 금지규정으로부터 작위의무, 즉 위반결과의 시정을 명하는 권한이 당연히 추론되는 것도 아니다.
(대법원 1996.6.28. 선고 96누4374 판결【유치원시설물철거대집행계고처분취소】)

3. 요건사실의 존재에 대한 입증책임

대집행권자인 처분청에 있다.

4. 대집행의 절차

① 계고

㉠ 성질 : 준법률행위적 행정행위(통지)

㉡ 내용 및 범위가 특정이 되어야 한다.

㉢ 판례는 철거명령과 계고처분을 1장의 문서로서 동시에 할 수 있다고 본다(대판 1992.6.12, 91누13564).

㉣ 비상시, 위험이 절박한 경우 등에는 생략이 가능하다.

② 대집행영장에 의한 통지

㉠ 성질 : 통지행위

㉡ 비상시, 위험이 절박한 경우 등에는 생략이 가능하다.

③ 대집행의 실행

㉠ 성질 : 권력적 사실행위

㉡ 수인의무위반자에 대한 실력행사의 가능성 : 부정설(종래의 다수설)

⇒ 공무집행방해죄의 적용이나 경찰관직무집행법의 적용에 의지하는 경향이 있다.

cf) 대집행의 실행을 위한 필요최소한의 범위내에서 인정될 필요가 있다(통설).

④ 비용징수

[표 6-1] 대집행의 절차

구분	대집행의 계고	대집행영장의 통지	대집행의 실행	비용징수
의의	상당한 이행기간을 정하여 그 기한까지 이행하지 않을 때에는 대집행한다는 뜻을 문서로써 알리는 행위(구두에 의함은 무효)	의무자가 계고의 지정기한까지 의무를 이행하지 아니할 경우 당해 행정청은 대집행영장으로 대집행의 시기, 책임자의 성명, 집행계산액을 통지해야 하는 행위	물적인 실력을 행사하여 의무이행상태를 실현하는 행위(집행책임자는 증표를 휴대하여 이해관계인에게 제시)	대집행에 실제로 소요된 비용액과 납기일을 정해서 의무자에게 문서로써 그 납부를 명해야 하는 행위(미납시 국세징수법에 의해 강제징수)
법적 성질	준법률행위적 행정행위 중 의사의 <u>통지(통설, 판례)</u> 또는 작위의무를 부과하는 <u>하명(일부견해)</u>	준법률행위적 행정행위 중 <u>통지</u>	<u>권력적 사실행위</u>(수인하명+권력적사실행위)	비용납부명령(금전급부의무를 명하는 <u>하명</u>)

5. 대집행에 대한 불복

① 실행전의 단계

㉠ 계고·대집행영장에 의한 통지 : 행정행위로 행정쟁송의 대상이 된다.

* 제2차, 제3차의 계고처분은 행정쟁송의 대상이 될 수 없다.

㉡ 대집행의 실행 : 비교적 장기간에 걸쳐서 행해지는 경우에는 행정쟁송의 대상이 된다.

② 실행후의 단계 : 대집행의 실행이 완료된 후에는 소의 이익이 없으므로 행정쟁송으로 다툴 수 없음이 원칙이다.

> **[선행 계고처분의 위법성을 들어 대집행 비용납부명령의 취소를 구할 수 있는지 여부]**
>
> 대집행의 계고·대집행영장에 의한 통지·대집행의·실행·대집행에 요한 비용의 납부명령 등은, 타인이 대신하여 행할 수 있는 행정의무의 이행을 의무자의 비용부담하에 확보하고자 하는, 동일한 행정목적을 달성하기 위하여 단계적인 일련의 절차로 연속하여 행하여지는 것으로서, 서로 결합하여 하나의 법률효과를 발생시키는 것이므로, 선행처분인 계고처분이 하자가 있는 위법한 처분이라면, 비록 하자가 중대하고도 명백한 것이 아니어서 당연무효의 처분이라고 볼 수 없고 대집행의 실행이 이미 사실행위로서 완료되어 계고처분의 취소를 구할 법률상 이익이 없게 되었으며, 또 대집행비용납부명령 자체에는 아무런 하자가 없다 하더라도, 후행처분인 대집행비용납부명령의 취소를 청구하는 소송에서 청구원인으로 선행처분인 계고처분이 위법한 것이기 때문에 그 계고처분을 전제로 행하여진 대집행비용납부명령도 위법한 것이라는 주장을 할 수 있다.
> (대법원 1993.11.9. 선고 93누14271 판결【건물철거대집행계고처분취소】

Ⅱ. 이행강제금(집행벌)

1. 의 의

비대체적 작위의무 또는 부작위의무의 불이행이 있는 경우에 일정한 기한까지 의무를 이행하지 않으면 과태료 등을 과할 것을 계고함으로써 의무자에게 심리적 압박을 가하여 그 의무의 이행을 간접적으로 강제하는 수단을 말한다.

* 근래에는 대체적 작위의무도 이행강제금의 대상이 될 수 있음이 인정되는 추세에 있음을 주의할 것.

[행정청은 개별사건에 있어서 위반내용, 위반자의 시정의지 등을 반영하여 대집행과 이행강제금을 합리적 재량에 의해 선택적으로 활용할 수 있다. 헌재 2004.2.26, 2001헌바80, 84 등 병합 참조]

2. 근 거

개별 법령의 규정에 의한다. 대표적으로는 건축법 제80조상의 이행강제금이 있다.

> **제80조(이행강제금)** ① 허가권자는 제79조제1항에 따라 시정명령을 받은 후 시정기간 내에 시정명령을 이행하지 아니한 건축주등에 대하여는 그 시정명령의 이행에 필요한 상당한 이행기한을 정하여 그 기한까지 시정명령을 이행하지 아니하면

> 다음 각 호의 이행강제금을 부과한다. 이하, 생략
> 1. 건축물이 제55조와 제56조에 따른 건폐율이나 용적률을 초과하여 건축된 경우 또는 허가를 받지 아니하거나 신고를 하지 아니하고 건축된 경우에는 「지방세법」에 따라 해당 건축물에 적용되는 1제곱미터의 시가표준액의 100분의 50에 해당하는 금액에 위반면적을 곱한 금액 이하.
> 2. 생략
>
> ② 허가권자는 제1항에 따른 이행강제금을 부과하기 전에 제1항에 따른 이행강제금을 부과·징수한다는 뜻을 미리 문서로써 **계고(戒告)**하여야 한다.
> ③ 생략
> ④ 허가권자는 최초의 시정명령이 있었던 날을 기준으로 하여 **1년에 2회 이내의 범위에서 그 시정명령이 이행될 때까지 반복하여 제1항에 따른 이행강제금을 부과·징수할 수 있다.** 다만, 제1항 각 호 외의 부분 단서에 해당하면 총 부과 횟수가 5회를 넘지 아니하는 범위에서 해당 지방자치단체의 조례로 부과 횟수를 따로 정할 수 있다.
> ⑤ 생략
> ⑥ 허가권자는 제3항에 따라 이행강제금 부과처분을 받은 자가 이행강제금을 납부기한까지 내지 아니하면 **지방세 체납처분의 예에 따라 징수**한다.

3. 성 격

① 행정벌과의 병과가 가능하다.

② 일사부재리의 원칙과의 관계 : 의무불이행의 상태가 계속되는 한 반복하여 부과가 가능하다.

4. 이행강제금납부의무 불이행시의 강제조치

법률의 규정에 따른 강제징수가 일반적이다.

5. 이행강제금부과처분에 대한 불복

근거 법률의 규정에 따른다. 근거 법률은 크게 다음과 같은 두 종류로 불복절차를 정하고 있다.

① 근거 법률이 이행강제금 부과처분에 대한 불복방법에 대하여 아무런 규정을 두고 있지 않은 경우는 이행강제금 부과처분에 대하여 행정쟁송을 제기할 수 있다.

예) 건축법상 이행강제금의 부과처분에 대한 불복 : 행정쟁송 제기 가능 (건축법 제80조)

② 비송사건절차법에 의한 특별 절차가 근거 법률에 있는 경우는 그 절차에 따른다(예 : 부과권자에게 이의제기→관할 법원에의 통보→비송사건절차법에 의한 재판에 의하는 경우(농지법 제65조)).
이 경우에는 이행강제금의 부과처분은 행정쟁송의 대상이 되지 않는다(사법절차에 의한 司法행위).

Ⅲ. 직접강제

1. 의 의

행정상 의무의 불이행이 있는 경우에 의무자의 신체나 재산에 직접적으로 실력을 가함으로써 의무의 이행이 있는 것과 동일한 상태를 실현하는 작용을 말한다(예 : 영업소의 폐쇄조치, 외국인의 강제퇴거 등).

* 직접강제의 대상이 되는 의무는 작위의무, 부작위의무, 수인의무를 불문한다.

2. 성 질

① 행정상 즉시강제와의 구별 : 직접강제는 '의무불이행'을 전제로 하는 점에서 행정상 즉시강제와 구별된다.

② 대집행과의 구별

㉠ 대상이 되는 의무의 종류 : 직접강제는 일체의 의무불이행에 대한 강제수단이지만, 대집행은 대체적 작위의무의 불이행에 대한 강제수단이다.

㉡ 비용부담 : 직접강제의 비용은 행정청이 부담하지만, 대집행의 비용은 의무자가 부담한다.

㉢ 제3자에 의한 대행 가능성 : 직접강제의 경우에는 행정청 자신이 하여야 하지만, 대집행은 제3자로 하여금 이행하도록 할 수 있다. 제3자에 의한 타자집행이 가능하고 이때의 제3자와 행정청과의 관계는 私法관계(계약관계)로 본다.

3. 실정법적 근거

직접강제는 개별법에 예외적으로만 인정되어 왔었으나 근래에 들어 ① 공중위생 ② 의약품제조 ③ 안전관리 및 ④ 환경행정 분야 등에서 그 수가 급증하고 있는 실정이다.

4. 한 계

행정법상의 일반원칙 및 광의의 비례원칙의 적용 하에서 '최후의 수단'으로 활용되어야 한다.

5. 구 제

행정상 쟁송(권력적사실행위, 상대방에게 수인의무를 요구한다는 점에서 법적행위)에 의하거나, 국가배상 및 결과제거청구가 가능하다.

Ⅳ. 행정상 강제징수

1. 의 의

행정법상의 금전급부의무의 불이행이 있는 경우에 행정청이 의무자의 재산에 실력을 가하여 의무의 이행이 있었던 것과 동일한 상태를 실현하는 작용을 말한다.

2. 근 거

국세징수법이 행정상 강제징수의 실질적 일반법이다.

3. 행정상 강제징수의 절차

① 개관 : 독촉과 체납처분(재산의 압류, 압류재산의 매각, 청산)의 절차에 따른다.

② 독촉

성질은 준법률행위적 행정행위(통지행위)이다.

③ 재산의 압류

㉠ 의의 : 의무자의 재산에 대한 법률상 및 사실상의 처분을 금지시키고, 그를 확보하는 강제보전행위이다.

㉡ 성질 : 항고쟁송의 대상이 되는 처분으로 보는 견해가 유력하다.

㉢ 압류대상재산 : 의무자의 소유로서 금전적 가치 있는 모든 재산이 해당된다.

* 압류재산의 가액이 징수할 국세액을 초과한다고 하여 압류가 당연

무효가 되는 것은 아니다(대판 1986.11.11. 86누479).

㉣ 압류의 금지 : 생활상 없어서는 아니 될 의복·침구·가구 및 주방기구, 3개월간의 식료·연료, 인장, 족보, 훈장, 수학상 필요한 서적과 기구, 발명 또는 저작에 관한 것으로서 공표되지 아니한 것 등

㉤ 압류의 제한 : 급료, 임금, 봉급, 퇴직금, 퇴직연금 등

㉥ 압류의 효력

ⓐ 압류재산의 법률상 사실상 처분의 금지

ⓑ 압류재산으로부터 생기는 천연과실 또는 법정과실에도 미친다.

㉦ 압류의 해제 : 국세납부 등의 경우 반드시 압류를 해제하여야 한다.

④ 매각(공매, 환가)

㉠ 의의 : 체납자의 압류재산을 금전으로 환가하는 행위

㉡ 성질 : 대리행위

* 자산관리공사가 부동산을 매각하기로 한 결정, 공매통지는 처분성 부정

㉢ 매각의 방법

ⓐ 입찰 또는 경매에 의함(원칙)

ⓑ 예외적으로 수의계약, 이 경우 수의계약은 사법상 계약

⑤ 청산(충당, 배분) : 체납처분비 → 가산금 → 국세의 순으로 징수한다.

4. 체납처분의 중지 및 결손처분

① 체납처분의 중지 : 총 재산의 추산가액이 체납처분비에 충당하고 나머지가 생길 여지가 없을 때

② 결손처분

㉠ 체납처분을 중지한 경우

㉡ 체납처분의 결과 배분금액이 체납액에 부족한 때

㉢ 국세징수권의 소멸시효가 완성한 때 등

5. 행정상 강제징수에 대한 구제

국세징수법상의 특칙에 유의해야 한다.

[표 6-2] 행정상 강제징수의 절차

구분	독 촉	체 납 처 분		
		압 류	매 각	청 산
의의	공법상의 금전급부 의무의 이행을 최고하고 불이행하는 경우에는 체납 처분할 것을 예고하는 의사의 통지	체납자의 재산에 대한 법률상·사실상 처분을 금지함으로써 국세징수를 확보하는 강제집행작용	압류재산은 통화를 제외하고는 매각을 통하여 금전으로 환가해야 함	체납처분에 의해 수령한 금전을 체납세금·담보채권에 배분하고, 잔여가 있으면 체납자에게 되돌려 주는 작용
내용	ⓐ <u>준법률행위적 행정행위(의사의 통지)</u> ⓑ 체납처분의 전제요건, 채권소멸시효 중단효과	ⓐ <u>권력적 사실행위</u> ⓑ 사실상·법률상 처분금지의 효력발생 ⓒ 납부·충당·공매중지·부과취소시압류해제	ⓐ 원칙적으로 경매·입찰 등의 공매처분(<u>성질은 공법상대리, 판례는 행정처분</u>) ⓑ 예외적으로 수의계약	ⓐ 체납처분비용, 가산금, 국세의 순위로 우선 징수 ⓑ 배분 후 잔여금이 있으면 체납자에게 반환하고, 부족하면 법령에 따른 배분순위와 배분금액에 따라 배분

[관련 판례]

▶ 대집행의 요건

1. 공법상 의무이행에 대한 민사소송 소구가능 여부(소극)

구 토지수용법(1999.2.8. 법률 제5909호로 개정되기 전의 것) 제18조의2 제2항에 의하면 사업인정의 고시가 있은 후에는 고시된 토지에 공작물의 신축, 개축, 증축 또는 대수선을 하거나 물건을 부가 또는 증치하고자 하는 자는 미리 도지사의 허가를 받도록 되어 있고, 한편 구 도로법(1999.2.8. 법률 제5894호로 개정되기 전의 것) 제74조 제1항 제1호에 의하면 관리청은 같은 법 또는 이에 의한 명령 또는 처분에 위반한 자에 대하여는 공작물의 개축, 물건의 이전 기타 필요한 처분이나 조치를 명할 수 있다고 되어 있으므로 토지에 관한 도로구역 결정이 고시된 후 구 토지수용법(1999.2.8. 법률 제5909호로 개정되기 전의 것) 제18조의2 제2항에 위반하여 공작물을 축조하고 물건을 부가한 자에 대하여 관리청은 이러한 위반행위에 의하여 생긴 유형적 결과의 시정을 명하는 행정처분을 하여 이에 따르지 않는 경우에는 행정대집행의 방법으로 그 의무내용을 실현할 수 있는 것이고, 이러한 행정대집행의 절차가 인정되는 경우에는 따로 민사소송의 방법으로 공작물의 철거, 수거 등을 구할 수는 없다.

(대법원 2000.5.12. 선고 99다18909 판결【토지인도등】)

2. 협의취득시 철거의무의 약정을 한 경우, 대집행의 대상 여부(소극)

행정대집행법상 대집행의 대상이 되는 대체적 작위의무는 공법상 의무이어야 할 것인데, 구 공공용지의 취득 및 손실보상에 관한 특례법(2002.2.4. 법률 제6656호 공익사업을 위한 토지 등의 취득 및 보상에 관한 법률 부칙 제2조로 폐지)에 따른 토지 등의 협의취득은 공공사업에 필요한 토지 등을 그 소유자와의 협의에 의하여 취득하는 것으로서 공공기관이 사경제주체로서 행하는 사법상 매매 내지 사법상 계약의 실질을 가지는 것이므로, 그 협의취득시 건물소유자가 매매대상 건물에 대한 철거의무를 부담하겠다는 취지의 약정을 하였다고 하더라도 이러한 철거의무는 공법상의 의무가 될 수 없고, 이 경우에도 행정대집행법을 준용하여 대집행을 허용하는 별도의 규정이 없는 한 위와 같은 철거의무는 행정대집행법에 의한 대집행의 대상이 되지 않는다.

(대법원 2006.10.13. 선고 2006두7096 판결【건물철거대집행계고처분취소】)

3. 자진철거명령과 대집행을 1장의 문서로 알린 경우의 적법성

계고서라는 명칭의 1장의 문서로서 일정기간 내에 위법건축물의 자진철거를 명함과 동시에 그 소정기한 내에 자진철거를 하지 아니할 때에는 대집행할 뜻을 미리 계고한 경우라도 건축법에 의한 철거명령과 행정대집행법에 의한 계고처분은 독립하여 있는 것으로서 각 그 요건이 충족되었다.

(대법원 1992.6.12. 선고 91누13564 판결【건물철거대집행계고처분취소】)

4. 점유이전의 강제실현이 대집행의 대상이 되는지 여부

도시공원시설인 매점에 대한 점유자의 점유를 배제하고 그 점유이전을 받는 데 있다고 할 것인데, 이러한 의무는 그것을 강제적으로 실현함에 있어 직접적인 실력행사가 필요한 것이지 대체적 작위의무에 해당하는 것은 아니어서 직접강제의 방법에 의하는 것은 별론으로 하고 행정대집행법에 의한 대집행의 대상이 되는 것은 아니다.

(대법원 1998.10.23. 선고 97누157 판결【시설물철거대집행계고처분취소】)

5. 불법건축물에 대한 계고처분의 요건

건축법에 위반하여 증·개축함으로써 철거의무가 있더라도 행정대집행법 제2조에 의하여 그 철거의무를 대집행하기 위한 계고처분을 하려면 다른 방법으로는 그 이행의 확보가 어렵고, 그 불이행을 방치함이 심히 공익을 해하는 것으로 인정되는 경우에 한한다.

(대법원 1989.7.11. 선고 88누11193 판결【건물철거대집행계고처분취소】)

6. 대집행의 요건으로서의 공익

건축법에 위반된 무단증축으로 인근주민의 사생활의 평온을 침해할 우려가 있게 되었으나 종전의 상태에 비하여 그 침해의 정도가 크게 증대되었다고는 볼 수 없고, 공익에 영향을 주지 아니하여 건축법 위반 건물부분에 대한 철거대행계고처분이 위법하다.

(대법원 1991.8.27. 선고 91누5136 판결【건물철거대집행계고처분취소】

▶ 계 고

7. 계고처분의 행정소송 대상성

행정대집행법 제3조 제1항의 계고처분은 그 계고처분 자체 만으로서는 행정적 법률효과를 발생하는 것은 아니나 같은 법 제3조 제2항의 대집행명령장을 발급하고 대집행을 하는데 전제가 되는 것이므로 행정처분이라 할 수 있고 따라서 행정소송의 대상이 될 수 있다

(대법원 1962.10.18. 선고 62누117 판결【행정처분취소】)

8. 반복된 계고의 대상적격

건물의 소유자에게 위법건축물을 일정기간까지 철거할 것을 명함과 아울러 불이행할 때에는 대집행한다는 내용의 철거대집행 계고처분을 고지한 후 이에 불응하자 다시 제2차, 제3차 계고서를 발송하여 일정기간까지의 자진철거를 촉구하고 불이행하면 대집행을 한다는 뜻을 고지하였다면 행정대집행법상의 건물철거의무는 제1차 철거명령 및 계고처분으로서 발생하였고 제2차, 제3차의 계고처분은 새로운 철거의무를 부과한 것이 아니고 다만 대집행기한의 연기통지에 불과하므로 행정처분이 아니다.

(대법원 1994.10.28. 선고 94누5144 판결【건축물자진철거계고처분취소】)

9. 행정기관의 권한유월행위에 기한 계고의 효력

행정기관의 권한유월의 행위는 무권한 행위로서 원칙적으로 무효이고, 선행행위가 부존재하거나 무효인 경우에는 그 하자는 당연히 후행행위에 승계되어 후행행위도 무효로 된다. 그런데 주택건설촉진법은 그 위반행위에 대하여 벌칙규정만을 두고 있을 뿐, 건축법 제69조 등과 같은 부작위의무 위반행위에 대하여 대체적 작위의무로 전환하는 규정을 두고 있지 아니하므로 위 금지규정으로부터 그 위반결과의 시정을 명하는 원상복구명령을 할 수 있는 권한이 도출되는 것은 아니다. 결국 행정청의 원고에 대한 원상복구명령은 권한 없는 자의 처분으로 무효라고 할 것이고, 위 원상복구명령이 당연무효인 이상 후행처분인 계고처분의 효력에 당연히 영향을 미쳐 그 계고처분 역시 무효로 된다.

(대법원 1996.6.28. 선고 96누4374 판결【유치원시설물철거대집행계고처분취소】)

▶ 대집행에 대한 구제

10. 대집행이 완료된 경우 처분의 취소를 구할 법률상 이익

대집행계고처분 취소소송의 변론종결 전에 대집행영장에 의한 통지절차를 거쳐 사실행위로서 대집행의 실행이 완료된 경우에는 행위가 위법한 것이라는 이유로 손해배상이나 원상회복 등을 청구하는 것은 별론으로 하고 처분의 취소를 구할 법률상

이익은 없다.

(대법원 1993.6.8. 선고 93누6164 판결【건물철거대집행계고처분취소】)

11. 대집행계고처분의 요건 및 주장·입증책임

건축법에 위반하여 건축한 것이어서 철거의무가 있는 건물이라 하더라도 그 철거의무를 대집행하기 위한 계고처분을 하려면 다른 방법으로는 이행의 확보가 어렵고 불이행을 방치함이 심히 공익을 해하는 것으로 인정될 때에 한하여 허용되고 이러한 요건의 주장·입증책임은 처분 행정청에 있다.

(대법원 1996.10.11. 선고 96누8086 판결【불법건축물원상복구계고처분취소】)

12. 건물철거명령에 대한 불가쟁력 발생 후 후행행위에 대한 쟁송가능성

법률에 의거한 행정청의 무허가건물철거명령에 대하여 소원이나 소송제기 등 소구절차를 거치지 아니하여 이미 선행행위가 적법인 것으로 확정된 경우에는 후행행위인 대집행계고처분에서는 위 건물이 무허가건물이 아닌 적법한 건축물이라는 주장이나 그러한 사실인정을 하지 못한다.

(대법원 1975.12.9. 선고 75누218 판결【대집행계고처분취소】)

▶ 집행벌(이행강제금)

13. 대체적 작위의무에 이행강제 가능 여부

행정대집행은 대체적 작위의무에 대한 강제집행수단으로, 이행강제금은 부작위의무나 비대체적 작위의무에 대한 강제집행수단으로 이해되어 왔으나, 이는 이행강제금제도의 본질에서 오는 제약은 아니며, 이행강제금은 대체적 작위의무의 위반에 대하여도 부과될 수 있다. 현행 건축법상 위법건축물에 대한 이행강제수단으로 대집행과 이행강제금(제83조 제1항)이 인정되고 있는데, 양 제도는 각각의 장·단점이 있으므로 행정청은 개별사건에 있어서 위반내용, 위반자의 시정의지 등을 감안하여 대집행과 이행강제금을 선택적으로 활용할 수 있으며, 이처럼 그 합리적인 재량에 의해 선택하여 활용하는 이상 중첩적인 제재에 해당한다고 볼 수 없다.

(헌재 2004.2.26, 2001헌바80 등 병합)

▶ 과징금

14. 과징금 부과의 성격 및 그 산정 방법

하도급거래 공정화에 관한 법률상의 과징금 부과가 제재적 성격을 가진 것이기는 하여도 기본적으로는 하도급거래 공정화에 관한 법률 위반행위에 의하여 얻은 불법적인 경제적 이익을 박탈하기 위하여 부과되는 것이고, 위 법이 준용하는 독점규제 및 공정거래에 관한 법률 제55조의3 제1항에서도 이를 고려하여 과징금을 부과할 때 위반행위의 내용과 정도, 기간과 횟수 외에 위반행위로 인하여 취득한 이익의 규모 등도 아울러 참작하도록 규정하고 있으므로, 과징금의 액수는 당해 위반행위의 구체적 태양 등에 기하여 판단되는 그 위법성의 정도뿐 아니라 그로 인한 이득액의 규모와도 상호 균형을 이루어야 하고, 이러한 균형을 상실할 경우에는 비례의 원칙에 위배되어 재량권의 일탈·남용에 해당할 수가 있다.

(대법원 2010.1.14. 선고 2009두11843 판결【시정명령등취소】)

제 3 절 행정상 즉시강제

1. 개 념

행정법상의 의무의 부과 및 그의 불이행을 전제함이 없이 직접 개인의 신체 또는 재산에 실력을 가함으로써 행정상 필요한 상태를 실현시키는 행정작용이다.

> **[행정상 즉시강제의 의의 및 한계]**
>
> 행정상 즉시강제란 행정강제의 일종으로서 목전의 급박한 행정상 장해를 제거할 필요가 있는 경우에, 미리 의무를 명할 시간적 여유가 없을 때 또는 그 성질상 의무를 명하여 가지고는 목적달성이 곤란할 때에, 직접 국민의 신체 또는 재산에 실력을 가하여 행정상 필요한 상태를 실현하는 작용이며, 법령 또는 행정처분에 의한 선행의 구체적 의무의 존재와 그 불이행을 전제로 하는 행정상 강제집행과 구별된다. 행정강제는 행정상 강제집행을 원칙으로 하며, 법치국가적 요청인 예측가능성과 법적 안정성에 반하고, 기본권 침해의 소지가 큰 권력작용인 행정상 즉시강제는 어디까지나 예외적인 강제수단이라고 할 것이다. 이러한 행정상 즉시강제는 엄격한 실정법상의 근거를 필요로 할 뿐만 아니라, 그 발동에 있어서는 법규의 범위 안에서도 다시 행정상의 장해가 목전에 급박하고, 다른 수단으로는 행정목적을 달성할 수 없는 경우이어야 하며, 이러한 경우에도 그 행사는 필요 최소한도에 그쳐야 한다. (헌재 2002.10.31, 2000헌가12)

2. 법적성질

권력적 사실행위로 처분성이 인정된다.

3. 근 거

① 일반법은 없다.

② 개별 실정법적 근거 : 경찰관직무집행법 및 기타 개별법에 의한다.

4. 수 단

① 대인적 강제수단(감염병의 예방 및 관리에 관한 법률상 강제입원과 강제격리(동법 제49조 제1항 제14호 등)

대물적 강제수단(소방기본법상 물건의 제거, 식품위생법상 물건의 폐기 등)

대가택적 강제수단(경찰관직무집행법상 위험방지를 위한 출입 등)

* 종래 대가택적 강제에 해당한다고 설명되어 오던 것들은 오늘날에는 행정조사의 예로 논의되기도 한다.

② 경찰관직무집행법상의 강제수단(제4조 보호조치, 제5조 위험발생의 방지, 제7조 위험방지를 위한 출입 등), 개별법상의 강제수단

5. 행정상 즉시강제의 한계

① 실체적 한계

㉠ 법규상의 한계 : 실정법상의 근거가 필요하다.

㉡ 조리상의 한계

ⓐ 현재성 : 행정상의 장해가 목전에 급박할 것

ⓑ 보충성 : 다른 수단으로는 행정목적을 달성할 수 없을 때

ⓒ 비례원칙에 따른 한계 : 적합성, 필요성, 상당성의 원칙

ⓓ 소극목적성 : 사회공공의 안녕·질서의 유지를 위하여 필요한도 내에 그칠 것

② 절차적 한계 – 영장주의와의 관계

ⓐ 영장불요설 : 판례의 입장(헌재 2002.10.31. 2000헌가12)

ⓑ 영장필요설

ⓒ 절충설 : 영장주의는 행정상 즉시강제에도 원칙적으로 적용되어야 하나, 행정목적 달성에 불가피하다고 인정할만한 합리적 사유가 있는 경우에는 영장주의에 대한 예외를 인정할 수밖에 없다는 설(다수설)

* 위법한 즉시강제로 인한 신체의 구속에 대해 인신보호제도의 활용은 가능하다(헌법 12조6항).

[인신보호법]

제1조(목적) 이 법은 위법한 행정처분 또는 사인(私人)에 의한 시설에의 수용으로 인하여 부당하게 인신의 자유를 제한당하고 있는 개인의 구제절차를 마련함으로써 「헌법」이 보장하고 있는 국민의 기본권을 보호하는 것을 목적으로 한다.

제2조(정의) ① 이 법에서 "피수용자"란 자유로운 의사에 반하여 국가, 지방자치단체, 공법인 또는 개인, 민간단체 등이 운영하는 의료시설·복지시설·수

> 용시설·보호시설(이하 "수용시설"이라 한다)에 수용·보호 또는 감금되어 있는 자를 말한다. 다만, 형사절차에 따라 체포·구속된 자, 수형자 및 「출입국관리법」에 따라 보호된 자는 제외한다.

6. 행정상 즉시강제에 대한 구제

① 적법한 즉시강제에 대한 구제

㉠ 손실보상

㉡ 긴급피난

② 위법한 즉시강제에 대한 구제

㉠ 행정소송 : 행정상 즉시강제는 성질상 단기간에 행해지는 조치로서 소의 이익이 없는 경우가 많으므로, 이는 즉시강제가 비교적 장기간에 걸쳐서 행해지는 경우에 가능하다.

㉡ 손해배상청구(가장 적절한 구제절차라 할 수 있다.)

㉢ 정당방위

㉣ 헌법소원

㉤ 기타의 수단 : 공무원의 책임, 직권에 의한 취소, 청원, 고소·고발 등이 있다.

제 4 절 행정조사

1. 의 의

① 개념 : 행정기관이 정책을 결정하거나 직무를 수행하는 데 필요한 정보나 자료를 수집하기 위하여 현장조사·문서열람·시료채취 등을 하거나 조사대상자에게 보고요구·자료제출요구 및 출석·진술요구를 행하는 활동을 말한다(행정조사기본법 제2조제1항).

* 즉시강제와의 구별 : ① 준비적·보조적 수단, ② 실력행사의 문제

② 성질 : 사실행위

2. 행정조사의 근거

① 법률유보의 문제 :

㉠ 권력적 행정조사(특히 개인정보의 수집을 목적으로 하는 조사)의 경우에는 법률의 수권이 필요

㉡ 비권력적 행정조사는 별도의 법적 근거 없이도 가능(행정조사기본법 제5조 참조)

② 실정법적 근거 : 실질적인 일반법으로 행정조사기본법

3. 행정조사의 한계

① 실체적 한계(행정조사기본법 제4조 참조)

㉠ 비례의 원칙 : 조사목적을 달성하는데 필요한 최소한의 범위안에서 실시, 다른 목적 등을 위하여 조사권 남용불가

㉡ 조사대상자의 선정 : 조사목적에 적합하도록 조사대상자 선정

㉢ 중복조사의 금지 : 유사하거나 동일한 사안에 대하여는 공동조사 실시

㉣ 법령위반에 대한 처벌보다는 법령 등을 준수하도록 유도하는 데 중점

㉤ 행정조사내용의 공표금지 등

㉥ 다른 목적으로의 사용금지

② 절차적 한계

㉠ 증표의 휴대·제시(행정조사기본법 제11조제3항)

㉡ 영장주의의 문제

4. 행정조사의 유형

① 방법에 의한 구분 : ㉠ 직접조사 ㉡ 간접조사

② 대상에 의한 구분 : ㉠ 대인적 조사 ㉡ 대물적 조사 ㉢ 대가택적 조사

* 불심검문(예, 세무조사)은 종래 행정상 즉시강제의 수단으로 설명되어 왔으나 오늘날은 행정조사에 해당하는 것으로 설명되는 추세에 있다.

③ 성질(수단)에 의한 구분 : ㉠ 권력적 행정조사 ㉡ 비권력적 행정조사

5. 행정조사의 방법

① 출석·진술 요구(행정조사기본법 제9조)

㉠ 출석요구서의 발송 ㉡ 출석일시의 변경신청

② 보고요구와 자료제출의 요구(행정조사기본법 제10조)

㉠ 보고요구서의 발송 ㉡ 자료제출요구서의 발송

③ 현장조사

㉠ 현장출입조사서의 발송

㉡ 현장조사의 시간적 제한: 현장조사는 해가 뜨기 전이나 해가 진 뒤에는 할 수 없다. 다만, 조사대상자가 동의한 경우 등에는 그러하지 아니하다.

④ 시료채취(행정조사기본법 제12조)

㉠ 시료의 소유자 및 관리자의 정상적인 경제활동을 방해하지 아니하는 범위 안에서 최소 한도에 그쳐야 한다.

㉡ 시료채취로 조사대상자에게 손실을 입힌 때에는 손실보상을 하여야 한다.

6. 행정조사의 법적문제

① 사전절차의 문제

㉠ 원칙-조사의 사전통지 : 조사일시·장소·대상 및 조사이유 등을 사전에 통지하여야 한다.

㉡ 예외-조사의 사전통지의 생략 : 조사의 성질상 사전에 통지를 하게 되면 적절한 조사가 불가능한 경우에는 조사의 사전통지에 대한 예외

를 인정(행정조사기본법 제17조 참조)한다.

② 위법한 조사의 문제

행정조사가 위법하게 행하여진 경우에도 이를 기초로 한 행정작용(특히 행정행위)이 당연히 위법한 것이 되는 것은 아니다. 그러나 법이 요구하는 요건을 무시하여 행정조사로 볼 수 없을 정도의 위법한 행정조사에 기초하여 행해진 행정행위는 위법성이 인정될 수 있다.

> 세무조사대상의 기준과 선정방식에 관한 구 국세기본법(2006. 12. 30. 법률 제8139호로 개정되기 전의 것, 이하 '구 국세기본법'이라 한다) 제81조의5가 도입된 배경과 취지, 구 국세기본법 제81조의5가 포함된 제7장의2에 관한 구 국세기본법과 개별 세법의 관계 등을 종합하여 보면, 구 국세기본법 제81조의5가 마련된 이후에는 개별 세법이 정한 질문·조사권은 구 국세기본법 제81조의5가 정한 요건과 한계 내에서만 허용된다.
> 또한 구 국세기본법 제81조의5가 정한 세무조사대상 선정사유가 없음에도 세무조사대상으로 선정하여 과세자료를 수집하고 그에 기하여 과세처분을 하는 것은 적법절차의 원칙을 어기고 구 국세기본법 제81조의5와 제81조의3 제1항을 위반한 것으로서 특별한 사정이 없는 한 과세처분은 위법하다.
> (대법원 2014. 6. 26. 선고 2012두911 판결【국세부과취소】)

7. 권력적 행정조사의 실효성확보수단에 관한 문제

① 상대방이 행정조사에 대한 수인의무를 거부하는 경우에는 그 실효성을 담보하기 위해서는 직접강제의 수단을 활용하는 방법과 행정벌을 부과하는 방법이 있다. 보통 두 가지를 병과 한다. 예를 들어 식품위생법 제17조에 근거하여 식품조사를 위한 영업소출입을 거부하는 경우에는 대가택강제를 가하여 행정조사를 하거나, 동법 제77조에 따라 행정벌을 부과할 수 있다.

② 상대방이 행정조사를 거부하는 경우에 대해서는 두 설이 있다.

ⓐ 소극설 : 법률이 행정조사를 위한 주거나 영업소출입에 대한 근거규정을 두었다고 할지라도 상대방이 이를 거부하는 경우에, 법에서 이를 명시적으로 허용하는 경우를 제외하고는 실력행사에 의한 행정조사를 할 수 없다는 입장이다.

ⓑ 적극설 : 행정조사를 위한 주거나 영업소의 출입은 그 자체가 상대방의 의사여부에 불문하고 행하여지는 강제조사이기 때문에, 상대방이 자신의 수인의무에 위반하여 거부하는 경우 비례의 원칙의 한계 내에서 실력

행사를 할 수 있다고 보는 것이 타당하다고 본다.

ⓒ 사견 : 공무원의 적법한 행정조사 목적을 위한 출입·질문 등을 상대방이 거부하는 경우에는, 실정법이 명시적으로 규정하고 있지 않는 한 간접적 강제(예 : 영업허가의 철회)는 할 수 없을 뿐만 아니라 상대방의 신체나 재산에 대한 간접적 실력행사도 허용되지 않는다고 봄이 바람직하다(부당결부금지의 원칙).

[표 6-3] 행정상 즉시강제와 행정조사

구 분	행정상 즉시강제	행정조사
발생법계	독일법계에서 유래	영미법계에서 유래
목 적	개인의 신체나 재산에 대하여 직접 실력을 가하여 행정상 필요한 결과를 실현시키는 것(결과실현)	행정상 필요한 결과 그 자체가 목적이 아니라 행정작용을 위한 자료를 수집하는 준비적·보조적 수단의 성질(자료수집)
방 법	직접적인 실력행사를 통하여 스스로 일정한 상태를 실현	직접적인 실력행사가 아니라 행정벌 등의 방법을 통하여 행정조사를 수인시키는데 불과
성 질	권력적 사실행위(물리적·집행적 사실행위)	권력적 혹은 비권력적 사실행위
긴급성 요부	긴급성 요함	반드시 긴급성을 요하는 것은 아님
법적 근거	ⓐ 경찰관직무집행법이 대표적 법률 ⓑ 개별법 : 식품위생법, 소방법, 전염병예방법, 검역법, 마약류관리법 등	ⓐ 일반법 : 행정조사기본법 ⓑ 개별법 : 식품위생법, 국세징수법, 소득세법, 생활보호법 등
수 단	보호조치, 임시영치, 강제파괴, 부패식품·약품 등의 무상폐기조치, 원조강제 등	불심검문, 임검, 가택수색, 소득세법상질문·조사, 근로감독관의 사업장·기숙사 임검·질문조사, 부패식품 조사를 위한 무상수거 등

제 5 절 행정의 실효성 확보를 위한 새로운 수단

Ⅰ. 과징금

1. 의의 및 성질

① 의의 : 행정법상의 의무위반자에게 당해 위반행위로 경제적 이익이 발생한 경우에 행정청이 그 이익을 박탈하기 위하여 과하는 금전적 제재를 말한다.
② 성질 : 행정의 실효성을 확보하기 위한 새로운 수단으로 행정벌과 병과가 가능하다.

2. 유 형

① 전형적 과징금
② 변형적 과징금 : 인허가사업을 시행하는 자가 행정법규를 위반한 경우 그 위반자에 대하여 사업의 취소나 정지를 명하는 것에 갈음하여 사업을 계속할 수 있게 하되 사업을 계속함으로써 얻는 이익을 박탈하는 금전상 제재로 활용되는 경우를 말한다.

3. 과징금의 유용성

① 일반 공중에 대한 불편을 초래함 없이 의무위반자에 대한 제재가 가능하다.
② 벌금의 형식을 취하지 않음으로써 전과자 양산을 방지할 수 있다.

4. 법적근거

반드시 법률에 구체적인 근거가 있어야 한다.

[독점규제 및 공정거래에 관한 법률 제6조(과징금)]

공정거래위원회는 시장지배적사업자가 남용행위를 한 경우에는 당해 사업자에 대하여 대통령령이 정하는 매출액(大統領令이 정하는 事業者의 경우에는 營業收益을 말한다. 이하 같다)에 100분의 3을 곱한 금액을 초과하지 아니하는 범위안에서 과징금을 부과할 수 있다. 다만, 매출액이 없거나 매출액의 산정이 곤란한 경우로서 대통령령이 정하는 경우(이하 "賣出額이 없는 경우등"이라 한다)에는 10억원을 초과하지 아니하는 범위안에서 과징금을 부과할 수 있다.

5. 과징금의 부과·징수

① 행정청이 부과하고 국세징수법에 의해 징수한다.

② 과징금을 행정청이 부과·징수하는 것에 대해서 위헌성을 지적하는 견해도 있으나 헌법재판소는 합헌성을 인정한다(헌재결 2003. 7.24. 2001헌가25).

6. 과징금에 대한 주요 판례 정리

① 과징금부과처분이 법이 정한 한도액을 초과하여 위법할 경우 법원으로서는 그 전부를 취소할 수밖에 없고, 그 한도액을 초과한 부분이나 법원이 적정하다고 인정되는 부분을 초과한 부분만을 취소할 수 없다(대판 1998.4. 10. 98두2270).

③ 과징금 채무는 대체적 급부가 가능한 의무이므로 위 과징금을 부과 받은 자가 사망한 경우 그 상속인에게 포괄승계 된다(대판 1999.5.14. 99두35).

④ 과징금 액수가 법정 상한비율을 초과하지 않는다고 하더라도 그 사원 판매행위로 인하여 취득한 이익의 규모를 크게 초과하여 그 매출액에 육박하게 된 경우, 불법적인 경제적 이익의 박탈이라는 과징금 부과의 기본적 성격과 그 사원 판매행위의 위법성의 정도에 비추어 볼 때 그 과징금 부과처분은 비례의 원칙에 위배된 재량권의 일탈·남용에 해당 한다(대판 2001.2.9. 2000두6006).

Ⅱ. 가산금·가산세

1. 가산금

① 의의 : 행정법상의 금전급부의무의 불이행에 대해서 과해지는 금전적 제재. 국세기본법의 경우 체납국세의 100분의 3에 해당하는 가산금을 징수(동법 제21조)한다.

② 성질 : 가산금은 미납부분에 대한 지연이자의 성격을 띤다.

국유재산 등의 관리처이 하는 행정재산의 사용·수익허가에 따른 사용료에 대하여는 국유재산법 제25조 제3항의 규정에 의하여 국세징수법 제21조, 제22조가 규정한 가산금과 중가산금을 징수 할 수 있다 할 것이고, 위 가산금과 중과산금은 위 사용료가 납부기한까지 납부되지 않은 경우 미납분에 관한 지연이자의 의미로 부과되는 부대세의 일종이다(대판 2006. 3.9. 2004다31074).

2. 가산세

① 의의 : **조세법상의 의무위반에 대해 과해지는 금전상의 제재로서 조세의 일종이다.**

② 성질 : 가산세는 납세의무의 성실한 이행을 확보하는 수단인 점에서 행정벌과 확연히 구분, 따라서 동일한 납세의무위반에 대해 가산세와 행정벌의 병과가 인정 될 수 있다.

[국세기본법 제2조] 4. **'가산세'(加算稅)**란 세법에서 규정하는 의무의 성실한 이행을 확보하기 위하여 세법에 따라 산출한 세액에 가산하여 징수하는 금액을 말한다. 다만, 가산금은 포함하지 아니한다.
5. **'가산금'(加算金)**이란 국세를 납부기한까지 납부하지 아니한 경우에 「국세징수법」에 따라 고지세액(告知稅額)에 가산하여 징수하는 금액과 납부기한이 지난 후 일정 기한까지 납부하지 아니한 경우에 그 금액에 다시 가산하여 징수하는 금액을 말한다.

Ⅲ. 공 표

1. 개 념

행정법상의 의무위반이 있는 경우에 그의 성명·위반사실 등을 일반인이 알 수 있도록 공개하여 명예를 위협함으로써 의무이행을 간접적으로 강제하는 수단이다.

2. 공표의 성질

사실행위(권력성을 동반하는 경우엔 '권력적 사실행위')이다.

3. 공표의 근거

① 이론적 근거 : 원칙적으로 법적 근거를 요한다.

② 실정법적 근거

㉠ 고위공직자의 재산공개를 규정하고 있는 공직자윤리법 제8조의 2.
㉡ 고액체납자의 명단공개제도를 규정하고 있는 국세기본법 제85조의 5.
㉢ 위해식품 등의 공표를 규정하고 있는 식품위생법 제56조의 2.

4. 공표와 권리구제

① 국민의 공표청구권(알 권리)
② 위법한 공표에 대한 구제수단
㉠ 동일 매스컴을 통한 행정청의 정정 공고
㉡ 행정상 손해배상의 청구
㉢ 공표행위의 처분성 인정여부와 불복수단 : 공표에 대한 취소소송의 가능성(공표행위의 처분성)에 대하여는 긍정설과 부정설로 학설이 대립한다. ⓐ 긍정설에 의하면 공표행위를 권력적 사실행위 내지는 형식적 행정행위로 보아 처분성을 인정한다. ⓑ 부정설은 처분성을 부정하고 구제수단으로는 공법상 당사자소송(명단공표의 금지를 구하는 이행소송이나 명단공표의 금지를 구하는 소송)이나, 공표행위 전 예방적 금지소송을 도입할 것을 주장한다.
㉣ 공표를 행한 공무원의 형사책임

> 공표의 위법성의 문제 : 민사상으로 타인의 명예를 훼손하는 행위를 한 경우에도 그것이 공공의 이해에 관한 사항으로서 오로지 공공의 이익을 위한 것일 때에는 진실한 사실이라는 증명이 있으면 그 행위에 위법성이 없고, 또한 그 증명이 없더라도 행위자가 그것이 진실이라고 믿을 만한 상당한 이유가 있는 경우에는 위법성이 없다고 보아야 할 것이다(대판 1998.7.14. 96다17257).

Ⅳ. 고액체납자의 명단공개제도

1. 명단공개의 대상 등

국세기본법, 지방세법에서 그 예를 찾을 수 있다.
① 체납발생일로부터 1년이 경과한 국세가 5억원 이상인 상습세금채납자의 그 인적사항·체납액 등(국세기본법 제85조의5).
② 대통령령으로 정하는 불성실기부금수령단체의 인적사항·국세추징명세 등

단, 체납된 국세가 이의신청·심사청구 등 불복청구 중에 있는 경우에는 그러하지 아니하다.

2. 국세정보공개심의위원회의 설치

체납자 또는 불성실기부금수령단체의 인적 사항·체납 또는 국세추징명세 등에 대한 공개여부를 심의하기 위하여 국세청에 국세정보 공개심의위원회를 둔다.

3. 명단공개의 절차(국세의 경우)

지방세의 경우는 지방세법에 따라 공개한다.

① 소명기회의 부여

② 공개대상자의 선정 : 통지일부터 6월이 경과한 후 위원회로 하여금 체납액의 납부이행 또는 기부금영수증 발급명세의 작성·보관 의무 이행 등을 감안하여 체납자 또는 불성실기부금단체 명단공개여부를 재심의 하게 한 후 공개대상자를 선정한다.

4. 명단공개의 방법

공개는 관보개제·국세정보통신망 또는 관할세무서 게시판에 게시하는 방법에 의한다.

[표 6-4] 명단공표

구 분	내 용
의 의	행정법상 의무위반 또는 의무불이행이 있는 경우 행정청이 그의 성명·위반사실등을 일반에 공개하여 명예 또는 신용의 침해를 위협함으로써 그에 따르는 사회적 비난이라는 간접적·심리적 강제로 그 의무이행을 확보하려는 제도(고액조세체납자의 명단·사업명의 공표, 공해배출업소 명단의 공개 등) [종류] (명예, 신용 등 권리의 침해에 대한 수인을 요구하는, 하명적 성격을 가진 공표 - 권력적 사실행위로서 처분성이 인정 정보제공적 성격을 가진 공표 - 사실행위로서 처분성이 부정된다.
법적 근거	아직 일반법적 근거가 없지만, 실정법상 「아동·청소년의 성보호에관한 법률」·「자원의 절약과 재활용 촉진에 관한 법률」·「식품위생법」 등 약간의 개별법에서 그 법적 근거를 찾아볼 수 있으며, 국세청훈령인 국세징수사무처리규정(제66조)에서도 고액체납자의 명단공표를 규정
장 점	ⓐ 절차의 제약 없이 간략하고 신속하게 발동(공권력의 행사가 아님) ⓑ 행정형벌은 과형절차가 복잡하므로 공표가 보다 경제적 ⓒ 실효성이 높고 직접 물리력을 행사하지 아니하고 목적달성
문제점	ⓐ 공표가 남용될 경우 구제 곤란 ⓑ 개인 프라이버시권과의 조화문제

Ⅴ. 공급거부·관허사업의 제한

1. 공급거부

① 의의 : 행정법상의 의무를 위반한 자 등에 대하여 일정한 행정상의 서비스나 재화의 공급을 거부하는 행정조치를 말한다.
② 법적 근거 : 필요하다.
③ 공급거부의 한계
㉠ 부당결부금지의 원칙 ㉡ 비례의 원칙
④ 구제수단 : 급부의 방식에 따라 행정소송과 민사소송으로 구제받을 수 있다.

2. 관허사업의 제한

① 일반적인 관허사업의 제한 : 국세를 체납한 경우 세무서장이 허가·인가·면허 및 등록과 그 갱신을 요하는 사업의 주무관서에 당해 납세자에 대하여 그 허가 등을 하지 아니할 것을 요구함으로써 행정법상 의무의 준수 또는 의무의 이행을 확보하는 간접적 강제수단을 말한다(국세징수법 제7조).
* 부당결부금지의 원칙 위반 문제가 발생
② 관련된 특정 관허사업의 제한 : 약사법을 위반한 약사에 대하여 약사면허를 취소하거나 정지하는 경우가 있다(약사법 제71조).

[관련 판례]

(1) 행정벌

1. 행정단속법규 경우 명시적 규정 없이 과실범으로 처벌할 수 있는지 여부

행정상의 단속을 주안으로 하는 법규라 하더라도 '명문규정이 있거나 해석상 과실범도 벌할 뜻이 명확한 경우'를 제외하고는 형법의 원칙에 따라 '고의'가 있어야 벌할 수 있다.

(대법원 2010.2.11. 선고 2009도9807 판결【업무상과실치사·공중위생관리법위반】)

(2) 기타 실효성 확보수단

2. 단수처분의 행정처분성

당초 허가받은 건축물의 용도를 변경하여 그 허가받은 용도 이외의 다른 용도로 사용하는 것이 건축법 제48조에서 말하는 건축물의 건축에 해당하는 이상 이는 같은

법 제42조 제1항 제1호에서 정한 이 법 또는 이 법에 의하여 발하는 명령이나 처분에 위반하여 건축물의 건축을 한 경우에 해당된다 할 것이고, 한편 같은법 제42조 제3항의 규정에 의하면 제1항 제1호에 해당하는 건축물에 대하여는 수도를 설치하거나 공급하여서는 아니되므로, 위와 같은 요건에 해당하는 이상, 피고가 한 이 사건 단수처분은 적법하다 할 것이고, 용도변경 면적이 건물의 일부에 불과하고 토산품을 취급하지 아니하면 근린생활시설에 해당되는 사정이 있다 한들 그러한 사정을 가지고서는 피고의 단수처분이 재량권을 남용한 것이라고도 할 수 없다.

(대법원 1985.12.24. 선고 84누598 판결【단수처분취소】)

3. 위법 건축물에 대한 단전 및 전화통화 단절조치 요청행위의 행정처분성

항고소송의 대상이 되는 행정처분이라 함은 행정청의 공법상의 행위로서 특정 사항에 대하여 법규에 의한 권리의 설정 또는 의무의 부담을 명하거나 기타 법률상 효과를 발생하게 하는 등 국민의 권리의무에 직접 관계가 있는 행위를 가리키는 것이고, 행정권 내부에서의 행위나 알선, 권유, 사실상의 통지 등과 같이 상대방 또는 기타 관계자들의 법률상 지위에 직접적인 법률적 변동을 일으키지 아니하는 행위 등은 항고소송의 대상이 되는 행정처분이 아니다. 건축법 제69조 제2항, 제3항의 규정에 비추어 보면, 행정청이 위법 건축물에 대한 시정명령을 하고 나서 위반자가 이를 이행하지 아니하여 전기·전화의 공급자에게 그 위법 건축물에 대한 전기·전화공급을 하지 말아 줄 것을 요청한 행위는 권고적 성격의 행위에 불과한 것으로서 전기·전화공급자나 특정인의 법률상 지위에 직접적인 변동을 가져오는 것은 아니므로 이를 항고소송의 대상이 되는 행정처분이라고 볼 수 없다.

(대법원 1996.3.22. 선고 96누433 판결【시정명령처분등취소】)

제 2 편

행정구제법

제 1 장 행정상 손해배상과 손실보상

제 1 절 손해배상제도

제 1 항 일반론

① 국가무책임의 원칙 : 근대국가 성립 당시에는 주권면책론, 위임이론에 기초한 국가무책임의 원칙이 지배적이었다.

② 행정상 손해배상제도의 성립 : 국가무책임의 원리를 극복하는 과정에서 각국의 행정상 손해배상제도에 차이가 발생하였다.

제 2 항 우리나라의 행정상 손해배상제도

Ⅰ. 위법한 직무행위로 인한 배상책임

1. 국가배상책임의 헌법적 보장

공무원의 직무상 불법행위로 손해를 받은 국민은 법률이 정하는 바에 의하여 국가 또는 공공단체에 정당한 배상을 청구할 수 있다. 이 경우 공무원 자신의 책임은 면제되지 않는다(헌법 제29조제1항).

① 배상청구권의 주체 : 국민

② 배상책임의 주체 : 헌법은 국가 또는 공공단체로 규정

* 국가배상법상의 배상책임자 (국가 또는 지방자치단체)와의 차이점에 주목할 필요가 있다.

③ 국가배상책임의 유형 : 헌법은 공무원의 직무상 불법행위로 인한 배상책임만 인정한다.

2. 국가배상법의 적용범위

국가배상에 관한 특별법 → 국가배상법 → 민법의 순서로 적용된다.

(예 : 자동차손해배상보장법 적용의 경우, 자동차손해배상보장법의 요건을 먼저 심사한 뒤 국가배상법을 적용. 제2조 1문 후단부분 참조)

3. 국가배상에 관한 특별법

① 무과실책임을 인정하고 있는 법 : 자동차손해배상보장법(제3조), 산업재해보상보호법(제3조), 원자력손해배상법(제3조), 공무원연금법(제35조)

② 배상책임의 범위 또는 손해배상액을 경감하거나, 정형화하고 있는 법 : 우편법(제38조), 철도법(제72조)

* 제72조(화물의 멸실·훼손 또는 연착으로 인한 손해배상책임) ① 화물의 멸실·훼손 또는 연착으로 인한 철도경영자의 손해배상책임에 관하여는 상법 제135조의 규정을 적용한다.

  ② 제1항의 규정에 의한 손해배상의 절차에 관하여는 대통령령으로 정한다.

4. 국가배상법의 법적 성격

① 학설 : 공법설과 사법설이 대립하고 있다.

② 판례 : 사법설에 따르고 있다(대판 1972.10.10. 69다701).

5. 국가배상법의 내용

① 배상책임의 유형 : ㉠ 공무원의 직무상 불법행위로 인한 배상(제2조), ㉡ 영조물의 설치, 관리의 하자로 인한 배상(제5조)

② 상호주의 : 외국인이 피해자인 경우 상호의 보증이 있는 한도에서만 적용한다(제7조).

Ⅱ. 공무원의 직무상 불법행위로 인한 손해배상책임의 요건

1. 공무원

① 의의 : 국가공무원법, 지방공무원법상의 공무원과 공무를 수탁 받은 사인(私人)도 공무원에 해당하고, 그 외에 널리 공무를 위탁 받아 종사하는 모

든 자(예 소집중인 향토예비군대원, 교통할아버지)를 포함한다.

* 여기서의 공무의 위탁에는 일시적이고 한정적인 것도 포함된다.

② 국가배상법상의 공무원이 아니라고 판시한 예 : 의용소방대원(78다584판결) 등

③ 국가배상법의 공무원이라고 판시한 예 : 소집중인 향토예비군 대원, 교통할아버지 등

④ 기관의 공무원에의 포함여부 : 국민의 권리구제 확대 차원에서 긍정하는 것이 옳다.

2. 직무를 집행하면서

① 의의 : 민법상의 '직무에 관하여'와 같은 의미이다.

② 직무행위의 범위 : 권력작용 외에 '관리작용'도 포함(광의설)된다.

* 사경제의 주체로서 행하는 것만 제외, 비권력적 행위도 해당된다.

③ 직무행위의 내용 : 입법, 사법, 행정(법적 행위·사실행위)의 모든 작용이 포함된다.

㉠ 입법작용 : 곤란, 예외적 인정 : 국회사무처 직원의 배상청구

㉡ 사법작용 : 심급제도의 본질, 판결의 확정력확보로 인해 인정되기 곤란

④ 부작위의 문제 : 종래 행정편의주의의 지배로 배상책임이 부인되어 왔으나, 재량권의 영으로의 수축이론, 공무원 책임에 대한 판례의 적극적 해석 등의 영향으로 으로 부작위의 위법성인정이 과거에 비해 보다 폭 넓게 인정되고 있는 추세이다.

대법원 2005.6.10. 선고 2002다53995 판결 【손해배상(기)】

공무원의 부작위로 인한 국가배상책임을 인정하기 위하여는 공무원의 작위로 인한 국가배상책임을 인정하는 경우와 마찬가지로 '공무원이 그 직무를 집행함에 당하여 고의 또는 과실로 법령에 위반하여 타인에게 손해를 가한 때'라고 하는 국가배상법 제2조 제1항의 요건이 충족되어야 할 것인바, 여기서 '법령에 위반하여'라고 하는 것이 엄격하게 형식적 의미의 법령에 명시적으로 공무원의 작위의무가 규정되어 있는데도 이를 위반하는 경우만을 의미하는 것은 아니고, 국민의 생명, 신체, 재산 등에 대하여 절박하고 중대한 위험상태가 발생하였거나 발생할 우려가 있어서 국민의 생명, 신체, 재산 등을 보호하는 것을 본래적 사명으로 하는 국가가 초법규적·일차적으로 그 위험 배제에 나서지 아니하면 국민의 생명, 신체, 재산 등을 보호할 수 없는 경우에는 형식적 의미의 법령에 근거가 없더라도 국가나 관련 공무원에 대하여 그러한

위험을 배제할 작위의무를 인정할 수 있을 것이나, 그와 같은 절박하고 중대한 위험상태가 발생하였거나 발생할 우려가 있는 경우가 아닌 한, 원칙적으로 공무원이 관련 법령대로만 직무를 수행하였다면 그와 같은 공무원의 부작위를 가지고 '고의 또는 과실로 법령에 위반'하였다고 할 수는 없을 것이므로, 공무원의 부작위로 인한 국가배상책임을 인정할 것인지 여부가 문제되는 경우에 관련 공무원에 대하여 작위의무를 명하는 법령의 규정이 없다면 공무원의 부작위로 인하여 침해된 국민의 법익 또는 국민에게 발생한 손해가 어느 정도 심각하고 절박한 것인지, 관련 공무원이 그와 같은 결과를 예견하여 그 결과를 회피하기 위한 조치를 취할 수 있는 가능성이 있는지 등을 종합적으로 고려하여 판단하여야 한다(대법원 1998.10.13. 선고 98다18520 판결, 2001.4.24. 선고 2000다57856 판결 등).

[판례의 부작위에 의한 국가배상책임의 접근 방식]

① 합리성차원의 방식 : 방치 트랙트 사건(대법원 98다16809 판결). [경찰관이 그 권한을 행사하여 필요한 조치를 취하지 아니하는 것이 **현저하게 불합리하다고 인정되는 경우**에는 그러한 권한의 불행사는 직무상의 의무를 위반한 것이 되어 위법하게 된다.]
[행정청 등에 그러한 규제·감독권한이 부여된 취지·목적에 비추어 보아 **그 불행사가 현저하게 불합리하다고 인정되지 않는 한**…]
② 재량축소론적 접근방식 : 대법원 79다2341 판결[자치단체로서는 의당 주민들의 복리를 위하여 주택가 내에 돌출하여 위험이 예견되는 자연암벽을 사전에 제거하여야 할 의무도 부담한다고 할 것인데 그 **의무를 해태한 부작위로 인하여 붕괴사고가 일어나서 주민들이 손해를 입었다면** 그 자치단체로서는 국가배상법 제2조에 의한 책임을 면할 수 없다고 봄이 상당하다]. 그 외, 대법원 2002다53995 판결(에이즈양성 판정의 불통지사건) 등.

④ 직무행위의 판단기준 : 외형설·외관주의, 직무집행의 의사는 필요 없다.

3. 고의, 과실(중과실, 경과실 포함)

① 고의, 과실의 판단기준 : 당해 공무원을 기준으로 판단한다.
② 과실관련 특수문제－법령, 판례의 부지
㉠ 법령해석에 필요한 지식의 결핍에 근거한 직무행위－과실 인정
㉡ 학설, 판례가 귀일되지 못한 경우－과실 부정
③ 과실의 객관화
㉠ 주의의무 내용의 고도화 : 과실을 객관적인 주의의무위반으로 파악(대판 1987.9.22, 87다카1164)

㉡ 위법성과 과실의 일원화 : 양자 중 어느 하나만 인정되면 다른 요건은 당연히 인정한다.

㉢ 조직과실 : 가해공무원의 특정은 필요 없다.

> 이 사건 사고는 피고 소속 성명불상 전투경찰대원이 시위진압 과정에서 최루탄을 사용하면서 그 사용에 대한 안전수칙을 지키지 아니한 잘못으로 인하여 발생하였다고 할 것 이므로 피고는 피고 소속 공무원인 위 전투경찰대원의 직무집행상의 과실로 인한 이 사건 사고로 원고가 입은 모든 손해를 배상할 책임이 있다(서울지법 1988.9.21, 88가합2327).

④ 입증책임 : 원고인 피해자(원칙), 일응 추정의 법리의 문제가 있다.

4. 법령의 위반(=위법)

① 법령위반에 관한 학설

ⓐ 결과위법성설 : 위법성이란 가해행위의 결과인 손해의 불법을 의미하므로 위법성 판단은 국민이 받은 손해가 결과적으로 수인되어야 할 것인가의 여부가 기준이 된다.

ⓑ 행위위법성설

i) 협의의 행위위법성설 : 취소소송의 소송물과 마찬가지로 행위 자체의 법에의 위반으로 위법성을 파악한다. 즉, 국가배상법상의 위법을 엄격한 의미의 법령위반으로 볼 뿐 단순히 공서양속 또는 신의성실, 권리남용금지 등의 위반은 국가배상법상의 위법에 포함되지 않는다고 한다.

ii) 광의의 행위위법성설 : 국가배상법상의 위법을 행위 자체의 법에 위반뿐만 아니라 명문의 규정이 없더라도 공권력행사의 근거법규 및 각 행정 분야에서의 자연법적 객관적 법질서를 종합적으로 고려할 때 인정되는 공무원의 '직무상 일반적 손해방지의무'의 위반을 포함하는 개념으로 이해하는 견해이다.

ⓒ 상대적 위법성설 : 위법성을 행위자체의 위법뿐만 아니라 피침해이익의 성격과 침해의 정도 및 가해행위의 태양 등을 종합적으로 고려하여 행위가 객관적 정당성을 결한 경우를 의미한다고 보는 견해이다. 이 견해는 행위위법성설과 결과불법설을 함께 고려하는 견해이다. 즉 공무원의 행위가 법령에 위반되는가도 고려하면서 또한 이러한 법령

위반행위가 피해자에게 어떠한 결과를 야기 시키는가를 동시에 고려하는 견해이다.

ⓓ 직무의무위반설 : 위법성을 공무원의 직무의무위반으로 보는 견해이다. 취소소송에서의 위법성은 행정작용측면에서만 위법여부를 판단하지만 국가배상책임에서는 행정작용과 행정작용을 한 자와의 유기적 관련성 속에서 위법성 여부를 판단한다는 것이다.

* 위법성 판단기준으로 법령은 성문법 이외에 불문법과 일반 원칙이 포함된다고 보지만(다수설, 판례) 행정규칙 위반이 법령 위반에 포함되는지는 해당한다는 견해(다수설)와 부인(판례)하는 견해가 대립한다.

영업허가 취소처분이 나중에 행정심판에 의하여 재량권을 일탈한 위법한 처분임이 판명되어 취소되었다고 하더라도 그 처분이 당시 시행되던 공중위생법시행규칙에 정하여진 행정처분의 기준에 따른 것인 이상 그 영업허가 취소처분을 한 행정청 공무원에게 그와 같은 위법한 처분을 한 데 있어 어떤 직무집행상의 과실이 있다고 할 수 없다(대판 1994.11.8., 94다26141).

② 결어 : 국가배상법상의 위법을 엄격한 의미의 법령위반뿐만 아니라 인권존중, 권리남용금지, 신의성실, 공서양속 등의 위반도 포함하여 널리 그 행위가 객관적으로 정당성을 결여하고 있음을 의미하는 광의의 행위위법설이 종래의 다수설, 판례이다.

③ 판례는 결과위법설에 대하여는 부정적 입장을 분명히 밝힌 바 있으며 (대판 1977.7.25, 94다2480 참조), 근래에는 상대적 위법성설에 따른 것으로 볼 수 있는 판례(대판 2000.5.12, 99다70600)도 나오고 있는 실정이다.

5. 타인에 대한 손해의 발생

① 타인 : 가해자인 공무원과 그의 가해행위에 관여한 자 이외의 모든 사람이다.

② 손해

㉠ 적극적 손해, 소극적 손해 불문

㉡ 재산적 손해, 비재산적 손해 불문

㉢ 반사적 이익의 침해는 불포함

㉣ 공공일반의 이익에 대한 침해 역시 불포함

> ① 국민의 이익과 관련된 것이라도 직접 국민 개개인의 이익을 위한 것이 아니라 전체적으로 공공 일반의 이익을 도모하기 위한 것이라면, 그 의무에 위반하여 국민에게 손해를 가하여도 국가 또는 지방자치단체는 배상책임을 부담하지 아니한다. ② 국민이 법령에 정하여진 수질기준에 미달한 상수원수로 생산된 수돗물을 마심으로써 건강상의 위해 발생에 대한 염려 등에 따른 정신적 고통을 받았다고 하더라도 이러한 사정만으로는 국가 또는 지방자치단체가 국민에게 손해배상책임을 부담하지 아니한다(대판 2001.10.23, 99다36280).

③ 상당인과관계
  ㉠ 의의 : 객관적으로 보아 어떠한 선행사실로부터 일반적으로 초래되는 후행사실이 발생하는 범위안에서 법률이 요구하는 인과관계를 인정하는 것을 말한다.
  ㉡ 상당인과관계의 존재를 인정한 예 : 군산시 윤락가화재사건(대판 2008.4.10, 2005다48994 판결), 무장공비색출체포를 위한 대간첩 작전수행과 관련하여 군경공무원들의 직무유기행위와 국민의 사망 사이(대판 1971.4.6, 71다124 판결)
  ㉢ 상당인과관계의 존재를 부정한 예 : 삼풍백화점 붕괴사고와 서초구청 소속 공무원들의 직무의무 위반행위 사이(대판 1999.12.21, 98다29797 판결)

Ⅲ. 직무행위의 판단기준

1. 직무행위의 판단기준

① 직무행위 자체는 물론 객관적으로 직무의 범위에 속한다고 판단되는 행위 및 직무행위와 밀접한 관련이 있는 행위가 포함된다.
② 직무행위인지 여부는 공무원에게 직무집행의 의사가 있는지의 여부와는 관계없이, 객관적으로 직무행위의 '외관'을 갖추고 있는지의 여부를 기준으로 판단(외형설·외관주의) 된다.

2. 판례의 경향

직무행위와 관련 있는 것으로 판시된 사례	직무행위와 관련 없는 것으로 판시된 사례
① 상관의 명에 의한 이삿짐 운반	① 통상적으로 근무하는 근무지로 출근하기 위한 자기소유 자동차운행

② 자신소유의 오토바이를 몰고 다음날 실시예정인 군사훈련에 대비하여 훈련지역일대를 살피고 귀대하던 중 사고를 일으킨 경우 ③ 소속부대장의 명에 따라 개인소유의 차량을 빌려 예하부대로 출장 갔다가 퇴근시간이 되어 자신의 집으로 운행하던 중 사고가 발생한 경우 ④ 운전병이 관용차를 가지고 상관을 귀대시키고 오던 중 친지와 음주 후 대리운전을 시키다가 사고가 발생한 경우 ⑤ 감방 또는 교도소에서의 사형(私刑) ⑥ 훈계권행사로서의 기합 ⑦ 실탄사격교육훈련도중 군인의 휴식 중 꿩사격 ⑧ 수사도중의 고문행위 ⑨ 직무와 관련된 수뢰행위 ⑩ 학군단소속차량의 그 학교교수의 장례식참석을 위한 차량의 운행 등 ⑪ 헌병대영창에서 탈주한 군인들이 민가에 침입하여 저지른 범죄행위 등 ⑫ 인사공무원이 위조공무원증을 만든 행위	② 부대이탈후 민간인 사살 ③ 가솔린불법처분 중 발화 ④ 결혼식참석을 위한 군용차운행 ⑤ 압류도중의 절도행위 ⑥ 불법휴대 카빈총으로 보리밭의 꿩사냥 ⑦ 군의관의 포경수술 ⑧ 사원에 기한 불법행위 ⑨ 군인의 휴식시간 중 비둘기 사냥 ⑩ 사적 행위(예 싸움, 상호장난) 등

* 국가배상법상의 위법성 개념과 취소소송에서의 위법성 개념의 관계

1. 국가배상법상의 위법성개념과 취소소송에서의 위법성개념의 관계
   ① 일원설 : 국가배상법상의 위법개념과 취소소송의 그것은 동일한 개념
   ② 이원설 : 국가배상법상의 위법개념이 취소소송에서의 위법성은 다른 개념(혹은 보다 넓은 개념)
2. 취소소송의 판결과 국가배상청구소송과의 관계(기판력과의 관계)
   ① 전면적 기판력긍정설 : 국가배상법상의 위법성개념과 취소소송에서의 위법성개념을 동일한 개념으로 보는 협의의 행위위법설에 따르면 취소소송의 판결의 기판력은 (인용판결·기각 판결을 불문하고) 국가배상청구소송에 미친다.
   ② 제한적 기판력긍정설 : 국가배상법의 위법성개념을 취소소송에 있어서의 위법성개념보다 넓은 것으로 보는 광의의 행위위법설에 따르면 취소소송의 '인용판결'의 기판력은 국가배상청구소송에 미치지만, 취소소송의 기각판결의 기판력은 국가배상청구소송에 미치지 않는다.
   ③ 전면적 기판력부정설 : 국가배상법의 위법성개념과 취소소송에 있어서의 위법개념을 전혀 다른 개념으로 보는 학설에 따르면 취소소송의 판결의 기판력은 국가배상청구소송에 미치지 않는다.

> Q) 어떤 행정처분이 항고소송에서 취소되었다면 이는 곧 공무원의 고의 과실로 인한 것으로서 국가배상법상의 불법행위를 구성하게 되는 것인가?
>
> A) … 고창군수가 개간사업자에 대해 개간허가를 취소한 행정처분이 후에 항고소송에서 취소되었다고 할지라도 그 기판력에 의하여 당해 행정처분이 곧바로 공무원의 고의 과실로 인한 것으로서 불법행위를 구성한다고 단정할 수는 없는 것… (대법원 99다70600 판결)

국가배상의 위법성을 오히려 엄격하게 보는 것이 판례의 경향이다. 대판 2003.12.11, 2001다65236(공인회계사시험); 대판 2003.11.27, 2001다33789, 33796, 33802, 33819 판결(사법시험 제1차 시험). 취소소송에서는 위법성이 인정되어 취소판결이 선고, 확정되었으나 그 후 제기된 국가배상청구소송에서는 '객관적 정당성'이 상실되지 않았다는 이유로 위법성을 부정하였다.

Ⅳ. 손해배상의 범위

1. 원 칙

공무원의 가해행위와 상당인과관계에 있는 모든 손해에 대해 배상하는 것이 원칙이다.

2. 생명, 신체의 침해에 대한 특례

① 국가배상법 제3조의 성질

㉠ 기준규정설 : 국가배상법 제3조는 단순한 기준에 불과하고 구체적 사정에 따라서는 배상액을 증감하는 것도 가능하다는 견해이다(다수설, 판례).

㉡ 제한규정설(한정액설) : 국가배상법 제3조는 손해배상액의 상한을 규정한 제한규정으로 보는 견해이다.

② 재산권침해에 대한 위자료의 지급가능성 : 국가배상법 제3조는 생명·신체에 대한 침해로 인한 위자료의 지급만을 규정하고 있으나 동조가 재산권 침해로 인한 위자료의 지급의무를 배제하는 것은 아니다(대판 1990.12.21, 90다6033).

3. 손익상계

피해자가 손해를 입은 동시에 이익을 얻은 경우에는 손해배상액에서 그 이익에 상당하는 금액을 공제한다(cf. 과실상계).

4. 중간이자의 공제

유족배상 및 장래에 필요한 요양비를 일시에 청구하는 경우에는 중간이자를 공제하여야 하며, 이 경우 중간이자의 공제방식은 단 할인법(호프만식)에 의한다.

V. 군인, 군무원 등에 대한 특례

1. 근거 규정

군인, 군무원, 경찰공무원 또는 향토예비군대원이 전투, 훈련 기타 직무집행과 관련하여 전사, 순직 또는 공상 등을 입은 경우에 다른 법령의 규정에 의하여 재해보상금, 유족연금, 상이연금 등의 보상을 지급받을 수 있을 때에는 국가배상법 및 민법에 의한 손해배상을 청구할 수 없다(헌법 제29조 제2항, 국가배상법 제2조 제1항 단서).

판례는 직무집행과 관련하여 공상을 입은 군인 등이 먼저 국가배상법에 따라 손해배상금을 지급받은 다음, 보훈대상자지원에 관한 법률이 정한 보상금 등 보험 급여의 지급을 청구하는 경우, 국가배상법에 따라 손해배상을 받았다는 이유로 그 지급을 거절할 수 없다고 하였다(대판 2017.2.3, 2015두60075[보훈급여금지급정지처분등취소의 소]).

2. 적용 대상자

군인, 군무원, 경찰공무원 및 향토예비군대원 등이 있다.

① 전투경찰순경은 여기서의 경찰공무원에 해당하여 이중배상이 부정된다(헌재결 1996. 6.13, 94헌마118).

② 경비교도와 공익근무요원은 이중배상이 제한되는 자에 속하지 않는다(대판 1998.2.10, 97다45914, 대판 1997.3.28, 97다4036).

3. 전투, 훈련 등 직무집행

경찰공무원의 경찰서지서 숙직실에서의 사망에 대하여는 배상가능성이 인정된다(대판 1979.1.30, 77다2389).

4. 국가배상법 제2조 제1항 단서의 실질적 위헌성 여부

① 학설 : ㉠ 이중배상금지를 이유로 합헌이라는 견해와, ㉡ 사회보장제도와

국가배상간의 이질성을 논거로 위헌이라는 견해의 대립한다.

② 판례 : 합헌성을 인정한다(향토예비군대원의 국가배상청구권이 문제되었던 헌재결 1996.6.13. 94헌바20 참조).

Ⅵ. 배상책임자

1. 원 칙

국가 또는 지방자치단체가 배상책임을 진다.

2. 선임감독자와 비용부담자가 일치하지 않는 경우

① 피해자는 양자에 대해 선택적으로 배상을 청구할 수 있다.

② 비용부담자가 배상한 경우 선임감독자에 대하여 구상권을 가진다.

* 비용부담자의 의미에 대하여는 형식적 비용부담자 외에 실질적 비용부담자를 포함시킬 수 있다는 것(병합설)이 판례의 입장이다.

3. 지방자치단체의 사무처리에 대한 배상책임

① 원칙

㉠ 자치사무의 처리로 발생한 손해에 대하여는 지방자치단체

㉡ 위임사무의 처리로 인하여 발생한 손해에 대하여는 궁극적으로 위임자가 배상책임

② 비용부담자의 배상책임을 인정한 예

> 국가사무로 규정되어 있는 개간허가와 개간허가의 취소사무는 이른바 기관위임사무라 할 것이고, 이러한 경우 군수는 그 사무의 귀속주체인 국가 산하 행정기관의 지위에서 그 사무를 처리하는 것에 불과하므로, 군수 또는 군수를 보조하는 공무원이 위임사무처리에 있어 고의 또는 과실로 타인에게 손해를 가하였다 하더라도 원칙적으로 군에는 국가배상책임이 없고 그 사무의 귀속주체인 국가가 손해배상책임을 지는 것이며, 다만 국가배상법 제6조에 의하여 군이 비용을 부담한다고 볼 수 있는 경우에 한하여 국가와 함께 손해배상 책임을 부담한다(대판 2000.5.12, 99다7060).

Ⅶ. 배상책임의 성질

1. 학 설

① 대위책임설 : 국가배상책임을 국가 등이 가해자인 공무원을 대신하여 부

담하는 대위책임의 성질을 갖는 것으로 보는 견해이다.

② 자기책임설 : 국가 등의 배상책임은 그 기관인 공무원의 행위라는 형식을 통하여 직접 자기의 책임으로 부담하는 것이라는 견해이다.

③ 절충설 : 공무원의 고의·중과실에 의한 행위에 대한 국가 등의 배상책임은 대위책임, 경과실에 의한 행위에 대한 국가 등의 배상책임은 자기책임이라는 견해이다.

구분	대위책임설	자기책임설	절충설(중간설, 판례)
법적 성질	공무원의 위법한 직무행위로 인한 손해배상책임은 원칙적으로 공무원이 져야 하지만, 피해자에 대한 충실한 배상을 위하여 국가 등이 가해자인 공무원을 대신하여 배상책임을 지는 데 불과하다는 것(우리나라 행정법학자들의 전통적 견해)	국가의 배상책임은 공무원의 책임을 대신하여 지는 것이 아니고, 그의 기관이 공무원의 행위를 통하여 직접 자기의 책임으로 부담한다는 것(우리나라 헌법학자들의 다수 견해)	공무원의 고의 중과실에 대한 국가의 배상책임은 대위책임이지만, 경과실의 경우에는 자기책임의 성질을 가진다는 것
논거	ⓐ 공무원의 위법행위는 국가 등의 대리인으로서 수권에 위반해서 행한 행위이기 때문에 국가 등은 책임지지 않는다. ⓑ 국가배상법 제 2조 제1항은 공무원 자신의 불법행위 책임을 전제로 하고 있다. ⓒ 국가의 가해공무원에 대한 구상권이 인정되고 있다.	ⓐ 국가는 공무원을 통하여 행위를 하는 것이기 때문에 그로 인한 효과는 위법적법을 불문하고 국가에 귀속되어야 한다. ⓑ 헌법이나 국가배상법 규정에 '공무원에 대신하여'라는 표현이 없다. ⓒ 공무원 자신에 관한 헌법규정, 공무원에 대한 구상권 제한에 관한 국가배상법 규정은 국가의 배상책임의 성질과는 직접적으로 무관하다.	ⓐ 고의·중과실의 경우에만 공무원에 대한 구상권을 인정한다. ⓑ 경과실에 대한 경우는 구상권을 인정하지 않는다.

2. 판 례

절충설의 입장이다.

① 공무원이 직무를 수행함에 있어 경과실로 타인에게 손해를 입힌 경우에는 공무원의 행위는 여전히 국가 등의 기관의 행위로 보아 그로 인하여 발생한 손해에 대한 배상책임도 전적으로 국가 등에만 귀속시키고 공무원 개인에게는 그로 인한 책임을 부담시키지 아니하여 공무원의 공무집

행의 안정성을 확보하고,

② 공무원의 위법행위가 고의·중과실에 기한 경우에는 국가 등에게 그 책임을 귀속시킬 수 없으므로 공무원 개인에게 불법행위로 인한 손해배상 책임을 부담시키되, 다만 이러한 경우에도 그 행위의 외관을 객관적으로 관찰하여 공무원의 직무집행으로 보여 질 때에는 국가 등이 공무원 개인과 중첩적으로 배상책임을 부담하되 국가 등이 배상책임을 지는 경우에는 공무원 개인에게 구상할 수 있도록 함으로써 궁극적으로 그 책임이 공무원 개인에게 귀속되도록 하려는 것이라고 봄이 합당하다(대판 1996.2.15, 95다38677).

Ⅷ. 공무원의 배상책임

1. 공무원에 대한 구상

① 공무원에 대한 구상

㉠ 공무원에게 '고의 또는 중과실'이 있는 경우에만 구상 가능하다.

㉡ 공무원의 사기저하·사무정체의 방지를 위한다.

② 배상책임의 성질과 구상

㉠ 대위책임설에 의하면 구상은 당연하다.

㉡ 자기책임설에 의하는 경우에도 구상은 가능하다. 즉 공무원은 채무불이행책임에 유사한 내부적 변상책임을 부담한다.

2. 국가에 대한 구상권 청구문제

① 공동불법행위자인 사인의 국가에 대한 구상권 청구 가능성 : 대법원은 부정설의 입장이다.

ⓐ 종래의 대법원 판례 : 사인이 직무집행 중인 군인 등과 공동불법행위자로서 가담하여 직무집행 중인 다른 군인 등에게 공상을 입힌 결과 그 피해자에게 공동불법행위로 인한 손해를 전부 배상한 경우 공동불법행위자인 사인이 다른 공동불법행위자인 군인 등의 부담부분에 관하여 국가에 대하여 구상권을 행사하는 것은 허용되지 않는다는 입장으로 일관하여 왔다.

ⓑ 대법원 판례의 변경 : 공동불법행위자 등이 부진정연대채무자로서 각자 피해자의 손해 전부를 배상할 의무를 부담하는 공동불법행위의 일

반적인 경우와는 달리 예외적으로 민간인은 피해 군인 등에 대하여 그 손해 중 국가 등이 민간인에 대한 구상의무를 부담한다면 그 내부적인 관계에서 부담하여야 할 부분을 제외한 나머지 자신의 부담부분에 한하여 손해배상의무를 부담하고, 국가 등에 대하여서는 그 귀책부분의 구상을 청구할 수 없다고 판시하여, 민간인의 손해배상의무감축이론을 채택하였다(2001.2.15, 96다42420).

* 판례는 공동불법행위의 책임 분담에 관한 논리에 따르고 있으므로, 국가에 대한 구상금 자체는 문제되지 않는다.

ⓒ 헌법재판소의 결정(헌재는 긍정설의 입장) : 국가배상법 제2조 제1항 단서 헌법소원사건에서, 동 조항부분은 일반 국민이 직무집행 중인 군인과의 공동불법행위로 직무집행 중인 다른 군인에게 공상을 입혀 그 피해자에게 공동의 불법행위로 인한 손해를 배상한 다음 공동불법행위자인 군인의 부담부분에 관하여 국가에 대하여 구상권을 행사하는 것은 허용하지 아니한다고 해석하는 한 헌법에 위반된다고 한정위헌선언을 하였다.

[국가배상법 제2조 제1항 단서 중 군인에 관련되는 부분의 위헌 여부]

국가배상법 제2조 제1항 단서 중 군인에 관련되는 부분을, 일반국민이 직무집행 중인 군인과의 공동불법행위로 직무집행 중인 다른 군인에게 공상을 입혀 그 피해자에게 공동의 불법행위로 인한 손해를 배상한 다음 공동불법행위자인 군인의 부담부분에 관하여 국가에 대하여 구상권을 행사하는 것을 허용하지 않는다고 해석한다면, 이는 위 단서 규정의 헌법상 근거규정인 헌법 제29조가 구상권의 행사를 배제하지 아니하는데도 이를 배제하는 것으로 해석하는 것으로서 합리적인 이유 없이 일반국민을 국가에 대하여 지나치게 차별하는 경우에 해당하므로 헌법 제11조, 제29조에 위반되며, 또한 국가에 대한 구상권은 헌법 제23조 제1항에 의하여 보장되는 재산권이고 위와 같은 해석은 그러한 재산권의 제한에 해당하며 재산권의 제한은 헌법 제37조 제2항에 의한 기본권제한의 한계 내에서만 가능한데, 위와 같은 해석은 헌법 제37조 제2항에 의하여 기본권을 제한할 때 요구되는 비례의 원칙에 위배하여 일반국민의 재산권을 과잉 제한하는 경우에 해당하여 헌법 제23조 제1항 및 제37조 제2항에도 위반된다.

(1994.12.29. 93헌바21 헌법재판소 전원재판부)

3. 선택적 청구권의 문제

선택적 청구권에 대한 판례의 변화과정은,

ⓐ 선택적 청구 긍정(대판 1972.10.10, 69다701)

ⓑ 선택적 청구 부정(대판 1994.4.12, 93다11807)

ⓒ 고의·중과실의 경우에는 긍정, 경과실의 경우에는 부정(대판 1996.2.15, 95다38677)

[대법원 1996.02.15. 선고 95다38677 전원합의체 판결]

이 사건에 관하여 보건대, 원심판결 이유에 의하면 피고는 군부대 운전병으로서 공무를 수행하기 위하여 국가 소유의 사고 차량을 운전하다가 이 사건 교통사고를 일으킨 것이므로 위 차량의 운행은 헌법 제29조 제1항 본문 및 국가배상법 제2조 제1항에 의하여 일응 피고가 소속된 국가가 국가배상책임을 부담하여야 할 경우로 보이는바(한편 피해자인 소외 홍종권 역시 같은 부대 소속 군인으로서 직무집행 중 이 사건 사고로 사망한 것으로 인정되어 그 유족들인 원고들이 국가유공자예우등에관한법률 등에 의하여 보상을 받을 수 있는 경우에는 국가배상법 제2조 제1항 단서에 의하여 국가에 대하여 국가배상을 청구할 수 없게 될 것이지만, 이 점은 위에서 언급한 바와 같이 피고 개인의 손해배상책임의 인정 여부에 영향이 없다.), 사고차량을 운전한 피고에게 경과실만 인정되는 경우에는 공무원 개인인 피고에게는 불법행위로 인한 손해배상책임을 물을 수 없지만 피고에게 중과실이 있는 것으로 인정되는 경우에는 피고 개인에게도 손해배상책임을 물을 수 있다고 할 것이다.

그런데도 원심은 피고의 귀책사유의 정도에 관하여는 논하지도 아니한 채 피고 개인에게는 불법행위로 인한 손해배상책임이 없다고 판단하였으니, 원심은 헌법 제29조 제1항을 잘못 해석함으로써 공무원 개인의 손해배상책임에 관한 법리오해의 위법을 저질렀다고 할 것이므로 이를 지적하는 논지는 이유가 있다.

[관련 판례]

1. 국가배상법 제2조의 요건

[1] 경찰관직무집행법 제5조는 경찰관은 인명 또는 신체에 위해를 미치거나 재산에 중대한 손해를 끼칠 우려가 있는 위험한 사태가 있을 때에는 그 각 호의 조치를 취할 수 있다고 규정하여 형식상 경찰관에게 재량에 의한 직무수행권한을 부여한 것처럼 되어 있으나, 경찰관에게 그러한 권한을 부여한 취지와 목적에 비추어 볼 때 구체적인 사정에 따라 경찰관이 그 권한을 행사하여 필요한 조치를 취하지 아니하는 것이 현저하게 불합리하다고 인정되는 경우에는 그러한 권한의 불행사는 직무상의

의무를 위반한 것이 되어 위법하게 된다.

[2] 경찰관이 농민들의 시위를 진압하고 시위과정에 도로 상에 방치된 트랙터 1대에 대하여 이를 도로 밖으로 옮기거나 후방에 안전표지판을 설치하는 것과 같은 위험발생방지조치를 취하지 아니한 채 그대로 방치하고 철수하여 버린 결과, 야간에 그 도로를 진행하던 운전자가 위 방치된 트랙터를 피하려다가 다른 트랙터에 부딪혀 상해를 입은 사안에서 국가배상책임을 인정한 사례이다.

(대법원 1998.8.25. 선고 98다16890 판결【손해배상(자)】)

2. 국가배상법상의 공무원

[1] 서울시 산하 구청소속의 청소차량 운전원이 지방잡급직원규정에 의하여 단순노무제공만을 행하는 기능직 잡급직원이라면 이는 지방공무원법 제2조 제2항 제7호 소정의 단순한 노무에 종사하는 별정직 공무원이다.

[2] 서울시가 그 산하 구청관내의 청소를 목적으로 그 소속차량을 운행하는 것은 공권력의 행사이다.

(대법원 1980.9.24. 선고 80다1051 판결【손해배상】)

3. 공무수탁사인이 국가배상법상 공무원인지 여부

널리 공무를 위탁받아 실질적으로 공무에 종사하고 있는 자도 본조에서 말하는 공무원이다.

(대법원 1970.11.24. 선고, 70다2253 판결【손해배상】)

4. 국가배상법 제2조 1항의 '직무를 집행함에 당하여'의 해석 기준

[1] 국가배상법 제2조 소정의 '공무원'이라 함은 국가공무원법이나 지방공무원법에 의하여 공무원으로서의 신분을 가진 자에 국한하지 않고, 널리 공무를 위탁받아 실질적으로 공무에 종사하고 있는 일체의 자를 가리키는 것으로서, 공무의 위탁이 일시적이고 한정적인 사항에 관한 활동을 위한 것이어도 달리 볼 것은 아니다.

[2] 국가배상청구의 요건인 '공무원의 직무'에는 권력적 작용만이 아니라 비권력적 작용도 포함되며 단지 행정주체가 사경제주체로서 하는 활동만 제외된다.

[3] 국가배상법 제2조 제1항 소정의 '직무를 집행함에 당하여'라 함은 직접 공무원의 직무집행행위이거나 그와 밀접한 관계에 있는 행위를 포함하고, 이를 판단함에 있어서는 행위 자체의 외관을 객관적으로 관찰하여 공무원의 직무행위로 보여질 때에는 비록 그것이 실질적으로 직무행위에 속하지 않는다 하더라도 그 행위는 공무원이 '직무를 집행함에 당하여' 한 것으로 보아야 한다.

[4] 지방자치단체가 '교통할아버지 봉사활동 계획'을 수립한 후 관할 동장으로 하여금 '교통할아버지'를 선정하게 하여 어린이 보호, 교통안내, 거리질서 확립 등의 공무를 위탁하여 집행하게 하던 중 '교통할아버지'로 선정된 노인이 위탁받은 업무 범위를 넘어 교차로 중앙에서 교통정리를 하다가 교통사고를 발생시킨 경우, 지방자치

단체가 국가배상법 제2조 소정의 배상책임을 부담한다고 인정한 원심의 판단을 수긍한 사례이다.

(대법원 2001.1.5. 선고 98다39060 판결【구상금】)

5. 국가배상법 제2조 1항의 '직무를 집행함에 당하여'의 해석기준 및 공무원이 자기 소유의 오토바이를 직무수행과 관련하여 운행하다 사고가 난 경우 국가의 책임

국가배상법 제2조 제1항 단서에 의하면 군인, 군무원 등이 직무집행과 관련하는 행위 등으로 인하여 전사·순직 또는 공상을 입은 경우에 다른 법령의 규정에 의하여 재해보상금, 유족연금, 상이연금 등의 보상을 지급받을 수 있을 때에는 국가배상법 또는 민법의 규정에 의한 손해배상청구를 할 수 없도록 규정하고 있으므로 이들이 직접 국가에 대하여 손해배상청구권을 행사할 수 없음은 물론 국가와 공동불법행위책임이 있는 자가 그 배상채무를 이행하였음을 이유로 국가에 대하여 구상권을 행사하는 것은 허용되지 않는다.

(대법원 1994.5.27. 선고 94다6741 판결【구상금】)

6. 국가와 공동불법행위책임 있는 민간인의 피해 군인 등에 대한 손해배상의 범위와 민간인이 피해 군인 등에게 자신의 귀책부분을 넘어서 배상한 경우 국가 등에게 구상권을 행사할 수 있는지 여부

[다수의견] 헌법 제29조 제2항, 국가배상법 제2조 제1항 단서의 입법 취지를 관철하기 위하여는, 국가배상법 제2조 제1항 단서가 적용되는 공무원의 직무상 불법행위로 인하여 직무집행과 관련하여 피해를 입은 군인 등에 대하여 위 불법행위에 관련된 일반국민(법인을 포함한다. 이하 '민간인'이라 한다)이 공동불법행위책임, 사용자책임, 자동차운행자책임 등에 의하여 그 손해를 자신의 귀책부분을 넘어서 배상한 경우에도, 국가 등은 피해 군인 등에 대한 국가배상책임을 면할 뿐만 아니라, 나아가 민간인에 대한 국가의 귀책비율에 따른 구상의무도 부담하지 않는다고 하여야 할 것이다. 그러나 위와 같은 경우, 민간인은 여전히 공동불법행위자 등이라는 이유로 피해 군인 등의 손해 전부를 배상할 책임을 부담하도록 하면서 국가 등에 대하여는 귀책비율에 따른 구상을 청구할 수 없도록 한다면, 공무원의 직무활동으로 빚어지는 이익의 귀속주체인 국가 등과 민간인과의 관계에서 원래는 국가 등이 부담하여야 할 손해까지 민간인이 부담하는 부당한 결과가 될 것이고(가해 공무원에게 경과실이 있는 경우에는 그 공무원은 손해배상책임을 부담하지 아니하므로 민간인으로서는 자신이 손해발생에 기여한 귀책부분을 넘는 손해까지 종국적으로 부담하는 불이익을 받게 될 것이고, 가해 공무원에게 고의 또는 중과실이 있는 경우에도 그 무자력 위험을 사용관계에 있는 국가 등이 부담하는 것이 아니라 오히려 민간인이 감수하게 되는 결과가 된다), 이는 위 헌법과 국가배상법의 규정에 의하여도 정당화될 수 없다고 할 것이다. 이러한 부당한 결과를 방지하면서 위 헌법 및 국가배상법 규정의 입법 취지를 관철하기 위하여는, 피해 군인 등은 위 헌법

및 국가배상법 규정에 의하여 국가 등에 대한 배상청구권을 상실한 대신에 자신의 과실 유무나 그 정도와 관계 없이 무자력의 위험부담이 없는 확실한 국가보상의 혜택을 받을 수 있는 지위에 있게 되는 특별한 이익을 누리고 있음에 반하여 민간인으로서는 손해 전부를 배상할 의무를 부담하면서도 국가 등에 대한 구상권을 행사할 수 없다고 한다면 부당하게 권리침해를 당하게 되는 결과가 되는 것과 같은 각 당사자의 이해관계의 실질을 고려하여, 위와 같은 경우에는 공동불법행위자 등이 부진정연대채무자로서 각자 피해자의 손해 전부를 배상할 의무를 부담하는 공동불법행위의 일반적인 경우와 달리 예외적으로 민간인은 피해 군인 등에 대하여 그 손해 중 국가 등이 민간인에 대한 구상의무를 부담한다면 그 내부적인 관계에서 부담하여야 할 부분을 제외한 나머지 자신의 부담부분에 한하여 손해배상의무를 부담하고, 한편 국가 등에 대하여는 그 귀책부분의 구상을 청구할 수 없다고 해석함이 상당하다 할 것이고, 이러한 해석이 손해의 공평·타당한 부담을 그 지도원리로 하는 손해배상제도의 이상에도 맞는다 할 것이다.

(대법원 2001. 2. 15. 선고 96다42420 전원합의체 판결【구상금】)

7. 자동차 손해배상보장법

가. 자동차손해배상보장법 제3조 소정의 “자기를 위하여 자동차를 운행하는 자”는 자동차에 대한 운행을 지배하여 그 이익을 향수하는 책임주체로서의 지위에 있는 자를 가리키는 것이고 한편 자동차의 소유자 또는 보유자는 통상 그러한 지위에 있는 것으로 추인된다 할 것이므로 사고를 일으킨 구체적 운행이 보유자의 의사에 기하지 아니한 경우에도 그 운행에 있어 보유자의 운행지배와 운행이익이 완전히 상실되었다고 볼 특별한 사정이 없는 한 보유자는 당해 사고에 대하여 위 법조의 운행자로서의 책임을 부담하게 된다.

나. 자동차소유자가 그 자동차에 대한 운행지배와 운행이익을 상실하였는지의 여부는 평소의 차량관리상태, 보유자의 의사와 관계없이 운행이 가능하게 된 경위, 보유자와 운전자와의 관계, 운전자의 차량반환의사의 유무와 무단운행후의 보유자의 승낙가능성, 무단운전에 대한 피해자의 주관적인 인식유무 등 여러 사정을 사회통념에 따라 종합적으로 평가하여 이를 판단하여야 한다.

다. 근로기준법상 재해보상이 되는 업무상 재해는 업무수행중 그 업무에 기인하여 발생한 재해를 말하는 것이므로 이때는 재해자 자신의 업무수행성과 업무기인성을 절대적인 요건으로 하고 있는 것이어서 차량의 운행이 보유자의 업무와 관련된 것인가의 여부는 그 운행자성을 판단하는 하나의 요소가 될 뿐 그것이 운행자성의 절대적인 요건이 되는 것은 아니라 할 것이고 따라서 자동차손해배상보장법과 근로기준법상의 책임은 그 근거와 성립요건을 달리한다 할 것이다.

(대법원 1986.12.23. 선고 86다카556 판결【보험금】)

8. 공무원이 직무집행을 위하여 공용차를 운행하는 경우, 공무원의 운행자성 인정여부

가. 정부조직법 제3조 제1항과 구 경찰서직제(1991.2.1. 대통령령 제13274호 내무부와 그소속기관직제에 의하여 폐지)에 의하면, 경찰서는 국가행정사무를 수행하게 하기 위하여 설치된 특별지방행정기관에 지나지 아니하고, 경찰서장도 국가공무원으로서 소관사무를 통할하고 소속 공무원을 지휘·감독하는 지위에 있을 뿐이어서, 경찰서장이 그 경찰서 소속의 관용차량을 관리·운행하고 소속 공무원인 운전자를 지휘·감독한다고 하더라도, 대외적으로는 자동차의 운행으로 인한 손해배상책임을 부담할 권리의무의 주체가 될 수 없음이 명백하므로 자동차보험계약상의 기명피보험자가 “OO경찰서장”으로 표시되었다고 하더라도, 이는 국가를 가리키는 것으로 봄이 상당하고, 따라서 경찰서장의 직위에 있는 공무원 개인이 기명피보험자로 되는 것이 아니다.

나. 위 “가”항의 자동차종합보험계약상 기명피보험자의 승낙을 얻어 자동차를 사용 또는 관리중인 자도 피보험자로 하고 있는 경우에 있어 경찰서 경비과장으로서 경찰서장의 승낙을 받아 자동차를 운전하다가 사고가 일어난 것이라면, 위 운전자는 기명피보험자인 국가의 승낙을 얻어 자동차를 사용 또는 관리중인 자에 해당하거나 국가를 위하여 자동차를 운전중인 자에 해당하여 위 보험계약에 있어서의 피보험자의 범주에 속한다고 할 것이고, 그가 피보험자인 이상 위 자동차의 운행으로 인한 사고로 말미암아 자신이 법률상 손해배상책임을 지게 되는 경우, 즉 보험사고가 발생한 경우에는 기명피보험자가 아니더라도 보험자에 대하여 보험금액지급청구권을 가지게 된다고 보아야 한다.

다. 자동차손해배상보장법 제3조 소정의 “자기를 위하여 자동차를 운행하는 자”라고 함은 자동차에 대한 운행을 지배하여 그 이익을 향수하는 책임주체로서의 지위에 있는 자를 뜻하는 것인바, 공무원이 그 직무를 집행하기 위하여 국가 또는 지방자치단체 소유의 관용차를 운행하는 경우, 그 자동차에 대한 운행지배나 운행이익은 그 공무원이 소속한 국가 또는 지방자치단체에 귀속된다고 할 것이고, 그 공무원 자신이 개인적으로 그 자동차에 대한 운행지배나 운행이익을 가지는 것이라고는 볼 수 없으므로, 그 공무원이 자기를 위하여 관용차를 운행하는 자로서 같은 법조 소정의 손해배상책임의 주체가 될 수는 없다.

(대법원 1992.2.25. 선고 91다12356 판결【보험금】)

9. 국가배상법상 상당인과관계의 판단기준

가. 공무원에게 부과된 직무상 의무의 내용이 단순히 공공 일반의 이익을 위한 것이거나 행정기관 내부의 질서를 규율하기 위한 것이 아니고 전적으로 또는 부수적으로 사회구성원 개인의 안전과 이익을 보호하기 위하여 설정된 것이라면, 공무원이 그와 같은 직무상 의무를 위반함으로 인하여 피해자가 입은 손해에 대하여는 상당인과관계가 인정되는 범위 내에서 국가가 배상책임을 지는 것이고, 이때 상당인과관계의 유무를 판단함에 있어서는 일반적인 결과발생의 개연성은 물론 직무상 의무를 부과하는 법령 기타 행동규범의 목적이나 가해행위의 태양 및 피해의 정도 등을 종합적으로 고려하여야 할 것이다.

나. 선박안전법이나 유선및도선업법의 각 규정은 공공의 안전 외에 일반인의 인명과 재화의 안전보장도 그 목적으로 하는 것이라고 할 것이므로 국가 소속 선박검사관이나 시 소속 공무원들이 직무상 의무를 위반하여 시설이 불량한 선박에 대하여 선박중간검사에 합격하였다 하여 선박검사증서를 발급하고, 해당 법규에 규정된 조치를 취함이 없이 계속 운항하게 함으로써 화재사고가 발생한 것이라면, 화재사고와 공무원들의 직무상 의무위반행위와의 사이에는 상당인과관계가 있다.

다. 선박 중에서 유선업에 제공되는 선박에 관하여는 유선및도선업법에 의한 규율을 받도록 하되, 그중 총톤수가 일정기준 이상인 선박에 대한 선박안전검사 등에 관하여는 보다 엄격하게 규정되어 있는 선박안전법에 의한 안전검사를 받도록 하고 그 대신 유선및도선업법에 규정되어 있는 안전검사는 받지 않아도 되는 것으로 일부 적용배제규정을 두고 있는 등 선박안전검사 등에 관하여 일부 선박안전법에 의한 규율을 받는다고 해서 유선및도선업법에 의한 규율이 전면적으로 배제되는 것은 아니다.

라. 유선업경영신고 또는 변경신고를 받은 시장, 군수가 유선및도선업법 제3조 제3항에 따라 지방해운항만청장에게 통지를 하였다고 하여 유선의 지도 운항 감독에 관하여 관할 시장, 군수에게 부여된 모든 감독책임이 국가 산하의 해운관청으로 이전되는 것이라고 보기는 어렵다.

(대법원 1993.2.12. 선고 91다43466 판결【손해배상(기)】)

10. 국가배상법상의 직무상 의무의 내용 및 상당인과관계판단기준

[1] 공무원에게 부과된 직무상 의무의 내용이 단순히 공공 일반의 이익을 위한 것이거나 행정기관 내부의 질서를 규율하기 위한 것이 아니고 전적으로 또는 부수적으로 사회구성원 개인의 안전과 이익을 보호하기 위하여 설정된 것이라면, 공무원이 그와 같은 직무상 의무를 위반함으로 인하여 피해자가 입은 손해에 대하여는 상당인과관계가 인정되는 범위 내에서 국가가 배상책임을 지는 것이고, 이때 상당인과관계의 유무를 판단함에 있어서는 일반적인 결과 발생의 개연성은 물론 직무상 의무를 부과하는 법령 기타 행동규범의 목적이나 가해행위의 태양 및 피해의 정도 등을 종합적으로 고려하여야 하며, 이는 지방자치단체와 그 소속 공무원에 대하여도 마찬가지이다.

[2] 유흥주점에 감금된 채 윤락을 강요받으며 생활하던 여종업원들이 유흥주점에 화재가 났을 때 미처 피신하지 못하고 유독가스에 질식해 사망한 사안에서, 지방자치단체의 담당 공무원이 위 유흥주점의 용도변경, 무허가 영업 및 시설기준에 위배된 개축에 대하여 시정명령 등 식품위생법상 취하여야 할 조치를 게을리 한 직무상 의무위반행위와 위 종업원들의 사망 사이에 상당인과관계가 존재하지 않는다고 한 사례.

[3] 구 소방법(2003.5.29. 법률 제6893호 소방기본법 부칙 제2조로 폐지)은 화재를 예방·경계·진압하고 재난·재해 및 그 밖의 위급한 상황에서의 구조·구급활동을 통하여 국민의 생명·신체 및 재산을 보호함으로써 공공의 안녕질서의 유지와 복리증진

에 이바지함을 목적으로 하여 제정된 법으로서, 소방법의 규정들은 단순히 전체로서의 공공 일반의 안전을 도모하기 위한 것에서 더 나아가 국민 개개인의 인명과 재화의 안전보장을 목적으로 하여 둔 것이므로, 소방공무원이 소방법 규정에서 정하여진 직무상의 의무를 게을리 한 경우 그 의무 위반이 직무에 충실한 보통 일반의 공무원을 표준으로 할 때 객관적 정당성을 상실하였다고 인정될 정도에 이른 경우에는 국가배상법 제2조에서 말하는 위법의 요건을 충족하게 된다. 그리고 소방공무원의 행정권한 행사가 관계 법률의 규정 형식상 소방공무원의 재량에 맡겨져 있다고 하더라도 소방공무원에게 그러한 권한을 부여한 취지와 목적에 비추어 볼 때 구체적인 상황 아래에서 소방공무원이 그 권한을 행사하지 않은 것이 현저하게 합리성을 잃어 사회적 타당성이 없는 경우에는 소방공무원의 직무상 의무를 위반한 것으로서 위법하게 된다.

[4] 유흥주점에 감금된 채 윤락을 강요받으며 생활하던 여종업원들이 유흥주점에 화재가 났을 때 미처 피신하지 못하고 유독가스에 질식해 사망한 사안에서, 소방공무원이 위 유흥주점에 대하여 화재 발생 전 실시한 소방점검 등에서 구 소방법상 방염 규정 위반에 대한 시정조치 및 화재 발생시 대피에 장애가 되는 잠금장치의 제거 등 시정조치를 명하지 않은 직무상 의무 위반은 현저히 불합리한 경우에 해당하여 위법하고, 이러한 직무상 의무 위반과 위 사망의 결과 사이에 상당인과관계가 존재한다고 한 사례.

(대법원 2008.4.10. 선고 2005다48994 판결 【손해배상(기)】 <군산시 윤락가 화재사건>)

제 3 항 영조물의 하자로 인한 배상책임

Ⅰ. 영조물의 설치·관리의 하자로 인한 배상책임의 성립요건

1. 영조물

① 국가배상법 제5조의 영조물개념 : 직접 행정목적에 제공된 물건(유체물 내지 물적 설비), 즉 공물을 의미한다(대판 1998.10.23, 98다17381판결).

② 국가와 지방자치단체가 관리주체인 경우에 한한다는 것이 판례의 입장이다.

③ 공공단체 또는 사인이 관리주체인 경우에도 국가배상법 제5조를 유추 적용하여 행정상 손해배상책임(국가배상책임)을 인정하는 것이 타당하다고 보아야 한다.

2. 영조물 관련 판례

① 국가배상법 제5조의 영조물에 해당한다고 인정된 예 : 맨홀, 건널목경보기, 공중변소, 철도대합실 승강장, 교통신호기 등이 있다.

② 국가배상법 제5조의 영조물에 해당하지 않는다고 인정된 예 : 시 명의의 종합운동장 예정부지, 공사 중이며 아직 완성되지 않아 일반 공중의 이용에 제공되지 않고 있는 옹벽 등이 있다.

3. 설치·관리의 하자

① 설치·관리의 의의 : ㉠ 설치는 영조물의 설계·축조 ㉡ 관리는 그 영조물의 유지·수선·보관 작용을 의미한다.

② 설치·관리의 하자에 관한 학설

ⓐ 객관설 : 하자는 객관적으로 영조물의 설치와 그 후 유지·수선에 불완전한 점이 있어 사회통념상 일반적으로 갖추어야 할 통상적 안전성을 결여하였음을 의미하는 것으로 보기 때문에 그 하자발생에 있어서의 과실의 유무와는 별개의 문제로 본다.

ⓑ 주관설 : 하자를 관리자의 영조물에 대한 안전확보의무 내지 사고방지의무위반에 기인하는 물적 위험상태로 보기 때문에 하자의 발생에는 관리자의 주관적 귀책사유가 있어야 하는 것으로 본다. 따라서 주관설은 영조물 하자로 인한 국가의 배상책임을 제2조와 같은 과실책임으로 이해하는 것이다.

ⓒ 절충설 : 하자의 유무를 영조물 자체의 객관적 하자뿐만 아니라 관리자의 주관적 요소도 고려하여야 하는 것으로 본다. 절충설은 영조물 자체의 결함이 없는 경우에도 그 관리행위의 과오로 인하여 생긴 손해에 대하여 국가의 배상책임을 인정할 수 있다.

ⓓ 위법·무과실책임설 : 국가배상법 제 5조에 의한 책임을 관리자의 객관적 안전확보의무를 위반함으로써 발생한 손해에 대한 행정주체의 위법·무과실책임으로 보는 입장이다. 단지 이때 객관적 안전확보 의무는 그 공작물의 위험성에 비례하여 사회통념상 일반적으로 요구되는 정도를 의미한다고 본다.

ⓔ 판례 : 대법원은 종래의 통설과 같이 원칙적으로 객관설의 입장에서

판시한 바 있다. "영조물 설치의 하자라 함은 설치의 불완전으로 영조물 자체가 통상 갖추어야 할 객관적인 안전성을 갖추지 못한 상태에 있음을 말한다(대판 1967.2.21, 66다1723)." 그러나 최근에는 "안전성의 구비여부를 판단함에 있어서는 당해 영조물의 용도, 그 설치장소의 현황 및 이용 상황 등 제반 사정을 종합적으로 고려하여 설치 관리자가 그 영조물의 위험성에 비례하여 사회통념상 일반적으로 요구되는 정도의 방호조치의무를 다하였는지의 여부를 그 기준으로 삼아야 할 것이며"라고 판시하여 다양한 견해로 해석하고 있다.

ⓔ 결어 : 객관설이 종래의 다수설 및 판례의 입장이나, 주관적 요소를 고려한 판례(대판 2000. 2.25, 99다54004)도 나타나고 있다.

③ 하자의 입증책임 : 원고인 피해자(원칙), 일응 추정의 법리의 문제

3. 타인에게 손해가 발생할 것

Ⅱ. 영조물의 설치·관리의 하자로 인한 배상책임의 면책 사유

1. 자연력

영조물의 안전성 결여의 원인이 인위적인 것인지 자연력에 의한 것인지는 불문함이 원칙이다.

> 산비탈부분이 1991.7.25 내린 약 308.5mm의 집중호우에 견디지 못하고 무너져 내려 차량의 통행을 방해함으로써 이 사건 사고가 일어난 사실을 인정할 수 있으므로 이 사건 사고는 피고(대한민국)의 도로의 설치 또는 관리상의 하자로 인하여 일어난 것이라고 보아야 한다. 매년 비가 많이 오는 장마철을 겪고 있는 우리나라와 같은 기후여건 하에서 위와 같은 집중호우가 내렸다고 하여 전혀 예측할 수 없는 천재지변이라고 보기는 어렵다(대판 1993.6.8. 93다11678).

2. 불가항력

천재지변처럼 인력으로 막을 수 없는 불가항력적 사유로 인해 손해가 발생한 경우에는 배상책임이 부인된다.

> 100년 발생빈도의 강우량을 기준으로 책정된 계획홍수위를 초과하여 600년 또는 1,000년 발생빈도의 강우량에 의한 하천의 범람은 예측가능성 및 회피가능성이 없는 불가항력적인 재해로서 그 영조물의 관리청에게 책임을 물을 수 없다(대판 2003.10. 23. 2001다48057).

3. 재정적 제약

예산부족 등의 재정적 제약은 면책사유가 되지 않으며, 단지 책임의 범위에 있어 참작사유가 될 뿐이다.

> 영조물의 설치의 하자 유무는 객관적 견지에서 본 안전성의 문제이고 그 설치자의 재정사정이나 영조물의 사용목적에 의한 사정은 안전성을 요구하는데 대한 정도 문제로서 참작사유에는 해당할지언정 안전성을 결정지을 절대적 요건에는 해당하지 아니한다 할 것이다(대판 1967.2.21, 66다1723).

Ⅲ. 행정상 손해배상의 청구절차

1. 행정절차에 의한 배상청구

① 결정전치주의가 폐지되고, 배상신청의 임의절차화로 바뀌었다(동법 제9조).

② 배상심의회

㉠ 성격 : 합의제 행정관청

㉡ 설치 : 상급심의회(본부심의회, 특별심의회), 지구심의회

* 본부심의회와 특별심의회는 양자 모두 법무부장관의 지휘를 받는다.

③ 배상심의회의 심의, 결정 : ㉠ 배상신청 → ㉡ 4주일 내에 배상결정 → ㉢ 2주일 이내에 재심신청 → ㉣ 4주일 내에 배상결정

④ 배상결정의 효력

㉠ 배상심의회의 배상결정에 신청인이 동의한 경우 민사소송법에 의한 재판상 화해가 성립된 것으로 간주하는 규정(국가배상법 제16조)이 존재하던 시절에는 신청인은 배상결정에 동의한 이후에는 손해배상 청구소송의 제기가 불가하였다.

㉡ 오늘날에는 신청인은 배상결정에 동의한 이후에도 손해배상청구소송을 제기할 수 있다.

2. 사법절차에 의한 배상청구

① 소송형태

㉠ 학설 : 민사소송에 의한다는 견해와 당사자소송에 의한다는 견해의 대립이 있다.

㉡ 판례 : 민사소송에 의할 것을 요구한다.

② 국가배상청구소송에 있어서도 가집행선고는 가능하다.

* 특별절차로서의 관련청구의 병합의 문제(cf. 행정소송법 제10조)

Ⅳ. 국가배상법 제2조와 제5조의 관계

국가배상책임은 크게 세 가지, 즉 제2조의 과실책임, 제5조의 영조물하자책임, 제6조의 비용부담자의 책임으로 구성된다. 여기서 제2조와 제5조의 관계가 문제되는바, 학설은 양자의 경합을 부정하는 입장과 긍정하는 입장으로 대립한다.

부정설은 제2조의 직무의 범위에서 공공의 영조물의 설치·관리 작용을 제외하는 결과 양자가 경합하는 경우 원고는 제5조만을 청구원인으로 특정할 수 있을 뿐이라고 한다.

긍정설은 원고가 임의로 선택할 수 있다는 것으로 제2조와 제5조간의 선택적 병합 뿐 아니라 예비적 병합도 가능하다고 본다.

국가배상법의 입법취지로 보더라도 긍정설이 타당하다고 할 것이다. 원고가 청구원인을 무엇으로 특정할 것인가는 임의적인 것으로 영조물의 관리나 하자로 인한 손해배상청구를 하는 경우, 원고가 반드시 제5조를 주장·입증하여야 하는 것은 아니라 할 것이다.

Ⅴ. 국가배상청구권의 소멸시효

1. 손해와 가해자를 안 경우

국가배상청구권은 국가배상법 제8조의 규정에 의하여 민법상 손해배상청구권과 마찬가지로 민법 제766조 제1항에 따라 피해자나 그 법정대리인이 손해와 가해자를 안 경우 안 날로부터 3년간 이를 행사하지 아니하면 시효로 소멸한다(대판 1998.7.10, 98다7001 판결).

2. 손해와 가해자를 알지 못하는 경우

피해자나 그 법정대리인이 손해 및 가해자를 알지 못하는 경우에는 국가재정법 제96조제1항에 따라 5년간 이를 행사하지 아니하면 국가배상청구권은 시효로 소멸한다.

3. 민법 제766조 제2항의 적용 여부

국가재정법 제96조 제1항에서 '다른 법률의 규정'이라 함은 다른 법률에 국가재정법 제96조 제1항에서 규정한 5년의 소멸시효기간보다 짧은 기간의 소멸시효의 규정이 있는 경우를 가리키는 것이고, 이보다 긴 10년의 소멸시효기간을 규정한 민법 제766조 제2항은 국가재정법 제96조 제1항에서 말하는 '다른 법률의 규정'에 해당하지 아니한다.

대법원 2001.4.24. 선고 2000다57856 판결【손해배상(기)】

예산회계법 제96조에서 '다른 법률의 규정'이라 함은 다른 법률에 예산회계법 제96조에서 규정한 5년의 소멸시효기간보다 짧은 기간의 소멸시효의 규정이 있는 경우를 가리키는 것이고, 이보다 긴 10년의 소멸시효를 규정한 민법 제766조 제2항은 예산회계법 제96조에서 말하는 '다른 법률의 규정'에 해당하지 아니한다.

[국가재정법 제96조](금전채권·채무의 소멸시효) ① 금전의 급부를 목적으로 하는 국가의 권리로서 시효에 관하여 다른 법률에 규정이 없는 것은 5년 동안 행사하지 아니하면 시효로 인하여 소멸한다.
② 국가에 대한 권리로서 금전의 급부를 목적으로 하는 것도 또한 제1항과 같다.
③ 금전의 급부를 목적으로 하는 국가의 권리에 있어서는 소멸시효의 중단·정지 그 밖의 사항에 관하여 다른 법률의 규정이 없는 때에는 「민법」의 규정을 적용한다. 국가에 대한 권리로서 금전의 급부를 목적으로 하는 것도 또한 같다.

[참고판례]

1. 영조물의 하자에 대한 판단기준

영조물 설치의 『하자』라 함은 영조물의 축조에 불완전한 점이 있어 이 때문에 영조물 자체가 통상 갖추어야 할 완전성을 갖추지 못한 상태에 있음을 말한다고 할 것인바 그 『하자』 유무는 객관적 견지에서 본 안전성의 문제이고 그 설치자의 재정

사정이나 영조물의 사용목적에 의한 사정은 안전성을 요구하는데 대한 정도 문제로서 참작사유에는 해당할지언정 안전성을 결정지을 절대적 요건에는 해당하지 아니한다 할 것이다.

(대법원 1967.2.21. 선고 66다1723 판결【손해배상】)

2. 영조물의 하자

[1] 국가배상법 제5조 제1항 소정의 '영조물 설치 관리상의 하자'라 함은 공공의 목적에 공여된 영조물이 그 용도에 따라 통상 갖추어야 할 안전성을 갖추지 못한 상태에 있음을 말하고, 영조물의 설치 및 관리에 있어서 항상 완전무결한 상태를 유지할 정도의 고도의 안전성을 갖추지 아니하였다고 하여 영조물의 설치 또는 관리에 하자가 있는 것으로는 할 수 없는 것으로서, 영조물의 설치자 또는 관리자에게 부과되는 방호조치의무의 정도는 영조물의 위험성에 비례하여 사회통념상 일반적으로 요구되는 정도의 것을 말하므로, 영조물인 도로의 경우도 다른 생활필수시설과의 관계나 그것을 설치하고 관리하는 주체의 재정적, 인적, 물적 제약 등을 고려하여 그것을 이용하는 자의 상식적이고 질서 있는 이용 방법을 기대한 상대적인 안전성을 갖추는 것으로 족하다.

[2] 도로의 설치·관리상의 하자는 도로의 위치 등 장소적인 조건, 도로의 구조, 교통량, 사고 시에 있어서의 교통 사정 등 도로의 이용 상황과 본래의 이용 목적 등 제반 사정과 물적 결함의 위치, 형상 등을 종합적으로 고려하여 사회통념에 따라 구체적으로 판단하여야 하는바, 특히 강설은 기본적 환경의 하나인 자연현상으로서 그것이 도로교통의 안전을 해치는 위험성의 정도나 그 시기를 예측하기 어렵고 통상 광범위한 지역에 걸쳐 일시에 나타나고 일정한 시간을 경과하면 소멸되는 일과성을 띠는 경우가 많은 점에 비하여, 이로 인하여 발생되는 도로상의 위험에 대처하기 위한 완벽한 방법으로서 도로 자체에 융설 설비를 갖추는 것은 현대의 과학기술의 수준이나 재정사정에 비추어 사실상 불가능하고, 가능한 방법으로 인위적으로 제설작업을 하거나 제설제를 살포하는 등의 방법을 택할 수밖에 없는데, 그러한 경우에 있어서도 적설지대에 속하는 지역의 도로라든가 최저속도의 제한이 있는 고속도로 등 특수 목적을 갖고 있는 도로가 아닌 일반 보통의 도로까지도 도로관리자에게 완전한 인적, 물적 설비를 갖추고 제설작업을 하여 도로통행상의 위험을 즉시 배제하여 그 안전성을 확보하도록 하는 관리의무를 부과하는 것은 도로의 안전성의 성질에 비추어 적당하지 않고, 오히려 그러한 경우의 도로통행의 안전성은 그와 같은 위험에 대면하여 도로를 이용하는 통행자 개개인의 책임으로 확보하여야 한다.

[3] 강설의 특성, 기상적 요인과 지리적 요인, 이에 따른 도로의 상대적 안전성을 고려하면 겨울철 산간지역에 위치한 도로에 강설로 생긴 빙판을 그대로 방치하고 도로상황에 대한 경고나 위험표지판을 설치하지 않았다는 사정만으로 도로관리상의 하자가 있다고 볼 수 없다고 한 사례.

(대법원 2000.4.25. 선고 99다54998 판결【손해배상(자)】)

3. 영조물의 하자

[1] 하천의 계획홍수위를 결정할 당시에 이미 간선도로의 건설이 상당정도 진척되어 있었던 경우 그 도로의 건설까지 고려하여 계획홍수위를 정하였을 가능성이 있는데다가, 관리청은 도로건설로 둔치가 정비되고 도로가 포장됨으로써 흐르는 유속이 빨라져 오히려 계획홍수위를 낮추는 효과가 있다고 주장하고 있으므로 도로의 건설로 다소 하천의 단면적이 감소된다고 하여 그것만으로 곧 수해의 위험성이 증대되는 것이 경험칙상 명백하다고 할 수는 없을 것이고 이 점은 증거에 의하여 확정하여야 한다고 한 사례.

[2] 자연영조물로서의 하천은 원래 이를 설치할 것인지 여부에 대한 선택의 여지가 없고, 위험을 내포한 상태에서 자연적으로 존재하고 있으며, 간단한 방법으로 위험상태를 제거할 수 없는 경우가 많고, 유수라고 하는 자연현상을 대상으로 하면서도 그 유수의 원천인 강우의 규모, 범위, 발생시기 등의 예측이나 홍수의 발생 작용 등의 예측이 곤란하고, 실제로 홍수가 어떤 작용을 하는지는 실험에 의한 파악이 거의 불가능하고 실제 홍수에 의하여 파악할 수밖에 없어 결국 과거의 홍수 경험을 토대로 하천관리를 할 수밖에 없는 특질이 있고, 또 국가나 하천관리청이 목표로 하는 하천의 개수작업을 완성함에 있어서는 막대한 예산을 필요로 하고, 대규모 공사가 되어 이를 완공하는 데 장기간이 소요되며, 치수의 수단은 강우의 특성과 하천 유역의 특성에 의하여 정해지는 것이므로 그 특성에 맞는 방법을 찾아내는 것은 오랜 경험이 필요하고 또 기상의 변화에 따라 최신의 과학기술에 의한 방법이 효용이 없을 수도 있는 등 그 관리상의 특수성도 있으므로 이와 같은 관리상의 특질과 특수성을 감안한다면, 하천의 관리청이 관계 규정에 따라 설정한 계획홍수위를 변경시켜야 할 사정이 생기는 등 특별한 사정이 없는 한, 이미 존재하는 하천의 제방이 계획홍수위를 넘고 있다면 그 하천은 용도에 따라 통상 갖추어야 할 안전성을 갖추고 있다고 보아야 하고, 그와 같은 하천이 그 후 새로운 하천시설을 설치할 때 기준으로 삼기 위하여 제정한 '하천시설기준'이 정한 여유고를 확보하지 못하고 있다는 사정만으로 바로 안전성이 결여된 하자가 있다고 볼 수는 없다.

[3] 100년 발생빈도의 강우량을 기준으로 책정된 계획홍수위를 초과하여 600년 또는 1,000년 발생빈도의 강우량에 의한 하천의 범람은 예측가능성 및 회피가능성이 없는 불가항력적인 재해로서 그 영조물의 관리청에게 책임을 물을 수 없다고 본 사례.
(대법원 2003.10.23. 선고 2001다48057 판결【손해배상(기)】)

4. 국가배상법 제5조 소정의 영조물의 설치·관리상의 하자의 의미

가. 국가배상법 제5조 소정의 영조물의 설치·관리상의 하자라 함은 영조물의 설치 및 관리에 불완전한 점이 있어 이 때문에 영조물 자체가 통상 갖추어야 할 안전성을 갖추지 못한 상태에 있는 것을 말하는 것이다.

나. 지방자치단체가 관리하는 도로 지하에 매설되어 있는 상수도관에 균열이 생겨 그 틈으로 새어 나온 물이 도로 위까지 유출되어 노면이 결빙되었다면 도로로서

의 안전성에 결함이 있는 상태로서 설치·관리상의 하자가 있다고 한 사례.

다. 국가배상법 제5조 소정의 영조물의 설치·관리상의 하자로 인한 책임은 무과실책임이고 나아가 민법 제758조 소정의 공작물의 점유자의 책임과는 달리 면책사유도 규정되어 있지 않으므로, 국가 또는 지방자치단체는 영조물의 설치·관리상의 하자로 인하여 타인에게 손해를 가한 경우에 그 손해의 방지에 필요한 주의를 해태하지 아니하였다 하여 면책을 주장할 수 없다.

라. 영조물의 설치 또는 관리상의 하자로 인한 사고라 함은 영조물의 설치 또는 관리상의 하자만이 손해발생의 원인이 되는 경우만을 말하는 것이 아니고, 다른 자연적 사실이나 제3자의 행위 또는 피해자의 행위와 경합하여 손해가 발생하더라도 영조물의 설치 또는 관리상의 하자가 공동원인의 하나가 되는 이상 그 손해는 영조물의 설치 또는 관리상의 하자에 의하여 발생한 것이라고 해석함이 상당하다.

(대법원 1994.11.22. 선고 94다32924 판결【손해배상(기)】)

5. 국가배상법 제5조 1항의 영조물의 설치·관리의 하자의 의미 및 판단기준

[1] 국가배상법 제5조 제1항 소정의 영조물의 설치 또는 관리의 하자라 함은 영조물이 그 용도에 따라 통상 갖추어야 할 안전성을 갖추지 못한 상태에 있음을 말하는 것으로서, 영조물이 완전무결한 상태에 있지 아니하고 그 기능상 어떠한 결함이 있다는 것만으로 영조물의 설치 또는 관리에 하자가 있다고 할 수 없는 것이고, 위와 같은 안전성의 구비 여부를 판단함에 있어서는 당해 영조물의 용도, 그 설치장소의 현황 및 이용 상황 등 제반 사정을 종합적으로 고려하여 설치 관리자가 그 영조물의 위험성에 비례하여 사회통념상 일반적으로 요구되는 정도의 방호조치의무를 다하였는지 여부를 그 기준으로 삼아야 할 것이며, 객관적으로 보아 시간적·장소적으로 영조물의 기능상 결함으로 인한 손해발생의 예견가능성과 회피가능성이 없는 경우 즉 그 영조물의 결함이 영조물의 설치관리자의 관리행위가 미칠 수 없는 상황 아래에 있는 경우에는 영조물의 설치관리상의 하자를 인정할 수 없다.

[2] 교차로의 진행방향 신호기의 정지신호가 단선으로 소등되어 있는 상태에서 그대로 진행하다가 다른 방향의 진행신호에 따라 교차로에 진입한 차량과 충돌한 경우, 신호기의 적색신호가 소등된 기능상 결함이 있었다는 사정만으로 신호기의 설치 또는 관리상의 하자를 인정할 수 없다고 한 사례.

(대법원 2000.2.25. 선고 99다54004 판결【구상금】)

6. 영조물의 설치 또는 관리의 하자의 의미

[1] 국가배상법 제5조 제1항에 정하여진 '영조물의 설치 또는 관리의 하자'라 함은 공공의 목적에 공여된 영조물이 그 용도에 따라 갖추어야 할 안전성을 갖추지 못한 상태에 있음을 말하고, 안전성을 갖추지 못한 상태, 즉 타인에게 위해를 끼칠 위험성이 있는 상태라 함은 당해 영조물을 구성하는 물적 시설 그 자체에 있는 물리적·외형적 흠결이나 불비로 인하여 그 이용자에게 위해를 끼칠 위험성이 있는 경우뿐만

아니라, 그 영조물이 공공의 목적에 이용됨에 있어 그 이용상태 및 정도가 일정한 한도를 초과하여 제3자에게 사회통념상 수인할 것이 기대되는 한도를 넘는 피해를 입히는 경우까지 포함된다고 보아야 한다.

[2] '영조물 설치 또는 하자'에 관한 제3자의 수인한도의 기준을 결정함에 있어서는 일반적으로 침해되는 권리나 이익의 성질과 침해의 정도뿐만 아니라 침해행위가 갖는 공공성의 내용과 정도, 그 지역환경의 특수성, 공법적인 규제에 의하여 확보하려는 환경기준, 침해를 방지 또는 경감시키거나 손해를 회피할 방안의 유무 및 그 난이 정도 등 여러 사정을 종합적으로 고려하여 구체적 사건에 따라 개별적으로 결정하여야 한다.

[3] 소음 등을 포함한 공해 등의 위험지역으로 이주하여 들어가서 거주하는 경우와 같이 위험의 존재를 인식하면서 그로 인한 피해를 용인하며 접근한 것으로 볼 수 있는 경우에, 그 피해가 직접 생명이나 신체에 관련된 것이 아니라 정신적 고통이나 생활방해의 정도에 그치고 그 침해행위에 고도의 공공성이 인정되는 때에는, 위험에 접근한 후 실제로 입은 피해 정도가 위험에 접근할 당시에 인식하고 있었던 위험의 정도를 초과하는 것이거나 위험에 접근한 후에 그 위험이 특별히 증대하였다는 등의 특별한 사정이 없는 한 가해자의 면책을 인정하여야 하는 경우도 있을 수 있을 것이나, 일반인이 공해 등의 위험지역으로 이주하여 거주하는 경우라고 하더라도 위험에 접근할 당시에 그러한 위험이 존재하는 사실을 정확하게 알 수 없는 경우가 많고, 그 밖에 위험에 접근하게 된 경위와 동기 등의 여러 가지 사정을 종합하여 그와 같은 위험의 존재를 인식하면서 굳이 위험으로 인한 피해를 용인하였다고 볼 수 없는 경우에는 손해배상액의 산정에 있어 형평의 원칙상 과실상계에 준하여 감액사유로 고려하는 것이 상당하다.

[4] 김포공항에서 발생하는 소음 등으로 인근 주민들이 입은 피해는 사회통념상 수인한도를 넘는 것으로서 김포공항의 설치·관리에 하자가 있다고 본 사례.

(대법원 2005.1.27. 선고 2003다49566 판결【손해배상(기)】)

7. 기관위임 된 국가행정사무의 비용부담자로서의 지방자치단체의 인정여부

가. 국가배상법 제6조 제1항 소정의 '공무원의 봉급·급여 기타의 비용'이란 공무원의 인건비만을 가리키는 것이 아니라 당해사무에 필요한 일체의 경비를 의미한다고 할 것이고, 적어도 대외적으로 그러한 경비를 지출하는 자는 경비의 실질적·궁극적 부담자가 아니더라도 그러한 경비를 부담하는 자에 포함된다.

나. 구 지방자치법(1988.4.6. 법률 제4004호로 전문 개정되기 전의 것) 제131조(현행 제132조), 구 지방재정법(1988.4.6. 법률 제4006호로 전문 개정되기 전의 것) 제16조 제2항(현행 제18조 제2항)의 규정상, 지방자치단체의 장이 기관위임된 국가행정사무를 처리하는 경우 그에 소요되는 경비의 실질적·궁극적 부담자는 국가라고 하더라도 당해 지방자치단체는 국가로부터 내부적으로 교부된 금원으로 그 사무에 필요한 경비를 대외적으로 지출하는 자이므로, 이러한 경우 지방자치단체는 국가배상법 제6

조 제1항 소정의 비용부담자로서 공무원의 불법행위로 인한 같은 법에 의한 손해를 배상할 책임이 있다.

(대법원 1994.12.9. 선고 94다38137 판결【손해배상(기)】)

8. 공무원이 직무상 자기 소유의 자동차를 운전하다가 사고를 일으킨 경우, 공무원 개인의 손해배상책임의 유무

[1] 헌법 제29조 제1항 본문은 공무원이 직무수행 중 불법행위로 타인에게 손해를 입힌 경우에 국가 등이 국가배상책임을 부담함을 규정하면서 단서로 "이 경우 공무원 자신의 책임은 면제되지 아니한다."라고 규정하여, 공무원 개인도 민사상 책임을 부담함을 분명히 선언하되 그 책임의 내용과 범위에 관하여는 헌법에 더 이상 규정하지 아니하고 있고 이를 직접 명시적으로 규정한 법률도 없으나, 헌법 제29조 제1항 및 국가배상법 제2조를 각 그 입법취지에 비추어 합리적으로 해석하면, 공무원이 공무집행상의 위법행위로 인하여 타인에게 손해를 입힌 경우에는 공무원에게 고의 또는 중과실이 있는 때에는 공무원 개인도 불법행위로 인한 손해배상책임을 진다고 할 것이지만, 공무원에게 경과실뿐인 때에는 공무원 개인은 손해배상책임을 부담하지 아니한다고 할 것이다.

[2] 자동차손해배상보장법의 입법취지에 비추어 볼 때, 같은 법 제3조는 자동차의 운행이 사적인 용무를 위한 것이건 국가 등의 공무를 위한 것이건 구별하지 아니하고 민법이나 국가배상법에 우선하여 적용된다고 보아야 한다. 따라서 일반적으로 공무원의 공무집행상의 위법행위로 인한 공무원 개인 책임의 내용과 범위는 민법과 국가배상법의 규정과 해석에 따라 정하여 질 것이지만, 자동차의 운행으로 말미암아 다른 사람을 사망하게 하거나 부상하게 함으로써 발생한 손해에 대한 공무원의 손해배상책임의 내용과 범위는 이와는 달리 자동차손해배상보장법이 정하는 바에 의할 것이므로, 공무원이 직무상 자동차를 운전하다가 사고를 일으켜 다른 사람에게 손해를 입힌 경우에는 그 사고가 자동차를 운전한 공무원의 경과실에 의한 것인지 중과실 또는 고의에 의한 것인지를 가리지 않고, 그 공무원이 자동차손해배상보장법 제3조 소정의 '자기를 위하여 자동차를 운행하는 자'에 해당하는 한 자동차손해배상보장법상의 손해배상책임을 부담한다.

(대법원 1996.3.8. 선고 94다23876 판결【손해배상(자)】)

9. 지방자치단체장이 설치하여 관할 지방경찰청장에게 관리권한이 위임된 교통신호기의 고장으로 인하여 교통사고가 발생한 경우, 수임자(국가)의 책임

도로교통법 제3조 제1항은 특별시장·광역시장 또는 시장·군수(광역시의 군수를 제외)는 도로에서의 위험을 방지하고 교통의 안전과 원활한 소통을 확보하기 위하여 필요하다고 인정하는 때에는 신호기 및 안전표지를 설치하고 이를 관리하여야 하도록 규정하고, 도로교통법시행령 제71조의2 제1항 제1호는 특별시장·광역시장이 위 법률규정에 의한 신호기 및 안전표지의 설치·관리에 관한 권한을 지방경찰청장에게 위임하는 것으로 규정하고 있는바, 이와 같이 행정권한이 기관위임된 경우 권한을 위임받은 기관은 권한을 위임한 기관이 속하는 지방자치단체의 산하 행정기관의 지위에서 그 사무를 처리하는 것이므로 사무귀속의 주체가 달라진다고 할 수 없고, 따라서 권한을 위임받은 기관 소속의 공무원이 위임사무처리에 있어 고의 또는 과실로 타인에게 손해를 가하였거나 위임사무로 설치·관리하는 영조물의 하자로 타인에게 손해를 발생하게 한 경우에는 권한을 위임한 관청이 소속된 지방자치단체가 국가배상법 제2조 또는 제5조에 의한 배상책임을 부담하고, 권한을 위임받은 관청이 속하는 지방자치단체 또는 국가가 국가배상법 제2조 또는 제5조에 의한 배상책임을 부담하는 것이 아니므로, 지방자치단체장이 교통신호기를 설치하여 그 관리권한이 도로교통법 제71조의2 제1항의 규정에 의하여 관할 지방경찰청장에게 위임되어 지방자치단체 소속 공무원과 지방경찰청 소속 공무원이 합동근무하는 교통종합관제센터에서 그 관리업무를 담당하던 중 위 신호기가 고장난 채 방치되어 교통사고가 발생한 경우, 국가배상법 제2조 또는 제5조에 의한 배상책임을 부담하는 것은 지방경찰청장이 소속된 국가가 아니라, 그 권한을 위임한 지방자치단체장이 소속된 지방자치단체라고 할 것이나, 한편 국가배상법 제6조 제1항은 같은 법 제2조, 제3조 및 제5조의 규정에 의하여 국가 또는 지방자치단체가 손해를 배상할 책임이 있는 경우에 공무원의 선임·감독 또는 영조물의 설치·관리를 맡은 자와 공무원의 봉급·급여 기타의 비용 또는 영조물의 설치·관리의 비용을 부담하는 자가 동일하지 아니한 경우에는 그 비용을 부담하는 자도 손해를 배상하여야 한다고 규정하고 있으므로 교통신호기를 관리하는 지방경찰청장 산하 경찰관들에 대한 봉급을 부담하는 국가도 국가배상법 제6조 제1항에 의한 배상책임을 부담한다.

(대법원 1999.6.25. 선고 99다11120 판결【손해배상(자)】)

10. 50년 빈도의 최대강우량을 불가항력에 기인한 것으로 볼 수 있는지 여부

집중호우로 제방도로가 유실되면서 그 곳을 걸어가던 보행자가 강물에 휩쓸려 익사한 경우, 사고 당일의 집중호우가 50년 빈도의 최대강우량에 해당한다는 사실만으로 불가항력에 기인한 것으로 볼 수 없다는 이유로 제방도로의 설치·관리상의 하자를 인정한 사례.

(대법원 2000.5.26. 선고 99다53247 판결【손해배상(기)】)

11. 집중호우로 산비탈이 무너져 내려 발생한 교통사고에 대해 천재지변을 이유로 배상책임의 면책을 인정할 수 있는지 여부

집중호우로 국도변 산비탈이 무너져 내려 차량의 통행을 방해함으로써 일어난 교통사고에 대하여 국가의 도로에 대한 설치 또는 관리상의 하자책임을 인정한 사례.

(대법원 1993.6.8. 선고 93다11678 판결【손해배상(자)】)

12. 손실보상 흠결시 권리구제

행정주체의 행정행위를 신뢰하여 그에 따라 재산출연이나 비용지출 등의 행위를 한 자가 그 후에 공공필요에 의하여 수립된 적법한 행정계획으로 인하여 재산권행사가 제한되고 이로 인한 공공사업의 시행 결과 공공사업시행지구 밖에서 발생한 간접손실에 관하여 그 피해자와 사업시행자 사이에 협의가 이루어지지 아니하고, 그 보상에 관한 명문의 근거 법령이 없는 경우라고 하더라도, 헌법 제23조 제3항 및 구 토지수용법(2002.2.4. 법률 제6656호로 폐지되기 전의 것) 등의 개별 법률의 규정, 구 공공용지의취득및손실보상에관한특례법(2002.2.4. 법률 제6656호로 폐지되기 전의 것) 제3조 제1항 및 같은법시행규칙(2002.12.31. 건설교통부령 제344호로 폐지되기 전의 것) 제23조의2 내지 7 등의 규정 취지에 비추어 보면, 공공사업의 시행으로 인하여 그러한 손실이 발생하리라는 것을 쉽게 예견할 수 있고, 그 손실의 범위도 구체적으로 이를 특정할 수 있는 경우에는 그 손실의 보상에 관하여 구 공공용지의취득및손실보상에관한특례법시행규칙의 관련 규정 등을 유추적용할 수 있다.

(대법원 2004.9.23. 선고 2004다25581 판결【손해배상(기)】)

13. 행정상의 손실보상

[1] 법률 제3782호 하천법 중 개정법률(이하 '개정 하천법'이라 한다)은 그 부칙 제2조 제1항에서 개정 하천법의 시행일인 1984.12.31. 전에 유수지에 해당되어 하천구역으로 된 토지 및 구 하천법(1971.1.19. 법률 제2292호로 전문 개정된 것)의 시행으로 국유로 된 제외지 안의 토지에 대하여는 관리청이 그 손실을 보상하도록 규정하였고, '법률 제3782호 하천법 중 개정법률 부칙 제2조의 규정에 의한 보상청구권의 소멸시효가 만료된 하천구역 편입토지 보상에 관한 특별조치법' 제2조는 구 하천법(1989.12.30. 법률 제4161호로 개정되기 전의 것) 부칙 제2조 제1항에 해당하는 토지로서 개정 하천법 부칙 제2조 제2항에서 규정하고 있는 소멸시효의 만료로 보상청구권이 소멸되어 보상을 받지 못한 토지에 대하여는 시·도지사가 그 손실을 보상하도록 규정하고 있는바, 위 각 규정들에 의한 손실보상청구권은 모두 종전의 하천법 규정 자체에 의하여 하천구역으로 편입되어 국유로 되었으나 그에 대한 보상규정이 없었거나 보상청구권이 시효로 소멸되어 보상을 받지 못한 토지들에 대하여, 국가가 반성적 고려와 국민의 권리구제 차원에서 그 손실을 보상하기 위하여 규정한 것으로서, 그 법적 성질은 하천법 본칙(本則)이 원래부터 규정하고 있던 하천구역에의 편입에 의한 손실보상청구권과 하등 다를 바가 없는 것이어서 공법상의 권리임이 분명하므로 그에 관한 쟁송도 행정소송절차에 의하여야 한다.

[2] 하천법 부칙(1989.12.30.) 제2조와 '법률 제3782호 하천법 중 개정법률 부칙 제2조의 규정에 의한 보상청구권의 소멸시효가 만료된 하천구역 편입토지 보상에 관한 특별조치법' 제2조, 제6조의 각 규정들을 종합하면, 위 규정들에 의한 손실보상청구권은 1984.12.31. 전에 토지가 하천구역으로 된 경우에는 당연히 발생되는 것이지, 관리청의 보상금지급결정에 의하여 비로소 발생하는 것은 아니므로, 위 규정들에 의한 손실보상금의 지급을 구하거나 손실보상청구권의 확인을 구하는 소송은 행정소송법

제3조 제2호 소정의 당사자소송에 의하여야 한다.

(대법원 2006.5.18. 선고 2004다6207 전원합의체 판결【보상청구권확인】)

14. 재판상 불법에 대한 국가배상책임

[1] 법관의 재판에 법령의 규정을 따르지 아니한 잘못이 있다 하더라도 이로써 바로 그 재판상 직무행위가 국가배상법 제2조 제1항에서 말하는 위법한 행위로 되어 국가의 손해배상책임이 발생하는 것은 아니고, 그 국가배상책임이 인정되려면 당해 법관이 위법 또는 부당한 목적을 가지고 재판을 하였다거나 법이 법관의 직무수행상 준수할 것을 요구하고 있는 기준을 현저하게 위반하는 등 법관이 그에게 부여된 권한의 취지에 명백히 어긋나게 이를 행사하였다고 인정할 만한 특별한 사정이 있어야 한다.

[2] 재판에 대하여 따로 불복절차 또는 시정절차가 마련되어 있는 경우에는 재판의 결과로 불이익 내지 손해를 입었다고 여기는 사람은 그 절차에 따라 자신의 권리 내지 이익을 회복하도록 함이 법이 예정하는 바이므로, 불복에 의한 시정을 구할 수 없었던 것 자체가 법관이나 다른 공무원의 귀책사유로 인한 것이라거나 그와 같은 시정을 구할 수 없었던 부득이한 사정이 있었다는 등의 특별한 사정이 없는 한, 스스로 그와 같은 시정을 구하지 아니한 결과 권리 내지 이익을 회복하지 못한 사람은 원칙적으로 국가배상에 의한 권리구제를 받을 수 없다고 봄이 상당하다고 하겠으나, 재판에 대하여 불복절차 내지 시정절차 자체가 없는 경우에는 부당한 재판으로 인하여 불이익 내지 손해를 입은 사람은 국가배상 이외의 방법으로는 자신의 권리 내지 이익을 회복할 방법이 없으므로, 이와 같은 경우에는 배상책임의 요건이 충족되는 한 국가배상책임을 인정하지 않을 수 없다.

[3] 헌법재판소 재판관이 청구기간 내에 제기된 헌법소원심판청구 사건에서 청구기간을 오인하여 각하결정을 한 경우, 이에 대한 불복절차 내지 시정절차가 없는 때에는 국가배상책임(위법성)을 인정할 수 있다고 한 사례.

[4] 헌법소원심판을 청구한 자로서는 헌법재판소 재판관이 일자 계산을 정확하게 하여 본안판단을 할 것으로 기대하는 것이 당연하고, 따라서 헌법재판소 재판관의 위법한 직무집행의 결과 잘못된 각하결정을 함으로써 청구인으로 하여금 본안판단을 받을 기회를 상실하게 한 이상, 설령 본안판단을 하였더라도 어차피 청구가 기각되었을 것이라는 사정이 있다고 하더라도 잘못된 판단으로 인하여 헌법소원심판 청구인의 위와 같은 합리적인 기대를 침해한 것이고 이러한 기대는 인격적 이익으로서 보호할 가치가 있다고 할 것이므로 그 침해로 인한 정신상 고통에 대하여는 위자료를 지급할 의무가 있다.

(대법원 2003.7.11. 선고 99다24218 판결【손해배상(기)】)

15. 행정처분이 항고소송에서 취소된 경우 과실의 인정여부

[1] 어떠한 행정처분이 후에 항고소송에서 취소되었다고 할지라도 그 기판력에

의하여 당해 행정처분이 곧바로 공무원의 고의 또는 과실로 인한 것으로서 불법행위를 구성한다고 단정할 수는 없는 것이고, 그 행정처분의 담당공무원이 보통 일반의 공무원을 표준으로 하여 볼 때 객관적 주의의무를 결하여 그 행정처분이 객관적 정당성을 상실하였다고 인정될 정도에 이른 경우에 국가배상법 제2조 소정의 국가배상책임의 요건을 충족하였다고 봄이 상당할 것이며, 이때에 객관적 정당성을 상실하였는지 여부는 피침해이익의 종류 및 성질, 침해행위가 되는 행정처분의 태양 및 그 원인, 행정처분의 발동에 대한 피해자측의 관여의 유무, 정도 및 손해의 정도 등 제반 사정을 종합하여 손해의 전보책임을 국가 또는 지방자치단체에게 부담시켜야 할 실질적인 이유가 있는지 여부에 의하여 판단하여야 한다.

[2] 개간허가 취소처분이 후에 행정심판 또는 행정소송에서 취소되었으나 담당공무원에게 객관적 주의의무를 결한 직무집행상의 과실이 없다는 이유로 국가배상책임을 부인한 사례.

[3] 구 농지확대개발촉진법(1994.12.22. 법률 제4823호 농어촌정비법 부칙 제2조로 폐지) 제24조와 제27조에 의하여 농수산부장관 소관의 국가사무로 규정되어 있는 개간허가와 개간허가의 취소사무는 같은 법 제61조 제1항, 같은법시행령 제37조 제1항에 의하여 도지사에게 위임되고, 같은 법 제61조 제2항에 근거하여 도지사로부터 하위 지방자치단체장인 군수에게 재위임되었으므로 이른바 기관위임사무라 할 것이고, 이러한 경우 군수는 그 사무의 귀속 주체인 국가 산하 행정기관의 지위에서 그 사무를 처리하는 것에 불과하므로, 군수 또는 군수를 보조하는 공무원이 위임사무처리에 있어 고의 또는 과실로 타인에게 손해를 가하였다 하더라도 원칙적으로 군에는 국가배상책임이 없고 그 사무의 귀속 주체인 국가가 손해배상책임을 지는 것이며, 다만 국가배상법 제6조에 의하여 군이 비용을 부담한다고 볼 수 있는 경우에 한하여 국가와 함께 손해배상책임을 부담한다.

(대법원 2000.5.12. 선고 99다70600 판결【손해배상(기)】)

16. 취소판결에 따른 공무원의 고의·과실의 존부의 문제(국가배상책임의 성립)

[2] 어떠한 행정처분이 위법하다고 할지라도 그 자체만으로 곧바로 그 행정처분이 공무원의 고의 또는 과실로 인한 불법행위를 구성한다고 단정할 수는 없고, 공무원의 고의 또는 과실의 유무에 대하여는 별도의 판단을 요한다고 할 것인바, 그 이유는 행정청이 관계 법령의 해석이 확립되기 전에 어느 한 설을 취하여 업무를 처리한 것이 결과적으로 위법하게 되어 그 법령의 부당집행이라는 결과를 빚었다고 하더라도 처분 당시 그와 같은 처리방법 이상의 것을 성실한 평균적 공무원에게 기대하기 어려웠던 경우라면 특별한 사정이 없는 한 이를 두고 공무원의 과실로 인한 것이라고 볼 수는 없기 때문이다.

[3] 존치기간이 경과한 콘도분양용 모델하우스를 위법 건축물로 판단하여 그 부속토지를 종합합산과세대상 토지로 과세처분한 담당공무원의 행위가 국가배상책임을 인정할 만한 과실에 해당한다고 볼 수 없다고 한 사례.

(대법원 2004.6.11. 선고 2002다31018 판결【부당이득금】[공2004.7.15.(206),1145])

17. 행정규칙의 처분기준에 따른 처분에 대한 과실인정 여부

영업허가취소처분이 나중에 행정심판에 의하여 재량권을 일탈한 위법한 처분임이 판명되어 취소되었다고 하더라도 그 처분이 당시 시행되던 공중위생법시행규칙에 정하여진 행정처분의 기준에 따른 것인 이상 그 영업허가취소처분을 한 행정청 공무원에게 그와 같은 위법한 처분을 한 데 있어 어떤 직무집행상의 과실이 있다고 할 수는 없다.

(대법원 1994.11.8. 선고 94다26141 판결【손해배상(기)】)

제 2 절 손실보상제도

제 1 항 일반론

Ⅰ. 행정상 손실보상과 행정상 손해배상과의 관계

1. 의 의

① 행정상 손해배상 : 공무원의 위법한 직무행위 또는 공공의 영조물의 설치·관리의 하자로 인하여 개인에게 손해가 발생한 경우에 국가 등이 그 손해를 보전하는 것이다.

② 행정상 손실보상 : 적법한 공권력행사로 인하여 사유재산에 가하여진 특별한 희생에 대하여, 사유재산권의 보장과 공평부담의 견지에서 행정주체가 행하는 조절적인 재산적 전보이다.

2. 양자의 접근 경향

① 불법행위이론 자체의 수정

② 위험책임론·위법, 무과실책임

Ⅱ. 행정상 손실보상의 실정법적 근거

1. 문제의 의의

공용침해를 인정하고 있는 개별적 법률이 손실보상에 관한 규정을 두고 있지 않은 경우에 재산권을 침해당한 자가 손실보상을 청구할 수 있는 실정법적 근거가 문제된다. 이는 결국 헌법 제23조 제3항의 규정이 어떤 법적 효력을 갖는가와 관련이 있다.

2. 학 설

(1) 방침규정설 : 이 견해는 손실보상에 관한 헌법 제23조제3항의 규정은 규범적 효력이 없는 것으로서 입법방침에 불과하다는 것이다. 따라서 관계법에 재

산권의 내재적 제약을 넘는 제한을 정하면서도 그에 따른 보상규정을 두고 있지 아니한 경우에는 당해 토지소유자 등은 그로 인한 손실을 수인할 수밖에 없다고 한다.

(2) 직접효력설 : 이 견해는 손실보상에 관한 헌법규정은 국민에 대하여 직접적 효력을 갖는 규범으로 보아, 관계 법률에 보상규정이 없는 경우에는 직접 헌법 제23조 제3항에 의거하여 보상을 청구할 수 있다고 보고 있다.

(3) 유추적용설 : 이 견해는 관계법에 보상규정이 없는 경우에는 헌법 제23조제1항 및 제11조에 근거하여 헌법 제23조 제3항 및 관계규정의 유추적용을 통하여 보상을 구할 수 있다는 입장이다. 이는 수용유사침해의 법리를 받아들여서 이 문제를 해결하고자 하는 견해인 바, 위법, 무과실의 공용침해에 대한 보상과 위법, 유책을 요건으로 하는 국가배상과는 그 성립요건과 범위 등에서 구별된다는 점을 배경으로 한다.

* 유추적용설은 결국 독일에서 발전된 수용유사침해의 법리를 받아들여 문제를 해결하고자 하는 입장으로 해석할 수 있다.

(4) 위헌무효설 : 이 견해는 헌법 제23조제3항의 규정은 입법자에 대하여는 국민의 재산권을 침해하는 입법을 할 때에는 반드시 보상규정을 두도록 구속력을 가진다고 한다. 따라서 법률이 재산권의 침해를 규정하면서 보상에 관하여 규정하지 않으면 그 법률은 위헌·무효이며, 그 법률에 근거한 행정작용은 위법행위가 된다. 따라서 당사자는 취소소송의 제기와 위법한 행정작용을 이유로 재산상 손해를 받은 경우는 손해배상을 청구할 수 있다고 한다. 이러한 손해배상청구를 위해서 손해배상청구소송을 제기하고 그 소송 계속 중 위헌법률심판제청을 하여 헌법재판소에서 위헌결정이 난 경우에는 당해 재산권의 침해행위의 위법성이 인정되어 승소판결을 받을 수 있게 된다.

즉, ① 헌법상의 보상규정은 입법자가 국민의 재산권을 침해하는 규정을 정립하는 경우에는 보상규정도 두도록 입법자를 구속하고 있으므로,

② 보상규정을 두고 있지 않은 법률은 위헌무효가 되며,

③ 그에 근거한 공용침해행위는 위법한 직무행위가 되어,

④ 손해배상의 청구만이 가능하다.

(5) 소결 : 대법원은 제3공화국 헌법 하에서 직접효력설에 입각하여 판시한 바 있으나, 제4공화국 헌법하에서 제20조제3항에 의하여 보상을 법률로 정하도

록 개정한 이후에는 방침규정설 내지 간접효력설을 취했다. 현행 헌법하에서 대법원은 제외지에 대하여 하천법 제74조에 의한 보상규정을 유추적용한 바 있으며, 공공사업의 시행으로 인해 발생한 간접손실의 경우에 공특법시행 규칙을 유추적용 하여 보상을 인정하였다.

3. 판 례

① 개별 법률에 손실보상규정이 없는 경우에도 손실보상을 인정하기도 하며 (대판 1972.11.28, 72다1597, 다만 손실보상을 인정하여야 하는 이유에 관하여는 언급이 없다), ② 불법행위로 보기도 한다(대판 1966.10.18., 66다1715). 결국 이 문제에 관한 한 판례의 입장은 일관되어 있지 못하다.

Ⅲ. 재산권의 가치보장과 존속보장

1. 재산권의 가치보장

① 공용침해와 관련하여, 국가 등의 공권력행사 그 자체는 다툴 수 없는 것이므로 정당한 '보상'을 확보하자는 입장이다.

② 가치보장의 사고는 '인용하라, 그리고 청산하라'라는 법언에 잘 나타난다.

2. 재산권의 존속보장

① 재산권의 금전가치보다는 재산권 자체 내지 그의 존속을 중시하는 입장이다.

② 존속보장의 사고는 '방어하라, 그리고 청산하라'라는 법언에 잘 나타난다.

③ 존속보장의 이상을 실현하는 제도로는 '공익사업을 위한 토지 등의 취득 및 보상에 관한 법률' 상의 환매제도를 들 수 있다.

④ 재산권의 존속보장을 가치보장에 우선시키는 논거는 재산권의 인격적 자유에 대한 관계를 중시하는 것에서 찾을 수 있다.

⑤ 행정상의 손실보상의 요건을 설명하는 방식에 있어서는 행정상의 손실보상의 요건 중 '특별한 희생'의 문제에 대해서만 주로 고찰하는 입장과 특별한 희생 이외의 여러 요건에 대해서도 상세히 고찰하는 입장의 대립이 있다. 이러한 방식의 차이는 전자는 재산권의 가치보장을, 후자는 재산권의 존속보장을 중시하는 것에 기인한다.

제 2 항 행정상 손실보상의 성립요건

Ⅰ. 행정상 손실보상의 요건

1. 재산권에 대한 공권적 침해

① 재산권 : 현존하는 구체적 재산가치있는 일체의 권리를 의미한다. 따라서
㉠ 기대이익은 손실보상의 대상이 아니다.
㉡ 또한 문화적·학술적 가치 역시 손실보상의 대상이 아니다.

② 공권적 침해(예 : 공용수용·사용·제한·환지·환권)가 있어야 한다.

③ 침해의 직접성 : 재산권에 대한 침해가 공권력 주체에 의하여 의도되었거나, 아니면 최소한 재산상 손실에 대한 직접적 원인이 되어야 한다. 이 침해의 직접성은 엄격한 의미의 공용침해와 수용적 침해의 구분에 있어 중요한 의미를 가진다.

2. 공공의 필요

① 공공의 필요의 판단기준 : 제 이익간의 이익형량을 통해서 결정, 이 경우 비례의 원칙이 형량의 척도가 될 수 있다.

② 공공적 사용수용의 문제

3. 적법성

① 적법성은 법률에 근거한 것을 의미한다.

② 여기서의 법률은 국회에서 심의, 의결된 형식적 의미의 법률을 의미한다.

4. 보상규정

불가분조항(Junktimklausel), 즉 '공용침해는 동일 법률에 의한 침해와 보상'이라는 공식은 우리나라에서도 적용될 수 있다.

5. 특별한 희생

Ⅱ. 특별한 희생과 사회적 제약의 구분

1. 형식적 기준설

재산권에 대한 침해를 받은 자가 특정되어 있는지의 여부를 기준으로 한다.

① 개별행위설 : 공권력주체가 공익을 위하여 '개별행위'에 의하여 특정인에게 손실을 가하는 경우를 특별한 희생으로 보는 견해이다.

② 특별희생설 : 공익을 위하여 특정인 또는 제한된 범위 내의 자에게 다른 자에게 요구되지 않는 희생을 불평등하게 강요한 경우만을 특별한 희생으로 보는 견해이다.

2. 실질적 기준설

공용침해의 실질적 내용, 즉 침해의 본질성 및 강도를 기준으로 하여 특별한 희생과 사회적 제약을 구별하려는 견해이다. 이에는 보호가치설, 수인한도설, 사적 효용설, 목적위배설, 상황구속설 등의 이론이 있다.

3. 소결

특별한 희생과 사회적 제약의 구분은 경계이론에 입각할 때 문제된다. 우리 통설과 판례는 형식적 기준설과 실질적 기준설을 종합하여 판단한다. 특히 토지의 경우에는 종래의 목적대로 사용할 수 없거나 수인한도를 넘는 침해는 위법으로 본다(헌재결 2003.4.24, 99헌바110, 2000헌바46 병합).

Ⅲ. 분리이론과 경계이론

1. 문제의 의의

법률에 의한 재산권제한이 '재산권의 사회적 제약'과 '공용침해' 중 어디에 해당하는지가 문제된다.

2. 경계이론

재산권의 사회적 제약과 공용침해를 별개의 제도로 보는 것이 아니라 재산권의 침해와 정도에 따라 경계 지워지는 것(사회적 제약이 공용침해로 되어 헌법에 의한 보상을 요구할 수 있다는 것)으로 보는 견해이다.

3. 분리이론

재산권의 사회적 제약과 공용침해를 명확히 구분하는 견해이다.

① 먼저 형태를 기준으로 침해조치가 일반적·추상적일 때는 사회적 제약, 개별적·구체적일 때에는 공용침해로 본다.

② 다음으로 목적을 기준으로 재산권자의 권리와 의무를 미래를 향하여 규율하는 것이 목적이면 사회적 제약, 재산권자의 법적 지위를 박탈하는 것이 목적이면 공용침해로 본다.

4. 경계이론과 분리이론의 차이점

분리이론에 따르면 재산권의 사회적 제약의 경우에도 비례의 원칙을 넘어서면 보상을 요하게 된다.

분리이론에 따르면 재산권제한의 유형은,

① 보상을 요하는 공용침해

② 보상의무가 있는 사회적 제약

③ 보상이 필요 없는 사회적 제약으로 구분할 수 있다.

5. 판 례

헌법재판소는 분리이론에 따르고 있는 것으로 해석된다.

> 도시계획법 제21조에 의한 재산권의 제한은 개발제한구역으로 지정된 토지를 원칙적으로 지정 당시의 지목과 토지현황에 의한 이용방법에 따라 사용할 수 있는 한, 재산권에 내재하는 사회적 제약을 비례의 원칙에 합치하게 합헌적으로 구체화한 것이라고 할 것이나, 종래의 지목과 토지현황에 의한 이용방법에 따른 토지의 사용도 할 수 없거나 실질적으로 사용, 수익을 전혀 할 수 없는 예외적인 경우에도 아무런 보상 없이 이를 감수하도록 하고 있는 한, 비례의 원칙에 위반되어 당해 토지소유자의 재산권을 과도하게 침해하는 것으로서 헌법에 위반 된다(헌재결 1998.12.24, 89헌마214·97헌바78 병합).

제 3 항 손실보상의 내용

Ⅰ. 생활보상

1. 서

손실보상의 대상의 변천은 대인적 보상에서 대물적 보상으로, 그리고 생활보상으로 발전해왔다.

2. 생활보상의 의의

재산권에 대한 침해로 인하여 생활의 근거를 상실하게 되는 재산권의 피수용자 등에 대하여 생활재건에 필요한 정도의 보상을 행하는 것, 즉 사회국가의 이념에 따라서 재산권에 대한 침해가 없었던 것과 같은 생활상태를 만들어 주는 것(보상의 역사에 있어 최종단계의 보상으로서의 의미)이다.

3. 생활보상의 특색

① 대인적 보상과의 구분 : 대인적 보상은 주관적 성격이 강한 데 대하여, 생활보상의 경우는 보상이 기준이 정하여져 있기 때문에 객관적 성격이 강하다.

② 대물적 보상과의 구분 : 대물적 보상은 수용의 대상과 보상의 대상이 일치하는 반면, 생활보상은 보상의 대상이 훨씬 확대된다.

4. 생활보상의 근거

헌법 제23조제3항과 제34조제1항(인간다운 생활을 할 권리)

5. 생활보상의 내용

① 협의의 생활보상

㉠ 간접보상(예 : 소수잔존자에 대한 보상, 농경지, 택지보상)

㉡ 이주대책

② 광의의 생활보상 : 협의의 생활보상 외에 ㉠ 주거의 총체가치의 보상, ㉡ 영업상 손실의 보상, ㉢ 이전료 보상, ㉣ 잔지보상, ㉤ 직업훈련, ㉥ 전세입자에 대한 주거대책비의 지급 등도 포함한다.

③ 생활보상의 내용

㉠ 근거

ⓐ 대물보상의 원칙(헌법 제23조 제3항) : 공공필요에 의한 재산권의 수용 사용 또는 제한은 법률로써 하되, 정당한 보상을 지급하여야 한다.

ⓑ 생활보상의 근거(헌법 제34조) : 모든 국민은 인간다운 생활을 할 권리를 가진다.

ⓛ 내용

ⓐ 생활재건조치 : 공공사업의 시행으로 인해 이주하는 사람들의 생활근거의 마련을 위하여 사업시행자와 행정당국에 의한 이주대책 등의 일련의 조치(간척지 국공유지 등 대체지의 알선, 공영주택의 알선, 정착자금의 지원, 개간비 보조 융자, 직업훈련실시, 고용알선, 보상금에 대한 세제혜택 등)를 말한다.

ⓑ 영세농 등에 대한 보상 : 토지의 보상금액이 영세해서 다른 곳으로 이주하더라도 생계를 유지하기 어려운 자에게 생활배려의 측면에서 지급하는 보상금(영세토지에 대한 가산금 지급)을 말한다.

ⓒ 거주대책비 보상 : 공공사업의 시행으로 인하여 주거를 상실하게 된 자에 대하여 일시적인 주거대책비용으로서 지급하는 보상(전세입주자에 대한 주거대책비 지급, 무허가영업자의 폐업보상으로서 행하는 주거대책비 지급)을 말한다.

ⓓ 소수잔존자 보상 : 공공사업의 시행결과 종전의 생활공동체로부터 분리되어 잔존자의 생활환경이 현저히 불편하게 되어 이주가 불가피한 경우 공공사업시행지구 안에 편입된 것으로 보고 보상(소수잔존자에게 이전비 이주비 이농비 또는 실농보상 실어보상 세입자에 대한 주거대책비 지급, 휴직 실직의 보상)을 말한다.

Ⅱ. 손실보상의 기준

1. 학 설

① 완전보상설 : 피침해재산이 가지는 완전한 가치를 보상으로 제공하여야 한다는 견해이다. 미국헌법수정 제5조상의 정당한 보상의 해석을 중심으로 미국에서 발전하였다.

② 상당보상설 : 재산권의 사회적 구속성 등에 비추어 사회국가원리의 기준에 따른 적정한 보상이면 족하다는 견해로, 바이마르헌법 제153조에서 연원을 찾아볼 수 있다.

2. 현행법상의 보상기준

① 정당보상의 원칙 : 헌법재판소는 정당보상을 완전보상으로 이해한다.

② 개발이익의 배제
③ 생활보상의 원칙

3. 공용수용·공용사용의 보상기준

'공익사업을 위한 토지 등의 취득 및 보상에 관한 법률' 제67조·제70조·제71조에 근거한다.

4. 공용제한의 보상기준

① 적극적 실손보전설 : 공용제한으로 토지소유자가 현실적으로 예상하지 않았던 지출을 한 경우, 그에 대한 적극적이고 현실적인 지출만을 보상하면 된다.
② 지가하락설(독일의 판례) : 토지이용 제한에 의해 초래되는 지가하락분은 보상하여야 한다.
③ 상당인과관계설 : 공용제한 행위와 상당인과관계 있는 손실은 모두 보상하여야 한다.
④ 지대설
⑤ 공용지역권설정설

Ⅲ. 간접손실보상의 문제 - 사업손실의 보상, 일실손실의 보상

1. 사업손실의 보상

① 의의 : 공공사업의 시행 또는 완성 후의 시설이 간접적으로 사업지 밖의 타인의 재산권에 가해지는 손실 및 신체적·정신적 침해에 대해 행해지는 보상이다.
② 보상의 대상 : 잔여지에 대한 손실보상, 농경지, 건물 등에 대한 간접보상 등 이외에 정신적 피해(소음, 진동 등에 의한 수면방해 등)의 보상, 신체적 피해(소음진동에 의한 난청, 두통, 일조권침해에 의한 건강피해 등)의 보상 등이 논의된다.

2. 일실손실의 보상

① 의의 : 토지 등의 재산권의 수용에 부수하여 사업을 폐지 또는 휴업하게 되는 경우에 입게 되는 손실을 보상하는 것이다.

② 내용

㉠ 영업의 폐지, 이전, 휴업에 따르는 보상

* 무허가영업은 보상하지 않는 것이 원칙이나, 영업시설 등의 가액이나 전업에 따른 손실에 대하여는 보상을 행한다(예외적으로 3인, 3개월간의 가계지출비 인정).

㉡ 농업의 폐지·이전에 따르는 보상

㉢ 실직근로자에 대한 보상

Ⅳ. 손실보상의 유형과 방법

1. 손실보상의 유형

① 현금보상(원칙)

② 현물보상 : 환지·환권의 경우

③ 매수보상(현금보상의 변형으로 보는 견해가 있다)

④ 채권보상

㉠ 요건

ⓐ 사업시행자 : 국가, 지방자치단체, '공공기관의 운영에 관한 법률' 제4조부터 제6조까지의 규정에 따라 지정, 고시된 공공기관 중 대통령령으로 정하는 공공기관이다.

ⓑ 토지소유자 및 관계인이 원하거나, 부재부동산소유자의 토지로서 보상금이 대통령령이 정하는 금액을 초과하는 경우로서 그 초과하는 금액에 대하여 보상하는 경우이다.

㉡ 상환기간 : 5년을 넘으면 안 된다.

㉢ 이자율 : 3년 만기 정기예금 이자율에 따른다.

* 채권보상제의 합헌성 문제가 제기될 수 있다.

2. 손실보상액의 지급방법

① 보상의 지급방법의 구분

㉠ 지급시기에 따라 선불과 후불

㉡ 지급회수에 따라 일시불과 분할불

㉢ 지급의 개별성 여부에 따라 개별불과 일괄불로 구분

② 보상지급방법에 관한 원칙 : 선불, 개별지급, 전액일시불이 원칙

Ⅴ. 손실보상에 대한 불복

1. 개별법에 특별한 규정이 없는 경우

① 학설 : ㉠ 손실보상청구권을 공권으로 보아 행정소송인 당사자소송에 의하여야 한다는 견해와, ㉡ 손실보상청구권을 사권으로 보아 민사소송에 의하여야 한다는 견해의 대립한다.

② 판례

㉠ 판례는 손실보상청구권을 사권으로 보아 민사소송에 의할 것을 요구하여 왔다(대판 1998.2.27, 97다64350).

㉡ 하천구역편입토지에 대한 손실보상의 특례 : 하천구역편입토지에 대한 손실보상청구권의 법적 성질을 공법상 권리로 보아 그에 관한 쟁송도 행정소송(당사자소송)에 의하여야 한다고 판시한다.

③ 소멸시효 : 관행어업권자가 그 매립면허를 받은 자 또는 사업시행자에 대하여 가지는 손실보상청구권은 금전의 지급을 구하는 채권적 권리이므로 그 소멸시효기간은 민법 제162조 제1항에 따라 10년이다(대판 2010.12.9, 2007두6571).

> 법률 제3782호 하천법 중 개정법률(이하 "개정하천법"이라 한다) 은 그 부칙 제2조 제1항에서 개정 하천법의 시행일인 1984.12.31. 전에 유수지에 해당되어 하천구역으로 된 토지 및 구 하천법의 시행으로 국유로 된 제외지 안의 토지에 대하여는 관리청이 그 손실을 보상하도록 규정하였고, '법률 제3782호 하천법 중 개정법률 부칙 제2조의 규정에 의한 보상청구권의 소멸시효가 만료된 하천구역 편입 토지 보상에 관한 특별조치법' 제2조는 구 하천법 부칙 제2조 제1항에 해당하는 토지로서 개정 하천법 부칙 제2조 제2항에서 규정하고 있는 소멸시효의 만료로 보상청구권이 소멸되어 보상을 받지 못한 토지에 대하여는 시·도지사가 그 손실을 보상하도록 규정하고 있는바, 위 각 규정들에 의한 손실보상청구권은 모두 종전의 하천법 규정 자체에 의하여 하천구역으로 편입되어 국유로 되었으나 그에 대한 보상규정이 없었거나 보상청구권이 시효로 소멸되어 보상을 받지 못한 토지들에 대하여, 국가가 반성적 고려와 국민의 권리구제 차원에서 그 손실을 보상하기 위하여 규정한 것으로, 그 법적 성질은 하천법 본칙 이 원래부터 규정하고 있던 하천구역에의 편입에 의한 손실보상청구권과 하등 다를 바가 없는 것이어서 공법상의 권리임이 분명하므로 그에 관한 쟁송도 행정소송절차에 의하여야 한다(대판 2006.5.18, 2004다6207).

다만 이 판례를 들어 우리나라의 대법원이 모든 행정상 손실보상청구권의 성질을 공권으로 보는 것으로 속단하기는 곤란하다. 즉, 이 판결은 하천법상의 하천구역편입토지에 대한 손실보상청구권의 성질을 공권으로 본 것에 불과하며,

실제로 동 판결에서 대법원 스스로 이 판례를 통하여 예전의 판례를 변경한 것으로 적시한 사례들은 모두 하천법상의 손실보상청구권에 국한되어 있음을 유의하여야 한다.

2. 공익사업을 위한 토지 등의 취득 및 보상에 관한 법률상의 불복

① 이의 신청

㉠ 재결신청 : 토지수용에 있어 손실보상액의 결정에 관하여 당사자 간에 협의가 이루어지지 않은 경우에는 사업시행자가 관할토지수용위원회에 재결신청한다.

㉡ 이의신청 : 재결신청에 따른 재결에 이의가 있는 자는 재결서의 정본을 받은 날로부터 30일 이내에 중앙토지수용위원회에 이의신청, 이 경우 이의신청을 제기하여도 사업의 진행 및 토지의 수용 또는 사용은 정지되지 아니한다.

② 행정소송

㉠ 행정소송의 제기 : 관할 토지수용위원회의 재결에 대하여 불복이 있는 때에는 재결서를 받은 날부터 60일 이내에, 이의신청을 거친 때에는 이의신청에 대한 재결서를 받은 날부터 30일 이내에 행정소송을 제기 할 수 있다.

㉡ 형식적 당사자소송의 문제 : 행정소송이 특히 보상금의 증감에 관한 행정소송인 때에는 당해 소송을 제기하는 자가 토지소유자 또는 관계인인 경우에는 사업시행자를, 사업시행자인 경우에는 토지소유자 또는 관계인을 각각 피고로 한다.

㉢ 취소소송의 대상 : 이의신청을 거친 경우에 이의재결에 고유한 하자가 있는 경우를 제외하고는 이의재결이 아니라 원처분(수용재결)을 취소소송의 대상으로 하여야 한다(원처분주의). 그 이유는, 첫째, 토지보상법 제85조제1항은 행정소송에 의한 불복의 대상을 "제34조의 규정에 의한 재결" 즉 수용재결로 규정하고 있기 때문이다. 둘째, 이의신청임의주의를 취하고 있기 때문이다. 셋째, 이의재결을 대상으로 한다는 명문의 규정이 없으므로 행정소송법 제19조의 일반원칙에 따라 원처분인 수용재결을 대상으로 하여야 한다.

판례도 이의재결에 불복하여 취소소송을 제기하는 경우 원처분인

수용재결을 대상으로 하여야 한다고 본다(대법원 2010.01.28. 선고 2008두1504).

[표] 토지수용과 불복절차 개관

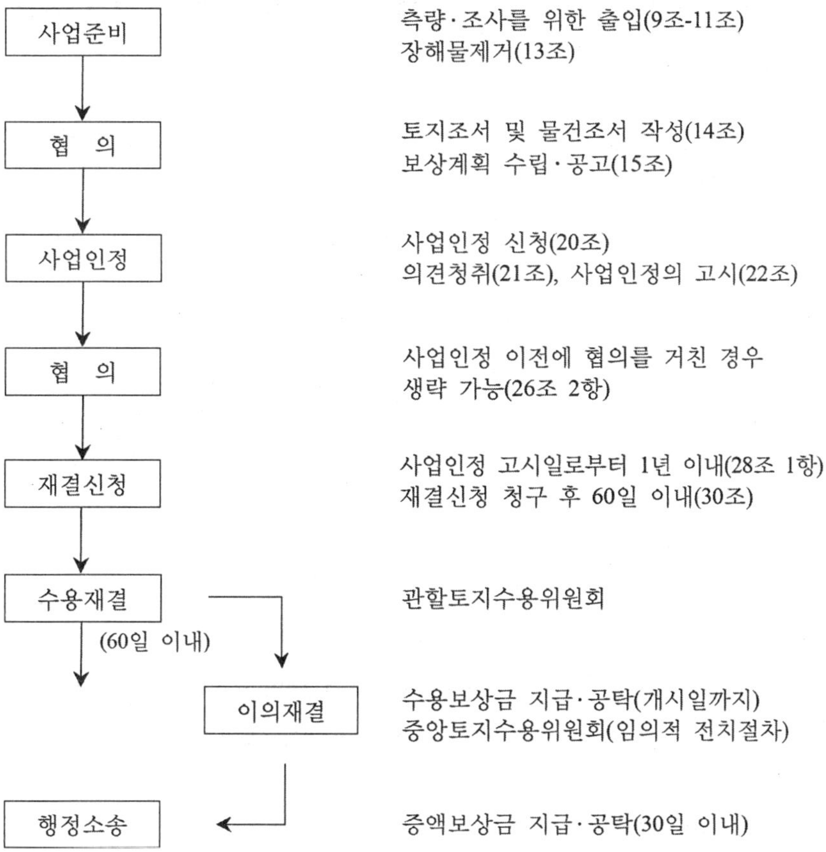

제 3 절 국가책임제도의 보완

Ⅰ. 손해전보를 위한 그 밖의 제도-문제의 유형 및 해결 방안

1. 문제의 의의

① 행정상 손해배상의 특징 : 행정상의 위법하고 책임 있는(유책) 행위로 인한 재산적·비재산적 손해

② 행정상 손실보상의 특징 : 행정상의 적법한 행위로 인한 재산적 손실(행위자의 책임은 묻지 않음)

③ 전통적인 행정상 손해전보제도인 행정상 손해배상의 내용과 행정상 손실보상의 내용을 비교해 보면 이들 이론을 통하여서는 전보되지 않는 침해유형이 존재할 수밖에 없다는 점을 인식할 수 있다. 이러한 침해에 대한 구제를 위하여 등장한 이론들로는 다음과 같은 것이 있다.

㉠ 위법·무책의 공무원의 직무행위로 인한 손해 → 수용유사침해

㉡ 이형적·비의욕적 공용침해 → 수용적 침해

㉢ 비재산적 법익에 대한 적법한 침해 → 희생보상청구

㉣ 공법상 결과제거청구 : 대위책임제에 입각한 손해배상제도의 흠결을 보완

㉤ 공법상의 부당이득반환청구 등 행정법상의 채권관계

Ⅱ. 수용유사침해

1. 의 의

위법한 공용침해, 특히 보상규정을 결한 법률에 근거한 공용침해를 말한다.

① 위법의 의미 : '위법'은 공용침해의 근거법률이 보상규정을 두어야 함에도 불구하고 그 규정을 두지 않음으로써 위헌인 법률이 되고, 따라서 그에 근거한 공용침해가 결과적으로 위헌이 된다는 의미에서의 위법을 의미한다.

② 수용유사침해의 전형－위법하지만 무책의 침해

2. 독일에서의 수용유사침해이론의 전개

① 연방최고법원의 판례(BGHZ6, 270)를 통하여 발전 : 당연 논리에 입각한다.
② 연방헌법재판소의 자갈채취판결 : 수용유사침해의 법리에 따르는 보상청구를 제약한다.
③ 오늘날도 관습상의 '희생보상청구권'에 근거하여 보상을 인정한다.

3. 우리 법제에서의 인정여부

① 학설 : 긍정설과 부정설의 대립한다.
② 판례 : 신군부에 의한 문화방송주식 강제취득사건, 국가보안사령부의 강압에 의한 한국경제신문폐간 등이 문제된 사례와 관련하여 부정한다.

> 원심이 들고 있는 위와 같은 수용유사적 침해의 이론은 국가 기타 공권력의 주체가 위법하게 공권력을 행사하여 국민의 재산권을 침해하였고 그 효과가 실제에 있어서 수용과 다름없을 때에는 적법한 수용이 있는 것과 마찬가지로 국민이 그로 인한 손실보상을 청구할 수 있다는 내용으로 이해되는데, 과연 우리 법제 하에서 그와 같은 이론을 채택 할 수 있을 것인가는 별론으로 하더라도... 피고 대한민국의 이 사건 주식취득이 그러한 공권력의 행사에 의한 수용유사적 침해에 해당한다고는 볼 수 없다(대판 1993.10.26. 93다6409).

Ⅲ. 수용적 침해

1. 의 의

적법한 행정작용의 변형적, 비의욕적 부수적 결과로서 타인의 재산권에 가해진 침해를 말한다.

2. 수용적 침해의 예

① 지하철공사의 장기화로 인하여 인근상점이 입는 손해
② 도로예정구역으로 고시된 후 공사를 함이 없이 장기간 방치됨으로 인하여 고시지역내의 가옥주가 입는 손해
③ 쓰레기적치장 등 공공시설의 경영으로 인근주민이 받은 손실

3. 우리 법제에서의 인정여부

① 학설 : 긍정설과 부정설의 대립한다.

② 판례

㉠ 수용적 침해의 이론이 직접적으로 받아들여진 예는 아직 없다.

㉡ 도시계획시설결정으로 인한 토지소유권제한과 관련된 헌법소원에 있어 헌법재판소가 (수용적 침해라는 용어는 사용하지 않고 있으나) 수용적 침해의 이론을 받아들였다고도 볼 수 있다.

> 토지의 사적 이용권이 배제된 상태에서 토지 소유자로 하여금 10년 이상을 아무런 보상 없이 수인하도록 하는 것은 공익실현의 관점에서도 정당화될 수 없는 과도한 제한으로서 헌법상의 재산권보장에 위배된다고 보아야 한다(헌재결 1999.10.21. 97헌바26).

Ⅳ. 희생보상청구

1. 문제의 제기

적법한 행정작용으로 인하여 비재산적 법익에 대한 침해가 발생한 경우에 있어서의 구제수단이 문제된다.

적법한 행정작용으로 인한 비재산적 법익침해의 예로는,

① 국가기관의 검정을 받아 판매되고 있는 약을 사 먹었는데 병에 걸린 경우

② 경찰관이 저항하는 범인을 향해 총을 쏘았는데 총탄이 범인을 관통하여 옆의 사람에게 상해를 입힌 경우, 등을 들 수 있다.

2. 보상 규정을 통한 문제의 해결

국립병원에서 예방주사를 맞은 사람이 그의 특이체질로 인해 질병을 얻게 된 경우 등에 대하여 국가보상을 인정하고 있는 경우(아래 예)가 이에 해당한다.

> **감염병의 예방 및 관리에 관한 법률**
>
> 제71조(예방접종 등에 따른 피해의 국가보상) ① 국가는 제24조 및 제25조에 따라 예방접종을 받은 사람 또는 제40조제2항에 따라 생산된 예방·치료 의약품을 투여 받은 사람이 그 예방접종 또는 예방·치료 의약품으로 인하여 질병에 걸리거나 장애인이 되거나 사망하였을 때에는 대통령령으로 정하는 기준과 절차에 따라 다음 각 호의 구분에 따른 보상을 하여야 한다.

> 1. 질병으로 진료를 받은 사람 : 진료비 전액 및 정액 간병비
> 2. 장애인이 된 사람 : 일시보상금
> 3. 사망한 사람 : 대통령령으로 정하는 유족에 대한 일시보상금 및 장제비
> ② 제1항에 따라 보상받을 수 있는 질병, 장애 또는 사망은 예방접종약품의 이상이나 예방접종 행위자 및 예방·치료 의약품 투여자 등의 과실 유무에 관계없이 해당 예방접종 또는 예방·치료 의약품을 투여받은 것으로 인하여 발생한 피해로서 보건복지부장관이 인정하는 경우로 한다.
> ③ 이하 생략

3. 관습법을 통한 문제의 해결

① 독일은 관습법으로서의 희생보상청구권인정을 통해 해결한다.

② 희생보상청구권의 의의 : 공권력작용으로 인하여 발생한 비재산적 법익의 손실에 대하여 보상을 청구할 수 있는 권리를 말한다.

③ 우리나라에서의 인정여부

㉠ 부정설 : 법적 근거의 부존재를 이유로 부정하는 견해이다.

㉡ 긍정설 : 생명, 신체에 대한 권리가 재산권보다 우월하다는 것을 논거로 하여 인정하는 견해이다.

Ⅴ. 행정상의 결과제거청구권

1. 의 의

행정상 결과제거청구권이란 공행정작용의 결과로써 남아 있는 위법한 상태로 인하여 자기의 법률상 이익을 침해받고 있는 자가 행정주체를 상대로 그 위법한 상태의 제거를 청구할 수 있는 권리를 말한다.

2. 법적성질

(1) 물권적인지 채권적인지 : 원상회복청구권이라는 점에서 물권적 청구권으로만 파악하는 견해가 있으나, 동 법리는 명예훼손 발언과 같은 비권력적 침해의 경우에도 적용될 수 있으므로 물권적 청구권으로 한정하는 것은 타당하지 않다.

(2) 공권인지 사권인지 : 사권으로 보는 견해도 있으나, 공행정작용에 의해 야기된 위법상태의 제거를 내용으로 한다는 점에서 공권으로 보는 것이 타당하다. 단, 판례는 민법상 반환청구권으로 이해하여 사권으로 보고 있다.

3. 법적 근거

① 헌법상의 법치행정의 원리, 기본권규정, 민법상의 방해배제청구권규정(제213조, 제214조)의 유추 등을 들 수 있다.

② 취소판결의 기속력(위법한 처분에 의해 발생한 위법한 결과는 취소판결의 기속력인 원상회복의무에 의해 제거될 수 있다.)에서 찾기도 한다.

4. 요 건

(1) 행정주체의 공행정작용으로 인한 침해행위 : 여기서의 침해행위는 일체의 공행정작용에 의한 모든 종류의 침해를 의미한다. 즉, 법적행위인 행정행위뿐만 아니라 사실행위도 포함하며 권력적 행위뿐만 아니라 비권력적 행위도 포함된다. 그러나 행정주체의 사법적 활동으로 인한 침해의 경우에는 원칙적으로 사법의 규율대상이 될 뿐, 결과제거청구권은 성립하지 않는다. 또 작위의무위반의 부작위에 의한 침해의 경우에도 결과제거청구권이 성립하지 않는다는 것이 독일의 다수설이다.

(2) 위법한 상태의 발생 및 침해상태의 계속 : 결과제거청구권은 위법한 상태의 제거를 목적으로 하므로 침해상태가 위법하여야 한다. 침해상태의 위법성은 처음부터 또는 기간의 경과 또는 해제조건의 성취 등에 의하여 사후에 발생할 수도 있다. 결과제거청구권의 법리에서는 침해행위의 위법성보다는 침해상태의 위법성에 초점이 모아져야 한다. 또 이러한 위법상태는 사실심 변론종결시를 기준으로 하여 계속되어야 한다.

(3) 개인의 법률상의 이익 침해 : 공행정작용으로 인하여 야기된 위법한 상태가 개인의 권리 또는 법률상 이익을 침해하고 있어야 한다. 여기서의 권리 또는 법률상 이익에는 재산적 가치 있는 것뿐만 아니라 명에, 좋은 평판 등 정신적인 것까지 포함된다.

(4) 결과제거의 가능성·허용성·기대가능성 : 원상태 또는 동가치의 상태로서의 회복이 사실상 가능하며, 법적으로 허용되고 또한 의무자에게 있어서 그것이 기대가능 하여야 한다.

(5) 주관적 요건(가해자의 고의 과실)은 요구되지 않는다.

5. 결과제거청구권의 내용 등

① 결과제거의 의무주체 : 그러한 결과를 야기한 국가, 공공단체, 공무수탁 사인과 같은 행정주체가 된다.
② 손해전보의 청구가능성 : 부정된다. 결과제거청구권과 손해배상청구권은 독자적으로 성립가능하며 병존할 수 있다.
③ 직접적 결과의 제거 : 간접적 결과, 즉 제3자의 개입으로 발생한 결과는 결과제거청구의 내용이 될 수 없다.
④ 과실상계의 문제 : 과실상계의 법사상은 결과제거청구권의 행사에도 준용한다.

6. 쟁송수단

결과제거청구권을 공권으로 보는 한 행정소송(특히 공법상 당사자소송)을 제기할 수 있다. 현행법은 위법한 행정처분의 집행으로 일정한 위법 상태가 발생한 경우, 이에 대한 행정청의 제거의무는 '취소판결의 기속력'으로 해결 가능한 것으로 보는 것 같다. 그러나 행정청이 자발적으로 위법한 결과를 제거하지 않는 경우 별소를 제기하여야 하는 문제점이 발생하였고, 이를 시정하기 위한 방안의 하나로 행정소송법상에 결과제거청구권을 명시하는 것이 제안되었고 이는 법무부 행정소송법 개정안에도 반영되었다.

> *** 법무부 행정소송법개정안(제32조 제4항)** :
>
> [제32조 제4항] 판결에 따라 취소되는 처분등이 이미 집행된 경우 당사자인 행정청과 그 밖의 관계행정청은 그 집행으로 인하여 직접 원고에게 발생한 위법한 결과를 제거하기 위하여 필요한 조치를 하여야 한다.

제 2 장 행정심판법

제 1 항 일반론

Ⅰ. 행정심판의 의의

행정상 법률관계의 분쟁을 법원이 아니라 행정기관인 행정심판위원회가 심리·재결하는 행정쟁송절차로, 약식 쟁송의 하나이다. 행정심판법에서 규율하고 있다.

Ⅱ. 행정심판과 행정소송의 차이점

구 분		행정심판	행정소송
차이점	제도의 본질	행정통제적 성격이 강함	권리구제적 성격이 강함
	쟁송의 성질	준사법작용, 약식쟁송	사법작용, 정식쟁송
	쟁송의 종류	취소심판, 무효등확인심판, 의무이행심판	항고소송(취소소송, 무효등확인소송, 부작위위법확인소송), 당사자소송, 객관소송(기관소송, 민중소송)
	청구의 대상	위법·부당한 처분·부작위	위법한 처분·부작위
	제소기간	ⓐ 처분이 있음을 알게 된 날부터 90일 이내 ⓑ 처분이 있었던 날부터 180일 이내	ⓐ 행정심판의 재결을 거친 경우 재결서의 정본이 송달된 날로부터 90일 이내 ⓑ 행정심판의 재결을 거치지 않은 경우 처분이 있음을 안날로부터 90일 이내 ⓒ 처분·재결이 있은 날로부터 1년 이내
	심리절차	구술심리 또는 서면심리, 행정부소속의 행정심판위원회에서 행함, 비공개주의(다수설, 특별히 법에 규정은 없다)	구술심리, 법원에서 행함, 공개주의
	판정기관	행정심판위원회	법원
공통점		개괄주의, 직권증거조사, 불고불리의 원칙 불이익변경금지, 집행부정지의 원칙, 청구인[원고]적격(법률상 이익), 사정재결(판결), 청구(소)의 변경, 구술심리	

제 2 항 행정심판의 종류, 대상 등

Ⅰ. 행정심판의 대상 및 종류

구 분	취소심판	무효등확인심판	의무이행심판
의 의	행정청의 위법 또는 부당한 처분의 취소 또는 변경을 하는 심판(복심적쟁송, 항고쟁송)	행정청의 처분의 효력 유무 또는 존부에 대한 확인을 하는 심판	행정청의 위법 또는 부당한 거부처분 또는 부작위에 대하여 일정한 처분을 하도록 하는 심판
성 질	ⓐ 형성적 쟁송(통설) ⓑ 확인적 쟁송	ⓐ 형성적 쟁송 ⓑ 확인적 쟁송 ⓒ 준형성적 쟁송(통설) : 형식은 형성적 쟁송, 실질은 확인적 쟁송	이행쟁송의 성질
특수성	ⓐ 청구기간의 제한(90일) ⓑ 집행부정지의 원칙 ⓒ 사정재결의 인정 ⓓ 심리절차의 비공개, 서면 심리	ⓐ 심판제기기간의 제한 부적용 ⓑ 사정재결규정의 적용배제 ⓒ 제3자에게도 효력을 미침	ⓐ 심판제기기간의 부적용 ⓑ 집행정지규정의 적용배제
재 결	재결청의 형성적 재결(처분의 취소 변경)과 이행적 재결(처분의 취소 변경을 명함)의 인정	재결청의 처분의 유효 무효 실효 존재 부존재 확인재결	형성적 재결과 이행적 재결의 인정

Ⅱ. 행정심판위원회(재결청)

1. 의 의

행정심판을 수리하고 그 사건에 대한 재결을 할 수 있는 권한을 가진 행정청을 말한다.

2. 행정심판위원회의 종류

(1) 원칙 : 행정청의 처분 또는 부작위에 대한 행정심판의 청구(이하 '심판청구'라 한다)를 심리·재결하기 위하여 행정심판의 성격상 해당 행정청의 직근 상급행정기관 또는 이에 상당하는 행정기관 소속으로 행정심판위원회를 두는 것

이 원칙이라 할 것이다. 하지만, 해당 행정청의 성격상 법령의 규정에 따라 해당 행정청 소속에 행정심판위원회를 둘 수도 있다.

(2) 해당 처분청 소속 하에 행정심판위원회를 두는 기관

① 감사원, 국가정보원장, 그 밖에 대통령령으로 정하는 대통령 소속기관의 장

② 국회사무총장·법원행정처장·헌법재판소사무처장 및 중앙선거관리위원회 사무총장

③ 국가인권위원회, 그 밖에 지위·성격의 독립성과 특수성 등이 인정되어 대통령령으로 정하는 행정청

(3) 다음의 각 행정청의 처분 또는 부작위는 「부패방지 및 국민권익위원회의 설치와 운영에 관한 법률」에 따른 국민권익위원회(이하 '국민권익위원회'라 한다) 두는 중앙행정심판위원회에서 심리·재결한다.

① 위 (2)에 따른 행정청 외의 국가행정기관의 장 또는 그 소속 행정청. 다만, 법무부 및 대검찰청 소속 특별지방행정기관(직근 상급행정기관이나 소관 감독행정기관이 중앙행정기관인 경우는 제외한다)의 장의 처분 또는 부작위에 대한 심판청구에 대하여는 해당 행정청의 직근 상급행정기관에 두는 행정심판위원회에서 심리·재결한다(시행령 제3조).

② 특별시장·광역시장·특별자치시장·도지사·특별자치도지사(특별시·광역시·특별자치시·도 또는 특별자치도의 교육감을 포함한다. 이하 "시·도지사"라 한다) 또는 특별시·광역시·특별자치시·도·특별자치도(이하 "시·도"라 한다)의 의회(의장, 위원회의 위원장, 사무처장 등 의회 소속 모든 행정청을 포함한다)

③ 「지방자치법」에 따른 지방자치단체조합 등 관계 법률에 따라 국가·지방자치단체·공공법인 등이 공동으로 설립한 행정청. 다만, 시·도의 관할구역에 있는 둘 이상의 지방자치단체(시·군·자치구를 말한다)·공공법인 등이 공동으로 설립한 행정청에 해당하는 행정청은 제외한다.

(4) 다음 각 호의 행정청의 처분 또는 부작위에 대한 심판청구에 대하여는 시·도지사 소속으로 두는 행정심판위원회에서 심리·재결

① 시·도 소속 행정청

② 시·도의 관할구역에 있는 시·군·자치구의 장, 소속 행정청 또는 시·군·자치구의 의회(의장, 위원회의 위원장, 사무국장, 사무과장 등 의회 소속 모든 행정청을 포함한다)

③ 시·도의 관할구역에 있는 둘 이상의 지방자치단체(시·군·자치구를 말한다)·공공법인 등이 공동으로 설립한 행정청

Ⅲ. 행정심판위원회의 구성

행정심판법 제7조 내지 제12조 참조.

제 3 항 행정심판의 청구절차

Ⅰ. 행정심판의 청구기간

1. 원칙적인 심판청구기간

처분이 있음을 알게 된 날로부터 90일, 처분이 있었던 날로부터 180일 이내, 두 기간 중 어느 하나라도 경과하면 제기가 불가하다(법 제27조).

① 처분이 있음을 안 날의 의미 : 당사자가 당해 처분이 있었다는 사실을 현실적으로 안 날을 의미한다. 추상적으로 알 수 있었던 날을 의미하는 것이 아니다.

* 고시 등에 의한 처분의 경우에는 고시가 있었다는 사실을 현실적으로 알았는지 여부와 관계없이 고시가 효력을 발생하는 날을 의미한다(대판 2000. 9.8, 99두11257).

② 처분이 있었던 날의 의미 : 행정청의 처분의 효력이 발생한 날

2. 예외적인 심판청구기간

① 청구인이 천재지변, 전쟁, 사변(事變), 그 밖의 불가항력으로 인하여 제1항에서 정한 기간에 심판청구를 할 수 없었을 때에는 그 사유가 소멸한 날부터 14일 이내에 행정심판을 청구할 수 있다. 다만, 국외에서 행정심판을 청구하는 경우에는 그 기간을 30일로 한다.

② 행정심판은 처분이 있었던 날부터 180일이 지나면 청구하지 못한다. 다만, 정당한 사유가 있는 경우에는 그러하지 아니하다.

③ 행정청이 심판청구 기간을 규정된 기간보다 긴 기간으로 잘못 알린 경우 그 잘못 알린 기간에 심판청구가 있으면 그 행정심판은 규정된 기간에 청구된 것으로 본다.

④ 행정청이 심판청구 기간을 알리지 아니한 경우에는, 정당한 사유가 있는 경우를 제외하고 처분이 있었던 날부터 180일 이내에 심판청구를 할 수 있다.

3. 적용범위

행정심판제소기간에 관한 규정은 무효등확인심판청구와 부작위에 대한 의무이행심판청구에는 적용하지 아니한다.

Ⅱ. 행정심판의 심리

1. 심리의 내용

① 요건심리 : 행정심판청구에 필요한 형식적인 요건을 갖추고 있는지의 여부에 대한 심리, 요건불비 시 각하한다.
② 본안심리 : 청구의 당부에 대한 심리로, 본안심리의 결과 청구가 이유가 있으면 인용재결, 이유가 없으면 기각재결 한다.

2. 심리의 범위

① 불고불리의 원칙, 불이익변경금지의 원칙이 적용된다.
② 법률문제, 재량문제, 사실문제에 모두 심리권이 미친다.

3. 심리절차의 기본원칙

① 대심주의(對審主義) : 당사자 쌍방의 공격과 방어에 의하여 심리를 진행한다.
② 직권심리주의(직권탐지주의의 가미) : 행정심판위원회는 직권에 의하여 증거조사를 할 수 있으며(행정심판법 제28조 제1항), 당사자가 주장하지 아니한 사실에 대하여도 심리할 수 있다.
* 다만 불고불리의 원칙이 적용되는 결과, 행정심판위원회의 직권심리도 심판청구의 대상이 되는 처분 또는 부작위 이외의 사항에는 미칠 수 없다.
③ 구술심리, 서면심리 : 행정심판의 심리는 구술심리 또는 서면심리로 한다. 다만 당사자가 구술심리를 신청한 때에는 서면심리만으로 결정할 수 있다고 인정되는 경우외에는 구술심리를 하여야 한다.
④ 공개주의의 문제 :

㉠ 행정심판법이 구술심리를 우선시키고 있는 점을 고려할 때 심리공개의 원칙이 채택되어 있다는 견해와

㉡ 적어도 서면심리에 의할 때에는 행정심판의 심리에 있어 비공개주의가 채택되어 있다고 보아야 한다는 견해의 대립이 있다.

⑤ 발언내용 등의 비공개 : 위원회에서 위원이 발언한 내용 기타 공개할 경우 위원회의 심리, 의결의 공정성을 해칠 우려가 있는 사항으로서 대통령령이 정하는 사항은 이를 공개하지 아니한다(법 제26조의2).

Ⅲ. 행정심판의 재결

1. 의 의

심판청구사건에 대한 행정심판위원회의 법적 판단을 말한다.

2. 재결의 성질

확인행위, 준사법적 행정행위, 기속행위의 성질을 가진다.

3. 재결의 종류

요건심리를 하여, 요건불비 시에는 각하재결을 하고, 이유가 있을 때에는 인용재결을 한다. 인용재결이 공공복리에 적합하지 않을 때에는 사정재결도 가능하다. 본안심리가 이유가 없을 때에는 기각재결한다.

(1) 인용재결

① 취소심판의 경우

취소심판의 청구가 이유 있다고 인정할 때에는 행정심판위원회는 그 심판청구를 인용하는 재결로써 심판청구의 대상이 된 처분을 직접 취소·변경하거나 처분청에게 변경을 명할 수 있다(법 제43조제3항). 이 중 처분취소재결·처분변경재결은 행정심판위원회가 스스로 처분을 취소 또는 변경하는 것이므로 형성재결의 성질을 가진다고 볼 수 있다. 이에 반해 처분변경명령재결은 위원회가 처분청에게 처분의 취소 또는 변경을 명령하는 것이므로 이행재결의 성질을 갖는다. 처분취소재결에는 처분의 전부취소 및 일부취소가 포함된다. 처분변경재결 및 처분변경명령재결에서의 '변경'은 원처분을 갈음하는 다른 처분으로의 변경을 의미한다(예; 운전면허취소처분을 운전면허정지처분으로의 변경).

② 무효등확인심판의 경우

행정심판위원회는 무효등확인심판의 청구가 이유있다고 인정할 때에는 처분의 효력 유무 또는 존재 여부를 확인하는 재결을 한다(법 제43조제4항). 확인재결에는 처분무효확인재결, 처분유·무효확인재결, 처분존재·부존재확인재결, 처분실효확인재결이 있다.

③ 의무이행재결

㉠ 의의 및 성질 : 행정심판위원회는 의무이행심판의 청구가 이유가 있다고 인정될 때에는 신청에 따른 처분(처분재결)을 하거나 처분을 할 것을 명령(처분명령재결)할 수 있다.

㉡ 위법·부당의 판단 시점 : 부작위에 대한 의무이행심판의 위법·부당 판단의 기준시는 재결시라는 점에 이견은 없다. 문제는 거부처분에 대한 의무이행심판의 위법·부당 판단의 기준시가 처분시인지 아니면 재결시인지에 대해서는 견해가 갈린다.

재결시설은 의무이행심판의 심리의 본질이 재결시점에서 거부처분 상태를 계속 유지하는 것에 대한 위법·부당의 판단이므로 재결시를 기준으로 삼아야 한다고 한다.

처분시설은 의무이행심판을 포함한 항고심판을 처분청의 위법·부당한 처분에 대한 사후적 통제를 목적으로 하는 심판으로 보기 때문에 처분시점을 기준으로 해야 한다는 것이다.

의무이행심판은 부작위의 위법이나 부당을 판단하는 것이 아니라, 일정한 처분의 발급을 요구하는 것이므로 처분시의 상황보다는 재결시에 그 일정한 처분의 발급에 대한 것이라고 보아야 한다. 따라서 재결시설이 옳다 하겠다.

④ 인용재결의 내용

㉠ 처분재결과 처분명령재결의 선택 : 행정심판법은 처분재결과 처분명령재결을 선택할 수 있도록 규정하고 있다(제43조제5항). 두 재결 중에서 행정심판법의 해석상 어떤 재결을 우선적으로 할 것인지에 대해서는 학설의 대립이 있다. 이에 대해서는 행정심판위원회가 선택적으로 할 수 있다는 재량설과, 행정심판위원회는 처분청의 상급기관이 아니므로 처분재결은 보충적으로 적용되어야 한다는 처분명령재결 우선설

이 있다. 처분명령재결 우선설의 설명이 합리적이라고 본다. 그러나 현실적으로는 처분명령재결보다는 처분재결이 더욱 활용되고 있다.

㉡ 처분명령재결의 내용 : 기속행위의 경우에는 청구대상 행위가 기속행위인 경우에는 원칙적으로 청구인의 청구 내용대로 처분을 할 것을 명하는 재결(특정처분명령재결)을 하여야 한다. 재량행위의 경우에는 재결시를 기준으로 특정 처분을 해야 할 것이 명백한 경우에는 신청에 따른 처분을 하도록 하고, 특정처분을 해야 할 것이 명백하지 않다면 하자 없는 재량행사를 명하는 재결을 하여야 할 것이다.

4. 재결의 효력

(1) 개설

재결서의 정본이 당사자에게 송달되면 해당 재결은 공정력, 구속력, 불가쟁력, 불가변경력, 집행력 등 행정행위로서의 효력을 가진다.

(2) 불가쟁력과 불가변경력

① 불가쟁력

재결에 대하여는 다시 심판청구를 제기하지 못한다(법 제51조). 다만 재결 자체에 고유한 위법이 있는 경우에 한하여 행정소송을 제기할 수 있다(행정소송법 제19조 단서). 그렇지만 제소기간이 경과하면 더 이상 효력을 다툴 수 없다.

② 불가변경력

재결은 국가기관이 분쟁을 해결하기 위하여 당사자 기타 이해관계인을 절차에 참여시켜 신중한 절차를 거쳐 행하는 분쟁의 심판행위이다. 따라서 일단 재결이 행해지면 설령 그것이 위법·부당하다고 생각되더라도 행정심판위원회 스스로 이를 취소 또는 변경하는 것이 허용되지 않는다고 보아야 한다. 이러한 재결의 효력을 불가변경력이라고 한다.

③ 형성력

재결의 내용에 따라 기존 법률관계의 변동을 가져오는 효력을 형성력이라고 한다. 형성재결은 인용재결 중 형성적 성격을 갖는 재결(처분취소재결, 처분변경재결, 처분재결)에서만 발생한다. 처분취소재결 및 처분변경재결의 효력은 소급효를 가지며, 처분재결은 장래효를 가진다.

④ 기속력

㉠ 의의 : 심판청구를 인용하는 재결은 피청구인과 그 밖의 관계 행정청

을 기속한다(법 제49조제1항). 이를 재결의 기속력이라고 한다. 기속력은 인용재결에만 효력을 가진다. 따라서 기각재결이나 각하재결이 있는 경우에는 원처분청은 직권으로 원처분을 취소·변경 또는 철회할 수 있다.

㉡ 기속력의 내용

ⓐ 소극적 효력(반복금지의무) : 처분청은 재결의 취지에 반하는 처분을 다시 해서는 안 된다. 즉 처분청은 동일한 사정 아래서 같은 사유로 동일인에 대하여 같은 내용의 처분을 반복하여서는 안 된다.

ⓑ 적극적 효력(변경의무 및 처분의무, 결과제거의무)

a. 처분변경명령재결에 따른 변경의무 : 취소심판에 있어서 처분의 변경을 명하는 재결이 있는 때에는 처분청은 당해 처분을 변경하여야 한다(법 제49조제1항).

b. 처분명령재결에 따른 처분의무 및 직접처분

(ㄱ) 처분의무당사자의 신청을 거부하거나 부작위로 방치한 처분의 이행을 명하는 재결이 있는 때에는 처분청은 지체 없이 그 재결의 취지에 따라 이전의 신청에 대한 처분을 하여야 한다(법 제49조제2항).

(ㄴ) 위원회의 직접처분(법 제50조) : 아래 4.에서 별도 서술.

c. 결과제거의무 : 행정심판에서 취소 또는 무효확인 등의 재결이 행해지면, 해당 처분과 관련하여 사실상의 조치 등에 의한 법률관계 또는 사실관계는 위법한 것이 되므로, 처분청은 이를 원상으로 회복시킬 의무를 진다.

㉢ 기속력의 범위

ⓐ 주관적 범위 : 피청구인인 행정청뿐만 아니라 그 밖의 모든 관계 행정청에게 기속력은 미친다(법 제49조제1항).

ⓑ 객관적 범위 : 재결의 주문 및 그 전제가 되는 요건사실의 인정과 효력의 판단에 한정되며, 재결의 결론과 직접 관계없는 방론이나 간접사실에 대한 판단에까지 미치지 않는다(대판 1988.2.27, 96누13972).

기속력은 처분 당시를 기준(의무이행심판의 경우에는 재결시)으로 그 당시까지 존재하였던 처분사유에만 미치고 그 이후에 생긴 사유에는 미치지 않는다. 따라서 처분시 이후에 생긴 새로운 사실관계나 법령의 개정 등에 의하여 이전과 동일한 내용의 처분을 하는 것은 가능하다.

(3) 거부처분취소재결에 따른 재처분의무 인정 여부

① 문제점 : 거부처분에 대하여 의무이행심판을 제기하지 않고 거부처분취소심판을 제기하여 그것이 인용되어 거부처분취소재결이 행해지는 경우에, 재처분의무를 지는지 여부에 대하여 명문의 규정이 없기 때문에 논란이 되고 있다.

② 학설 : 긍정설은 행정심판법 제49조제1항에는 재처분의무가 당연히 포함되어 있다고 하며, 이에 반해 부정설은 행정청에게 적극적인 의무가 부여되기 위해서는 명문의 근거가 필요하다고 주장한다. 따라서 명문의 규정이 없는 거부처분취소재결에 대해서는 재처분의무를 인정할 수 없다고 한다.

③ 판례 : 대법원은 “당사자의 신청을 거부하는 처분을 취소하는 재결이 있는 경우에는 행정청은 그 재결의 취지에 따라 다시 이전의 신청에 대한 처분을 하여야 하는 것”이라고 하여 긍정설의 입장을 취하고 있다(대판 1988. 12.13, 88누7880).

④ 검토 : 의무이행심판을 두고 있는 행정심판법의 규정으로부터 보아 거부처분에 대해서는 거부처분취소재결에 그치는 것이 이론적으로는 옳다고 본다. 입법적 해결이 필요한 부분이기는 하나, 거부처분 중심으로 행정심판이 운영되고 있고 기속력의 범위에 재처분의무가 일반적으로 포함되고 있음을 볼 때, 긍정설을 취하는 것도 무리는 아니라고 본다.

5. 위원회의 직접처분

① 의의 및 취지

의무이행심판에서 처분명령재결의 실효성을 담보하기 위하여 도입된 제도이다. 행정심판위원회의 처분명령재결에도 불구하고 처분청이 처분을 하지 아니하는 때에는 청구인은 위원회에 직접처분을 신청할 수 있다. 청구인의 신청을 받은 위원회는 피청구인에게 일정한 기간을 정하여 서면으로 시정명령을 내리고 피청구인이 그 기간 내에 이행하지 않는 경우 직접 당해 처분을 할 수 있다(법 제50조).

② 요건

㉠ 적극적 요건 : 첫째 위원회의 처분명령에 불구하고 처분청이 처분을

하지 아니하고, 둘째 청구인의 신청에 따라 위원회가 기간을 정하여 시정을 명하여야 하고, 셋째 행정청이 그 기간 내에 시정명령을 이행하지 아니하여야 한다. 해당 행정청이 어떠한 처분을 하였다면 그 처분이 재결의 내용에 따르지 아니하였다고 하더라도 위원회가 직접처분을 할 수는 없다고 볼 것이다.

ⓛ 소극적 요건 : 처분의 성질이나 그 밖의 불가피한 사유로 위원회가 직접 처분을 할 수 없는 경우에 해당하지 않아야 한다(법 제50조제1항 단서). 이러한 경우로는 재량행위, 자치사무 및 정보비공개결정 또는 의무이행이후의 사정변경의 발생 등이 해당한다.

ⓐ 자치사무의 경우 : 자치권의 침해를 이유로 자치사무에 대해서는 직접처분이 가능하지 않다고 하는 견해도 있으나, 직접처분은 행정심판작용으로 법률에 의해 인정된 고유한 권한이라고 할 수 있으므로 고유한 자치권의 침해와는 관계가 없다고 보아야 한다.

ⓑ 제3자의 불복 : 직접처분으로 인하여 법률상 이익을 침해 받은 제3자는 행정심판위원회를 피고로 하여 직접처분의 취소를 구하는 행정소송을 제기할 수는 있다고 보아야 한다.

ⓒ 직접처분에 따른 행정청의 후속조치 : 위원회는 직접처분을 하였을 때에는 그 사실을 해당 행정청에 통보하여야 한다. 통보를 받은 행정청은 위원회가 한 처분을 자기가 한 처분으로 보아 관리감독 등 필요한 조치를 하여야 한다(법 제50조제2항).

③ 직접처분에 대한 불복

㉠ 자치사무의 경우 : 지방자치단체의 자치사무에 대하여 위원회가 직접처분을 했을 경우, 자치권의 침해를 이유로 직접처분취소의 소를 제기할 원고적격이 있는가가 문제된다. 자치권 침해를 이유로 긍정하는 것도 가능할 것이나, 직접처분을 인정하고 있는 행정심판법의 입법취지상 부정하는 것이 옳다. 자치사무에 대한 소제기를 인정하면 직접처분의 제도는 무의미해지기 때문이다.

ⓛ 직접처분에 의하여 불이익을 입게 되는 제3자의 불복 : 이러한 경우는 제3자는 직접처분에 대하여 위원회를 피고로 하여 직접처분취소의 소를 제기할 수 있다고 보아야 한다. 다만, 제3자에게 원고적격이 있는

가는 별개의 문제로서 이는 따로 검토의 대상이 되어야 할 것이다.

④ 직접처분에 대한 행정청의 후속조치

위원회는 직접처분을 하였을 때에는 그 사실을 해당 행정청에 통보하여야 하며, 통보를 받은 행정청은 위원회가 한 처분을 자기가 한 처분으로 보아 관리·감독 등 필요한 조치를 하여야 한다(법 제50조제2항).

6. 조정

① 위원회는 당사자의 권리 및 권한의 범위에서 당사자의 동의를 받아 심판청구의 신속하고 공정한 해결을 위하여 조정을 할 수 있다. 다만, 그 조정이 공공복리에 적합하지 아니하거나 해당 처분의 성질에 반하는 경우에는 그러하지 아니하다(법 제43조의2).

② 위원회는 조정을 함에 있어서 심판청구된 사건의 법적·사실적 상태와 당사자 및 이해관계자의 이익 등 모든 사정을 참작하고, 조정의 이유와 취지를 설명하여야 한다.

③ 조정은 당사자가 합의한 사항을 조정서에 기재한 후 당사자가 서명 또는 날인하고 위원회가 이를 확인함으로써 성립한다.

7. 재결에 대한 불복

① 행정심판의 청구인 및 제3자의 경우

심판청구에 대한 재결이 있는 경우에는 해당 재결 및 동일한 처분 또는 부작위에 대하여 다시 심판청구를 할 수 없다(법 제51조).

행정심판의 청구인은 각하재결, 기각재결, 일부인용재결(일부취소재결, 변경재결, 변경명령재결)에 불복하려는 경우 항고소송을 제기할 수 있다. 해당 재결에 이해관계를 가진 제3자도 항고소송을 제기할 수 있다.

② 행정심판의 피청구인의 경우

㉠ 현행 행정심판법은 피청구인의 재심청구권에 관한 규정을 두고 있지 않다. 이로 인하여 피청구인이 재결에 불복하여 행정소송을 제기할 수 있는가 하는 문제가 제기된다.

㉡ 부정설은 행정심판법 제49조제1항에 근거하여 처분청은 행정심판의 재결에 불복할 수 없다고 한다. 제한적 긍정설은 자치사무와 관련된 인용재결에 대해서는 피청구인이 행정소송을 제기할 수 있다는 입장이다.

㉢ 판례는 "처분행정청은 재결에 기속되어 재결의 취지에 따른 처분의무를 부담하게 되므로 이에 불복하여 항고소송을 제기할 수 없다"고 한다.

㉣ 행정심판법 제49조제1항의 기속력에 관한 규정의 해석상 부정설이 논리적으로는 합당하다. 다만, 다수의 이익이나 공익과 심대한 관련이 있는 인용재결의 경우(예를 들어, 공해유발공장설립인가에 관한 취소처분에 대한 행정심판의 재결에서 인용결정이 있는 경우)에는 예외적으로 그 소송가능성을 인정해 주는 것이 옳다고 본다. 위 예의 경우, 제3자의 원고적격이 인정되어 행정소송이 가능할 수도 있지만 반드시 제3자의 원고적격이 인정되어 소송의 길이 열리게 된다는 보장은 없기 때문이다. 예외에 관한 입법론적인 해결이 바람직해 보인다.

Ⅳ. 행정심판의 고지

1. 의 의

행정청이 처분을 함에 있어서 그 처분의 상대방에게 처분에 관하여 행정심판을 제기할 수 있는지의 여부, 제기하는 경우의 심판청구절차 및 청구기간 등을 알려주는 제도이다(법 제58조).

2. 고지의 기능

① 행정심판제도의 활성화

② 행정청에 의한 처분의 적정성 확보

3. 고지의 성질

행정심판법상의 고지는 비권력적 사실행위로 처분이 아니므로 행정쟁송의 대상은 아니다.

4. 고지의 종류

(1) 직권에 의한 고지

행정청이 처분을 할 때에는 처분의 상대방에게 행정심판의 제기 가능성, 행정심판을 청구하는 경우의 심판청구 절차 및 심판청구 기간을 알려야 한다(법 제58조제1항).

① 고지의 대상으로서 문제가 되는 쟁점

㉠ 다른 법령에 의한 행정심판의 대상이 되는 처분이 포함되는지 여부는 고지의 대상이 되는 처분은 행정심판법상의 심판청구의 대상에 한정되지 않고, 다른 법령에 의한 행정심판이 되는 처분을 포함한다는 것이 통설 및 판례의 입장이다(대판 1992.6.9, 92누565).

㉡ 거부처분과 부관부처분은 상대방에게 불이익을 주거나 부담을 주는 처분에 해당하므로 고지를 하여야 한다. 행정심판법상의 규정과 함께 행정절차법상의 고지의무 규정 또한 적용된다고 보아야 한다.

㉢ 행정심판의 재결에 대해서는 원칙적으로 심판청구를 할 수 없으므로 고지를 요하지 않으나, 개별법에 의하여 예외적으로 재결에 대하여 재심청구가 인정되는 경우에는 또 다시 고지를 하여야 한다.

㉣ 일반처분의 경우는 일반처분의 성격상 고지가 불필요하나, 일반처분에 의하여 법률상 이익을 침해받을 것이 예상되는 이해관계인이 요구하는 경우에는 고지하여야 한다(법 제58조제2항).

② 고지의 상대방, 방법, 시기 : 고지의 상대방은 해당 처분의 상대방이다. 고지의 방법에 관한 명문의 규정은 없으나, 법 제58조제2항 단서의 해석상 구술에 의한 고지도 가능할 것으로 보인다.

(2) 청구에 의한 고지

행정청은 이해관계인이 해당 처분의 행정심판 대상 가능성 및 그 대상이 되는 경우의 소관 위원회 및 심판청구 기간을 지체 없이 알려주어야 한다. 서면으로 알려 줄 것을 요구하면 서면으로 알려 주어야 한다(법 제58조제2항).

① 고지의 대상 및 내용 : 고지의 대상은 반드시 서면에 의한 처분에 한하지 않고, 그 고지의 청구권자와 이해관계가 있는 모든 처분이 그에 해당된다. 고지할 내용은 해당 처분의 행정심판 대상가능성과 행정심판의 대상이 되는 경우의 소관 행정심판위원회 및 청구기간 등이다.

② 고지의 청구권자는 해당 처분에 대한 이해관계를 가지는 이해관계인이다.

③ 고지의 방법에는 특별한 제한이 없으나, 고지를 신청한 자가 서면으로 할 것을 요구할 때에는 서면으로 고지를 하여야 한다. 그리고 고지의 시기는 '지체 없이'하여야 하는바, 이는 사회통념상 인정될 수 있는 신속한 시간의 범위내라고 할 것이다.

(3) 불고지 또는 오고지의 효과

① 불고지의 효과

㉠ 행정심판청구서 제출기관을 알리지 않은 경우 : 행정청이 법 제58조에 따른 고지를 하지 아니하여 청구인이 심판청구서를 다른 행정기관에 제출한 경우에는 그 행정기관은 그 심판청구서를 지체 없이 정당한 권한이 있는 피청구인에게 보내야 한다(법 제23조제2항). 이에 따른 심판청구 기간을 계산할 때에는 다른 행정기관에 심판청구서가 제출되었을 때에 행정심판이 청구된 것으로 본다(법 제23조제4항).

㉡ 청구기간을 알리지 않은 경우 : 행정청이 행정심판청구기간을 알리지 않은 경우에는 청구인이 처분이 있음을 알고 있는지 여부와 상관없이 '처분이 있었던 날부터 180일 이내'에 심판청구를 할 수 있다(법 제27조제6항). 한편 판례는 개별 법률에서 정한 심판청구기간이 행정심판법이 정한 청구기간보다 짧은 경우에도 행정청이 그 개별 법률에 의한 행정심판청구기간을 알려주지 않았다면 행정심판법이 정한 심판청구기간 내에 심판청구가 가능하다고 한다(대판 1990.7.10, 89누6839).

② 오고지의 효과

㉠ 심판청구서 제출기관을 잘못 알린 경우 : 행정청이 법 제58조에 따른 고지를 잘못 고지하여 청구인이 심판청구서를 다른 행정기관에 제출한 경우에는 그 행정기관은 그 심판청구서를 지체 없이 정당한 권한이 있는 피청구인에게 보내야 한다(법 제23조2제2항). 이에 따른 심판청구 기간을 계산할 때에는 다른 행정기관에 심판청구서가 제출되었을 때에 행정심판이 청구된 것으로 본다(법 제23조제4항).

㉡ 청구기간을 잘못 알린 경우 : 행정청이 고지한 심판청구기간이 착오로 인하여 법에서 정한 심판청구기간보다 길게 된 때에는 그 고지된 청구기간내에 심판청구가 있으면, 법정 청구기간이 경과한 때에도 적법한 기간내에 심판청구가 있은 것으로 본다(법 제27조제5항). 다만, 판례는 당사자가 행정청으로부터 행정심판제기기간을 법정 청구기간보다 긴 기간으로 잘못 통지받아 행정소송법상 법정 제소기간을 도과하였다고 하더라도 그것이 '당사자의 책임질 수 없는 사유[민사소송법 제160조제1항]'로 인한 것이라고 할 수는 없다는 입장이다(대판 2001.5.8. 2000두6916).

제 3 장 행정소송 일반론

Ⅰ. 행정소송의 의의

행정소송은 행정법상의 법률관계에 대한 분쟁에 대하여 법원이 정식의 쟁송절차를 거쳐 행하는 것으로, 우리 행정소송법은 항고소송, 당사자소송, 민중소송, 기관소송으로 행정소송의 종류를 정하고 있다.

cf. 행정소송법 제1조 목적[이 법은 행정소송절차를 통하여 행정청의 위법한 처분 그 밖에 공권력의 행사·불행사 등으로 인한 국민의 권리 또는 이익의 침해를 구제하고, 공법상의 권리관계 또는 법적용에 관한 다툼을 적정하게 해결함을 목적으로 한다.]

Ⅱ. 행정심판과 행정소송과의 관계

1. 행정심판임의주의

우리 행정소송법은 제18조제1항에서 "취소소송은 법령의 규정에 의하여 당해 처분에 대한 행정심판을 제기할 수 있는 경우에도 이를 거치지 아니하고 제기할 수 있다"고 하여 행정심판임의주의를 취하고 있다.

2. 행정심판전치주의

다른 법률에 당해 처분에 대한 행정심판의 재결을 거치지 아니하면 취소소송을 제기할 수 없다는 규정이 있는 때에는 행정심판을 거친 다음에 취소소송을 제기하여야 한다. 당해 처분이 법규명령이나 조례·규칙에 근거한 것이라 하더라도 마찬가지이다(예외).

* 행정심판전치가 적용되는 처분(행소법 18조 1항)

① 공무원에 대한 징계 기타 불이익 처분(국가공무원법 제16조제2항)
② 국세·관세법상의 처분(국세기본법 제56조제2항, 관세법 제120조제2항)
③ 운전면허취소처분 등 도로교통법에 의한 각종 처분(도로교통법에 의한 과태료 처분 및 통고처분은 제외)
④ 국토해양부장관 등의 선박검사 등 처분(선박안전법 제72조제3항)

* 비고[재결주의가 채택되어 있는 예]

⑤ 노동위원회의 처분(노동위원회법 26조, 27조, 노동조합 및 노동관계조정법 85조): 지방노동위원회 등의 원처분은 소송의 대상이 되지 못하고 그에 의한 행정심판 재결에 해당하는 중앙노동위원회의 재심판정만이 소송의 대상이 된다.
⑥ 감사원의 변상판정(감사원법 36조, 40조) : 감사원의 재심판정이 소송의 대상.
⑦ 특허거절사정 등(특허법 186조, 189조) : 먼저 특허심판원에 심판청구를 하여 심결을 기다려 그 심결을 소송대상으로 하여 특허법원에 심결취소를 하는 소를 제기하여야 한다.

따라서 ①~④는 재결을 거친 후라면 원처분, 재결 모두 소송의 대상이 되나, ⑤~⑦은 재결만이 소송의 대상이 된다.

① 행정심판전치주의의 적용범위 : 취소소송과 부작위위법확인소송에만 적용
② 행정심판전치주의의 충족여부
  ㉠ 행정심판의 적법성
    ⓐ 행정심판이 부적법하여 각하된 경우 : 행정심판전치의 요건을 충족하지 못한 것이 된다.
    ⓑ 부적법한 행정심판을 재결청이 적법한 것으로 오인하여 본안에 대하여 재결을 한 경우 : 전치의 요건을 갖추지 못한 것으로 된다.
    ⓒ 적법한 행정심판임에도 재결청이 부적법하다고 각하한 경우 : 전치의 요건을 충족한 것으로 보아야 한다.
  ㉡ 사물 관련성 : 행정심판의 대상인 처분과 취소소송의 대상인 처분이 동일할 것을 요한다.
  ㉢ 인적 관련성 : 행정심판의 청구인과 취소소송의 원고가 반드시 동일인일 필요는 없다.
  ㉣ 주장 사유의 공통성 : 반드시 일치할 필요는 없다.

ⓜ 다단계의 행정심판 : 2단계 이상의 행정심판이 인정되는 경우에는 그 중의 하나만 거치면 족하다.

ⓗ 행정심판전치충족여부에 대한 판단 : 법원의 직권조사 사항이다.

③ 행정심판전치주의의 예외(법 제18조제2항, 3항) : 해당 조문 참조.

Ⅲ. 행정소송의 종류

1. 항고소송－취소소송, 무효등확인소송, 부작위위법확인소송
2. 당사자소송－실질적당사자소송, 형식적당사자소송
   * 당사자소송은 소송의 성격, 피고, 취소소송 관련 규정의 적용제외(집행정지) 등 항고소송과 그 성격을 달리하므로 특히 주의를 요한다.
3. 민중소송－주민소송, 선거소송
4. 기관소송

① 지방의회의 의결, 조례안재의결무효소송(지방자치법 제107조, 제172조)

② 상급지방자치단체장의 감독처분에 대한 이의소송(지방자치법 제169조). 이에 대해서는 항고소송으로 보기도 한다.

③ 위임청의 직무이행명령에 대한 이의소송(지방자치법 제170조)

5. 무명항고소송(法定外抗告訴訟)의 종류

① 의무이행소송 : 의무확인소송, 급부소송, 형성소송(처분의 적극적 변경을 구하는)

② 예방적부작위소송 : 금지소송, 부작위의무확인소송, 권한부존재확인소송

③ 불이익배제소송 : 소음 등을 이유로 공공시설의 사용금지를 구하는 소송

제 4 장 항고소송

제 1 절 취소소송

제 1 항 취소소송의 관념

Ⅰ. 의 의

행정청의 위법한 처분과 재결(이하, '처분등')을 취소 또는 변경하는 소송을 말한다(행소법 제4조 제1호). 여기서의 '변경'은 일부취소를 의미하며, 적극변경을 의미하는 형성소송은 허용되지 않는다.

Ⅱ. 취소소송과 무효등확인소송간의 관계

1. 병렬관계

① 취소소송과 무효등확인소송은 서로 병렬적 관계에 있는 별개의 소송이다. 따라서 원고는 양자 중 어느 것이든 자신의 목적을 가장 효과적으로 달성할 수 있는 소송의 종류를 선택할 수 있다.

② 양자는 서로 양립할 수 없는 청구이므로 단순병합은 허용되지 않으며, 단지 주위적·예비적 청구로서만 병합가능하다.

2. 포용관계

① 무효인 처분에 대하여 취소판결을 구하는 경우

㉠ 원고가 취소소송을 제기하여 왔으나 심리결과 처분의 하자가 중대하고 명백하여 당연무효에 해당함이 밝혀진 경우에는 법원은 당해 청구를 기각하여서는 아니되며, 처분을 취소하는 원고승소의 판결(즉, 무효선언을 의미하는 취소판결)을 하여야 한다(대판 1984.5.29, 84누175).

㉡ 무효선언을 구하는 의미에서의 취소소송이 제기된 경우에 있어 제소기간 등 취소소송의 요건을 갖추어야 한다.

② 취소할 수 있는 처분에 대하여 무효확인판결을 구하는 경우

㉠ 원고는 무효확인을 제기하였으나 심리결과 당해 처분에 취소사유에 해당하는 하자가 있을 뿐인 경우에는 법원은 당사자에게 무효확인이 아니면 취소라도 구하는 것인지를 석명하여(석명권의 행사), 당사자가 처분의 취소는 이를 구하지 않는다고 명백히 하지 않은 이상, 취소의 소로 청구취지를 변경하도록 한 후, 취소의 판결을 하여야 한다. 무효확인소송에는 취소판결을 구하는 취지도 포함되어 있다고 볼 수 있다.

* 이 경우 소의 변경이 필요 없이 일부 승소의 형식으로 바로 취소판결을 할 수 있다는 견해도 있으나, 취소소송과 무효확인소송은 그 종류를 달리하는 별개의 소송이므로 소의 변경을 요한다고 보는 것이 옳다.

㉡ 취소소송의 제기요건은 갖추어야 한다.

cf) 항고소송과 당사자소송과의 관계

> **Q1) 흠이 있는 과세처분에 대해 당사자소송으로 다툴 수는 없을까?**
> **Q2) 과세처분이 무효라면 항고소송으로서의 '과세처분무효확인의 소'와 당사자소송으로서의 '조세채무부존재확인의 소'는 모두 가능한가?**
>
> A1) 항고소송우선주의에 의하면 '흠'즉 효력을 다투는 것이므로 이는 항고소송을 제기해야 한다.
> A2) 납부 전 : 모두 가능하다.
> 납부 후 : 이론적으로는 모두 가능할 수 있으나, 두 소 모두 소의 이익의 문제가 제기될 수 있다. 부당이득반환청구의 소가 실효적이다.

제 2 항 본안소송의 전제요건

Ⅰ. 취소소송의 제소기간

1. 행정심판의 재결을 거치지 않은 경우

처분등이 있음을 안 날로부터 90일(불변기간), 처분등이 있은 날로부터 1년 이내에 제기하여야 한다. 이 두 기간은 선택적인 것이 아니라, 그 중 하나만 도

과하면 취소소송을 제기하지 못한다.

① 처분등이 있음을 안 날의 의미 : 당해 처분등이 있었다는 사실을 현실적으로 안 날(대판 1991.6.28, 90누6521 참조)이다.

* 고시 등에 의한 처분의 경우에는 행정처분에 이해관계를 갖는 자가 고시 또는 공고가 있었다는 사실을 현실적으로 알았는지 여부에 관계없이 고시가 효력을 발생하는 날에 행정처분이 있음을 알았다고 보아야 한다(대판 2001. 7. 27, 99두9490).

② 처분등이 있은 날의 의미 : 당해 처분 등의 효력이 발생한 날이다.

2. 행정심판의 재결을 거친 경우

재결서 정본을 송달받은 날부터 90일(불변기간), 재결이 있은 날로부터 1년, 두 기간 중 어느 하나라도 도과하면 취소소송을 제기하지 못한다.

3. 제소기간의 성질

① 제척기간의 성격을 가진다.

② 제소기간의 경과여부는 법원의 직권조사사항이다.

Ⅱ. 취소소송의 대상-위법한 행정청의 처분과 재결

1. 처 분

① 처분의 의의 : 행정청이 행하는 구체적 사실에 관한 법집행행위로서 공권력의 행사 또는 그 거부와 그 밖에 이에 준하는 행정작용을 의미한다(쟁송법상의 처분 개념, 행정소송법 제2조).

* 행정행위를 의미하는 실체법상 처분개념과는 그 범위를 달리한다.

② 처분의 범위 : 행정행위 외에 ㉠ 도시관리계획의 결정, ㉡ 권력적 사실행위가 장기간에 걸쳐 행하여지는 경우(대집행의 실행)가 포함된다.

③ 처분의 위법성 : 제소의 단계에 있어서는 위법의 가능성이 있음이 주장되는 것으로 족하며, 현실적으로는 위법함이 요구되는 것은 아니다. 즉 처분의 객관적 위법성 자체는 취소소송의 제기요건이 아니라 본안의 이유 유무에 관한 문제이다.

④ 판단기준 : 어떤 행위가 행정소송의 대상이 되는 행정처분에 해당하는가

는 그 행위의 성질, 효과 외에 행정소송제도의 목적 또는 사법권에 의한 국민의 권리보호의 기능도 충분히 고려하여 합목적적으로 판단되어야 한다(대판 1984.2.14, 82누370 참조).

2. 재결

재결 자체에 고유한 위법이 있는 경우에는 예외적으로 재결이 취소소송의 대상이 될 수도 있다.

① 재결 자체에 고유한 위법의 의미 : 원처분에는 없고 재결에만 있는 위법, 즉 재결 자체에 주체, 절차, 형식 및 내용상의 위법이 있는 것을 의미한다.

② 재결 자체에 고유한 위법이 있는 경우

㉠ 위법, 부당하게 인용재결을 한 경우(특히 원처분의 상대방이 아닌 제3자가 행정심판을 청구하여 재결청이 원처분을 취소하는 형성재결을 한 경우)

㉡ 행정심판청구가 부적법하지 않음에도 불구하고 각하재결을 한 경우

③ 수정재결의 문제 : 수정재결이 있는 경우에도 수정된 원처분을 소송대상으로 하여야 한다.

[대법원 2007.04.27. 선고 2004두9302 판결]

행정청이 식품위생법령에 따라 영업자에게 행정제재처분을 한 후 그 처분을 영업자에게 유리하게 변경하는 처분을 한 경우, 변경처분에 의하여 당초 처분은 소멸하는 것이 아니고 당초부터 유리하게 변경된 내용의 처분으로 존재하는 것이므로, 변경처분에 의하여 유리하게 변경된 내용의 행정제재가 위법하다 하여 그 취소를 구하는 경우 그 취소소송의 대상은 변경된 내용의 당초 처분이지 변경처분은 아니고, 제소기간의 준수 여부도 변경처분이 아닌 변경된 내용의 당초 처분을 기준으로 판단하여야 한다.

3. 처분성 인정여부에 관한 판례

(1) 처분성이 긍정된 예 : 국민의 권리의무에 직접 영향을 미치는 행정청의 행위

(2) 처분성이 부인된 예 : 내부행위 혹은 중간행위, 국민의 권리의무와 무관계한 행위, 비권력적 행위, 반복되는 행위 등

처분성이 긍정된 예	처분성이 부정된 예
• 단수처분(79누218) • 도시관리계획의 결정(80누105) • 국유재산 무단점유자에 대한 변상금 부과처분(91다42197) • 대한주택공사의 택지개발사업 및 이주대책에 관한 처분(92누3618) • 토지분할신청의 거부(91누8968) • LPG 사업양수에 의한 지위승계신고 수리행위(91누11544) • 지방의회의장에 대한 불신임의결(94두23) • 소속장관의 변상명령(93누623) • 지방의회의 의장선거(94누2602) • 지방노동위원회가 노동쟁의에 대하여 한 중재회부결정(95누6724) • 국유재산사용료의 부과처분(95누11023) • 경기도 두밀분교폐지에 관한 조례(95누8003) • 공무원연금관리공단의 급여결정(96누6417) • 행정재산의 사용허가(97누1105) • 주택건설사업계획승인(99두1052) • 폐기물처리업 허가권자의 부적정통보(97누21086) • 국립대학교수재임용거부처분(2000두7735) • 지목변경신청에 대한 반려(거부)행위(2003두9015) • 문화재보호구역 지정해제 신청에 대한 거부행위(2003두8821) • 도시계획시설변경입안의 제안거부처분(2003두1806) • 지방경찰청장의 횡단보도설치계획(98두8964)(지법판례 중 부정된 것도 있음) • 지방의회의원에 대한 징계결정 • 금융기관의 임원에 대한 금융감독원장의 문책경고(2003두14765) • 국가인권위원회의 성희롱결정 및 시정조치 권고(2005두487) • 과세관청의 소득금액변동통지(2002두1878) • 보건복지부고시인 약제급여, 비급여목록 및 급여상한금액표(2005두2506) • 토지거래허가구역의 지정(2006두12883) • 건교부장관의 고속철도역 명칭 결정행위(서울행법 2004.4.6. 선고 2003구합35908판결)	• 입찰보증금국고귀속조치(81누366) • 과세표준의 결정(84누469) • 한국전력공사사장이 행한 부정영업자에 대한 입찰참가자격제한(85누371) • 임야대장에의 등재 및 등재사항의 변경(88누672) • 지장물철거촉구(88누8883) • 교육공무원법상 총학장의 임용제청(88누9640) • 추첨에 의한 운수사업면허대상자 선정행위에서의 추첨(89누7467) • 공무원에 대한 서면 경고(91누2700) • 지적 공부의 복구신청을 거부하는 행위(91누8357) • 택지개발촉진법에 의한 택지공급방법결정(93누36) • 군의관의 신체등위판정(93누3356) • 택시운송사업자에 대한 사업용자동차 증차배정조치(93누11999) • 기부채납부동산의 사용허가기간연장신청에 대한 거부처분(93누7365) • 교통법규위반에 대한 벌점부과행위(94누2190) • 내신성적산정지침(94두33) • 국세환급금결정(92누14250) • 어업권면허의 우선순위결정(94누6529) • 한국토지개발공사가 행한 부정영업자제재재처분(94두36) • 공정거래위원회의 고발조치 및 고발의결(94누13794) • 통고처분(95누4674) • 과태료부과처분(95누2623) • 당연퇴직의 통보(95누2036) • 위법건물 단속기관의 수도공급거부의 요청행위(96누433) • 지적측량검사(96누19000) • 잡종재산대부신청의 거부(98두7602) • 환지계획의 결정(97누6889) • 검사의 공소처분(99두11264) • 국유잡종재산대부료납입고지(99다61675) • 하수도정비기본계획(2001두10578) • 퇴직연금지급청구에 대한 거부처분(2003두15195)

	• 당연퇴직 된 공무원의 복직요구신청에 대한 행정청의 거부처분(2004두12421) • 금융감독위원회의 부실금융기관에 대한 파산신청(2004두13219) • 재개발사업지구내 토지 등의 소유자의 재개발사업에 관한 사업계획변경신청에 대한 불허통지(97누70004)(cf. 신청권불인정)

Ⅲ. 취소소송의 재판관할

1. 토지관할

① 취소소송의 제1심 관할법원은 피고의 소재지를 관할하는 행정법원이다(행소법 제9조 제1항).

다만, 제1항에도 불구하고 다음 각 호의 어느 하나에 해당하는 피고에 대하여 취소소송을 제기하는 경우에는 대법원소재지를 관할하는 행정법원에 제기할 수 있다(동조 제2항).

㉠ 중앙행정기관, 중앙행정기관의 부속기관과 합의제행정기관 또는 그 장

㉡ 국가의 사무를 위임 또는 위탁받은 공공단체 또는 그 장

* 2014년 법 개정으로 중앙행정기관 등이 지역에 소재하는 경우, 원고는 해당 지역을 관할하는 행정법원이나 대법원소재지인 서울행정법원에 소를 제기할 수 있게 되었다.

② 다만 행정법원이 설치되지 않은 지역에 있어서는 (행정법원이 설치될 때 까지)지방법원 본원과 춘천지방법원 강릉지원이 관할한다.

③ 특별관할 : 사무소·영업소 소재지의 특별재판적 등(민사소송법 제12조) 민사소송법이 정한 특별재판적에 관한 규정도 원칙적으로 행정사건에 준용된다. 그리하여 근로복지공단 등 공법인을 피고로 한 행정소송에서 지점 소재지 관할 법원도 그 지점의 업무에 관한 처분을 소송의 대상으로 하는 한, 관할을 가진다(대한주택공사 부산지사가 취급한 업무에 관한 보상금증감소송을 부산고등법원에 제소한 예: 대판 1994.1.25. 93누18655).

2. 사물관할

원칙적으로 판사 3인으로 구성된 합의부에서 재판해야 하는 합의사건(법원조

직법 제7조3항). 단, 합의부가 단독판사에게 위임한 사건, 재량권 남용 여부만이 문제되는 사건 등 쟁점이 간단한 사건(이른바, 재정단독사건. 운전면허관련처분, 업무상재해관련처분, 양도소득세부과처분등에 대한 행정소송)에 대하여 단독판사가 판단 가능하다.

3. 심급관할

① 원칙 : 3심제

② 예외 : 보안관찰법 제23조. 독점규제 및 공정거래에 관한 법률 제55조 등은 2심

4. 임의관할주의

행정소송법은 제소의 편의를 위하여 항고소송이나 당사자소송의 토지관할에 관하여 전속관할로 규정하지 아니함으로써 임의관할임을 간접적으로 밝히고 있다(대판 1994.1.25, 93누18655). 따라서 당사자 사이의 합의나 피고의 변론에 의하여 피고인 행정청의 소재지를 관할하는 행정법원 이외의 행정법원에 합의관할(민사소송법 제29조) 또는 변론관할(동법 제30조)이 발생할 수 있다.

5. 관할법원에의 이송

① 관할법원에의 이송

② 이송결정의 효력 : ㉠ 이송결정은 이송 받은 법원을 기속한다. 따라서 이송 받은 법원은 다시 다른 법원에 이송하지 못한다. ㉡ 그러나 심급관할을 위배한 이송결정의 기속력이 이송 받은 상급심법원에는 미치지 않는다.

③ 다른 법원에 제기된 경우 : 행정소송으로 제기할 사항을 민사소송으로 제기한 경우 수소법원은 이를 행정법원으로 이송할 것이지 이를 각하하여서는 아니 된다.

Ⅳ. 관련청구의 이송과 병합·선결문제

1. 관련청구소송의 범위(제10조)

① 당해 처분등과 관련되는 손해배상, 부당이득반환, 원상회복 등 청구소송(동조 제1항제1호 규정)(예 : 행정처분 취소소송과 그 위법한 행정처분으로 인하여 손해를 입었음을 이유로 국가배상을 구하는 소가 전형적인 예)

② 당해 처분등과 관련되는 취소소송(제2호 규정)(예 : 수인이 각 각 별도로 제기한 동일 처분등의 취소(무효확인)를 구하는 소, 경원자에 대한 면허처분의 취소(무효확인)를 구하는 소와 자신에 대한 면허거부처분의 취소(무효확인)를 구하는 소)

2. 관련청구의 이송

① 관련청구소송이 계속된 법원이 취소소송이 계속된 법원으로 이송한다.
② 이송결정은 이송 받는 법원을 기속한다.

3. 관련청구의 병합

① 필요성 : 당사자와 법원의 부담경감, 심리의 중복 또는 저촉을 회피, 행정상 분쟁의 신속처리
② 유형
㉠ 객관적 병합 및 주관적 병합 : 모두 허용
㉡ 원시적 병합 및 추가적 병합 : 모두 허용
㉢ 주관적 및 예비적 병합의 허용성 : 판례는 종래 부정적이었으나(대판 1996.3.22, 95누5509), 민사소송법의 개정으로 민사소송에 있어서 주관적 또는 예비적 병합이 명문으로 허용되게 된 점을 고려할 때(동법 제70조) 행정소송의 경우에도 주관적 및 예비적 병합을 인정하여야 한다는 견해가 유력하다.
③ 요건
㉠ 본체인 취소소송의 적법성
㉡ 관련청구소송의 적법성
㉢ 병합의 시기 : 사실심변론종결전
④ 관할법원 : 병합되는 소송의 관할법원은 취소소송이 계속된 법원

4. 선결문제(법 11조)

(1) 민사소송의 경우 : 오납세금 반환청구소송 등
① 대상 처분이 단순 취소사유에 해당하는 경우－수소법원은 독자적으로 판단할 수 없고(**공정력에 의해**), 청구를 기각하여야 한다.
② 대상 처분이 무효인 경우－판단 가능하다.

③ 주의 : 선결문제는 '위법'의 문제가 아니라, '효력'의 문제이다.

공무원의 파면처분 이후의 소송에 있어,

㉠ 파면처분 이후의 급료지급청구소송은 처분의 효력이 전제가 되므로 수소법원은 판단 불가하다.

㉡ 파면처분이 '위법'함을 이유로 한 국가배상청구는 가능하다.

(2) 형사소송의 경우

① 구도시계획법에 의한 원상복귀명령이 위법하다면 비록 당연 무효가 아니라하더라도 그 명령위반죄는 무죄다(대판 2004.5.14, 2001도2841).

② 상표등록이 위법하더라도 무효가 아닌 이상 제3자가 등록상표권자의 동의 없이 동일 유사 상표를 사용하면 상표법위반이 된다(대판 1990.9.25, 90도1534).

③ 행정행위의 유효가 그 행정행위의 상대방의 범죄 성립의 조각사유가 되는 경우 : 위법하지만 무효가 아닌 운전면허로 한 운전행위는 무면허운전이 아니다(대판 1982.6.8, 80도2646).

(3) 기 타

하자 있는 처분이 직권취소 또는 쟁송취소 된 경우 그 처분과 관련된 범죄의 성립 여부와 관련하여, 영업허가취소처분이 취소되면 취소의 소급효로 인하여 무허가영업죄는 무죄로 되고(대판 1995.2.5, 98도4239), 무허가영업죄가 유죄로 확정된 이후에 영업허가취소처분이 취소되면 재심사유가 된다(대판 1985.10.22, 83도2933).

Ⅴ. 취소소송의 원고적격

1. 의 의

처분등의 취소를 구할 자격을 말한다.

cf) 당사자능력이 없는 법인의 기관이나 행정청 등은 당사자소송의 원·피고 및 항고소송의 원고가 될 수 없다. 그러나 항고소송에서의 피고는 민사소송의 경우와는 달리 실체법상의 권리능력은 물론 민사소송법상의 당사자능력도 없는 행정청이 당사자능력을 갖는다(법 제13조, 제38조). 이처럼 행정청이 피고능력을 갖는 것은 행정소송법의 특별규정 때문이므로, 그러한 규정이 없는 영역(항고소송의 원고나 당사자소송의 원·피고)에서는 행정청에게 당사자능력이 없다. 따라서 행정청은 원고능력이 없으므로 항고소송에서 반소(反訴)를 제기할 수 없다는 것이 통설적 설명이었으나, 근래 행정청에게도 취소소송에서의 원고적격을 인정한 판례(대법원 2013.7.25. 선고 2011두1214 판결)가 등장하여 새로운 논의가 전개되고 있다.

> **[대법원 2013.7.25. 선고 2011두1214 판결[불이익처분원상회복등요구처분취소]**
>
> 갑이 국민권익위원회에 부패방지 및 국민권익위원회의 설치와 운영에 관한 법률(이하 '국민권익위원회법'이라 한다)에 따른 신고와 신분보장조치를 요구하였고, 국민권익위원회가 갑의 소속기관 장인 을 시·도선거관리위원회 위원장에게 '갑에 대한 중징계요구를 취소하고 향후 신고로 인한 신분상 불이익처분 및 근무조건상의 차별을 하지 말 것을 요구'하는 내용의 조치요구를 한 사안에서, 국가기관 일방의 조치요구에 불응한 상대방 국가기관에 국민권익위원회법상의 제재규정과 같은 중대한 불이익을 직접적으로 규정한 다른 법령의 사례를 찾아보기 어려운 점, 그럼에도 을이 국민권익위원회의 조치요구를 다툴 별다른 방법이 없는 점 등에 비추어 보면, 처분성이 인정되는 위 조치요구에 불복하고자 하는 을로서는 조치요구의 취소를 구하는 항고소송을 제기하는 것이 유효·적절한 수단이므로 비록 을이 국가기관이더라도 당사자능력 및 원고적격을 가진다고 보는 것이 타당하고, 을이 위 조치요구 후 갑을 파면하였다고 하더라도 조치요구가 곧바로 실효된다고 할 수 없고 을은 여전히 조치요구를 따라야 할 의무를 부담하므로 을에게는 위 조치요구의 취소를 구할 법률상 이익도 있다고 본 원심판단을 정당하다고 한 사례이다.

2. 관계규정

취소소송은 처분등의 취소 또는 변경을 구할 법률상 이익이 있는 자가 제기할 수 있다(법 제12조제1문).

3. 법률상 이익의 의미

① 권리구제설 : 처분등으로 인하여 권리가 침해된 자만이 항고소송을 제기할 수 있다는 견해이다.

② 법률상보호이익설(다수설, 판례) : 법률상보호이익설에 의할 경우, 처분등으로 권리뿐만 아니라 이익을 침해 받은 자도 그 처분등의 취소를 구할 원고적격을 갖게 되나, 그 이익은 법에 의하여 보호되고 있는 직접적·구체적·개별적인 이익이어야 하고 공익 보호의 결과로 국민 일반이 공통적으로 가지는 추상적·평균적·일반적 이익이나 반사적 이익과 같이 간접적이거나 사실적·경제적 이익까지 포함하는 것은 아니다(대판 2002두12465, 2006두330).

또한 판례는, 법규의 범위에 대해서는 당해 처분의 근거법규 및 관련법규를 기본으로 하되, 직접 개인의 이익을 보호하는 명문의 규정이 없더라도 법규의 합리적 해석상, 근거법규 및 관련법규가 행정청을 제약하거나 의무를 부과하는 이유가 순수하게 공익을 보호하려는 데만 있는 것이 아니라, 개인적·구체적 이익을 보호하는 취지까지 포함되어 있다고 해석되는 경우에는 법률상 보호되는 이익으로 취급하는 입장이다(대법원 99다36280 등).

③ 보호할 가치 있는 이익설 : 소송법적 관점에서 재판에 의하여 보호할 만한 가치가 있는 이익을 말한다. 법원의 판단에 의존하는 결과가 초래된다.

④ 적법성보장설 : 항고소송의 기능은 행정통제에 있는바, 처분의 위법성을 다툴 적법한 이익을 말한다.

4. 법률상 이익의 판단 근거 규범

① 처분의 직접적 근거규정뿐만 아니라 '처분시 준용되는 (관련)규정'도 해당된다(대판 1995. 9.26, 94누14544).

② 처분의 실체법적 근거법률 이외에 처분을 함에 있어서 적용되는 '절차법규정(대판 1998.9.4, 97누19588)도 근거법률에 포함시키고 있다.

5. 제3자의 원고적격

(1) 개관

처분등의 취소·변경에 대하여 법률상 이익을 가진 자이면 제3자라도 취소소송의 원고적격을 갖는다(인근 주민, 경업자, 경원자 등).

(2) 경업자소송의 원고적격

① 경업자소송의 의의 : 서로 경쟁적 관계에 있는 자들 사이에 있어 그 중 어느 1인에 대한 수익적 행정행위가 타인에게는 법률상 불이익을 초래하는 경우에 그 타인이 제기하는 소송

② 경업자의 원고적격을 인정한 기타 사례

㉠ 선박운항사업면허(대판 1969.12.30, 69누106)

㉡ 자동차운수사업면허(대판 1974.4.9, 73누12)

㉢ 직행버스정류장설치인가(대판 1975.7.22, 75누12)

㉣ 버스운수사업계획변경인가(대판 1987.9.22, 85누985)

(3) 경원자소송의 원고적격

대법원 1992.5.8. 선고 91누13274 판결【엘피지충전소허가처분취소】
행정소송법 제12조는 취소소송은 처분등의 취소를 구할 법률상의 이익이 있는 자가 제기할 수 있다고 규정하고 있는바, 인·허가 등의 수익적 행정처분을 신청한 수인이 서로 경쟁관계에 있어서 일방에 대한 허가 등의 처분이 타방에 대한 불허가 등으로 귀결될 수밖에 없는 때(이른바 경원관계에 있는 경우로서 동일대상지역에 대한 공유수면매립면허나 도로점용허가 혹은 일정지역에 있어서의 영업허가 등에 관하여 거리제한규정이나 업소개수제한규정 등이 있는 경우를 그 예로 들 수 있다) 허가 등의 처분을 받지 못한 자는 비록 경원자에 대하여 이루어진 허가 등 처분의 상대방이 아니라 하더라도 당해 처분의 취소를 구할 당사자적격이 있다 할 것이고, 다만 구체적인 경우에 있어서 그 처분이 취소된다 하더라도 허가 등의 처분을 받지 못한 불이익이 회복된다고 볼 수 없을 때에는 당해 처분의 취소를 구할 정당한 이익이 없다고 할 것이다.

(4) 이웃소송의 원고적격

① 이웃소송[隣人소송]의 의의 : 특정인에 대한 수익적 행정행위가 인근 주민들에게 법률상 불이익을 초래하는 경우 인근주민들이 제기하는 소송을 말한다.

② 원고적격의 인정여부에 관한 판단기준 : 환경영향평가대상지역 '안'의 주민과 환경영향평가대상지역 '밖'의 주민간의 차이를 두어 전자의 경우에는 원고적격을 인정하고 후자의 경우에는 원고적격을 입증하는 경우 인정하고 있다.

대법원 2006.3.16. 선고 2006두330 전원합의체 판결【정부조치계획취소등】
한편, 환경영향평가 대상지역 밖의 주민이라 할지라도 공유수면매립면허처분등으로 인하여 그 처분 전과 비교하여 수인한도를 넘는 환경피해를 받거나 받을 우려가 있는 경우에는, 공유수면매립면허처분 등으로 인하여 환경상 이익에 대한 침해 또는 침해우려가 있다는 것을 입증함으로써 그 처분 등의 무효확인을 구할 원고적격을 인정받을 수 있다.

③ 인근주민의 원고적격을 인정한 사례

㉠ 연탄공장건축허가처분 취소소송(대판 1975.5.13, 73누96)

㉡ LPG충전소설치허가 취소소송(대판 1983.7.12, 83누59)

㉢ 도시계획법령 및 장사 등에 관한 법률상의 공설화장장 설치결정 취소소송(대판 1995.9.26, 94누14544)

㉣ 원자로시설사전부지승인처분 취소소송(대판 1998.9.4, 97누19588)

㉤ 전원(電源)개발사업실시계획승인처분 취소소송(대판 1998.9.22, 92누19571)

ⓑ 국립공원집단시설지구 개발사업승인 취소소송(대판 2001.7.27, 99두2970)

ⓢ 쓰레기소각장 입지지역결정고시에 대한 취소소송(대판 2005.3.11, 2003두13489)

ⓞ 고속철도역이 위치한 행정구역 주민들(서울행정 2004.4.6. 선고 2003구합35908판결)

대체로, 특허사업 등의 경업자, 경원자, 환경권의 침해를 받는 주민, 제2차 납세의무자, 공동상속인 등이다.

④ 인근주민의 원고적격을 부정한 사례

㉠ 신축건물준공검사의 무효확인소송(대판 1993.11.9, 93누13988)

㉡ 수도법상의 상수원보호구역변경처분취소소송(대판 1995.9.26, 94누14544)

㉢ 사도(私道)폐지허가처분 취소소송(대판 1999.12.7, 97누12556)

대체로 경찰허가를 받은 경업자, 반사적이익을 침해받은 자, 단체와 그 구성원(회사에 대한 처분에 대한 그 회사의 주주), 간접적 이해 관계인(동업자에 대한 과세처분에 대한 타 동업자), 압류부동산을 매수한 자 등이다.

* 당사자소송의 원고적격 : 일반 민사소송에서의 원고적격에 관한 규정이 그대로 적용된다.

[부산시 두구동사건 : 대법원 1995.9.26. 선고 94누14544 판결[상수원보호구역변경처분 취소소송 및 화장장설치 허가처분 취소청구]

[사건의 개요] 부산시가 그동안 운영하여 오던 당감동 공설화장장이 시설노후와 인근에의 주택밀집 등을 이유로 폐쇄되자, 그 대체 화장장을 설치하기 위하여 피고시가 소유자로서 운영하고 있는 공설묘지인 시립영락공원 내의 부산 금정구 두구동 일대 69,200m2 를 새로운 공설화장장부지로 선정하였다. 그러나 이 사건 토지는 피고시의 동래구·금정구·해운대구의 일부지역에 급수되는 회동수원지에 인접한 곳으로서 수도법 제5조에 의거 상수원보호구역으로 지정되어 있었고, 도시계획법 제 12조에 의거 묘지공원으로 도시계획결정이 되어 있는 곳인데, 도시계획법 등 관계법령에 의하면 화장장은 상수원보호구역이나 묘지공원 내에는 설치할 수 없게 되어 있었다. 이에 따라 피고는 화장장 가동에 따른 오폐수가 회동수원지로 유입되지 않고 전용 하수관을 통하여 막바로 수영천으로 유입되도록 하는 등의 제반오염방지장치를 갖출 것을 조건으로 이 사건 토지를 상수원보호구역에서 제외시켜 화장장을 설치하기로 하고, 수도법·도시계획법 등이 정한 절차를 거쳐 1993.8. 27, 부산직할시 고시로 이 사건 토지를 상수원보호구역에서 제외하는 회동수원지 상수원보호구역변경처분을 하고, 이어 같은 해 10.5. 부산직할시 고시로 이 사건 토지상에 화장장을 설치하

기로 하는 도시계획변경결정을 하였다. 이것에 대하여 화장장인근에 살고 있는 주민들이 상수원보호구역변경이라는 도시계획처분과 화장장설치라는 도시계획변경처분에 대하여 동시에 소송을 제기하였다. 즉 두건의 처분을 병합하여 제기한 것이다.

[판결요지]

가. 행정처분의 직접 상대방이 아닌 제3자라도 당해 행정처분의 취소를 구할 법률상의 이익이 있는 경우에는 원고적격이 인정되는데, 여기서 말하는 법률상의 이익은 당해 처분의 근거법률에 의하여 보호되는 직접적이고 구체적인 이익이 있는 경우를 말하고, 다만 공익보호의 결과로 국민일반이 공통적으로 가지는 추상적·평균적·일반적인 이익과 같이 간접적이나 사실적·경제적 이해관계를 가지는 데 불과한 경우는 여기에 포함되지 않는다.

나. 상수원보호구역 설정의 근거가 되는 수도법 제5조 1항 및 동 시행령 제7조 1항이 보호하고자 하는 것은 상수원의 확보와 수질보전일 뿐이고, 그 상수원에서 급수를 받고 있는 지역주민들이 가지는 상수원의 오염을 막아 양질의 급수를 받을 이익은 직접적이고 구체적으로는 보호하고 있지 않음이 명백하여 위 지역주민들이 가지는 이익은 상수원의 확보와 수질보호라는 공공의 이익이 달성됨에 따라 반사적으로 얻게 되는 이익에 불과하므로 지역주민들에 불과한 원고들에게는 위 상수원보호구역변경처분의 취소를 구할 법률상의 이익이 없다.

다. 도시계획법 제12조 3항의 위임에 따라 제정된 도시계획시설기준에 관한 규칙 제125조 1항이 화장장의 구조 및 설치에 관하여는 매장 및 묘지 등에 관한 법률이 정하는 바에 의한다고 규정하고 있어, 도시계획의 내용이 화장장의 설치에 관한 것일 때에는 도시계획법 제 12조뿐만 아니라 매장 및 묘지 등에 관한 법률 및 같은 법 시행령 역시 그 근거 법률이 된다고 보아야 할 것이므로 같은 법 시행령 제4조 2호가 공설화장장은 20호 이상의 인가가 밀집한 지역, 학교 또는 공중이 수시 집합하는 시설 또는 장소로부터 1,000m 이상 떨어진 곳에 설치하도록 제한을 가하고, 같은 법 시행령 제9조가 국민보건상 위해를 끼칠 우려가 있는 지역, 도시계획법 제17조의 규정에 의한 주거지역, 상업지역, 공업지역 및 녹지지역 안의 풍치지구 등에의 공설화장장 설치를 금지함에 의하여 보호되는 부근 주민들의 이익은 위 도시계획결정처분의 근거 법률에 의하여 보호되는 법률상 이익이다.

Ⅵ. 거부처분취소소송의 원고적격

1. 원고적격

거부처분취소소송의 원고적격이 인정되기 위해서는 처분의 신청을 한 것만으로는 부족하고 원고가 그 신청에 따른 행정행위를 해 줄 것을 요구할 수 있는 법규상 또는 조리상 권리(신청권)가 있어야 한다.

2. 신청권의 존부의 의미

> 대법원 1996.6.11. 선고 95누12460 판결【잠수기어업불허가처분취소】
> [1] 거부처분의 처분성을 인정하기 위한 전제요건이 되는 신청권의 존부는 구체적 사건에서 신청인이 누구인가를 고려하지 않고 관계 법규의 해석에 의하여 일반 국민에게 그러한 신청권을 인정하고 있는가를 살펴 추상적으로 결정되는 것이고, 신청인이 그 신청에 따른 단순한 응답을 받을 권리를 넘어서 신청의 인용이라는 만족적 결과를 얻을 권리를 의미하는 것은 아니다. 따라서 국민이 어떤 신청을 한 경우에 그 신청의 근거가 된 조항의 해석상 행정발동에 대한 개인의 신청권을 인정하고 있다고 보여지면 그 거부행위는 항고소송의 대상이 되는 처분으로 보아야 할 것이고, 구체적으로 그 신청이 인용될 수 있는가 하는 점은 본안에서 판단하여야 할 사항인 것이다.

3. 신청권의 존재를 인정한 사례

① 서울교육대학 상근강사의 정규교원 임용신청(대판 1990.9.25, 89누4758)

② 검사임용거부처분 취소소송(대판 1991.2.12, 90누5825)

③ 구 주택개발촉진법상 이주대책에 따른 특별분양신청(대판 1999.8.20, 98두17043)

④ 실용신안권자 중 1인인 원고가 한 소멸등록된 실용신안권의 회복신청(대판 2002.11.22, 200구9229)

⑤ 도시계획구역내 토지등을 소유하고 있는 자의 도시계획입안신청에 대한 거부행위; 관련법령에 의해 도시계획시설입안의 제안권이 있는 경우(대판 2004.4. 28. 2003두1806)

4. 신청권의 존재를 부정한 사례

① 도시계획변경청구(대판 1994.1.28, 93누22029)

② 재개발구역 분할 및 사업계획변경신청(대판 1999.8.24, 97누7004)

Ⅶ. 협의의 소의 이익

1. 의 의

행정소송에 있어서도 민사소송에 있어서와 마찬가지로 본안 판결을 구할 정당한 이익 내지 필요가 있을 때만 소를 제기할 수 있음은 당연하다. 소의 이익은 행정소송에 있어서도 소송요건의 하나이다.

2. 관계 규정

행정소송법 제12조 제2문에는 "처분등의 효과가 기간의 경과, 처분등의 집행 그 밖의 사유로 인하여 소멸된 뒤에도 처분등의 취소로 인하여 회복되는 법률상 이익이 있는 자의 경우에는 또한(소의 이익을) 같다"라고 하였다.

3. 권리보호의 필요가 부인되는 예

① 후속처분에 흡수되는 경우의 앞의 처분 : 원자로건설처분이 있게 된 때의 원자로부지사전승인처분

② 처분등을 취소하여도 원상회복이 불가능한 경우 : 철거처분이 완료된 이후의 대집행계고처분취소소송

③ 처분 후의 사정에 의하여 이익 침해가 해소된 경우 : 사법시험 1차 시험에 불합격한 후 새로 실시된 사법시험 1차 시험에 합격한 경우

4. 협의의 소의 이익이 인정되는 경우

(1) 위법한 행정처분이 반복될 위험성이 있는 경우

(2) 회복하여야 할 불가피한 이익(경제적·사회적 이익 등)이 있는 경우

(3) 가중적 행정제재처분이 예정되어 있는 경우

5. 판례의 경향

[표 3-1] 협의의 소의 이익에 관한 판례정리

협의의 소의 이익을 인정한 사례	협의의 소의 이익을 부정한 사례
① 파면처분이 있은 후에 당연퇴직된 경우 파면처분의 취소를 구할 소의 이익 유무(대법원 85누39) ② 대학입학고사불합격처분의 취소를 구하는 소송의 계속 중 당해연도의 대학시기가 지난 경우 불합격처분의 취소를 구할 소의 이익(대법원 89누8255) ③ **고등학교에서 퇴학처분을 받은 자가 고등학교졸업검정고시에 합격한 경우 퇴학처분의 취소를 구할 소의 이익(대법원 91누4737)**	① 숙박업구조변경허가에 대한 기존 숙박업자의 이익(대법원 89누7900) ② **대집행완료 후의 계고처분취소소송을 제기할 소의 이익(대법원 93누6164)** ③ **의사국가시험에 불합격한 후 새로 실시된 의사국가시험에 합격한 경우 그 불합격처분의 취소를 구할 소의 이익(대법원 93누6867)** ④ **건축법 소정의 이격거리를 두지 아니한 위법한 건축허가에 따라 건축이 완료된 경우 인접대지 소유자가 당해 건축허가를 다툴 소의 이익(대법원 91누11131)**

④ 현역병입영대상자로서 현실적으로 입영을 한 자가 입영 이후의 법률관계에 영향을 미치고 있는 현역병입영통지처분의 취소를 구할 이익(대법원 2003두1875) ⑤ 공장등록이 취소되고 공장시설물이 철거된 후에도 공장등록취소처분의 취소를 구할 소의 이익(대법원 200두3306) ⑥ **회복하여야 할 사회적 지위가 있는 경우, 위법한 처분이 반복될 위험성이 있는 경우[경기학원사건](대법원 2006두19297)** ⑨ 지방의회 의원에 대한 제명의결 취소소송 계속 중 의원임기가 만료된 경우 취소를 구할 법률상 이익이 있는지 여부(대법원 2007두13487)	⑤ 콘크리트제조업종의 공장입지지정승인처분에 대한 인근주민의 이익(대법원 28, 94누3964) ⑥ **상수원보호구역 변경처분에 대한 인근주민의 이익(대법원 98두9165)** ⑦ 현역병입영대상자로 병역처분을 받은 자가 모병에 응하여 현역병으로 자진 입대한 경우 당해 병역처분의 취소를 구할 이익(대법원 98두9165) ⑧ **토석채취허가처분 취소소송의 계속 중에 토석채취허가기간이 만료된 경우(대법원 93누3899)** ⑨ 취소소송 제기 후 판결 선고 전에 당해 처분을 취소한다는 내용의 형성적 재결이 이루어진 경우(대법원 96누18632) ⑩ 취소되어 존재하지 않은 행정처분을 대상으로 한 취소소송의 소의 이익(대법원 2004두5317) ⑪ 무효인 행정처분에 대하여 행정청이 적법한 절차 또는 형식을 갖추어 동일한 행정처분을 한 경우, 종전의 행정처분에 대하여 무효확인을 구할 소의 이익(대법원 2009두16879) ⑫ 상고심 계속 중에 대학교원의 정년이 지난 경우의 소의 이익(대법원 2006두18980)

※ 부록 [행정소송법 관련 판례]의 '협의의 소의 이익'부분 참조.

Ⅷ. 취소소송의 피고적격

1. 원 칙

처분등을 행한 행정청(원처분청과 재결청)이 피고가 된다(행소법 제13조, 제14조). 우리 행정소송법은 원처분청주의를 취한다.

2. 권한의 위임, 위탁, 대리 등

① 권한의 위임, 위탁 : 수임청, 수탁청

② 권한의 대리, 내부위임 : 권한의 대리의 경우에는 피대리기관, 내부위임의 경우에는 위임청

* 다만, 대리기관이나 내부위임에 있어서의 수임청이 자기의 이름으로 처분을 행한 경우에는 대리의 경우에는 대리기관, 내부위임의 경우 수임청이 피고가 된다.

3. 지방자치단체의 장 및 지방의회

① 지방자치단체의 장 : 처분성이 인정되는 조례(두밀분교폐지조례에 관한 조례무효확인소송)에 대한 취소소송의 피고는 지방자치단체의 장(다만, 교육조례에 대한 취소소송의 피고는 교육감)이다.

② 지방의회 : 지방의회의 의결(예 : 지방의회 의장에 대한 불신임의결)에 대한 취소소송의 피고는 지방의회(대법원 94두23)이다.

4. 다른 법률에 특별규정이 있는 경우

① 공무원에 대한 징계면직 기타 불이익처분의 처분청이 대통령인 경우 : 소속장관

② 처분청이 대법원장인 경우 : 법원행정처장

③ 처분청이 국회의장인 경우 : 국회사무총장

④ 처분청이 헌법재판소장인 경우 : 헌법재판소 사무처장

5. 권한승계

처분등이 있은 뒤 그 처분등에 관계되는 권한이 타 행정청에 승계된 때에는 이를 승계한 행정청이 피고가 된다.

6. 기관폐지

그 처분에 관한 사무가 귀속되는 국가 또는 공공단체가 피고가 된다.

7. 피고경정

(1) 의의 : 소송 계속 중에 피고로 지정된 자를 다른 자로 변경하는 것을 말한다.

(2) 제도의 취지 : 피고 지정을 잘못함으로 인한 원고의 불측의 손해방지를 위해서이다.

(3) 피고경정이 허용되는 경우

① 피고를 잘못 지정한 때

㉠ 피고를 잘못 지정한 것에 원고의 고의, 과실이 있는가의 여부는 불문

㉡ 피고를 잘못 지정한 것인지의 여부는 제소시를 기준으로 한다.

② 권한승계 등의 경우

③ 소의 변경이 있는 때

(4) 피고경정의 효과

① 새로운 피고에 대한 신소(新訴)의 제기

② 구소의 취하

(5) 피고경정결정에 대한 불복 : 피고경정신청을 인용한 결정에 대하여는 종전 피고는 항고제기의 방법으로 불복신청할 수 없고, 민사소송법 제449조 소정의 특별항고가 허용될 뿐이다(대판 2006.2.23, 2005부4 참조).

Ⅸ. 소송참가

1. 의 의

소송의 계속 중에 제3자가 타인 간에 계속 중인 소송에 참가하는 것을 말한다.

2. 행정소송법상 소송참가의 유형

① 제3자의 소송참가

② 행정청의 소송참가

3. 제3자의 소송참가

① 제도의 취지 : 제3자의 권익보호 및 제3자의 재심청구의 미연의 방지를 위해서이다.

② 절차

㉠ 직권에 의한 참가

㉡ 신청에 의한 참가 : 당사자 또는 제3자의 참가신청, 참가신청을 각하한 결정에 대하여는 제3자만이 즉시항고 가능하다.

③ 참가인의 지위

㉠ 공동소송적 보조참가인의 지위

㉡ 참가인은 피참가인의 행위와 저촉되는 행위를 할 수 있다.

4. 행정청의 소송참가

① 제도의 취지 : 적정한 심리, 재판의 실현을 위해서이다.

② 절차

㉠ 직권에 의한 참가

㉡ 신청에 의한 참가 : 당사자나 당해 행정청의 신청, 참가신청에 대한 결정에 대하여는 불복불가

③ 지위

㉠ 보조참가인에 준하는 지위

㉡ 피참가인의 소송행위와 저촉되는 소송행위는 할 수 없다.

5. 제3자의 소송참가와 행정청의 소송참가

[표 3-2] 제3자의 소송참가와 행정청의 소송참가(법 16조, 법 17조)

구 분	제3자의 소송참가	행정청의 소송참가
의 의	법원은 소송의 결과에 따라 권리 또는 이익의 침해를 받을 제3자가 있을 경우에는 당사자 또는 제3자의 신청 또는 직권에 의하여 결정으로써 제3자를 소송에 참가시킬 수 있다.	법원은 다른 행정청을 소송에 참가시킬 필요가 있다고 인정할 때에는 당사자 또는 당해 행정청의 신청 또는 직권에 의하여 결정으로써 그 행정청을 소송에 참가시킬 수 있다.
취 지	제3자의 부당한 권익침해를 방지함에 있다.	적정한 심리와 재판을 보장함에 있다.
소송상의 지위	참가인은 **공동소송인에 준하는 지위**를 가진다. 즉, 공동소송적 보조참가인에 해당한다. 따라서 참가인은 피참가인의 소송행위와 저촉되는 행위도 가능하다. 하지만 소송당사자는 아니므로 소송물을 처분하는 행위는 할 수 없다. 그러므로 소의 취하나 포기 및 인낙은 할 수 없다.	당해 행정청은 **보조참가인의 지위**를 가진다. 따라서 제3자의 소송참가인과 달리 피참가인의 소송행위에 저촉되는 행위를 할 수 없다.
절 차	법원이 참가결정을 하고자 할 때에는 미리 당사자 및 제3자의 의견을 들어야 한다. 신청을 한 제3자는 그 신청을 각하한 결정에 대하여 즉시항고 할 수 있다. *** 참가를 허가한 결정에 대해서는 당사자 및 제3자 누구도 독립하여 불복할 수 없다(위의 반대해석).**	법원이 참가결정을 하고자 할 때에는 당사자 및 당해 행정청의 의견을 들어야 한다. *** 참가허부의 결정에 대해서는 당사자나 참가행정청 모두 불복할 수 없다(이에 관한 규정이 전무).**
요 건	ⓐ 타인의 취소소송이 계속 중일 것 ⓑ 소송의 결과에 대하여 이해관계를 가질 것	ⓐ 타인의 취소소송이 계속 중일 것 ⓑ 다른 행정청일 것 ⓒ 법원이 소송에 참가시킬 필요가 있다고 인정할 것

참가의 방향	참가의 요건을 충족하는 한 원고·피고 어느 쪽으로도 참가가 가능	피고행정청을 위해서만 참가가 가능
기 타	제3자는 판결확정 후 행소법 31조에 의한 재심의 소를 제기할 수 없다. - 민소법에 의한 각종 참가, 보조참가에 대해서는 견해가 대립하나, 긍정설이 다수설이자 판례, 실무관행	

X. 소의 변경

1. 의 의

소송의 계속 중에 원고가 심판을 청구한 사항을 변경하는 것이다.

2. 소의 종류의 변경

(1) 의의

① 항고소송 상호간 ② 항고소송과 당사자소송간에 변경 가능

* 소의 종류의 변경은 교환적 변경에 한한다(추가적 변경은 허용되지 않는다).

(2) 요건

① 취소소송이 계속되고 있을 것

② 사실심의 구두변론종결시까지 원고의 청구가 있을 것

③ 청구의 기초에 변경이 없을 것

④ 법원이 상당하다고 인정하여 허가결정을 할 것

⑤ 피고를 달리하게 될 때에는 새로이 피고로 될 자의 의견을 들을 것

(3) 효과

신소(新訴)는 변경된 소를 처음에 제기한 때에 제기된 것으로 보며, 변경된 구소(舊訴)는 취하된 것으로 본다.

(4) 불복방법

① 소변경 허가 결정에 대한 불복 : 즉시항고

② 소변경 불허가 결정에 대한 불복 : 명문의 규정이 없으며, 판례 역시 소변경의 불허가 변경에 대한 항고가능성을 부정하고 있다.

3. 처분변경으로 인한 소의 변경

(1) 의의 : 처분이 소 제기 후에 변경된 때에 청구의 취지 등을 변경하는 것을 말한다.

(2) 요건

① 처분의 변경이 있음을 안 날로부터 60일 이내에 소변경 허가의 신청을 할 것

② 법원의 변경허가결정이 있을 것

③ 이 경우에는 따로 행정심판을 거칠 필요는 없다(전치요건의 특례로 행정소송법 제22조제3항 참조).

제 3 항 가구제

1. 집행부정지의 원칙

취소소송의 제기는 처분의 효력, 집행 또는 절차의 속행에 영향을 주지 아니한다(행정소송법 제23조제1항). 행정의 신속성, 남소방지, 법원의 부담경감 등이 그 주된 이유이다. 그러나 이는 법정책상의 문제로 집행정지의 원칙을 취하고 있는 나라도 있다.

2. 집행정지

① 집행정지의 성질 : 사법작용설

② 집행정지의 요건

㉠ 적극적 요건

ⓐ 적법한 본안 소송의 계속

ⓑ 처분등의 존재

ⓒ 회복하기 어려운 손해예방의 필요

ⓓ 긴급한 필요

cf) 행정심판법 제30조 제2항 : (~위원회는 처분, 처분의 집행 또는 절차의 속행 때문에 중대한 손해가 생기는 것을 예방할 필요성이 긴급하다고 인정할 때에는…)

㉡ 소극적 요건 : 공공복리에 중대한 영향을 미칠 우려가 없을 것

cf) 판례가 공공복리에 영향을 미칠 우려가 있다하여 집행정지를 하여

서는 안 된다고 한 예 : 공설화장장 이전설치처분(대결 1971.3.5. 71두2), 제주국제공항과 중문단지간의 시외버스운송사업면허 내인가 처분(대판 1991.5.6, 91두13), 출입국관리법상의 강제퇴거명령의 집행을 위한 보호명령(대결 1997.1.20, 96두31)

ⓒ 적어도 신청인의 본안청구가 이유 없음이 명백하지 않을 것

ⓔ 집행정지의 요건에 대한 입증책임

ⓐ 적극적 요건에 대해서는 신청인

ⓑ 소극적 요건에 대해서는 행정청

③ 집행정지의 절차 : 신청 또는 직권에 의하여 본안이 계속된 법원(상소심 포함)에 신청한다.

④ 집행정지의 결정

㉠ 집행정지의 대상 : 처분등

ⓐ 부관(특히, 부담), 제3자효 행정행위는 집행정지의 대상

ⓑ 거부처분에 대해서는 긍정설과 부정설이 있으나, 최근 긍정설이 유력하다.

* 특정 시점이 매우 중요한 사안(외국인 체류허가, 입학허가, 시험응시 등)의 경우에는 거부처분에 대해서도 효력정지를 인정하여야 할 것이다.

㉡ 집행정지결정의 내용

ⓐ '처분등'의 효력, 집행, 절차의 속행의 일부 또는 전부를 정지하는 것이다.

- 효력정지 : 영업의 정지처분과 같이 처분의 효력이 존속하지 않는 상태에 두는 것을 말한다. 별도의 집행행위가 필요 없이 의사표시만으로 완성되는 처분이다.
- 집행정지 : 대집행이나 출국 강제집행과 같이 처분의 집행력만을 박탈하여 그 집행행위를 금지하는 것이다.
- (절차의) 속행정지 : 체납처분의 속행[독촉-압류-공매-청산]정지와 같이, 처분이 유효함을 전제로 법률관계가 진전되어 다른 처분이 행해지는 경우에, 그 기초가 되는 처분의 효력을 박탈하여 절차의 속행이나 법률관계의 진전을 금지시키는 것이다.

ⓑ 처분의 효력정지는 처분의 집행 또는 절차의 속행을 정지시킴으로

써 목적을 달성할 수 있는 경우에는 허용되지 않는다(예 : 토지수용을 위한 명도재결의 경우, 대집행이 예정되어 있으면 대집행절차의 정지를 구해야 하고, 효력의 정지는 인정되지 않는다).

㉢ 집행정지의 효력

ⓐ 형성력 : 장래에 대해서만 발생한다.

ⓑ 대인적 효력 : 당사자(신청인과 피신청인) 뿐만 아니라 관계 행정청과 제3자에게도 미친다(제23조제6항).

ⓒ 시간적 효력 : 주문에 특별한 규정이 없는 때에는 본안판결 선고시까지 효력이 있다(대법원 98두14471).

⑤ 집행정지결정의 취소

⑥ 집행정지 등 결정에의 불복 : 즉시항고

[표 3-3] 회복하기 어려운 손해에 관한 판례

1. 회복하기 어려운 손해에 해당한다고 판시한 예 : 비재산적 처분이 주로 해당 ① 특례보충역으로 2개월만 더 근무하면 방위병소집복무를 마친 것으로 인정되는 자에 대한 현역병 입영처분(대법원 92두7) ② 타 교도소로의 이송처분(대법원 92두30) ③ 거래선으로부터의 납품계약해제, 신용실추 등의 손해를 입게 될 골재도소매영업자에 대한 계고처분(대법원 95두22) ④ 주택개량재개발사업 공사중지명령(대법원 97두3) ⑤ 사업자의 자금사정이나 경영전반에 미치는 파급효과가 매우 중대한 과징금 납부명령(대법원 2001무29) **기타, 외국인 퇴거 강제처분, 정학, 전학 등**
2. 회복하기 어려운 손해에 해당하지 않는다고 판시한 예 ; 주로 재산적 처분 ① 과세처분(대법원 70두7) ② 유흥접객영업 허가의 취소처분(대법원 91두1) ③ 자동차운송사업면허 취소처분(대법원 94두42) 기타, 토지수용재결, 구획정리처분, 체납처분 등 재산적 처분

3. 가처분의 문제

① 가처분의 의의 : 다툼 있는 권리관계에 관하여 임시의 지위를 정함을 목적으로 하는 민사집행법상의 보전처분이다.

② 민사집행법상의 가처분규정의 행정소송에의 준용여부 : 취소소송에서의

활용가능성에 대하여 학설은 대립하고 판례는 부정(대판 1992.7.6, 92마54 결정)한다.

③ 긍정설은 행정소송법에 특별히 금지하는 규정이 없고, 권리구제의 충실을 위해서는 인정해야 한다. 동법 제8조제2항의 민사집행법 준용규정을 적용하면 된다.

부정설은 가처분대신 집행정지규정이 존재하고 있고, 의무이행소송이 인정되고 있지 않으므로 가처분을 인정할 수 없다.

④ 소결 : 사전권리구제절차의 중심인 집행정지제도는 부담적 행정처분을 중심으로 한 것이고, 수익적 행정처분에 대한 사전 권리구제절차에 흠결이 있어 이를 보완하기 위해서는 가처분제도가 필요하다. 예를 들어, 기한부 처분(어업면허, 체류기간연장 등)에 대한 갱신처분을 거부할 경우에는, 판결확정시까지 임시로 어업활동, 체류가 가능하도록 할 급박한 사정이 있는 경우에는 가처분을 허용하는 것이 옳다.

행정소송법 개정안의 가처분제도(안 제26조) : 사전권리구제절차의 중심인 집행정지제도는 부담적 행정처분을 중심으로 한 것이고, 수익적 행정처분에 대 한 사전 권리구제절차 흠결이 있어 이를 보완하기 위해 가처분제도가 필요하다. 예) 기한부 처분(어업면허, 체류기간연장 등)에 대한 갱신처분을 거부할 경우, 판결확정시까지 임시로 어업활동, 체류가 가능하도록 할 급박한 사정이 있는 경우 가처분 허용하는 제도

제4항 취소소송의 심리

Ⅰ. 심리에 관한 제 원칙

1. 처분권주의

행정소송에 있어서도 소의 제기 및 종료, 심판의 대상이 당사자에 의하여 결정되는 처분권주의가 원칙적으로 적용된다(법 8조2항). 그리하여 법원은 원고의 소제기가 없는 사건에 대하여 심리 판결 할 수 없음은 물론 소제기가 있는 사건에 대하여도 원고의 청구범위를 넘어서 심리하거나 재판할 수 없다. 그러나 행정소송의 대상인 공법상의 권리관계는 당사자의 자유로운 처분의 대상이 될 수 없으므로 그에 관한 화해나 인낙은 허용되지 않음이 원칙이다.

2. 변론주의, 직권탐지주의

① 의의

㉠ 변론주의 : 소송자료의 수집, 제출책임을 당사자에게 지우는 것

㉡ 직권탐지주의(직권심리주의) : 소송자료의 수집, 제출책임을 법원이 지는 것

② 행정소송법 제26조의 의미 : 변론주의의 원칙을 부분적으로 보완하기 위한 예외조문에 불과하다고 볼 수 있다(변론주의를 기본, 직권탐지주의의 가미).

3. 구술심리주의

당사자 및 법원의 소송행위를 구술로 행하는 원칙이다.

4. 공개심리주의

① 의의 : 재판의 심리, 판결의 선고를 일반인이 방청할 수 있는 상태에서 행하는 것을 말한다.

② 예외 : 국가의 안전보장, 질서유지 또는 선량한 풍속을 해칠 염려가 있을 때에는 공개하지 아니할 수 있다(헌법 제109조, 법원조직법 제57조).

5. 직권심리주의

판결을 하는 법관이 변론청취, 증거조사를 직접 집행하는 것이다.

Ⅱ. 주장책임

1. 의 의

변론주의 하에서는 당사자가 자기에게 유리한 주요 사실을 주장하지 않으면 그 사실이 없는 것으로 취급되어 불이익을 받게 되는 바, 이를 주장책임이라고 한다.

2. 입증책임과의 관계

주요 사실의 존재여부에 대한 입증이 문제되기 이전에 주요 사실의 주장이 있어야 하므로 주장책임은 입증책임과는 별개의 문제로서 독자적인 의미를 가진다.

3. 주장책임의 분배

① 주장책임의 분배문제를 입증책임의 분배문제와 연계 시켜 주장책임은 주요사실에 관한 입증책임을 지는 자가 부담한다는 견해이다.

② 주장책임의 분배는 입증책임의 분배문제와는 별도로 결정되어야 한다는 견해의 대립이 있다.

> 대법원 2000. 3. 23. 선고 98두2768 판결 [도시계획결정취소]
> 행정소송에 있어서 직권주의가 가미되어 있다고 하여도 여전히 변론주의를 기본구조로 하는 이상 행정처분의 위법을 들어 그 취소를 청구함에 있어서는 직권조사사항을 제외하고는 그 취소를 구하는 자가 위법사유에 해당하는 구체적인 사실을 먼저 주장하여야 한다.

Ⅲ. 입증책임

1. 의 의

소송상 일정한 사실의 존재여부가 확정되지 않은 경우에 불리한 법적 판단을 받게 될 당사자 일방의 위험 내지 불이익을 말한다.

2. 입증책임의 분배기준에 관한 학설

① 원고책임설

② 피고책임설

③ 행정법독자분배설

④ 법률요건분류설(법의 일반원칙설, 입증책임분배설) : 취소소송에서도 민사소송법의 일반원칙에 따라 입증책임을 분배할 필요가 있다. 즉 당사자는 자기에게 유리한 모든 요건사실의 존재에 대한 입증책임을 진다(다수설, 판례).

3. 개별 문제에 대한 구체적 검토

① 소송요건 : 처분의 존재, 제소기간의 준수 등 소송요건에 대한 입증책임은 원고에게 있다.

② 재량권의 일탈·남용 : 입증책임은 원고에게 있다.

③ 처분의 절차와 송달 : 처분의 절차적 적법성 및 송달에 관한 입증책임은 피고에게 있다.

④ 과세처분

㉠ 과세처분의 적법성, 과세요건 사실의 존재에 관하여는 원칙적으로 과세관청인 피고가,

㉡ 경험칙상 이례(異例)에 속하는 특별한 사정의 존재는 납세의무자인 원고가 입증책임을 부담한다.

Ⅳ. 심리판단의 기준시점

1. 취소소송

① 문제의 의의 : 처분이 있은 후 처분의 근거가 된 법령의 개폐나 사실상태의 변화가 있는 경우, 어느 시점의 사실 및 법상태를 기준으로 처분의 위법성을 판단할 것인가의 문제이다.

② 학설

㉠ 처분시설 : 처분시의 법령 및 사실을 기준으로 판단하여야 한다는 견해

㉡ 판결시설 : 판결시의 법령 및 사실을 기준으로 판단하여야 한다는 견해

㉢ 결어 : 처분시설(통설 및 판례)

> * [1] : 처분시의 의미는 처분이 있을 때의 법령과 사실상태를 기준으로 하여 적법여부를 판단할 것이며, 처분이 있은 뒤에 생긴 법령의 개폐나 사실상태의 변동에 영향을 받지 않는다는 뜻이지, 처분당시 존재하였던 자료나 행정청에 제출되었던 자료만으로 위법여부를 판단한다는 의미는 아님을 주의하여야 한다. 따라서 처분당시 존재하였던 자료나 행정청에 제출되었던 자료만으로 위법여부를 판단한다는 의미는 아님을 주의하여야 한다.
> * [2] : 거부처분의 적법여부도 원칙적으로 신청시가 아니라 처분시를 기준으로 판단하여야 하고, 허가 등의 신청 후 행정청이 합리적 이유 없이 그 처리를 늦추어 그 사이 허가 기준 등이 변경된 것이 아닌 한, 새로운 법령 및 허가 기준에 따라 한 거부처분은 위법하다 할 수 없다(2006.8.25. 2004두2974). cf) 신뢰보호의 원칙에 의해 제한 될 수는 있다.

2. 무효등확인소송

처분시를 기준으로 판단한다.

3. 부작위위법확인소송

부작위위법확인의 소의 경우는 아무런 처분도 존재하지 않으므로 처분시설

에 따를 수 없다. 부작위위법확인소송에서 부작위가 위법하다는 판결이 확정되면 행정청은 그 판결에 따라 처분을 하여야 하는 것이므로(기속력), 그 판단의 대상은 '변론종결 당시의 처분의무의 존재'라 할 것이므로 변론종결시를 기준으로 부작위상태의 위법여부를 판단하여야 한다(대판 1999.4.9, 98두12437).

Ⅴ. 처분사유의 추가·변경

1. 의 의

처분의 이유로 제시된 법적 내지 사실적 근거를 처분청이 처분시에 밝혔던 근거와 이유와는 다른 사유를 들어 처분의 적법성을 주장하는 것(처분근거와 이유의 추가 또는 변경)을 말한다.

2. 처분사유의 추가·변경의 허용성

처분사유의 기초가 되는 '기본적 사실관계의 동일성'을 해하지 않는 범위내에서 처분사유의 추가·변경을 허용(제한적 긍정설, 다수설, 판례)한다. 처분 상대방의 방어권 보장을 통한 실질적 법치주의의 구현에 그 목적이 있다.

3. 처분사유의 추가·변경의 객관적 범위

처분의 동일성의 판단기준은 '기본적 사실관계의 동일성'이 주장되고 있다.

처분사유의 추가변경을 인정한 판례	처분사유의 추가변경을 부정한 사례
㉠ 구체적 사실을 변경하지 않는 범위 내에서 단지 처분의 근거법령만 추가·변경한 경우(대법원 87누632) ㉡ 충전소영업허가불허가 사유를 '행정청의 허가기준의 불합치'에서 '이격거리에 관한 허가기준위배'로 당초의 처분 사유를 구체화한 경우(대법원 88누11926) ㉢ 자동차운송사업면허취소처분의 사유를 '명의이용금지'에서 '직영으로 운영하도록 한 면허조건 위반'으로 변경한 경우(대법원 92누213)	㉠ 석유판매업불허가처분의 사유로 '관할 군부대장의 동의를 얻지 못하였다는 사유'외에 '공공의 안전과 군사시설의 보호'를 추가한 경우(대법원 91누70) ㉡ 토석채취허가반려의 사유를 '인근주민의 동의서부제출'에서 '자연경관의 훼손'으로 변경한 경우(대법원 91누3659) ㉢ 온천발견신고수리의 거부사유를 '규정온도미달'에서 '공공사업에의 지장'으로 변경한 경우(대법원 92누3052)

* **판례는 '과세처분'의 취소를 구하는 소에 대하여 소송의 대상을 '조세채무의 존부'로 보아, 비교적 널리 처분사유의 추가 변경을 허용**하고 있다(이자소득을 사업소득으로 변경 등) : 2002.9.24. 200두6657.	㉣ 정보공개거부처분 사유에 정보공개)법 제7조제1항제4호 및 제6호에 동항 제5호를 추가하는 것(대법원 2001두8827)

4. 처분사유의 추가·변경의 시간적 범위

처분시설에 입각하면, 당초 처분이 발령된 당시의 사유로서 기본적 사실관계의 동일성이 인정되는 사유만이 추가·변경이 가능하다(처분의 위법판단의 기준을 판결시설로 보게 되면, 처분청은 소송 계속중 처분 이후에 발생한 새로운 사실적, 법적 상황을 주장할 수 있게 되지만 순수한 처분사유의 추가·변경과 관련된 논의는 아니다).

제 5 항 취소소송의 판결

Ⅰ. 판결의 종류

1. 각하판결

2. 기각판결

3. 인용판결(취소판결)

cf) 확인판결, 이행판결(국가, 공공단체에 대하여 일정한 급부를 명하는 판결로서 당사자소송에서 나타난다).

Ⅱ. 사정판결

1. 의 의

사정판결이란 취소소송에 있어서 원고의 취소청구가 이유 있는 경우에도 청구를 인용하지 않고 처분등을 취소하는 것이 현저히 공공복리에 반한다는 이유로 원고의 청구를 기각하는 판결을 말한다(법 제28조).

2. 요 건

① 취소소송일 것 : 사정판결은 당사자소송, 객관적 소송, 무효등확인소송에서는 인정되지 않고 취소소송에만 인정된다는 것이 통설과 판례의 입장이다.

② 처분의 위법성 : 사정판결은 청구가 이유 있는 경우, 즉 처분이 위법한 경우에 예외적으로 청구를 기각하는 판결을 하는 제도이므로 처분이 적법한 경우에는 당연히 청구기각판결을 할 것이기 때문에 사정판결의 문제는 일어날 여지가 없다.

③ 청구인용의 판결이 현저히 공공복리에 적합하지 아니할 것 : 사안에 따라 위법한 행정처분의 효력을 유지하는 것 자체가 당연히 공공복리를 저해하는 것이므로 위법한 처분을 취소하지 않고 방치함으로써 발생하는 공익침해의 정도보다 위법처분을 취소함으로써 발생하는 새로운 공익침해의 정도가 월등히 큰 경우라 할 것이다.

3. 심 판

① 주장 및 입증책임은 피고행정청에게 있다. 단, 판례는 피고행정청의 주장 없이도 직권으로 사정판결을 내릴 수 있다는 입장이다.

② 위법성의 판단 기준시는 사정판결의 성질상 처분 후의 사정이 고려되어야 할 것이므로 판결시를 기준으로 판단하여야 한다.

③ 법원은 사정판결을 함에 있어서 그 판결의 주문에서 그 처분등이 위법함을 명시하여 처분의 위법성에 대해서 기판력이 발생한다.

④ 사정판결은 취소인용판결이 아니라 청구기각판결이고 원고는 이에 대해 상소를 제기할 수 있다.

4. 주장·입증책임

① 피고인 행정청이 부담한다.

② 법원이 직권으로 사정판결 가능하다(대판 1995.7.28, 95누4629판결).

5. 사정판결의 효과

① 사정판결이 있었다고 하여 당해 처분의 위법성이 치유되어 적법하게 되는 것은 아니다.

② 판결의 주문에서 그 처분등이 위법함을 명시하여야 한다. 이는 원고에 대한 구제방법, 소송비용, 후속처분의 저지 등과 관련하여 중요한 의미를 가진다.
③ 사정판결도 기각판결이다. 따라서 원고는 상소할 수 있다.

6. 원고에 대한 구제방법

원고는 피고인 행정청이 속하는 국가 또는 공공단체를 상대로 손해배상, 제해시설의 설치 그 밖에 적당한 구제방법의 청구를 당해 취소소송 등이 계속된 법원에 병합하여 제기할 수 있다(법 제28조제3항).

7. 소송비용

피고가 부담한다.

8. 적용범위

취소소송에서만 인정한다.

Ⅲ. 판결의 효력

1. 실질적 확정력(기판력)

(1) 의의 : 일단 판결이 확정된 때에는 동일한 사항이 다시 소송상으로 문제가 되었을 때에 당사자는 이에 저촉되는 주장을 할 수 없고 법원도 이에 저촉되는 판단을 할 수 없는 효력을 의미한다(소송법적 효력).

(2) 범위

① 주관적 범위 : 당해 소송의 당사자 및 그와 동일시 할 수 있는 승계인에게만 미친다. 한편 항고소송에 있어서는 단지 소송편의상 처분행정청(또는 부작위청)을 피고로 하고 있을 뿐이므로 판결의 기판력은 피고인 처분행정청이 속하는 국가나 공공단체에도 미친다(민사소송과 다른 점).

Q) 세무서장을 피고로 하는 과세처분취소소송에서 패소한 자가 국가를 피고로 하여 과세처분의 무효를 주장하여 과오납금반환청구소송을 제기할 수 있는가?

A) 이는 기판력에 반하기 때문에 안 된다. 취소소송에서 원고 패소판결의 기판력은 무효확인소송에도 미치고, 또한 피고였던 처분청만이 아니라 국가 또는 공공단체에도 미친다.

② 객관적 범위

㉠ 기판력은 판결주문에 표시된 소송물에 관한 판단사항에 대해서만 발생한다.

㉡ 판결에 의한 처분의 취소가 단지 절차, 형식상의 위법을 이유로 하는 경우에는 취소판결의 기판력은 논리상 후소에는 미치지 않는다.

[주의] 행정청이 '새로운 처분'을 하였을 경우 :

㈀ 새로운 처분은 종전의 처분과는 다른 별개의 처분으로 기판력은 미치지 않는다(소송물이 다름).

㈁ 그러나 판결의 '기속력'에 의하여 판결에 저촉되는 처분을 할 수는 없다.

(3) 취소소송의 판결과 국가배상청구소송과의 관계 : 취소소송의 위법성 개념과 국가배상에서의 위법성 개념을 동일한 개념으로 보면 취소소송의 기각판결은 국가배상에 당연히 영향을 미치나, 동일 개념으로 보지 않는 다면 영향을 미치지 않는다.

2. 형성력

(1) 의의 : 처분등을 취소하는 판결이 확정되면 처분청의 취소, 취소통지 등의 별도의 행위를 기다릴 것 없이 그 처분등의 효력은 당연히 소멸되고, 그로써 그 처분등에 기하여 형성된 기존의 법률관계 또는 법률상태에 변동을 가져오게 된다. 이를 형성력이라고 한다. 취소판결이 확정되면 처분의 효력은 소급하여 소멸한다.

(2) 취소판결의 제3자효(혹은 對世效)

취소판결의 효력은 당해 소송의 당사자에게만 미치는 것이 아니라 그 밖의 제3자에게도 미치는바, 이를 제3자효 또는 대세효라고 한다.

3. 기속력

(1) 의의 : 처분등이 취소 또는 변경되는 판결이 확정되면, 소송당사자인 행정청과 관계행정청이 그 내용에 따라 행동할 실체법적 의무를 지게 되는데, 이러한 당사자에 대한 실체법상의 구속력을 말한다. 인용판결에만 인정된다(행소법 제30조제1항).

(2) 기속력의 성질 : 특수효력설(통설, 판례)

(3) 기속력의 내용

① 반복금지효 : 관계행정청은 확정판결에 저촉되는 행위를 할 수 없다. 즉, 동일한 사정 하에서 동일한 당사자에게 동일한 내용의 처분을 반복하여서는 안 된다.

② 거부처분취소판결에 따른 적극적 처분의무

㉠ 거부처분에 대한 취소판결이 있는 경우에는 관계행정청은 그 판결의 취지에 따라 이전의 신청에 대한 처분을 하여야 한다(동조 제2항).

㉡ 이 경우 반드시 원고가 신청한 내용대로 재처분을 하여야 하는 것은 아니다. 따라서 당초의 거부처분과 다른 이유로 거부처분을 하는 것도 가능하다.

cf) 절차위반, 재량행위, 사실심변론 종결 후 발생한 새로운 사유의 발생(법령의 제·개정, 새로운 사유의 발생 등)시에는, 정당한 절차를 거친 후, 재량의 범위 내, 그리고 새로운 법령 하에서 이전과 동일한 처분을 할 수도 있다.

③ 절차위반을 이유로 한 취소판결에 따른 적극적 처분의무 : 신청에 따른 처분이 제3자의 취소소송 제기에 의하여 처분의 절차상 하자를 이유로 취소된 경우에는 관계 행정청은 적법한 절차에 따라 이전의 신청에 대한 처분을 하여야 한다(동조 제3항).

④ 결과제거의무

(4) 기속력의 범위

① 주관적 범위 : 당사자인 행정청뿐만 아니라 그 밖의 모든 관계 행정청에게 미친다.

② 객관적 범위 : 판결의 주문 및 그 전제가 된 요건사실의 인정, 효력의 판단에만 미친다.

(5) 기속력위반의 효과

취소판결에 저촉되는 행정청의 행위는 위법, 무효이다.

[표 3-4] 판결의 효력

구 분	내 용
형성력	일반적으로 확정판결이 판결의 취지에 따라 법률관계의 발생·변경·소멸을 가져오는 효력
기속력(구속력)	처분등을 취소하는 확정판결(인용판결)이 그 내용에 따라 소송당사자와 관계행정청에게 판결의 취지에 따라 행동할 의무를 지우는 효력
집행력 (간접강제)	판결이 행한 이행의무를 강제집행절차에 의하여 실현할 수 있는 효력
기판력 (실질적 확정력)	판결이 확정된 때에는 후에 동일한 사건이 소송상 문제가 되었을 때, 소송당사자는 이에 저촉되는 주장을 할 수 없고, 법원도 이에 저촉되는 판단을 하지 못하게 하는 효력을 말한다. 즉, 전소의 확정판결이 후소에 미치는 구속력을 말한다.
불가쟁력 (형식적 확정력)	상고기간의 경과, 상소의 취하, 상속권의 포기 기타 사유로 판결의 취소·변경을 목적으로 하는 상소를 할 수 없게 된 판결의 효력
불가변(경)력 (자박력)	행정소송에 있어서 판결이 일단 선고되면 선고법원 자신도 이를 취소·변경 할 수 없는 기속을 받게 되는 효력

[기출문제]

2006년 사법시험[제2문의1]

유흥주점 영업허가를 받아 주점을 경영하는 甲은 청소년인 乙을 유흥접객원으로 고용하여 유흥행위를 하게 하였다는 이유로 관할 행정청인 A로부터 위 유흥주점 영업허가를 취소하는 처분을 받았다. 甲은 이에 불복하여 행정소송을 제기하여 위 취소처분을 취소하는 판결을 선고받아 그 판결이 확정되었다. 다음의 경우 A의 처분의 위법 여부와 그 논거를 검토하시오(30점).

1. 위 확정판결은 A가 청문절차를 거치지 않았다는 점을 이유로 위 영업허가취소처분을 취소하는 것이었다. A는 위 판결 확정 후 청문절차를 거친 다음 다시 위 영업허가를 취소하는 처분을 하였다.
2. 위 확정판결은 乙이 청소년임을 인정할 증거가 없다는 이유로 위 영업허가취소처분을 취소하는 것이었다. A는 위 판결 확정 후 乙이 청소년임을 인정할 만한 증거가 새로이 발견 되었다는 이유로 다시 위 영업허가를 취소하는 처분을 하였다.
3. 위 확정판결은 乙을 유흥접객원으로 고용하였다는 점을 인정할 증거가 없다는 이유로 위 영업허가취소처분을 취소하는 것이었다. A는 甲이 청소년 丙을 유흥접객

원으로 고용하여 유흥행위를 하게 한 사실이 있었다는 이유로 다시 위 영업허가를 취소하는 처분을 하였다.

4. 위 확정판결은 영업허가취소처분이 甲에게는 지나치게 가혹하여 재량권을 일탈·남용하였다는 이유로 취소하는 것이었다. A는 위 판결 확정 후 새로이 甲에게 영업정지 3개월의 처분을 하였다.

Ⅳ. 간접강제

1. 의 의

항고소송의 경우 이행소송이 인정되지 않고, 집행력이 인정되지 않으므로 거부처분의 취소판결의 실효성이 문제된다(법 제34조).

2. 간접강제

행정청이 제30조제2항의 규정에 의한 처분을 하지 아니하는 때에는, 제1심 수소법원은 당사자의 신청에 의하여 결정으로써 상당한 기간을 정하고 행정청이 그 기간내에 이행하지 아니하는 때에는 그 지연기간에 따라 일정한 배상을 명하거나, 즉시 배상을 할 것을 명할 수 있다(행정소송법 제34조1항).

3. 간접강제결정에 근거한 배상금의 성질

확정판결의 취지에 따른 재처분의 지연에 대한 제재나 손해배상이 아니라 재처분의 이행에 관한 심리적 강제수단의 성질을 갖는다.

> 대법원 2004.1.15. 선고 2002두2444 판결【청구이의】
> 행정소송법 제34조 소정의 간접강제결정에 기한 배상금은 거부처분취소판결이 확정된 경우 그 처분을 행한 행정청으로 하여금 확정판결의 취지에 따른 재처분의무의 이행을 확실히 담보하기 위한 것으로서, 확정판결의 취지에 따른 재처분의무 내용의 불확정성과 그에 따른 재처분에의 해당 여부에 관한 쟁송으로 인하여 간접강제결정에서 정한 재처분의무의 기한 경과에 따른 배상금이 증가될 가능성이 자칫 행정청으로 하여금 인용처분을 강제하여 행정청의 재량권을 박탈하는 결과를 초래할 위험성이 있는 점 등을 감안하면, 이는 확정판결의 취지에 따른 재처분의 지연에 대한 제재나 손해배상이 아니고 재처분의 이행에 관한 심리적 강제수단에 불과한 것으로 보아야 하므로, 특별한 사정이 없는 한 간접강제결정에서 정한 의무이행기한이 경과한 후에라도 확정판결의 취지에 따른 재처분의 이행이 있으면 배상금을 추심함으로써 심리적 강제를 꾀할 목적이 상실되어 처분상대방이 더 이상 배상금을 추심하는 것은 허용되지 않는다.

4. 간접강제 인용 주문 예

피신청인은 이 결정의 정본을 받은 날로부터 ○일 이내에 신청인에 대하여 이 법원 2006구합127 00거부처분취소사건의 확정판결의 취지에 따른 처분을 하지 않을 때에는 신청인에 대하여 위 기간이 마치는 다음날부터 처분시까지 1일 금 000원의 비율에 의한 금원을 지급하라.

Ⅴ. 제3자에 의한 재심청구

1. 재심의 의의

확정된 종국판결에 재심사유에 해당하는 하자가 있는 경우에 제3자가 판결을 한 법원에 대하여 그 판결의 취소와 사건의 재심사를 구하는 특별한 불복신청방법이다(법 제31조).

2. 제3자의 재심청구의 인정필요성

3. 재심청구의 당사자

① 원고 : 취소소송의 인용판결에 의하여 권리 또는 이익의 침해를 받은 제3자
② 피고 : 확정판결에 나타난 원고와 피고가 함께 재심청구의 공동피고

4. 재심사유

① 인용판결이 확정되어 있을 것
② 자기에게 책임 없는 사유로 소송에 참가하지 못하였을 것
③ 소송에 참가하지 못함으로써 판결의 결과에 영향을 미칠 공격·방어방법을 제출하지 못 하였을 것

5. 재심청구의 기간

확정판결이 있음을 안 날로부터 30일 이내, 판결이 확정 된 날로부터 1년 이내(불변기간)이다.

제 2 절 무효등확인소송

Ⅰ. 의 의

행정청의 처분등의 효력 유무 또는 존재여부를 확인하는 소송이다.

Ⅱ. 무효등확인소송에 관한 특수 문제

1. 성 질

실질적으로는 확인소송, 형식적으로는 처분등의 효력의 유무를 직접 소송의 대상으로 한다는 점에서 항고소송(취소소송)적 성질 또한 가진다.

2. 원고적격

① 관계 규정 : 처분등의 효력 유무 또는 존재 여부의 확인을 구할 법률상 이익이 있는 자가 제기할 수 있다(제35조).

② 법률상 이익의 의미 : 제35조의 법률상 이익은 취소소송에서의 그것과 동일한 의미(다수설)이다.

행정소송법 제35조에서 무효등확인소송은 처분등의 효력의 유무 또는 존재여부의 확인을 구할 법률상의 이익이 있는 자가 제기할 수 있다고 규정하고 있다. 이는 독일과 일본에서 무효확인소송에 보충성을 요구하는 것과는 다른 입법태도라 하겠다. 이러한 무효확인소송의 '법률상 이익'의 해석에 대하여 학설과 판례가 대립하고 있다.

ⓐ 법률상보호이익설(다수설) : 이 설은 무효확인소송의 원고적격은 취소소송과 동일한 개념으로서 민사소송상의 확인의 이익보다는 넓은 개념으로 본다. 그에 따라 무효확인소송의 '법률상 이익'은 취소소송에서의 법률상 이익과 마찬가지로 법률상보호이익으로 본다.

ⓑ 즉시확정이익설(구판례) : 무효확인소송의 '법률상 이익'을 민사소송의 확인의 이익과 같이 즉시확정의 법률상 이익으로 본다. 이 견해에 따르면 무효처분과 관련하여 그 무효를 주장하는 방법으로서 더욱 실효적인 구

제수단인 민사소송 또는 공법상 당사자소송에 의하여 구제가 안 되는 경우에만 보충적으로 무효확인소송 제기가 가능하다고 본다. 즉 보충성이 요구된다고 한다. 이에 따라 (구)판례는 당연무효인 과세처분에 따라 이미 세금을 납부한 경우, 공무원에 대한 면직처분이 무효인데 소송도중 정년이 도래한 경우 등에는 각 처분에 대한 무효확인소송의 소의 이익을 부정한다. 그러나 다음과 같이 판례는 기존의 입장을 변경하였다.

ⓒ 판례 : 이전의 입장을 변경하여 무효확인소송에 보충성의 원칙이 요구되지 않는다고 하였다.

[대법원 2008.3.20. 선고 2007두6342 전원합의체]

행정소송은 행정청의 위법한 처분등을 취소·변경하거나 그 효력 유무 또는 존재 여부를 확인함으로써 국민의 권리 또는 이익의 침해를 구제하고 공법상의 권리관계 또는 법 적용에 관한 다툼을 적정하게 해결함을 목적으로 하므로, 대등한 주체 사이의 사법상 생활관계에 관한 분쟁을 심판대상으로 하는 민사소송과는 목적, 취지 및 기능 등을 달리한다. 또한 행정소송법 제4조에서는 무효확인소송을 항고소송의 일종으로 규정하고 있고, 행정소송법 제38조 제1항에서는 처분등을 취소하는 확정판결의 기속력 및 행정청의 재처분 의무에 관한 행정소송법 제30조를 무효확인소송에도 준용하고 있으므로 무효확인판결 자체만으로도 실효성을 확보할 수 있다. 그리고 무효확인소송의 보충성을 규정하고 있는 외국의 일부 입법례와는 달리 우리나라 행정소송법에는 명문의 규정이 없어 이로 인한 명시적 제한이 존재하지 않는다. 이와 같은 사정을 비롯하여 행정에 대한 사법통제, 권익구제의 확대와 같은 행정소송의 기능 등을 종합하여 보면, 행정처분의 근거 법률에 의하여 보호되는 직접적이고 구체적인 이익이 있는 경우에는 행정소송법 제35조에 규정된 '무효확인을 구할 법률상 이익'이 있다고 보아야 하고, 이와 별도로 무효확인소송의 보충성이 요구되는 것은 아니므로 행정처분의 무효를 전제로 한 이행소송 등과 같은 직접적인 구제수단이 있는지 여부를 따질 필요가 없다고 해석함이 상당하다.

3. 소송의 제기요건

① 행정심판과의 관계 : 행정심판전치에 관한 규정이 없다. 다만 무효선언을 구하는 의미에서의 취소소송의 경우에는 예외적 행정심판전치주의를 적용한다.

② 제소기간 : 무효등확인소송에서는 제소기간의 제한이 없다.

4. 입증책임

하자의 중대·명백성에 대하여 원고가 입증책임부담(판례) 한다.

> 행정처분의 당연무효를 주장하여 그 무효확인을 구하는 행정소송에 있어서는 원고에게 그 행정처분이 무효인 사유를 주장·입증할 책임이 있다(대판 1992.3.10, 91누6030).

5. 사정판결의 가능성

행소법은 무효등확인소송에 취소소송의 사정판결의 준용을 부정하고 있으며(제38조제1항), 판례 또한 같은 입장이다.

6. 간접강제의 가능성

판례는 거부처분취소판결의 간접강제에 관한 규정은 준용불가(대결 1998.12.24. 98무37)라고 하였다. 그러나 거부처분무효확인판결에도 기속력이 인정되어 행정청은 판결의 취지에 따라 다시 이전의 신청에 대한 처분을 하여야 할 의무가 있으며, 그 의무 불이행시 강제할 필요성이 있다는 점에서 취소판결의 경우와 다를 바 없으므로, 거부처분무효확인의 판결에 대하여도 간접강제가 인정되어야 할 것이다.

제 3 절 부작위위법확인소송

Ⅰ. 의 의

행정청의 부작위가 위법하다는 것을 확인하는 소송을 말한다(항소법 제4조 제3호).

Ⅱ. 부작위위법확인소송에 관한 특수 문제

1. 원고적격

① 관계규정 : 처분의 신청을 한 자로서 부작위의 위법의 확인을 구할 법률상 이익이 있는 자만이 제기할 수 있다(법 제36조).

② 법령에 의한 (처분에 대한) 신청권을 가져야 원고적격 인정한다.

2. 소송의 제기요건

① 제소기간 :

㉠ 행정심판을 거친 경우 : 당해 부작위에 대한 행정심판의 재결서의 정본을 송달받은 날로부터 90일, 재결이 있은 날로부터 1년 이내(제38조 제2항에 의거하여 제20조 제소기간 준용)에 제기하여야 한다.

㉡ 행정심판을 거치지 않는 경우 :

- 제1설 : 신청한 후 상당한 기간이 경과한 때로부터 1년 내
- 제2설 : 제한이 없다는 설

* 제1설의 상당한 기간 자체가 불확정개념으로 2설이 옳다고 보나 입법적 보완이 필요하다.

② 소송의 대상 : 부작위. 행정청이 당사자의 신청에 대하여 상당한 기간내에 일정한 처분을 하여야 할 법률상 의무가 있음에도 불구하고 이를 하지 아니하는 것을 말한다.

3. 소의 변경

처분변경으로 인한 소의 변경에 관한 행정소송법 제22조에 관한 규정은 성

질상 부작위위법확인소송에는 준용될 수 없다.

4. 집행정지

취소소송에 있어서의 집행정지제도에 관한 규정(행소법 제23조·제24조)은 성질상 부작위위법확인소송에는 준용될 수 없다.

5. 입증책임

① 원고가 일정한 처분을 신청한 사실 및 원고에게 처분의 신청권이 있다는 사실은 원고가 입증하여야 한다.

② 원고의 처분 신청 후 '상당한 기간'을 경과하게 된 것을 정당화할 만한 사유에 대하여는 피고가 입증하여야 한다.

6. 위법판단의 기준시

부작위의 위법여부는 판결시의 사실 및 법상태를 기초로 판단한다.

7. 심리의 범위

① 학 설

㉠ 절차적 심리설 : 부작위위법확인소송에 있어 법원은 행정청의 부작위 위법여부를 확인하는 데 그칠 뿐, 행정청이 행하여야 할 처분의 내용까지 심리할 수는 없다고 보는 견해(확인소송의 성격을 가진 소)이다.

㉡ 실체적 심리설 : 부작위위법확인소송에 있어 법원은 신청의 실체적 내용이 이유 있는 것인가도 심리할 수 있다는 견해이다.

② 판례 : 절차적 심리설에 입각하고 있다.

8. 사정판결의 가능성

취소소송에서의 사정판결은 부작위위법확인소송에는 그 성질상 준용되지 않는다.

9. 부작위위법확인판결의 기속력의 문제

부작위위법확인판결이 확정되면 행정청은 판결의 취지에 따라 다시 이전의 신청에 대한 처분을 하여야 하는바, 여기서 '이전의 신청에 대한 처분'이 당초 신청된 특정한 처분을 의미하는가의 문제이다.

① 절차적 심리설에 따르는 경우: 부작위위법확인소송의 심리범위에 관한 학설 중 절차적 심리설에 의하면 부작위위법확인소송에서 인용판결이 확정된 경우에도 행정청은 판결의 취지에 따라 다만 어떠한 처분을 하기만 하면 된다(다수설·판례).

② 실체적 심리설에 따르는 경우 : 부작위위법확인소송의 심리범위에 관한 학설 중 실체적 심리설에 의하면 '이전의 신청에 대한 처분'이란 당초 신청된 특정한 처분을 의미하며, 따라서 부작위위법확인소송에서 인용판결(확인판결)이 확정되면 행정청은 원고의 신청대로 처분을 하여야 한다.

제 5 장 당사자소송

Ⅰ. 당사자소송의 의의

행정청의 처분등을 원인으로 하는 법률관계에 관한 소송 또는 공법상의 법률관계에 대한 소송으로서 그 법률관계의 한쪽 당사자를 피고로 하는 소송(예 : 공법상 계약에 관한 소송 등)을 말한다(법 제3조 제2호).

당사자소송은 국가·공공단체 그 밖의 권리주체를 피고로 한다(법 제39조). 당사자소송은 비권력적 행정행위에 대한 통제가 가능하고, 처분 개념의 경직성에서 오는 항고소송의 한계를 극복할 수 있는 점에서 그 활용론이 주목받고 있다.

Ⅱ. 실질적 당사자소송

① 대등 당사자간의 공법상의 권리 또는 법률관계 그 자체를 소송물로 하는 소송이다.

② 처분등을 원인으로 하는 법률관계에 관한 소송(형식적당사자소송 제외)

③ 공법상의 법률관계에 관한 소송(예 : 공법상의 신분이나 지위확인에 관한 소송, 공법상의 계약, 광주민주화운동관련자보상등에관한법률에 근거한 보상금청구(대법원 92누3335), 손실보상금청구(대법원 2004다6207), 부과세환급청구(대법원 [전합] 2011다95564 등)

* 환매대금청구(대법원 2001다24112) 소송은 기존의 당사자소송에서 민사소송으로 판례 변경(대법원 2010두22368).

Q1) 화랑무공훈장을 수여받은 것으로 기재되어 있는 자가 태극무공훈장을 수여받은 자임의 확인을 구하는 소송의 종류는? Q2) 납세의무부존재확인의 소의 성격 A1) 당사자소송(대판 1990.10.23, 90누4440) A2) 당사자소송(대판 2000.9.8, 99두2765)

Ⅲ. 형식적 당사자소송

1. 의 의

형식적으로는 당사자소송의 형식을 취하고 있지만 실질적으로는 처분등의 효력을 다투는 항고소송의 성질을 가지는 소송으로 이해한다(통설). 법원이 다툼의 대상이 되는 법률관계의 내용을 스스로 결정한다는 점에서 항고소송과 다르다. 인정의 필요성은 권리구제의 실효성제고와 소송경제에 있다.

2. 법적 근거의 문제

① 개별 법령 불요설 : 행정소송법 제3조의 당사자소송의 정의 규정 중 "행정청의 처분등을 원인으로 하는 법률관계에 관한 소송 … 그 법률관계의 한 쪽 당사자를 피고로 하는 소송"을 그 근거로 본다.

② 개별 법령 필요설(다수설) : 토지보상금 증감소송의 경우처럼, 원인이 되는 처분(수용재결)을 취소함이 없이 그대로 둔 채 당해 처분의 결과로서 형성된 법률관계에 관하여 소송을 제기하여, 그에 대하여 취소법원이 아닌 법원이 심리 판단한다는 것은 행정행위의 공정력 또는 구성요건적효력에 반한다. 따라서 현행 법령의 규정만으로서 형식적당사자소송을 인정하는 것은 부족하고 개별법령의 규정이 필요하다는 설이다.

3. 개별법상의 근거 규정

① 「공익사업을 위한 토지 등의 취득 및 보상에 관한 법률」 : 「공익사업을 위한 토지등의 취득 및 보상에 관한 법률」은 "재결신청이나 이의신청에 따른 재결에 대해 제기하는 행정소송이 보상금의 증감에 관한 소송인 경우에는, 당해 소송을 제기하는 자가 토지소유자 또는 관계인인 경우에는 사업시행자를, 사업시행자인 경우에는 토지소유자 또는 관계인을 각각 피고로 한다"고 규정하고 있는바(제85조제2항), 이것은 전형적인 형식적 당사자소송의 예가 된다.

② 특허법 제191조(보상금 또는 대가에 관한 소송의 피고)

③ 실용신안법 제33조

[표 4-1] 취소소송에 관한 규정의 다른 소송에의 준용 여부

구분(행소법 조항)	취소 소송	무효등확인 소송	부작위위법 확인소송	당사자 소송
재판관할(§9)	○	○	○	○
관련청구의 이송 · 병합(§10)	○	○	○	△
피고적격(§13)	○	○	○	×
피고경정(§14)	○	○	○	○
공동소송(§15)	○	○	○	○
소송참가(§16, 17)	○	○	○	○
행정심판전치주의(§18)	○	×	○	×
취소소송의 대상(§19)	○	○	○	×
제소기간의 제한(§20)	○	×	○	×
소의 종류의 변경(§21)	○	○	○	○
처분변경으로 인한 소의 변경(§22)	○	○	×	○
집행정지(§23)	○	○	×	×
직권심리(§26)	○	○	○	○
사정판결(§28)	○	×	×	×
확정판결의 대세효(§29①)	○	○	○	×
판결의 기속력(§30)	○	○	○	○
제3자의 재심청구(§34)	○	○	○	×
간접강제(§34)	○	×	○	×

△ : 관련 청구소송이 각각 다른 법원에 계속되어야 함을 조건으로 한다(제44조 제2항).

[참고] 행정소송법개정 논의의 주요 쟁점

당사자소송의 확대, 예방적부작위청구소송 및 의무이행소송제도의 도입, 가처분제도의 도입 여부(행정심판법상의 임시처분제도), 집행정지에서 소극적 요건의 추가와 제3자 담보제공제도, 민중소송을 공익소송으로의 명칭변경, 취소판결의 효력으로서의 결과제거의무의 도입 등

제 6 장 민중소송과 기관소송

제 1 절 민중소송

법률이 정한 경우에 인정되는 소송으로(민중소송법정주의, 법 제45조), 자기의 법률상 이익과 관계없이 제기하는 소송을 말한다. 국민투표무효소송, 선거무효소송, 당선무효소송, 주민소송 등이 대표적이다.

제 2 절 기관소송

Ⅰ. 의 의

국가 또는 공공단체의 기관 상호간에 권한의 존부 또는 그 행사에 관한 다툼이 있을 때에 이에 대하여 제기하는 소송(법 제3조 제4호)으로 법률이 정한 경우에 제기할 수 있다(기관소송법정주의). 또한 헌법재판소법 제2조의 규정에 의하여 헌법재판소의 관장사항으로 되어 있는 권한쟁의심판은 행정소송법상의 기관소송에서 제외된다.

기관소송의 개념에 관하여는 기관소송을 동일한 행정주체에 속하는 기관간의 소송만을 의미하는 것으로 이해하는 한정설(限定說)이 지배적이다.

Ⅱ. 행정소송법상의 기관소송의 유형

① 국가기관 상호간의 기관소송

② 공공단체의 기관 상호간의 기관소송

Ⅲ. 헌법상의 권한쟁의심판

① 국가기관 상호간의 권한쟁의심판
② 국가기관과 지방자치단체간의 권한쟁의심판
③ 지방자치단체 상호간의 권한쟁의심판

Ⅳ. 현행법상의 기관소송

1. 지방자치법 제107조제3항에 의한 소송 : 지방자치단체의 장이 지방의회의 조례안재의결에 대하여 대법원에 제기하는 소송

2. 지방자치법 제170조에 의한 소송 : 감독기관의 직무이행명령에 대하여 지방자치단체장이 제기하는 소송

3. 지방자치법 제172조에 의한 소송 : 지방의회의 의결이 법령에 위반한다고 판단될 경우에 해당 지방자치단장이나 시·도지사 및 주무부장관이 제기하는 소송

4. 그 외, 지방교육자치에 관한 법률 제18조 및 제28조에 의한 교육감이 제기하는 시·도의회의 재의결에 대해 제기하는 소송

* 지방자치법 제169조제2항의 소송의 성격에 대해서는 이를 기관소송의 예로 보는 견해, 항고소송적 성격으로 보는 견해(동일한 행정주체간의 다툼이 아니므로)가 있지만, 처분의 적법성에 대한 행정주체 간의 분쟁을 다투는 것으로 특수한 형태의 항고소송으로 보아야 할 것이다.

> **지방자치법 제169조(위법·부당한 명령·처분의 시정)** ① 지방자치단체의 사무에 관한 그 장의 명령이나 처분이 법령에 위반되거나 현저히 부당하여 공익을 해친다고 인정되면 시·도에 대하여는 주무부장관이, 시·군 및 자치구에 대하여는 시·도지사가 기간을 정하여 서면으로 시정할 것을 명하고, 그 기간에 이행하지 아니하면 이를 취소하거나 정지할 수 있다. 이 경우 자치사무에 관한 명령이나 처분에 대하여는 법령을 위반하는 것에 한한다.
> ② 지방자치단체의 장은 제1항에 따른 자치사무에 관한 명령이나 처분의 취소 또는 정지에 대하여 이의가 있으면 그 취소처분 또는 정지처분을 통보받은 날부터 15일 이내에 대법원에 소(訴)를 제기할 수 있다.

제 3 편

행정소송법 관련 판례
(逐條정리)

第1章 總 則

▶ 일반론

1. 행정소송의 대상이 되는 행정처분의 의미

[1] 일반적으로 항고소송의 대상이 되는 행정처분이라 함은 행정청의 공법상의 행위로서 특정 사항에 대하여 법규에 의한 권리의 설정 또는 의무의 부담을 명하고 기타 법률상의 효과를 발생케 하는 등 국민의 권리의무에 직접적 변동을 초래하는 행위를 가리키는 것으로서 행정권 내부에서의 행위나 사실상의 통지 등과 같이 상대방 또는 기타 관계자들의 법률상 지위에 직접적인 법률적 변동을 일으키지 아니하는 행위는 항고소송의 대상이 될 수 없고, 어떠한 행정작용에 관하여 그로 인하여 파생되는 국민의 법적 불안이나 불이익을 제거시켜 주기 위한 구제수단이 필요한 경우에도 달리 민사소송 등에 의하여 적절한 구제가 이루어지는 것일 경우에는 그러한 행정작용을 항고소송의 대상이 되는 행정처분으로 파악하여야 할 쟁송법상의 근거도 없다.

[2] 이주대책 시행공고 중 이주택지의 공급조건에서 공공시설의 설치비용을 분양가에 포함시키는 내용이 있더라도 이는 이주대책 대상자로 선정된 자와 사이에 체결될 이주택지에 관한 분양계약에서 그 대상자가 반대급부로서 부담하게 되는 사법상의 금전지급의무에 관한 사항을 사전 통보하는 것에 지나지 아니하고, 그에 기한 분양계약에 따라 부담하게 되는 금전지급의무의 범위 등에 관한 다툼은 민사소송의 대상으로서 그를 통하여 적절한 구제가 이루어질 수 있는 사항이라 할 것이므로, 이주대책 대상자로 선정된 자의 법률상의 권리의무에 직접적 변동을 초래하거나 혹은 항고소송을 통한 구제가 요구되는 것이라 하여 행정처분에 해당한다고 볼 수는 없다.

(대법원 2000.9.8. 선고 99두1113 판결【이주단지택지공급조건중분양가에공공시설비포함결정처분무효확인등】)

2. 처분의 근거가 행정규칙에 규정되어 있는 경우, 그 처분이 행정소송의 대상인 행정처분에 해당하기 위한 요건

[1] 항고소송의 대상이 되는 행정처분이라 함은 원칙적으로 행정청의 공법상 행위로서 특정 사항에 대하여 법규에 의한 권리의 설정 또는 의무의 부담을 명하거나 기타 법률상 효과를 발생하게 하는 등으로 일반 국민의 권리의무에 직접 영향을 미치는 행위를 가리키는 것이지만, 어떠한 처분의 근거가 행정규칙에 규정되어 있다고 하더라도, 그 처분이 상대방에게 권리의 설정 또는 의무의 부담을 명하거나 기타 법적인 효과를 발생하게 하는 등으로 그 상대방의 권리의무에 직접 영향을 미치는 행위라면, 이 경우에도 항고소송의 대상이 되는 행정처분에 해당한다.

[2] 정부 간 항공노선의 개설에 관한 잠정협정 및 비밀양해각서와 건설교통부 내부지침에 의한 항공노선에 대한 운수권배분처분이 항고소송의 대상이 되는 행정처분에 해당한다고 한 사례.

[3] 행정행위를 한 처분청은 비록 그 처분 당시에 별다른 하자가 없었고, 또 그 처분 후에 이를 철회할 별도의 법적 근거가 없다 하더라도 원래의 처분을 존속시킬 필요가 없게 된 사정변경이 생겼거나 또는 중대한 공익상의 필요가 발생한 경우에는 그 효력을 상실케 하는 별개의 행정행위로 이를 철회할 수 있다고 할 것이나, 수익적 행정처분을 취소 또는 철회하는 경우에는 이미 부여된 그 국민의 기득권을 침해하는 것이 되므로, 비록 취소 등의 사유가 있다고 하더라도 그 취소권 등의 행사는 기득권의 침해를 정당화할 만한 중대한 공익상의 필요 또는 제3자의 이익보호의 필요가 있는 때에 한하여 상대방이 받는 불이익과 비교·교량하여 결정하여야 하고, 그 처분으로 인하여 공익상의 필요보다 상대방이 받게 되는 불이익 등이 막대한 경우에는 재량권의 한계를 일탈한 것으로서 그 자체가 위법하다.

(대법원 2004.11.26. 선고 2003두10251,10268 판결【노선배분취소처분취소·국제선정기항공운송사업노선면허거부처분취소】)

3. 행정처분의 존부가 직권조사사항인지 여부

가. 행정소송에 있어서 쟁송의 대상이 되는 행정처분의 존부는 소송요건으로서 직권조사사항이고 자백의 대상이 될 수 없으므로 설사 그 존재를 당사자들이 다투지 아니하더라도 그 존부에 관하여 의심이 있는 경우에는 이를 직권으로 밝혀 보아야 한다.

나. 납세의무자에 대하여 과세처분이 있었다고 할 수 없는 이상 그 처분이 있었던 것을 전제로 하여 그 소유의 부동산을 압류하였다 하더라도 위 압류 역시 무효라고 할 것이고 이로써 위 과세처분 부존재의 흠이 치유되는 것도 아니다.

다. 부가가치세법시행령 제48조의2 제3항 단서 소정의 토지와 건물의 가액의 구분이 불분명한 경우에 해당한다고 본 사례.

(대법원 1993.7.27. 선고 92누15499 판결【부가가치세등부과처분취소】)

▶ 처분 개념 분설

[행정청의 행위]

4. 지방의회의 의원징계의결이 행정처분인지 여부(적극)

지방자치법 제78조 내지 제81조의 규정에 의거한 지방의회의 의원징계의결은 그로 인해 의원의 권리에 직접 법률효과를 미치는 행정처분의 일종으로서 행정소송의 대상이 되고, 그와 같은 의원징계의결의 당부를 다투는 소송의 관할법원에 관하여는 동법에 특별한 규정이 없으므로 일반법인 행정소송법의 규정에 따라 지방의회의 소재지를 관할하는 고등법원이 그 소송의 제1심 관할법원이 된다.

(대법원 1993.11.26. 선고 93누7341 판결【의원제명취소무효확인등】)

5. 농지개량조합 직원에 대한 징계처분이 행정처분인지 여부(적극)

가. 농지개량조합과 그 직원과의 관계는 사법상의 근로계약관계가 아닌 공법상의 특별권력관계이고, 그 조합의 직원에 대한 징계처분의 취소를 구하는 소송은 행정소송사항에 속한다.

나. 농지개량조합 고등징계위원회의 재심결정은 일종의 행정심판재결이다.

다. 농지개량조합측에서 징계쟁송중인 조합 직원이 파면처분 후 아무런 이의를 유보함이 없이 퇴직금의 지급청구를 하고 이를 수령하였다고 주장하면서, 징계파면일자를 퇴직일자로 하여 조합 직원으로서의 지위와 양립할 수 없는 조합장 선거에 입후보하였다가 낙선한 사실에 관한 자료를 제출하였다면, 그 직원이 파면처분에 따른 퇴직의 결과를 받아들였음에도 이를 다투는 것은 금반언의 원칙이나 신의칙에 반한다는 취지의 주장을 한 것으로 볼 수도 있으므로, 원심으로서는 석명권을 행사하여 그 주장취지를 명백히 하고 특히 관계법령의 규정과 농지개량조합 임원선거규정 등에 관하여 조사·심리하여 본 다음 조합 직원의 조합장 선거에의 입후보가 그 신분에 어떤 영향을 미치는지에 대하여 나아가 심리·판단하여야 함에도 그 심리·판단 없이 징계파면처분을 취소한 원심판결에는 석명권 불행사로 인한 심리미진·판단유탈의 위법이 있다는 이유로 파기한 사례.

(대법원 1995.6.9. 선고 94누10870 판결【파면처분취소】)

6. 교통안전공단의 분담금 납부통지가 행정처분인지 여부(적극)

구 교통안전공단법(1999.12.28. 법률 제6066호로 개정되기 전의 것)에 의하여 설립된 교통안전공단의 사업목적과 분담금의 부담에 관한 같은 법 제13조, 그 납부통지에 관한 같은 법 제17조, 제18조 등의 규정 내용에 비추어 교통안전공단이 그 사업목적에 필요한 재원으로 사용할 기금 조성을 위하여 같은 법 제13조에 정한 분담금 납부의무자에 대하여 한 분담금 납부통지는 그 납부의무자의 구체적인 분담금 납부의무를 확정시키는 효력을 갖는 행정처분이라고 보아야 할 것이고, 이는 그 분담금 체납자로부터 국세징수법에 의한 강제징수를 할 수 있음을 정한 규정이 없다고 하여도 마찬가지이다.

(대법원 2000.9.8. 선고 2000다12716 판결【부당이득금】)

7. 도시재개발법에 의한 재개발조합의 관리처분계획이 행정처분인지 여부(적극)

[1] 도시재개발법에 의한 재개발조합은 조합원에 대한 법률관계에서 적어도 특수한 존립목적을 부여받은 특수한 행정주체로서 국가의 감독하에 그 존립 목적인 특정한 공공사무를 행하고 있다고 볼 수 있는 범위 내에서는 공법상의 권리의무 관계에 서 있는 것이므로 분양신청 후에 정하여진 관리처분계획의 내용에 관하여 다툼이 있는 경우에는 그 관리처분계획은 토지 등의 소유자에게 구체적이고 결정적인 영향을 미치는 것으로서 조합이 행한 처분에 해당하므로 항고소송의 방법으로 그 무효확인이나 취소를 구할 수 있다.

[2] 관리처분계획에 하자가 있어 그것이 무효로 되기 위해서는 그 하자가 중대하고도 명백할 것이 요구된다고 할 것인바, 비례율의 부당적용과 같이 관리처분계획에서 정한 청산금의 산정방법에 하자가 있는 경우라도 그러한 하자는 다른 특별한 사정이 없는 한 중대하고도 명백하다고 볼 수 없어 이러한 하자를 사유로 하여 관리처분계획을 무효로 볼 수는 없다.

[3] 항고소송의 대상이 되는 행정처분이라 함은 행정청의 공법상의 행위로서 특정사항에 대하여 법규에 의한 권리의 설정 또는 의무의 부담을 명하거나 기타 법률상 효과를 발생하게 하는 등 국민의 구체적인 권리의무에 직접적 변동을 초래하는 행위를 말한다.

[4] 재개발조합이 조합원들에게 '조합원 동·호수 추첨결과 통보 및 분양계약 체결 안내'라는 제목으로 계약의 지연 등으로 인한 개인적 불이익을 당하지 않도록 유념해 달라는 내용의 통지를 한 경우, 위 통지는 조합원들에 대하여 관리

처분계획에서 정한 바에 따라 위 기한까지 분양계약에 응하여 분양대금을 납부해 줄 것을 안내하는 것에 불과하고, 조합원들에게 분양계약의 체결 또는 분양금의 납부를 명하거나 기타 법률상 효과를 새로이 발생하게 하는 등 조합원들의 구체적인 권리의무에 직접적 변동을 초래하는 행정처분에 해당한다고 볼 수 없다고 한 사례.

(대법원 2002.12.10. 선고 2001두6333 판결【청산금부과처분무효확인】)

8. 예산회계법 또는 지방재정법에 따라 지방자치단체가 당사자가 되어 체결하는 계약이 행정소송의 대상이 될 수 있는 여부(소극)

[1] 예산회계법 또는 지방재정법에 따라 지방자치단체가 당사자가 되어 체결하는 계약은 사법상의 계약일 뿐, 공권력을 행사하는 것이거나 공권력 작용과 일체성을 가진 것은 아니라고 할 것이므로 이에 관한 분쟁은 행정소송의 대상이 될 수 없다.

[2] 제재적 행정처분이 법령이나 처분 자체에 의하여 효력기간이 정하여져 있는 경우에는 그 기간의 경과로 효력이 상실되므로, 그 기간경과 후에는 처분이 외형상 잔존함으로 인하여 어떠한 법률상의 이익이 침해되고 있다고 볼 만한 별다른 사정이 없는 한, 그 처분의 취소를 구할 법률상의 이익은 없다.

(대법원 1996.12.20. 선고 96누14708 판결【낙찰취소처분등취소】)

9. 한국전력공사가 행한 입찰참가자격을 제한하는 내용의 부정당업자제재처분이 행정처분인지 여부(소극)

[1] 행정처분의 효력정지나 집행정지를 구하는 신청사건에 있어서는 행정처분 자체의 적법 여부는 궁극적으로 본안재판에서 심리를 거쳐 판단할 성질의 것이므로 원칙적으로 판단할 것이 아니고, 그 행정처분의 효력이나 집행을 정지할 것인가에 관한 행정소송법 제23조 제2항 소정의 요건의 존부만이 판단의 대상이 된다고 할 것이지만, 나아가 집행정지는 행정처분의 집행부정지원칙의 예외로서 인정되는 것이고 또 본안에서 원고가 승소할 수 있는 가능성을 전제로 한 권리보호수단이라는 점에 비추어 보면 집행정지사건 자체에 의하여도 신청인의 본안청구가 적법한 것이어야 한다는 것을 집행정지의 요건에 포함시켜야 한다.

[2] 행정소송의 대상이 되는 행정처분이라 함은 행정청 또는 그 소속기관이나 법령에 의하여 행정권한의 위임 또는 위탁을 받은 공공단체가 국민의 권리의무에 관계되는 사항에 관하여 직접효력을 미치는 공권력의 발동으로서 하는

공법상의 행위를 말하며, 그것이 상대방의 권리를 제한하는 행위라 하더라도 행정청 또는 그 소속기관이나 권한을 위임받은 공공단체의 행위가 아닌 한 이를 행정처분이라고 할 수는 없다.

[3] 한국전력공사는 한국전력공사법의 규정에 의하여 설립된 정부투자법인일 뿐이고 위 공사를 중앙행정기관으로 규정한 법률을 찾아볼 수 없으며, 예산회계법 제11조의 규정에 의하여 정부투자기관의 예산과 회계에 관한 사항을 규정한 구 정부투자기관관리기본법(1997.8.28. 법률 제5376호로 개정되기 전의 것)에 구 국가를당사자로하는계약에관한법률(1997.12.13. 법률 제5453호로 개정되기 전의 것) 제27조 또는 같은법시행령(1997.12.31. 대통령령 제15581호로 개정되기 전의 것) 제76조를 준용한다는 규정도 없으므로 위 공사는 위 법령 소정의 '각 중앙관서의 장'에 해당되지 아니함이 명백하고, 위 공사가 입찰참가자격을 제한하는 내용의 부정당업자제재처분의 근거로 삼은 정부투자기관회계규정 제245조가 정부투자기관의 회계처리의 기준과 절차에 관한 사항을 재무부장관이 정하도록 규정한 구 정부투자기관관리기본법 제20조에 의하여 제정된 것임은 분명하나 그 점만으로 위 규정이 구 정부투자기관관리기본법 제20조와 결합하여 대외적인 구속력이 있는 법규명령으로서의 효력을 가진다고 할 수도 없다 할 것이므로, 따라서 위 공사가 행정소송법 소정의 행정청 또는 그 소속기관이거나 이로부터 위 제재처분의 권한을 위임받았다고 볼 만한 아무런 법적 근거가 없다고 할 것이므로 위 공사가 정부투자기관회계규정에 의하여 행한 입찰참가자격을 제한하는 내용의 부정당업자제재처분은 행정소송의 대상이 되는 행정처분이 아니라 단지 상대방을 위 공사가 시행하는 입찰에 참가시키지 않겠다는 뜻의 사법상의 효력을 가지는 통지행위에 불과하다.

(대법원 1999.11.26. 자 99부3 결정【집행정지】)

10. 주한미군 한국인 직원의료보험조합의 직원에 대한 징계처분이 행정처분인지 여부(소극)

주한미군 한국인 직원의료보험조합직원의 근무관계는 사법관계에 속하는 것이므로 동조합 직원에 대한 위 조합의 징계면직처분은 항고소송의 대상이 되는 행정처분이 아니고 사법상의 법률행위라고 보아야 한다.

(대법원 1987.12.8. 선고 87누884 판결【징계면직처분무효확인】)

11. 서울특별시 지하철공사 사장의 소속 직원에 대한 징계처분이 행정처분인지 여부(소극)

서울특별시지하철공사의 임원과 직원의 근무관계의 성질은 지방공기업법의 모든 규정을 살펴보아도 공법상의 특별권력관계라고는 볼 수 없고 사법관계에 속할 뿐만 아니라, 위 지하철공사의 사장이 그 이사회의 결의를 거쳐 제정된 인사규정에 의거하여 소속직원에 대한 징계처분을 한 경우 위 사장은 행정소송법 제13조 제1항 본문과 제2조 제2항 소정의 행정청에 해당되지 않으므로 공권력 발동주체로서 위 징계처분을 행한 것으로 볼 수 없고, 따라서 이에 대한 불복절차는 민사소송에 의할 것이지 행정소송에 의할 수는 없다.

(대법원 1989.9.12. 선고 89누2103 판결【징계처분취소】)

[공권력적 행위]

12. 국유재산법 51조 소정의 국유재산 무단점유자에 대한 변상금부과처분이 행정처분인지 여부(적극)

국유재산법 제51조 제1항은 국유재산의 무단점유자에 대하여는 대부 또는 사용, 수익허가 등을 받은 경우에 납부하여야 할 대부료 또는 사용료 상당액 외에도 그 징벌적 의미에서 국가측이 일방적으로 그 2할 상당액을 추가하여 변상금을 징수토록 하고 있으며 동조 제2항은 변상금의 체납시 국세징수법에 의하여 강제징수토록 하고 있는 점 등에 비추어 보면 국유재산의 관리청이 그 무단점유자에 대하여 하는 변상금부과처분은 순전히 사경제 주체로서 행하는 사법상의 법률행위라 할 수 없고 이는 관리청이 공권력을 가진 우월적 지위에서 행한 것으로서 행정소송의 대상이 되는 행정처분이라고 보아야 한다.

(대법원 1988.2.23. 선고 87누1046,1047 판결【국유재산변상금부과처분취소】)

13. 기부채납 받은 행정재산에 대한 관리청의 사용수익허가가 행정처분인지 여부(적극)

[1] 공유재산의 관리청이 하는 행정재산의 사용·수익에 대한 허가는 순전히 사경제주체로서 행하는 사법상의 행위가 아니라 관리청이 공권력을 가진 우월적 지위에서 행하는 행정처분이라고 보아야 할 것인바, 행정재산을 보호하고 그 유지·보존 및 운용 등의 적정을 기하고자 하는 지방재정법 및 그 시행령 등 관

련 규정의 입법 취지와 더불어 잡종재산에 대해서는 대부·매각 등의 처분을 할 수 있게 하면서도 행정재산에 대해서는 그 용도 또는 목적에 장해가 없는 한도 내에서 사용 또는 수익의 허가를 받은 경우가 아니면 이러한 처분을 하지 못하도록 하고 있는 구 지방재정법(1999.1.21. 법률 제5647호로 개정되기 전의 것) 제82조 제1항, 제83조 제2항 등 규정의 내용에 비추어 볼 때 그 행정재산이 구 지방재정법 제75조의 규정에 따라 기부채납 받은 재산이라 하여 그에 대한 사용·수익허가의 성질이 달라진다고 할 수는 없다.

[2] 행정행위의 부관은 부담인 경우를 제외하고는 독립하여 행정소송의 대상이 될 수 없는바, 기부채납 받은 행정재산에 대한 사용·수익허가에서 공유재산의 관리청이 정한 사용·수익허가의 기간은 그 허가의 효력을 제한하기 위한 행정행위의 부관으로서 이러한 사용·수익허가의 기간에 대해서는 독립하여 행정소송을 제기할 수 없다.

(대법원 2001.6.15. 선고 99두509 판결【무상사용허가일부거부처분취소】)

14. 국유잡종재산 대부행위 및 그 사용료 납입고지가 행정처분인지 여부(소극)

구 국유재산법(1994.1.5. 법률 제4698호로 개정되기 전의 것) 제31조 제3항, 구 국유재산법시행령(1993.3.6. 대통령령 제13869호로 개정되기 전의 것) 제33조 제2항의 규정에 의하여 국유잡종재산에 관한 관리 처분의 권한을 위임받은 기관이 국유잡종재산을 대부하는 행위는 국가가 사경제 주체로서 상대방과 대등한 위치에서 행하는 사법상의 계약이지 행정청이 공권력의 주체로서 상대방의 의사 여하에 불구하고 일방적으로 행하는 행정처분이라고 볼 수 없고, 국유잡종재산에 관한 사용료의 납입고지 역시 사법상의 이행청구에 해당하는 것으로서 이를 항고소송의 대상이 되는 행정처분이라고 할 수 없다.

(대법원 1995.5.12. 선고 94누5281 판결【국유재산사용료부과처분취소】)

15. 공중보건의사 채용계약의 법적성질과 채용계약 해지에 관한 쟁송방법

[1] 전문직공무원인 공중보건의사의 채용계약의 해지가 관할 도지사의 일방적인 의사표시에 의하여 그 신분을 박탈하는 불이익처분이라고 하여 곧바로 그 의사표시가 관할 도지사가 행정청으로서 공권력을 행사하여 행하는 행정처분이라고 단정할 수는 없고, 공무원 및 공중보건의사에 관한 현행 실정법이 공중보건의사의 근무관계에 관하여 구체적으로 어떻게 규정하고 있는가에 따라 그 의사표시가 항고소송의 대상이 되는 처분 등에 해당하는 것인지의 여부를 개별적

으로 판단하여야 할 것인바, 농어촌등보건의료를위한특별조치법 제2조, 제3조, 제5조, 제9조, 제26조와 같은법시행령 제3조, 제17조, 전문직공무원규정 제5조 제1항, 제7조 및 국가공무원법 제2조 제3항 제3호, 제4항 등 관계 법령의 규정 내용에 미루어 보면 현행 실정법이 전문직공무원인 공중보건의사의 채용계약 해지의 의사표시는 일반공무원에 대한 징계처분과는 달라서 항고소송의 대상이 되는 처분 등의 성격을 가진 것으로 인정되지 아니하고, 일정한 사유가 있을 때에 관할 도지사가 채용계약 관계의 한쪽 당사자로서 대등한 지위에서 행하는 의사표시로 취급하고 있는 것으로 이해되므로, 공중보건의사 채용계약 해지의 의사표시에 대하여는 대등한 당사자간의 소송형식인 공법상의 당사자소송으로 그 의사표시의 무효확인을 청구할 수 있는 것이지, 이를 항고소송의 대상이 되는 행정처분이라는 전제하에서 그 취소를 구하는 항고소송을 제기할 수는 없다.

[2] 구 병역법(1994.12.31. 법률 제4840호로 개정되기 전의 것) 제35조 제2항, 제3항의 각 규정에 의하면 병무청장은 공중보건의사가 통산 8일 이상의 기간 근무지역을 이탈한 때에는 공중보건의사로의 편입을 취소하고, 편입취소된 사람은 편입되기 전의 신분으로 복귀하여 현역병으로 입영하게 하거나 공익근무요원으로 소집하여야 하도록 규정하고 있는바, 원고가 공중보건의사로 편입되기 전의 신분은 현역병 입영대상자이었다는 것이므로 지방병무청장은 공중보건의사에의 편입이 취소된 원고를 현역병으로 입영하게 하여야 하고, 위와 같은 편입취소 및 현역병 입영명령을 함에 있어 병무청장에게 재량이 있다고 볼 여지는 없다.

(대법원 1996.5.31. 선고 95누10617 판결【공중보건의사전문직공무원채용계약해지처분취소등】)

[구체적 집행행위]

16. 고시가 행정소송의 대상이 되는 행정처분인 경우

[1] 고시가 항고소송의 대상이 되는 행정처분에 해당하기 위한 요건

[2] 항정신병 치료제의 요양급여에 관한 보건복지부 고시가 다른 집행행위의 매개 없이 그 자체로서 제약회사, 요양기관, 환자 및 국민건강보험공단 사이의 법률관계를 직접 규율하는 성격을 가진다는 이유로 항고소송의 대상이 되는 행정처분에 해당한다고 한 사례

[3] 항정신병 치료제를 공급하는 제약회사는 국민건강보험 관련 법규 등에 의하여 보호되는 직접적이고 구체적인 이익을 향유한다는 이유로 그 치료제의 요양급여 인정기준에 관한 보건복지부 고시를 다툴 신청인적격이 인정된다고

한 사례

[4] 행정소송법 제23조 제2항 소정의 행정처분 등의 집행정지 요건인 '회복하기 어려운 손해'의 의미 및 기업의 손해가 이에 해당하기 위한 요건

[5] 항정신병 치료제의 요양급여 인정기준에 관한 보건복지부 고시의 효력이 계속 유지됨으로 인한 제약회사의 경제적 손실, 기업 이미지 및 신용의 훼손은 행정소송법 제23조 제2항 소정의 집행정지의 요건인 '회복하기 어려운 손해'에 해당하지 않는다고 한 사례

(대법원 2003.10.9. 자 2003무23 결정【집행정지】)

17. 조례가 행정소송의 대상이 되는 행정처분인 경우

[1] 조례가 집행행위의 개입 없이도 그 자체로서 직접 국민의 구체적인 권리의무나 법적 이익에 영향을 미치는 등의 법률상 효과를 발생하는 경우 그 조례는 항고소송의 대상이 되는 행정처분에 해당하고, 이러한 조례에 대한 무효확인소송을 제기함에 있어서 행정소송법 제38조 제1항, 제13조에 의하여 피고적격이 있는 처분 등을 행한 행정청은, 행정주체인 지방자치단체 또는 지방자치단체의 내부적 의결기관으로서 지방자치단체의 의사를 외부에 표시할 권한이 없는 지방의회가 아니라, 구 지방자치법(1994.3.16. 법률 제4741호로 개정되기 전의 것) 제19조 제2항, 제92조에 의하여 지방자치단체의 집행기관으로서 조례로서의 효력을 발생시키는 공포권이 있는 지방자치단체의 장이다.

[2] 구 지방교육자치에관한법률(1995.7.26. 법률 제4951호로 개정되기 전의 것) 제14조 제5항, 제25조에 의하면 시·도의 교육·학예에 관한 사무의 집행기관은 시·도 교육감이고 시·도 교육감에게 지방교육에 관한 조례안의 공포권이 있다고 규정되어 있으므로, 교육에 관한 조례의 무효확인소송을 제기함에 있어서는 그 집행기관인 시·도 교육감을 피고로 하여야 한다.

(대법원 1996.9.20. 선고 95누8003 판결【조례무효확인】)

18. 고시된 도시계획결정이 행정처분인지 여부(적극)

도시계획법 제12조 소정의 고시된 도시계획결정은 특정 개인의 권리 내지 법률상의 이익을 개별적이고 구체적으로 규제하는 효과를 가져오게 하는 행정청의 처분이라 할 것이고, 이는 행정소송의 대상이 된다.

(대법원 1982.3.9. 선고 80누105 판결【도시계획변경처분취소】)

19. 도시계획법 12조상의 도시계획결정이 행정처분인지 여부(적극)

도시계획법 제12조 소정의 고시된 도시계획결정은 특정 개인의 권리 내지 법률상의 이익을 개별적이고 구체적으로 규제하는 효과를 가져오게 하는 행정청의 처분이라 할 것이고, 이는 행정소송의 대상이 된다.

(대법원 1982.3.9. 선고 80누105 판결【도시계획변경처분취소】)

20. 환지예정지 지정, 환지처분이 행정처분인지 여부(적극) 및 환지계획이 행정처분인지 여부(소극)

[1] 항고소송의 대상이 되는 행정처분의 의미

[2] 환지계획이 항고소송의 대상이 되는 행정처분인지 여부(소극)

[3] 토지구획정리사업법 제33조, 제47조의 규정 취지 및 최초의 공람과정에서 제시된 토지소유자 등 이해관계인의 의견에 따라 환지계획을 수정하여 인가신청하는 경우, 다시 그 수정된 내용에 대하여 공람절차를 거쳐야 하는지 여부(적극)

[4] 환지계획 인가 후에 수정하고자 하는 환지계획의 내용에 대하여 토지소유자 등 이해관계인의 공람절차를 거치지 아니한 채 수정된 내용에 따라 한 환지예정지 지정처분의 효력(=당연 무효)

[5] 행정처분에 대한 무효확인과 취소청구의 선택적 병합 또는 단순 병합의 허용 여부(소극)

[6] 환지예정지 지정처분에 대한 항고소송의 소의 이익의 소멸시기(=환지처분 공고일)

[7] 행정처분의 성립요건

(대법원 1999.8.20. 선고 97누6889 판결【환지계획등무효확인및취소】)

[국민의 권리의무에 직접 영향이 있는 법적 행위]

21. 단수처분이 행정처분인지 여부(적극)

1. 단수처분은 항고소송의 대상이 되는 행정처분에 해당한다.

2. 행정처분의 당연무효를 선언하는 의미에서 그 처분의 취소청구를 구하는 경우에 있어서도 행정소송법에 규정한 전심절차를 밟아야 한다.

(대법원 1979.12.28. 선고 79누218 판결【건물철거대집행계고처분취소】)

22. 건축주명의변경신고에 대한 수리거부행위가 취소소송의 대상이 되는 처분인지 여부(적극)

가. 행정소송법상 취소소송의 대상

나. 건축주명의변경신고에 관한 건축법시행규칙 제3조의2의 규정의 법적 성질 및 규정취지와 행정관청의 수리의무

다. 허가대상건축물의 양수인이 건축주 명의변경에 대하여 가지는 법적 이익

라. 건축주명의변경신고에 대한 수리거부행위가 취소소송의 대상이 되는 처분인지 여부(적극)

(대법원 1992.3.31. 선고 91누4911 판결【건축주명의변경신고수리거부처분취소】)

23. 개별토지가액의 결정이 행정처분인지 여부(적극)

토지초과이득세법, 택지소유상한에관한법률, 개발이익환수에관한법률 및 각 그 시행령이 각 그 소정의 토지초과이득세, 택지초과소유부담금 또는 개발부담금을 산정함에 있어서 기초가 되는 각 토지의 가액을 시장, 군수, 구청장이 지가공시및토지등의평가에관한법률 및 같은법시행령에 의하여 정하는 개별공시지가를 기준으로 하여 산정한 금액에 의하도록 규정하고 있고, 시장,군수, 구청장은 같은 법 제10조 제1항 제6호, 같은법시행령 제12조 제1, 2호의 규정에 의하여 각개 토지의 지가를 산정할 의무가 있다고 할 것이므로 시장, 군수, 구청장이 산정하여 한 개별토지가액의 결정은 토지초과이득세, 택지초과소유부담금 또는 개발부담금 산정 등의 기준이 되어 국민의 권리, 의무 내지 법률상 이익에 직접적으로 관계된다고 할 것이고, 따라서 이는 행정소송법 제2조 제1항 제1호 소정의 행정청이 행하는 구체적 사실에 관한 법집행으로서의 공권력행사이어서 행정소송의 대상이 되는 행정처분으로 보아야 할 것이다.

(대법원 1993.1.15. 선고 92누12407 판결【개별토지가격결정처분취소등】)

24. 폐기물처리기업 허가권자의 부적정 통보가 행정처분인지 여부(적극)

[1] 폐기물관리법 관계 법령에 의한 폐기물처리업 허가권자의 부적정 통보가 행정처분에 해당하는지 여부(적극)

[2] 폐기물처리업의 허가에 앞서 사업계획서에 대한 적정·부적정 통보 제도를 둔 취지

[3] 기속행위와 재량행위의 구별 기준

[4] 폐기물처리 사업계획 적정 여부 판단 기준의 해석·적용 방법

[5] 환경부예규인 폐기물처리업 허가업무처리지침 등을 폐기물처리업허가와 관련한 사업계획 적정 여부 통보에 관한 기준으로 보아 그에 따른 당해 처분은 적법하다고 한 사례

(대법원 1998.4.28. 선고 97누21086 판결【폐기물처리사업부적정통보취소】)

25. 금융감독원장의 금융기관의 임원에 대한 문책경고가 행정처분에 해당되는지 여부(적극)

[1] 금융기관의 임원에 대한 금융감독원장의 문책경고는 그 상대방에 대한 직업선택의 자유를 직접 제한하는 효과를 발생하게 하는 등 상대방의 권리의무에 직접 영향을 미치는 행위로서 항고소송의 대상이 되는 행정처분에 해당한다고 한 사례.

[2] 여신전문금융회사의 임원에 대한 금융감독원장의 문책경고가 아무런 법률상의 근거 없이 행하여진 것으로서 위법하다고 한 사례.

(대법원 2005.2.17. 선고 2003두14765 판결【대표자문책경고처분취소】)

26. 과세관청의 소득처분에 따른 소득금액변동통지가 항고소송의 대상이 되는 처분인지 여부(적극)

[다수의견] 과세관청의 소득처분과 그에 따른 소득금액변동통지가 있는 경우 원천징수의무자인 법인은 소득금액변동통지서를 받은 날에 그 통지서에 기재된 소득의 귀속자에게 당해 소득금액을 지급한 것으로 의제되어 그 때 원천징수하는 소득세의 납세의무가 성립함과 동시에 확정되고, 원천징수의무자인 법인으로서는 소득금액변동통지서에 기재된 소득처분의 내용에 따라 원천징수세액을 그 다음달 10일까지 관할 세무서장 등에게 납부하여야 할 의무를 부담하며, 만일 이를 이행하지 아니하는 경우에는 가산세의 제재를 받게 됨은 물론이고 형사처벌까지 받도록 규정되어 있는 점에 비추어 보면, 소득금액변동통지는 원천징수의무자인 법인의 납세의무에 직접 영향을 미치는 과세관청의 행위로서, 항고소송의 대상이 되는 조세행정처분이라고 봄이 상당하다.

(대법원 2006.4.20. 선고 2002두1878 전원합의체 판결【경정결정신청거부처분취소】)

27. 국토의 계획 및 이용에 관한 법률 소정의 토지거래허가구역 지정이 행정처분인지 여부(적극)

[1] 행정행위로서의 시험의 출제업무에 있어서 출제 담당위원은 법령규정의 허용범위 내에서 어떠한 내용의 문제를 출제할 것인가, 그 문제의 문항과 답항을 어떤 용어나 문장형식을 써서 구성할 것인가를 자유롭게 정할 수 있다는 의미에서 재량권을 가지고, 반면에 그 재량권에는 그 시험의 목적에 맞추어 수험생들의 능력을 평가할 수 있도록 출제의 내용과 구성에서 적정하게 행사되어야 할 한계가 내재되는 것이어서 그 재량권의 행사가 그 한계를 넘을 때에는 그 출제행위는 위법하게 된다.

[2] 항고소송의 대상이 되는 행정처분이란 특정 사항에 대하여 법규에 의한 권리의 설정 또는 의무의 부담을 명하거나 기타 법률상 효과를 발생하게 하는 등 국민의 권리의무에 직접 관계가 있는 행위를 가리키는 것인바, 국토의 계획 및 이용에 관한 법률의 규정에 의하면, 같은 법에 따라 토지거래계약에 관한 허가구역으로 지정되는 경우, 허가구역 안에 있는 토지에 대하여 소유권이전 등을 목적으로 하는 거래계약을 체결하고자 하는 당사자는 공동으로 행정관청으로부터 허가를 받아야 하는 등 일정한 제한을 받게 되고, 허가를 받지 아니하고 체결한 토지거래계약은 그 효력이 발생하지 아니하며, 토지거래계약허가를 받은 자는 5년의 범위 이내에서 대통령령이 정하는 기간 동안 그 토지를 허가받은 목적대로 이용하여야 하는 의무도 부담하며, 같은 법에 따른 토지이용의무를 이행하지 아니하는 경우 이행강제금을 부과당하게 되는 등 토지거래계약에 관한 허가구역의 지정은 개인의 권리 내지 법률상의 이익을 구체적으로 규제하는 효과를 가져오게 하는 행정청의 처분에 해당하고, 따라서 이에 대하여는 원칙적으로 항고소송을 제기할 수 있다.

(대법원 2006.12.22. 선고 2006두12883 판결【공인중개사시험불합격처분취소】)

28. 금융감독위원회의 부실금융기관에 대한 파산신청이 행정소송법상 취소소송의 대상이 되는 행정처분에 해당하는지 여부(소극)

[1] 구 금융산업의 구조개선에 관한 법률(2002.12.26. 법률 제6807호로 개정되기 전의 것) 제16조 제1항 및 구 상호저축은행법(2003.12.11. 법률 제6992호로 개정되기 전의 것) 제24조의13에 의하여 금융감독위원회는 부실금융기관에 대하여 파산을 신청할 수 있는 권한을 보유하고 있는바, 위 파산신청은 그 성격이 법원에 대한

재판상 청구로서 그 자체가 국민의 권리·의무에 어떤 영향을 미치는 것이 아닐 뿐만 아니라, 위 파산신청으로 인하여 당해 부실금융기관이 파산절차 내에서 여러 가지 법률상 불이익을 입는다 할지라도 파산법원이 관할하는 파산절차 내에서 그 신청의 적법 여부 등을 다투어야 할 것이므로, 위와 같은 금융감독위원회의 파산신청은 행정소송법상 취소소송의 대상이 되는 행정처분이라 할 수 없다.

[2] 위법한 행정처분의 취소를 구하는 소는 위법한 처분에 의하여 발생한 위법상태를 배제하여 원상으로 회복시키고 그 처분으로 침해되거나 방해받은 권리와 이익을 보호·구제하고자 하는 소송이므로, 비록 그 위법한 처분을 취소한다고 하더라도 원상회복이 불가능한 경우에는 그 취소를 구할 이익이 없다.

[3] 부실금융기관에 대한 파산결정이 확정되고 이미 파산절차가 상당부분 진행되고 있다 하더라도 파산종결이 될 때까지는 그 가능성이 매우 적기는 하지만 동의폐지나 강제화의 등의 방법으로 당해 부실금융기관이 영업활동을 재개할 가능성이 여전히 남아 있으므로, 금융감독위원회의 위 부실금융기관에 대한 영업인가의 취소처분에 대한 취소를 구할 소의 이익이 있다.

(대법원 2006.7.28. 선고 2004두13219 판결【영업인가취소등처분취소】)

29. 건축물대장의 용도변경신청을 거부한 행위가 행정처분에 해당하는지 여부(적극)

구 건축법(2005.11.8. 법률 제7696호로 개정되기 전의 것) 제14조 제4항의 규정은 건축물의 소유자에게 건축물대장의 용도변경신청권을 부여한 것이고, 한편 건축물의 용도는 토지의 지목에 대응하는 것으로서 건물의 이용에 대한 공법상의 규제, 건축법상의 시정명령, 지방세 등의 과세대상 등 공법상 법률관계에 영향을 미치고, 건물소유자는 용도를 토대로 건물의 사용·수익·처분에 일정한 영향을 받게 된다. 이러한 점 등을 고려해 보면, 건축물대장의 용도는 건축물의 소유권을 제대로 행사하기 위한 전제요건으로서 건축물 소유자의 실체적 권리관계에 밀접하게 관련되어 있으므로, 건축물대장 소관청의 용도변경신청 거부행위는 국민의 권리관계에 영향을 미치는 것으로서 항고소송의 대상이 되는 행정처분에 해당한다.

(대법원 2009.1.30. 선고 2007두7277 판결【건축물표시변경신청불가처분취소】)

30. '민주화운동관련자 명예회복 및 보상 심의위원회'의 보상금 등의 지급에 관한 결정이 행정처분인지 여부(적극)

[다수의견] (가) '민주화운동관련자 명예회복 및 보상 등에 관한 법률' 제2조 제1호, 제2호 본문, 제4조, 제10조, 제11조, 제13조 규정들의 취지와 내용에 비추어 보면, 같은 법 제2조 제2호 각 목은 민주화운동과 관련한 피해 유형을 추상적으로 규정한 것에 불과하여 제2조 제1호에서 정의하고 있는 민주화운동의 내용을 함께 고려하더라도 그 규정들만으로는 바로 법상의 보상금 등의 지급 대상자가 확정된다고 볼 수 없고, '민주화운동관련자 명예회복 및 보상 심의위원회'에서 심의·결정을 받아야만 비로소 보상금 등의 지급 대상자로 확정될 수 있다. 따라서 그와 같은 심의위원회의 결정은 국민의 권리의무에 직접 영향을 미치는 행정처분에 해당하므로, 관련자 등으로서 보상금 등을 지급받고자 하는 신청에 대하여 심의위원회가 관련자 해당 요건의 전부 또는 일부를 인정하지 아니하여 보상금 등의 지급을 기각하는 결정을 한 경우에는 신청인은 심의위원회를 상대로 그 결정의 취소를 구하는 소송을 제기하여 보상금 등의 지급 대상자가 될 수 있다.

(나) '민주화운동관련자 명예회복 및 보상 등에 관한 법률' 제17조는 보상금 등의 지급에 관한 소송의 형태를 규정하고 있지 않지만, 위 규정 전단에서 말하는 보상금 등의 지급에 관한 소송은 '민주화운동관련자 명예회복 및 보상 심의위원회'의 보상금 등의 지급신청에 관하여 전부 또는 일부를 기각하는 결정에 대한 불복을 구하는 소송이므로 취소소송을 의미한다고 보아야 하며, 후단에서 보상금 등의 지급신청을 한 날부터 90일을 경과한 때에는 그 결정을 거치지 않고 위 소송을 제기할 수 있도록 한 것은 관련자 등에 대한 신속한 권리구제를 위하여 위 기간 내에 보상금 등의 지급 여부 등에 대한 결정을 받지 못한 때에는 지급 거부 결정이 있는 것으로 보아 곧바로 법원에 심의위원회를 상대로 그에 대한 취소소송을 제기할 수 있다고 규정한 취지라고 해석될 뿐, 위 규정이 보상금 등의 지급에 관한 처분의 취소소송을 제한하거나 또는 심의위원회에 의하여 관련자 등으로 결정되지 아니한 신청인에게 국가를 상대로 보상금 등의 지급을 구하는 이행소송을 직접 제기할 수 있도록 허용하는 취지라고 풀이할 수는 없다.

(대법원 2008.4.17. 선고 2005두16185 전원합의체 판결【민주화운동관련자불인정처분취소】)

31. 특수임무수행자보상심의위원회의 지급대상자에 대한 결정이 행정처분인지 여부(적극)

특수임무와 관련하여 국가를 위하여 특별한 희생을 한 특수임무수행자와 그 유족에 대하여 필요한 보상을 함으로써 특수임무수행자와 그 유족의 생활안정을 도모하고 국민화합에 이바지함을 목적으로 제정된 구 특수임무수행자 보상에 관한 법률(2006.9.22. 법률 제7978호로 개정되기 전) 및 구 시행령(2007.5.2. 대통령령 제20041호로 개정되기 전의 것)의 각 규정 취지와 내용에 비추어 보면, 같은 법 제2조, 같은 법 시행령 제2조, 제3조, 제4조 등의 규정들만으로는 바로 법상의 보상금 등의 지급대상자가 확정된다고 볼 수 없고, 특수임무수행자보상심의위원회의 심의·의결을 거쳐 특수임무수행자로 인정되어야만 비로소 보상금 등의 지급대상자로 확정될 수 있다. 따라서 그와 같은 위원회의 결정은 행정소송법 제2조 제1항 제1호에 규정된 처분에 해당하므로, 특수임무수행자 및 그 유족으로서 보상금 등을 지급받고자 하는 자의 신청에 대하여 위원회가 특수임무수행자에 해당하지 않는다는 이유로 이를 기각하는 결정을 한 경우, 신청인은 위원회를 상대로 그 결정의 취소를 구하는 소송을 제기하여 보상금 등의 지급대상자가 될 수 있다. 이와 달리 신청인이 국가를 상대로 직접 보상금 등의 지급을 구하는 소는 부적법하다.

(대법원 2008.12.11. 선고 2008두6554 판결【보상금지급청구기각결정처분취소】)

32. 방산물자 지정취소가 행정처분인지 여부(적극)

방위사업법 제35조 제1항에서 방산업체로 지정되기 위해서는 방산물자를 생산하고자 하는 자이어야 한다고 규정하고 있고, 같은 법 시행령 제42조에서 방산업체의 시설기준에 관하여 방산물자의 생산에 필요한 일반시설 및 특수시설, 품질검사시설, 기술인력 등의 인적, 물적 시설을 갖출 것을 요건으로 하고 있는 점에 비추어, 방산물자 지정이 취소되는 경우 당해 물자에 대한 방산업체 지정도 취소될 수밖에 없다고 보아야 한다. 그렇게 되면 방위사업법에서 규정하는 방산물자 등에 대한 수출지원(제44조)을 받을 수 없을 뿐 아니라 방산업체로서 방위사업법에 따라 누릴 수 있는 각종 지원과 혜택을 상실하게 되고, 국가를 당사자로 하는 계약에 관한 법률 시행령 제26조 제1항 제6호 (다)목에서 규정한 '방위사업법에 의한 방산물자를 방위산업체로부터 제조·구매하는 경우' 수의계약에 의할 수 있는 지위도 상실하게 되므로, 결국 방산물자 지정취소는 당해 방산물자에 대하여 방산업체로 지정되어 이를 생산하는 자의 권리의무에 직접 영향을 미치는 행위로서 항고소송의 대상이 되는 행정처분에 해당한다.

(대법원 2009.12.24. 선고 2009두12853 판결【방산물자지정취소처분취소】)

33. 건축법상 이행강제금 납부의 최초독촉이 행정처분인지 여부(적극)(※ 41번 판례와 비교)

구 건축법(2008.3.21. 법률 제8974호로 전부 개정되기 전의 것) 제69조의2 제6항, 지방세법 제28조, 제82조, 국세징수법 제23조의 각 규정에 의하면, 이행강제금 부과처분을 받은 자가 이행강제금을 기한 내에 납부하지 아니한 때에는 그 납부를 독촉할 수 있으며, 납부독촉에도 불구하고 이행강제금을 납부하지 않으면 체납절차에 의하여 이행강제금을 징수할 수 있고, 이때 이행강제금 납부의 최초 독촉은 징수처분으로서 항고소송의 대상이 되는 행정처분이 될 수 있다

(대법원 2009.12.24. 선고 2009두14507 판결【이행강제금부과처분취소】)

[행정처분으로서의 외형을 갖출 것]

34. 행정청의 행위가 행정소송의 대상이 되는 행정처분인지 여부의 판정방법

가. 행정청의 어떤 행위를 행정처분으로 볼 것이냐의 문제는 추상적, 일반적으로 결정할 수 없고, 구체적인 경우 행정처분은 행정청이 공권력의 주체로서 행하는 구체적 사실에 관한 법집행으로서 국민의 권리의무에 직접 영향을 미치는 행위라는 점을 고려하고 행정처분이 그 주체, 내용, 형식, 절차에 있어서 어느 정도 성립 내지 효력요건을 충족하느냐에 따라 개별적으로 결정하여야 할 것이며, 행정청의 어떤 행위가 법적 근거도 없이 객관적으로 국민에게 불이익을 주는 행정처분과 같은 외형을 갖추고 있고, 그 행위의 상대방이 이를 행정처분으로 인식할 정도라면 그로 인하여 파생되는 국민의 불이익 내지 불안감을 제거시켜 주기 위한 구제수단이 필요한 점에 비추어 볼 때 행정청의 행위로 인하여 그 상대방이 입는 불이익 내지 불안이 있는지 여부도 그 당시에 있어서의 법치행정의 원리와 국민의 권리의식 수준 등은 물론 행위에 관련한 당해 행정청의 태도도 고려하여 판단하여야 한다.

나. 피고(도지사)가 원고(장석광업권자)에게 발송한 작업중지명령에 관한 공문에 있어 첫째, 공문의 제목이 "채광계획변경계획서 제출 및 작업중지명령"으로 되어 있고, 둘째, 행위의 주체면에서 피고는 원고에게 작업중지 명령을 할 아무런 법적 근거가 없으나, 그 본안에 해당되는 채광계획변경명령은 동력자원부장관으로부터 그 권한을 위임받아 이를 할 수 있으며, 셋째, 행위의 내용면에서 "귀 업체는 계속하여 진입로 개설을 위한 작업 및 발파를 위한 천공을 하고 있

는바, 즉시 상기 진행중인 작업을 중지할 것은 물론 1989.4.28.까지 채광계획변경계획서를 본 도에 제출하여 주시기 바라며, 이를 위반시는 의법조치됨(채광계획 인가취소 및 광업권 등록취소요구)을 통지하오니 착오 없으시기 바랍니다"로 되어 그 외형과 맞게 작업중지를 명하는 내용이고 넷째, 이에 의하여 상대방이 입게 될 불이익 내지 불안제거의 면에서 볼 때 피고는 위 공문을 발송한 후 원고로부터 채광계획변경명령의 취소요청을 받고 1989.7.1. 원고에게 갱도굴진만이 민원유발도 방지하고 순수한 장석광을 개발할 수 있는 가장 합리적인 방법으로 사료된다는 내용의 회신을 하였고, 중지명령에 대한 행정심판에서도 그 취소신청이 이유 없다고 이를 기각하였는바, 이러한 회신내용과 법치행정의 현실 및 일반적인 법의식 수준, 행정청의 태도 등에 비추어 볼 때 그 법적 불안의 존재는 인정할 수 있다 할 것이며 이상의 여러 사정을 종합하여 볼 때, 위 공문은 그 제목이나 내용에 있어서 작업중지명령의 외형을 갖추고 있을 뿐만 아니라 피고가 본안에 해당하는 채광계획변경명령에 관한 법적 권한을 가지고 그 작업중지명령을 한 것임에 비추어 이는 행정소송의 대상이 되는 행정처분에 해당한다 할 것이며 다만 법적 근거 없이 한 것이어서 당연무효라고 한 사례.

(대법원 1992.1.17. 선고 91누1714 판결【채광계획변경명령등무효확인】)

35. 요양기관 지정취소에 갈음하는 금전대체부담금 납부안내가 행정처분인지 여부(소극)

가. 행정청의 어떤 행위를 행정처분으로 볼 것이냐의 문제는 추상적 일반적으로 결정할 수 없고, 구체적인 경우 행정처분은 행정청이 공권력의 주체로서 행하는 구체적 사실에 관한 법집행으로서 국민의 권리의무에 직접 영향을 미치는 행위라는 점을 고려하고 행정처분이 그 주체, 내용, 절차, 형식에 있어서 어느 정도 성립 내지 효력요건을 충족하느냐에 따라 개별적으로 결정하여야 하며, 행정청의 어떤 행위가 법적 근거도 없이 객관적으로 국민에게 불이익을 주는 행정처분과 같은 외형을 갖추고 있고, 그 행위의 상대방이 이를 행정처분으로 인식할 정도라면 그로 인하여 파생되는 국민의 불이익 내지 불안감을 제거시켜 주기 위한 구제수단이 필요한 점에 비추어 볼 때 행정청의 행위로 인하여 그 상대방이 입는 불이익 내지 불안이 있는지 여부도 그 당시에있어서의 법치행정의 정도와 국민의 권리의식 수준 등은 물론 행위에 관련한 당해 행정청의 태도 등도 고려하여 판단하여야 한다.

나. 의료보험연합회의 요양기관 지정취소에 갈음하는 금전대체부담금 납부안

내 라는 공문은 비록 행정청의 행위라 해도 그것이 아무런 법적 근거가 없어 국민의 권리의무에 직접 어떤 영향을 미치는 행정처분으로서의 효력을 발생할 수 없고, 그 내용도 상대방에게 공법상 어떤 의무를 부과하는 것으로 보이지 아니하며, 그것을 행정처분으로 볼 수 있느냐 하는 문제에 대한 불안도 존재하지 아니한다고 볼 것이므로 이를 행정소송의 대상이 되는 처분이라고 볼 수 없다.
(대법원 1993.12.10. 선고 93누12619 판결【부당이득금환수처분취소】)

[행정소송 이외의 특별 불복절차가 따로 마련되어 있지 않을 것]

36. 근거 법률에서 행정소송 이외의 다른 절차에 의하여 불복할 것을 예정하고 있는 처분이 항고소송의 대상인지 여부

[1] 행정소송법 제2조 소정의 행정처분이라고 하더라도 그 처분의 근거 법률에서 행정소송 이외의 다른 절차에 의하여 불복할 것을 예정하고 있는 처분은 항고소송의 대상이 될 수 없다.
[2] 형사소송법에 의하면 검사가 공소를 제기한 사건은 기본적으로 법원의 심리대상이 되고 피의자 및 피고인은 수사의 적법성 및 공소사실에 대하여 형사소송절차를 통하여 불복할 수 있는 절차와 방법이 따로 마련되어 있으므로 검사의 공소제기가 적법절차에 의하여 정당하게 이루어진 것이냐의 여부에 관계없이 검사의 공소에 대하여는 형사소송절차에 의하여서만 이를 다툴 수 있고 행정소송의 방법으로 공소의 취소를 구할 수는 없다.
(대법원 2000.3.28. 선고 99두11264 판결【공소내용취소】)

37. 불기소처분에 대한 행정소송제기가부(소극)

검사의 불기소처분에 대하여는 검찰청법에 의한 항고와 재항고 및 형사소송법에 의한 준기소절차에 의해서만 불복할 수 있는 것이므로 검사의 불기소처분이나 그에 대한 항고 또는 재항고결정에 대하여는 행정소송을 제기할 수 없다.
(대법원 1989.10.10. 선고 89누2271 판결【불기소처분무효확인등】)

38. 불기소결정에 대한 재항고절차에서의 재항고기각결정이 행정처분인지 여부(소극)

검사의 불기소결정에 대하여는 검찰청법에 규정된 항고 및 재항고절차나 형사소송법에 규정된 재정신청절차에 의하여 그 당부를 다툴 수 있는 것인 바, 위와 같은 형벌권의 발동에 관한 쟁송절차인 재항고절차에서 검찰총장이 한 재항고각하결정은 행정소송의 대상이 되는 처분이라고 볼 수 없다.

(대법원 1990.1.23. 선고 89누3014 판결【불기소처분위법무효확인】)

▶ 거부처분

[신청권]

39. 신청권의 존부의 의미

[1] 거부처분의 처분성을 인정하기 위한 전제요건이 되는 신청권의 존부는 구체적 사건에서 신청인이 누구인가를 고려하지 않고 관계 법규의 해석에 의하여 일반 국민에게 그러한 신청권을 인정하고 있는가를 살펴 추상적으로 결정되는 것이고, 신청인이 그 신청에 따른 단순한 응답을 받을 권리를 넘어서 신청의 인용이라는 만족적 결과를 얻을 권리를 의미하는 것은 아니다. 따라서 국민이 어떤 신청을 한 경우에 그 신청의 근거가 된 조항의 해석상 행정발동에 대한 개인의 신청권을 인정하고 있다고 보여지면 그 거부행위는 항고소송의 대상이 되는 처분으로 보아야 할 것이고, 구체적으로 그 신청이 인용될 수 있는가 하는 점은 본안에서 판단하여야 할 사항인 것이다.

[2] 원고에게 신청의 인용이라는 만족적 결과를 얻을 권리가 없다는 이유만을 들어 피고가 한 거부행위의 처분성을 부인한 원심판결에는 항고소송의 대상이 되는 거부처분에 관한 법리를 오해한 위법이 있다는 이유로 원심판결을 파기한 사례.

(대법원 1996.6.11. 선고 95누12460 판결【잠수기어업불허가처분취소】)

40. 토지매수신청거부처분취소

[3] 금강수계 중 상수원 수질보전을 위하여 필요한 지역의 토지 등의 소유자가 국가에 그 토지 등을 매도하기 위하여 매수신청을 하였으나 유역환경청장 등이 매수거절의 결정을 한 사안에서, 위 매수거절을 항고소송의 대상이 되는 행정처분으로 보지 않는다면 토지 등의 소유자로서는 재산권의 제한에 대하여 달리 다툴 방법이 없게 되는 점 등에 비추어, 그 매수 거부행위가 공권력의 행사 또는 이에 준하는 행정작용으로서 항고소송의 대상이 되는 행정처분에 해당한다고 한 사례.

(대법원 2009.9.10. 선고 2007두20638 판결【토지매수신청거부처분취소】)

41. 도시계획 변경신청 거부행위가 행정처분인지 여부(소극)

가. 행정청이 국민으로부터 신청을 받고서 한 거부행위가 행정처분이 되기위하여는 국민이 행정청에 대하여 신청에 따른 행정행위를 해 줄 것을 요구할 수 있는 법규상 또는 조리상 권리가 있어야 하는 것이며, 이러한 근거 없이 한 국민의 신청을 행정청이 받아들이지 아니하고 거부한 경우에는 이로 인하여 신청인의 권리나 법적 이익에 어떤 영향을 주는 것이 아니므로 이를 행정처분이라 할 수 없다.

나. 도시계획법상 주민이 행정청에 대하여 도시계획 및 그 변경에 대하여 어떤 신청을 할 수 있다는 규정이 없고, 도시계획과 같이 장기성, 종합성이 요구되는 행정계획에 있어서 그 계획이 일단 확정된 후 어떤 사정의 변동이 있다 하여 지역주민에게 일일이 그 계획의 변경을 청구할 권리를 인정해 줄 수도 없는 것이므로 그 변경 거부행위를 항고소송의 대상이 되는 행정처분에 해당한다고 볼 수 없다.

(대법원 1994.1.28. 선고 93누22029 판결【도시계획시설폐지및변경신청거부처분취소】)

42. 조교수에 대하여 재임용을 거부하는 취지로 한 임용기간만료의 통지가 행정처분인지 여부(적극)

기간제로 임용되어 임용기간이 만료된 국·공립대학의 조교수는 교원으로서의 능력과 자질에 관하여 합리적인 기준에 의한 공정한 심사를 받아 위 기준에 부합되면 특별한 사정이 없는 한 재임용되리라는 기대를 가지고 재임용 여부에 관하여 합리적인 기준에 의한 공정한 심사를 요구할 법규상 또는 조리상 신청권을 가진다고 할 것이니, 임용권자가 임용기간이 만료된 조교수에 대하여 재임용을 거부하는 취지로 한 임용기간만료의 통지는 위와 같은 대학교원의 법률관계에 영향을 주는 것으로서 행정소송의 대상이 되는 처분에 해당한다.

(대법원 2004.4.22. 선고 2000두7735 전원합의체 판결【교수재임용거부처분취소】)

43. 검사임용거부처분이 행정처분인지 여부(적극)

가. 검사 지원자 중 한정된 수의 임용대상자에 대한 임용 결정은 한편으로는 그 임용대상에서 제외한 자에 대한 임용거부결정이라는 양면성을 지니는 것이므로 임용대상자에 대한 임용의 의사표시는 동시에 임용대상에서 제외한 자에

대한 임용거부의 의사표시를 포함한 것으로 볼 수 있고, 이러한 임용 거부의 의사 표시는 본인에게 직접 고지되지 않았다고 하여도 본인이 이를 알았거나 알 수 있었을 때에 그 효력이 발생한 것으로 보아야 한다.

나. 검사의 임용 여부는 임용권자의 자유재량에 속하는 사항이나, 임용권자가 동일한 검사신규임용의 기회에 원고를 비롯한 다수의 검사 지원자들로부터 임용 신청을 받아 전형을 거쳐 자체에서 정한 임용기준에 따라 이들 일부만을 선정하여 검사로 임용하는 경우에 있어서 법령상 검사임용 신청 및 그 처리의 제도에 관한 명문 규정이 없다고 하여도 조리상 임용권자는 임용신청자들에게 전형의 결과인 임용 여부의 응답을 해줄 의무가 있다고 할 것이며, 응답할 것인지 여부 조차도 임용권자의 편의재량사항이라고는 할 수 없다.

다. 검사의 임용에 있어서 임용권자가 임용여부에 관하여 어떠한 내용의 응답을 할 것인지는 임용권자의 자유재량에 속하므로 일단 임용거부라는 응답을 한 이상 설사 그 응답내용이 부당하다고 하여도 사법심사의 대상으로 삼을 수 없는 것이 원칙이나, 적어도 재량권의 한계 일탈이나 남용이 없는 위법하지 않은 응답을 할 의무가 임용권자에게 있고 이에 대응하여 임용신청자로서도 재량권의 한계 일탈이나 남용이 없는 적법한 응답을 요구할 권리가 있다고 할 것이며, 이러한 응답신청권에 기하여 재량권 남용의 위법한 거부처분에 대하여는 항고소송으로서 그 취소를 구할 수 있다고 보아야 하므로 임용신청자가 임용거부처분이 재량권을 남용한 위법한 처분이라고 주장하면서 그 취소를 구하는 경우에는 법원은 재량권남용 여부를 심리하여 본안에 관한 판단으로서 청구의 인용 여부를 가려야 한다.

(대법원 1991.2.12. 선고 90누5825 판결【검사임용거부처분취소】)

44. 국토이용계획변경신청에 대한 거부행위가 행정처분에 해당하기 위한 요건

[1] 국민의 적극적 신청행위에 대하여 행정청이 그 신청에 따른 행위를 하지 않겠다고 거부한 행위가 항고소송의 대상이 되는 행정처분에 해당하는 것이라고 하려면, 그 신청한 행위가 공권력의 행사 또는 이에 준하는 행정작용이어야 하고, 그 거부행위가 신청인의 법률관계에 어떤 변동을 일으키는 것이어야 하며, 그 국민에게 그 행위발동을 요구할 법규상 또는 조리상의 신청권이 있어야만 한다.

[2] 구 국토이용관리법(2002.2.4. 법률 제6655호 국토의계획및이용에관한법률 부칙 제2조로 폐지)상 주민이 국토이용계획의 변경에 대하여 신청을 할 수 있다는 규정이 없을 뿐만 아니라, 국토건설종합계획의 효율적인 추진과 국토이용질서를

확립하기 위한 국토이용계획은 장기성, 종합성이 요구되는 행정계획이어서 원칙적으로는 그 계획이 일단 확정된 후에 어떤 사정의 변동이 있다고 하여 그러한 사유만으로는 지역주민이나 일반 이해관계인에게 일일이 그 계획의 변경을 신청할 권리를 인정하여 줄 수는 없을 것이지만, 장래 일정한 기간 내에 관계 법령이 규정하는 시설 등을 갖추어 일정한 행정처분을 구하는 신청을 할 수 있는 법률상 지위에 있는 자의 국토이용계획변경신청을 거부하는 것이 실질적으로 당해 행정처분 자체를 거부하는 결과가 되는 경우에는 예외적으로 그 신청인에게 국토이용계획변경을 신청할 권리가 인정된다고 봄이 상당하므로, 이러한 신청에 대한 거부행위는 항고소송의 대상이 되는 행정처분에 해당한다.

(대법원 2003.9.23. 선고 2001두10936 판결【국토이용계획변경승인거부처분취소】)

45. 문화재보호구역 지정해제 신청에 대한 거부행위가 행정처분인지 여부(적극)

문화재보호법은 문화재를 보존하여 이를 활용함으로써 국민의 문화적 생활의 향상을 도모함과 아울러 인류문화의 발전에 기여함을 목적으로 하면서도, 문화재보호구역의 지정에 따른 재산권행사의 제한을 줄이기 위하여, 행정청에게 보호구역을 지정한 경우에 일정한 기간마다 적정성 여부를 검토할 의무를 부과하고, 그 검토사항 등에 관한 사항은 문화관광부령으로 정하도록 위임하였으며, 검토 결과 보호구역의 지정이 적정하지 아니하거나 기타 특별한 사유가 있는 때에는 보호구역의 지정을 해제하거나 그 범위를 조정하여야 한다고 규정하고 있는 점, 같은 법 제8조 제3항의 위임에 의한 같은법시행규칙 제3조의2 제1항은 그 적정성 여부의 검토에 있어서 당해 문화재의 보존 가치 외에도 보호구역의 지정이 재산권 행사에 미치는 영향 등을 고려하도록 규정하고 있는 점 등과 헌법상 개인의 재산권 보장의 취지에 비추어 보면, 문화재보호구역 내에 있는 토지소유자 등으로서는 위 보호구역의 지정해제를 요구할 수 있는 법규상 또는 조리상의 신청권이 있다고 할 것이고, 이러한 신청에 대한 거부행위는 항고소송의 대상이 되는 행정처분에 해당한다.

(대법원 2004.4.27. 선고 2003두8821 판결【문화재보호구역지정해제거부처분취소】)

46. 도시계획구역 내 토지 소유자의 도시계획입안 신청에 대한 거부행위가 행정처분인지 여부(적극)

[1] 구 도시계획법(2002.2.4. 법률 제6655호 국토의계획및이용에관한법률 부칙 제2조

로 폐지)은 도시계획의 수립 및 집행에 관하여 필요한 사항을 규정함으로써 공공의 안녕질서를 보장하고 공공복리를 증진하며 주민의 삶의 질을 향상하게 함을 목적으로 하면서도 도시계획시설결정으로 인한 개인의 재산권행사의 제한을 줄이기 위하여, 도시계획시설부지의 매수청구권, 도시계획시설결정의 실효에 관한 규정과 아울러 도시계획 입안권자인 특별시장·광역시장·시장 또는 군수로 하여금 5년마다 관할 도시계획구역 안의 도시계획에 대하여 그 타당성 여부를 전반적으로 재검토하여 정비하여야 할 의무를 지우고, 도시계획입안제안과 관련하여서는 주민이 입안권자에게 '1. 도시계획시설의 설치·정비 또는 개량에 관한 사항 2. 지구단위계획구역의 지정 및 변경과 지구단위계획의 수립 및 변경에 관한 사항'에 관하여 '도시계획도서와 계획설명서를 첨부'하여 도시계획의 입안을 제안할 수 있고, 위 입안제안을 받은 입안권자는 그 처리결과를 제안자에게 통보하도록 규정하고 있는 점 등과 헌법상 개인의 재산권 보장의 취지에 비추어 보면, 도시계획구역 내 토지 등을 소유하고 있는 주민으로서는 입안권자에게 도시계획입안을 요구할 수 있는 법규상 또는 조리상의 신청권이 있다고 할 것이고, 이러한 신청에 대한 거부행위는 항고소송의 대상이 되는 행정처분에 해당한다.

[2] 일반주거지역 내에 자동차 및 중기운전학원을 설치하도록 한 도시계획시설결정이 당시의 관계 법령상 적법하다고 한 사례.

(대법원 2004.4.28. 선고 2003두1806 판결【도시계획시설변경입안의제안거부처분취소】)

[법률관계의 변동]

47. 행정청의 거부행위가 행정처분이 되기 위한 요건과 '신청인의 법률관계에 어떤 변동을 일으키는 것'의 의미

[1] 국민의 적극적 행위 신청에 대하여 행정청이 그 신청에 따른 행위를 하지 않겠다고 거부한 행위가 항고소송의 대상이 되는 행정처분에 해당하는 것이라고 하려면, 그 신청한 행위가 공권력의 행사 또는 이에 준하는 행정작용이어야 하고 그 거부행위가 신청인의 법률관계에 어떤 변동을 일으키는 것이어야 하며 그 국민에게 그 행위발동을 요구할 법규상 또는 조리상의 신청권이 있어야 한다고 할 것인바, 여기에서 '신청인의 법률관계에 어떤 변동을 일으키는 것'이라는 의미는 신청인의 실체상의 권리관계에 직접적인 변동을 일으키는 것은 물론 그렇지 않다 하더라도 신청인이 실체상의 권리자로서 권리를 행사함에 중대한 지장을 초래하는 것도 포함한다고 해석함이 상당하다.

[2] 실용신안권이 불법 또는 착오로 소멸등록 되었다 하더라도 실용신안권자의 실체상의 권리관계에는 직접 영향이 있다고 할 수 없고, 따라서 실용신안등록원부 소관청인 특허청장이 소멸등록된 실용신안권의 회복신청을 거부하는 경우 그 거부로 인하여 실용신안권자의 실용신안권 자체에는 아무런 실체적 권리관계의 변동을 초래하지 아니한다고 할 것이나, 실용신안권이 소멸등록된 상태에서는 실용신안권자로서는 자신의 권리를 실용신안등록원부에 표창하지 못하고, 나아가 실용신안권을 처분하거나 담보로 제공하는 등 등록을 필요로 하는 일체의 행위를 할 수 없게 되어 권리행사에 중대한 지장을 받게 되므로, 실용신안권의 소멸등록의 회복은 실용신안권자의 권리관계에 직접 변동을 일으키는 행위라고 할 것이어서 실용신안권자는 이해상대방을 상대로 그의 신청에 의하여 불법 또는 착오로 말소된 실용신안권 등록의 회복을 청구할 수 있는 외에, 실용신안권이 특허청장의 직권에 의하여 불법 또는 착오로 소멸등록된 경우에 특허청장에 대하여 그 소멸등록된 실용신안권의 회복등록을 신청할 권리가 있다고 보아야 한다.

(대법원 2002.11.22. 선고 2000두9229 판결【실용신안권소멸등록처분취소】)

48. 거부처분 이후 동일한 내용의 새로운 신청에 대하여 다시 거부한 경우 새로운 거부처분으로 볼 수 있는지 여부

가. 거부처분은 행정청이 국민의 처분신청에 대하여 거절의 의사표시를 함으로써 성립되고, 그 이후 동일한 내용의 신청에 대하여 다시 거절의 의사표시를 명백히 한 경우에는 새로운 처분이 있은 것으로 보아야 할 것이며, 이 경우 행정심판 및 행정소송의 제기기간은 각 처분을 기준으로 진행된다.

나. 지적법 제17조 제1항, 같은법시행규칙 제20조 제1항 제1호의 규정에 의하여 1필지의 일부가 소유자가 다르게 되거나 토지소유자가 필요로 하는 때 토지의 분할을 신청할 수 있도록 되어 있음에도 지적공부 소관청이 이에 기한 토지분할신청을 거부하는 경우에, 분할거부로 인하여 토지소유자의 당해 토지의 소유권에는 아무런 변동을 초래하지 아니한다 하더라도, 부동산등기법 제15조, 지적법 제3조 내지 제6조 등의 관계규정에 의하여 토지의 개수는 같은 법에 의한 지적공부상의 토지의 필수를 표준으로 결정되는 것으로 1필지의 토지를 수필로 분할하여 등기하려면 반드시 같은 법이 정하는 바에 따라 분할의 절차를 밟아 지적공부에 각 필지마다 등록되어야 하고, 이러한 절차를 거치지 아니하는 한 1개의 토지로서 등기의 목적이 될 수 없는 것이니 토지의 소유자는 자기소

유 토지의 일부에 대한 소유권의 양도나 저당권의 설정 등 필요한 처분행위를 할 수 없게 되고, 특히 1필지의 일부가 소유자가 다르게 된 때에도 그 소유권을 등기부에 표창하지 못하고 나아가 처분도 할 수 없게 되어 권리행사에 지장을 초래하게 되는 점 등을 고려한다면, 지적 소관청의 이러한 토지분할신청의 거부행위는 국민의 권리관계에 영향을 미치는 것으로서 항고소송의 대상이 되는 처분으로 보아야 할 것이다.

다. 구 건축법(1991.5.31. 법률 제4381호로 전문 개정되기 전의 것) 제39조의2의 규정은 대지평수에 대한 그 위의 건물크기의 비율 등에 관한 제한규정일 뿐 대지 자체의 적법한 원인에 의한 분할과 소유권이전까지 제한하는 취지는 아니다.

라. 토지의 분할이란 지적공부에 등재된 1필지의 토지를 소관청이 2필지 이상의 토지로 하여 지적공부에 등록하는 행위를 말하는 것으로서, 여기서 분할은 지적공부에 등록되어 있는 도면상의 경계를 나누어 놓는 것을 말하며, 토지대장의 정리도 포함된다 할 것이지만 이를 위하여 필수적으로 선행되는 지적측량절차와는 별개의 것임은 물론이고, 도시계획법상 도시계획구역 관할행정청이 행하는 토지분할의 허가와도 그 성질을 달리하는 것이다.

(대법원 1992.12.8. 선고 92누7542 판결【토지분할거부처분취소】)

49. 대학교원의 신규채용에 있어서 유일한 면접심사 대상자로 선정된 임용지원자에 대한 교원신규채용 중단조치가 행정처분인지 여부(적극)

구 교육공무원법(1999.1.29. 법률 제5717호로 개정되기 전의 것) 및 구 교육공무원임용령(1999.9.30. 대통령령 16564호로 개정되기 전의 것) 등 관계 법령에 대학교원의 신규임용에 있어서의 심사단계나 심사방법 등에 관하여 아무런 규정을 두지 않았다고 하더라도, 대학 스스로 교원의 임용규정이나 신규채용업무시행지침 등을 제정하여 그에 따라 교원을 신규임용하여 온 경우, 임용지원자가 당해 대학의 교원임용규정 등에 정한 심사단계 중 중요한 대부분의 단계를 통과하여 다수의 임용지원자 중 유일한 면접심사 대상자로 선정되는 등으로 장차 나머지 일부의 심사단계를 거쳐 대학교원으로 임용될 것을 상당한 정도로 기대할 수 있는 지위에 이르렀다면, 그러한 임용지원자는 임용에 관한 법률상 이익을 가진 자로서 임용권자에 대하여 나머지 심사를 공정하게 진행하여 그 심사에서 통과되면 대학교원으로 임용해 줄 것을 신청할 조리상의 권리가 있다고 보아야 할 것이고, 또한 유일한 면접심사 대상자로 선정된 임용지원자에 대한 교원신규채용업무를 중단하는 조치는 교원신규채용절차의 진행을 유보하였다가 다시 속개하기 위한 중간

처분 또는 사무처리절차상 하나의 행위에 불과한 것이라고는 볼 수 없고, 유일한 면접심사 대상자로서 임용에 관한 법률상 이익을 가지는 임용지원자에 대한 신규임용을 사실상 거부하는 종국적인 조치에 해당하는 것이며, 임용지원자에게 직접 고지되지 않았다고 하더라도 임용지원자가 이를 알게 됨으로써 효력이 발생한 것으로 보아야 할 것이므로, 이는 임용지원자의 권리 내지 법률상 이익에 직접 관계되는 것으로서 항고소송의 대상이 되는 처분 등에 해당한다.

(대법원 2004.6.11. 선고 2001두7053 판결【교원신규채용업무중단처분취소】)

50. 지목변경신청 반려행위가 행정처분인지 여부(적극)

구 지적법(2001.1.26. 법률 제6389호로 전문 개정되기 전의 것) 제20조, 제38조 제2항의 규정은 토지소유자에게 지목변경신청권과 지목정정신청권을 부여한 것이고, 한편 지목은 토지에 대한 공법상의 규제, 개발부담금의 부과대상, 지방세의 과세대상, 공시지가의 산정, 손실보상가액의 산정 등 토지행정의 기초로서 공법상의 법률관계에 영향을 미치고, 토지소유자는 지목을 토대로 토지의 사용·수익·처분에 일정한 제한을 받게 되는 점 등을 고려하면, 지목은 토지소유권을 제대로 행사하기 위한 전제요건으로서 토지소유자의 실체적 권리관계에 밀접하게 관련되어 있으므로 지적공부 소관청의 지목변경신청 반려행위는 국민의 권리관계에 영향을 미치는 것으로서 항고소송의 대상이 되는 행정처분에 해당한다.

(대법원 2004.4.22. 선고 2003두9015 전원합의체 판결【지목변경신청반려처분취소청구각하취소】)

51. 임용권자가 임용지원자를 특별채용하는 경우 특별채용신청 거부가 행정처분인지 여부(소극)

[1] 행정청이 국민의 신청에 대하여 한 거부행위가 항고소송의 대상이 되는 행정처분에 해당하려면, 행정청의 행위를 요구할 법규상 또는 조리상의 신청권이 그 국민에게 있어야 하고, 이러한 신청권의 근거 없이 한 국민의 신청을 행정청이 받아들이지 아니한 경우에는 그 거부로 인하여 신청인의 권리나 법적 이익에 어떤 영향을 주는 것이 아니므로 이를 항고소송의 대상이 되는 행정처분이라고 할 수 없다.

[2] 교사에 대한 임용권자가 교육공무원법 제12조에 따라 임용지원자를 특별채용하는 경우, 임용지원자가 임용권자에게 자신의 임용을 요구할 법규상 또는 조리상 권리가 없다고 한 사례.

(대법원 2005.4.15. 선고 2004두11626 판결【교사임용거부처분취소】)

52. 신고대상이 아닌 사항에 대한 신고를 반려한 행위가 행정처분에 해당하는지 여부(소극)

[1] 행정청이 국민의 신청에 대하여 한 거부행위가 항고소송의 대상이 되는 행정처분에 해당하려면, 행정청의 행위를 요구할 법규상 또는 조리상의 신청권이 그 국민에게 있어야 하고, 이러한 신청권의 근거 없이 한 국민의 신청을 행정청이 받아들이지 아니한 경우에는 그 거부로 인하여 신청인의 권리나 법적 이익에 어떤 영향을 주는 것이 아니므로 이를 항고소송의 대상이 되는 행정처분이라고 할 수 없다.

[2] 재단법인이 아닌 종교단체가 설치하고자 하는 납골탑에는 관리사무실, 유족편의시설, 화장한 유골을 뿌릴 수 있는 시설, 그 밖에 필요한 시설물과 주차장을 마련하여야 하나, 위와 같은 시설들은 신고한 납골탑을 실제로 설치·관리함에 있어 마련해야 하는 시설에 불과한 것으로서 이에 관한 사항이 납골탑 설치신고의 신고대상이 되는 것으로 볼 아무런 근거가 없으므로, 종교단체가 납골탑 설치신고를 함에 있어 위와 같은 시설 등에 관한 사항을 신고한 데 대하여 행정청이 그 신고를 이를 일괄 반려하였다고 하더라도 그 반려처분 중 위와 같은 시설 등에 관한 신고를 반려한 부분은 항고소송의 대상이 되는 행정처분이라고 할 수 없다.

[3] 구 산림법(2002.12.30. 법률 제6841호로 개정되기 전의 것) 제18조 제1항, 구 산림법시행령(2002.11.6. 대통령령 제17772호로 개정되기 전의 것) 제24조 제1항 제7호에 의하면, 보전임지 중 생산임지에 대하여는 장사등에관한법률 제14조의 규정에 의하여 신고한 납골시설의 설치를 위하여 필요한 경우 보전임지의 전용허가를 받지 아니하여도 이를 전용할 수 있는바, 위의 규정에 의하여 보전임지의 전용허가를 받지 아니하고 전용할 수 있는 경우는 장사등에관한법률 제14조의 규정에 의하여 신고한 납골시설 자체의 설치를 위하여 필요한 경우를 의미한다고 볼 것이지, 납골시설의 부대시설의 설치를 위하여 필요한 경우까지 의미한다고 볼 것은 아니다.

(대법원 2005.2.25. 선고 2004두4031 판결【납골시설등설치신고반려처분취소】)

53. 과거에 법률에 의하여 당연퇴직된 공무원의 복직 또는 재임용신청에 대한 행정청의 거부행위가 항고소송의 대상이 되는 행정처분인지 여부(소극)

과거에 법률에 의하여 당연퇴직된 공무원이 자신을 복직 또는 재임용시켜 줄 것을 요구하는 신청에 대하여 그와 같은 조치가 불가능하다는 행정청의 거부행위는 당연퇴직의 효과가 계속하여 존재한다는 것을 알려주는 일종의 안내에 불과하므로 당연퇴직된 공무원의 실체상의 권리관계에 직접적인 변동을 일으키는 것으로 볼 수 없고, 당연퇴직의 근거 법률이 헌법재판소의 위헌결정으로 효력을 잃게 되었다고 하더라도 당연퇴직된 이후 헌법소원 등의 청구기간이 도과한 경우에는 당연퇴직의 내용과 상반되는 처분을 요구할 수 있는 조리상의 신청권을 인정할 수도 없다고 할 것이어서, 이와 같은 경우 행정청의 복직 또는 재임용거부행위는 항고소송의 대상이 되는 행정처분에 해당한다고 할 수 없다.

(대법원 2005.11.25. 선고 2004두12421 판결【당연퇴직자복직신청거절취소】)

▶ 부 관

54. 행정행위의 부관 중 부담이 그 자체만으로 행정소송의 대상이 될 수 있는지 여부(적극)

가. 행정행위의 부관은 행정행위의 일반적인 효력이나 효과를 제한하기 위하여 의사표시의 주된 내용에 부가되는 종된 의사표시이지 그 자체로서 직접 법적 효과를 발생하는 독립된 처분이 아니므로 현행 행정쟁송제도 아래서는 부관 그 자체만을 독립된 쟁송의 대상으로 할 수 없는 것이 원칙이나 행정행위의 부관 중에서도 행정행위에 부수하여 그 행정행위의 상대방에게 일정한 의무를 부과하는 행정청의 의사표시인 부담의 경우에는 다른 부관과는 달리 행정행위의 불가분적인 요소가 아니고 그 존속이 본체인 행정행위의 존재를 전제로 하는 것일 뿐이므로 부담 그 자체로서 행정쟁송의 대상이 될 수 있다.

나. 행정행위의 부관인 부담에 정해진 바에 따라 당해 행정청이 아닌 다른 행정청이 그 부담상의 의무이행을 요구하는 의사표시를 하였을 경우, 이러한 행위가 당연히 또는 무조건으로 행정소송법상 항고소송의 대상이 되는 처분에 해당한다고 할 수는 없다.

다. 건설부장관이 공유수면매립면허를 함에 있어 그 면허조건에서 울산지방해운항만청이 울산항 항로 밑바닥에 쌓인 토사를 준설하여 당해 공유수면에 투기한 토량을 같은 해운항만청장이 산정 결정한 납입고지서에 의하여 납부하도록 정한 경우에 있어 건설부장관이 공유수면매립면허를 받은 자에게 부관으로 당해 공유수면에 이미 토사를 투기한 해운항만청장에게 그 대가를 지급하도록 한 조치에 대하여 별도의 법령상의 근거나 그 징수방법, 불복절차, 강제집행 등에 관한 규정이 없다면 이에 의해 같은 해운항만청장이 한 수토대금의 납부고지행위는 항만준설공사를 함에 있어 투기한 토사가 그 매립공사에 이용됨으로써 이득을 본다는 취지에서 준설공사비용의 범위 내에서 이를 회수하려는 조치로서 그 법적 성격 등에 비추어 볼 때 이를 가리켜 행정소송법 제2조 제1항 제1호 소정의 처분에 해당한다고 할 수 없다고 한 사례.

라. 위 "다"항의 경우 해운항만청장이 공유수면매립면허를 받은 자에게 위 수토대금을 납부하지 않을 경우에는 국세체납의 예에 의하여 징수하겠다는 의사표시를 한 바 있었다고 하여도 이는 법령상의 근거 없이 한 것으로서 이 때문에 위 수토대금의 납부고지행위가 공권력을 가진 우월한 지위에서 행하는 행정처분이나 행정작용이 된다고 할 수 없고 세입금납세고지서에 의하여 납부할 것을 고지하였다 하여도 마찬가지이다.

(대법원 1992.1.21. 선고 91누1264 판결【수토대금부과처분취소】)

55. 어업면허처분 중 그 면허유효기관이 그 자체만으로 행정소송의 대상이 될 수 있는지 여부(소극)

어업면허처분을 함에 있어 그 면허의 유효기간을 1년으로 정한 경우, 위 면허의 유효기간은 행정청이 위 어업면허처분의 효력을 제한하기 위한 행정행위의 부관이라 할 것이고 이러한 행정행위의 부관은 독립하여 행정소송의 대상이 될 수 없는 것이므로 위 어업면허처분중 그 면허유효기간만의 취소를 구하는 청구는 허용될 수 없다.

(대법원 1986.8.19. 선고 86누202 판결【행정처분취소】)

56. 행정재산에 대한 사용수익허가 중 사용수익허가의 기간이 그 자체만으로 행정소송의 대상이 될 수 있는지 여부

[1] 공유재산의 관리청이 하는 행정재산의 사용·수익에 대한 허가는 순전히 사경제주체로서 행하는 사법상의 행위가 아니라 관리청이 공권력을 가진 우월적 지위에서 행하는 행정처분이라고 보아야 할 것인바, 행정재산을 보호하고 그 유지·보존 및 운용 등의 적정을 기하고자 하는 지방재정법 및 그 시행령 등 관련 규정의 입법 취지와 더불어 잡종재산에 대해서는 대부·매각 등의 처분을 할 수 있게 하면서도 행정재산에 대해서는 그 용도 또는 목적에 장해가 없는 한도 내에서 사용 또는 수익의 허가를 받은 경우가 아니면 이러한 처분을 하지 못하

도록 하고 있는 구 지방재정법(1999.1.21. 법률 제5647호로 개정되기 전의 것) 제82조 제1항, 제83조 제2항 등 규정의 내용에 비추어 볼 때 그 행정재산이 구 지방재정법 제75조의 규정에 따라 기부채납받은 재산이라 하여 그에 대한 사용·수익허가의 성질이 달라진다고 할 수는 없다.

[2] 행정행위의 부관은 부담인 경우를 제외하고는 독립하여 행정소송의 대상이 될 수 없는바, 기부채납받은 행정재산에 대한 사용·수익허가에서 공유재산의 관리청이 정한 사용·수익허가의 기간은 그 허가의 효력을 제한하기 위한 행정행위의 부관으로서 이러한 사용·수익허가의 기간에 대해서는 독립하여 행정소송을 제기할 수 없다.

(대법원 2001.6.15. 선고 99두509 판결【무상사용허가일부거부처분취소】)

57. 공유수면매립준공인가 중 매립지 일부에 대하여 한 국가귀속처분이 그 자체만으로 행정소송의 대상이 될 수 있는지 여부(소극)

행정행위의 부관은 부담의 경우를 제외하고는 독립하여 행정소송의 대상이 될 수 없는 것인바, 행정청이 한 공유수면매립준공인가 중 매립지 일부에 대하여 한 국가귀속처분은 매립준공인가를 함에 있어서 매립의 면허를 받은자의 매립지에 대한 소유권취득을 규정한 공유수면매립법 제14조의 효과 일부를 배제하는 부관을 붙인 것이므로 이러한 행정행위의 부관에 대하여는 독립하여 행정소송의 대상으로 삼을 수 없다.

(대법원 1991.12.13. 선고 90누8503 판결【공유수면매립빈지국유화처분취소】)

58. 공사중지명령의 해제를 요구할 수 있는 권리가 인정되는지 여부(적극)

[1] 행정소송에서 행정처분의 위법 여부는 행정처분이 행하여졌을 때의 법령과 사실상태를 기준으로 하여 판단하여야 하고, 처분 후 법령의 개폐나 사실상태의 변동에 의하여 영향을 받지는 않는다.

[2] 지방자치단체장이 공장시설을 신축하는 회사에 대하여 사업승인 내지 건축허가 당시 부가하였던 조건을 이행할 때까지 신축공사를 중지하라는 명령을 한 경우, 위 회사에게는 중지명령의 원인사유가 해소되었음을 이유로 당해 공사중지명령의 해제를 요구할 수 있는 권리가 조리상 인정된다.

(대법원 2007.5.11. 선고 2007두1811 판결【공사중지명령처분취소】)

▶ 경정처분

59. 당초의 과세처분이 증액경정된 경우, 쟁송의 대상이 되는 과세처분

세무관서가 과세표준과 세액을 결정한 후 그 과세표준과 세액에 탈루 또는 오류가 있다는 이유로 그 과세표준과 세액을 증액하는 경정처분을 한 경우에는 먼저 한 당초처분은 증액경정처분속에 흡수되어 독립된 존재가치를 상실하여 당연히 소멸하고, 오직 증액경정처분만이 쟁송의 대상이 되는 것이며 이와 같은 이치는 경정처분과 재경정처분 사이에 있어서도 마찬가지로 적용된다.

(대법원 1986.9.23. 선고 85누857 판결【부가가치세부과처분취소】)

60. 국세심판소의 경정에 따라 과세관청이 감액경정결정을 하였으나 납세의무자에게 통지하지 않은 경우 취소소송의 대상인 과세처분(=경정 이전의 부과처분)

국세심판소의 결정에 따라 과세관청이 내부적으로 세액의 감액갱정결정을 하였으나 납세의무자에게 아직 이를 통지하지 아니하였다면 과세처분취소소송의 대상은 갱정 이전의 당초의 부과처분이 되는 것이다.

(대법원 1990.11.13. 선고 90누6903 판결【양도소득세등부과처분취소】)

61. 과세표준과 세액을 감액하는 경정결정이 독립한 행정소송의 대상이 되는지 여부(소극)

[1] 과세표준과 세액을 감액하는 경정처분은 당초 부과처분과 별개 독립의 과세처분이 아니라 그 실질은 당초 부과처분의 변경이고, 그에 의하여 세액의 일부 취소라는 납세자에게 유리한 효과를 가져오는 처분이므로 그 감액경정결정으로도 아직 취소되지 아니하고 남아 있는 부분이 위법하다 하여 다투는 경우, 항고소송 대상은 당초의 부과처분 중 경정결정에 의하여 취소되지 않고 남은 부분이고, 경정결정이 항고소송의 대상이 되는 것은 아니며, 이 경우 적법한 전심절차를 거쳤는지 여부도 당초 처분을 기준으로 판단하여야 한다.

[2] 상속세 부과처분에 대한 국세심판소의 재조사 경정을 명하는 심판결정에 따라 과세관청이 행한 감액경정결정이 별도의 쟁송수단을 인정하여야 할 특별한 사유가 없어 항고소송의 대상이 되지 못한다고 한 사례.

(대법원 1998.5.26. 선고 98두3211 판결【상속세부과처분취소】)

62. 당초 과세처분과의 (증액된)차액만을 추가 고지한 증액경정처분이 있는 경우에도 당초처분은 증액경정처분에 흡수소멸되는지 여부(적극)

[1] 과세표준과 세액을 증액하는 경정처분이 있은 경우 그 경정처분은 당초처분을 그대로 둔 채 당초처분에서의 과세표준과 세액을 초과하는 부분만을 추가 확정하려는 처분이 아니고, 재조사에 의하여 판명된 결과에 따라서 당초처분에서의 과세표준과 세액을 포함시켜 전체로서의 과세표준과 세액을 결정하는 것이므로, 증액경정처분이 되면 먼저 된 당초처분은 증액경정처분에 흡수되어 당연히 소멸하고 오직 경정처분만이 쟁송의 대상이 되는 것이고, 이는 증액경정시에 당초 결정분과의 차액만을 추가로 고지한 경우에도 동일하다 할 것이며, 당초처분이 불복기간의 경과나 전심절차의 종결로 확정되었다 하여도 증액경정처분에 대한 소송절차에서 납세자는 증액경정처분으로 증액된 과세표준과 세액에 관한 부분만이 아니라 당초처분에 의하여 결정된 과세표준과 세액에 대하여도 그 위법 여부를 다툴 수 있으며 법원은 이를 심리·판단하여 위법한 때에는 취소를 할 수 있다.

[2] 상속세의 부과결정 또는 경정결정의 고지가 납세고지서에 의하여 행하여지는 경우에는 납세고지서에 기재된 객관적인 의미대로 그 효력을 발생함이 원칙이라 할 것인바, 제1차 부과처분을 감액경정한 제2차 결정이 납세고지서에 의하여 통지된 바 없어 이에 따른 제2차 처분이 존재한다고 볼 수 없고 제3차 결정시에 제2차 결정을 전제로 총 과세표준과 세액을 증액 산정한 뒤 납세고지서에는 제2차 결정에 의한 과세표준 및 세액의 차액만을 기재하여 납세고지하였다면, 비록 과세관청의 내부적 의사는 위 금액을 제2차 결정의 세액에 추가하고자 함에 있었다고 하더라도 납세고지서에 기재된 객관적 의미는 존재하지 아니하는 제2차 처분에 납세고지서 기재 금액을 추가하려는 것이라기보다 기존에 존재하던 제1차 처분에 이를 추가함에 있다고 봄이 상당하고, 따라서 제3차 처분은 제1차 처분의 과세표준 및 세액에 납세고지서 기재 금액을 합산하여 전체로서의 과세표준과 세액을 결정하는 증액경정처분에 해당한다고 할 것이므로 제1차 처분은 이에 흡수되어 소멸된다.

[3] 과세처분이 착오에 기인한 것이라고 하여 언제나 당연무효가 되는 것은 아니고, 다만 착오에 기한 과세처분의 절차 및 내용에 착오의 결과로 인하여 위법사유가 있게 된 경우 그 위법의 정도에 따라 무효 또는 취소사유가 될 수 있다고 할 것이나, 과세처분이 당연무효라고 하기 위하여는 그 처분에 위법사유가

있다는 것만으로는 부족하고 그 하자가 중대하고 명백한 것이어야 하며, 하자가 중대하고도 명백한 것인가의 여부를 판별함에 있어서는 당해 과세처분의 근거가 되는 법규의 목적, 의미, 기능 등을 목적론적으로 고찰함과 동시에 구체적 사안 자체의 특수성에 관하여도 합리적으로 고찰함을 요한다.

(대법원 1999.5.28. 선고 97누16329 판결【상속세등부과처분취소】)

63. 제1차 부과처분을 감액경정한 제2차 처분이 무효이고 제3차 처분은 단순히 납세고지서에 제2차 결정보다 증액된 과세표준 및 세액만을 기재한 경우, 제3차 처분을 제1차 처분의 증액경정처분으로 보아야 하는지 여부(적극)

[1] 과세표준과 세액을 증액하는 경정처분이 있은 경우 그 경정처분은 당초처분을 그대로 둔 채 당초처분에서의 과세표준과 세액을 초과하는 부분만을 추가 확정하려는 처분이 아니고, 재조사에 의하여 판명된 결과에 따라서 당초처분에서의 과세표준과 세액을 포함시켜 전체로서의 과세표준과 세액을 결정하는 것이므로, 증액경정처분이 되면 먼저 된 당초처분은 증액경정처분에 흡수되어 당연히 소멸하고 오직 경정처분만이 쟁송의 대상이 되는 것이고, 이는 증액경정시에 당초 결정분과의 차액만을 추가로 고지한 경우에도 동일하다 할 것이며, 당초처분이 불복기간의 경과나 전심절차의 종결로 확정되었다 하여도 증액경정처분에 대한 소송절차에서 납세자는 증액경정처분으로 증액된 과세표준과 세액에 관한 부분만이 아니라 당초처분에 의하여 결정된 과세표준과 세액에 대하여도 그 위법 여부를 다툴 수 있으며 법원은 이를 심리·판단하여 위법한 때에는 취소를 할 수 있다.

[2] 상속세의 부과결정 또는 경정결정의 고지가 납세고지서에 의하여 행하여지는 경우에는 납세고지서에 기재된 객관적인 의미대로 그 효력을 발생함이 원칙이라 할 것인바, 제1차 부과처분을 감액경정한 제2차 결정이 납세고지서에 의하여 통지된 바 없어 이에 따른 제2차 처분이 존재한다고 볼 수 없고 제3차 결정시에 제2차 결정을 전제로 총 과세표준과 세액을 증액 산정한 뒤 납세고지서에는 제2차 결정에 의한 과세표준 및 세액의 차액만을 기재하여 납세고지하였다면, 비록 과세관청의 내부적 의사는 위 금액을 제2차 결정의 세액에 추가하고자 함에 있었다고 하더라도 납세고지서에 기재된 객관적 의미는 존재하지 아니하는 제2차 처분에 납세고지서 기재 금액을 추가하려는 것이라기보다 기존에 존재하던 제1차 처분에 이를 추가함에 있다고 봄이 상당하고, 따라서 제3차 처분은 제1차 처분의 과세표준 및 세액에 납세고지서 기재 금액을 합산하여 전체로서의 과세표준과 세액을 결정하는 증액경정처분에 해당한다고 할 것이므로

제1차 처분은 이에 흡수되어 소멸된다.

[3] 과세처분이 착오에 기인한 것이라고 하여 언제나 당연무효가 되는 것은 아니고, 다만 착오에 기한 과세처분의 절차 및 내용에 착오의 결과로 인하여 위법사유가 있게 된 경우 그 위법의 정도에 따라 무효 또는 취소사유가 될 수 있다고 할 것이나, 과세처분이 당연무효라고 하기 위하여는 그 처분에 위법사유가 있다는 것만으로는 부족하고 그 하자가 중대하고 명백한 것이어야 하며, 하자가 중대하고도 명백한 것인가의 여부를 판별함에 있어서는 당해 과세처분의 근거가 되는 법규의 목적, 의미, 기능 등을 목적론적으로 고찰함과 동시에 구체적 사안 자체의 특수성에 관하여도 합리적으로 고찰함을 요한다.

(대법원 1999.5.28. 선고 97누16329 판결【상속세등부과처분취소】)

64. 과세부과처분이 있은 후 후발적 사유가 발생한 경우 이를 원인으로 한 경정청구와는 별도로 그 처분 자체에 관하여 다툴 수 있는지 여부

건물에 대한 매매계약의 해제 전에 부가가치세부과처분이 이루어졌다 하더라도 해제의 소급효로 인하여 매매계약의 효력이 소급하여 상실되는 이상 부가가치세의 부과 대상이 되는 건물의 공급은 처음부터 없었던 셈이 되므로, 위 부가가치세부과처분은 위법하다 할 것이며, 납세자가 과세표준신고를 하지 아니하여 과세관청이 부과처분을 한 경우 그 후에 발생한 계약의 해제 등 후발적 사유를 원인으로 한 경정청구 제도가 있다 하여 그 처분 자체에 대한 쟁송의 제기를 방해하는 것은 아니므로 경정청구와 별도로 위 부가가치세부과처분을 다툴 수 있다.

(대법원 2002.9.27. 선고 2001두5989 판결【부가가치세부과처분취소】)

▶ 처분성 부정

[행정청 내부행위나 중간 처분]

65. 국가유공자예우등에관한법률시행령에 의한 재심신체검사시의 등외판정이 행정처분인지 여부(소극)

가. 국가유공자예우등에관한법률시행령 제15조에 의한 재심신체검사시 행하는 판정은 위 법률의 적용대상 여부를 결정하기 위한 일련의 절차 중의 하나를 이루는 것에 불과하고, 그 자체가 어떠한 권리나 의무를 설정하거나 법률상 이익에 직접적인 변동을 초래하는 별도의 행정처분이 된다고 할 수 없다.

나. 청구취지에서 재심신체검사 등외판정의 취소를 구한다고 한 것에는 같은 시행령 제13조 제4항에 의하여 의제된 국가유공자등록신청의 기각처분의 취소를 구하는 취지도 포함되어 있다고 봄이 상당하다.

(대법원 1993.5.11. 선고 91누9206 판결【재심신체검사등외판정처분취소】)

66. 징병검사시의 신체등위판정이 행정처분인지 여부(소극)

가. 심판대상을 오인한 위법을 이유로 원심판결을 파기하고 자판한 사례.

나. 병역법상 신체등위판정은 행정청이라고 볼 수 없는 군의관이 하도록 되어 있으며, 그 자체만으로 바로 병역법상의 권리의무가 정하여지는 것이 아니라 그에 따라 지방병무청장이 병역처분을 함으로써 비로소 병역의무의 종류가 정하여지는 것이므로 항고소송의 대상이 되는 행정처분이라 보기 어렵다.

(대법원 1993.8.27. 선고 93누3356 판결【신체등위1급판정취소】)

67. 제2차 납세의무자 지정처분이 행정처분인지 여부(소극)

국세기본법 제39조에 의한 제2차 납세의무는 주된 납세의무자의 체납 등 그 요건에 해당하는 사실의 발생에 의하여 추상적으로 성립하고 납부통지에 의하여 고지됨으로써 구체적으로 확정되는 것이고, 제2차 납세의무자 지정처분만으로는 아직 납세의무가 확정되는 것이 아니므로 그 지정처분은 항고소송의 대상이 되는 행정처분이라고 할 수 없다.

(대법원 1995.9.15. 선고 95누6632 판결【제2차납세의무지정처분취소】)

68. 각 군 참모총장이 국방부장관에게 명예전역수당지급대상자를 추천하거나 신청자 중 일부를 추천하지 않는 행위가 행정처분인지 여부(소극)

[1] 군인사법 제53조의2 제6항의 위임을 받은 군인 명예전역수당지급 규정 제6조 제1항, 제3항의 각 규정에 의하면, 각 군 참모총장은 군인 명예전역수당 지급신청을 받아 이를 심사하고 수당지급대상자를 선정하여 국방부장관에게 추천하며, 국방부장관은 각 군 참모총장으로부터 수당지급대상자의 추천을 받아 수당지급대상자를 최종적으로 심사·결정하도록 규정되어 있다. 이 규정에 따라 각 군 참모총장이 수당지급대상자 결정절차에 대하여 수당지급대상자를 추천하거나 신청자 중 일부를 추천하지 아니하는 행위는 행정기관 상호간의 내부적인 의사결정과정의 하나일 뿐 그 자체만으로는 직접적으로 국민의 권리·의무가 설정, 변경, 박탈되거나 그 범위가 확정되는 등 기존의 권리상태에 어떤 변동을 가져오

는 것이 아니므로 이를 항고소송의 대상이 되는 처분이라고 할 수는 없다.

[2] 군인사법 제53조의2 제1항, 군인 명예전역수당지급 규정 제2조 제1항, 제2항, 제6조 제2항, 제3항의 각 규정과 명예전역수당 지급업무 처리지침 제1항, 제7항의 각 규정 내용 등을 종합하여 보면, 국방부장관이 수당지급대상자로 결정하거나 배제하는 행위는 20년 이상 근속한 군인들 중 정년 전에 자진하여 전역하는 사람의 신청을 받아 심사한 후 그 지급대상자 및 지급액 등을 결정할 수 있는 재량행위에 해당한다고 보아야 한다.

[3] 군인사법 등 관련 법령이 각 군 참모총장의 추천에 따라 국방부장관이 최종적으로 군인 명예전역수당 지급대상자를 결정하도록 규정하고 있는 이상 각 군 참모총장의 추천거부행위에 실체상·절차상의 위법사유가 존재하는 경우 그 위법사유를 이유로 국방부장관의 거부처분의 취소를 구할 수 있다.

(대법원 2009.12.10. 선고 2009두14231 판결【명예전역거부처분취소】)

[국민의 권리의무와 관련 없는 장부 기재 행위]

69. 건축물관리대장의 등재사항에 대한 정정신청을 거부한 행위가 행정처분인지 여부(소극)

가. 건축물대장에 일정한 사항을 등재하거나 등재된 사항을 변경하는 행위는 행정사무집행의 편의와 사실증명의 자료로 삼기 위한 것이고 그 등재나 변경등재행위로 인하여 당해 건축물에 대한 실체상의 권리관계에 어떤 변동을 가져오는 것은 아니므로 소관청이 그 등재사항에 대한 정정신청을 거부한 것을 가리켜 항고소송의 대상이 되는 행정처분이라고 할 수 없다.

나. 어떠한 신청에 대한 행정청의 거부행위가 항고소송의 대상인 행정처분이 되기 위하여는 신청인이 행정청에 대하여 그 신청에 따른 행정행위를 요구할 수 있는 법규상 또는 조리상의 권리가 있어야 하는 바, 시장점포의 소유자는 시장개설자가 한 시장개설허가 및 그 변동에 대하여 도·소매업 진흥법상 어떠한 신청을 할 수 있는 아무런 규정이 없을 뿐 아니라 시장개설허가처분의 내용이 사실과 다르다고 하여도 그것만으로 점포소유자에게 그 시장개설허가처분내용의 변경을 청구할 조리상의 권리가 있다고 할 수 없는 것이므로 시장점포소유자의 그같은 변경신청을 불허한 행위는 항고 소송의 대상인 행정처분에 해당하지 않는다.

(대법원 1989.12.12. 선고 89누5348 판결【건축물관리대장일부정정신청거부처분취소등】)

70. 자동차운전면허대장상의 등재행위가 행정처분인지 여부(소극)

자동차운전면허대장상 일정한 사항의 등재행위는 운전면허행정사무집행의 편의와 사실증명의 자료로 삼기 위한 것일 뿐 그 등재행위로 인하여 당해 운전면허 취득자에게 새로이 어떠한 권리가 부여되거나 변동 또는 상실되는 효력이 발생하는 것은 아니므로 이는 행정소송의 대상이 되는 독립한 행정처분으로 볼 수 없고, 운전경력증명서상의 기재행위 역시 당해 운전면허 취득자에 대한 자동차운전면허대장상의 기재사항을 옮겨 적는 것에 불과할 뿐이므로 운전경력증명서에 한 등재의 말소를 구하는 소는 부적법하다 할 것이다.

(대법원 1991.9.24. 선고 91누1400 판결【운전경력증명서상의기록삭제신청거부처분취소】)

71. 부가가치세법상 과세관청의 사업자등록 직권말소행위가 행정처분인지 여부(소극)

부가가치세법상의 사업자등록은 과세관청으로 하여금 부가가치세의 납세의무자를 파악하고 그 과세자료를 확보케 하려는 데 입법취지가 있는 것으로서, 이는 단순한 사업사실의 신고로서 사업자가 소관 세무서장에서 소정의 사업자등록신청서를 제출함으로써 성립되는 것이고, 사업자등록증의 교부는 이와 같은 등록사실을 증명하는 증서의 교부행위에 불과한 것이며, 부가가치세법 제5조 제5항에 의하면 사업자가 폐업하거나 또는 신규로 사업을 개시하고자 하여 사업개시일 전에 등록한 후 사실상 사업을 개시하지 아니하게 되는 때에는 과세관청이 직권으로 이를 말소하도록 하고 있는데, 사업자등록의 말소 또한 폐업사실의 기재일 뿐 그에 의하여 사업자로서의 지위에 변동을 가져오는 것이 아니라는 점에서 과세관청의 사업자등록 직권말소행위는 불복의 대상이 되는 행정처분으로 볼 수가 없다.

(대법원 2000.12.22. 선고 99두6903 판결【사업자등록말소처분취소】)

[비권력적 행위]

72. 한국전력공사가 전기공급의 적법 여부를 조회한 데 대한 관할 구청장의 회신이 행정처분인지 여부(소극)

[1] 항고소송의 대상이 되는 행정처분이라 함은 행정청의 공법상의 행위로서 특정사항에 대하여 법규에 의한 권리의 설정 또는 의무의 부담을 명하거나 기

타 법률상 효과를 발생하게 하는 등 국민의 구체적인 권리의무에 직접적 변동을 초래하는 행위를 말하는 것이고, 행정권 내부에서의 행위나 알선, 권유, 사실상의 통지 등과 같이 상대방 또는 기타 관계자들의 법률상 지위에 직접적인 법률적 변동을 일으키지 아니하는 행위 등은 항고소송의 대상이 될 수 없다.

[2] 무단 용도변경을 이유로 단전조치된 건물의 소유자로부터 새로이 전기공급신청을 받은 한국전력공사가 관할 구청장에게 전기공급의 적법 여부를 조회한 데 대하여, 관할 구청장이 한국전력공사에 대하여 건축법 제69조 제2항, 제3항의 규정에 의하여 위 건물에 대한 전기공급이 불가하다는 내용의 회신을 하였다면, 그 회신은 권고적 성격의 행위에 불과한 것으로서 한국전력공사나 특정인의 법률상 지위에 직접적인 변동을 가져오는 것은 아니므로 항고소송의 대상이 되는 행정처분이라고 볼 수 없다고 한 사례.

(대법원 1995.11.21. 선고 95누9099 판결【전기공급불가처분취소】)

73. 법령의 해석에 관한 질의에 행정부처의 장의 회신이 행정처분인지 여부(소극)

행정소송은 구체적인 권리의무에 관한 분쟁을 전제로 하여 제기되는 것으로서 행정소송의 대상이 되는 행정처분은 행정청의 공법상의 행위로서 특정사항에 대하여 법규에 의하여 권리를 설정하고 의무를 명하여 기타 법률상의 효과를 발생케 하는 등 국민의 권리의무에 직접 관계가 있는 행위를 말한다고 할 것인바, 행정 각 부처의 장 등이 일반 국민의 소관 법령의 해석에 관한 질의에 대하여 하는 회신은 법원을 구속하지 못함은 물론 그 상대방이나 기타 관계자들의 법률상의 지위에 직접적으로 변동을 가져 오게 하는 것이 아니므로 특별한 사정이 없는 한 그 자체로서 항고소송의 대상이 될 수는 없다.

(대법원 1992.10.13. 선고 91누2441 판결【안마사에게침술자격부여처분무효】)

[권리 의무와 관계가 없는 결정이나 단순한 관념의 통지]

74. 국세기본법 51조 및 52조의 국세환급금 및 국세가산금 결정이나 환급거부 결정이 행정처분인지 여부(소극)

가. 양도소득세 비과세대상인 구 소득세법(1988.12.26. 법률 제4019호로 개정되기 전의 것) 제5조 제6호(라)목에서 규정하는 "자기가 경작하는 토지"라 함은 자기가 직접 논·밭을 갈고, 가꾸고, 수확하는 것만을 의미하는 것이 아니라 자기의

책임과 계산하에 다른 사람을 고용하여 경작하는 경우도 포함한다.

나. 국세징수법 제21조가 규정하는 가산금은 국세가 납부기한까지 납부되지 않는 경우, 미납분에 관한 지연이자의 의미로 부과되는 부대세의 일종으로서 과세권자의 가산금확정절차없이 국세를 납부기한까지 납부하지 아니하면 위 법규정에 의하여 가산금이 당연히 발생하고 그 액수도 확정된다고 할 것이고, 다만 그에 관한 징수절차를 개시하려면 독촉장에 의하여 그 납부를 독촉함으로써 가능한 것이고 그 가산금납부독촉이 부당하거나 그 절차에 하자가 있는 경우에는 그 징수처분에 대하여 취소소송에 의한 불복이 가능할 뿐이라 할 것이므로 과세관청인 피고가 이 사건 가산금을 확정하는 어떤 행위를 한 바가 없고, 다만 원고에게 양도소득세 등의 납세고지를 하면서 납기일까지 납부하지 아니하면 납기후 1개월까지는 가산금 563,520원을 징수하게 된다는 취지를 고지하였을 뿐, 납부기한 경과후에 그 납부를 독촉한 사실이 없다면 원고가 취소를 구하는 이 사건 가산금 부과처분은 존재하지 않는다고 할 것이므로 이 부분의 취소청구는 부적법하다.

(대법원 1990.5.8. 선고 90누1168 판결【양도소득세부과처분취소】)

75. 국세환급금의 충당이 항고소송의 대상이 되는 처분인지 여부(소극)

[1] 국세징수법 제21조, 제22조가 규정하는 가산금 또는 중가산금은 국세를 납부기한까지 납부하지 아니하면 과세청의 확정절차 없이도 법률 규정에 의하여 당연히 발생하는 것이므로 가산금 또는 중가산금의 고지가 항고소송의 대상이 되는 처분이라고 볼 수 없다.

[2] 국세환급금의 충당은 국세기본법 제51조 제2항, 같은법시행령 제31조 등에 그 요건이나 절차, 방법이 따로 정하여져 있고 그 효과로 같은 법 제26조 제1호가 납세의무의 소멸을 규정하고 있으나, 그 충당이 납세의무자가 갖는 환급청구권의 존부나 범위 또는 소멸에 구체적이고 직접적인 영향을 미치는 처분이라기보다는 국가의 환급금 채무와 조세채권이 대등액에서 소멸되는 점에서 오히려 민법상의 상계와 비슷하고, 소멸대상인 조세채권이 존재하지 아니하거나 당연무효 또는 취소되는 경우에는 그 충당의 효력이 없는 것으로서 이러한 사유가 있는 경우에 납세의무자로서는 충당의 효력이 없음을 주장하여 언제든지 민사소송에 의하여 이미 결정된 국세환급금의 반환을 청구할 수 있다고 할 것이므로, 이는 국세환급결정이나 그 국세환급신청에 대한 거부결정과 마찬가지로 항고소송의 대상이 되는 처분이라고 할 수 없다.

[3] 회사정리계획 중 정리채권으로 신고한 조세채권에 관하여 '정리절차 개시결정일부터 이 정리계획안에서 정한 변제기일까지의 이자는 전액 면제'한다는 부분은 정리절차 개시결정일부터 위 변제기일까지 발생하였거나 발생할 위 조세채권의 중가산금은 이를 면제한다는 취지라고 판단한 사례.

[4] 회사정리법 제245조 제1항이 정리계획인가의 결정이 확정된 때에는 정리채권 또는 정리담보권에 기하여 계획의 규정에 의하여 인정된 권리에 관하여는 그 정리채권자표 또는 정리담보권자표의 기재는 회사, 신회사(합병 또는 분할합병으로 설립되는 신회사를 제외한다), 정리채권자, 정리담보권자, 회사의 주주와 정리를 위하여 채무를 부담하거나 또는 담보를 제공하는 자에 대하여 확정판결과 동일한 효력이 있다고 규정하고 있고, 그 취지는 정리계획인가결정이 확정된 경우 정리채권자표 또는 정리담보권자표에 기재된 정리채권 또는 정리담보권 중 정리계획의 규정에 의하여 인정된 권리를 기준으로 정리계획을 수행하도록 하여 신속하고도 안정적인 정리계획의 수행을 보장하려는 데에 있고, 이와 같은 의미에서 위 법조에서 말하는 '확정판결과 동일한 효력'이라 함은 기판력이 아닌 정리절차 내부에서의 불가쟁의 효력으로 보아야 한다.

[5] 이미 회사정리계획이 확정된 이상 회사정리법 제122조 제1항에서 정한 징수의 권한을 가진 자의 동의를 받지 아니한 절차상의 하자가 있다는 사정만으로는 회사정리계획의 효력을 다툴 수 없다고 한 사례.

(대법원 2005.6.10. 선고 2005다15482 판결【부당이득금】)

76. 국세징수법상 가산금 또는 중가삼금의 고지가 항고소송의 대상이 되는 처분인지 여부(소극)

[1] 국세징수법 제21조, 제22조가 규정하는 가산금 또는 중가산금은 국세를 납부기한까지 납부하지 아니하면 과세청의 확정절차 없이도 법률 규정에 의하여 당연히 발생하는 것이므로 가산금 또는 중가산금의 고지가 항고소송의 대상이 되는 처분이라고 볼 수 없다.

[2] 국세환급금의 충당은 국세기본법 제51조 제2항, 같은법시행령 제31조 등에 그 요건이나 절차, 방법이 따로 정하여져 있고 그 효과로 같은 법 제26조 제1호가 납세의무의 소멸을 규정하고 있으나, 그 충당이 납세의무자가 갖는 환급청구권의 존부나 범위 또는 소멸에 구체적이고 직접적인 영향을 미치는 처분이라기보다는 국가의 환급금 채무와 조세채권이 대등액에서 소멸되는 점에서 오히려 민법상의 상계와 비슷하고, 소멸대상인 조세채권이 존재하지 아니하거나

당연무효 또는 취소되는 경우에는 그 충당의 효력이 없는 것으로서 이러한 사유가 있는 경우에 납세의무자로서는 충당의 효력이 없음을 주장하여 언제든지 민사소송에 의하여 이미 결정된 국세환급금의 반환을 청구할 수 있다고 할 것이므로, 이는 국세환급결정이나 그 국세환급신청에 대한 거부결정과 마찬가지로 항고소송의 대상이 되는 처분이라고 할 수 없다.

[3] 회사정리계획 중 정리채권으로 신고한 조세채권에 관하여 '정리절차 개시결정일부터 이 정리계획안에서 정한 변제기일까지의 이자는 전액 면제'한다는 부분은 정리절차 개시결정일부터 위 변제기일까지 발생하였거나 발생할 위 조세채권의 중가산금은 이를 면제한다는 취지라고 판단한 사례.

[4] 회사정리법 제245조 제1항이 정리계획인가의 결정이 확정된 때에는 정리채권 또는 정리담보권에 기하여 계획의 규정에 의하여 인정된 권리에 관하여는 그 정리채권자표 또는 정리담보권자표의 기재는 회사, 신회사(합병 또는 분할합병으로 설립되는 신회사를 제외한다), 정리채권자, 정리담보권자, 회사의 주주와 정리를 위하여 채무를 부담하거나 또는 담보를 제공하는 자에 대하여 확정판결과 동일한 효력이 있다고 규정하고 있고, 그 취지는 정리계획인가결정이 확정된 경우 정리채권자표 또는 정리담보권자표에 기재된 정리채권 또는 정리담보권 중 정리계획의 규정에 의하여 인정된 권리를 기준으로 정리계획을 수행하도록 하여 신속하고도 안정적인 정리계획의 수행을 보장하려는 데에 있고, 이와 같은 의미에서 위 법조에서 말하는 '확정판결과 동일한 효력'이라 함은 기판력이 아닌 정리절차 내부에서의 불가쟁의 효력으로 보아야 한다.

[5] 이미 회사정리계획이 확정된 이상 회사정리법 제122조 제1항에서 정한 징수의 권한을 가진 자의 동의를 받지 아니한 절차상의 하자가 있다는 사정만으로는 회사정리계획의 효력을 다툴 수 없다고 한 사례.

(대법원 2005.6.10. 선고 2005다15482 판결【부당이득금】)

77. 당연퇴직처분이 행정처분인지 여부(소극)

국가공무원법 제69조에 의하면 공무원이 제33조 각 호의 1에 해당할 때에는 당연히 퇴직한다고 규정하고 있으므로, 국가공무원법상 당연퇴직은 결격사유가 있을 때 법률상 당연히 퇴직하는 것이지 공무원관계를 소멸시키기 위한 별도의 행정처분을 요하는 것이 아니며, 당연퇴직의 인사발령은 법률상 당연히 발생하는 퇴직사유를 공적으로 확인하여 알려주는 이른바 관념의 통지에 불과하고 공무원의 신분을 상실시키는 새로운 형성적 행위가 아니므로 행정소송의 대상이 되는 독립한 행정처분이라고 할 수 없다.

(대법원 1995.11.14. 선고 95누2036 판결【당연퇴직처분무효확인】)

78. 한국자산공사의 재공매(입찰)결정 및 공매통지가 항고소송의 대상이 되는 행정처분인지 여부(소극)

[1] 한국자산공사가 당해 부동산을 인터넷을 통하여 재공매(입찰)하기로 한 결정 자체는 내부적인 의사결정에 불과하여 항고소송의 대상이 되는 행정처분이라고 볼 수 없고, 또한 한국자산공사가 공매통지는 공매의 요건이 아니라 공매사실 자체를 체납자에게 알려주는 데 불과한 것으로서, 통지의 상대방의 법적 지위나 권리·의무에 직접 영향을 주는 것이 아니라고 할 것이므로 이것 역시 행정처분에 해당한다고 할 수 없다.

[2] 국세징수법 제62조 제1항, 제74조 제1항, 제4항의 규정을 종합하면, 체납처분절차에 의하여 압류재산을 매각함에 있어, 매각예정가격을 최초 가격의 100분의 50에 해당하는 금액까지 체감하여도 매각되지 아니하는 경우, 한국자산관리공사 등은 위 압류재산을 반드시 같은 법 제62조 제1항에 따라 수의계약에 의하여 매각하여야 하는 것은 아니고, 같은 법 제74조 제4항에 따라 최초 매각예정가격의 100분의 50 미만의 가격으로 재공매할 수도 있다.

(대법원 2007.7.27. 선고 2006두8464 판결【공매처분취소】)

[반복되는 행위]

79. 위법건축물에 대한 철거명령 및 계고처분에 불응하자 제2차, 제3차로 행한 계고처분이 행정처분인지 여부(소극)

가. 행정청이 행정대집행법 제3조 제1항에 의한 대집행계고를 함에 있어서는 의무자가 스스로 이행하지 아니하는 경우에 대집행할 행위의 내용 및 범위가 구체적으로 특정되어야 하나, 그 행위의 내용 및 범위는 반드시 대집행계고서에 의하여서만 특정되어야 하는 것이 아니고 계고처분 전후에 송달된 문서나 기타 사정을 종합하여 행위의 내용이 특정되면 족하다.

나. 건물의 소유자에게 위법건축물을 일정기간까지 철거할 것을 명함과 아울러 불이행할 때에는 대집행한다는 내용의 철거대집행 계고처분을 고지한 후 이에 불응하자 다시 제2차, 제3차 계고서를 발송하여 일정기간까지의 자진철거를 촉구하고 불이행하면 대집행을 한다는 뜻을 고지하였다면 행정대집행법상의 건

물철거의무는 제1차 철거명령 및 계고처분으로서 발생하였고 제2차, 제3차의 계고처분은 새로운 철거의무를 부과한 것이 아니고 다만 대집행기한의 연기통지에 불과하므로 행정처분이 아니다.

다. 위법한 건물의 공유자 1인에 대한 계고처분은 다른 공유자에 대하여는 그 효력이 없다.

(대법원 1994.10.28. 선고 94누5144 판결【건축물자진철거계고처분취소】)

80. 보험자가 의료기관에게 부당이득금의 납부를 독촉한 후 다시 동일한 내용의 독촉을 한 경우 후의 독촉이 행정처분인지 여부(소극)

구 의료보험법(1994.1.7. 법률 제4728호로 전문 개정되기 전의 것) 제45조, 제55조, 제55조의2의 각 규정에 의하면, 보험자 또는 보험자단체가 사기 기타 부정한 방법으로 보험급여비용을 받은 의료기관에게 그 급여비용에 상당하는 금액을 부당이득으로 징수할 수 있고, 그 의료기관이 납부고지에서 지정된 납부기한까지 징수금을 납부하지 아니한 경우 국세체납절차에 의하여 강제징수할 수 있는바, 보험자 또는 보험자단체가 부당이득금 또는 가산금의 납부를 독촉한 후 다시 동일한 내용의 독촉을 하는 경우 최초의 독촉만이 징수처분으로서 항고소송의 대상이 되는 행정처분이 되고 그 후에 한 동일한 내용의 독촉은 체납처분의 전제요건인 징수처분으로서 소멸시효 중단사유가 되는 독촉이 아니라 민법상의 단순한 최고에 불과하여 국민의 권리의무나 법률상의 지위에 직접적으로 영향을 미치는 것이 아니므로 항고소송의 대상이 되는 행정처분이라 할 수 없다.

(대법원 1999.7.13. 선고 97누119 판결【부당이득금납부독촉고지처분취소】)

[신고수리행위]

81. 신고납부하는 취득세와 등록세의 수납행위가 행정처분인지 여부(소극)

가. 지방세법에 있어서는 취득세와 등록세는 모두 신고납부방식의 조세이고 납세의무자가 취득세와 등록세를 신고납부하는 과정에서 과세관청이 이를 수납하는 행위는 단순한 사무적 행위에 불과할 뿐, 행정처분이라고 볼 수 없다.

나. 과세관청이 납세자가 신고납부하는 취득세와 등록세를 수령한 후 이를 확인하는 통지를 하면서, 납세자가 구 지방세법(1986.12.31. 법률 제3878호로 개정되기 전의 것) 제110조의3 제3항 제5호, 제128조의2 제3항 제6호에 기하여 한 취득세 및 등록세의 면제신청을 거부하는 취지의 회시를 보냈다고 하더라도 취득세

와 등록세가 모두 신고납부방식의 조세인 이상 그 신고납부를 확인하여 통지한 것을 가리켜 항고소송의 대상이 되는 행정처분이라고 할 수 없고, 위 규정들에 따른 취득세및 등록세의 면제에 관하여는 감면신청 및 이에 대한 통지에 관한 절차규정이 없으므로 이와 같은 취득세 및 등록세는 법률상 당연히 면제되는 것이지 과세관청의 조세면제처분에 의하여 비로소 면제되는 것은 아니라 할 것이고, 따라서 면제신청을 거부하는 취지의 회시를 가리켜 항고소송의 대상이 되는 행정처분이라고 할 수 없다.

(대법원 1990.3.27. 선고 88누4591 판결【취득세등부과처분취소】)

第3條【行政訴訟의 종류】

1. 당사자소송과 민사소송의 구별

가. 조세부과처분이 당연무효임을 전제로 하여 이미 납부한 세금의 반환을 청구하는 것은 민사상의 부당이득반환청구로서 민사소송절차에 따라야 한다.

나. 과세처분이 당연무효라고 하기 위하여는 그 처분에 중대한 하자가 있는 것만으로는 부족하고 그 하자가 객관적으로(외형적으로) 명백한 것이어야 한다.

다. 조세감면규제법 소정의 부가가치세 면제대상인 국민주택에 해당되는 다가구용 건물의 세대별 분양에 대하여 부가가치세 및 가산세를 부과한 과세처분에는 중대한 하자가 있으나, 주택건설촉진법상 공동주택의 종류는 아파트, 연립주택, 다세대주택의 3가지로 규정되어 있고, 위 건물은 공부상 단독주택으로 등재되어 있던 점 및 조세감면규제법이나 주택건설촉진법상 국민주택의 개념 자체가 명확하지 아니하여 위 건물과 같은 다가구용 단독주택을 다세대주택과 유사한 공동주택으로 볼 것인지의 여부는 법령의 해석상 다툼의 여지가 있을 수도 있는 점 등을 고려하여 볼 때, 위 과세처분은 과세대상의 법률관계 내지 사실관계를 오인한 것에 불과하여 그 하자가 객관적으로 명백하다고 할 수 없다고 한 사례.

(대법원 1995.4.28. 선고 94다55019 판결【부당이득금】)

2. 지방전문직공무원 채용계약 해지 의사표시에 대하여 당사자소송으로 무효확인을 청구할 수 있는지 여부

가. 지방공무원법과 지방전문직공무원규정등 관계법령의 규정내용에 비추어 보면, 지방전문직공무원 채용계약에서 정한 채용기간이 만료한 경우 채용계약을

갱신하거나 채용기간을 연장할 것인지 여부는 지방자치단체장의 재량에 맡겨져 있는 것으로 보아야 할 것이므로 지방전문직공무원 채용계약에서 정한 기간이 형식적인 것에 불과하고 그 채용계약은 기간의 약정이 없는 것이라고 볼 수 없다.

나. 현행 실정법이 지방전문직공무원 채용계약 해지의 의사표시를 일반공무원에 대한 징계처분과는 달리 항고소송의 대상이 되는 처분 등의 성격을 가진 것으로 인정하지 아니하고, 지방전문직공무원규정 제7조 각호의 1에 해당하는 사유가 있을 때 지방자치단체가 채용계약관계의 한쪽 당사자로서 대등한 지위에서 행하는 의사표시로 취급하고 있는 것으로 이해되므로, 지방전문직공무원 채용계약 해지의 의사표시에 대하여는 대등한 당사자간의 소송형식인 공법상 당사자소송으로 그 의사표시의 무효확인을 청구할 수 있다.

다. 지방전문직공무원 채용계약 해지의 의사표시가 무효인지 여부는 최소한 그 의사표시가 된 때로부터 채용기간이 만료할 때까지의 보수지급청구권의 존부에 관한 선결문제가 될 뿐만 아니라, 특히 해지사유가 공무원으로서의 업무태만과 복무상 의무의 위반이라는 불명예스러운 것이어서 비록 그와 같이 채용계약이 해지된 전력이 공무원 등으로 임용됨에 있어서 법령상 결격사유가 되는 것은 아니더라도 그와 같은 전력이 없는 사람에 비하여 불리한 장애가 될 것임은 의심의 여지가 없으므로, 보수청구권 등의 권리를 회복하거나 다른 권리 또는 법률상 지위에 대한 위험이나 불안을 제거하기 위하여 채용기간의 만료에도 불구하고 지방전문직공무원 채용계약 해지의 의사표시의 무효확인을 구할 법률상 이익이 있다.

(대법원 1993.9.14. 선고 92누4611 판결【공무원채용계약해지무효확인】)

3. 구 도시재개발법에 의한 재개발조합에 대하여 조합원 자격 확인을 구하는 소송의 성질

[1] 구 도시재개발법(1995.12.29. 법률 제5116호로 전문 개정되기 전의 것)에 의한 재개발조합은 조합원에 대한 법률관계에서 적어도 특수한 존립목적을 부여받은 특수한 행정주체로서 국가의 감독하에 그 존립 목적인 특정한 공공사무를 행하고 있다고 볼 수 있는 범위 내에서는 공법상의 권리의무 관계에 서 있다. 따라서 조합을 상대로 한 쟁송에 있어서 강제가입제를 특색으로 한 조합원의 자격 인정 여부에 관하여 다툼이 있는 경우에는 그 단계에서는 아직 조합의 어떠한 처분 등이 개입될 여지는 없으므로 공법상의 당사자소송에 의하여 그 조합원 자격의 확인을 구할 수 있고, 한편 분양신청 후에 정하여진 관리처분계획의 내

용에 관하여 다툼이 있는 경우에는 그 관리처분계획은 토지 등의 소유자에게 구체적이고 결정적인 영향을 미치는 것으로서 조합이 행한 처분에 해당하므로 항고소송에 의하여 관리처분계획 또는 그 내용인 분양거부처분 등의 취소를 구할 수 있으나, 설령 조합원의 자격이 인정된다 하더라도 분양신청을 하지 아니하거나 분양을 희망하지 아니할 때에는 금전으로 청산하게 되므로(같은 법 제44조), 대지 또는 건축시설에 대한 수분양권의 취득을 희망하는 토지 등의 소유자가 한 분양신청에 대하여 조합이 분양대상자가 아니라고 하여 관리처분계획에 의하여 이를 제외시키거나 원하는 내용의 분양대상자로 결정하지 아니한 경우, 토지 등의 소유자에게 원하는 내용의 구체적인 수분양권이 직접 발생한 것이라고는 볼 수 없어서 곧바로 조합을 상대로 하여 민사소송이나 공법상 당사자소송으로 수분양권의 확인을 구하는 것은 허용될 수 없다.

[2] 항고소송으로 제기하였어야 할 소를 민사소송으로 제기하였다 하더라도 그 항소심 법원이 항고소송에 대한 관할을 동시에 가지고 있다면, 당사자 권리구제나 소송경제의 측면에서 항고소송에 대한 제1심 법원으로서 사건을 심리·판단하여야 한다.

(대법원 1996.2.15. 선고 94다31235 전원합의체 판결【수분양권존재확인등】)

4. 항고소송의 절차를 거치지 아니하고 곧바로 국가를 상대로 한 당사자소송으로 급여의 지급을 구하는 것의 허부(소극)

[1] 구 군인연금법(2000.12.30. 법률 제6327호로 개정되기 전의 것)과 같은법시행령(2000.12.30. 대통령령 제17099호로 개정되기 전의 것)의 관계 규정을 종합하면, 같은 법에 의한 퇴역연금 등의 급여를 받을 권리는 법령의 규정에 의하여 직접 발생하는 것이 아니라 각 군 참모총장의 확인을 거쳐 국방부장관이 인정함으로써 비로소 구체적인 권리가 발생하고, 위와 같은 급여를 받으려고 하는 자는 우선 관계 법령에 따라 국방부장관에게 그 권리의 인정을 청구하여 국방부장관이 그 인정 청구를 거부하거나 청구 중의 일부만을 인정하는 처분을 하는 경우 그 처분을 대상으로 항고소송을 제기하는 등으로 구체적 권리를 인정받은 다음 비로소 당사자소송으로 그 급여의 지급을 구하여야 할 것이고, 구체적인 권리가 발생하지 않은 상태에서 곧바로 국가를 상대로 한 당사자소송으로 그 권리의 확인이나 급여의 지급을 소구하는 것은 허용되지 아니한다.

[2] 국방부장관의 인정에 의하여 퇴역연금을 지급받아 오던 중 군인보수법 및 공무원보수규정에 의한 호봉이나 봉급액의 개정 등으로 퇴역연금액이 변경

된 경우에는 법령의 개정에 따라 당연히 개정규정에 따른 퇴역연금액이 확정되는 것이지 구 군인연금법(2000.12.30. 법률 제6327호로 개정되기 전의 것) 제18조 제1항 및 제2항에 정해진 국방부장관의 퇴역연금액 결정과 통지에 의하여 비로소 그 금액이 확정되는 것이 아니므로, 법령의 개정에 따른 국방부장관의 퇴역연금액 감액조치에 대하여 이의가 있는 퇴역연금수급권자는 항고소송을 제기하는 방법으로 감액조치의 효력을 다툴 것이 아니라 직접 국가를 상대로 정당한 퇴역연금액과 결정, 통지된 퇴역연금액과의 차액의 지급을 구하는 공법상 당사자소송을 제기하는 방법으로 다툴 수 있다 할 것이고, 같은 법 제5조 제1항에 그 법에 의한 급여에 관하여 이의가 있는 자는 군인연금급여재심위원회에 그 심사를 청구할 수 있다는 규정이 있다 하여 달리 볼 것은 아니다.

(대법원 2003.9.5. 선고 2002두3522 판결【임금】)

5. 공무원연금관리공단이 공무원연금법령의 개정에 따라 퇴직연금 중 일부 금액에 대하여 지급거부의 의사표시를 한 경우 그 의사표시가 행정처분인지 여부(소극)

[1] 행정소송에서 쟁송의 대상이 되는 행정처분의 존부는 소송요건으로서 직권조사사항이고, 자백의 대상이 될 수 없는 것이므로, 설사 그 존재를 당사자들이 다투지 아니한다 하더라도 그 존부에 관하여 의심이 있는 경우에는 이를 직권으로 밝혀 보아야 할 것이고, 사실심에서 변론종결시까지 당사자가 주장하지 않던 직권조사사항에 해당하는 사항을 상고심에서 비로소 주장하는 경우 그 직권조사사항에 해당하는 사항은 상고심의 심판범위에 해당한다.

[2] 공무원으로 재직하다가 퇴직하여 구 공무원연금법(2000.12.30. 법률 제6328호로 개정되기 전의 것)에 따라 퇴직연금을 받고 있던 사람이 근로복지공단 직원으로 다시 임용되어 근로복지공단으로부터는 급여를 받고 공무원연금관리공단으로부터는 여전히 퇴직연금을 지급받고 있다가, 구 공무원연금법시행규칙(2000. 1.31. 행정자치부령 제89호로 개정되어 2001.2.28. 행정자치부령 제126호로 개정되기 전의 것)이 개정되면서 근로복지공단이 구 공무원연금법 제47조 제3호 소정의 퇴직연금 중 일부의 금액에 대한 지급정지기관으로 지정된 경우, 공무원연금관리공단의 지급정지처분 여부에 관계없이 개정된 구 공무원연금법시행규칙이 시행된 때로부터 그 법 규정에 의하여 당연히 퇴직연금 중 일부 금액의 지급이 정지되는 것이므로, 공무원연금관리공단이 위와 같은 법령의 개정 사실과 퇴직연금 수급자가 퇴직연금 중 일부 금액의 지급정지 대상자가 되었다는 사실을 통보한 것은 단지

위와 같이 법령에서 정한 사유의 발생으로 퇴직연금 중 일부 금액의 지급이 정지된다는 점을 알려주는 관념의 통지에 불과하고, 그로 인하여 비로소 지급이 정지되는 것은 아니므로 항고소송의 대상이 되는 행정처분으로 볼 수 없다.

[3] 공무원연금관리공단의 인정에 의하여 퇴직연금을 지급받아 오던 중 공무원연금법령의 개정 등으로 퇴직연금 중 일부 금액의 지급이 정지된 경우에는 당연히 개정된 법령에 따라 퇴직연금이 확정되는 것이지 구 공무원연금법(2000. 12.30. 법률 제6328호로 개정되기 전의 것) 제26조 제1항에 정해진 공무원연금관리공단의 퇴직연금 결정과 통지에 의하여 비로소 그 금액이 확정되는 것이 아니므로, 공무원연금관리공단이 퇴직연금 중 일부 금액에 대하여 지급거부의 의사표시를 하였다고 하더라도 그 의사표시는 퇴직연금 청구권을 형성·확정하는 행정처분이 아니라 공법상의 법률관계의 한쪽 당사자로서 그 지급의무의 존부 및 범위에 관하여 나름대로의 사실상·법률상 의견을 밝힌 것에 불과하다고 할 것이어서, 이를 행정처분이라고 볼 수는 없고, 그리고 이러한 미지급 퇴직연금에 대한 지급청구권은 공법상 권리로서 그 지급을 구하는 소송은 공법상의 법률관계에 관한 소송인 공법상 당사자소송에 해당한다.

(대법원 2004.12.24. 선고 2003두15195 판결【퇴직연금지급청구거부처분취소】)

6. 일반적 추상적 법령(재무부령)이 행정소송의 대상이 될 수 있는지 여부

가. 국유재산법시행규칙(1980.4.29 재무부령 제1432호) 제58조 제1항이 국유재산법시행령(1977.6.13 대통령령 제8598호) 제58조 제2항에 위반하여 무효이므로 그 확인을 구한다는 소는 행정소송법 제3조 제3호에 규정한 민중소송이고 이는 동법 제45조에 의하여 법률이 정하는 경우에 한하여 제기할 수 있다.

나. 행정소송의 대상이 될 수 있는 것은 구체적인 권리의무에 관한 분쟁이어야 하고 일반적 추상적인 법령 그 자체로서 국민의 구체적인 권리의무에 직접적인 변동을 초래하는 것이 아닌 것은 그 대상이 될 수 없으므로 구체적인 권리의무에 관한 분쟁을 떠나서 재무부령 자체의 무효확인을 구하는 청구는 행정소송의 대상이 아닌 사항에 대한 것으로서 부적법하다.

(대법원 1987.3.24. 선고 86누656 판결【재무부령무효확인】)

7. 구법에서 인정되는 주거이전비 보상청구권의 법적 성격

[1] 구 공익사업을 위한 토지 등의 취득 및 보상에 관한 법률(2007.10.17. 법률 제8665호로 개정되기 전의 것) 제2조, 제78조에 의하면, 세입자는 사업시행자가 취

득 또는 사용할 토지에 관하여 임대차 등에 의한 권리를 가진 관계인으로서, 같은 법 시행규칙 제54조 제2항 본문에 해당하는 경우에는 주거이전에 필요한 비용을 보상받을 권리가 있다. 그런데 이러한 주거이전비는 당해 공익사업 시행지구 안에 거주하는 세입자들의 조기이주를 장려하여 사업추진을 원활하게 하려는 정책적인 목적과 주거이전으로 인하여 특별한 어려움을 겪게 될 세입자들을 대상으로 하는 사회보장적인 차원에서 지급되는 금원의 성격을 가지므로, 적법하게 시행된 공익사업으로 인하여 이주하게 된 주거용 건축물 세입자의 주거이전비 보상청구권은 공법상의 권리이고, 따라서 그 보상을 둘러싼 쟁송은 민사소송이 아니라 공법상의 법률관계를 대상으로 하는 행정소송에 의하여야 한다.

[2] 구 공익사업을 위한 토지 등의 취득 및 보상에 관한 법률(2007.10.17. 법률 제8665호로 개정되기 전의 것) 제78조 제5항, 제7항, 같은 법 시행규칙 제54조 제2항 본문, 제3항의 각 조문을 종합하여 보면, 세입자의 주거이전비 보상청구권은 그 요건을 충족하는 경우에 당연히 발생하는 것이므로, 주거이전비 보상청구소송은 행정소송법 제3조 제2호에 규정된 당사자소송에 의하여야 한다. 다만, 구 도시 및 주거환경정비법(2007.12.21. 법률 제8785호로 개정되기 전의 것) 제40조 제1항에 의하여 준용되는 구 공익사업을 위한 토지 등의 취득 및 보상에 관한 법률 제2조, 제50조, 제78조, 제85조 등의 각 조문을 종합하여 보면, 세입자의 주거이전비 보상에 관하여 재결이 이루어진 다음 세입자가 보상금의 증감 부분을 다투는 경우에는 같은 법 제85조 제2항에 규정된 행정소송에 따라, 보상금의 증감 이외의 부분을 다투는 경우에는 같은 조 제1항에 규정된 행정소송에 따라 권리구제를 받을 수 있다.

(대법원 2008.5.29. 선고 2007다8129 판결【주거이전비등】)

8. 주택재건축정비사업조합을 상대로 총회결의의 효력 등을 다투는 소송의 형태

[1] 도시 및 주거환경정비법상 행정주체인 주택재건축정비사업조합을 상대로 관리처분계획안에 대한 조합 총회결의의 효력 등을 다투는 소송은 행정처분에 이르는 절차적 요건의 존부나 효력 유무에 관한 소송으로서 그 소송결과에 따라 행정처분의 위법 여부에 직접 영향을 미치는 공법상 법률관계에 관한 것이므로, 이는 행정소송법상의 당사자소송에 해당한다.

[2] 도시 및 주거환경정비법상 주택재건축정비사업조합이 같은 법 제48조에 따라 수립한 관리처분계획에 대하여 관할 행정청의 인가·고시까지 있게 되면

관리처분계획은 행정처분으로서 효력이 발생하게 되므로, 총회결의의 하자를 이유로 하여 행정처분의 효력을 다투는 항고소송의 방법으로 관리처분계획의 취소 또는 무효확인을 구하여야 하고, 그와 별도로 행정처분에 이르는 절차적 요건 중 하나에 불과한 총회결의 부분만을 따로 떼어내어 효력 유무를 다투는 확인의 소를 제기하는 것은 특별한 사정이 없는 한 허용되지 않는다.

[3] 도시 및 주거환경정비법상의 주택재건축정비사업조합을 상대로 관리처분계획안에 대한 총회결의의 무효확인을 구하는 소를 민사소송으로 제기한 사안에서, 그 소는 행정소송법상 당사자소송에 해당하므로 전속관할이 행정법원에 있다고 한 사례.

[4] 주택재건축정비사업조합의 관리처분계획에 대하여 그 관리처분계획안에 대한 총회결의의 무효확인을 구하는 소가 관할을 위반하여 민사소송으로 제기된 후에 관할 행정청의 인가·고시가 있었던 경우 따로 총회결의의 무효확인만을 구할 수는 없게 되었으나, 이송 후 행정법원의 허가를 얻어 관리처분계획에 대한 취소소송 등으로 변경될 수 있음을 고려하면, 그와 같은 사정만으로 이송 후 그 소가 부적법하게 되어 각하될 것이 명백한 경우에 해당한다고 보기 어려우므로, 위 소는 관할법원인 행정법원으로 이송함이 상당하다고 한 사례.

(대법원 2009.9.17. 선고 2007다2428 전원합의체 판결【총회결의무효확인】)

9. 공무원연금관리공단 등을 상대로 한 당사자소송으로 퇴직수당의 지급을 곧바로 소구할 수 있는지 여부(소극)

구 공무원연금법(2008.2.29. 법률 제8852호로 개정되기 전의 것) 제26조 제1항, 제3항, 제83조 제1항, 구 공무원연금법 시행령(2008.2.29. 대통령령 제20741호로 개정되기 전의 것) 제19조의3 등의 각 규정을 종합하면, 구 공무원연금법에 의한 퇴직수당 등의 급여를 받을 권리는 법령의 규정에 의하여 직접 발생하는 것이 아니라 위와 같은 급여를 받으려고 하는 자가 소속하였던 기관장의 확인을 얻어 신청함에 따라 공무원연금관리공단이 그 지급결정을 함으로써 구체적인 권리가 발생한다. 여기서 공무원연금관리공단이 하는 급여지급결정의 의미는 단순히 급여수급 대상자를 확인·결정하는 것에 그치는 것이 아니라 구체적인 급여수급액을 확인·결정하는 것까지 포함한다. 따라서 구 공무원연금법령상 급여를 받으려고 하는 자는 우선 관계 법령에 따라 공단에 급여지급을 신청하여 공무원연금관리공단이 이를 거부하거나 일부 금액만 인정하는 급여지급결정을 하는 경우 그 결정을 대상으로 항고소송을 제기하는 등으로 구체적 권리를 인정받은 다음 비로소 당사자소송으로 그 급여의 지급을 구하여야 하고, 구체적인 권리가 발생하지 않은 상태에서 곧바로 공무원연금관리공단 등을 상대로 한 당사자소송으로 급여의 지급을 소구하는 것은 허용되지 않는다.

(대법원 2010.5.27. 선고 2008두5636 판결 【퇴직수당청구】)

第4條【抗告訴訟】

▶ 취소소송 일반

1. 취소소송에 대한 판결의 기판력이 무효확인소송에 미치는 여부(적극)

가. 과세처분의 취소소송에서 청구가 기각된 확정판결의 기판력은 다시 그 과세처분의 무효확인을 구하는 소송에도 미친다.

나. 과세처분의 무효확인청구가 기판력에 저촉되는 경우에는 당사자의 주장이 없더라도 직권으로 이를 심리판단하여 청구를 기각하여야 하고, 그 과세처분의 근거 법조항이 위헌인지 여부는 재판의 전제가 될 수 없으므로 위헌제청신청이 있더라도 이를 기각하여야 한다.

(대법원 1993.4.27. 선고 92누9777 판결 【증여세등부과처분무효확인】)

2. 취소판결의 기판력의 범위

[1] 취소판결의 기판력은 소송물로 된 행정처분의 위법성 존부에 관한 판단 그 자체에만 미치는 것이므로 전소와 후소가 그 소송물을 달리하는 경우에는 전소 확정판결의 기판력이 후소에 미치지 아니한다.

[2] 전소와 후소가 소송물을 달리하여 전소 확정판결의 기판력이 후소에 미치지 아니한다고 본 사례.

(대법원 1996.4.26. 선고 95누5820 판결 【주택건설사업계획승인처분무효】)

▶ 무효등 확인소송 일반

3. 무효확인소송과 취소소송의 선택적 병합이나 단순 병합허용 여부

[1] 항고소송의 대상이 되는 행정청의 처분이라 함은 원칙적으로 행정청의 공법상의 행위로서 특정사항에 대하여 법규에 의한 권리의 설정 또는 의무의 부담을 명하거나 기타 법률상의 효과를 직접 발생하게 하는 등 국민의 권리의

무에 직접 관계가 있는 행위를 말하므로, 행정청의 내부적인 의사결정 등과 같이 상대방 또는 관계자들의 법률상 지위에 직접적인 법률적 변동을 일으키지 아니하는 행위는 그에 해당하지 아니한다.

[2] 토지구획정리사업법 제57조, 제62조 등의 규정상 환지예정지 지정이나 환지처분은 그에 의하여 직접 토지소유자 등의 권리의무가 변동되므로 이를 항고소송의 대상이 되는 처분이라고 볼 수 있으나, 환지계획은 위와 같은 환지예정지 지정이나 환지처분의 근거가 될 뿐 그 자체가 직접 토지소유자 등의 법률상의 지위를 변동시키거나 또는 환지예정지 지정이나 환지처분과는 다른 고유한 법률효과를 수반하는 것이 아니어서 이를 항고소송의 대상이 되는 처분에 해당한다고 할 수가 없다.

[3] 토지구획정리사업법 제47조, 제33조 등의 규정에서 환지계획의 인가신청에 앞서 관계 서류를 공람시켜 토지소유자 등의 이해관계인으로 하여금 의견서를 제출할 기회를 주도록 규정하고 있는 것은 환지계획의 입안에 토지구획정리사업에 대한 다수의 이해관계인의 의사를 반영하고 그들 상호간의 이익을 합리적으로 조정하는 데 그 취지가 있다고 할 것이므로, 최초의 공람과정에서 이해관계인으로부터 의견이 제시되어 그에 따라 환지계획을 수정하여 인가신청을 하고자 할 경우에는 그 전에 다시 수정된 내용에 대한 공람절차를 거쳐야 한다고 봄이 위와 같은 제도의 취지에 부합하는 것이라고 할 것이다.

[4] 환지계획 인가 후에 당초의 환지계획에 대한 공람과정에서 토지소유자 등 이해관계인이 제시한 의견에 따라 수정하고자 하는 내용에 대하여 다시 공람절차 등을 밟지 아니한 채 수정된 내용에 따라 한 환지예정지 지정처분은 환지계획에 따르지 아니한 것이거나 환지계획을 적법하게 변경하지 아니한 채 이루어진 것이어서 당연 무효라고 할 것이다.

[5] 행정처분에 대한 무효확인과 취소청구는 서로 양립할 수 없는 청구로서 주위적·예비적 청구로서만 병합이 가능하고 선택적 청구로서의 병합이나 단순병합은 허용되지 아니한다.

[6] 환지예정지 지정처분은 환지처분의 공고일까지만 효력이 있으므로 그에 대한 항고소송은 환지처분이 유효하게 공고되면 그 소의 이익이 소멸된다.

[7] 일반적으로 행정처분이 주체·내용·절차 및 형식이라는 내부적 성립요건과 외부에의 표시라는 외부적 성립요건을 모두 갖춘 경우에는 행정처분이 존재한다고 할 수 있다.

(대법원 1999.8.20. 선고 97누6889 판결【환지계획등무효확인및취소】)

4. 행정처분의 무효확인청구를 취소청구로 인용하기 위한 요건

가. 행정처분에 하자가 있는 경우에 그 행정처분이 당연무효가 되려면 그 하자가 중대할 뿐만 아니라 객관적으로 명백하여야 하고, 단순히 사실관계를 오인하고 행한 행정처분은 그 하자가 객관적으로 명백하다고 할 수 없어 당연무효는 아니다.

나. 행정처분의 무효확인을 구하는 청구에는 특별한 사정이 없는 한 그 처분의 취소를 구하는 취지까지도 포함되어 있다고 볼 수는 있으나 위와 같은 경우에 취소청구를 인용하려면 먼저 취소를 구하는 항고소송으로서의 제소요건을 구비한 경우에 한한다.

(대법원 1986.9.23. 선고 85누838 판결【사회단체등록취소처분무효확인】)

▶ 부작위위법확인소송 일반

5. 부작위위법확인소송의 적법요건

[1] 국민의 신청에 대한 행정청의 거부행위가 항고소송의 대상이 되는 행정처분에 해당하기 위하여는 국민이 행정청에 대하여 그 신청에 따른 행정행위를 하여 줄 것을 요구할 수 있는 법규상 또는 조리상의 권리가 있어야 한다.

[2] 부작위위법확인의 소에 있어 당사자가 행정청에 대하여 어떠한 행정행위를 하여 줄 것을 요구할 수 있는 법규상 또는 조리상 권리를 갖고 있지 아니한 경우에는 원고적격이 없거나 항고소송의 대상인 위법한 부작위가 있다고 볼 수 없어 그 부작위위법확인의 소는 부적법하다.

[3] 구 건축법(1999.2.8. 법률 제5895호로 개정되기 전의 것) 및 기타 관계 법령에 국민이 행정청에 대하여 제3자에 대한 건축허가의 취소나 준공검사의 취소 또는 제3자 소유의 건축물에 대한 철거 등의 조치를 요구할 수 있다는 취지의 규정이 없고, 같은 법 제69조 제1항 및 제70조 제1항은 각 조항 소정의 사유가 있는 경우에 시장·군수·구청장에게 건축허가 등을 취소하거나 건축물의 철거 등 필요한 조치를 명할 수 있는 권한 내지 권능을 부여한 것에 불과할 뿐, 시장·군수·구청장에게 그러한 의무가 있음을 규정한 것은 아니므로 위 조항들도 그 근거 규정이 될 수 없으며, 그 밖에 조리상 이러한 권리가 인정된다고 볼 수도 없다.

(대법원 1999.12.7. 선고 97누17568 판결【건축허가및준공검사취소등에대한거부처분취소】)

▶ 법정외 항고소송의 허용여부

6. 의무이행소송 허용여부

가. 형사본안사건에서 무죄가 선고되어 확정되었다면 형사소송법 제332조 규정에 따라 검사가 압수물을 제출자나 소유자 기타 권리자에게 환부하여야 할 의무가 당연히 발생한 것이고, 권리자의 환부신청에 대한 검사의 환부결정 등 어떤 처분에 의하여 비로소 환부의무가 발생하는 것은 아니므로 압수가 해제된 것으로 간주된 압수물에 대하여 피압수자나 기타 권리자가 민사소송으로 그 반환을 구함은 별론으로 하고 검사가 피압수자의 압수물 환부신청에 대하여 아무런 결정이나 통지도 하지 아니하고 있다고 하더라도 그와 같은 부작위는 현행 행정소송법상의 부작위위법확인소송의 대상이 되지 아니한다.

나. 검사에게 압수물 환부를 이행하라는 청구는 행정청의 부작위에 대하여 일정한 처분을 하도록 하는 의무이행소송으로 현행 행정소송법상 허용되지 아니한다.

(대법원 1995.3.10. 선고 94누14018 판결【부작위위법확인】)

7. 형성판결을 구하는 소송 허용여부

[1] 현행 행정소송법상 행정청으로 하여금 일정한 행정처분을 하도록 명하는 이행판결을 구하는 소송이나 법원으로 하여금 행정청이 일정한 행정처분을 행한 것과 같은 효과가 있는 행정처분을 직접 행하도록 하는 형성판결을 구하는 소송은 허용되지 아니한다.

[2] 행정청이 국민으로부터 신청을 받고서 한 거부행위가 행정처분이 되기 위하여는 국민이 행정청에 대하여 신청에 따른 행정행위를 해 줄 것을 요구할 수 있는 법규상 또는 조리상의 권리가 있어야 하는 것이고, 그러한 신청권에 기하지 아니한 국민의 신청을 행정청이 받아들이지 아니하였다고 하여 신청인의 권리나 법적 이익에 어떤 영향을 주는 것이 아니므로, 이를 행정소송의 대상이 되는 행정처분이라고 할 수 없다.

[3] 공동어업권자에게 법규상 공동어업면허면적을 확대하여 달라는 취지의 조정신청권이 없는 경우, 그 신청을 반려한 행위가 항고소송의 대상이 되는 행정처분이 아니라고 본 사례.

(대법원 1997.9.30. 선고 97누3200 판결【공동어업권면허면적조정신청서반려

처분취소】)

8. 예방적 부작위소송 허용여부

[1] 사단법인 대한의사협회는 의료법에 의하여 의사들을 회원으로 하여 설립된 사단법인으로서, 국민건강보험법상 요양급여행위, 요양급여비용의 청구 및 지급과 관련하여 직접적인 법률관계를 갖지 않고 있으므로, 보건복지부 고시인 '건강보험요양급여행위 및 그 상대가치점수 개정'으로 인하여 자신의 법률상 이익을 침해당하였다고 할 수 없다는 이유로 위 고시의 취소를 구할 원고적격이 없다고 한 사례.

[2] 행정소송법상 행정청이 일정한 처분을 하지 못하도록 그 부작위를 구하는 청구는 허용되지 않는 부적법한 소송이다.

[3] 요양기관이 실시하는 요양급여의 비용은 보건복지부장관이 각 요양급여행위의 상대가치점수를 정하고 국민건강보험공단의 이사장과 의약계를 대표하는 자 간의 계약으로 그 상대가치점수의 '점수당 단가'를 정하는 방법에 의해 결정하도록 하고 있고, 그 계약기간을 1년으로 규정되어 있는바, ① 국민건강보험공단과 의약계 대표자 간의 위 계약은 각 요양급여의 상대가치점수에 대한 '점수당 단가'를 정하는 것으로 그 내용이 한정되어 있는 점, ② 상대가치점수에 관하여는 보건복지부장관이 심의조정위원회의 심의를 거쳐 정하도록 하고 있을 뿐 그 개정에 관하여 별다른 제한이 없는 점 등에 비추어 보면, 당초의 상대가치점수가 점수당 단가를 정하는 계약의 기준이 되었다고 하더라도, 그 상대가치점수의 변경이 요양급여 제공자인 의약계의 의견을 시기적으로 적절히 반영하여 물가상승 등 유동하는 경제현실에 상응한 요양급여비용이 산정될 수 있도록 한다는 국민건강보험법 제42조 제1항의 취지 자체를 심하게 훼손할 정도의 중대한 변경이 아닌 한, 보건복지부장관은 위 계약기간에 관계없이 요양급여행위 및 그 상대가치점수를 변경할 수 있다.

[4] 보건복지부장관의 요양급여행위 및 그 상대가치점수에 관한 고시가 개정된 경우 새로이 개정된 고시의 경과규정에서 달리 정함이 없는 한 개정 고시를 적용하는 것이 원칙이고, 개정 전 고시의 존속에 대한 국민의 신뢰가 개정 고시의 적용에 관한 공익상의 요구보다 더 보호가치가 있다고 인정되는 경우에 그러한 국민의 신뢰를 보호하기 위하여 그 적용이 제한될 수 있는 여지가 있을 따름이다.

(대법원 2006.5.25. 선고 2003두11988 판결【건강보험요양급여행위등처분취소】)

9. 작위의무 이행이나 확인을 구하는 소송의 허용여부

가. 행정심판법 제18조 제7항에 부작위에 대한 의무이행심판청구에는 심판청구기간에 관한 같은 조 제1항 내지 제6항의 규정을 적용하지 아니한다고 규정되어 있지만, 위 법조항 소정의 부작위에 대한 의무이행심판청구에 거부처분에 대한 의무이행심판청구도 포함된다고 볼 수 없다.

나. 행정심판법 제4조 제3호가 의무이행심판청구를 인정하고 있고 항고소송의 제1심 관할법원이 행정청의 소재지를 관할하는 고등법원으로 되어 있다고 하더라도, 행정소송법상 행정청의 부작위에 대하여는 부작위위법확인소송만 인정되고 작위의무의 이행이나 확인을 구하는 행정소송은 허용될 수 없다.

(대법원 1992.11.10. 선고 92누1629 판결【이주대책제외처분취소】)

第5條【國外에서의 期間】

第6條【命令·規則의 違憲判決】

第7條【事件의 移送】

1. 행정사건을 민사사건으로 오해하여 민사소송을 제기한 경우의 수소법원의 조치

[1] 석탄가격안정지원금은 석탄의 수요 감소와 열악한 사업환경 등으로 점차 경영이 어려워지고 있는 석탄광업의 안정 및 육성을 위하여 국가정책적 차원에서 지급하는 지원비의 성격을 갖는 것이고, 석탄광업자가 석탄산업합리화사업단에 대하여 가지는 이와 같은 지원금지급청구권은 석탄사업법령에 의하여 정책적으로 당연히 부여되는 공법상의 권리이므로, 석탄광업자가 석탄산업합리화사업단을 상대로 석탄산업법령 및 석탄가격안정지원금 지급요령에 의하여 지원금의 지급을 구하는 소송은 공법상의 법률관계에 관한 소송인 공법상의 당사자소송에 해당한다.

[2] 행정소송법 제7조는 원고의 고의 또는 중대한 과실 없이 행정소송이 심급을 달리하는 법원에 잘못 제기된 경우에 민사소송법 제31조 제1항을 적용하여 이를 관할 법원에 이송하도록 규정하고 있을 뿐 아니라, 관할 위반의 소를 부적법하다고 하여 각하하는 것보다 관할 법원에 이송하는 것이 당사자의 권리

구제나 소송경제의 측면에서 바람직하므로, 원고가 고의 또는 중대한 과실 없이 행정소송으로 제기하여야 할 사건을 민사소송으로 잘못 제기한 경우, 수소법원으로서는 만약 그 행정소송에 대한 관할도 동시에 가지고 있다면 이를 행정소송으로 심리·판단하여야 하고, 그 행정소송에 대한 관할을 가지고 있지 아니하다면 당해 소송이 이미 행정소송으로서의 전심절차 및 제소기간을 도과하였거나 행정소송의 대상이 되는 처분 등이 존재하지도 아니한 상태에 있는 등 행정소송으로서의 소송요건을 결하고 있음이 명백하여 행정소송으로 제기되었더라도 어차피 부적법하게 되는 경우가 아닌 이상 이를 부적법한 소라고 하여 각하할 것이 아니라 관할 법원에 이송하여야 한다.

(대법원 1997.5.30. 선고 95다28960 판결【석탄가격안정지원금의지급】)

第 8 條【法適用例】

1. 가처분 허용여부(소극)

가. 민사소송법상의 보전처분은 민사판결절차에 의하여 보호받을 수 있는 권리에 관한 것이므로, 민사소송법상의 가처분으로써 행정청의 어떠한 행정행위의 금지를 구하는 것은 허용될 수 없다 할 것이다.

나. 채권자가, 채무자와 제3채무자(국가)를 상대로 채무자의 공유수면매립면허권에 관하여, "채무자는 이에 대한 일체의 처분행위를 하여서는 아니되며, 제3채무자는 위 면허권에 관하여 채무자의 신청에 따라 명의개서 기타 일체의 변경절차를 하여서는 아니된다."는 요지의 내용을 신청취지로 하여 가처분신청을 한 데 대하여, 원심이, 채무자에 대한 신청부분은 인용하면서도, 제3채무자에 대한 부분에 대하여는, 위 신청취지를 채무자가 면허권을 타에 양도할 경우 면허관청으로 하여금 그 양도에 따른 인가를 금지하도록 명해 달라는 뜻으로 풀이한 후, 이 부분 신청은 허용될 수 없다고 한 조치를 수긍한 사례.

다. 공유수면매립면허의 양도에 있어서는 관할관청의 인가라는 행정처분이 있어야 그 효력이 있는 것이다.

(대법원 1992.7.6. 자 92마54 결정【공유수면매립면허권가처분】)

2. 민사소송법상의 자백이 행정소송에도 적용되는지 여부(적극)

가. 과세처분이 있은 후에 증액경정처분이 있으면 당초의 과세처분은 경정처분에 흡수되어 독립적인 존재가치를 상실하므로 전심절차의 경유 여부도 그 경

정처분을 기준으로 판단하여야 할 것이지만, 그 위법사유가 공통된 경우에는 당초의 과세처분에 대하여 적법한 전심절차를 거친 이상 전심기관으로 하여금 기본적 사실관계와 법률문제에 대하여 다시 검토할 수 있는 기회를 부여하였다고 볼 수 있을 뿐만 아니라, 납세의무자에게 굳이 같은 사유로 증액경정처분에 대하여 별도의 전심절차를 거치게 하는 것은 가혹하므로 납세의무자는 그 경정처분에 대하여 다시 전심절차를 거치지 아니하고도 취소를 구하는 행정소송을 제기할 수 있다.

나. 부가가치세법 제6조 제2항에 의한 같은법시행령 제15조 제1항 제1호가 자기의 사업과 관련하여 생산 또는 취득한 재화를 자기의 면세사업을 위하여 사용 또는 소비하는 경우에 이를 재화의 공급으로 의제하는 취지는, 부가가치세는 최종 소비자에게 전가가 예정된 간접소비세인데, 과세사업을 위하여 생산 또는 취득함으로써 그 매입세액을 공제받은 재화를 면세사업에 전용하는 경우에는 매출세액이 발생하지 아니하여 부가가치세의 전가가 중단되므로, 이러한 경우의 사업자를 최종소비자의 지위에 있는 것과 마찬가지로 봄으로써 부가가치세의 기본구조를 유지하고, 아울러 다른 면세사업자는 그와 같은 재화를 공급받는 데 부가가치세를 부담하므로, 그 사이에 과세의 형평을 유지하기 위한 데 있다.

다. 같은법시행령 제15조 제2항이 직접 판매할 목적으로 재화를 다른 사업장에 반출하는 것에 대하여 재화의 공급으로 의제하는 취지는, 사업장 과세의원칙에 따라 과세거래를 용이하게 파악하고, 납세자의 자금부담을 완화시켜주려는 데에 있는 점에서 면세사업전용에 대한 자가공급의 의제와는 그 취지가 크게 다르다.

라. 행정소송에서도 원칙적으로 변론주의가 적용되고, 행정소송법 제8조 제2항에 의하여 민사소송법 제261조가 규정하는 자백에 관한 법칙이 적용된다.

(대법원 1992.8.14. 선고 91누13229 판결【부가가치세부과처분취소】)

3. 민사소송법 준용에 의한 승계

구 국가유공자등예우및지원에관한법률(2002.1.26. 법률 제6648호로 개정되기 전의 것)에 의하여 국가유공자와 유족으로 등록되어 보상금을 받고, 교육보호 등 각종 보호를 받을 수 있는 권리는 국가유공자와 유족에 대한 응분의 예우와 국가유공자에 준하는 군경 등에 대한 지원을 행함으로써 이들의 생활안정과 복지향상을 도모하기 위하여 당해 개인에게 부여되어진 일신전속적인 권리이어서, 같은 법 규정에 비추어 상속의 대상으로도 될 수 없다고 할 것이므로 전상군경등록거부처분취소청구소송은 원고의 사망과 동시에 종료하였고, 원고의 상속인들에 의하여 승계될 여지는 없다.

(대법원 2003.8.19. 선고 2003두5037 판결 【전상군경등록거부처분취소】)

第2章 取消訴訟

第1節 裁判管轄

第9條 【裁判管轄】

1. 지방의회 의원제명의결을 다투는 소송의 제1심 관할법원

지방자치법 제78조 내지 제81조의 규정에 의거한 지방의회의 의원징계의결은 그로 인해 의원의 권리에 직접 법률효과를 미치는 행정처분의 일종으로서 행정소송의 대상이 되고, 그와 같은 의원징계의결의 당부를 다투는 소송의 관할법원에 관하여는 동법에 특별한 규정이 없으므로 일반법인 행정소송법의 규정에 따라 지방의회의 소재지를 관할하는 고등법원이 그 소송의 제1심 관할법원이 된다.

(대법원 1993.11.26. 선고 93누7341 판결 【의원제명취소무효확인등】)

2. 항고소송으로 제기하였어야 할 민사소송을 심리하는 항소심 법워이 동시에 제1심 항고소송의 관할 법원인 경우 그 관할위반에 대한 처리

[1] 구 도시재개발법(1995.12.29. 법률 제5116호로 전문 개정되기 전의 것)에 의한 재개발조합은 조합원에 대한 법률관계에서 적어도 특수한 존립목적을 부여받은 특수한 행정주체로서 국가의 감독하에 그 존립 목적인 특정한 공공사무를 행하고 있다고 볼 수 있는 범위 내에서는 공법상의 권리의무 관계에 서 있다. 따라서 조합을 상대로 한 쟁송에 있어서 강제가입제를 특색으로 한 조합원의 자격 인정 여부에 관하여 다툼이 있는 경우에는 그 단계에서는 아직 조합의 어떠한 처분 등이 개입될 여지는 없으므로 공법상의 당사자소송에 의하여 그 조합원 자격의 확인을 구할 수 있고, 한편 분양신청 후에 정하여진 관리처분계획의 내용에 관하여 다툼이 있는 경우에는 그 관리처분계획은 토지 등의 소유자에게

구체적이고 결정적인 영향을 미치는 것으로서 조합이 행한 처분에 해당하므로 항고소송에 의하여 관리처분계획 또는 그 내용인 분양거부처분 등의 취소를 구할 수 있으나, 설령 조합원의 자격이 인정된다 하더라도 분양신청을 하지 아니하거나 분양을 희망하지 아니할 때에는 금전으로 청산하게 되므로(같은 법 제44조), 대지 또는 건축시설에 대한 수분양권의 취득을 희망하는 토지 등의 소유자가 한 분양신청에 대하여 조합이 분양대상자가 아니라고 하여 관리처분계획에 의하여 이를 제외시키거나 원하는 내용의 분양대상자로 결정하지 아니한 경우, 토지 등의 소유자에게 원하는 내용의 구체적인 수분양권이 직접 발생한 것이라고는 볼 수 없어서 곧바로 조합을 상대로 하여 민사소송이나 공법상 당사자소송으로 수분양권의 확인을 구하는 것은 허용될 수 없다.

[2] 항고소송으로 제기하였어야 할 소를 민사소송으로 제기하였다 하더라도 그 항소심 법원이 항고소송에 대한 관할을 동시에 가지고 있다면, 당사자 권리구제나 소송경제의 측면에서 항고소송에 대한 제1심 법원으로서 사건을 심리·판단하여야 한다.

(대법원 1996.2.15. 선고 94다31235 전원합의체 판결【수분양권존재확인등】)

第10條【關聯請求訴訟의 移送 및 併合】

1. 취소소송을 제기한 당사자가 당사자소송을 10조 2항 관련 청구로 병합하였으나 취소소송이 부적법한 경우 법원의 조치

가. 광주민주화운동관련자보상등에관한법률 제15조 본문의 규정에서 말하는 광주민주화운동관련자보상심의위원회의 결정을 거치는 것은 보상금 지급에 관한 소송을 제기하기 위한 전치요건에 불과하다고 할 것이므로 위 보상심의위원회의 결정은 취소소송의 대상이 되는 행정처분이라고 할 수 없다.

나. 같은 법에 의거하여 관련자 및 유족들이 갖게 되는 보상 등에 관한 권리는 헌법 제23조 제3항에 따른 재산권침해에 대한 손실보상청구나 국가배상법에 따른 손해배상청구와는 그 성질을 달리하는 것으로서 법률이 특별히 인정하고 있는 공법상의 권리라고 하여야 할 것이므로 그에 관한 소송은 행정소송법 제3조 제2호 소정의 당사자소송에 의하여야 할 것이며 보상금 등의 지급에 관한 법률관계의 주체는 대한민국이다.

다. 취소소송 등을 제기한 당사자가 당해 처분 등에 관계되는 사무가 귀속되는 국가 또는 공공단체에 대한 당사자소송을 행정소송법 제10조 제2항에 의하여 관련 청구로서 병합한 경우 위 취소소송 등이 부적법하다면 당사자는 위 당사자소송의 병합청구로서 같은 법 제21조 제1항에 의한 소변경을 할 의사를 아울러 가지고 있었다고 봄이 상당하고, 이러한 경우 법원은 청구의 기초에 변경이 없는 한 당초의 청구가 부적법하다는 이유로 병합된 청구까지 각하할 것이 아니라 병합청구 당시 유효한 소변경청구가 있었던 것으로 받아들여 이를 허가함이 타당하다.

라. 취소소송을 제기하였다가 나중에 당사자 소송으로 변경하는 경우에는 행정소송법 제21조 제4항, 제14조 제4항에 따라 처음부터 당사자 소송을 제기한 것으로 보아야 하므로 당초의 취소소송이 적법한 기간 내에 제기된 경우에는 당사자소송의 제소기간을 준수한 것으로 보아야 할 것이다.

(대법원 1992.12.24. 선고 92누3335 판결【보상금지급결정취소】)

2. 행정처분 취소소송에서의 선결문제로 된 청구가 인용되려면 그 소송절차에서 당해 처분의 취소가 확정되어야 하는지 여부(소극)

[1] 행정소송법 제10조는 처분의 취소를 구하는 취소소송에 당해 처분과 관련되는 부당이득반환소송을 관련 청구로 병합할 수 있다고 규정하고 있는바, 이 조항을 둔 취지에 비추어 보면, 취소소송에 병합할 수 있는 당해 처분과 관련되는 부당이득반환소송에는 당해 처분의 취소를 선결문제로 하는 부당이득반환청구가 포함되고, 이러한 부당이득반환청구가 인용되기 위해서는 그 소송절차에서 판결에 의해 당해 처분이 취소되면 충분하고 그 처분의 취소가 확정되어야 하는 것은 아니라고 보아야 한다.

[2] 보험료부과처분에 대한 취소소송에서 90,946,000원의 보험료부과처분 중 67,194,980원의 보험료부과처분을 취소하면서도, 관련 청구로 병합된 부당이득반환소송에서는 그 처분의 취소를 전제로 인용 여부를 판단하지 않고 처분의 취소가 확정되지 않았다는 이유로 기각한 것은 위법하다고 한 사례.

(대법원 2009.4.9. 선고 2008두23153 판결【보험료납부고지처분취소】)

第 11 條【先決問題】

▶ 민사사건의 선결문제

1. 행정처분의 위법임을 이유로 한 손해배상 청구를 위해 행정처분의 취소

판결이 필요한지 여부(소극)

위법한 행정대집행이 완료되면 그 처분의 무효확인 또는 취소를 구할 소의 이익은 없다 하더라도, 미리 그 행정처분의 취소판결이 있어야만, 그 행정처분의 위법임을 이유로 한 손해배상 청구를 할 수 있는 것은 아니다.

(대법원 1972.4.28. 선고 72다337 판결【손해배상】)

2. 과세처분에 취소할 수 있는 위법사유가 있는 경우, 민사소송절차에서 그 과세처분의 효력을 부인할 수 있는지 여부(소극)

[1] 과세처분이 당연무효라고 볼 수 없는 한 과세처분에 취소할 수 있는 위법사유가 있다 하더라도 그 과세처분은 행정행위의 공정력 또는 집행력에 의하여 그것이 적법하게 취소되기 전까지는 유효하다 할 것이므로, 민사소송절차에서 그 과세처분의 효력을 부인할 수 없다.

[2] 부동산에 대한 실질적인 소유자가 아닌 명의수탁자에 대하여 행해진 양도소득세 부과처분은 위법하지만 그 하자가 중대·명백하다고 할 수 없어 무효라고는 볼 수 없고 단지 취소할 수 있음에 불과하다.

(대법원 1999.8.20. 선고 99다20179 판결【사해행위취소등】)

▶ 형사사건의 선결문제

3. 처분 위반을 이유로 처벌하기 위해서는 처분의 적법성이 전제되어야 하는지 여부(적극)

[1] 구 도시계획법(2000.1.28. 법률 제6243호로 전문 개정되기 전의 것) 제78조에 정한 처분이나 조치명령을 받은 자가 이에 위반한 경우 이로 인하여 같은 법 제92조에 정한 처벌을 하기 위하여는 그 처분이나 조치명령이 적법한 것이라야 하고, 그 처분이 당연무효가 아니라 하더라도 그것이 위법한 처분으로 인정되는 한 같은 법 제92조 위반죄가 성립될 수 없다.

[2] 구 도시계획법(2000.1.28. 법률 제6243호로 전문 개정되기 전의 것) 제92조 제4호, 제78조 제1호, 제21조 제2항의 각 규정을 종합하면 개발제한구역 안에서 그 구역지정의 목적에 위배되는 건축물의 건축, 공작물의 설치 등을 한 경우 행정청은 그 건축물을 건축하거나 공작물을 설치한 자에 대하여서만 같은 법 제78조 제1호에 의하여 처분이나 원상회복 등의 조치명령을 할 수 있고, 명문의 규정이 없는 한 이러한 위반 건축물을 양수한 자에 대하여는 이를 할 수 없다.

[3] 개발제한구역 안에 건축되어 있던 비닐하우스를 매수한 자에게 구청장이 이를 철거하여 토지를 원상회복하라고 시정지시한 조치는 위법하므로 이러한 시정지시를 따르지 않았다고 하여 구 도시계획법(2000.1.28. 법률 제6243호로 전문 개정되기 전의 것) 제92조 제4호에 정한 조치명령 등 위반죄로 처벌할 수는 없다고 한 사례.

(대법원 2004.5.14. 선고 2001도2841 판결【도시계획법위반】)

4. 운전면허취소처분을 받은 후 자동차를 운전하였으나 위 취소처분이 소송상 취소된 경우 무면허운전의 성립 여부(소극)

피고인이 행정청으로부터 자동차 운전면허취소처분을 받았으나 나중에 그 행정처분 자체가 행정쟁송절차에 의하여 취소되었다면, 위 운전면허취소처분은 그 처분시에 소급하여 효력을 잃게 되고, 피고인은 위 운전면허취소처분에 복종할 의무가 원래부터 없었음이 후에 확정되었다고 봄이 타당할 것이고, 행정행위에 공정력의 효력이 인정된다고 하여 행정소송에 의하여 적법하게 취소된 운전면허취소처분이 단지 장래에 향하여서만 효력을 잃게 된다고 볼 수는 없다.

(대법원 1999.2.5. 선고 98도4239 판결【도로교통법위반】)

第2節 當事者

第12條【原告適格】

Ⅰ. 원고적격

(1) 일반론

1. '법률상 보호되는 이익'의 의미

법률상 보호되는 이익이란 당해 처분의 근거 법규 및 관련법규에 의하여 보호되는 개별적·직접적·구체적 이익이 있는 경우를 말하고, 다만, 공익보호의 결과로 일반 국민이 일반적·간접적·추상적 이익과 같이 사실적·경제적 이해관계를 가지는 데에 불과한 경우는 여기에 포함되지 아니한다.

(대법원 2004.8.16. 2003두2175)

2. 행정처분의 직접 상대방이 아닌 제3자가 그 취소를 구할 수 있는 요건으로서 '법률상 보호되는 이익'

[1] 행정소송법 제12조에서 말하는 법률상 이익이란 당해 행정처분의 근거 법률에 의하여 보호되는 직접적이고 구체적인 이익을 말하고 당해 행정처분과 관련하여 간접적이거나 사실적·경제적 이해관계를 가지는 데 불과한 경우는 여기에 포함되지 아니하나, 행정처분의 직접 상대방이 아닌 제3자라 하더라도 당해 행정처분으로 인하여 법률상 보호되는 이익을 침해당한 경우에는 취소소송을 제기하여 그 당부의 판단을 받을 자격이 있다.

[2] 도시 및 주거환경정비법 제13조 제1항 및 제2항의 입법 경위와 취지에 비추어 하나의 정비구역 안에서 복수의 조합설립추진위원회에 대한 승인은 허용되지 않는 점, 조합설립추진위원회가 조합을 설립할 경우 같은 법 제15조 제4항에 의하여 조합설립추진위원회가 행한 업무와 관련된 권리와 의무는 조합이 포괄승계하며, 주택재개발사업의 경우 정비구역 내의 토지 등 소유자는 같은 법 제19조 제1항에 의하여 당연히 그 조합원으로 되는 점 등에 비추어 보면, 조합설립추진위원회의 구성에 동의하지 아니한 정비구역 내의 토지 등 소유자도 조합설립추진위원회 설립승인처분에 대하여 같은 법에 의하여 보호되는 직접적이고 구체적인 이익을 향유하므로 그 설립승인처분의 취소소송을 제기할 원고적격이 있다.

(대법원 2007.1.25. 선고 2006두12289 판결【추진위원회승인처분취소】)

3. 법률상 보호이익의 근거법규

당해 처분의 근거법규 및 관련법규에 의하여 보호되는 법률상 이익이라 함은 당해 처분의 근거법규의 명문규정에 의하여 보호받는 법률상 이익, 당해 처분의 근거법규에 의하여 보호되지 아니하나 당해 처분의 행정목적으로 달성하기 위한 일련의 단계적인 관련 처분들의 근거법규에 의하여 명시적으로 보호받는 법률상 이익, 당해 처분의 근거법규 또는 관련법규에서 명시적으로 관련법규의 합리적 해석상 그 법규에서 행정청을 제약하는 이유가 순수한 공익의 보호만이 아닌 개별적·직접적·구체적 이익을 보호하는 취지가 포함되어 있다고 해석되는 경우까지를 말한다.

(대법원 2004.8.16. 2003두2175)

4. 채권자대위소송 허용여부

가. 법률상 직접적이고 구체적인 이익이 없고 사실상이며 간접적인 관계를 가지는데 불과한 사람은 행정소송을 제기할 이익이 없다.

나. 행정소송은 대위하여 제기할 수 없다.

(대법원 1971.12.28. 선고 71누109 판결 【주류제조업면허무효확인】)

(2) 원고적격을 인정한 예

가. 경업자

5. 기존의 업자가 경업자에 대한 면허나 인·허가 등 수익적 행정처분의 취소를 구할 원고적격이 있는 경우

[1] 행정처분의 직접 상대방이 아닌 제3자라 하더라도 당해 행정처분으로 인하여 법률상 보호되는 이익을 침해당한 경우에는 취소소송을 제기하여 그 당부의 판단을 받을 자격이 있다 할 것이나, 여기에서 말하는 법률상 보호되는 이익이란 당해 행정처분의 근거 법률에 의하여 보호되는 직접적이고 구체적인 이익을 말하고 제3자가 당해 행정처분과 관련하여 간접적이거나 사실적·경제적인 이해관계를 가지는 데 불과한 경우는 여기에 포함되지 아니한다.

[2] 일반적으로 면허나 인·허가 등의 수익적 행정처분의 근거가 되는 법률이 해당 업자들 사이의 과당경쟁으로 인한 경영의 불합리를 방지하는 것도 그 목적으로 하고 있는 경우, 다른 업자에 대한 면허나 인·허가 등의 수익적 행정처분에 대하여 미리 같은 종류의 면허나 인·허가 등의 수익적 행정처분을 받아 영업을 하고 있는 기존의 업자는 경업자에 대하여 이루어진 면허나 인·허가 등 행정처분의 상대방이 아니라 하더라도 당해 행정처분의 취소를 구할 당사자적격이 있다.

[3] 구 여객자동차운수사업법(2000.1.28. 법률 제6240호로 개정되기 전의 것) 제6조 제1항 제1호에서 '사업계획이 당해 노선 또는 사업구역의 수송수요와 수송력 공급에 적합할 것'을 여객자동차운송사업의 면허기준으로 정한 것은 여객자동차운송사업에 관한 질서를 확립하고 여객자동차운송사업의 종합적인 발달을 도모하여 공공의 복리를 증진함과 동시에 업자 간의 경쟁으로 인한 경영의 불합리를 미리 방지하자는 데 그 목적이 있다 할 것이고, 한편 같은 법 제3조 제1항 제1호와 같은법시행령(1999.7.23. 대통령령 제16482호로 개정되기 전의 것) 제3조 제1호, 같은법시행규칙(1999.12.16. 건설교통부령 제223호로 개정되기 전의 것) 제7조 제3

항, 제4항 등의 각 규정을 종합하여 보면, 시내버스운송사업과 시외버스운송사업은 다 같이 운행계통을 정하고 여객을 운송하는 노선여객자동차운송사업에 속하므로, 위 두 운송사업이 면허기준, 준수하여야 할 사항, 중간경유지, 기점과 종점, 운행방법, 이용요금 등에서 달리 규율된다는 사정만으로 본질적인 차이가 있다고 할 수는 없으며, 시외버스운송사업계획변경인가처분으로 인하여 기존의 시내버스운송사업자의 노선 및 운행계통과 시외버스운송사업자들의 그것들이 일부 중복되게 되고 기존업자의 수익감소가 예상된다면, 기존의 시내버스운송사업자와 시외버스운송사업자들은 경업관계에 있는 것으로 봄이 상당하다 할 것이어서 기존의 시내버스운송사업자에게 시외버스운송사업계획변경인가처분의 취소를 구할 법률상의 이익이 있다.

(대법원 2002.10.25. 선고 2001두4450 판결【시외버스운송사업계획변경인가처분취소】)

6. 시외버스의 시내버스로의 전환을 허용하는 사업계획변경인가처분의 취소를 구할 기존 시내버스업자의 원고적격 인정여부(적극)

가. 자동차운수사업법 제6조 제1호의 규정의 목적이 자동차운수사업에 관한 질서를 확립하고 자동차운수의 종합적인 발달을 도모하여 공공의 복리를 증진함과 동시에 업자간의 경쟁으로 인한 경영의 불합리를 미리 방지하자는데 있다 할 것이므로 기존 시내버스 업자로서는, 다른 운송사업자가 운행하고 있는 기존 시외버스를 시내버스로 전환을 허용하는 사업계획변경인가처분에 대하여 그 취소를 구할 법률상의 이익이 있다고 할 것이다.

나. 채증법칙을 위배하였다 하여 원심판결을 파기한 사례

(대법원 1987.9.22. 선고 85누985 판결【버스여객자동차운수사업계획변경인가처분취소】)

7. 분뇨관련영업허가를 받은 기존업자의 다른 업자에 대한 영업허가처분을 다툴 원고적격 인정여부(적극)

[1] 행정처분의 직접 상대방이 아닌 제3자라 하더라도 당해 행정처분으로 인하여 법률상 보호되는 이익을 침해당한 경우에는 그 처분의 취소나 무효확인을 구하는 행정소송을 제기하여 그 당부의 판단을 받을 자격이 있으며, 여기에서 말하는 법률상 보호되는 이익은 당해 처분의 근거 법규 및 관련 법규에 의하여 보호되는 개별적·직접적·구체적 이익을 말한다.

[2] 일반적으로 면허나 인·허가 등의 수익적 행정처분의 근거가 되는 법률이 해당 업자들 사이의 과당경쟁으로 인한 경영의 불합리를 방지하는 것도 그 목적으로 하고 있는 경우, 다른 업자에 대한 면허나 인·허가 등의 수익적 행정처분에 대하여 이미 같은 종류의 면허나 인·허가 등의 수익적 행정처분을 받아 영업을 하고 있는 기존의 업자는 경업자에 대하여 이루어진 면허나 인·허가 등 행정처분의 상대방이 아니라 하더라도 당해 행정처분의 취소를 구할 원고적격이 있다.

[3] 구 오수·분뇨 및 축산폐수의 처리에 관한 법률(2002.12.26. 법률 제6827호로 개정되기 전의 것)과 같은 법 시행령(2003.7.25. 대통령령 제18065호로 개정되기 전의 것)상 업종을 분뇨와 축산폐수 수집·운반업 및 정화조청소업으로 하여 분뇨 등 관련 영업허가를 받아 영업을 하고 있는 기존 업자의 이익이 법률상 보호되는 이익이라고 보아, 기존 업자에게 경업자에 대한 영업허가처분의 취소를 구할 원고적격이 있다고 한 사례.

(대법원 2006.7.28. 선고 2004두6716 판결【분뇨등관련영업허가처분취소】)

8. 담배 일반소매인으로 지정되어 있는 기존업자의 신규 담배 일반소매인 지정처분을 다툴 원고적격 여부(적극)

구 담배사업법(2007.7.19. 법률 8518호로 개정되기 전의 것)과 그 시행령 등이 담배 일반소매인의 지정기준으로서 일반소매인의 영업소 간에 일정한 거리제한을 두고 있는 것은 공익목적을 달성하고자 함과 동시에 일반소매인 간의 과당경쟁으로 인한 불합리한 경영을 방지함으로서 일반소매인의 경영상 이익을 보호하는 데에도 그 목적이 있다고 보이므로, 담배 일반소매인으로 지정되어 영업을 하고 있는 기존업자의 신규 담배 일반소매인에 대한 이익은 단순한 사실상의 반사적 이익이 아니라 법률상 보호되는 이익이라고 해석함이 상당하다

(대법원 2008.3.27. 선고 2007두23811 판결【담배소매인지정처분취소】)

9. 담배 일반소매인으로 지정되어 있는 기존업자의 신규 담배 구내소매인 지정처분의 취소를 구할 원고적격 여부(소극)

구 담배사업법(2007.7.19. 법률 8518호로 개정되기 전의 것)과 그 시행령 등에서는 담배 구내소매인과 담배 일반 소매인 사이에서는 구내소매인의 영업소와 일반소매인의 영업소 간에 거리제한을 두지 아니할 뿐 아니라 건축물 또는 시설물의 구조·상주인원 및 이용인원 등을 고려하여 동일 시설물 내 2개소 이상의

장소에 구내소매인을 지정할 수 있는 등 위 법은 일반소매인의 입장에서 구내소매인과의 과당경쟁으로 인한 경영의 불합리를 방지하는 것을 그 목적으로 할 수 있다고 보기 어려우므로, 담배 일반소매인으로 지정된 기존업자의 신규 담배 구내소매인에 대한 이익은 법률상 보호되는 이익이 아니라 단순한 사실상의 반사적 이익이라고 해석함이 상당하므로, 기존 담배 일반소매인은 신규담배 구내소매인 지정처분의 취소를 구할 원고적격이 없다.

(대법원 2008.4.10. 2008두402)

10. 근거 법률이 과당경쟁으로 인한 경영의 불합리를 방지하는 목적도 가지고 있는 경우(적극)

[1] 면허나 인·허가 등의 수익적 행정처분의 근거가 되는 법률이 해당 업자들 사이의 과당경쟁으로 인한 경영의 불합리를 방지하는 것도 그 목적으로 하고 있는 경우, 다른 업자에 대한 면허나 인·허가 등의 수익적 행정처분에 대하여 미리 같은 종류의 면허나 인·허가 등의 처분을 받아 영업을 하고 있는 기존의 업자는 경업자에 대하여 이루어진 면허나 인·허가 등 행정처분의 상대방이 아니라 하더라도 당해 행정처분의 취소를 구할 원고적격이 있다.

[2] 갑 회사의 시외버스운송사업과 을 회사의 시외버스운송사업이 다 같이 운행계통을 정하여 여객을 운송하는 노선여객자동차 운송사업에 속하고, 갑 회사에 대한 시외버스운송사업계획변경인가 처분으로 기존의 시외버스운송사업자인 을 회사의 노선 및 운행계통과 갑 회사의 노선 및 운행계통이 일부 같고, 기점 혹은 종점이 같거나 인근에 위치한 을 회사의 수익감소가 예상되므로, 기존의 시외버스운송사업자인 을 회사에 위 처분의 취소를 구할 법률상의 이익이 있다고 한 사례.

[3] 노선버스운송사업계획변경 중 기존노선 및 운행계통의 중간 어느 지점에서 다른 방향으로 연장하는 형태의 '단축연장'의 경우, 구 여객자동차 운수사업법 시행규칙(2008.3.14. 국토해양부령 제4호로 개정되기 전의 것) 제31조 제2항 제2호에서 정한 연장거리 제한의 기준이 되는 기존운행계통은 '기존 노선 및 운행계통 중 폐지 또는 단축하고 남은 거리'가 아니라 '폐지 또는 단축하기 전의 기존 노선 및 운행계통 총 거리(기존 노선 총 거리)'로 보아야 하므로, 행정청이 변경되는 노선의 연장거리가 기존 노선 총 거리의 약 45.2%로서 위 시행규칙 제31조 제2항 제2호에서 요구하고 있는 기존 운행계통의 50%를 넘지 않는 시외버스운송사업계획변경을 인가한 처분은 적법하다고 한 사례.

(대법원 2010.6.10. 선고 2009두10512 판결【여객자동차운송사업계획변경인가처분취소】)

나. 경원자

11. 처분을 받지 못한 자의 경쟁자에 대한 수익적 행정처분을 다툴 원고적격 인정여부(적극)

[1] 인·허가 등의 수익적 행정처분을 신청한 여러 사람이 서로 경쟁관계에 있어 일방에 대한 허가 등의 처분이 타방에 대한 불허가 등으로 될 수밖에 없는 때에는 허가 등의 처분을 받지 못한 사람은 처분의 상대방이 아니라 하더라도 당해 처분의 취소를 구할 당사자적격이 있고, 다만 구체적인 경우에 있어서 그 처분이 취소된다 하더라도 허가 등의 처분을 받지 못한 불이익이 회복된다고 볼 수 없을 때에는 당해 처분의 취소를 구할 정당한 이익이 없다.

[2] 비관리청 항만공사 시행허가는 특정인에게 권리를 설정하는 행위로서 항만법과 그 시행령에 허가기준에 관한 규정이 없으므로 허가 여부는 행정청의 재량에 속하고, 그 허가를 위한 심사기준을 정하여 놓은 '비관리청 항만공사 시행허가 등에 관한 업무처리요령'(해운항만청 고시 제1996-19호)은 재량권행사의 기준인 행정청 내부의 사무처리준칙에 불과하여 허가처분의 적법 여부는 결국 재량권의 남용 여부의 판단에 달려 있다.

[3] 지방해양수산청장의 항만공사 시행허가처분이 재량권을 남용하였다고 본 사례.

(대법원 1998.9.8. 선고 98두6272 판결【비관리청항만공사시행허가거부처분취소】)

12. 경원자에 대한 수익적 행정처분의 취소를 구할 원고적격

[1] 인·허가 등의 수익적 행정처분을 신청한 수인이 서로 경쟁관계에 있어서 일방에 대한 허가 등의 처분이 타방에 대한 불허가 등으로 귀결될 수밖에 없는 때 허가 등의 처분을 받지 못한 자는 비록 경원자에 대하여 이루어진 허가 등 처분의 상대방이 아니라 하더라도 당해 처분의 취소를 구할 원고 적격이 있다. 다만, 명백한 법적 장애로 인하여 원고 자신의 신청이 인용될 가능성이 처음부터 배제되어 있는 경우에는 당해 처분의 취소를 구할 정당한 이익이 없다.

[2] 법학전문대학원의 설치·운영에 관한 법률 제13조 제1호의 규정을 법학교수인 위원 본인과 심의대상 대학에 한정하여 보면 '법학교수인 위원이 심의대

상인 대학에 재직하는 경우 당해 심의에 관여하지 못한다'라는 규정이 된다. 여기에서 '당해 심의'는 그 문언상 '법학교수인 위원이 재직하는 대학에 대한 심의'라고 볼 것이지만, 그것을 '법학교수인 위원이 재직하는 대학만을 다른 대학과 분리하여 독립적인 심의의 대상으로 삼은 경우'에 한정할 것은 아니다.

[3] 법학전문대학원의 설치인가 심사기준 중 법원행정처장 등에 대한 의견수렴절차 후에 추가·변경된 법조인 배출실적, 대학경쟁력 및 사회적 책무성 등의 사항에 대하여 다시 별도로 위 의견수렴절차를 거치지 않은 것이 법학전문대학원의 설치·운영에 관한 법률 제21조의 절차에 위배되었다고 할 수 없고, 그 심사기준들이 교육과학기술부장관이 재정지원하여 제출된 용역보고서에 제시되지 않았었다고 하더라도 설치인가 심사기준을 설정함에 있어 신뢰이익을 침해하였거나 재량권을 일탈·남용한 위법이 없다고 한 사례.

[4] 법학전문대학원의 설치·운영에 관한 법률이 우수한 법조인의 양성을 그 목적(제1조)으로 하면서도, 그 시행령에 교육과학기술부장관으로 하여금 법학전문대학원의 설치인가 등에서 지역 간 균형을 고려하도록 하는 규정(제5조)을 두고 있고, 헌법 제120조 제2항 및 제122조가 국토의 균형있는 발전에 관한 국가의 의무 등을 선언하고 있는 점을 종합하여 보면, 교육과학기술부장관은 교육역량이 우수한 대학의 선발과 지역 간 균형이 서로 조화를 이루는 범위 내에서 법학전문대학원에 대한 설치인가를 하여야 한다.

[5] 행정처분이 위법한 때에는 이를 취소함이 원칙이고 그 위법한 처분을 취소·변경하는 것이 도리어 현저히 공공의 복리에 적합하지 않은 경우에 극히 예외적으로 위법한 행정처분의 취소를 허용하지 않는다는 사정판결을 할 수 있으므로, 사정판결의 적용은 극히 엄격한 요건 아래 제한적으로 하여야 하고, 그 요건인 '현저히 공공복리에 적합하지 아니한가'의 여부를 판단할 때에는 위법·부당한 행정처분을 취소·변경하여야 할 필요와 그 취소·변경으로 발생할 수 있는 공공복리에 반하는 사태 등을 비교·교량하여 그 적용 여부를 판단하여야 한다. 아울러 사정판결을 할 경우 미리 원고가 입게 될 손해의 정도와 구제방법, 그 밖의 사정을 조사하여야 하고, 원고는 피고인 행정청이 속하는 국가 또는 공공단체를 상대로 손해배상 등 적당한 구제방법의 청구를 당해 취소소송 등이 계속된 법원에 청구할 수 있는 점(행정소송법 제28조 제2항, 제3항) 등에 비추어 보면, 사정판결제도가 위법한 처분으로 법률상 이익을 침해당한 자의 기본권을 침해하고, 법치행정에 반하는 위헌적인 제도라고 할 것은 아니다.

(대법원 2009.12.10. 선고 2009두8359 판결【예비인가처분취소】)

다. 인근주민

13. 원자로 시설부지 인근 주민들의 방사성물질 등에 의한 생명·신체의 안전침해를 이유로 부지사전승인처분의 취소를 구할 원고적격 인정여부(적극)

[1] 원자로시설부지사전승인처분의 근거 법률인 구 원자력법(1996.12.30. 법률 제5233호로 개정되어 1997.7.1.부터 시행되기 전의 것) 제11조 제3항에 근거한 원자로 및 관계 시설의 부지사전승인처분은 원자로 등의 건설허가 전에 그 원자로 등 건설예정지로 계획중인 부지가 원자력법의 관계 규정에 비추어 적법성을 구비한 것인지 여부를 심사하여 행하는 사전적 부분 건설허가처분의 성격을 가지고 있는 것이므로, 원자력법 제12조 제2호, 제3호로 규정한 원자로 및 관계 시설의 허가기준에 관한 사항은 건설허가처분의 기준이 됨은 물론 부지사전승인처분의 기준으로도 된다.

[2] 원자력법 제12조 제2호(발전용 원자로 및 관계 시설의 위치·구조 및 설비가 대통령령이 정하는 기술수준에 적합하여 방사성물질 등에 의한 인체·물체·공공의 재해방지에 지장이 없을 것)의 취지는 원자로 등 건설사업이 방사성물질 및 그에 의하여 오염된 물질에 의한 인체·물체·공공의 재해를 발생시키지 아니하는 방법으로 시행되도록 함으로써 방사성물질 등에 의한 생명·건강상의 위해를 받지 아니할 이익을 일반적 공익으로서 보호하려는 데 그치는 것이 아니라 방사성물질에 의하여 보다 직접적이고 중대한 피해를 입으리라고 예상되는 지역 내의 주민들의 위와 같은 이익을 직접적·구체적 이익으로서도 보호하려는 데에 있다 할 것이므로, 위와 같은 지역 내의 주민들에게는 방사성물질 등에 의한 생명·신체의 안전침해를 이유로 부지사전승인처분의 취소를 구할 원고적격이 있다.

[3] 원자력법 제12조 제3호(발전용 원자로 및 관계시설의 건설이 국민의 건강·환경상의 위해방지에 지장이 없을 것)의 취지와 원자력법 제11조의 규정에 의한 원자로 및 관계 시설의 건설사업을 환경영향평가대상사업으로 규정하고 있는 구 환경영향평가법(1997.3.7. 법률 제5302호로 개정되기 전의 것) 제4조, 구 환경영향평가법시행령(1993.12.11. 대통령령 제14018호로 제정되어 1997.9.8. 대통령령 제15475호로 개정되기 전의 것) 제2조 제2항 [별표 1]의 다의 (4) 규정 및 환경영향평가서의 작성, 주민의 의견 수렴, 평가서 작성에 관한 관계 기관과의 협의, 협의내용을 사업계획에 반영한 여부에 대한 확인·통보 등을 규정하고 있는 위 법 제8조, 제9조 제1항, 제16조 제1항, 제19조 제1항 규정의 내용을 종합하여 보면, 위 환경영향평가법 제7조에 정한 환경영향평가대상지역 안의 주민들이 방사성물질 이외

의 원인에 의한 환경침해를 받지 아니하고 생활할 수 있는 이익도 직접적·구체적 이익으로서 그 보호대상으로 삼고 있다고 보이므로, 위 환경영향평가대상지역 안의 주민에게는 방사성물질 이외에 원전냉각수 순환시 발생되는 온배수로 인한 환경침해를 이유로 부지사전승인처분의 취소를 구할 원고적격도 있다.

[4] 원자력법 제11조 제3항 소정의 부지사전승인제도는 원자로 및 관계 시설을 건설하고자 하는 자가 그 계획중인 건설부지가 원자력법에 의하여 원자로 및 관계 시설의 부지로 적법한지 여부 및 굴착공사 등 일정한 범위의 공사(이하 '사전공사'라 한다)를 할 수 있는지 여부에 대하여 건설허가 전에 미리 승인을 받는 제도로서, 원자로 및 관계 시설의 건설에는 장기간의 준비·공사가 필요하기 때문에 필요한 모든 준비를 갖추어 건설허가신청을 하였다가 부지의 부적법성을 이유로 불허가될 경우 그 불이익이 매우 크고 또한 원자로 및 관계 시설 건설의 이와 같은 특성상 미리 사전공사를 할 필요가 있을 수도 있어 건설허가 전에 미리 그 부지의 적법성 및 사전공사의 허용 여부에 대한 승인을 받을 수 있게 함으로써 그의 경제적·시간적 부담을 덜어 주고 유효·적절한 건설공사를 행할 수 있도록 배려하려는 데 그 취지가 있다고 할 것이므로, 원자로 및 관계 시설의 부지사전승인처분은 그 자체로서 건설부지를 확정하고 사전공사를 허용하는 법률효과를 지닌 독립한 행정처분이기는 하지만, 건설허가 전에 신청자의 편의를 위하여 미리 그 건설허가의 일부 요건을 심사하여 행하는 사전적 부분 건설허가처분의 성격을 갖고 있는 것이어서 나중에 건설허가처분이 있게 되면 그 건설허가처분에 흡수되어 독립된 존재가치를 상실함으로써 그 건설허가처분만이 쟁송의 대상이 되는 것이므로, 부지사전승인처분의 취소를 구하는 소는 소의 이익을 잃게 되고, 따라서 부지사전승인처분의 위법성은 나중에 내려진 건설허가처분의 취소를 구하는 소송에서 이를 다투면 된다.

(대법원 1998.9.4. 선고 97누19588 판결【부지사전승인처분취소】)

14. 환경영향평가대상지역 안의 주민들의 전원개발사업실시계획승인처분의 취소를 구할 원고적격 인정여부(적극)

[1] 전원개발사업실시계획승인처분의 근거 법률인 전원개발에관한특례법령, 구 환경보전법령, 구 환경정책기본법령 및 환경영향평가법령 등의 규정 취지는 환경영향평가대상사업에 해당하는 발전소건설사업이 환경을 해치지 아니하는 방법으로 시행되도록 함으로써 당해 사업과 관련된 환경공익을 보호하려는 데 그치는 것이 아니라 당해 사업으로 인하여 직접적이고 중대한 환경피해를 입으

리라고 예상되는 환경영향평가대상지역 안의 주민들이 전과 비교하여 수인한도를 넘는 환경침해를 받지 아니하고 쾌적한 환경에서 생활할 수 있는 개별적 이익까지도 이를 보호하려는 데에 있으므로, 주민들이 위 승인처분과 관련하여 갖고 있는 위와 같은 환경상 이익은 단순히 환경공익 보호의 결과로서 국민일반이 공통적으로 갖게 되는 추상적·평균적·일반적 이익에 그치지 아니하고 환경영향평가대상지역 안의 주민 개개인에 대하여 개별적으로 보호되는 직접적·구체적 이익이라고 보아야 하고, 따라서 위 사업으로 인하여 직접적이고 중대한 환경침해를 받게 되리라고 예상되는 환경영향평가대상지역 안의 주민에게는 위 승인처분의 취소를 구할 원고적격이 있다.

[2] 환경영향평가대상지역 밖의 주민·일반 국민·산악인·사진가·학자·환경보호단체 등의 환경상 이익이나 전원개발사업구역 밖의 주민 등의 재산상 이익에 대하여는 위 [1]항의 근거 법률에 이를 그들의 개별적·직접적·구체적 이익으로 보호하려는 내용 및 취지를 가지는 규정을 두고 있지 아니하므로, 이들에게는 위와 같은 이익 침해를 이유로 전원개발사업실시계획승인처분의 취소를 구할 원고적격이 없다.

[3] 전원개발사업실시계획승인처분에 재량권의 일탈·남용이 없다고 본 사례.

(대법원 1998.9.22. 선고 97누19571 판결【발전소건설사업승인처분취소】)

15. 행정처분의 근거 법규 등에 그 처분으로 환경상 침해를 받으리라고 예상되는 영향권의 범위가 구체적으로 규정된 경우

[1] 행정처분의 근거 법규 또는 관련 법규에 그 처분으로써 이루어지는 행위 등 사업으로 인하여 환경상 침해를 받으리라고 예상되는 영향권의 범위가 구체적으로 규정되어 있는 경우에는, 그 영향권 내의 주민들에 대하여는 당해 처분으로 인하여 직접적이고 중대한 환경피해를 입으리라고 예상할 수 있고, 이와 같은 환경상의 이익은 주민 개개인에 대하여 개별적으로 보호되는 직접적·구체적 이익으로서 그들에 대하여는 특단의 사정이 없는 한 환경상 이익에 대한 침해 또는 침해 우려가 있는 것으로 사실상 추정되어 법률상 보호되는 이익으로 인정됨으로써 원고적격이 인정되며, 그 영향권 밖의 주민들은 당해 처분으로 인하여 그 처분 전과 비교하여 수인한도를 넘는 환경피해를 받거나 받을 우려가 있다는 자신의 환경상 이익에 대한 침해 또는 침해 우려가 있음을 증명하여야만 법률상 보호되는 이익으로 인정되어 원고적격이 인정된다.

[2] 공장설립승인처분의 근거 법규 및 관련 법규인 구 산업집적활성화 및 공

장설립에 관한 법률(2006.3.3. 법률 제7861호로 개정되기 전의 것) 제8조 제4호가 산업자원부장관으로 하여금 관계 중앙행정기관의 장과 협의하여 '환경오염을 일으킬 수 있는 공장의 입지제한에 관한 사항'을 정하여 고시하도록 규정하고 있고, 이에 따른 산업자원부 장관의 공장입지기준고시(제2004-98호) 제5조 제1호가 '상수원 등 용수이용에 현저한 영향을 미치는 지역의 상류'를 환경오염을 일으킬 수 있는 공장의 입지제한지역으로 정할 수 있다고 규정하고, 국토의 계획 및 이용에 관한 법률 제58조 제3항의 위임에 따른 구 국토의 계획 및 이용에 관한 법률 시행령(2006.8.17. 대통령령 제19647호로 개정되기 전의 것) 제56조 제1항 [별표 1] 제1호 (라)목 (2)가 '개발행위로 인하여 당해 지역 및 그 주변 지역에 수질오염에 의한 환경오염이 발생할 우려가 없을 것'을 개발사업의 허가기준으로 규정하고 있는 취지는, 공장설립승인처분과 그 후속절차에 따라 공장이 설립되어 가동됨으로써 그 배출수 등으로 인한 수질오염 등으로 직접적이고도 중대한 환경상 피해를 입을 것으로 예상되는 주민들이 환경상 침해를 받지 아니한 채 물을 마시거나 용수를 이용하며 쾌적하고 안전하게 생활할 수 있는 개별적 이익까지도 구체적·직접적으로 보호하려는 데 있다. 따라서 수돗물을 공급받아 이를 마시거나 이용하는 주민들로서는 위 근거 법규 및 관련 법규가 환경상 이익의 침해를 받지 않은 채 깨끗한 수돗물을 마시거나 이용할 수 있는 자신들의 생활환경상의 개별적 이익을 직접적·구체적으로 보호하고 있음을 증명하여 원고적격을 인정받을 수 있다.

[3] 김해시장이 소감천을 통해 낙동강에 합류하는 하천수 주변의 토지에 구 산업집적활성화 및 공장설립에 관한 법률 제13조에 따라 공장설립을 승인하는 처분을 한 사안에서, 상수원인 물금취수장이 소감천이 흘러 내려 낙동강 본류와 합류하는 지점 근처에 위치하고 있는 점, 수돗물은 수도관 등 급수시설에 의해 공급되는 것이어서 거주지역이 물금취수장으로부터 다소 떨어진 곳이라고 하더라도 수돗물의 수질악화 등으로 주민들이 갖게 되는 환경상 이익의 침해나 그 우려는 그 수돗물을 공급하는 취수시설이 입게 되는 수질오염 등의 피해나 그 우려와 동일하게 평가될 수 있는 점 등에 비추어, 공장설립으로 수질오염 등이 발생할 우려가 있는 물금취수장에서 취수된 물을 공급받는 부산광역시 또는 양산시에 거주하는 주민들도 위 처분의 근거 법규 및 관련 법규에 의하여 개별적·구체적·직접적으로 보호되는 환경상 이익, 즉 법률상 보호되는 이익이 침해되거나 침해될 우려가 있는 주민으로서 원고적격이 인정된다고 한 사례.

(대법원 2010.4.15. 선고 2007두16127 판결【공장설립승인처분취소】)

16. 폐기물소각시설의 부지경계선으로부터 300m 안의 주민들의 폐기물소각시설의 입지지역을 결정·고시한 처분의 무효확인을 구할 원고적격 인정여부(적극)

구 폐기물처리시설설치촉진및주변지역지원등에관한법률(2002.2.4. 법률 제6656호로 개정되기 전의 것) 및 같은법시행령의 관계 규정의 취지는 처리능력이 1일 50t인 소각시설을 설치하는 사업으로 인하여 직접적이고 중대한 환경상의 침해를 받으리라고 예상되는 직접영향권 내에 있는 주민들이나 폐기물소각시설의 부지경계선으로부터 300m 이내의 간접영향권 내에 있는 주민들이 사업 시행 전과 비교하여 수인한도를 넘는 환경피해를 받지 아니하고 쾌적한 환경에서 생활할 수 있는 개별적인 이익까지도 이를 보호하려는 데에 있다 할 것이므로, 위 주민들이 소각시설입지지역결정·고시와 관련하여 갖는 위와 같은 환경상의 이익은 주민 개개인에 대하여 개별적으로 보호되는 직접적·구체적 이익으로서 그들에 대하여는 특단의 사정이 없는 한 환경상의 이익에 대한 침해 또는 침해우려가 있는 것으로 사실상 추정되어 폐기물 소각시설의 입지지역을 결정·고시한 처분의 무효확인을 구할 원고적격이 인정된다고 할 것이고, 한편 폐기물소각시설의 부지경계선으로부터 300m 밖에 거주하는 주민들도 위와 같은 소각시설 설치사업으로 인하여 사업 시행 전과 비교하여 수인한도를 넘는 환경피해를 받거나 받을 우려가 있음에도 폐기물처리시설 설치기관이 주변영향지역으로 지정·고시하지 않는 경우 같은 법 제17조 제3항 제2호 단서 규정에 따라 당해 폐기물처리시설의 설치·운영으로 인하여 환경상 이익에 대한 침해 또는 침해우려가 있다는 것을 입증함으로써 그 처분의 무효확인을 구할 원고적격을 인정받을 수 있다.

(대법원 2005.3.11. 선고 2003두13489 판결【쓰레기소각장입지지역결정고시취소청구】)

17. 광업권설정허가처분 취소소송에서 원고적격자의 범위와 요건

[1] 광업권설정허가처분의 근거 법규 또는 관련 법규의 취지는 광업권설정허가처분과 그에 따른 광산 개발과 관련된 후속 절차로 인하여 직접적이고 중대한 재산상·환경상 피해가 예상되는 토지나 건축물의 소유자나 점유자 또는 이해관계인 및 주민들이 전과 비교하여 수인한도를 넘는 재산상·환경상 침해를 받지 아니한 채 토지나 건축물 등을 보유하며 쾌적하게 생활할 수 있는 개별적 이익까지도 보호하려는 데 있으므로, 광업권설정허가처분과 그에 따른 광산 개발로 인하여 재산상·환경상 이익의 침해를 받거나 받을 우려가 있는 토지나 건

축물의 소유자와 점유자 또는 이해관계인 및 주민들은 그 처분 전과 비교하여 수인한도를 넘는 재산상·환경상 이익의 침해를 받거나 받을 우려가 있다는 것을 증명함으로써 그 처분의 취소를 구할 원고적격을 인정받을 수 있다.

[2] 구 광업법(2002.1.19. 법률 제6612호로 개정되기 전의 것)에 정한 채광계획인가나 변경인가는 행정청의 재량행위에 속하고, 채광계획의 내용의 합리성과 사업성 및 안정성의 측면이나 당해 채광계획이 수반할 수 있는 수질과 토양의 오염, 지하수의 고갈 등 환경 보전의 측면에서 중대한 공익상 필요가 있다고 인정할 때에는 채광계획인가나 변경인가를 거부할 수 있으며, 이는 당해 채광계획에 나타난 사업의 내용, 규모, 방법과 그것이 환경에 미치는 영향 등 제반 사정을 종합하여 사회 관념상 공익 침해의 우려가 현저한지 여부에 의하여 판단할 수 있다.

(대법원 2008.9.11. 선고 2006두7577 판결【광업권설정허가처분취소등】)

라. 기타 원고적격을 인정한 예

18. 구속된 피고인에게 교도소장의 접견허가거부처분의 취소를 구할 원고적격 인정여부(적극)

가. 행정처분의 상대방이 아닌 제3자도 그 행정처분의 취소에 관하여 법률상 구체적 이익이 있으면 행정소송법 제12조에 의하여 그 처분의 취소를 구하는 행정소송을 제기할 수 있는바, 구속된 피고인은 형사소송법 제89조의 규정에 따라 타인과 접견할 권리를 가지며 행형법 제62조, 제18조 제1항의 규정에 의하면 교도소에 미결수용된 자는 소장의 허가를 받아 타인과 접견할 수 있으므로(이와 같은 접견권은 헌법상 기본권의 범주에 속하는 것이다) 구속된 피고인이 사전에 접견신청한 자와의 접견을 원하지 않는다는 의사표시를 하였다는 등의 특별한 사정이 없는 한 구속된 피고인은 교도소장의 접견허가거부처분으로 인하여 자신의 접견권이 침해되었음을 주장하여 위 거부처분의 취소를 구할 원고적격을 가진다.

나. 만나고 싶은 사람을 만날 수 있다는 것은 인간이 가지는 가장 기본적인 자유 중 하나로서, 이는 헌법 제10조가 보장하고 있는 인간으로서의 존엄과 가치 및 행복추구권 가운데 포함되는 헌법상의 기본권이라고 할 것인바, 구속된 피고인이나 피의자도 이러한 기본권의 주체가 됨은 물론이며 오히려 구속에 의하여 외부와 격리된 피고인이나 피의자의 경우에는 다른 사람과 만남으로써 외부와의 접촉을 유지할 수 있다는 것이 더욱 큰 의미를 가지게 되는 것이고, 또한 무죄추정의 원칙을 규정한 헌법 제27조 제4항의 규정도 구속된 피고인이나 피의자가 위와 같은 헌법상의 기본권을 가진다는 것을 뒷받침하는 규정이라 할

수 있으므로 형사소송법 제89조 및 제213조의2가 규정하고 있는 구속된 피고인 또는 피의자의 타인과의 접견권은 위와 같은 헌법상의 기본권을 확인하는 것일 뿐 형사소송법의 규정에 의하여 비로소 피고인 또는 피의자의 접견권이 창설되는 것으로는 볼 수 없다.

다. 구속된 피고인 또는 피의자의 타인과의 접견권이 헌법상의 기본권이라 하더라도 국가안전보장, 질서유지 또는 공공복리를 위하여 필요한 경우에는 법률로 제한할 수 있음은 헌법 제37조 제2항의 규정에 의하여 명백하며 구체적으로는 접견을 허용함으로써 도주나 증거인멸의 우려 방지라는 구속의 목적에 위배되거나 또는 구금시설의 질서유지를 해칠 현저한 위험성이 있을 때와 같은 경우에는 구속된 피고인 또는 피의자의 접견권을 제한할 수 있을 것이지만, 그와 같은 제한의 필요가 없는데도 접견권을 제한하거나 또는 제한의 필요가 있더라도 필요한 정도를 지나친 과도한 제한을 하는 것은 헌법상 보장된 기본권의 침해로서 위헌이라고 하지 않을 수 없다.

라. 미결수용자의 타인과의 접견권은 헌법상 보장되는 기본권으로서 그 행사는 원칙적으로 보장되어야 하고 예외적으로만 이를 제한할 수 있음에 비추어 볼 때 적어도 행형법 제18조 제2항의 규정이 미결수용자에게 준용되는 경우에는 "필요한 용무"의 개념을 넓게 해석하여 접견의 목적이 구금의 목적에 반하거나 구금시설의 질서유지를 해칠 현저한 위험성을 내포하고 있다는 등 접견을 허용하여서는 안 될 특별한 사정이 없는 한 원칙적으로 "필요한 용무"가 있는 것으로 보아야 할 것이다.

(대법원 1992.5.8. 선고 91누7552 판결【접견허가거부처분취소】)

19. 압류등기된 부동산을 양도받아 소유권이전등기를 마친 취득자가 압류해제신청을 하였으나 거부처분이 있는 경우 그 취소를 구할 원고적격 인정여부(적극)

가. 국세징수법상 압류등기된 부동산을 양도받아 소유권이전등기를 마친 부동산취득자는 국세징수법 제24조 제5항 및 제53조의 압류해제의 요건이 충족되었음을 이유로 과세관청에게 압류해제신청을 할 수 있고 압류해제신청을 거부한 행정처분이 있는 경우 그 행정처분의 취소를 구할 법률상 이익이 있다.

나. 압류해제신청거부처분을 한 시출장소장이 아닌 시장을 상대로 한 소송은 처분청이 아니어서 피고적격이 없는 관청을 당사자로 한 점에서 부적법하다.

(대법원 1993.4.27. 선고 92누15055 판결【부동산압류처분취소】)

20. 사자(死者)에 대한 변상금부과처분을 다툴 상속인의 원고적격 인정여부(적극)

[1] 민법 제197조 제1항에 의하면 물건의 점유자는 소유의 의사로 점유한 것으로 추정되는 것이나, 점유자의 점유가 소유의 의사 있는 자주점유인지 아니면 소유의 의사가 없는 타주점유인지의 여부는 점유자의 내심의 의사에 의하여 결정되는 것이 아니라 점유취득의 원인이 된 권원의 성질이나 점유와 관계가 있는 모든 사정에 의하여 외형적·객관적으로 결정되어야 하는 것이기 때문에, 점유자가 점유개시 당시에 소유권 취득의 원인이 될 수 있는 법률행위 기타 법률요건이 없이 그와 같은 법률요건이 없다는 사실을 잘 알면서 타인 소유의 부동산을 무단점유한 것이 입증된 경우에는 특별한 사정이 없는 한 점유자는 타인의 소유권을 배척하고 점유할 의사를 갖고 있지 아니하다고 보아야 할 것이므로 이로써 점유자의 소유 의사의 추정은 깨어졌다고 할 것이다.

[2] 국·공유토지상의 무허가건물이 전전매도되고 매수인이 그 토지가 국·공유임을 알고 있는 경우에는 특별한 사정이 없는 한 매수인은 그 건물의 부지에 대하여 점용권만을 매수하는 것으로 보아야 할 것이므로 이러한 경우 그 토지 점유는 소유자를 배제하여 자기의 소유물처럼 배타적 지배를 행사하려는 것이 아니고 권원의 성질상 타인 소유임을 용인한 타주점유로 봄이 상당하다.

[3] 사자에 대한 변상금부과처분에 관하여 그 상속인에게 위 처분이 외형적으로 존재함으로 인하여 발생할 수 있는 손해를 피하기 위하여 무효선언을 구하는 의미에서의 취소를 구할 법률상 이익이 있다고 본 사례.

(대법원 1998.11.27. 선고 97누2337 판결【변상금부과처분취소】)

21. 다른 공동상속인의 상속세에 대한 연대납부의무를 지는 상속인의 과세처분 취소를 구할 원고적격 인정여부(적극)

[1] 구 상속세법(1993.12.31. 법률 제4662호로 개정되기 전의 것) 제18조 제1항, 제2항에 의하면 공동상속인들 각자는 피상속인의 유산총액을 과세가액으로 하여 산출한 상속세 총액 중 그가 받았거나 받을 재산의 점유비율에 따른 상속세를 납부할 고유의 납세의무가 있음은 물론, 다른 공동상속인들의 상속세에 관하여도 자신이 받았거나 받을 재산을 한도로 연대하여 납부할 의무가 있는바, 공동상속인들 중 1인이 지게 되는 다른 공동상속인들의 상속세에 대한 연대납부의무는 다른 공동상속인들 각자의 고유의 상속세납세의무가 그들 각자에 대한 과세처분

에 의하여 확정되면 위 법 규정에 의하여 당연히 확정되는 것이어서 이때에는 과세관청은 별도의 확정절차 없이 바로 그 연대납부의무자에 대하여 징수절차를 개시할 수 있고, 따라서 납세고지서에 납부할 총세액 등을 기재함과 아울러 공동상속인들 각자의 상속재산 점유비율과 그 비율에 따라 산정한 각자가 납부할 상속세액 등을 기재한 연대납세의무자별 고지세액 명세서를 첨부하여 공동상속인들 각자에게 고지하였다면 이러한 납세고지는 공동상속인들 각자에게 연대납세의무자별 고지세액 명세서에 기재된 각 해당 상속세액을 부과고지함과 아울러 공동상속인들 각자의 고유의 납부의무세액과 다른 공동상속인들과의 연대납부의무세액의 합계액(납세고지서에 기재된 총세액)을 징수고지한 것이 된다.

[2] 납세고지서에 공동상속인들이 납부할 총세액 등을 기재함과 아울러 공동상속인들 각자의 상속재산 점유비율과 그 비율에 따라 산정한 각자가 납부할 상속세액 등을 기재한 연대납세의무자별 고지세액 명세서를 첨부하여 공동상속인들 각자에게 고지하였다면 그와 같은 납세고지에 의하여 공동상속인들 중 1인에게 한 다른 공동상속인들의 상속세에 대한 연대납부의무의 징수고지는 다른 공동상속인들 각자에 대한 과세처분에 따르는 징수절차상의 처분으로서의 성격을 가지는 것이어서, 다른 공동상속인들에 대한 과세처분이 무효 또는 부존재가 아닌 한 그 과세처분에 있어서의 하자는 그 징수처분에 당연히 승계된다고는 할 수 없으므로, 연대납부의무의 징수처분을 받은 공동상속인들 중 1인은 다른 공동상속인들에 대한 과세처분 자체에 취소사유가 있다는 이유만으로는 그 징수처분의 취소를 구할 수 없게 된다.

[3] 공동상속인들 중 1인의 연대납부의무에 대한 별도의 확정절차가 없을 뿐만 아니라 그 징수처분에 대한 쟁송단계에서도 다른 공동상속인들에 대한 과세처분 자체의 위법을 다툴 수 없는 점에 비추어 보면, 다른 공동상속인들의 상속세에 대한 연대납부의무를 지는 상속인의 경우에는 다른 공동상속인들에 대한 과세처분 자체의 취소를 구함에 있어서 법률상 직접적이고 구체적인 이익을 가진다고 할 것이므로 그 취소를 구할 원고 적격을 인정함이 상당하고, 이는 국세기본법 제25조 제1항에 따라 공유자 또는 공동사업자 등 연대납세의무자의 관계에 있는 자가 지게 되는 구체적 연대납부의무가 연대납세의무자 각자에 대한 개별적인 과세처분에 의하여 확정되는 것이어서 이때의 연대납세의무자 중 1인은 다른 연대납세의무자에 대한 과세처분에 대하여 사실상의 간접적인 이해관계를 가질 뿐 원고 적격은 없다는 것과는 법리를 달리하는 것이다.

(대법원 2001.11.27. 선고 98두9530 판결【상속세부과처분취소】)

22. 정보공개거부처분을 받은 청구인의 거부처분의 취소를 구할 원고적격 인정여부(적극)

[1] 국민의 정보공개청구권은 법률상 보호되는 구체적인 권리이므로, 공공기관에 대하여 정보의 공개를 청구하였다가 공개거부처분을 받은 청구인은 행정소송을 통하여 그 공개거부처분의 취소를 구할 법률상의 이익이 있다.

[2] 공공기관의정보공개에관한법률 제7조 제1항 제6호 단서 (다)목 소정의 '공개하는 것이 공익을 위하여 필요하다고 인정되는 정보'에 해당하는지 여부는 비공개에 의하여 보호되는 개인의 사생활 보호 등의 이익과 공개에 의하여 보호되는 국정운영의 투명성 확보 등의 공익을 비교·교량하여 구체적 사안에 따라 신중히 판단하여야 한다.

[3] 지방자치단체의 업무추진비 세부항목별 집행내역 및 그에 관한 증빙서류에 포함된 개인에 관한 정보는 '공개하는 것이 공익을 위하여 필요하다고 인정되는 정보'에 해당하지 않는다고 한 사례.

[4] 법원이 행정청의 정보공개거부처분의 위법 여부를 심리한 결과 공개를 거부한 정보에 비공개대상정보에 해당하는 부분과 공개가 가능한 부분이 혼합되어 있고 공개청구의 취지에 어긋나지 아니하는 범위 안에서 두 부분을 분리할 수 있음을 인정할 수 있을 때에는, 위 정보 중 공개가 가능한 부분을 특정하고 판결의 주문에 행정청의 위 거부처분 중 공개가 가능한 정보에 관한 부분만을 취소한다고 표시하여야 한다.

(대법원 2003.3.11. 선고 2001두6425 판결【행정정보비공개결정처분취소】)

23. 수허가자의 지위를 양수한 양수인의 관할 행정청의 채석허가 취소처분을 다툴 원고적격 인정여부(적극)

산림법 제90조의2 제1항, 제118조 제1항, 같은법시행규칙 제95조의2 등 산림법령이 수허가자의 명의변경제도를 두고 있는 취지는, 채석허가가 일반적·상대적 금지를 해제하여 줌으로써 채석행위를 자유롭게 할 수 있는 자유를 회복시켜 주는 것일 뿐 권리를 설정하는 것이 아니어서 관할 행정청과의 관계에서 수허가자의 지위의 승계를 직접 주장할 수는 없다 하더라도, 채석허가가 대물적 허가의 성질을 아울러 가지고 있고 수허가자의 지위가 사실상 양도·양수되는 점을 고려하여 수허가자의 지위를 사실상 양수한 양수인의 이익을 보호하고자 하는 데 있는 것으로 해석되므로, 수허가자의 지위를 양수받아 명의변경신고를 할 수 있는 양수인의 지위는 단순한 반사적 이익이나 사실상의 이익이 아니라 산림법령에 의하여 보호되는 직접적이고 구체적인 이익으로서 법률상 이익이라고 할 것이고, 채석허가가 유효하게 존속하고 있다는 것이 양수인의 명의변경신고의 전제가 된다는 의미에서 관할 행정청이 양도인에 대하여 채석허가를 취소하는 처분을 하였다면 이는 양수인의 지위에 대한 직접적 침해가 된다고 할 것이므로 양수인은 채석허가를 취소하는 처분의 취소를 구할 법률상 이익을 가진다.

(대법원 2003.7.11. 선고 2001두6289 판결【채석허가취소처분취소】)

24. 법인의 주주가 당해 법인에 대한 행정처분의 취소를 구할 원고적격이 있는지 여부(적극)

[1] 구 금융산업의구조개선에관한법률(2000.1.21. 법률 제6178호로 개정되기 전의 것) 제14조 제1항에 의하여 금융감독위원회의 직무정지명령을 받은 기존 대표이사는 당해 금융기관을 대표할 권한이 없다.

[2] 일반적으로 법인의 주주는 당해 법인에 대한 행정처분에 관하여 사실상이나 간접적인 이해관계를 가질 뿐이어서 스스로 그 처분의 취소를 구할 원고적격이 없는 것이 원칙이라고 할 것이지만, 그 처분으로 인하여 궁극적으로 주식이 소각되거나 주주의 법인에 대한 권리가 소멸하는 등 주주의 지위에 중대한 영향을 초래하게 되는데도 그 처분의 성질상 당해 법인이 이를 다툴 것을 기대할 수 없고 달리 주주의 지위를 보전할 구제방법이 없는 경우에는 주주도 그 처분에 관하여 직접적이고 구체적인 법률상 이해관계를 가진다고 보이므로 그 취소를 구할 원고적격이 있다.

(대법원 2004.12.23. 선고 2000두2648 판결【부실금융기관결정등처분취소】)

25. 과세관청이 체납자가 점유하고 있는 제3자 소유의 동산을 압류한 경우, 그 압류처분을 다툴 체납자의 원고적격인정 여부(적극)

[1] 과세관청이 납세자에 대한 체납처분으로서 제3자의 소유 물건을 압류하고 공매하더라도 그 처분으로 인하여 제3자가 소유권을 상실하는 것이 아니고, 체납처분으로서 압류의 요건을 규정하는 국세징수법 제24조 각 항의 규정을 보면 어느 경우에나 압류의 대상을 납세자의 재산에 국한하고 있으므로, 납세자가 아닌 제3자의 재산을 대상으로 한 압류처분은 그 처분의 내용이 법률상 실현될 수 없는 것이어서 당연무효이다.

[2] 국세징수법 제38조, 제39조의 규정에 의하면 동산의 압류는 세무공무원이

점유함으로써 행하되, 다만 일정한 경우 체납자로 하여금 보관하게 하고 그 사용 또는 수익을 허가할 수 있을 뿐이며, 여기서의 점유는 목적물에 대한 체납자의 점유를 전면적으로 배제하고 세무공무원이 이를 직접 지배, 보관하는 것을 뜻하므로, 과세관청이 조세의 징수를 위하여 체납자가 점유하고 있는 제3자의 소유 동산을 압류한 경우, 그 체납자는 그 압류처분에 의하여 당해 동산에 대한 점유권의 침해를 받은 자로서 그 압류처분에 대하여 법률상 직접적이고 구체적인 이익을 가지는 것이어서 그 압류처분의 취소나 무효확인을 구할 원고적격이 있다.

[3] 부부공유 유체동산의 압류에 관한 민사집행법 제190조의 규정은 체납처분의 경우에 유추적용을 배제할 만한 특수성이 없으므로 이를 체납처분의 경우에도 유추적용할 수 있다.

(대법원 2006.4.13. 선고 2005두15151 판결【압류처분취소】)

26. 보건복지부 고시인 약제급여·비급여목록 및 급여상한금액표의 취소를 구할 제약회사의 원고적격 인정여부(적극)

[1] 어떠한 고시가 일반적·추상적 성격을 가질 때에는 법규명령 또는 행정규칙에 해당할 것이지만, 다른 집행행위의 매개 없이 그 자체로서 직접 국민의 구체적인 권리의무나 법률관계를 규율하는 성격을 가질 때에는 행정처분에 해당한다.

[2] 보건복지부 고시인 약제급여·비급여목록 및 급여상한금액표(보건복지부 고시 제2002-46호로 개정된 것)는 다른 집행행위의 매개 없이 그 자체로서 국민건강보험가입자, 국민건강보험공단, 요양기관 등의 법률관계를 직접 규율하는 성격을 가지므로 항고소송의 대상이 되는 행정처분에 해당한다고 한 사례.

[3] 제약회사가 자신이 공급하는 약제에 관하여 국민건강보험법, 같은 법 시행령, 국민건강보험 요양급여의 기준에 관한 규칙(2001.12.31. 보건복지부령 제207호) 등 약제상한금액고시의 근거 법령에 의하여 보호되는 직접적이고 구체적인 이익을 향유하는데, 보건복지부 고시인 약제급여·비급여목록 및 급여상한금액표(보건복지부 고시 제2002-46호로 개정된 것)로 인하여 자신이 제조·공급하는 약제의 상한금액이 인하됨에 따라 위와 같이 보호되는 법률상 이익이 침해당할 경우, 제약회사는 위 고시의 취소를 구할 원고적격이 있다고 한 사례.

[4] 행정처분이 위법한 경우에는 이를 취소하는 것이 원칙이나, 예외적으로 그 위법한 처분을 취소·변경하는 것이 도리어 현저히 공공복리에 적합하지 아니하는 경우에는 그 취소를 허용하지 아니하는 사정판결을 할 수 있다. 이러한 사정판결은 당사자의 명백한 주장이 없는 경우에도 기록에 나타난 여러 사정을

기초로 직권으로 할 수 있는 것이나, 그 요건인 현저히 공공복리에 적합하지 아니한지 여부는 위법한 행정처분을 취소·변경하여야 할 필요와 그 취소·변경으로 인하여 발생할 수 있는 공공복리에 반하는 사태 등을 비교·교량하여 판단하여야 한다.

(대법원 2006.9.22. 선고 2005두2506 판결【보험약가인하처분취소】)

27. 예탁금회원제 골프장의 기존회원이 체육시설업자 등의 회원모집계획서에 대한 시·도지사의 검토결과통보의 취소를 구할 법률상의 이익이 있는지 여부(적극)

[1] 구 체육시설의 설치·이용에 관한 법률(2005.3.31. 법률 제7428호로 개정되기 전의 것) 제19조 제1항, 구 체육시설의 설치·이용에 관한 법률 시행령(2006.9.22. 대통령령 제19686호로 개정되기 전의 것) 제18조 제2항 제1호 (가)목, 제18조의2 제1항 등의 규정에 의하면, 위 법 제19조의 규정에 의하여 체육시설의 회원을 모집하고자 하는 자는 시·도지사 등으로부터 회원모집계획서에 대한 검토결과 통보를 받은 후에 회원을 모집할 수 있다고 보아야 하고, 따라서 체육시설의 회원을 모집하고자 하는 자의 시·도지사 등에 대한 회원모집계획서 제출은 수리를 요하는 신고에서의 신고에 해당하며, 시·도지사 등의 검토결과 통보는 수리행위로서 행정처분에 해당한다.

[2] 행정처분으로서의 통보에 대하여는 그 직접 상대방이 아닌 제3자라도 그 취소를 구할 법률상의 이익이 있는 경우에는 원고적격이 인정되는바, 회사가 정하는 자격기준에 준하는 자로서 입회승인을 받은 회원은 일정한 입회금을 납부하고 회사가 지정한 시설을 이용할 때에는 회사가 정한 요금을 지불하여야 하며 회사는 회원의 입회금을 상환하도록 정해져 있는 이른바 예탁금회원제 골프장에 있어서, 체육시설업자 또는 그 사업계획의 승인을 얻은 자가 회원모집계획서를 제출하면서 허위의 사업시설 설치공정확인서를 첨부하거나 사업계획의 승인을 받을 때 정한 예정인원을 초과하여 회원을 모집하는 내용의 회원모집계획서를 제출하여 그에 대한 시·도지사 등의 검토결과 통보를 받는다면 이는 기존회원의 골프장에 대한 법률상의 지위에 영향을 미치게 되므로, 이러한 경우 기존회원은 위와 같은 회원모집계획서에 대한 시·도지사의 검토결과 통보의 취소를 구할 법률상의 이익이 있다고 보아야 한다.

(대법원 2009.2.26. 선고 2006두16243 판결【골프장회원권모집계획승인처분취소】)

28. 임대주택 분양전환승인처분 취소소송에 대한 임차인대표회의 원고적격 유무(적극)

[1] 행정소송법 제12조에서 말하는 '법률상 이익'이란 당해 행정처분의 근거 법률에 의하여 보호되는 직접적이고 구체적인 이익을 말하고, 당해 행정처분과 관련하여 간접적이거나 사실적·경제적 이해관계를 가지는 데 불과한 경우는 여기에 포함되지 않으나, 행정처분의 직접 상대방이 아닌 제3자라고 하더라도 당해 행정처분으로 인하여 법률상 보호되는 이익을 침해당한 경우에는 취소소송을 제기하여 그 당부의 판단을 받을 자격이 있다.

[2] 구 임대주택법(2009.12.29. 법률 제9863호로 개정되기 전의 것) 제21조 제5항, 제9항, 제34조, 제35조 규정의 내용과 입법 경위 및 취지 등에 비추어 보면, 임차인대표회의도 당해 주택에 거주하는 임차인과 마찬가지로 임대주택의 분양전환과 관련하여 그 승인의 근거 법률인 구 임대주택법에 의하여 보호되는 구체적이고 직접적인 이익이 있다고 봄이 상당하다. 따라서 임차인대표회의는 행정청의 분양전환승인처분이 승인의 요건을 갖추지 못하였음을 주장하여 그 취소소송을 제기할 원고적격이 있다고 보아야 한다.

(대법원 2010.5.13. 선고 2009두19168 판결【분양전환승인의취소】)

(3) 원고적격을 부정한 예

29. 연대납세의무자 중 1인에게만 납세의무부과결정이 있는 경우 나머지 연대납세의무자들의 원고적격 인정여부(소극)

연대납세의무자라 할지라도 각자의 구체적 납세의무는 개별적으로 성립하여 확정함을 요하는 것으로서 연대납세의무자 각자에게 개별적으로 구체적 납세의무확정의 효력발생요건인 부과결정 또는 경정의 고지가 있어야 하므로 과세관청이 부가가치세의 경정고지를 연대납세의무자 중 1인에게만 하였다면 그 나머지 연대납세의무자들에게는 과세처분 자체가 존재하지 아니한 것이 되고, 그들은 위 과세처분에 대하여 사실상의 간접적인 이해관계가 있을 뿐, 법률상 직접적이고도 구체적인 이해관계를 가진다고 볼 수 없어 위 과세처분의 취소를 구할 당사자적격이 없다.

(대법원 1988.5.10. 선고 88누11 판결【부가가치세부과처분취소】)

30. 전국고속버스운송사업조합의 시외버스운송사업자에 대한 사업계획변경

가. 원고 전국 고속버스운송사업조합이 고속버스운송사업면허를 얻은 자동차운전사업자들을 조합원으로 하여 설립된 동업자단체로서 고속버스운송사업의 건전한 발전과 고속버스운송사업자들의 공동의 이익을 증진시키는 사업을 수행한다고 하더라도, 피고인 경상북도지사가 시외버스운송사업자에게, 그가 보유하고 있던 대구-주왕산 노선의 운행계통을 일부 분리하여 기점을 영천으로 하고 경부고속도로를 경유하여 종점을 서울까지로 연장하는 내용의 이 사건 시외버스운송사업계획변동인가처분을 함으로 인하여, 그 노선에 관계가 있는 고속버스운송사업자의 경제적 이익이 침해됨은 별론으로 하고 원고 조합 자신의 법률상 이익이 침해된다거나, 고속버스운송사업자가 아닌 원고조합이 이 사건 처분에 관하여 직접적이고 구체적인 이해관계를 가진다고는 볼 수 없으므로, 원고조합이 이 사건 시외버스운송사업계획변동인가처분의 취소를 구하는 행정소송을 제기할 원고적격은 없다.

나. 행정심판법에 의한 행정심판절차에서 임의적인 청구인의 변경은 원칙적으로 허용되지 않는 것이므로, 청구인적격이 없는 자가 제기한 심판청구는 부적법한 것으로서 흠결이 보정될 수 없는 것이다.

(대법원 1990.2.9. 선고 89누4420 판결【시외버스운송사업계획변경인가처분취소】)

31. 환경영향평가대상지역 밖의 주민의 전원개발사업실시 계획승인처분의 취소를 구할 원고적격인정여부(소극)

[1] 전원개발사업실시계획승인처분의 근거 법률인 전원개발에관한특례법령, 구 환경보전법령, 구 환경정책기본법령 및 환경영향평가법령 등의 규정 취지는 환경영향평가대상사업에 해당하는 발전소건설사업이 환경을 해치지 아니하는 방법으로 시행되도록 함으로써 당해 사업과 관련된 환경공익을 보호하려는 데 그치는 것이 아니라 당해 사업으로 인하여 직접적이고 중대한 환경피해를 입으리라고 예상되는 환경영향평가대상지역 안의 주민들이 전과 비교하여 수인한도를 넘는 환경침해를 받지 아니하고 쾌적한 환경에서 생활할 수 있는 개별적 이익까지도 이를 보호하려는 데에 있으므로, 주민들이 위 승인처분과 관련하여 갖고 있는 위와 같은 환경상 이익은 단순히 환경공익 보호의 결과로서 국민일반이 공통적으로 갖게 되는 추상적·평균적·일반적 이익에 그치지 아니하고 환경영향평가대상지역 안의 주민 개개인에 대하여 개별적으로 보호되는 직접적·구

체적 이익이라고 보아야 하고, 따라서 위 사업으로 인하여 직접적이고 중대한 환경침해를 받게 되리라고 예상되는 환경영향평가대상지역 안의 주민에게는 위 승인처분의 취소를 구할 원고적격이 있다.

[2] 환경영향평가대상지역 밖의 주민·일반 국민·산악인·사진가·학자·환경보호단체 등의 환경상 이익이나 전원개발사업구역 밖의 주민 등의 재산상 이익에 대하여는 위 [1]항의 근거 법률에 이를 그들의 개별적·직접적·구체적 이익으로 보호하려는 내용 및 취지를 가지는 규정을 두고 있지 아니하므로, 이들에게는 위와 같은 이익 침해를 이유로 전원개발사업실시계획승인처분의 취소를 구할 원고적격이 없다.

[3] 전원개발사업실시계획승인처분에 재량권의 일탈·남용이 없다고 본 사례.

(대법원 1998.9.22. 선고 97누19571 판결【발전소건설사업승인처분취소】)

32. 대표이사로 취임하지 못하게 된 자의 의료보험조합 대표이사 취임 불승인처분을 다툴 원고적격 인정여부(소극)

[1] 행정처분의 직접 상대방이 아닌 제3자라도 당해 행정처분의 취소를 구할 법률상의 이익이 있는 경우에는 원고적격이 인정된다 할 것이나, 여기서 말하는 법률상의 이익은 당해 처분의 근거 법률에 의하여 보호되는 직접적이고 구체적인 이익이 있는 경우를 말하고, 다만 간접적이거나 사실적, 경제적 이해관계를 가지는 데 불과한 경우는 여기에 포함되지 아니한다.

[2] 의료보험조합 대표이사 취임 불승인처분이 위법하다 하더라도 그로 인한 직접적이고도 구체적인 불이익은 그 처분의 상대방인 의료보험조합이 입게 됨은 명백하므로, 그 의료보험조합으로 하여금 위 처분의 위법을 다투게 하면 족하고, 위 처분으로 인하여 의료보험조합의 대표이사로 취임하지 못하게 된 자는 간접적이거나 사실상의 불이익이 있을 뿐이므로 위 처분의 취소를 구할 당사자적격이 없다.

(대법원 1995.12.26. 선고 95누14664 판결【지역의료보험조합대표이사취임불승인처분취소】)

33. 구 문화재보호법상의 도지정문화재 지정처분으로 인하여 침해될 수 있는 특정 개인의 명예 내지 명예감정이 그 지정처분의 취소를 구할 법률상의 이익에 해당하는지 여부

[1] 행정처분에 대한 취소소송에서의 원고적격이 있는지 여부는 당해 처분의

상대방인지 여부에 따라 결정되는 것이 아니라 그 취소를 구할 법률상의 이익이 있는지 여부에 따라 결정되는 것이고, 여기서 말하는 법률상 이익이라 함은 당해 처분의 근거 법률에 의하여 보호되는 직접적이고 구체적인 이익이 있는 경우를 가리키며, 간접적이거나 사실적·경제적 이해관계를 가지는 데 불과한 경우는 포함되지 아니한다.

[2] 구 문화재보호법(1995.12.29. 법률 제5073호로 개정되기 전의 것) 제55조 제1항, 제5항, 구 경상남도문화재보호조례(1999.10.11. 개정되기 전의 것) 제11조 제1항에 의하여 행하여지는 도지사의 도지정문화재 지정처분은, 문화재를 보존하여 이를 활용함으로써 국민의 문화적 향상을 도모함과 아울러 인류문화의 발전에 기여할 목적에서(같은 법 제1조), 도지사가 그 관할구역 안에 있는 문화재로서 국가지정문화재로 지정되지 아니한 문화재 중 보존가치가 있다고 인정되는 것을 도지정문화재로 지정하는 행위이므로, 그 입법목적이나 취지는 지역주민이나 국민 일반의 문화재 향유에 대한 이익을 공익으로서 보호함에 있는 것이지, 특정 개인의 문화재 향유에 대한 이익을 직접적·구체적으로 보호함에 있는 것으로 해석되지 아니하고, 달리 같은 법과 같은 조례에서 위 지정처분으로 침해될 수 있는 특정 개인의 명예 내지 명예감정을 보호하는 것을 목적으로 하여 그 지정처분에 제약을 가하는 규정을 두고 있지도 아니하므로, 설령 위 지정처분으로 인하여 어느 개인이나 그 선조의 명예 내지 명예감정이 손상되었다고 하더라도, 그러한 명예 내지 명예감정은 위 지정처분의 근거 법규에 의하여 직접적·구체적으로 보호되는 이익이라고 할 수 없으므로 그 처분의 취소를 구할 법률상의 이익에 해당하지 아니한다.

[3] 구 문화재보호법(1995.12.29. 법률 제5073호로 개정되기 전의 것) 제55조 제5항의 위임에 기하여 도지정문화재의 지정해제에 관한 사항을 정하고 있는 구 경상남도문화재보호조례(1999.10.11. 개정되기 전의 것) 제15조는, 도지사는 도지정문화재가 문화재로서의 가치를 상실하거나 기타 특별한 사유가 있는 때에 위원회의 심의를 거쳐 그 지정을 해제한다고 규정하고 있을 뿐이고, 같은 법과 같은 조례에서 개인이 도지사에 대하여 그 지정의 취소 또는 해제를 신청할 수 있다는 근거 규정을 별도로 두고 있지 아니하므로, 법규상으로 개인에게 그러한 신청권이 있다고 할 수 없고, 같은 법과 같은 조례가 이와 같이 개인에게 그러한 신청권을 부여하고 있지 아니한 취지는, 도지사로 하여금 개인의 신청에 구애됨이 없이 문화재의 보존이라는 공익적인 견지에서 객관적으로 지정해제사유 해당 여부를 판정하도록 함에 있다고 할 것이므로, 어느 개인이 문화재 지정처분

으로 인하여 불이익을 입거나 입을 우려가 있다고 하더라도, 그러한 개인적인 사정만을 이유로 그에게 문화재 지정처분의 취소 또는 해제를 요구할 수 있는 조리상의 신청권이 있다고도 할 수 없다.

(대법원 2001.9.28. 선고 99두8565 판결【문화재지정처분취소등】)

34. 체납압류처분된 부동산의 매수인이나 가압류권자의 압류처분의 취소를 구할 원고적격 인정여부(소극)

과세관청이 조세의 징수를 위하여 납세의무자 소유의 부동산을 압류한 경우, 그 부동산의 매수인이나 가압류권자는 그 압류처분에 대하여 사실상이고 간접적인 이해관계를 가질 뿐 법률상 직접적이고 구체적인 이익을 가지는 것은 아니어서 그 압류처분의 취소를 구할 당사자적격이 없다.

(대법원 1997.2.14. 선고 96누3241 판결【부동산압류및공매처분취소】)

35. 사단법인 대한의사협회의 보건복지부 고시인 '건강보험요양급여행위 및 그 상대가치점수 개정'의 취소를 구할 원고적격 인정여부(소극)

[1] 사단법인 대한의사협회는 의료법에 의하여 의사들을 회원으로 하여 설립된 사단법인으로서, 국민건강보험법상 요양급여행위, 요양급여비용의 청구 및 지급과 관련하여 직접적인 법률관계를 갖지 않고 있으므로, 보건복지부 고시인 '건강보험요양급여행위 및 그 상대가치점수 개정'으로 인하여 자신의 법률상 이익을 침해당하였다고 할 수 없다는 이유로 위 고시의 취소를 구할 원고적격이 없다고 한 사례.

[2] 행정소송법상 행정청이 일정한 처분을 하지 못하도록 그 부작위를 구하는 청구는 허용되지 않는 부적법한 소송이다.

[3] 요양기관이 실시하는 요양급여의 비용은 보건복지부장관이 각 요양급여행위의 상대가치점수를 정하고 국민건강보험공단의 이사장과 의약계를 대표하는 자 간의 계약으로 그 상대가치점수의 '점수당 단가'를 정하는 방법에 의해 결정하도록 하고 있고, 그 계약기간을 1년으로 규정되어 있는바, ① 국민건강보험공단과 의약계 대표자 간의 위 계약은 각 요양급여의 상대가치점수에 대한 '점수당 단가'를 정하는 것으로 그 내용이 한정되어 있는 점, ② 상대가치점수에 관하여는 보건복지부장관이 심의조정위원회의 심의를 거쳐 정하도록 하고 있을 뿐 그 개정에 관하여 별다른 제한이 없는 점 등에 비추어 보면, 당초의 상대가치점수가 점수당 단가를 정하는 계약의 기준이 되었다고 하더라도, 그 상대

가치점수의 변경이 요양급여 제공자인 의약계의 의견을 시기적으로 적절히 반영하여 물가상승 등 유동하는 경제현실에 상응한 요양급여비용이 산정될 수 있도록 한다는 국민건강보험법 제42조 제1항의 취지 자체를 심하게 훼손할 정도의 중대한 변경이 아닌 한, 보건복지부장관은 위 계약기간에 관계없이 요양급여행위 및 그 상대가치점수를 변경할 수 있다.

[4] 보건복지부장관의 요양급여행위 및 그 상대가치점수에 관한 고시가 개정된 경우 새로이 개정된 고시의 경과규정에서 달리 정함이 없는 한 개정 고시를 적용하는 것이 원칙이고, 개정 전 고시의 존속에 대한 국민의 신뢰가 개정 고시의 적용에 관한 공익상의 요구보다 더 보호가치가 있다고 인정되는 경우에 그러한 국민의 신뢰를 보호하기 위하여 그 적용이 제한될 수 있는 여지가 있을 따름이다.

(대법원 2006.5.25. 선고 2003두11988 판결【건강보험요양급여행위등처분취소】)

36. 개발 제한구역 해제대상에서 누락된 토지의 소유자가 도시관리계획변경결정의 취소를 구할 법률상 이익이 있는지 여부(소극)

개발제한구역 중 일부 취락을 개발제한구역에서 해제하는 내용의 도시관리계획변경결정에 대하여, 개발제한구역 해제대상에서 누락된 토지의 소유자는 위 결정의 취소를 구할 법률상 이익이 없다고 한 사례.

(대법원 2008.7.10. 선고 2007두10242 판결【도시관리계획변경결정취소의소】)

II. 협의의 소의 이익

(1) 처분등의 실효

37. 토석채취 허가기간이 경과한 경우 토석채취허가 취소처분의 취소를 구할 소송의 이익 유무(소극)

사실심 변론종결일 현재 토석채취 허가기간이 경과하였다면 그 허가는 이미 실효되었다고 할 것이어서 새로 토석채취허가를 받지 아니하고는 채석을 계속할 수 없고, 나아가 토석채취허가 취소처분이 외형상 잔존함으로 말미암아 어떠한 법률상 불이익이 있다고 볼 만한 특별한 사정도 없다면 위 취소처분의 취소를 구하는 소는 소의 이익이 없다.

(대법원 1993.7.27. 선고 93누3899 판결【토석채취허가취소처분취소】)

38. 행정처분의 효력기간이 경과하였지만 그 처분을 받은 전력이 장래에 불이익하게 취급되는 것으로 법정상의 가중요건이 정해져 있는 경우 소의 이익 유무(적극)

행정처분의 효력기간이 경과하였다고 하더라도 그 처분을 받은 전력이 장래에 불이익하게 취급되는 것으로 법정의 가중요건으로 되어 있고, 이후 그 법정가중요건에 따라 새로운 제재적인 행정처분이 가해지고 있다면 선행행정처분의 잔존으로 인하여 법률상의 이익이 침해되고 있다고 볼만한 특별한 사정이 있는 경우에 해당한다고 볼 것인바, 연 2회 이상 건축사의 업무정지명령을 받은 경우 그 정지기간이 통산하여 12월 이상이 된 때를 건축사사무소의 등록을 취소할 경우의 하나로 규정하고 있는 건축사법 제28조 제1항 제5호의 규정은 제재적인 행정처분의 법정가중요건을 규정해 놓은 것으로 보아야 하고, 원고가 변론재개신청과 함께 이 사건 건축사업무정지명령이 전제가 되어 원고의 건축사사무소등록이 취소되었음을 알 수 있는 소명자료까지 제출하고 있다면, 이 사건 건축사업무정지명령에서 정한 정지기간이 도과하였다고 하더라도 그 처분으로 인하여 원고에게는 건축사사무소등록취소라는 법률상의 이익이 침해되고 있다는 사정을 나타내 보인 것이라고 할 것이므로 원심으로서는 이 사건 건축사업무정지명령취소소송에 있어서 소의 이익 유무를 판단하기 위하여 변론의 재개를 허용하는 방법 등으로 충분한 심리를 다했어야 한다.

(대법원 1990.10.23. 선고 90누3119 판결【건축사업무정지명령취소】)

39. 실제로 가중된 제재처분을 받을 우려가 없게 된 경우 소의 이익 유무(소극)

건축사법 제28조 제1항이 건축사 업무정지처분을 연 2회 이상 받고 그 정지기간이 통산하여 12월 이상이 될 경우에는 가중된 제재처분인 건축사사무소 등록취소처분을 받게 되도록 규정하여 건축사에 대한 제재적인 행정처분인 업무정지명령을 더 무거운 제재처분인 사무소등록취소처분의 기준요건으로 규정하고 있으므로, 건축사 업무정지처분을 받은 건축사로서는 위 처분에서 정한 기간이 경과하였다 하더라도 위 처분을 그대로 방치하여 둠으로써 장래 건축사사무소 등록취소라는 가중된 제재처분을 받을 우려가 있어 건축사로서 업무를 행할 수 있는 법률상 지위에 대한 위험이나 불안을 제거하기 위하여 건축사 업무정지처분의 취소를 구할 이익이 있으나, 업무정지처분을 받은 후 새로운 업무정지처분을 받음이 없이 1년이 경과하여 실제로 가중된 제재처분을 받을 우려가 없어졌다면 위 처분에서 정한 정지기간이 경과한 이상 특별한 사정이 없는 한 그 처분의 취소를 구할 법률상 이익이 없다.

(대법원 2000.4.21. 선고 98두10080 판결【건축사업무정지처분취소등】)

40. 업무정지처분의 업무정지기간 도과 후에도 그 취소를 구할 소의 이익 유무(적극)

건설기술관리법시행령에서 감리원에 대한 제재적인 업무정지처분을 일반정지처분과 가중정지처분의 2단계 조치로 규정하면서 전자의 제재처분을 좀 더 무거운 후자의 제재처분의 요건으로 규정하고 있는 이상, 감리원 업무정지처분에서 정한 업무정지기간이 도과되었다 하더라도 위 처분을 그대로 방치하여 둠으로써 장래 가중된 감리원 업무정지의 행정처분을 받게 될 우려가 있다는 점에서 감리원으로서 업무를 행할 수 있는 법률상 지위에 대한 위험이나 불안을 제거하기 위하여 위 처분의 취소를 구할 법률상 이익이 있다고 보아야 할 것이다.

(대법원 1999.2.5. 선고 98두13997 판결【감리원업무정지처분취소】)

41. 제재기간이 경과되었으나 일정 전제요건으로 장래의 제재적 행정처분을 하도록 정하고 있는 경우, 그 제재적 행정처분의 취소를 구할 소의 이익 유무(한정 적극)

[1] [다수의견] 제재적 행정처분이 그 처분에서 정한 제재기간의 경과로 인하여 그 효과가 소멸되었으나, 부령인 시행규칙 또는 지방자치단체의 규칙(이하 이들을 '규칙'이라고 한다)의 형식으로 정한 처분기준에서 제재적 행정처분(이하 '선행처분'이라고 한다)을 받은 것을 가중사유나 전제요건으로 삼아 장래의 제재적 행정처분(이하 '후행처분'이라고 한다)을 하도록 정하고 있는 경우, 제재적 행정처분의 가중사유나 전제요건에 관한 규정이 법령이 아니라 규칙의 형식으로 되어 있다고 하더라도, 그러한 규칙이 법령에 근거를 두고 있는 이상 그 법적 성질이 대외적·일반적 구속력을 갖는 법규명령인지 여부와는 상관없이, 관할 행정청이나 담당공무원은 이를 준수할 의무가 있으므로 이들이 그 규칙에 정해진 바에 따라 행정작용을 할 것이 당연히 예견되고, 그 결과 행정작용의 상대방인 국민으로서는 그 규칙의 영향을 받을 수밖에 없다. 따라서 그러한 규칙이 정한 바에 따라 선행처분을 받은 상대방이 그 처분의 존재로 인하여 장래에 받을 불이익, 즉 후행처분의 위험은 구체적이고 현실적인 것이므로, 상대방에게는 선행처분의 취소소송을 통하여 그 불이익을 제거할 필요가 있다. 또한, 나중에 후행

처분에 대한 취소소송에서 선행처분의 사실관계나 위법 등을 다툴 수 있는 여지가 남아 있다고 하더라도, 이러한 사정은 후행처분이 이루어지기 전에 이를 방지하기 위하여 직접 선행처분의 위법을 다투는 취소소송을 제기할 필요성을 부정할 이유가 되지 못한다. 그러한 쟁송방법을 막는 것은 여러 가지 불합리한 결과를 초래하여 권리구제의 실효성을 저해할 수 있기 때문이다. 오히려 앞서 본 바와 같이 행정청으로서는 선행처분이 적법함을 전제로 후행처분을 할 것이 당연히 예견되므로, 이러한 선행처분으로 인한 불이익을 선행처분 자체에 대한 소송에서 사전에 제거할 수 있도록 해 주는 것이 상대방의 법률상 지위에 대한 불안을 해소하는 데 가장 유효적절한 수단이 된다고 할 것이고, 또한 그 소송을 통하여 선행처분의 사실관계 및 위법 여부가 조속히 확정됨으로써 이와 관련된 장래의 행정작용의 적법성을 보장함과 동시에 국민생활의 안정을 도모할 수 있다. 이상의 여러 사정과 아울러, 국민의 재판청구권을 보장한 헌법 제27조 제1항의 취지와 행정처분으로 인한 권익침해를 효과적으로 구제하려는 행정소송법의 목적 등에 비추어 행정처분의 존재로 인하여 국민의 권익이 실제로 침해되고 있는 경우는 물론이고 권익침해의 구체적·현실적 위험이 있는 경우에도 이를 구제하는 소송이 허용되어야 한다는 요청을 고려하면, 규칙이 정한 바에 따라 선행처분을 가중사유 또는 전제요건으로 하는 후행처분을 받을 우려가 현실적으로 존재하는 경우에는, 선행처분을 받은 상대방은 비록 그 처분에서 정한 제재기간이 경과하였다 하더라도 그 처분의 취소소송을 통하여 그러한 불이익을 제거할 권리보호의 필요성이 충분히 인정된다고 할 것이므로, 선행처분의 취소를 구할 법률상 이익이 있다고 보아야 한다.

[2] 환경영향평가대행업무 정지처분을 받은 환경영향평가대행업자가 업무정지처분기간 중 환경영향평가대행계약을 신규로 체결하고 그 대행업무를 한 사안에서, '환경·교통·재해 등에 관한 영향평가법 시행규칙' 제10조 [별표 2] 2. 개별기준 (11)에서 환경영향평가대행업자가 업무정지처분기간 중 신규계약에 의하여 환경영향평가대행업무를 한 경우 1차 위반시 업무정지 6월을, 2차 위반시 등록취소를 각 명하는 것으로 규정하고 있으므로, 업무정지처분기간 경과 후에도 위 시행규칙의 규정에 따른 후행처분을 받지 않기 위하여 위 업무정지처분의 취소를 구할 법률상 이익이 있다고 한 사례.

(대법원 2006.6.22. 선고 2003두1684 전원합의체 판결【영업정지처분취소】)

42. 취소되어 존재하지 않은 행정처분을 대상으로 한 취소소송의 소의 이익 유무(소극)

[1] 행정처분이 취소되면 그 처분은 취소로 인하여 그 효력이 상실되어 더 이상 존재하지 않는 것이고, 존재하지 않는 행정처분을 대상으로 한 취소소송은 소의 이익이 없어 부적법하다.

[2] 행정청이 당초의 분뇨 등 관련영업 허가신청 반려처분의 취소를 구하는 소의 계속 중, 사정변경을 이유로 위 반려처분을 직권취소함과 동시에 위 신청을 재반려하는 내용의 재처분을 한 경우, 당초의 반려처분의 취소를 구하는 소는 더 이상 소의 이익이 없게 되었다고 한 사례.

(대법원 2006.9.28. 선고 2004두5317 판결【분뇨등관련영업허가신청반려처분취소】)

43. 무효인 행정처분에 대하여 행정청이 적법한 절차 또는 형식을 갖추어 동일한 행정처분을 한 경우, 종전의 행정처분에 대하여 무효확인을 구할 소의 이익 유무(소극)

[1] 행정처분이 취소되면 그 처분은 효력을 상실하여 더 이상 존재하지 않는 것이고, 존재하지 않는 행정처분을 대상으로 한 취소소송은 소의 이익이 없어 부적법하다.

[2] 절차상 또는 형식상 하자로 무효인 행정처분에 대하여 행정청이 적법한 절차 또는 형식을 갖추어 다시 동일한 행정처분을 하였다면, 종전의 무효인 행정처분에 대한 무효확인 청구는 과거의 법률관계의 효력을 다투는 것에 불과하므로 무효확인을 구할 법률상 이익이 없다.

[3] 지방병무청장이 병역감면요건 구비 여부를 심사하지 않은 채 병역감면신청서 회송처분을 하고 이를 전제로 공익근무요원 소집통지를 하였다가, 병역감면신청을 재검토하기로 하여 신청서를 제출받아 병역감면요건 구비 여부를 심사한 후 다시 병역감면 거부처분을 하고 이를 전제로 다시 공익근무요원 소집통지를 한 경우, 병역감면신청서 회송처분과 종전 공익근무요원 소집처분은 직권으로 취소되었다고 볼 수 있으므로, 그에 대한 무효확인과 취소를 구하는 소는 더 이상 존재하지 않는 행정처분을 대상으로 하거나 과거의 법률관계의 효력을 다투는 것에 불과하므로 소의 이익이 없어 부적법하다고 한 사례.

(대법원 2010.4.29. 선고 2009두16879 판결【공익근무요원소집처분취소】)

44. 감액경정청구 거부처분에 대한 취소소송의 소의 이익 유무(소극)

납세자가 감액경정청구 거부처분에 대한 취소소송을 제기한 후 증액경정처분이 이루어져서 그 증액경정처분에 대하여도 취소소송을 제기한 경우에는 특별한 사정이 없는 한 동일한 납세의무의 확정에 관한 심리의 중복과 판단의 저촉을 피하기 위하여 감액경정청구 거부처분의 취소를 구하는 소는 그 취소를 구할 이익이나 필요가 없어 부적법하다.

(대법원 2005.10.14. 선고 2004두8972 판결【법인세부과처분취소】)

45. 감액된 부분에 대한 개발부담금부과처분 취소청구의 소의 이익 유무(소극)

[1] 갑, 을 토지에 대한 개발부담금부과처분 취소소송에서 항소심법원이 개발부담금부과처분 중 갑 토지에 대한 개발부담금을 초과하는 부분을 취소하는 판결을 선고한 후, 지방자치단체의 장이 당초의 개발부담금을 갑 토지에 대한 개발부담금으로 감액하는 경정처분을 하고서도 항소심판결의 패소 부분에 대하여 상고를 제기한 경우, 감액경정처분은 당초 처분의 일부(감액된 부분)를 취소하는 효력을 갖는 것이므로 감액된 부분에 대한 부과처분취소청구는 이미 소멸하고 없는 부분에 대한 것으로서 그 소의 이익이 없어 부적법하다는 이유로, 대법원이 감액된 부분에 대한 개발부담금부과처분 취소청구 부분에 관하여 소를 각하한 사례.

[2] 개발부담금 면제의 특혜규정인 개발이익환수에 관한 법률(1997.1.13. 법률 제5285호로 개정된 것) 제7조 제3항의 적용시점에 관한 특례규정이라 할 수 있는 부칙을 해석함에 있어서는 법문대로 해석하여야 할 것이고 합리적 이유 없이 확장해석하거나 유추해석하는 것은 허용되지 아니한다 할 것인바, 같은 법 제9조 제3항, 제4항 및 같은 법 시행령 제7조 제3항, 제8조 등이 개발부담금의 부과요건인 개발사업의 종료시, 즉 부과종료시점을 구체적으로 정하고 있는 점, 한편 같은 법 제14조 제1항은 부과종료시점이 도래한 때에 원칙적으로 부과권자가 납부의무자에게 대하여 부과권을 행사할 수 있되, 다만 부과종료시점이 도래하였으나 당해 사업이 대규모사업의 일부에 해당하는 경우 개발비용의 산출이 곤란하여 개발부담금의 산정이 어려운 경우가 있으므로 그러한 경우에는 부과권의 행사를 전체사업의 개발이 종료된 후에 할 수 있도록 하는 개발부담금의 부과·결정시점에 대한 규정인 점 등에 비추어 보면, 법은 부과종료시점과 개발부담금의 부과·결정시점을 명백히 구별하고 있다고 할 것이므로, 부칙의

'부과종료시점'은 같은 법 제9조 제3항, 제4항 및 같은 법 시행령 제7조 제3항, 제8조 등에서 정한 사실의 발생시점을 의미한다고 해석함이 상당하다.

[3] 개발사업이 시행된 갑, 을, 병 토지 중 갑 토지만이 개발부담금 부과대상이 된 경우, 갑 토지를 비롯한 나머지 토지에 대한 개발사업이 각 다른 시기에 종료되었지만 이들 개발사업이 각 별도로 구분되어 시행된 것이 아니라 동일한 사업승인에 터 잡아 상호 유기적 관련을 가지면서 하나로 시행된 산업단지개발사업이라는 점과 갑 토지만에 대한 개발비용을 산정하기는 곤란한 점 등에 비추어 갑, 을, 병 토지 전체의 사업시행기간분 개발이익을 산출한 후 갑 토지의 종료시점지가의 갑, 을, 병 토지 전체 종료시점지가에 대한 비율로 안분하는 방식으로 갑 토지의 개발이익을 산정한 원심의 판단을 수긍한 사례.

(대법원 2006.5.12. 선고 2004두12698 판결【개발부담금부과처분취소】)

(2) 원상회복 가능성

46. 행정처분을 취소하더라도 원상회복이 불가능한 경우 그 처분의 취소를 구할 이익이 있는지 여부(원칙적 소극) 및 법률상의 이익이 인정되는 경우

[1] 학교법인의 이사나 감사 전원 또는 그 일부의 임기가 만료되었다고 하더라도, 그 후임이사나 후임감사를 선임하지 않았거나 또는 그 후임이사나 후임감사를 선임하였다고 하더라도 그 선임결의가 무효이고 임기가 만료되지 아니한 다른 이사나 감사만으로는 정상적인 학교법인의 활동을 할 수 없는 경우, 임기가 만료된 구 이사나 감사로 하여금 학교법인의 업무를 수행케 함이 부적당하다고 인정할 만한 특별한 사정이 없는 한, 민법 제691조를 유추하여 구 이사나 감사에게는 후임이사나 후임감사가 선임될 때까지 종전의 직무를 계속하여 수행할 긴급처리권이 인정된다고 할 것이며, 학교법인의 경우 민법상 재단법인과 마찬가지로 이사를 선임할 수 있는 권한은 이사회에 있으므로, 임기가 만료된 이사들의 참여 없이 후임 정식이사들을 선임할 수 없는 경우 임기가 만료된 이사들로서는 위 긴급처리권에 의하여 후임 정식이사들을 선임할 권한도 보유하게 된다.

[2] (가) 비록 취임승인이 취소된 학교법인의 정식이사들에 대하여 원래 정해져 있던 임기가 만료되고 구 사립학교법(2005.12.29. 법률 제7802호로 개정되기 전의 것) 제22조 제2호 소정의 임원결격사유기간마저 경과하였다 하더라도, 그 임원취임승인취소처분이 위법하다고 판명되고 나아가 임시이사들의 지위가 부정되어 직무권한이 상실되면, 그 정식이사들은 후임이사 선임시까지 민법 제691조의 유

추적용에 의하여 직무수행에 관한 긴급처리권을 가지게 되고 이에 터잡아 후임 정식이사들을 선임할 수 있게 되는바, 이는 감사의 경우에도 마찬가지이다.

(나) 제소 당시에는 권리보호의 이익을 갖추었는데 제소 후 취소 대상 행정처분이 기간의 경과 등으로 그 효과가 소멸한 때, 동일한 소송 당사자 사이에서 동일한 사유로 위법한 처분이 반복될 위험성이 있어 행정처분의 위법성 확인 내지 불분명한 법률문제에 대한 해명이 필요하다고 판단되는 경우, 그리고 선행처분과 후행처분이 단계적인 일련의 절차로 연속하여 행하여져 후행처분이 선행처분의 적법함을 전제로 이루어짐에 따라 선행처분의 하자가 후행처분에 승계된다고 볼 수 있어 이미 소를 제기하여 다투고 있는 선행처분의 위법성을 확인하여 줄 필요가 있는 경우 등에는 행정의 적법성 확보와 그에 대한 사법통제, 국민의 권리구제의 확대 등의 측면에서 여전히 그 처분의 취소를 구할 법률상 이익이 있다.

(다) 임시이사 선임처분에 대하여 취소를 구하는 소송의 계속중 임기만료 등의 사유로 새로운 임시이사들로 교체된 경우, 선행 임시이사 선임처분의 효과가 소멸하였다는 이유로 그 취소를 구할 법률상 이익이 없다고 보게 되면, 원래의 정식이사들로서는 계속중인 소를 취하하고 후행 임시이사 선임처분을 별개의 소로 다툴 수밖에 없게 되며, 그 별소 진행 도중 다시 임시이사가 교체되면 또 새로운 별소를 제기하여야 하는 등 무익한 처분과 소송이 반복될 가능성이 있으므로, 이러한 경우 법원이 선행 임시이사 선임처분의 취소를 구할 법률상 이익을 긍정하여 그 위법성 내지 하자의 존재를 판결로 명확히 해명하고 확인하여 준다면 위와 같은 구체적인 침해의 반복 위험을 방지할 수 있을 뿐 아니라, 후행 임시이사 선임처분의 효력을 다투는 소송에서 기판력에 의하여 최초 내지 선행 임시이사 선임처분의 위법성을 다투지 못하게 함으로써 그 선임처분을 전제로 이루어진 후행 임시이사 선임처분의 효력을 쉽게 배제할 수 있어 국민의 권리구제에 도움이 된다.

(라) 그러므로 취임승인이 취소된 학교법인의 정식이사들로서는 그 취임승인 취소처분 및 임시이사 선임처분에 대한 각 취소를 구할 법률상 이익이 있고, 나아가 선행 임시이사 선임처분의 취소를 구하는 소송 도중에 선행 임시이사가 후행 임시이사로 교체되었다고 하더라도 여전히 선행 임시이사 선임처분의 취소를 구할 법률상 이익이 있다.

[3] 구 사립학교법(2005.12.29. 법률 제7802호로 개정되기 전의 것) 제20조의2 제2항 소정의 시정 요구는 사학의 자율성을 고려하여 관할청이 취임승인 취소사유

를 발견하였더라도 바로 임원의 취임승인을 취소할 것이 아니라 일정한 기간을 주어 학교법인 스스로 이를 시정할 기회를 주고 학교법인이 이에 응하지 아니한 때에 한하여 취임승인을 취소한다는 취지이다. 따라서 관할청이 시정을 요구하면서 부여한 기간이 너무 불합리하거나 부당하지 않는 한 단기간이라는 이유만으로 그 시정 요구가 위법하다고 볼 수는 없으며, 또한 시정이 가능한 사항에 대하여만 시정 요구할 것을 전제로 하고 있다거나 시정이 불가능하여 시정 요구가 무의미한 경우에는 임원취임승인취소처분을 할 수 없다고 해석할 수는 없다.

[4] 구 사립학교법(2005.12.29. 법률 제7802호로 개정되기 전의 것) 제20조의2에서 말하는 '시정 요구에 응하지 아니한 경우'에는 관할청의 시정 요구를 애초부터 거부한 경우뿐만 아니라 시정에 응한 결과가 관할청의 시정 요구를 이행하였다고 보기에 미흡한 경우도 포함된다. 시정 요구를 받은 학교법인이 시정에 응할 의사로 최선의 합리적인 조치를 다하였는지는 이를 객관적으로 판정하기 어려우며, 기본적으로 시정이 전혀 이루어지지 아니하였음에도 시정을 위한 최선의 노력을 하였다는 것만으로 '시정 요구에 응하였다'고 보는 것은 그 문언 취지에도 맞지 아니하므로, 그러한 사정은 임원취임승인취소의 재량 남용 여부를 판단함에 있어서 참작될 수 있을 뿐이다.

[5] 학교법인의 임원취임승인취소처분에 대한 취소소송에서, 교비회계자금을 법인회계로 부당전출한 위법성의 정도와 임원들의 이에 대한 가공의 정도가 가볍지 아니하고, 학교법인이 행정청의 시정 요구에 대하여 이를 시정하기 위한 노력을 하였다고는 하나 결과적으로 대부분의 시정 요구 사항이 이행되지 아니하였던 사정 등을 참작하여, 위 취소처분이 재량권을 일탈·남용하였다고 볼 수 없다고 한 사례.

(대법원 2007.7.19. 선고 2006두19297 전원합의체 판결【임원취임승인취소처분】)

47. 철거처분 완료 후 대집행계고처분의 취소를 구한 경우

가. 행정대집행법 제8조는 대집행에 대한 행정심판의 제기가 법원에 민사소송이나 행정소송을 제기할 권리를 방해하지 아니한다는 것을 규정한 취지일 뿐 행정심판을 제기하지 아니하고 취소소송을 제기할 수 있음을 규정한 것은 아니다.

나. 대집행계고처분 취소소송의 변론종결 전에 대집행영장에 의한 통지절차를 거쳐 사실행위로서 대집행의 실행이 완료된 경우에는 행위가 위법한 것이라는 이유로 손해배상이나 원상회복 등을 청구하는 것은 별론으로 하고 처분의 취소를 구할 법률상 이익은 없다.

(대법원 1993.6.8. 선고 93누6164 판결【건물철거대집행계고처분취소】)

48. 건축공사가 완료되어 준공검사까지 받은 경우 건축허가처분의 무효확인을 구할 소의 이익 유무(소극)

가. 토지분할행위는 행정소송의 대상이 되는 행정처분이라 볼 수 없다.

나. 주택건설사업완료 후 지적법에 따라 시행한 지적정리처분은 토지구획정리사업법에 의한 환지처분으로 볼 수 없을 뿐 아니라 처분으로 인하여 당해토지에 대한 실체상의 권리관계에 어떤 변동을 가져오는 것이 아니므로 항고소송의 대상이 되는 행정처분이라고 할 수 없다.

다. 처분의 취소나 효력 유무의 확인을 구할 법률상 이익의 유무는 그 처분의 성립시나 소제기시가 아니라 사실심의 변론종결시를 기준으로 판단하여야 하는 것이므로 건축허가처분이 당연무효라고 하더라도 사실심의 변론종결시까지 건축허가에 터잡은 건축공사가 완료되어 준공검사까지 받았다면 건축허가처분의 무효확인을 구할 법률상 이익이 없다.

(대법원 1992.10.27. 선고 91누9329 판결【환지처분무효】)

49. 공장건물의 멸실여부에 불구하고 공장등록취소처분의 취소를 구할 소의 이익 유무(적극)

[1] 일반적으로 공장등록이 취소된 후 그 공장 시설물이 어떠한 경위로든 철거되어 다시 복구 등을 통하여 공장을 운영할 수 없는 상태라면 이는 공장등록의 대상이 되지 아니하므로 외형상 공장등록취소행위가 잔존하고 있다고 하여도 그 처분의 취소를 구할 법률상의 이익이 없다 할 것이나, 위와 같은 경우에도 유효한 공장등록으로 인하여 공장등록에 관한 당해 법률이나 다른 법률에 의하여 보호되는 직접적·구체적 이익이 있다면, 당사자로서는 공장건물의 멸실여부에 불구하고 그 공장등록취소처분의 취소를 구할 법률상의 이익이 있다.

[2] 공장등록이 취소된 후 그 공장시설물이 철거되었다 하더라도 대도시 안의 공장을 지방으로 이전할 경우 조세특례제한법상의 세액공제 및 소득세 등의 감면혜택이 있고, 공업배치및공장설립에관한법률상의 간이한 이전절차 및 우선입주의 혜택이 있는 경우, 그 공장등록취소처분의 취소를 구할 법률상의 이익이 있다고 한 사례.

[3] 공장등록취소사유의 하나인 구 공업배치및공장설립에관한법률시행령(1999. 8.9. 대통령령 제16532호로 개정되기 전의 것) 제21조 제5호의2의 '다른 법령의 규정

에 의하여 관계 행정기관의 장으로부터 등록취소의 요구가 있는 경우'라 함은 다른 법령에서 관계 행정기관의 장이 시장·군수 또는 구청장에 대하여 공장등록의 취소를 요구할 수 있는 경우를 규정하고 있어서, 그 규정에 따라 관계 행정기관의 장이 시장·군수 또는 구청장에 대하여 공장등록의 취소를 요구한 경우를 말한다.

(대법원 2002.1.11. 선고 2000두3306 판결【공장등록취소등처분취소】)

50. 소음·진동배출시설에 대한 설치허가가 취소된 후 배출시설이 철거된 경우, 취소처분의 취소를 구할 소의 이익 유무(소극)

소음·진동배출시설에 대한 설치허가가 취소된 후 그 배출시설이 어떠한 경위로든 철거되어 다시 복구 등을 통하여 배출시설을 가동할 수 없는 상태라면 이는 배출시설 설치허가의 대상이 되지 아니하므로 외형상 설치허가취소행위가 잔존하고 있다고 하여도 특단의 사정이 없는 한 이제 와서 굳이 위 처분의 취소를 구할 법률상의 이익이 없다.

(대법원 2002.1.11. 선고 2000두2457 판결【소음진동배출시설허가취소처분등취소】)

51. 불합격처분의 취소를 구하는 소송계속 중 당해연도의 입학시기가 지나고 입학정원에 못 들어가게 된 경우 소의 이익 유무(적극)

가. 어떤 행정처분이 재량권의 남용이나 일탈에 해당하는 경우에는 그 재량권이 기속재량이거나 자유재량이거나를 막론하고 사법심사의 대상이 된다고 할 것인바, 외교관 자녀 등의 입학고사 특별전형이 교육법 제111조의2, 동법시행령 제71조의2 제4항에 의하여 대학교 총장이 정하는 방법에 의하도록 그 재량에 위임되어 있더라도 위 특별전형에 관한 대학교 총장의 처분이 재량권을 남용한 위법한 처분이라고 다투는 사건은 행정소송의 대상이 된다.

나. 교육법시행령 제72조, 서울대학교학칙 제37조 제1항 소정의 학생의 입학시기에 관한 규정이나 대학학생정원령 제2조 소정의 입학정원에 관한 규정은 학사운영 등 교육행정을 원활하게 수행하기 위한 행정상의 필요에 의하여 정해놓은 것으로서 어느 학년도의 합격자는 반드시 당해 년도에만 입학하여야 한다고 볼 수 없으므로 원고들이 불합격처분의 취소를 구하는 이 사건 소송계속 중 당해년도의 입학시기가 지났더라도 당해 년도의 합격자로 인정되면 다음년도의 입학시기에 입학할 수도 있다고 할 것이고, 피고의 위법한 처분이 있게 됨에 따

라 당연히 합격하였어야 할 원고들이 불합격처리되고 불합격되었어야 할 자들이 합격한 결과가 되었다면 원고들은 입학정원에 들어가는 자들이라고 하지 않을 수 없다고 할 것이므로 원고들로서는 피고의 불합격처분의 적법여부를 다툴 만한 법률상의 이익이 있다고 할 것이다.

다. 자유재량에 있어서도 그 범위의 넓고 좁은 차이는 있더라도 법령의 규정뿐만 아니라 관습법 또는 일반적 조리에 의한 일정한 한계가 있는 것으로서 위 한계를 벗어난 재량권의 행사는 위법하다고 하지 않을 수 없으므로, 대학교 총장인 피고가 해외근무자들의 자녀를 대상으로 한 교육법시행령 제71조의2 제4항 소정의 특별전형에서 외교관, 공무원의 자녀에 대하여만 획일적으로 과목별 실제 취득점수에 20%의 가산점을 부여하여 합격사정을 함으로써 실제 취득점수에 의하면 충분히 합격할 수 있는 원고들에 대하여 불합격처분을 하였다면 위법하다.

(대법원 1990.8.28. 선고 89누8255 판결【특별전형에관한불합격처분취소】)

52. 공사가 완료된 경우, 도시계획변경결정처분과 도기새발구역지정처분 등의 취소를 구할 소의 이익 유무(적극)

도시개발사업의 시행에 따른 도시계획변경결정처분과 도시개발구역지정처분 및 도시개발사업실시계획인가처분은 도시개발사업의 시행자에게 단순히 도시개발에 관련된 공사의 시공권한을 부여하는 데 그치지 않고 당해 도시개발사업을 시행할 수 있는 권한을 설정하여 주는 처분으로서 위 각 처분 자체로 그 처분의 목적이 종료되는 것이 아니고 위 각 처분이 유효하게 존재하는 것을 전제로 하여 당해 도시개발사업에 따른 일련의 절차 및 처분이 행해지기 때문에 위 각 처분이 취소된다면 그것이 유효하게 존재하는 것을 전제로 하여 이루어진 토지수용이나 환지 등에 따른 각종의 처분이나 공공시설의 귀속 등에 관한 법적 효력은 영향을 받게 되므로, 도시개발사업의 공사 등이 완료되고 원상회복이 사회통념상 불가능하게 되었더라도 위 각 처분의 취소를 구할 법률상 이익은 소멸한다고 할 수 없다.

(대법원 2005.9.9. 선고 2003두5402,5419 판결【도시계획변경결정처분등취소·건축허가처분취소】)

53. 상고심 계속중에 대학교원의 정년이 지난 경우의 소의 이익 유무(소극)

구 교원지위향상을 위한 특별법(2005.1.27. 법률 7354호로 개정되기 전의 것) 9조에 의한 재심청구를 한 대학교원이 그 재심청구를 기각한 교원징계재심위원회를 상대로 하여 당해 기각 결정의 취소를 구하는 행정소송을 제기한 후 그 사건의 상고심 계속 중에 나이가 이미 대학교원의 정년에 달하거나 정년을 초과하게 된 경우에는 가사 위 기각 결정이 취소되어 재임용심사를 다시 한다 하여도 대학교원으로서의 지위를 회복하는 것은 불가능하므로, 특별한 사정이 없는 한 그에 관한 행정소송은 소의 이익이 없어 부적법하다.

(대법원 2008.8.11. 선고 2006두18980 판결【재임용탈락처분취소】)

(3) 처분 후의 사정에 의하여 이익 침해가 해소된 경우

54. 소집해제처분이 있는 경우 소집해제신청 거부처분의 취소를 구할 소의 이익 유무(소극)

[1] 사법시험령 제5조, 제6조, 제8조의 각 규정을 종합하여 보면, 사법시험 제1차 시험에 합격하였다고 할지라도 그것은 합격자가 사법시험령 제6조, 제8조 제1항의 각 규정에 의하여 당회의 제2차 시험과 차회의 제2차 시험에 응시할 자격을 부여받을 수 있는 전제요건이 되는 데 불과한 것이고, 그 자체만으로 합격한 자의 법률상의 지위가 달라지게 되는 것이 아니므로, 제1차 시험 불합격 처분 이후에 새로이 실시된 사법시험 제1차 시험에 합격하였을 경우에는 더 이상 위 불합격 처분의 취소를 구할 법률상 이익이 없다.

[2] 사법시험 제1차 시험 불합격 처분의 취소를 구하는 소송을 제기하였는데 원심판결이 선고된 이후 새로이 실시된 사법시험 제1차 시험에 합격한 경우, 상고심 계속 중 소의 이익이 없게 되어 부적법하게 되었다고 판시한 사례.

(대법원 1996.2.23. 선고 95누2685 판결【사법시험불합격처분취소】)

55. 퇴학처분을 당한 후 검정고시에 합격한 경우, 퇴학처분의 취소를 구할 소의 이익 유무(적극)

가. 고등학교졸업이 대학입학자격이나 학력인정으로서의 의미밖에 없다고 할 수 없으므로 고등학교졸업학력검정고시에 합격하였다 하여 고등학교 학생으로서의 신분과 명예가 회복될 수 없는 것이니 퇴학처분을 받은 자로서는 퇴학처분의 위법을 주장하여 그 취소를 구할 소송상의 이익이 있다.

나. 학칙시행상 필요한 세칙은 학교장이 정한다고 규정한 학칙의 부칙에 따라 학교장이 학생징계에 관하여 규정한 선도규정이, 무기정학 이상의 중징계에 관하여 그 절차와 사유를 특히 엄격하게 정함으로써 신중과 공정을 기하고 학생의 신분을 보장할 목적으로 마련된 것이고 학생이나 교직원들은 위 절차에

의하여 징계가 이루어질 것으로 신뢰하고 있다 할 것이므로 징계권자인 학교장도 이 절차에 기속되어 이를 어기고 한 징계처분은 위법하다고 한 사례.

(대법원 1992.7.14. 선고 91누4737 판결【퇴학처분취소】)

(4) 효과가 소멸된 처분이더라도 그 취소로 인하여 회복되는 법률상의 이익이 있는 경우

56. 파면처분이 있은 후에 당연퇴직된 경우 파면처분의 취소를 구할 소의 이익 유무(적극)

파면처분취소소송의 사실심변론종결전에 동원고가 허위공문서등작성 죄로 징역 8월에 2년간 집행유예의 형을 선고받아 확정되었다면 원고는 지방공무원법 제61조의 규정에 따라 위 판결이 확정된 날 당연퇴직되어 그 공무원의 신문을 상실하고, 당연퇴직이나 파면이 퇴직급여에 관한 불이익의 점에 있어 동일하다 하더라도 최소한도 이 사건 파면처분이 있은 때부터 위 법규정에 의한 당연퇴직일자까지의 기간에 있어서는 파면처분의 취소를 구하여 그로 인해 박탈당한 이익의 회복을 구할 소의 이익이 있다 할 것이다.

(대법원 1985.6.25. 선고 85누39 판결【파면처분취소】)

57. 현역입영대상자가 입영한 후에 현역병입영통지처분의 취소를 구할 소의 이익 유무(적극)

[1] 병역법 제2조 제1항 제3호에 의하면 '입영'이란 병역의무자가 징집·소집 또는 지원에 의하여 군부대에 들어가는 것이고, 같은 법 제18조 제1항에 의하면 현역은 입영한 날부터 군부대에서 복무하도록 되어 있으므로 현역병입영통지처분에 따라 현실적으로 입영을 한 경우에는 그 처분의 집행은 종료되지만, 한편, 입영으로 그 처분의 목적이 달성되어 실효되었다는 이유로 다툴 수 없도록 한다면, 병역법상 현역입영대상자로서는 현역병입영통지처분이 위법하다 하더라도 법원에 의하여 그 처분의 집행이 정지되지 아니하는 이상 현실적으로 입영을 할 수밖에 없으므로 현역병입영통지처분에 대하여는 불복을 사실상 원천적으로 봉쇄하는 것이 되고, 또한 현역입영대상자가 입영하여 현역으로 복무하는 과정에서 현역병입영통지처분 외에는 별도의 다른 처분이 없으므로 입영한 이후에는 불복할 아무런 처분마저 없게 되는 결과가 되며, 나아가 입영하여 현역으로 복무하는 자에 대한 병적을 당해 군 참모총장이 관리한다는 것은 입영 및 복무의 근거가 된 현역병입영통지처분이 적법함을 전제로 하는 것으로서 그 처분이

위법한 경우까지를 포함하는 의미는 아니라고 할 것이므로, 현역입영대상자로서는 현실적으로 입영을 하였다고 하더라도, 입영 이후의 법률관계에 영향을 미치고 있는 현역병입영통지처분 등을 한 관할지방병무청장을 상대로 위법을 주장하여 그 취소를 구할 소송상의 이익이 있다.

[2] 병무청 담당부서의 담당공무원에게 공적 견해의 표명을 구하는 정식의 서면질의 등을 하지 아니한 채 총무과 민원팀장에 불과한 공무원이 민원봉사차원에서 상담에 응하여 안내한 것을 신뢰한 경우, 신뢰보호 원칙이 적용되지 아니한다고 한 사례.

(대법원 2003.12.26. 선고 2003두1875 판결【병역의무부과처분취소】)

58. 지방의회 의원에 대한 제명의결 취소소송 계속중 의원 임기가 만료된 경우 취소를 구할 법률상 이익이 있는지 여부(적극)

지방의회 의원에 대한 제명의결 취소소송 계속중 의원의 임기가 만료된 사안에서, 제명의결의 취소로 의원의 지위를 회복할 수는 없다 하더라도 제명의결 시부터 임기만료일까지의 기간에 대한 월정수당의 지급을 구할 수 있는 등 여전히 그 제명의결의 취소를 구할 법률상 이익이 있다.

(대법원 2009.1.30, 2007두 13487)

(5) 인가처분 취소소송의 경우

59. 재단법인의 정관변경 결의의 하자를 이유로 정관변경인가처분의 취소·무효 확인을 구할 소의 이익 유무(소극)

[1] 민법 제45조와 제46조에서 말하는 재단법인의 정관변경 "허가"는 법률상의 표현이 허가로 되어 있기는 하나, 그 성질에 있어 법률행위의 효력을 보충해 주는 것이지 일반적 금지를 해제하는 것이 아니므로, 그 법적 성격은 인가라고 보아야 한다.

[2] 인가는 기본행위인 재단법인의 정관변경에 대한 법률상의 효력을 완성시키는 보충행위로서, 그 기본이 되는 정관변경 결의에 하자가 있을 때에는 그에 대한 인가가 있었다 하여도 기본행위인 정관변경 결의가 유효한 것으로 될 수 없으므로 기본행위인 정관변경 결의가 적법 유효하고 보충행위인 인가처분 자체에만 하자가 있다면 그 인가처분의 무효나 취소를 주장할 수 있지만, 인가처분에 하자가 없다면 기본행위에 하자가 있다 하더라도 따로 그 기본행위의 하

자를 다투는 것은 별론으로 하고 기본행위의 무효를 내세워 바로 그에 대한 행정청의 인가처분의 취소 또는 무효확인을 소구할 법률상의 이익이 없다.

(대법원 1996.5.16. 선고 95누4810 전원합의체 판결【법인정관변경허가처분무효확인】)

(6) 관계법령의 개폐

60. 주택건설사업계획 사전결정반려처분 취소청구소송의 계속 중 구 주택건설촉진법의 개정으로 주택건설사업계획 사전결정제도가 폐지된 경우, 소의 이익이 있는지 여부(소극)

구 주택건설촉진법(1999.2.8. 법률 제5908호로 개정되기 전의 것)은 제32조의4에서 주택건설사업계획의 사전결정제도에 관하여 규정하고 있었으나 위 법률이 1999.2.8. 법률 제5908호로 개정되면서 위 제32조의4가 삭제되었고, 그 부칙 규정에 의하면 개정 후 법은 1999.3.1.부터 시행되며(부칙 제1조), 개정 후 법의 시행 당시 종전의 제32조의4의 규정에 의하여 사전결정을 한 주택건설사업은 종전의 규정에 따라 주택건설사업을 시행할 수 있다고 규정되어 있을 뿐(부칙 제2조), 개정 후 법의 시행 전에 사전결정의 신청이 있었으나 그 시행 당시 아직 사전결정이 되지 않은 경우에도 종전의 규정에 의한다는 취지의 규정을 두지 아니하고 있고, 따라서 개정 전의 법에 기한 주택건설사업계획 사전결정반려처분의 취소를 구하는 소송에서 승소한다고 하더라도 위 반려처분이 취소됨으로써 사전결정신청을 한 상태로 돌아갈 뿐이므로, 개정 후 법이 시행된 1999.3.1. 이후에는 사전결정신청에 기하여 행정청으로부터 개정 전 법 제32조의4 소정의 사전결정을 받을 여지가 없게 되었다고 할 것이어서 더 이상 소를 유지할 법률상의 이익이 없게 되었다고 할 것이다.

(대법원 1999.6.11. 선고 97누379 판결【주택건설사업계획사전결정반려처분취소】)

第13條【被告適格】

1. 행정소송의 피고적격

가. 항고소송의 대상이 되는 행정처분은 행정청의 공법상의 행위로서 특정사항에 대하여 법규에 의한 권리의 설정 또는 의무의 부담을 명하거나 기타 법률상 효과를 발생하게 하는 등 국민의 권리의무에 직접 관계가 있는 행위를 가리

키는 것이고, 상대방 또는 기타 관계자들의 법률상 지위에 직접적인 법률적 변동을 일으키지 아니하는 행위 등은 항고소송의 대상이 되는 행정처분이 아니다.

나. 건축법상 신고사항에 관하여는 건축을 하고자 하는 자가 적법한 요건을 갖춘 신고만 하면 건축을 할 수 있고, 행정청의 수리처분 등 별단의 조치를 기다릴 필요가 없다.

다. 행정처분의 취소 또는 무효확인을 구하는 행정소송은 원칙적으로 소송의 대상인 행정처분 등을 외부적으로 그의 명의로 행한 행정청을 피고로 하여야 한다.

(대법원 1995.3.14. 선고 94누9962 판결【담장설치신고서반려처분취소】)

2. 수임관청이 내부위임에 따라 위임관청의 이름으로 행한 처분을 다투는 소송의 피고적격

가. 행정관청이 특정한 권한을 법률에 따라 다른 행정관청에 이관한 경우와 달리 내부적인 사무처리의 편의를 도모하기 위하여 그의 보조기관 또는 하급행정관청으로 하여금 그의 권한을 사실상 행하도록 하는 내부위임의 경우에는 수임관청이 그 위임된 바에 따라 위임관청의 이름으로 권한을 행사하였다면 그 처분청은 위임관청이므로 그 처분의 취소나 무효확인을 구하는 소송의 피고는 위임관청으로 삼아야 한다.

나. 구청장이 서울특별시장의 이름으로 한 직위해제 및 파면의 처분청은 서울특별시장이므로 구청장을 피고로 한 소를 각하한 원심의 판단이 정당하다고 한 사례.

(대법원 1991.10.8. 선고 91누520 판결【파면처분등무효확인】)

3. 내부위임을 받은 하급행정청이 권한 없이 한 행정처분에 대한 소송의 피고적격

행정처분의 취소 또는 무효확인을 구하는 행정소송은 다른 법률에 특별한 규정이 없는 한 그 처분을 행한 행정청을 피고로 하여야 하며, 행정처분을 행할 적법한 권한 있는 상급행정청으로부터 내부위임을 받은 데 불과한 하급행정청이 권한 없이 행정처분을 한 경우에도 실제로 그 처분을 행한 하급행정청을 피고로 하여야 할 것이지 그 처분을 행할 적법한 권한 있는 상급행정청을 피고로 할 것은 아니다.

(대법원 1994.8.12. 선고 94누2763 판결【자동차운전면허정지처분취소등】)

4. 대리권을 수여받은 행정청이 대리관계를 밝힘이 없이 자신의 명의로 행정처분을 한 경우, 그 행정처분에 대한 소송의 피고적격

[1] 행정소송법 제14조에 의한 피고경정은 사실심 변론종결에 이르기까지 허용되는 것으로 해석하여야 할 것이고, 굳이 제1심 단계에서만 허용되는 것으로 해석할 근거는 없다.

[2] 대리권을 수여받은 데 불과하여 그 자신의 명의로는 행정처분을 할 권한이 없는 행정청의 경우 대리관계를 밝힘이 없이 그 자신의 명의로 행정처분을 하였다면 그에 대하여는 처분명의자인 당해 행정청이 항고소송의 피고가 되어야 하는 것이 원칙이지만, 비록 대리관계를 명시적으로 밝히지는 아니하였다 하더라도 처분명의자가 피대리 행정청 산하의 행정기관으로서 실제로 피대리 행정청으로부터 대리권한을 수여받아 피대리 행정청을 대리한다는 의사로 행정처분을 하였고 처분명의자는 물론 그 상대방도 그 행정처분이 피대리 행정청을 대리하여 한 것임을 알고서 이를 받아들인 예외적인 경우에는 피대리 행정청이 피고가 되어야 한다.

[3] 근로복지공단의 이사장으로부터 보험료의 부과 등에 관한 대리권을 수여받은 지역본부장이 대리의 취지를 명시적으로 표시하지 않고서 산재보험료 부과처분을 한 경우, 그러한 관행이 약 10년간 계속되어 왔고, 실무상 근로복지공단을 상대로 산재보험료 부과처분에 대한 항고소송을 제기하여 온 점 등에 비추어 지역본부장은 물론 그 상대방 등도 근로복지공단과 지역본부장의 대리관계를 알고 받아들였다는 이유로, 위 부과처분에 대한 항고소송의 피고적격이 근로복지공단에 있다고 한 사례.

[4] 행정소송에서 피고경정신청이 이유 있다 하여 인용한 결정에 대하여는 종전 피고는 항고제기의 방법으로 불복신청할 수 없고, 행정소송법 제8조 제2항에 의하여 준용되는 민사소송법 제449조 소정의 특별항고가 허용될 뿐이다.

(대법원 2006.2.23. 자 2005부4 결정【산재보험료부과처분취소】)

5. 검사임용거부처분에 대한 취소소송의 피고적격

검찰청법 제34조, 국가공무원법 제3조 제2항 제2호, 제16조, 행정심판법 제3조 제2항의 규정취지를 종합하여 보면, 검사임용처분에 대한 취소소송의 피고는 법무부장관으로 함이 상당하다고 할 것이므로 원심이 피고를 대통령으로 경정하여 줄 것을 구하는 원고의 신청을 각하한 조치는 옳다.

(대법원 1990.3.14. 자 90두4 결정【검사임용거부처분취소】)

6. 교육에 관한 조례 무효확인소송에 있어서 피고적격

[1] 조례가 집행행위의 개입 없이도 그 자체로서 직접 국민의 구체적인 권리 의무나 법적 이익에 영향을 미치는 등의 법률상 효과를 발생하는 경우 그 조례는 항고소송의 대상이 되는 행정처분에 해당하고, 이러한 조례에 대한 무효확인 소송을 제기함에 있어서 행정소송법 제38조 제1항, 제13조에 의하여 피고적격이 있는 처분 등을 행한 행정청은, 행정주체인 지방자치단체 또는 지방자치단체의 내부적 의결기관으로서 지방자치단체의 의사를 외부에 표시할 권한이 없는 지방의회가 아니라, 구 지방자치법(1994.3.16. 법률 제4741호로 개정되기 전의 것) 제19조 제2항, 제92조에 의하여 지방자치단체의 집행기관으로서 조례로서의 효력을 발생시키는 공포권이 있는 지방자치단체의 장이다.

[2] 구 지방교육자치에관한법률(1995.7.26. 법률 제4951호로 개정되기 전의 것) 제14조 제5항, 제25조에 의하면 시·도의 교육·학예에 관한 사무의 집행기관은 시·도 교육감이고 시·도 교육감에게 지방교육에 관한 조례안의 공포권이 있다고 규정되어 있으므로, 교육에 관한 조례의 무효확인소송을 제기함에 있어서는 그 집행기관인 시·도 교육감을 피고로 하여야 한다.

(대법원 1996.9.20. 선고 95누8003 판결【조례무효확인】)

7. 저작권 등록처분에 대한 무효확인소송에서 피고적격

[1] 구 저작권법(2006.12.28. 법률 제8101호로 전문 개정되기 전의 것) 제97조의3 제2호는 '문화관광부장관은 대통령령이 정하는 바에 의하여 법 제53조에 규정한 저작권 등록업무에 관한 권한을 저작권심의조정위원회에 위탁할 수 있다'고 규정하고, 같은 법 시행령(2007.6.29. 대통령령 제20135호로 전문 개정되기 전의 것) 제42조는 '문화관광부장관은 법 제97조의3의 규정에 의하여 저작권 등록업무에 관한 권한을 저작권심의조정위원회에 위탁한다'고 규정하고 있으므로, '저작권심의조정위원회'가 저작권 등록업무의 처분청으로서 그 등록처분에 대한 무효확인 소송에서 피고적격을 가진다.

[2] '저작권심의조정위원회 위원장'을 피고로 저작권 등록처분의 무효확인을 구하는 소는 피고적격이 없는 자를 상대로 한 부적법한 것이고, 피고적격에 관하여 석명에 응할 기회를 충분히 제공하였음에도 피고경정을 하지 않은 사정에 비추어, 부적법하여 각하되어야 한다고 한 사례.

(대법원 2009.7.9. 선고 2007두16608 판결【저작권등록무효확인】)

第14條【被告更正】

1. 피고경정이 가능한 시한

[1] 행정청이 국민의 신청에 대하여 한 거부행위가 항고소송의 대상이 되는 행정처분이 된다고 하기 위하여는 국민이 그 신청에 따른 행정행위를 하여 줄 것을 요구할 수 있는 법규상 또는 조리상의 권리가 있어야 하며 이러한 권리에 의하지 아니한 국민의 신청을 행정청이 받아들이지 아니하고 거부한 경우에는 이로 인하여 신청인의 권리나 법적 이익에 어떤 영향을 주는 것이 아니므로 그 거부행위를 가리켜 항고소송의 대상이 되는 행정처분이라고 할 수는 없다.

[2] 도시계획법, 건축법, 도로법 등 관계 법령상 주민에게 도로상 장애물의 철거를 신청할 수 있는 권리를 인정한 근거 법규가 없을 뿐 아니라 조리상 이를 인정할 수도 없고, 따라서 행정청이 인접 토지 소유자의 장애물 철거 요구를 거부한 행위는 항고소송의 대상이 되는 거부처분에 해당될 수 없다고 한 사례.

(대법원 1996.1.23. 선고 95누1378 판결【도로장애물철거재결처분취소등】)

2. 조세소송에서 피고 지정이 잘못된 경우, 법원이 석명권을 행사하여 피고를 경정하게 하지 않고 바로 소를 각하한 것이 위법한지 여부(적극)

[1] 원고가 피고를 잘못 지정하였다면 법원으로서는 당연히 석명권을 행사하여 원고로 하여금 피고를 경정하게 하여 소송을 진행케 하였어야 할 것임에도 불구하고 이러한 조치를 취하지 아니한 채 피고의 지정이 잘못되었다는 이유로 소를 각하한 것이 위법하다고 한 사례.

[2] 법인세할 주민세의 납세의무는 원칙적으로 법인세 납세의무 성립일인 당해 사업연도 종료일에 성립하는 것이어서 이 경우 납세의무자는 그 사업연도 종료일로부터 120일 내에 관할 시장·군수에게 주민세를 신고납부하여야 하는 것이지만, 법인세 납세의무자가 법인세 신고를 하지 아니하였거나 그 신고내용에 오류·탈루가 있어 세무서장이 결정 또는 경정을 하는 경우에는 그 결정 또는 경정처분을 한 때에 비로소 과세물건인 법인세액이 확정되어 법인세할 주민세의 납세의무가 성립한다고 할 것이므로 이 경우에 납세의무자는 그 고지서의 납부기한으로부터 30일 내에 관할 시장·군수에게 주민세를 신고납부하여야 하고, 이를 게을리한 때에는 관할 시장·군수는 구 지방세법(1999.12.28. 법률 제6060

호로 개정되기 전의 것) 제178조 제2항이 정하는 바에 따라 그 결정 또는 결정된 법인세액을 과세표준으로 하여 세액을 결정한 다음 가산세를 더하여 법인세할 주민세를 추징할 수 있다.

(대법원 2004.7.8. 선고 2002두7852 판결【주민세부과처분취소】)

3. 피고경정허가결정에 대한 새로운 피고의 특별항고 가부

피고경정허가결정은 새로운 피고에 대한 관계에서는 중간적 재판의 성질을 갖는 것으로서 특별항고의 대상이 되는 불복을 신청할 수 없는 결정에는 해당하지 않는다.

(대법원 1994.6.29. 자 93프3 결정【피고경정결정에대한특별항고】)

第 15 條【共同訴訟】

第 16 條【第3者의 訴訟參加】

1. 보조참가의 요건

[1] 특정 소송사건에서 당사자 일방을 보조하기 위하여 보조참가를 하려면 당해 소송의 결과에 대하여 이해관계가 있어야 하고, 여기서 말하는 이해관계라 함은 사실상, 경제상 또는 감정상의 이해관계가 아니라 법률상의 이해관계를 가리킨다.

[2] 어업권의 명의신탁은 타인이 사실상 당해 어업의 경영을 지배할 의도로 어업권자의 명의로 어업의 면허를 받아 어업권자를 배제하고 사실상 당해 어업의 경영을 지배하는 것이므로 수산업법 제10조, 제11조, 제13조, 제18조, 제32조, 제35조 및 제95조의 규정들에 비추어 무효라고 할 것이어서, 어업권에 관한 명의신탁 관계는 보조참가의 요건으로서 요구되는 법률상의 이해관계에 해당하는 것이라 할 수 없다.

[3] 공공용지의취득및손실보상에관한특례법에 의한 손실보상의 협의는 공공기관이 사경제주체로서 행하는 사법상 계약의 실질을 가지는 것으로서, 당사자 간의 합의로 같은 법 소정의 손실보상의 요건을 완화하는 약정을 할 수 있고, 그와 같은 당사자 간의 합의로 같은 법 소정의 손실보상의 기준에 의하지 아니한 매매대금을 정할 수 있다.

[4] 소송촉진등에관한특례법 제3조 제2항 소정의 '채무자가 그 이행의무의

존부나 범위에 관하여 항쟁함이 상당하다고 인정되는 때'라고 하는 것은, 그 이행의무의 존부나 범위에 관하여 항쟁하는 채무자의 주장에 상당한 근거가 있는 것으로 인정되는 때를 가리키는 것으로 해석되므로, 채무자가 위와 같이 항쟁함이 상당한 것인지의 여부는 당해 사건에 관한 법원의 사실인정과 그 평가에 관한 문제라고 할 것이다.

(대법원 2000.9.8. 선고 99다26924 판결【전부금】)

第17條【行政廳의 訴訟參加】

1. 다른 행정청을 참가시킬 필요성의 판단 기준

[1] 타인 사이의 항고소송에서 소송의 결과에 관하여 이해관계가 있다고 주장하면서 민사소송법(2002.1.26. 법률 제6626호로 전문 개정된 것) 제71조에 의한 보조참가를 할 수 있는 제3자는 민사소송법상의 당사자능력 및 소송능력을 갖춘 자이어야 하므로 그러한 당사자능력 및 소송능력이 없는 행정청으로서는 민사소송법상의 보조참가를 할 수는 없고 다만 행정소송법 제17조 제1항에 의한 소송참가를 할 수 있을 뿐이다(행정청에 불과한 서울특별시장의 보조참가신청을 부적법하다고 한 사례).

[2] 법원은 다른 행정청을 소송에 참가시킬 필요가 있다고 인정되는 때에 그 행정청을 소송에 참가시킬 수 있고, 여기에서 참가의 필요성은 관계되는 다른 행정청을 소송에 참가시킴으로써 소송자료 및 증거자료가 풍부하게 되어 그 결과 사건의 적정한 심리와 재판을 하기 위하여 필요한 경우를 가리킨다(상고심에서의 참가 필요성을 인정하지 않은 사례).

[3] 제재적 행정처분이 사회통념상 재량권의 범위를 일탈하였거나 남용하였는지 여부는 처분사유로 된 위반행위의 내용과 당해 처분행위에 의하여 달성하려는 공익목적 및 이에 따른 제반 사정 등을 객관적으로 심리하여 공익침해의 정도와 그 처분으로 인하여 개인이 입게 될 불이익을 비교 교량하여 판단하여야 한다.

[4] 성수대교를 부실시공하여 붕괴사고를 초래한 동아건설산업 주식회사에 대하여 한 건설업(철강재설치공사업)면허취소처분이 재량권을 일탈·남용한 경우에 해당하지 않는다고 한 사례.

(대법원 2002.9.24. 선고 99두1519 판결【건설업면허취소처분취소】)

2. 행정청의 민사소송법상 보조참가 가부(소극)

[1] 타인 사이의 항고소송에서 소송의 결과에 관하여 이해관계가 있다고 주장하면서 민사소송법(2002.1.26. 법률 제6626호로 전문 개정된 것) 제71조에 의한 보조참가를 할 수 있는 제3자는 민사소송법상의 당사자능력 및 소송능력을 갖춘 자이어야 하므로 그러한 당사자능력 및 소송능력이 없는 행정청으로서는 민사소송법상의 보조참가를 할 수는 없고 다만 행정소송법 제17조 제1항에 의한 소송참가를 할 수 있을 뿐이다(행정청에 불과한 서울특별시장의 보조참가신청을 부적법하다고 한 사례).

[2] 법원은 다른 행정청을 소송에 참가시킬 필요가 있다고 인정되는 때에 그 행정청을 소송에 참가시킬 수 있고, 여기에서 참가의 필요성은 관계되는 다른 행정청을 소송에 참가시킴으로써 소송자료 및 증거자료가 풍부하게 되어 그 결과 사건의 적정한 심리와 재판을 하기 위하여 필요한 경우를 가리킨다(상고심에서의 참가 필요성을 인정하지 않은 사례).

[3] 제재적 행정처분이 사회통념상 재량권의 범위를 일탈하였거나 남용하였는지 여부는 처분사유로 된 위반행위의 내용과 당해 처분행위에 의하여 달성하려는 공익목적 및 이에 따른 제반 사정 등을 객관적으로 심리하여 공익침해의 정도와 그 처분으로 인하여 개인이 입게 될 불이익을 비교 교량하여 판단하여야 한다.

[4] 성수대교를 부실시공하여 붕괴사고를 초래한 동아건설산업 주식회사에 대하여 한 건설업(철강재설치공사업)면허취소처분이 재량권을 일탈·남용한 경우에 해당하지 않는다고 한 사례.

(대법원 2002.9.24. 선고 99두1519 판결【건설업면허취소처분취소】)

3. 행정소송상 독립당사자 참가 가부(소극)

행정청 아닌 원고를 피고로 하여 독립당사자 참가를 하는 것은 허용되지 아니한다.

(대법원 1970.8.31, 70누70)

第 3 節 訴의 제기

第 18 條 【行政審判과의 관계】

1. 전심절차 이행여부가 직권조사사항인지 여부(적극)

가. 국세기본법 제61조 제1항 단서에서 말하는 "결정의 통지를 받지 못한 경우"라 함은 이의신청에 대한 결정기간내에 결정의 통지를 받지 못한 경우를 뜻하는 것으로 해석되므로, 원고의 이의신청에 대한 피고(세무서장)의 기각결정이 그 결정기간 30일을 경과한 뒤에 원고에게 통지되었던 이 사건에 있어서 원고는 결정기간내에 결정의 통지를 받지 못한 경우에 해당하므로 그 부기내용 여하에 불구하고 위 동법 동항 단서의 정한 바에 좇아 결정기간이 경과한 날로부터 기산되는 60일의 불변기간내에 국세청장에게의 심사청구를 하였어야 할 것이고, 피고(세무서장)가 원고의 이의신청을 기각한 결정을 통지하면서 그 결정서에 국세기본법 제60조 제1항의 규정에 따라 결정서를 받은 날로부터 60일내에 심사청구를 할 수 있다고 부기하였기 때문에 원고가 그 부기내용에 따라 결정서를 받은 날로부터 60일내에 심사청구를 하였다 하더라도 그 심사청구가 적법한 것이 될 수 없다.

나. 행정소송의 전제인 전심절차를 적법하게 거친 여부는 당사자의 주장유무에 불구하고 법원이 직권으로 조사할 사항이다.

(대법원 1982.12.28. 선고 82누7 판결【제2차납세의무자지정처분취소】)

2. 과세처분의 무효선언을 구하는 의미의 취소소송에 있어서 전심절차의 요부(적극)

가. 사업의 양수인에게 제2차 납세의무를 지도록 규정한 국세기본법 제41조 및 같은법 시행령 제22조에서 사업에 관한 모든 권리와 의무로 포괄적으로 승계한다고 함은 양수인이 양도인으로부터 그의 모든 사업시설뿐만 아니라 영업권과 그 사업에 관한 채권, 채무 등 일체의 인적, 물적 권리와 의무를 양수함으로써 양도인과 동일시되는 정도의 법률상의 지위를 그대로 승계하는 것을 의미하는 바, 원고가 스텐레스 제품의 제조·판매 등을 주목적으로 하는 소외회사로부터 그 사업체를 매수하되 물적 설비에 관한 권리(임차권)를 승계 받고 사업상의 채무

중 일부를 인수하여 그 인수채무금과 매매대금을 상계하며, 소외회사가 제3자로부터 임차하여 사용하던 공장건물 및 기계기구, 전화가입권, 차량1대 등을 그대로 임차하는 한편 소외회사의 근로자들을 신규채용의 형식으로 그대로 고용하여 기계와 스텐레스 제품의 제조를 목적으로 하는 사업자로 등록을 마쳤다면 원고를 위 회사의 사업양수인에 해당하는 것으로 본 원심의 판단은 정당하다.

나. 과세처분의 무효선언을 구하는 의미에서 취소를 구하는 소송이라도 전심절차를 거쳐야 한다.

다. 과세처분이 있은 후 이를 증액하는 경정처분이 있으면 당초처분은 경정처분에 흡수되어 독립된 존재가치를 상실하고 그 후 다시 이를 감액하는 재경정처분이 있으면 재경정처분은 감액된 세액부분에 대해서만 그 효력이 미치는 것이므로 전심절차의 이행여부는 경정처분을 대상으로 판단하는 것이 원칙이나, 다만 선행처분과 증액경정처분의 위법사유가 공통된 경우에는 선행처분에 대하여 적법한 전심절차를 거친 이상 과세관청으로서는 이미 기본적 사실관계와 법률문제에 대하여 다시 검토할 수 있는 기회가 부여되었을 뿐 아니라 납세의무자에게 굳이 같은 위법사유로 다시 원심절차를 거치게 하는 것은 가혹한 것이므로 납세의무자는 증액경정처분에 대하여 다시 원심절차를 거치지 아니하고 행정소송을 제기할 수 있다.

라. 국세기본법 제41조의 규정에 의하여 사업의 양수인에게 제2차 납세의무를 지우려면 그 사업의 양도당시에 이미 부과되어 있는 세금일 것을 요한다.

(대법원 1990.8.28. 선고 90누1892 판결 【부가가치세부과처분취소】)

3. 행정심판청구의 부적법을 간과한 채 재결을 한 경우의 행정소송의 전치요건 충족 여부(소극)

행정처분의 취소를 구하는 항고소송의 전심절차인 행정심판청구가 기간도과로 인하여 부적법한 경우에는 행정소송 역시 전치의 요건을 충족치 못한 것이 되어 부적법 각하를 면치 못하는 것이고, 이 점은 행정청이 행정심판의 제기기간을 도과한 부적법한 심판에 대하여 그 부적법을 간과한 채 실질적 재결을 하였다 하더라도 달라지는 것이 아니다.

(대법원 1991.6.25. 선고 90누8091 판결 【초임호봉획정처분취소】)

4. 전심절차에서 주장하지 아니한 공격방어방법을 소송절차에서 주장할 수 있는지 여부

항고소송에 있어서 원고는 전심절차에서 주장하지 아니한 공격방어방법을 소송절차에서 주장할 수 있고 법원은 이를 심리하여 행정처분의 적법 여부를 판단할 수 있는 것이므로, 원고가 전심절차에서 주장하지 아니한 처분의 위법사유를 소송절차에서 새롭게 주장하였다고 하여 다시 그 처분에 대하여 별도의 전심절차를 거쳐야 하는 것은 아니다.

(대법원 1996.6.14. 선고 96누754 판결【개발부담금부과처분취소】)

5. “동종사건”의 의미

가. 행정소송법 제18조 제3항 제1호 소정의 ‘동종사건’에는 당해 사건은 물론이고, 당해 사건과 기본적인 점에서 동질성이 인정되는 사건도 포함되는 것으로서, 당해 사건에 관하여 타인이 행정심판을 제기하여 그에 대한 기각재결이 있었다든지 당해 사건 자체는 아니더라도 그 사건과 기본적인 점에서 동질성을 인정할 수 있는 다른 사건에 대한 행정심판의 기각재결이 있을 때도 여기에 해당한다.

나. 행정소송에 있어서 법원이 행정소송법 제28조 소정의 사정판결을 할 필요가 있다고 인정하는 때에는 당사자의 명백한 주장이 없는 경우에도 일건 기록에 나타난 사실을 기초로 하여 직권으로 사정판결을 할 수 있다.

다. 주택조합이 그 구성원에게 건설 공급하는 주택의 경우에는 원칙적으로 입주자모집공고일에 관한 주택공급에관한규칙 제7조 등의 규정이 적용되지 아니하여 입주자모집공고일을 확정할 수 없으므로 위 규칙 제4조 제1항을 근거로 하여 직장조합의 조합원이 될 수 있는 자격이 조합원이 되기 이전 1년 이내에 무주택자인 자로 한정된다고 할 수 없으나 당해 직장조합의 규약상 조합원이 될 수 있는 자를 그와 같이 한정하고 있는 경우에는 그 규약이 정하는 바에 따라 조합원의 자격이 가려져야 할 것이고 또 구 주택건설촉진법(1992.12.8. 법률 제4530호로 개정되기 전의 것) 제3조 제9호는 주택조합을 정의함에 있어서 주택이 없는 주민 또는 근로자들이 주택을 마련하기 위하여 설립한 조합을 지역조합 또는 직장조합이라고 하고 있으므로 지역조합이나 직장조합의 조합원이 되려면 조합원이 되기 이전에 무주택자일 필요는 없다 하더라도 적어도 조합원이 될 당시(원칙적으로 조합설립인가시)에는 무주택자라야 한다.

라. 같은 법 제33조의2 제1항, 같은법시행령(1992.5.30. 대통령령 제13655호로 개정되기 전의 것) 제34조 제1항에 비추어 보면, 주택건설사업 완료 후 건축물에 대하여 준공검사를 받기 위하여는 승인받은 사업계획에 부합하는 사업을 시행하

여야 하고, 만일 승인받은 사업계획에 대하여 변경승인을 얻어야 할 사정이 있을 경우에는 그러한 내용의 변경승인을 얻지 않은 한 그 사업으로 인한 건축물에 대한 준공검사신청은 받아들일 수 없다 할 것이므로 주택조합의 조합원들 중에 무자격자가 있다면 이를 정리하여 사업계획변경승인을 얻어야 하고, 그 승인을 얻지 못한 경우에는 그 사업으로 인한 건축물에 대한 준공검사신청 역시 받아들일 수 없다.

(대법원 1993.9.28. 선고 93누9132 판결【사업계획변경승인신청거부처분취소등】)

6. 공동권리자 중 1인이 제기한 소청의 효력이 다른 공동권리자에게 미치는 영향

소원전치주의의 취의는 소송제기전에 소원을 경유함으로써 행정처분의 위법임을 확정한 때에 자진하여 이를 시정케 하여 남소를 방지하려 함에 있다 할 것이므로, 공동권리자의 1인이 소청을 제기하여 행정처분청으로 하여금 그 행정처분을 시정할 기회를 갖게 한 이상, 다른 공동권리자는 소청을 경유함이 없이 행정소송을 제기할 수 있다고 해석함이 타당하다

(대법원 1958.4.29. 선고 4291행상6,7 판결【행정처분취소】)

7. 행정심판 담당 공무원이 행정심판을 거칠 필요가 없다고 잘못 알린 경우, 행정심판 제기 없이 그 취소소송을 제기 할 수 있는지 여부(적극)

[1] 개인의 택지초과소유부담금 납부의무는 가구별 소유상한을 초과하는 택지를 소유하고 있는 동안 부과기간별로 매년 독립적으로 발생하는 것이므로 그에 대한 종전의 부과처분과 후행 부과처분은 각각 별개의 처분이고, 비록 납부의무자와 부과대상 택지가 동일하다고 하더라도 매년 공시되는 개별공시지가의 변동에 따라 부과기간별로 부과대상 택지가격이 달라지고 또한 부과대상 택지에 해당하게 된 날로부터의 경과기간에 따라 그 부과율도 달라짐으로써 그 부과처분에 대한 다툼의 내용이 서로 달라질 가능성이 있으므로 위 양 부과처분이 행정소송법 제18조 제3항 제1호 소정의 "동종 사건"이라거나 같은 항 제2호 소정의 "서로 내용상 관련되는 처분 또는 같은 목적을 위하여 단계적으로 진행되는 처분"이라고 볼 수 없으며, 또한 비록 위 양 부과처분이 그 쟁점을 공통으로 하고 있다고 하더라도 전심절차의 심판기관은 종전의 자료에 의하여 형성된 심증이나 의견을 가지고 결정 또는 재결하는 것이 아니라 새로운 자료에 기하여 다시 형성되는 심증과 의견에 기하여 판단하는 것이므로 종전의 부과처분에 대하여 전심절차를 거쳤다고 하여 후행 부과처분에 대하여 전심절차를 거치는

것이 무의미한 것이라고도 말할 수 없으므로, 비록 종전의 부과처분에 대한 전심절차를 거쳤다고 하더라도 후행 부과처분에 대하여도 별도로 전심절차를 거쳐야만 그 취소소송을 제기할 수 있다.

[2] 구 행정심판법(1995.12.6. 법률 제5000호로 개정되기 전의 것) 제17조 제1항의 규정이 처분청을 경유하여 행정심판을 제기하도록 경유절차를 두고 있는 것은 청구인의 이익을 위하여 처분청으로 하여금 재도의 고려를 할 기회를 주려는 것이어서, 청구인이 스스로 그 이익을 포기하고 바로 재결청에 행정심판청구를 하였더라도 그 심판청구는 적법하다.

[3] 행정소송법 제18조 제3항 제4호의 규정이 행정청이 행정심판을 거칠 필요가 없다고 잘못 알린 때에는 행정심판을 제기하지 않고도 취소소송을 제기할 수 있도록 행정심판 전치주의에 대한 예외를 두고 있는 것은 행정에 대한 국민의 신뢰를 보호하려는 것이므로, 처분청이 아닌 재결청이 이와 같은 잘못된 고지를 한 경우에도 행정소송법 제18조 제3항 제4호의 규정을 유추·적용하여 행정심판을 제기함이 없이 그 취소소송을 제기할 수 있다고 할 것이고, 이때에 재결청의 잘못된 고지가 있었는지 여부를 판단함에 있어서는 반드시 행정조직상의 형식적인 권한분장에 구애될 것이 아니라 담당자의 조직상의 지위와 임무, 당해 언동을 하게 된 구체적인 경위 및 그에 대한 행정심판청구인의 신뢰가능성에 비추어 실질에 의하여 판단하여야 한다.

(대법원 1996.8.23. 선고 96누4671 판결【택지초과소유부담금부과처분취소】)

8. 감액경정처분과 전심절차

가. 후행처분이 비록 당초의 부과처분을 전부 취소하고 새로이 납세고지서를 발부하는 형식을 취하고 있을 망정 실질적으로 보면 당초의 부과처분의 과세대상인 비업무용 토지의 범위만을 축소하여 세액을 감축하는 것으로서 감액경정처분의 실질을 띠고 있다면 이러한 경우에는 당초의 부과처분에 대하여 적법한 전심절차를 거친 이상 따로이 전심절차를 거칠 필요없이 행정소송으로 이를 다툴 수 있다.

나. 구 지방세법시행령 제84조의 3 제1항 제3호(1981.12.31 대통령령 제10663호로 개정되기 전의 것) 소정의 "정당한 사유"에 관한 심리미진 등의 위법이 있다고 하여 원심판결을 파기한 사례

(대법원 1987.4.14. 선고 85누740 판결【취득세부과처분취소】)

9. 증액경정처분과 전심절차

가. 과세처분이 있은 후에 증액경정처분이 있으면 당초의 과세처분은 경정처분에 흡수되어 독립적인 존재가치를 상실하므로 전심절차의 경유 여부도 그 경정처분을 기준으로 판단하여야 할 것이지만, 그 위법사유가 공통된 경우에는 당초의 과세처분에 대하여 적법한 전심절차를 거친 이상 전심기관으로 하여금 기본적 사실관계와 법률문제에 대하여 다시 검토할 수 있는 기회를 부여하였다고 볼 수 있을 뿐만 아니라, 납세의무자에게 굳이 같은 사유로 증액경정처분에 대하여 별도의 전심절차를 거치게 하는 것은 가혹하므로 납세의무자는 그 경정처분에 대하여 다시 전심절차를 거치지 아니하고도 취소를 구하는 행정소송을 제기할 수 있다.

나. 부가가치세법 제6조 제2항에 의한 같은법시행령 제15조 제1항 제1호가 자기의 사업과 관련하여 생산 또는 취득한 재화를 자기의 면세사업을 위하여 사용 또는 소비하는 경우에 이를 재화의 공급으로 의제하는 취지는, 부가가치세는 최종 소비자에게 전가가 예정된 간접소비세인데, 과세사업을 위하여 생산 또는 취득함으로써 그 매입세액을 공제받은 재화를 면세사업에 전용하는 경우에는 매출세액이 발생하지 아니하여 부가가치세의 전가가 중단되므로, 이러한 경우의 사업자를 최종소비자의 지위에 있는 것과 마찬가지로 봄으로써 부가가치세의 기본구조를 유지하고, 아울러 다른 면세사업자는 그와 같은 재화를 공급받는 데 부가가치세를 부담하므로, 그 사이에 과세의 형평을 유지하기 위한 데 있다.

다. 같은법시행령 제15조 제2항이 직접 판매할 목적으로 재화를 다른 사업장에 반출하는 것에 대하여 재화의 공급으로 의제하는 취지는, 사업장 과세의원칙에 따라 과세거래를 용이하게 파악하고, 납세자의 자금부담을 완화시켜주려는 데에 있는 점에서 면세사업전용에 대한 자가공급의 의제와는 그 취지가 크게 다르다.

라. 행정소송에서도 원칙적으로 변론주의가 적용되고, 행정소송법 제8조 제2항에 의하여 민사소송법 제261조가 규정하는 자백에 관한 법칙이 적용된다.

(대법원 1992.8.14. 선고 91누13229 판결【부가가치세부과처분취소】)

10. 취소소송 계속 중 경정결정 또는 재경정결정이 있는 경우 경정결정 또는 재경정결정에 대한 전심절차의 요부(소극)

가. 당초의 조세(상속세)부과처분에 대하여 적법한 취소청구 소송이 계속 중

동일한 과세목적물(상속재산)에 대하여 당초의 부과처분을 증액 변경하는 경정결정 또는 재경정결정이 있는 경우에 당초의 부과처분에 존재하고 있다고 주장되는 취소사유(실체상의 위법성=상속재산가액산정의 위법성)가 경정결정 또는 재경정결정에도 마찬가지로 존재하고 있어 당초 부과처분이 위법하다고 판단되어 경정결정. 재경정결정도 위법하다고 하지 않을 수 없는 경우라면 원고는 따로 전심절차를 거칠 필요없이 청구취지를 변경하여 경정 또는 재경정결정의 취소를 구할 수 있고, 또 청구취지변경시를 기준으로 제소기간 준수 여부를 따로 따질 필요도 없다.

나. 상속재산이 증권거래소에 상장되지 아니한 주식이라도 상속개시일에 근접하여 거래가 이루어졌고, 그 거래가 일반적이고 정상적인 방법에 의하여 이루어진 것이어서 그 거래가격이 객관적 교환가치를 적절히 반영하고 있다고 판단되는 경우라면 그 거래가격을 상속개시 당시의 시가로 하여 상속 재산가액을 산정할 수 있다.

(대법원 1982.2.9. 선고 80누522 판결【상속세부과처분취소】)

11. 정부합동민원실에 대한 민원의 접수가 행정소송의 전심절차로서의 소원인지 여부(소극)

정부합동민원실에 대한 민원의 접수를 행정소송의 전치절차로서 요구되는 소원으로 볼 수는 없으나 다만 그 민원의 내용이 행정청의 처분에 대한 불만의 표시로서 그 시정을 구하는 취지라면 위 정부합동민원실로부터 당해 행정청으로 그 민원이 이관되었을 때 비로소 소원이 제기된 것으로 볼 것이다.

(대법원 1985.10.22. 선고 84누724 판결【두부류제조업허가사항변경허가신청반려처분취소】)

12. 소득금액변동통지에 대해 이의신청이나 심사 및 심판청구를 한 경우, 과세처분취소소송에 있어서도 전심절차를 거쳤다고 볼 수 있는지 여부(적극)

가. 납세의무자가 소득금액변동통지에 대하여만 이의신청이나 심사 및 심판청구를 한 것이라고 하여도 그 취지 중에 소득금액변동통지에 따른 과세처분의 취소까지 구하는 취지가 포함되어 있었다면 그 당부에 관한 결정에는 과세처분의 당부에 관한 실질적인 심리판단이 있었다고 볼 것이므로 그에 관한 과세처분취소소송에 관하여는 국세기본법 소정의 전심절차를 거쳤다고 봄이 상당하다고 하겠고, 또한 납세의무자는 통상 소득금액변동통지 그 자체만을 상대로 국세

기본법 소정의 전심절차를 거치려는 취지는 아닐 것이므로 특별한 사정이 없는 한 거기에는 필연적으로 뒤따르게 될 과세처분을 예견하여 그 취소를 구하는 취지가 포함되어 있다고 보는 것이 합리적이다.

나. 납세의무자가 법인세의 과세표준 등 신고에 있어 신고 누락한 매출액 등의 수입이 발견되면 과세청으로서는 그 누락된 수입을 익금에 산입할 수 있고 만약 납세의무자가 과세표준 등 신고에 있어 익금에 산입될 수입의 신고만을 누락한 것이 아니라 손금에 산입될 비용에 관하여도 신고를 누락한 사실이 있는 경우에는 그와 같이 비용을 신고누락하였다는 사실에 관하여는 그 비용의 손금산입을 주장하는 자의 입증에 의해 비용의 존재와 비용액을 가려야 할 것이다.

다. 매출누락수입에 대응하는 별도비용의 지출이 있다는 납세의무자의 입증이 없는 한 그 누락수입에 대응하는 비용을 다시 공제할 필요가 없이 누락수익 전액을 누락소득으로 보면 된다고 하는 견해는 납세의무자가 그 수입 중 일부의 신고를 누락하여 과소신고하는 경우에도 비용만큼은 누락 없이 전부 신고하는 것이 통상적이라는 경험칙을 바탕으로 그와 다른 이례적 사정 즉 납세의무자가 손금에 산입할 비용 중 일부를 스스로 누락하여 과소 신고하였다는 특별한 사정에 관하여는 납세의무자가 입증케 함이 타당하다는 입증책임 일반의 원칙에 부합하는 것이기도 하다.

라. 납세의무자가 세법의 규정에 의해 부담하는 납세의무를 확정짓는 절차로서 과세관청이 그 과세표준과 세액을 구체적으로 산출, 결정하게 되는 과정에 있어 과세청의 계산방식 등에 잘못이 있다 하더라도 그와 같이 하여 부과고지된 세액이 원래 당해 납세의무자가 부담하여야 할 정당세액의 범위를 넘지 아니하는 결과로 되고 그 잘못된 방식이 과세단위와 처분사유의 범위를 달리하는 정도의 것이 아니라면 그 정당세액 범위 내의 부과고지처분이 위법하다 하여 취소할 것은 아니다.

(대법원 1992.7.28. 선고 91누10695 판결【법인세등부과처분취소】)

13. 부당이득금 부과처분과 가산금 징수처분을 받은 사람이 부당이득금 부과처분에 대하여만 전심절차를 거친 경우, 가산금 징수처분에 대하여도 부당이득금 부과처분과 함께 행정소송으로 다툴 수 있는지 여부(적극)

[1] 도지사가 하천구역에서의 점용료나 부당이득금 등의 징수권을 행사하는 것은 국가기관의 지위에서 수행하는 사무가 아니라 지방자치단체 자체의 사무이므로, 구 지방자치법(2006.1.11. 법률 제7846호로 개정되기 전의 것) 제95조 제2항

에 따라 조례 또는 규칙에 의하여 시장·군수에게 그 권한의 위임이 가능하다.

[2] 법률이 주민의 권리의무에 관한 사항에 관하여 구체적으로 아무런 범위도 정하지 아니한 채 조례로 정하도록 포괄적으로 위임하였다고 하더라도, 행정관청의 명령과는 달라 조례도 주민의 대표기관인 지방의회의 의결로 제정되는 지방자치단체의 자주법인 만큼 지방자치단체가 법령에 위반되지 않는 범위 내에서 주민의 권리의무에 관한 사항을 조례로 제정할 수 있으므로, 구 하천법(1999.2.8. 법률 제5893호로 전문 개정되기 전의 것) 제33조 제4항이 부당이득금의 금액과 징수방법 등에 관하여 구체적으로 범위를 정하지 아니한 채 포괄적으로 조례에 위임하고 있고, 위 법률규정에 따라 지방자치단체의 하천·공유수면 점용료 및 사용료 징수조례가 부당이득금의 금액과 징수방법 등에 관하여 필요한 사항을 구체적으로 정하였다 하여, 위 법률규정이 포괄위임금지의 원칙에 반하는 것으로서 헌법에 위반된다고 볼 수 없다.

[3] 구 하천법(1999.2.8. 법률 제5893호로 전문 개정되기 전의 것) 제33조 제3항에 의한 하천점용료 상당액의 부당이득금 부과처분에 대한 행정소송의 전심절차는 특별시·광역시 또는 도의 조례에 별도의 규정이 없는 이상 구 지방자치법(2006.1.11. 법률 제7846호로 개정되기 전의 것) 제131조 소정의 이의절차이다.

[4] 행정소송법 제20조 제1항에 의하면 취소소송은 원칙적으로 처분 등이 있음을 안 날부터 90일 이내에 제기하여야 하나, 행정청이 행정심판청구를 할 수 있다고 잘못 알려 행정심판의 청구를 한 경우에는 그 제소기간은 행정심판 재결서의 정본을 송달받은 날부터 기산하여야 한다.

[5] 하천구역의 무단 점용을 이유로 부당이득금 부과처분과 가산금 징수처분을 받은 사람이 가산금 징수처분에 대하여 행정청이 안내한 전심절차를 밟지 않았다 하더라도 부당이득금 부과처분에 대하여 전심절차를 거친 이상 가산금 징수처분에 대하여도 부당이득금 부과처분과 함께 행정소송으로 다툴 수 있다.

(대법원 2006.9.8. 선고 2004두947 판결【하천무단점용에따른부당이득금부과처분무효확인】)

14. 제3자의 제소와 행정심판 전치주의 적용

[1] 행정소송법 제19조에서 말하는 '재결 자체에 고유한 위법'이란 원처분에는 없고 재결에만 있는 재결청의 권한 또는 구성의 위법, 재결의 절차나 형식의 위법, 내용의 위법 등을 뜻하고, 그 중 내용의 위법에는 위법·부당하게 인용재결을 한 경우가 해당한다.

[2] 행정처분의 상대방이 아닌 제3자는 일반적으로 처분이 있는 것을 바로 알 수 있는 처지에 있지 아니하므로 처분이 있은 날로부터 180일이 경과하더라도 특별한 사유가 없는 한 구 행정심판법(1995.12.6. 법률 제5000호로 개정되기 전의 것) 제18조 제3항 단서 소정의 정당한 사유가 있는 것으로 보아 심판청구가 가능하다고 할 것이나, 그 제3자가 어떤 경위로든 행정처분이 있음을 알았거나 쉽게 알 수 있는 등 행정심판법 제18조 제1항 소정의 심판청구기간 내에 심판청구가 가능하였다는 사정이 있는 경우에는 그 때로부터 60일 이내에 행정심판을 청구하여야 한다.

[3] 행정처분의 상대방이 아닌 제3자가 당해 처분이 있음을 알았거나 쉽게 알 수 있었다고 보여지는 날로부터 60일이 지나서 제기한 심판청구를 부적법하다고 한 사례.

(대법원 1997.9.12. 선고 96누14661 판결【공장설립변경신고수리취소처분취소】)

第19條【取消訴訟의 대상】

▶ 취소의 범위

1. 세액의 산출과정에 잘못이 있어 과세처분이 위법한 경우 취소의 범위

가. '거주자가 문을 열어 주지 않아 감정을 못하였다'는 점은 납득할 만한 감정불능의 사유라고 볼 수 없어 이것만으로 시가를 산정할 수 없다는 점이 입증되었다고 보기 어렵고, 따라서 구 상속세법(1988.12.26. 법률 제4022호로 개정되기 전의 것) 제9조 제2항과 같은법시행령(1990.12.31. 대통령령 제13196호로 개정되기 전의 것) 제5조 제1항, 같은법시행령(1990.5.1. 대통령령 제12993호로 개정되기 전의 것) 제2항 제1호 소정의 보충적 평가방법에 의하여 상속재산가액을 평가하기 위한 요건인 "상속세부과 당시의 시가를 산정하기 어렵다"는 점이 입증되었다고 보기 어렵다고 한 사례.

나. 과세처분취소소송에 있어 처분의 적법 여부는 정당한 세액을 초과하느냐의 여부에 따라 판단되는 것으로서, 당사자는 사실심 변론종결시까지 객관적인 조세채무액을 뒷받침하는 주장과 자료를 제출할 수 있고, 이러한 자료에 의하여 적법하게 부과될 정당한 세액이 산출되는 때에는 그 정당한 세액을 초과하는 부분만 취소하여야 할 것이고 전부를 취소할 것이 아니지만, 상속재산 일부에 대하여도 적법한 가액평가의 자료가 없어서 정당한 상속세액을 산출할수 없는

경우에는 과세처분 전부를 취소할 수밖에 없다.

다. 구 상속세법 제9조 제2항 소정의 "상속세부과 당시의 가액"이라 함은 상속세부과의 제척기간 내에서 징세의 편의에 따라 임의적으로 선택하여 현실적으로 상속세를 부과하는 때의 가액을 의미하는 것이 아니라 과세관청이 상속재산이 있음을 알고 상속세를 부과할 수 있을 때의 가액을 의미한다.

(대법원 1992.7.24. 선고 92누4840 판결【상속세등부과처분취소】)

▶ 재결취소소송

2. '재결 자체에 고유한 위법'의 의미

[1] 행정소송법 제19조에서 말하는 '재결 자체에 고유한 위법'이란 원처분에는 없고 재결에만 있는 재결청의 권한 또는 구성의 위법, 재결의 절차나 형식의 위법, 내용의 위법 등을 뜻하고, 그 중 내용의 위법에는 위법·부당하게 인용재결을 한 경우가 해당한다.

[2] 행정처분의 상대방이 아닌 제3자는 일반적으로 처분이 있는 것을 바로 알 수 있는 처지에 있지 아니하므로 처분이 있은 날로부터 180일이 경과하더라도 특별한 사유가 없는 한 구 행정심판법(1995.12.6. 법률 제5000호로 개정되기 전의 것) 제18조 제3항 단서 소정의 정당한 사유가 있는 것으로 보아 심판청구가 가능하다고 할 것이나, 그 제3자가 어떤 경위로든 행정처분이 있음을 알았거나 쉽게 알 수 있는 등 행정심판법 제18조 제1항 소정의 심판청구기간 내에 심판청구가 가능하였다는 사정이 있는 경우에는 그 때로부터 60일 이내에 행정심판을 청구하여야 한다.

[3] 행정처분의 상대방이 아닌 제3자가 당해 처분이 있음을 알았거나 쉽게 알 수 있었다고 보여지는 날로부터 60일이 지나서 제기한 심판청구를 부적법하다고 한 사례.

(대법원 1997.9.12. 선고 96누14661 판결【공장설립변경신고수리취소처분취소】)

3. 재결취소송에 있어 재결자체에 고유한 위법이 없는 경우 법원이 취할 조치

가. 행정소송법 제19조는 취소소송은 행정청의 원처분을 대상으로 하되(원처분주의), 다만 "재결 자체에 고유한 위법이 있음을 이유로 하는 경우"에 한하여 행정심판의 재결도 취소소송의 대상으로 삼을 수 있도록 규정하고 있으므로 재결취소소송의 경우 재결 자체에 고유한 위법이 있는지 여부를 심리할 것이고,

재결 자체에 고유한 위법이 없는 경우에는 원처분의 당부와는 상관없이 당해 재결취소소송은 이를 기각하여야 한다.

나. 행정심판법 제39조가 심판청구에 대한 재결에 대하여 다시 심판청구를 제기할 수 없도록 규정하고 있으므로, 이 재결에 대하여는 바로 취소소송을 제기할 수 있다.

(대법원 1994.1.25. 선고 93누16901 판결【투전기영업허가거부처분취소】)

4. 행정심판청구에 대한 재결에 대한 전심절차 요구(소극)

가. 행정소송법 제19조는 취소소송은 행정청의 원처분을 대상으로 하되(원처분주의), 다만 "재결 자체에 고유한 위법이 있음을 이유로 하는 경우"에 한하여 행정심판의 재결도 취소소송의 대상으로 삼을 수 있도록 규정하고 있으므로 재결취소소송의 경우 재결 자체에 고유한 위법이 있는지 여부를 심리할 것이고, 재결 자체에 고유한 위법이 없는 경우에는 원처분의 당부와는 상관없이 당해 재결취소소송은 이를 기각하여야 한다.

나. 행정심판법 제39조가 심판청구에 대한 재결에 대하여 다시 심판청구를 제기할 수 없도록 규정하고 있으므로, 이 재결에 대하여는 바로 취소소송을 제기할 수 있다.

(대법원 1994.1.25. 선고 93누16901 판결【투전기영업허가거부처분취소】)

5. 적법한 행정심판청구를 각하한 재결

[1] 구 자연공원법(1995.12.30. 법률 제5122호로 개정되기 전의 것), 같은법시행령(1996.7.1. 대통령령 제15106호로 개정되기 전의 것), 같은법시행규칙(1996.7.3. 내무부령 제687호로 개정되기 전의 것), 그리고 구 환경영향평가법(1999.12.31. 법률 제6095호 환경·교통·재해등에관한영향평가법 부칙 제2조로 폐지), 같은법시행령(2000.12.30. 대통령령 제17089호 환경·교통·재해등에관한영향평가법시행령 부칙 제2조로 폐지)의 각 관련 규정에 의하면, 국립공원 집단시설지구개발사업의 조성면적이 10만m2 이상인 경우에는 환경영향평가대상사업에 해당하므로 환경부장관이 집단시설지구내 시설물기본설계 변경승인처분 등을 함에 있어서는 반드시 자연공원법령 및 환경영향평가법령 소정의 환경영향평가를 거쳐서 그 환경영향평가의 협의내용을 사업계획에 반영시키도록 하여야 하므로 자연공원법령뿐 아니라, 환경영향평가법령도 위 변경승인처분 등에 직접적인 영향을 미치는 근거 법령이 된다고 볼 수밖에 없고, 환경영향평가에 관한 위 자연공원법령 및 환경영향평가법령상

의 관련 규정의 취지는 집단시설지구개발사업으로 인하여 직접적이고 중대한 환경피해를 입으리라고 예상되는 환경영향평가대상지역 안의 주민들이 개발 전과 비교하여 수인한도를 넘는 환경침해를 받지 아니하고 쾌적한 환경에서 생활할 수 있는 개별적 이익까지도 이를 보호하려는 데에 있다 할 것이므로, 위 주민들이 위 변경승인처분과 관련하여 갖고 있는 위와 같은 환경상의 이익은 주민 개개인에 대하여 개별적으로 보호되는 직접적·구체적인 이익이라고 보아야 할 것이어서, 국립공원 집단시설지구개발사업으로 인하여 직접적이고 중대한 환경피해를 입으리라고 예상되는 환경영향평가대상지역 안의 주민들이 누리고 있는 환경상의 이익이 위 변경승인처분으로 인하여 침해되거나 침해될 우려가 있는 경우에는 그 주민들에게 위 변경승인처분과 그 변경승인처분의 취소를 구하는 행정심판청구를 각하한 재결의 취소를 구할 원고적격이 있다고 보아야 한다.

[2] 자연공원사업의 시행은 국토 및 자연의 유지와 환경의 보전에 영향을 미치는 행위로서 그 공원시설기본설계 및 변경설계의 승인 여부는 사업장소의 현상과 위치 및 주위의 상황, 사업시행의 시기 및 주체의 적정성, 사업계획에 나타난 사업의 내용, 규모, 방법과 그것이 자연 및 환경에 미치는 영향 등을 종합적으로 고려하여 결정하여야 하는 일종의 재량행위에 속한다고 할 것이고, 위와 같은 재량행위에 대한 법원의 사법심사는 당해 행위가 사실오인, 비례·평등의 원칙 위배, 당해 행위의 목적 위반이나 부정한 동기 등에 근거하여 이루어짐으로써 재량권을 일탈·남용한 위법이 있는지 여부만을 심사하게 되는 것이나, 법원의 심사결과 행정청의 재량행위가 사실오인 등에 근거한 것이라고 인정된다면 이는 재량권을 일탈·남용한 것으로서 위법하여 그 취소를 면치 못한다.

[3] 국립공원 관리청이 국립공원 집단시설지구개발사업과 관련하여 그 시설물기본설계 변경승인처분을 함에 있어서 환경부장관과의 협의를 거친 이상, 환경영향평가서의 내용이 환경영향평가제도를 둔 입법 취지를 달성할 수 없을 정도로 심히 부실하다는 등의 특별한 사정이 없는 한, 공원관리청이 환경부장관의 환경영향평가에 대한 의견에 반하는 처분을 하였다고 하여 그 처분이 위법하다고 할 수는 없다고 한 사례.

[4] 행정소송법 제19조에 의하면 행정심판에 대한 재결에 대하여도 그 재결 자체에 고유한 위법이 있음을 이유로 하는 경우에는 항고소송을 제기하여 그 취소를 구할 수 있고, 여기에서 말하는 '재결 자체에 고유한 위법'이란 그 재결 자체에 주체, 절차, 형식 또는 내용상의 위법이 있는 경우를 의미하는데, 행정심판청구가 부적법하지 않음에도 각하한 재결은 심판청구인의 실체심리를 받을

권리를 박탈한 것으로서 원처분에 없는 고유한 하자가 있는 경우에 해당하고, 따라서 위 재결은 취소소송의 대상이 된다.

(대법원 2001.7.27. 선고 99두2970 판결【용화집단시설지구기본설계변경승인처분취소】)

6. 제3자가 행정심판을 청구하여 재결청이 원처분을 취소하는 형성재결을 한 경우, 원처분의 상대방이 위 재결의 취소를 구하는 것이 재결 고유의 하자를 주장하는 것인지 여부(적극)

[1] 행정심판법 제32조 제3항에 의하면 재결청은 취소심판의 청구가 이유 있다고 인정할 때에는 처분을 취소·변경하거나 처분청에게 취소·변경할 것을 명한다고 규정하고 있으므로, 행정심판 재결의 내용이 처분청에게 처분의 취소를 명하는 것이 아니라 재결청이 스스로 처분을 취소하는 것일 때에는 그 재결의 형성력에 의하여 당해 처분은 별도의 행정처분을 기다릴 것 없이 당연히 취소되어 소멸되는 것이다.

[2] 당해 의약품제조품목허가처분취소재결은 보건복지부장관이 재결청의 지위에서 스스로 제약회사에 대한 위 의약품제조품목허가처분을 취소한 이른바 형성재결임이 명백하므로, 위 회사에 대한 의약품제조품목허가처분은 당해 취소재결에 의하여 당연히 취소·소멸되었고, 그 이후에 다시 위 허가처분을 취소한 당해 처분은 당해 취소재결의 당사자가 아니어서 그 재결이 있었음을 모르고 있는 위 회사에게 위 허가처분이 취소·소멸되었음을 확인하여 알려주는 의미의 사실 또는 관념의 통지에 불과할 뿐 위 허가처분을 취소·소멸시키는 새로운 형성적 행위가 아니므로 항고소송의 대상이 되는 처분이라고 할 수 없다.

[3] 당해 사안에서와 같이 원처분의 상대방이 아닌 제3자가 행정심판을 청구하여 재결청이 원처분을 취소하는 형성재결을 한 경우에 그 원처분의 상대방은 그 재결에 대하여 항고소송을 제기할 수밖에 없고, 이 경우 재결은 원처분과 내용을 달리 하는 것이어서 재결의 취소를 구하는 것은 원처분에 없는 재결 고유의 위법을 주장하는 것이 된다.

[4] 제약회사가 보건복지부장관의 형성재결과 처분성이 결여된 취소처분 중 어느 쪽을 당해 소의 대상으로 삼은 것인지 여부가 불분명한 경우, 위 회사에게 석명을 구하여 위 회사가 그 취소를 구하는 위 장관의 행위가 어느 것인지를 확정한 후 심리를 하였어야 할 것인데도 이와 같은 조치를 취하지 아니한 원심판결에는 석명권을 불행사한 위법이 있다고 하여 파기한 사례.

(대법원 1998.4.24. 선고 97누17131 판결【의약품제조품목허가취소처분취소】)

7. 재결 자체의 효력을 다투는 소가 계속중인 경우 재결 취지에 따른 취소처분의 취소를 구하는 소송을 심리하는 법원이 그 청구의 당부를 판단할 수 있는지 여부(소극)

가. 행정심판법 제37조 제1항의 규정에 의하면 재결은 행정청을 기속하는 효력을 가지므로 재결청이 취소심판의 청구가 이유 있다고 인정하여 처분청에게 처분의 취소를 명하면 처분청으로서는 그 재결의 취지에 따라 처분을 취소하여야 하지만, 그렇다고 하여 그 재결의 취지에 따른 취소처분이 위법할 경우 그 취소처분의 상대방이 이를 항고소송으로 다툴 수 없는 것은 아니다.

나. 재결 취지에 따른 취소처분의 상대방이 재결 자체의 효력을 다투는 별소를 제기하였고 그 소송에서 판결이 확정되지 아니하였다 하여 재결의 취지에 따른 취소처분의 취소를 구하는 항고소송 사건을 심리하는 법원이 그 청구의 당부를 판단할 수 없는 것이라고 할 수 없다.

(대법원 1993.9.28. 선고 92누15093 판결【주택건설사업계획변경승인취소처분취소】)

8. 중앙토지수용위원회의 이의신청에 대한 재결을 다투는 행정소송에서 이의신청사유로 삼지 아니한 수용재결의 하자도 주장할 수 있는지 여부(적극)

가. 토지수용법 제73조 내지 제75조의2의 규정을 종합하면 토지수용에 관한 행정소송에 있어서는 중앙토지수용위원회의 이의신청에 대한 재결에 대하여 불복이 있을 때에 제기할 수 있고 수용재결은 행정소송의 대상으로 삼을 수 없다 할 것이므로 그 행정소송에서는 이의 재결 자체의 고유한 위법 사유뿐 아니라 이의신청사유로 삼지 않은 수용재결의 하자도 주장할 수 있다.

나. 기준지가가 고시된 지역 내의 토지에 대한 보상액을 산정함에 있어서는 수용대상 토지에 대하여 당해 지역 내의 지목별 등급에 따라 미리 정하여져 있는 여러 표준지 중 대상 토지와 지목 및 등급이 같은 하나의 표준지를 선정하여 그 표준지의 기준지가를 기준으로 하되 대상지역공고일 이후의 각 법령 등이 들고 있는 모든 가격산정요인들을 구체적, 종합적으로 참작하여 그 각 요인들이 빠짐없이 모두 반영된 적정가격을 산출해야 하고, 그 손실보상액을 적정하다고 하기 위하여는 처분청이 그 산정 요인들을 구체적으로 명시하여서 이를 어떠한 방법으로 참작하였는지를 객관적으로 알아 볼 수 있도록 하여야 한다.

(대법원 1991.2.12. 선고 90누288 판결【토지수용재결처분취소】)

9. 토지수용에 관한 토지수용위원회의 수용재결처분이 무효인 경우 수용재결 자체에 대한 무효확인을 소구할 수 있는지 여부(적극)

가. 토지수용에 관한 중앙 또는 지방토지수용위원회의 수용재결이 그 성질에 있어 구체적으로 일정한 법률효과의 발생을 목적으로 하는 점에서 일반의 행정처분과 전혀 다를 바 없으므로 수용재결처분이 무효인 경우에는 그 재결 자체에 대한 무효확인을 소구할 수 있다.

나. 토지수용법 제73조 내지 제75조의2의 각 규정과 관련하여, 중앙 또는 지방토지수용위원회의 수용재결에 대하여 불복이 있는 자는 중앙토지수용위원회에 이의신청을 하고, 중앙토지수용위원회의 이의재결에도 불복이 있으면 수용재결이 아닌 이의재결을 대상으로 행정소송을 제기하도록 해석·적용한 것은 어디까지나 토지수용에 관한 재결이 위법 부당함을 이유로 그 취소를 소구하는 경우에 한하는 것이지, 수용재결 자체가 당연무효라 하여 그 무효확인을 구하는 경우에까지 그와 같이 해석할 수는 없다.

(대법원 1993.1.19. 선고 91누8050 전원합의체 판결【토지수용재결처분취소】)

10. 재심결정에 사실오인 또는 재량권남용 일탈의 위법이 있다는 주장이 재심결정 취소사유가 되는지 여부(소극)

국공립학교교원에 대한 징계 등 불리한 처분은 행정처분이므로 국공립학교교원이 징계 등 불리한 처분에 대하여 불복이 있으면 교원징계재심위원회에 재심청구를 하고 위 재심위원회의 재심결정에 불복이 있으면 항고소송으로 이를 다투어야 할 것인데, 이 경우 그 소송의 대상이 되는 처분은 원칙적으로 원처분청의 처분이고, 원처분이 정당한 것으로 인정되어 재심청구를 기각한 재결에 대한 항고소송은 원처분의 하자를 이유로 주장할 수는 없고 그 재결 자체에 고유한 주체·절차·형식 또는 내용상의 위법이 있는 경우에 한한다고 할 것이므로, 도교육감의 해임처분의 취소를 구하는 재심청구를 기각한 재심결정에 사실오인의 위법이 있다거나 재량권의 남용 또는 그 범위를 일탈한 것으로서 위법하다는 사유는 재심결정 자체에 고유한 위법을 주장하는 것으로 볼 수 없어 재심결정의 취소사유가 될 수 없다.

(대법원 1994.2.8. 선고 93누17874 판결【해임처분취소】)

11. 지방노동위원회의 중재회부결정에 대한 불복 가부(적극)

가. 지방노동위원회가 노동쟁의에 대하여 한 중재회부결정은, 중재에 회부된 날로부터 15일 간 쟁의행위를 금지시키고(노동쟁의조정법 제31조), 이를 위반하여 쟁의행위를 한 자에 대한 형사처벌을 할 수 있으며(같은 법 제47조), 그 금지기간 중의 쟁의행위를 부당한 쟁의행위로 보는 결과 그로 인하여 발생한 사용자의 손해에 대하여 노동조합 또는 조합원에게 배상책임을 부담시키는(같은 법 제8조 참조) 등의 법률상 효과를 발생하게 하는 행정처분이라 할 것이고, 또한 위 중재회부결정이 중재재정을 위한 선행처분에 해당한다고 보더라도 중재회부결정은 위와 같은 자체의 독립한 법률효과를 가지고 노동조합은 지방노동위원회의 중재회부결정 자체에 대하여도 불복할 수 있다.

나. 노동위원회법 제19조의2 제1항의 규정은 행정처분의 성질을 가지는 지방노동위원회의 처분에 대하여 중앙노동위원장을 상대로 행정소송을 제기할 경우의 전치요건에 관한 규정이라 할 것이므로 당사자가 지방노동위원회의 처분에 대하여 불복하기 위하여는 처분 송달일로부터 10일 이내에 중앙노동위원회에 재심을 신청하고 중앙노동위원회의 재심판정서 송달일로부터 15일 이내에 중앙노동위원장을 피고로 하여 재심판정취소의 소를 제기하여야 할 것이다.

(대법원 1995.9.15. 선고 95누6724 판결【노동쟁의중재회부결정취소】)

12. 감사원의 변상판정에 대한 행정소송 제기 가부(소극) 및 재심의 판정에 대한 행정소송 제기 가부(적극)

감사원의 변상판정처분에 대하여서는 행정소송을 제기할 수 없고, 재결에 해당하는 재심의 판정에 대하여서만 감사원을 피고로 하여 행정소송을 제기할 수 있다.

(대법원 1984.4.10. 선고 84누91 판결【변상판정처분취소】)

第20條【提訴】

1. 제소기간의 준수여부가 직권조사사항인지 여부

제소기간이 지켜졌는가의 여부는 소송요건으로서 법원의 직권조사사항에 속하며 소송요건의 존부를 명백히 한 다음 본안판결을 하여야 할 것이므로 본안의 심리에 들어갔다 하여 소송요건의 흠결을 덮어둘 수는 없다.

(대법원 1987.1.20. 선고 86누490 판결【양도소득세부과처분취소】)

2. 제소기간의 법적 성질

[1] 행정소송법 제20조 제1항, 제3항에서 말하는 "취소소송은 처분 등이 있음을 안 날부터 90일 이내에 제기하여야 한다."는 제소기간은 불변기간이고, 다만 당사자가 책임질 수 없는 사유로 인하여 이를 준수할 수 없었던 경우에는 같은 법 제8조에 의하여 준용되는 민사소송법 제160조 제1항에 의하여 그 사유가 없어진 후 2주일 내에 해태된 제소행위를 추완할 수 있다고 할 것이며, 여기서 당사자가 책임질 수 없는 사유란 당사자가 그 소송행위를 하기 위하여 일반적으로 하여야 할 주의를 다하였음에도 불구하고 그 기간을 준수할 수 없었던 사유를 말한다.

[2] 행정청이 법정 심판청구기간보다 긴 기간으로 잘못 알린 경우에 그 잘못 알린 기간 내에 심판청구가 있으면 그 심판청구는 법정 심판청구기간 내에 제기된 것으로 본다는 취지의 행정심판법 제18조 제5항의 규정은 행정심판 제기에 관하여 적용되는 규정이지, 행정소송 제기에도 당연히 적용되는 규정이라고 할 수는 없다.

[3] 행정심판과 행정소송은 그 성질, 불복사유, 제기기간, 판단기관 등에서 본질적인 차이점이 있고, 임의적 전치주의는 당사자가 행정심판과 행정소송의 유·불리를 스스로 판단하여 행정심판을 거칠지 여부를 선택할 수 있도록 한 취지에 불과하므로 어느 쟁송 형태를 취한 이상 그 쟁송에는 그에 관련된 법률 규정만이 적용될 것이지 두 쟁송 형태에 관련된 규정을 통틀어 당사자에게 유리한 규정만이 적용된다고 할 수는 없으며, 행정처분시나 그 이후 행정청으로부터 행정심판 제기기간에 관하여 법정 심판청구기간보다 긴 기간으로 잘못 통지받은 경우에 보호할 신뢰 이익은 그 통지받은 기간 내에 행정심판을 제기한 경우에 한하는 것이지 행정소송을 제기한 경우에까지 확대된다고 할 수 없으므로, 당사자가 행정처분시나 그 이후 행정청으로부터 행정심판 제기기간에 관하여 법정 심판청구기간보다 긴 기간으로 잘못 통지받아 행정소송법상 법정 제소기간을 도과하였다고 하더라도, 그것이 당사자가 책임질 수 없는 사유로 인한 것이라고 할 수는 없다.

(대법원 2001.5.8. 선고 2000두6916 판결【배출부과금부과처분취소】)

3. 과세관청이 감액경정결정을 한 경우 제소기간 준수여부의 판단기준

가. 과세관청이 조세부과처분을 한 뒤에 그 불복절차과정에서 국세청장이나 국세심판소장으로부터 그 일부를 취소하도록 하는 결정을 받고 이에 따라 당초 부과처분의 일부를 취소, 감액하는 내용의 경정결정을 한 경우 위 경정처분은 당초 부과처분과 별개 독립의 과세처분이 아니라 그 실질은 당초 부과처분의 변경이고, 그에 의하여 세액의 일부 취소라는 납세자에게 유리한 효과를 가져오는 처분이라 할 것이므로 그 경정결정으로도 아직 취소되지 않고 남아 있는 부분이 위법하다고 하여 다투는 경우에는 항고소송의 대상이 되는 것은 당초의 부과처분 중 경정결정에 의하여 취소되지 않고 남은 부분이 된다 할 것이고, 경정결정이 항고소송의 대상이 되는 것은 아니라 할 것이므로, 이 경우 제소기간을 준수하였는지 여부도 당초처분을 기준으로 하여 판단하여야 할 것이다.

나. 과세관청이 양도소득세의 과세표준을 산출함에 있어서 양도차익에서 양도소득특별공제액을 공제하지 아니한 잘못이 있다 하더라도 그 과세처분이 당연무효의 처분이 될 수는 없다.

(대법원 1991.9.13. 선고 91누391 판결【양도소득세등부과처분취소】)

4. 무효확인소송에서 제소기간 제한규정의 적용 여부(소극)

가. 과세처분에 관한 납세고지서의 송달이 국세기본법 제8조 제1항의 규정에 위배되는 부적법한 것으로서 송달의 효력이 발생하지 아니하는 이상, 그 과세처분은 무효이다.

나. 과세처분의 무효확인청구소송에서는 이른바 제소기간의 제한에 관한 규정은 적용되지 아니한다.

(대법원 1995.8.22. 선고 95누3909 판결【종합소득세부과처분취소】)

5. 무효선언을 구하는 취지의 취소소송과 제소기간

가. 행정처분의 당연무효를 선언하는 의미에서 취소를 구하는 행정소송을 제기한 경우에도 제소기간의 준수 등 취소소송의 제소요건을 갖추어야 한다.

나. 취소소송의 제소기간을 도과한 부적법한 청구에 대하여 본안판결을 한 원심판결을 파기자판하여 소를 각하한 사례.

(대법원 1993.3.12. 선고 92누11039 판결【토지수용재결처분취소】)

6. 행정심판청구기간에 관한 행정심판법 18조 5항의 규정이 행정소송에도 당연히 적용되는지 여부(소극)

[1] 행정소송법 제20조 제1항, 제3항에서 말하는 "취소소송은 처분 등이 있음을 안 날부터 90일 이내에 제기하여야 한다."는 제소기간은 불변기간이고, 다만 당사자가 책임질 수 없는 사유로 인하여 이를 준수할 수 없었던 경우에는 같은 법 제8조에 의하여 준용되는 민사소송법 제160조 제1항에 의하여 그 사유가 없어진 후 2주일 내에 해태된 제소행위를 추완할 수 있다고 할 것이며, 여기서 당사자가 책임질 수 없는 사유란 당사자가 그 소송행위를 하기 위하여 일반적으로 하여야 할 주의를 다하였음에도 불구하고 그 기간을 준수할 수 없었던 사유를 말한다.

[2] 행정청이 법정 심판청구기간보다 긴 기간으로 잘못 알린 경우에 그 잘못 알린 기간 내에 심판청구가 있으면 그 심판청구는 법정 심판청구기간 내에 제기된 것으로 본다는 취지의 행정심판법 제18조 제5항의 규정은 행정심판 제기에 관하여 적용되는 규정이지, 행정소송 제기에도 당연히 적용되는 규정이라고 할 수는 없다.

[3] 행정심판과 행정소송은 그 성질, 불복사유, 제기기간, 판단기관 등에서 본질적인 차이점이 있고, 임의적 전치주의는 당사자가 행정심판과 행정소송의 유·불리를 스스로 판단하여 행정심판을 거칠지 여부를 선택할 수 있도록 한 취지에 불과하므로 어느 쟁송 형태를 취한 이상 그 쟁송에는 그에 관련된 법률 규정만이 적용될 것이지 두 쟁송 형태에 관련된 규정을 통틀어 당사자에게 유리한 규정만이 적용된다고 할 수는 없으며, 행정처분시나 그 이후 행정청으로부터 행정심판 제기기간에 관하여 법정 심판청구기간보다 긴 기간으로 잘못 통지받은 경우에 보호할 신뢰 이익은 그 통지받은 기간 내에 행정심판을 제기한 경우에 한하는 것이지 행정소송을 제기한 경우에까지 확대된다고 할 수 없으므로, 당사자가 행정처분시나 그 이후 행정청으로부터 행정심판 제기기간에 관하여 법정 심판청구기간보다 긴 기간으로 잘못 통지받아 행정소송법상 법정 제소기간을 도과하였다고 하더라도, 그것이 당사자가 책임질 수 없는 사유로 인한 것이라고 할 수는 없다.

(대법원 2001.5.8. 선고 2000두6916 판결【배출부과금부과처분취소】)

7. 행정심판법 18조 6항이 행정소송의 제기에도 당연히 유추적용되는지 여

부(소극)

행정심판법 18조 6항에 의하면 행정청이 심판청구기간을 알리지 아니한 때에는 같은 조 제3항의 기간, 즉 처분이 있은 날로부터 180일 이내에 심판청구를 할 수 있다고 규정되어 있지만, 이러한 규정은 행정심판 제기에 관하여 적용되는 규정이지, 행정소송의 제기에도 당연히 유추적용되는 규정이라고 할 수는 없다.

(대법원 2008.6.12. 선고 2007두16875)

8. 취소소송에 있어서 소의 변경이 있는 경우, 새로운 소에 대한 제소기간 준수 여부의 기준시점(=소 변경시)

[1] 취소소송은 처분 등이 있음을 안 날부터 90일 이내에 제기하여야 하고, 처분 등이 있은 날부터 1년을 경과하면 제기하지 못하며(행정소송법 제20조 제1항, 제2항), 청구취지를 변경하여 구 소가 취하되고 새로운 소가 제기된 것으로 변경되었을 때에 새로운 소에 대한 제소기간의 준수 등은 원칙적으로 소의 변경이 있은 때를 기준으로 하여야 한다.

[2] 일반적으로 행정처분에 효력기간이 정하여져 있는 경우에는 그 기간의 경과로 그 행정처분의 효력은 상실되며, 다만 허가에 붙은 기한이 그 허가된 사업의 성질상 부당하게 짧은 경우에는 이를 그 허가 자체의 존속기간이 아니라 그 허가조건의 존속기간으로 보아 그 기한이 도래함으로써 그 조건의 개정을 고려한다는 뜻으로 해석할 수 있다.

[3] 사도개설허가에서 정해진 공사기간 내에 사도로 준공검사를 받지 못한 경우, 이 공사기간을 사도개설허가 자체의 존속기간(유효기간)으로 볼 수 없다는 이유로 사도개설허가가 당연히 실효되는 것은 아니라고 한 사례.

(대법원 2004.11.25. 선고 2004두7023 판결【사도개설허가취소신청거부처분취소】)

9. 행정청이 영업자에게 행정제재처분을 한 후 당초 처분을 영업자에게 유리하게 변경하는 처분을 한 경우, 취소소송의 대상 및 제소기간 판단기준이 되는 처분

행정청이 식품위생법령에 따라 영업자에게 행정제재처분을 한 후 그 처분을 영업자에게 유리하게 변경하는 처분을 한 경우, 변경처분에 의하여 당초 처분은 소멸하는 것이 아니고 당초부터 유리하게 변경된 내용의 처분으로 존재하는 것이므로, 변경처분에 의하여 유리하게 변경된 내용의 행정제재가 위법하다 하여 그 취소를 구하는 경우 그 취소소송의 대상은 변경된 내용의 당초 처분이지 변경처분은 아니고, 제소기간의 준수 여부도 변경처분이 아닌 변경된 내용의 당초 처분을 기준으로 판단하여야 한다.

(대법원 2007.4.27. 선고 2004두9302 판결【식품위생법위반과징금부과처분취소】)

10. 무효확인의 소를 제기하였다가 그 후 처분의 취소를 구하는 소를 추가적으로 병합한 경우의 제소기간의 적용

[1] 사업양도·양수에 따른 허가관청의 지위승계신고의 수리는 적법한 사업의 양도·양수가 있었음을 전제로 하는 것이므로 그 수리대상인 사업양도·양수가 존재하지 아니하거나 무효인 때에는 수리를 하였다 하더라도 그 수리는 유효한 대상이 없는 것으로서 당연히 무효라 할 것이고, 사업의 양도행위가 무효라고 주장하는 양도자는 민사쟁송으로 양도·양수행위의 무효를 구함이 없이 막바로 허가관청을 상대로 하여 행정소송으로 위 신고수리처분의 무효확인을 구할 법률상 이익이 있다.

[2] 하자 있는 행정처분을 놓고 이를 무효로 볼 것인지 아니면 단순히 취소할 수 있는 처분으로 볼 것인지는 동일한 사실관계를 토대로 한 법률적 평가의 문제에 불과하고, 행정처분의 무효확인을 구하는 소에는 특단의 사정이 없는 한 그 취소를 구하는 취지도 포함되어 있다고 보아야 하는 점 등에 비추어 볼 때, 동일한 행정처분에 대하여 무효확인의 소를 제기하였다가 그 후 그 처분의 취소를 구하는 소를 추가적으로 병합한 경우, 주된 청구인 무효확인의 소가 적법한 제소기간 내에 제기되었다면 추가로 병합된 취소청구의 소도 적법하게 제기된 것으로 봄이 상당하다.

(대법원 2005.12.23. 선고 2005두3554 판결【채석허가수허가자변경신고수리처분취소】)

11. 위헌결정으로 인하여 비로소 취소소송을 제기할 수 있게 된 경우와 제소기간의 기산점

[1] 헌법재판소의 위헌결정으로 교원만이 교원소청심사위원회의 결정에 대하여 소송을 제기할 수 있도록 하였던 구 교원지위향상을 위한 특별법(2007.5.11. 법률 제8414호로 개정되기 전의 것) 제10조 제3항이 효력을 상실함에 따라 위헌결정 후 개정된 법률이 시행되기 전에라도 학교법인 등 교원소청심사위원회의 결정에 대하여 그 취소를 구할 법률상 이익이 있는 자는 교원이 아니더라도 행정

소송법 제12조에 의하여 취소소송을 제기할 수 있게 되었고, 헌법소원심판청구의 직접적 계기가 된 법률관계에 대하여는 심판청구를 인용하여 선고된 위헌결정의 효력이 미친다고 할 것이므로, 헌법소원심판청구의 직접적 계기가 된 당해 결정에 대하여는 그 결정이 위헌결정 이전에 있었다고 하더라도 위헌결정의 효력이 미친다.

[2] 행정소송법 제20조가 제소기간을 규정하면서 '처분 등이 있은 날' 또는 '처분 등이 있음을 안 날'을 각 제소기간의 기산점으로 삼은 것은 그때 비로소 적법한 취소소송을 제기할 객관적 또는 주관적 여지가 발생하기 때문이므로, 처분 당시에는 취소소송의 제기가 법제상 허용되지 않아 소송을 제기할 수 없다가 위헌결정으로 인하여 비로소 취소소송을 제기할 수 있게 된 경우, 객관적으로는 '위헌결정이 있은 날', 주관적으로는 '위헌결정이 있음을 안 날' 비로소 취소소송을 제기할 수 있게 되어 이때를 제소기간의 기산점으로 삼아야 한다.

[3] 사립학교 교원에게 징계사유가 있어 징계처분을 하는 경우 어떠한 처분을 할 것인가는 원칙적으로 징계권자의 재량에 맡겨 있으므로 그 징계처분이 위법하다고 하기 위하여서는 징계권자가 재량권을 행사하여 한 징계처분이 사회통념상 현저하게 타당성을 잃어 징계권자에게 맡긴 재량권을 남용한 것이라고 인정되는 경우에 한하고, 그 징계처분이 사회통념상 현저하게 타당성을 잃은 처분이라고 하려면 구체적인 사례에 따라 직무의 특성, 징계의 사유가 된 비위사실의 내용과 성질 및 징계에 의하여 이루고자 하는 목적과 그에 수반되는 제반 사정을 참작하여 객관적으로 명백히 부당하다고 인정되는 경우라야 한다.

(대법원 2008.2.1. 선고 2007두20997 판결【교원소청심사위원회결정취소】)

12. 부작위위법확인의 소의 제소기간

[1] 4급 공무원이 당해 지방자치단체 인사위원회의 심의를 거쳐 3급 승진대상자로 결정되고 임용권자가 그 사실을 대내외에 공표까지 하였다면, 그 공무원은 승진임용에 관한 법률상 이익을 가진 자로서 임용권자에 대하여 3급 승진임용을 신청할 조리상의 권리가 있고, 이러한 공무원으로부터 소청심사청구를 통해 승진임용신청을 받은 행정청으로서는 상당한 기간 내에 그 신청을 인용하는 적극적 처분을 하거나 각하 또는 기각하는 등의 소극적 처분을 하여야 할 법률상의 응답의무가 있다. 그럼에도, 행정청이 위와 같은 권리자의 신청에 대해 아무런 적극적 또는 소극적 처분을 하지 않고 있다면 그러한 행정청의 부작위는 그 자체로 위법하다.

[2] 부작위위법확인의 소는 부작위상태가 계속되는 한 그 위법의 확인을 구할 이익이 있다고 보아야 하므로 원칙적으로 제소기간의 제한을 받지 않는다. 그러나 행정소송법 제38조 제2항이 제소기간을 규정한 같은 법 제20조를 부작위위법확인소송에 준용하고 있는 점에 비추어 보면, 행정심판 등 전심절차를 거친 경우에는 행정소송법 제20조가 정한 제소기간 내에 부작위위법확인의 소를 제기하여야 한다.

[3] 당사자가 동일한 신청에 대하여 부작위위법확인의 소를 제기하였으나 그 후 소극적 처분이 있다고 보아 처분취소소송으로 소를 교환적으로 변경한 후 여기에 부작위위법확인의 소를 추가적으로 병합한 경우, 최초의 부작위위법확인의 소가 적법한 제소기간 내에 제기된 이상 그 후 처분취소소송으로의 교환적 변경과 처분취소소송에의 추가적 변경 등의 과정을 거쳤다고 하더라도 여전히 제소기간을 준수한 것으로 봄이 상당하다.

(대법원 2009.7.23. 선고 2008두10560 판결【부작위위법확인의소】)

13. 부작위 위법확인의 소를 처분취소소송으로 변경한 후 부작위위법확인의 소를 추가적으로 병합한 경우와 제소기간의 준수 여부

[1] 4급 공무원이 당해 지방자치단체 인사위원회의 심의를 거쳐 3급 승진대상자로 결정되고 임용권자가 그 사실을 대내외에 공표까지 하였다면, 그 공무원은 승진임용에 관한 법률상 이익을 가진 자로서 임용권자에 대하여 3급 승진임용을 신청할 조리상의 권리가 있고, 이러한 공무원으로부터 소청심사청구를 통해 승진임용신청을 받은 행정청으로서는 상당한 기간 내에 그 신청을 인용하는 적극적 처분을 하거나 각하 또는 기각하는 등의 소극적 처분을 하여야 할 법률상의 응답의무가 있다. 그럼에도, 행정청이 위와 같은 권리자의 신청에 대해 아무런 적극적 또는 소극적 처분을 하지 않고 있다면 그러한 행정청의 부작위는 그 자체로 위법하다.

[2] 부작위위법확인의 소는 부작위상태가 계속되는 한 그 위법의 확인을 구할 이익이 있다고 보아야 하므로 원칙적으로 제소기간의 제한을 받지 않는다. 그러나 행정소송법 제38조 제2항이 제소기간을 규정한 같은 법 제20조를 부작위위법확인소송에 준용하고 있는 점에 비추어 보면, 행정심판 등 전심절차를 거친 경우에는 행정소송법 제20조가 정한 제소기간 내에 부작위위법확인의 소를 제기하여야 한다.

[3] 당사자가 동일한 신청에 대하여 부작위위법확인의 소를 제기하였으나 그

후 소극적 처분이 있다고 보아 처분취소소송으로 소를 교환적으로 변경한 후 여기에 부작위위법확인의 소를 추가적으로 병합한 경우, 최초의 부작위위법확인의 소가 적법한 제소기간 내에 제기된 이상 그 후 처분취소소송으로의 교환적 변경과 처분취소소송에의 추가적 변경 등의 과정을 거쳤다고 하더라도 여전히 제소기간을 준수한 것으로 봄이 상당하다.

(대법원 2009.7.23. 선고 2008두10560 판결【부작위위법확인의소】)

▶ 처분이 있음을 안 날

14. 처분이 있음을 안 날의 의미

가. 행정심판전치주의에 대한 예외사유에 해당하는 때에는 행정심판에 대한 재결서의 송달이란 있을 수 없는 것이므로 그러한 때에는 행정처분의 상대방이 아닌 제3자가 제기하는 경우라도 그에 대한 취소소송은 행정소송법 제20조 제2항에 의해 정당한 사유가 있음을 증명하지 못하는 한 그 대상인 처분이 있는 것을 안 날로부터 180일, 처분이 있는 날로부터 1년 이내에 제기하지 않으면 안된다.

나. 행정소송법 제20조 제2항 소정의 제소기간 기산점인 "처분이 있음을 안 날"이란 통지, 공고 기타의 방법에 의하여 당해 처분이 있었다는 사실을 현실적으로 안 날을 의미하고 구체적으로 그 행정처분의 위법 여부를 판단한 날을 가리키는 것은 아니다.

다. 행정소송법 제20조 제2항 소정의 "정당한 사유"란 불확정 개념으로서 그 존부는 사안에 따라 개별적, 구체적으로 판단하여야 하나 민사소송법 제160조의 "당사자가 그 책임을 질 수 없는 사유"나 행정심판법 제18조 제2항 소정의 "천재, 지변, 전재, 사변 그 밖에 불가항력적인 사유"보다는 넓은 개념이라고 풀이되므로, 제소기간도과의 원인 등 여러 사정을 종합하여 지연된 제소를 허용하는 것이 사회통념상 상당하다고 할 수 있는가에 의하여 판단하여야 한다.

라. 원고 회사가 자동차운송사업면허조건을 위반하여 위장직영을 하였음을 이유로 피고 시장이 지입차주들에 대하여 각 지입차량에 대한 개별운송사업면허처분을 함과 동시에 원고 회사에 대하여 위 지입차량에 대한 감차처분을 하자 원고가 위 감차처분에 대한 행정심판을 청구하여 청구기각의 재결이 있은 후, 다시 원고가 위 지입차주들에 대한 면허처분일부터 180일이 지난 뒤에 위 면허처분취소소송을 제기한 경우, 위 면허처분과 감차처분은 행정소송법 제18조 제3항 제2호 소정의 서로 내용상 관련되는 처분 또는 같은 목적을 위하여 단계

적으로 진행되는 처분이라고 할 것이므로, 원고가 위 면허처분취소소송을 제기함에 있어 다시 행정심판을 제기할 필요가 없는데, 원고는 위 감차처분 당시 위 지입차주들에 대한 면허처분이 있었음을 알았다고 보여지므로 행정소송법 제20조 제2항의 규정에 의해 위 면허처분취소의 소는 부적법하다고 할 것이다.

마. 위 “라”항의 경우 원고가 위장직영을 하였음을 이유로 한 자동차운수사업법위반죄 약식명령에 대하여 정식재판을 청구하고 그 판결을 기다리고 있었다는 사정은 행정소송법 제20조 제2항 소정의 정당한 사유에 해당한다고 볼 수 없다고 한 사례.

(대법원 1991.6.28. 선고 90누6521 판결【개별용달운송사업면허취소】)

15. 고시 또는 공고에 의한 행정처분의 경우, 행정처분이 있음을 안 날

[1] 구 청소년보호법(2001.5.24. 법률 제6479호로 개정되기 전의 것)에 따른 청소년유해매체물 결정 및 고시처분은 당해 유해매체물의 소유자 등 특정인만을 대상으로 한 행정처분이 아니라 일반 불특정 다수인을 상대방으로 하여 일률적으로 표시의무, 포장의무, 청소년에 대한 판매·대여 등의 금지의무 등 각종 의무를 발생시키는 행정처분으로서, 정보통신윤리위원회가 특정 인터넷 웹사이트를 청소년유해매체물로 결정하고 청소년보호위원회가 효력발생시기를 명시하여 고시함으로써 그 명시된 시점에 효력이 발생하였다고 봄이 상당하고, 정보통신윤리위원회와 청소년보호위원회가 위 처분이 있었음을 위 웹사이트 운영자에게 제대로 통지하지 아니하였다고 하여 그 효력 자체가 발생하지 아니한 것으로 볼 수는 없다.

[2] 하자 있는 행정처분이 당연무효로 되려면 그 하자가 법규의 중요한 부분을 위반한 중대한 것이어야 할 뿐 아니라 객관적으로 명백한 것이어야 하고, 행정청이 위헌이거나 위법하여 무효인 시행령을 적용하여 한 행정처분이 당연무효로 되려면 그 규정이 행정처분의 중요한 부분에 관한 것이어서 결과적으로 그에 따른 행정처분의 중요한 부분에 하자가 있는 것으로 귀착되고, 또한 그 규정의 위헌성 또는 위법성이 객관적으로 명백하여 그에 따른 행정처분의 하자가 객관적으로 명백한 것으로 귀착되어야 하는바, 일반적으로 시행령이 헌법이나 법률에 위반된다는 사정은 그 시행령의 규정을 위헌 또는 위법하여 무효라고 선언한 대법원의 판결이 선고되지 아니한 상태에서는 그 시행령 규정의 위헌 내지 위법 여부가 해석상 다툼의 여지가 없을 정도로 명백하였다고 인정되지 아니하는 이상 객관적으로 명백한 것이라 할 수 없으므로, 이러한 시행령에 근

거한 행정처분의 하자는 취소사유에 해당할 뿐 무효사유가 되지 아니한다.

[3] 구 청소년보호법(2001.5.24. 법률 제6479호로 개정되기 전의 것) 제10조 제3항의 위임에 따라 같은 법 시행령(2001.8.25. 대통령령 제17344호로 개정되기 전의 것) 제7조와 [별표 1]의 제2호 (다)목은 '동성애를 조장하는 것'을 청소년유해매체물 개별 심의기준의 하나로 규정하고 있는바, 현재까지 위 시행령 규정에 관하여 이를 위헌이거나 위법하여 무효라고 선언한 대법원의 판결이 선고된 바는 없는 점, 한편 동성애에 관하여는 이를 이성애와 같은 정상적인 성적 지향의 하나로 보아야 한다는 주장이 있는 반면 이성간의 성적 결합과 이를 기초로 한 혼인 및 가족생활을 정상적인 것으로 간주하는 전통적인 성에 대한 관념 및 시각에 비추어 이를 사회통념상 허용되지 않는 것으로 보는 견해도 있는 점, 동성애를 유해한 것으로 취급하여 그에 관한 정보의 생산과 유포를 규제하는 경우 성적 소수자인 동성애자들의 인격권·행복추구권에 속하는 성적 자기결정권 및 알 권리, 표현의 자유, 평등권 등 헌법상 기본권을 제한할 우려가 있다는 견해도 있으나, 또한 동성애자가 아닌 다수의 청소년들에 있어서는 동성애에 관한 정보의 제공이 성적 자기정체성에 대한 진지한 성찰의 계기를 제공하는 것이 아니라 성적 상상이나 호기심을 불필요하게 부추기거나 조장하는 부작용을 야기하여 인격형성에 지장을 초래할 우려 역시 부정할 수 없다 할 것인 점 등에 비추어 보면, 이 사건 청소년유해매체물 결정 및 고시처분 당시 위 시행령의 규정이 헌법이나 모법에 위반되는 것인지 여부가 해석상 다툼의 여지가 없을 정도로 객관적으로 명백하였다고 단정할 수 없고, 따라서 위 시행령의 규정에 따른 위 처분의 하자가 객관적으로 명백하다고 볼 수 없다.

[4] 통상 고시 또는 공고에 의하여 행정처분을 하는 경우에는 그 처분의 상대방이 불특정 다수인이고 그 처분의 효력이 불특정 다수인에게 일률적으로 적용되는 것이므로, 그 행정처분에 이해관계를 갖는 자가 고시 또는 공고가 있었다는 사실을 현실적으로 알았는지 여부에 관계없이 고시가 효력을 발생하는 날 행정처분이 있음을 알았다고 보아야 한다.

[5] 인터넷 웹사이트에 대하여 구 청소년보호법에 따른 청소년유해매체물 결정 및 고시처분을 한 사안에서, 위 결정은 이해관계인이 고시가 있었음을 알았는지 여부에 관계없이 관보에 고시됨으로써 효력이 발생하고, 그가 위 결정을 통지받지 못하였다는 것이 제소기간을 준수하지 못한 것에 대한 정당한 사유가 될 수 없다고 한 사례.

(대법원 2007.6.14. 선고 2004두619 판결【청소년유해매체물결정및고시처분무

효확인】)

16. 특정인에 대한 행정처분을 주소불명 등의 이유로 송달할 수 없어 관보 등에 공고한 경우, 상대방이 그 처분이 있음을 안 날

행정소송법 제20조 제1항 소정의 제소기간 기산점인 '처분이 있음을 안 날'이라 함은 당사자가 통지, 공고 기타의 방법에 의하여 당해 처분이 있었다는 사실을 현실적으로 안 날을 의미하는바, 특정인에 대한 행정처분을 주소불명 등의 이유로 송달할 수 없어 관보·공보·게시판·일간신문 등에 공고한 경우에는, 공고가 효력을 발생하는 날에 상대방이 그 행정처분이 있음을 알았다고 볼 수는 없고, 상대방이 당해 처분이 있었다는 사실을 현실적으로 안 날에 그 처분이 있음을 알았다고 보아야 한다.

(대법원 2006.4.28. 선고 2005두14851 판결 【주민등록직권말소처분무효확인】)

17. 행정심판 제기기간에 관하여 잘못 통지받아 행정소송법상 법정 제소기간을 도과한 경우, 그것이 당사자가 책임질 수 없는 사유에 해당하는지 여부(소극)

[1] 행정소송법 제20조 제1항, 제3항에서 말하는 "취소소송은 처분 등이 있음을 안 날부터 90일 이내에 제기하여야 한다."는 제소기간은 불변기간이고, 다만 당사자가 책임질 수 없는 사유로 인하여 이를 준수할 수 없었던 경우에는 같은 법 제8조에 의하여 준용되는 민사소송법 제160조 제1항에 의하여 그 사유가 없어진 후 2주일 내에 해태된 제소행위를 추완할 수 있다고 할 것이며, 여기서 당사자가 책임질 수 없는 사유란 당사자가 그 소송행위를 하기 위하여 일반적으로 하여야 할 주의를 다하였음에도 불구하고 그 기간을 준수할 수 없었던 사유를 말한다.

[2] 행정청이 법정 심판청구기간보다 긴 기간으로 잘못 알린 경우에 그 잘못 알린 기간 내에 심판청구가 있으면 그 심판청구는 법정 심판청구기간 내에 제기된 것으로 본다는 취지의 행정심판법 제18조 제5항의 규정은 행정심판 제기에 관하여 적용되는 규정이지, 행정소송 제기에도 당연히 적용되는 규정이라고 할 수는 없다.

[3] 행정심판과 행정소송은 그 성질, 불복사유, 제기기간, 판단기관 등에서 본질적인 차이점이 있고, 임의적 전치주의는 당사자가 행정심판과 행정소송의 유·불리를 스스로 판단하여 행정심판을 거칠지 여부를 선택할 수 있도록 한 취지에 불과하므로 어느 쟁송 형태를 취한 이상 그 쟁송에는 그에 관련된 법률

규정만이 적용될 것이지 두 쟁송 형태에 관련된 규정을 통틀어 당사자에게 유리한 규정만이 적용된다고 할 수는 없으며, 행정처분시나 그 이후 행정청으로부터 행정심판 제기기간에 관하여 법정 심판청구기간보다 긴 기간으로 잘못 통지받은 경우에 보호할 신뢰 이익은 그 통지받은 기간 내에 행정심판을 제기한 경우에 한하는 것이지 행정소송을 제기한 경우에까지 확대된다고 할 수 없으므로, 당사자가 행정처분시나 그 이후 행정청으로부터 행정심판 제기기간에 관하여 법정 심판청구기간보다 긴 기간으로 잘못 통지받아 행정소송법상 법정 제소기간을 도과하였다고 하더라도, 그것이 당사자가 책임질 수 없는 사유로 인한 것이라고 할 수는 없다.

(대법원 2001.5.8. 선고 2000두6916 판결【배출부과금부과처분취소】)

18. 행정청이 행정심판청구를 할 수 있다고 잘못 알려 행정심판청구를 한 경우 취소소송의 제소기간 기산점(=재결서정본 송달일)

[1] 도지사가 하천구역에서의 점용료나 부당이득금 등의 징수권을 행사하는 것은 국가기관의 지위에서 수행하는 사무가 아니라 지방자치단체 자체의 사무이므로, 구 지방자치법(2006.1.11. 법률 제7846호로 개정되기 전의 것) 제95조 제2항에 따라 조례 또는 규칙에 의하여 시장·군수에게 그 권한의 위임이 가능하다.

[2] 법률이 주민의 권리의무에 관한 사항에 관하여 구체적으로 아무런 범위도 정하지 아니한 채 조례로 정하도록 포괄적으로 위임하였다고 하더라도, 행정관청의 명령과는 달라 조례도 주민의 대표기관인 지방의회의 의결로 제정되는 지방자치단체의 자주법인 만큼 지방자치단체가 법령에 위반되지 않는 범위 내에서 주민의 권리의무에 관한 사항을 조례로 제정할 수 있으므로, 구 하천법(1999.2.8. 법률 제5893호로 전문 개정되기 전의 것) 제33조 제4항이 부당이득금의 금액과 징수방법 등에 관하여 구체적으로 범위를 정하지 아니한 채 포괄적으로 조례에 위임하고 있고, 위 법률규정에 따라 지방자치단체의 하천·공유수면 점용료 및 사용료 징수조례가 부당이득금의 금액과 징수방법 등에 관하여 필요한 사항을 구체적으로 정하였다 하여, 위 법률규정이 포괄위임금지의 원칙에 반하는 것으로서 헌법에 위반된다고 볼 수 없다.

[3] 구 하천법(1999.2.8. 법률 제5893호로 전문 개정되기 전의 것) 제33조 제3항에 의한 하천점용료 상당액의 부당이득금 부과처분에 대한 행정소송의 전심절차는 특별시·광역시 또는 도의 조례에 별도의 규정이 없는 이상 구 지방자치법(2006.1.11. 법률 제7846호로 개정되기 전의 것) 제131조 소정의 이의절차이다.

[4] 행정소송법 제20조 제1항에 의하면 취소소송은 원칙적으로 처분 등이 있음을 안 날부터 90일 이내에 제기하여야 하나, 행정청이 행정심판청구를 할 수 있다고 잘못 알려 행정심판의 청구를 한 경우에는 그 제소기간은 행정심판 재결서의 정본을 송달받은 날부터 기산하여야 한다.

[5] 하천구역의 무단 점용을 이유로 부당이득금 부과처분과 가산금 징수처분을 받은 사람이 가산금 징수처분에 대하여 행정청이 안내한 전심절차를 밟지 않았다 하더라도 부당이득금 부과처분에 대하여 전심절차를 거친 이상 가산금 징수처분에 대하여도 부당이득금 부과처분과 함께 행정소송으로 다툴 수 있다.

(대법원 2006.9.8. 선고 2004두947 판결【하천무단점용에따른부당이득금부과처분무효확인】)

19. 개별공시지가에 대하여 이의가 있는 자가 행정심판을 거쳐 행정소송을 제기하는 경우 제소기간의 기산점

부동산 가격공시 및 감정평가에 관한 법률 제12조, 행정소송법 제20조 제1항, 행정심판법 제3조 제1항의 규정 내용 및 취지와 아울러 부동산 가격공시 및 감정평가에 관한 법률에 행정심판의 제기를 배제하는 명시적인 규정이 없고 부동산 가격공시 및 감정평가에 관한 법률에 따른 이의신청과 행정심판은 그 절차 및 담당 기관에 차이가 있는 점을 종합하면, 부동산 가격공시 및 감정평가에 관한 법률이 이의신청에 관하여 규정하고 있다고 하여 이를 행정심판법 제3조 제1항에서 행정심판의 제기를 배제하는 '다른 법률에 특별한 규정이 있는 경우'에 해당한다고 볼 수 없으므로, 개별공시지가에 대하여 이의가 있는 자는 곧바로 행정소송을 제기하거나 부동산 가격공시 및 감정평가에 관한 법률에 따른 이의신청과 행정심판법에 따른 행정심판청구 중 어느 하나만을 거쳐 행정소송을 제기할 수 있을 뿐 아니라, 이의신청을 하여 그 결과 통지를 받은 후 다시 행정심판을 거쳐 행정소송을 제기할 수도 있다고 보아야 하고, 이 경우 행정소송의 제소기간은 그 행정심판 재결서 정본을 송달받은 날부터 기산한다.

(대법원 2010.1.28. 선고 2008두19987 판결【개별공시지가결정처분취소】)

20. 재결청의 재조사결정에 따른 행정소송의 제소기간의 기산점

[다수의견] 이의신청 등에 대한 결정의 한 유형으로 실무상 행해지고 있는 재조사결정은 처분청으로 하여금 하나의 과세단위의 전부 또는 일부에 관하여 당해 결정에서 지적된 사항을 재조사하여 그 결과에 따라 과세표준과 세액을

경정하거나 당초 처분을 유지하는 등의 후속 처분을 하도록 하는 형식을 취하고 있다. 이에 따라 재조사결정을 통지받은 이의신청인 등은 그에 따른 후속 처분의 통지를 받은 후에야 비로소 다음 단계의 쟁송절차에서 불복할 대상과 범위를 구체적으로 특정할 수 있게 된다. 이와 같은 재조사결정의 형식과 취지, 그리고 행정심판제도의 자율적 행정통제기능 및 복잡하고 전문적·기술적 성격을 갖는 조세법률관계의 특수성 등을 감안하면, 재조사결정은 당해 결정에서 지적된 사항에 관해서는 처분청의 재조사결과를 기다려 그에 따른 후속 처분의 내용을 이의신청 등에 대한 결정의 일부분으로 삼겠다는 의사가 내포된 변형결정에 해당한다고 볼 수밖에 없다. 그렇다면 재조사결정은 처분청의 후속 처분에 의하여 그 내용이 보완됨으로써 이의신청 등에 대한 결정으로서의 효력이 발생한다고 할 것이므로, 재조사결정에 따른 심사청구기간이나 심판청구기간 또는 행정소송의 제소기간은 이의신청인 등이 후속 처분의 통지를 받은 날부터 기산된다고 봄이 타당하다.

[대법관 김영란, 대법관 양승태, 대법관 안대희의 별개의견] 재조사결정은 단지 효율적인 사건의 심리를 위하여 처분청에 재조사를 지시하는 사실상의 내부적 명령에 불과하다고 보아야 할 것이므로 그로써 이의신청 등에 대한 결정이 있었다고 할 수 없고, 후속 처분에 의하여 그 효력이 발생한다고 의제할 수도 없다. 따라서 이의신청인 등에게 재조사결정이나 후속 처분이 통지되었다고 하더라도 그 후 다시 재결청이 국세기본법에 규정된 유형의 결정을 하여 이의신청인 등에게 이를 통지할 때까지는 심사청구기간 등이 진행하지 않는다고 보아야 한다.

(대법원 2010.6.25. 선고 2007두12514 전원합의체 판결【부가가치세부과처분취소】)

▶ 처분 등이 있은 날

21. 처분 등이 있은 날의 의미

가. 행정심판을 제기하지 아니하거나 그 재결을 거치지 아니하는 사건에 대한 제소기간을 규정한 행정소송법 제20조 제2항에서 "처분이 있은 날"이라 함은 상대방이 있는 행정처분의 경우는 특별한 규정이 없는 한 의사표시의 일반적 법리에 따라 그 행정처분이 상대방에게 고지되어 효력이 발생한 날을 말한다고 할 것이다.

나. 구 유기장업법시행규칙(1984.9.22. 보건사회부령 제755호) 제9조(및 별표 2)는 부령의 형식으로 되어 있으나 그 규정의 성질과 내용이 유기장영업허가의 취소처분 등에 관한 사무처리기준 등 행정청내의 사무처리준칙을 규정한 것에 불과하므로 보건사회부장관이 관계 행정기관 및 직원에 대하여 그 직무권행사의 지침을 정하여 주기 위하여 발한 행정조직 내부에 있어서의 행정명령의 성질을 가지는 것이라고 할 것이고, 따라서 이 규칙은 행정조직 내부에서 관계 행정기관이나 직원을 구속함에 그치고 대외적으로 국민이나 법원을 구속하는 것은 아니라고 할 것이므로, 유기장영업허가취소 등의 처분이 위 규칙에서 정한 기준에 위배되었다고 하여 바로 그 처분이 위법한 것이라고는 할 수 없고, 그 처분이 적법한 것인지의 여부는 구 유기장업법의 규정과 그 취지에 적합한 것인지의 여부에 따라 판단하여야 한다.

다. 구 유기장법(1981.4.13. 법률 제3441호로 개정되기 전의 것)상 유기장의 영업허가는 대물적 허가로서 영업장소의 소재지와 유기시설 등이 영업허가의 요소를 이루는 것이므로, 영업장소에 설치되어 있던 유기시설이 모두 철거되어 허가를 받은 영업상의 기능을 더 이상 수행할 수 없게 된 경우에는, 이미 당초의 영업허가는 허가의 대상이 멸실된 경우와 마찬가지로 그 효력이 당연히 소멸되는 것이고, 또 유기장의 영업허가는 신청에 의하여 행하여지는 처분으로서 허가를 받은 자가 영업을 폐업할 경우에는 그 효력이 당연히 소멸되는 것이니, 이와 같은 경우 허가행정청의 허가취소처분은 허가가 실효되었음을 확인하는 것에 지나지 않는다고 보아야 할 것이므로, 유기장의 영업허가를 받은 자가 영업장소를 명도하고 유기시설을 모두 철거하여 매각함으로써 유기장업을 폐업하였다면 영업허가취소처분의 취소를 청구할 소의 이익이 없는 것이라고 볼 수 있다.

(대법원 1990.7.13. 선고 90누2284 판결【전자오락실영업허가취소처분취소】)

22. "정당한 사유"의 의미와 그 판단기준

가. 행정심판전치주의에 대한 예외사유에 해당하는 때에는 행정심판에 대한 재결서의 송달이란 있을 수 없는 것이므로 그러한 때에는 행정처분의 상대방이 아닌 제3자가 제기하는 경우라도 그에 대한 취소소송은 행정소송법 제20조 제2항에 의해 정당한 사유가 있음을 증명하지 못하는 한 그 대상인 처분이 있는 것을 안 날로부터 180일, 처분이 있는 날로부터 1년 이내에 제기하지 않으면 안된다.

나. 행정소송법 제20조 제2항 소정의 제소기간 기산점인 "처분이 있음을 안 날"이란 통지, 공고 기타의 방법에 의하여 당해 처분이 있었다는 사실을 현실적

으로 안 날을 의미하고 구체적으로 그 행정처분의 위법 여부를 판단한 날을 가리키는 것은 아니다.

다. 행정소송법 제20조 제2항 소정의 “정당한 사유”란 불확정 개념으로서 그 존부는 사안에 따라 개별적, 구체적으로 판단하여야 하나 민사소송법 제160조의 “당사자가 그 책임을 질 수 없는 사유”나 행정심판법 제18조 제2항 소정의 “천재, 지변, 전재, 사변 그 밖에 불가항력적인 사유”보다는 넓은 개념이라고 풀이되므로, 제소기간도과의 원인 등 여러 사정을 종합하여 지연된 제소를 허용하는 것이 사회통념상 상당하다고 할 수 있는가에 의하여 판단하여야 한다.

라. 원고 회사가 자동차운송사업면허조건을 위반하여 위장직영을 하였음을 이유로 피고 시장이 지입차주들에 대하여 각 지입차량에 대한 개별운송사업면허처분을 함과 동시에 원고 회사에 대하여 위 지입차량에 대한 감차처분을 하자 원고가 위 감차처분에 대한 행정심판을 청구하여 청구기각의 재결이 있은 후, 다시 원고가 위 지입차주들에 대한 면허처분일부터 180일이 지난 뒤에 위 면허처분취소소송을 제기한 경우, 위 면허처분과 감차처분은 행정소송법 제18조 제3항 제2호 소정의 서로 내용상 관련되는 처분 또는 같은 목적을 위하여 단계적으로 진행되는 처분이라고 할 것이므로, 원고가 위 면허처분취소소송을 제기함에 있어 다시 행정심판을 제기할 필요가 없는데, 원고는 위 감차처분 당시 위 지입차주들에 대한 면허처분이 있었음을 알았다고 보여지므로 행정소송법 제20조 제2항의 규정에 의해 위 면허처분취소의 소는 부적법하다고 할 것이다.

마. 위 “라”항의 경우 원고가 위장직영을 하였음을 이유로 한 자동차운수사업법위반죄 약식명령에 대하여 정식재판을 청구하고 그 판결을 기다리고 있었다는 사정은 행정소송법 제20조 제2항 소정의 정당한 사유에 해당한다고 볼 수 없다고 한 사례.

(대법원 1991.6.28. 선고 90누6521 판결【개별용달운송사업면허취소】)

23. 행정처분의 상대방이 아닌 제3자의 제소시 행소 20조 2항 단서의 적용 여부(소극)

가. 행정소송법 제20조 제2항은 행정심판을 제기하지 아니하거나 그 재결을 거치지 아니하는 사건을 적용대상으로 한 것임이 규정자체에 의하여 명백하고, 행정처분의 상대방이 아닌 제3자가 제기하는 사건은 같은 법 제18조 제3항 소정의 행정심판을 제기하지 아니하고 제소할 수 있는 사건에 포함되어 있지 않으므로 같은 법 제20조 제2항 단서를 적용하여 제소에 관한 제척기간의 규정을

배제할 수는 없다.

나. 행정처분의 직접상대방이 아닌 제3자는 행정처분이 있음을 곧 알 수 없는 처지이므로 행정심판법 제18조 제3항 소정의 심판청구의 제척기간내에 처분이 있음을 알았다는 특별한 사정이 없는 한 그 제척기간의 적용을 배제할 같은 조항 단서 소정의 정당한 사유가 있는 때에 해당한다.

(대법원 1989.5.9. 선고 88누5150 판결【해외이주알선수수료승인처분취소】)

24. 행정심판 전치주의에 대한 예외사유에 해당하는 때에 행정처분의 상대방이 아닌 제3자가 제기하는 취소소송에 대한 행소 20조 2항의 적용 여부(적극)

가. 행정심판전치주의에 대한 예외사유에 해당하는 때에는 행정심판에 대한 재결서의 송달이란 있을 수 없는 것이므로 그러한 때에는 행정처분의 상대방이 아닌 제3자가 제기하는 경우라도 그에 대한 취소소송은 행정소송법 제20조 제2항에 의해 정당한 사유가 있음을 증명하지 못하는 한 그 대상인 처분이 있는 것을 안 날로부터 180일, 처분이 있는 날로부터 1년 이내에 제기하지 않으면 안된다.

나. 행정소송법 제20조 제2항 소정의 제소기간 기산점인 "처분이 있음을 안 날"이란 통지, 공고 기타의 방법에 의하여 당해 처분이 있었다는 사실을 현실적으로 안 날을 의미하고 구체적으로 그 행정처분의 위법 여부를 판단한 날을 가리키는 것은 아니다.

다. 행정소송법 제20조 제2항 소정의 "정당한 사유"란 불확정 개념으로서 그 존부는 사안에 따라 개별적, 구체적으로 판단하여야 하나 민사소송법 제160조의 "당사자가 그 책임을 질 수 없는 사유"나 행정심판법 제18조 제2항 소정의 "천재, 지변, 전재, 사변 그 밖에 불가항력적인 사유"보다는 넓은 개념이라고 풀이되므로, 제소기간도과의 원인 등 여러 사정을 종합하여 지연된 제소를 허용하는 것이 사회통념상 상당하다고 할 수 있는가에 의하여 판단하여야 한다.

라. 원고 회사가 자동차운송사업면허조건을 위반하여 위장직영을 하였음을 이유로 피고 시장이 지입차주들에 대하여 각 지입차량에 대한 개별운송사업면허처분을 함과 동시에 원고 회사에 대하여 위 지입차량에 대한 감차처분을 하자 원고가 위 감차처분에 대한 행정심판을 청구하여 청구기각의 재결이 있은 후, 다시 원고가 위 지입차주들에 대한 면허처분일부터 180일이 지난 뒤에 위 면허처분취소소송을 제기한 경우, 위 면허처분과 감차처분은 행정소송법 제18조 제3항 제2호 소정의 서로 내용상 관련되는 처분 또는 같은 목적을 위하여 단계적으로 진행되는 처분이라고 할 것이므로, 원고가 위 면허처분취소소송을 제기

함에 있어 다시 행정심판을 제기할 필요가 없는데, 원고는 위 감차처분 당시 위 지입차주들에 대한 면허처분이 있었음을 알았다고 보여지므로 행정소송법 제20조 제2항의 규정에 의해 위 면허처분취소의 소는 부적법하다고 할 것이다.

마. 위 "라"항의 경우 원고가 위장직영을 하였음을 이유로 한 자동차운수사업법위반죄 약식명령에 대하여 정식재판을 청구하고 그 판결을 기다리고 있었다는 사정은 행정소송법 제20조 제2항 소정의 정당한 사유에 해당한다고 볼 수 없다고 한 사례.

(대법원 1991.6.28. 선고 90누6521 판결【개별용달운송사업면허취소】)

第 21 條【訴의 變更】

1. 취소소송을 당사자소송으로 소변경을 허용할 경우 당사자소송의 제소기간의 준수여부

가. 광주민주화운동관련자보상등에관한법률 제15조 본문의 규정에서 말하는 광주민주화운동관련자보상심의위원회의 결정을 거치는 것은 보상금 지급에 관한 소송을 제기하기 위한 전치요건에 불과하다고 할 것이므로 위 보상심의위원회의 결정은 취소소송의 대상이 되는 행정처분이라고 할 수 없다.

나. 같은 법에 의거하여 관련자 및 유족들이 갖게 되는 보상 등에 관한 권리는 헌법 제23조 제3항에 따른 재산권침해에 대한 손실보상청구나 국가배상법에 따른 손해배상청구와는 그 성질을 달리하는 것으로서 법률이 특별히 인정하고 있는 공법상의 권리라고 하여야 할 것이므로 그에 관한 소송은 행정소송법 제3조 제2호 소정의 당사자소송에 의하여야 할 것이며 보상금 등의 지급에 관한 법률관계의 주체는 대한민국이다.

다. 취소소송 등을 제기한 당사자가 당해 처분 등에 관계되는 사무가 귀속되는 국가 또는 공공단체에 대한 당사자소송을 행정소송법 제10조 제2항에 의하여 관련 청구로서 병합한 경우 위 취소소송 등이 부적법하다면 당사자는 위 당사자소송의 병합청구로서 같은 법 제21조 제1항에 의한 소변경을 할 의사를 아울러 가지고 있었다고 봄이 상당하고, 이러한 경우 법원은 청구의 기초에 변경이 없는 한 당초의 청구가 부적법하다는 이유로 병합된 청구까지 각하할 것이 아니라 병합청구 당시 유효한 소변경청구가 있었던 것으로 받아들여 이를 허가함이 타당하다.

라. 취소소송을 제기하였다가 나중에 당사자 소송으로 변경하는 경우에는 행

정소송법 제21조 제4항, 제14조 제4항에 따라 처음부터 당사자 소송을 제기한 것으로 보아야 하므로 당초의 취소소송이 적법한 기간 내에 제기된 경우에는 당사자소송의 제소기간을 준수한 것으로 보아야 할 것이다.

(대법원 1992.12.24. 선고 92누3335 판결【보상금지급결정취소】)

2. 행정소송에서의 예비적 피고의 변경의 허용여부(소극)

가. 소위 주관적, 예비적 병합은 행정소송법 제28조 제3항과 같은 예외적 규정이 있는 경우를 제외하고는 원칙적으로 허용되지 않는 것이고, 또 행정소송법상 소의 종류의 변경에 따른 당사자(피고)의 변경은 교환적 변경에 한 한다고 봄이 상당하므로 예비적 청구만이 있는 피고의 추가경정신청은 허용되지 않는다.

나. 행정소송법 제10조 제2항의 관련청구의 병합은 그것이 관련청구에 해당하기만 하면 당연히 병합청구를 할 수 있으므로 법원의 피고경정결정을 받을 필요가 없다.

(대법원 1989.10.27. 자 89두1 결정【피고경정허가신청】)

第22條【處分變更으로 인한 訴의 變更】

1. 행정소송에서 민사소송법상의 청구의 변경이 인정되는지 여부(적극)

[1] 행정소송이 전심절차를 거쳤는지 여부를 판단함에 있어서 전심절차에서의 주장과 행정소송에서의 주장이 전혀 별개의 것이 아닌 한 그 주장이 반드시 일치하여야 하는 것은 아니고, 당사자는 전심절차에서 미처 주장하지 아니한 사유를 공격방어방법으로 제출할 수 있다.

[2] 행정소송법 제21조와 제22조가 정하는 소의 변경은 그 법조에 의하여 특별히 인정되는 것으로서 민사소송법상의 소의 변경을 배척하는 것이 아니므로, 행정소송의 원고는 행정소송법 제8조 제2항에 의하여 준용되는 민사소송법 제235조에 따라 청구의 기초에 변경이 없는 한도에서 청구의 취지 또는 원인을 변경할 수 있다.

[3] 하나의 행정처분인 택지초과소유부담금 부과처분 중 일부의 액수에 대하여만 불복하여 전심절차를 거치고 그 후 다시 행정소송에서 위 액수에 관하여만 부과처분의 취소를 구하였다가 택지소유상한에관한법률이 헌법에 위반된다는 헌법재판소의 결정에 따라 그 청구취지를 부과처분 전부의 취소를 구하는 것으로 확장하였다고 하더라도, 이는 동일한 처분의 범위 내에서 청구의 기초에

변경이 없이 이루어진 소의 변경에 해당하여 적법하다.
(대법원 1999.11.26. 선고 99두9407 판결【택지초과소유부담금부과처분취소】)

第23條【執行停止】

▶ 집행정지 일반

1. 행소법 23조 소정의 처분에 대한 집행정지의 취지 및 그 효력의 시적 범위

[1] 행정소송법 제23조에 정해져 있는 처분에 대한 집행정지는 행정처분의 집행으로 인하여 회복하기 어려운 손해를 예방하기 위하여 긴급한 필요가 있고 달리 공공복리에 중대한 영향을 미치지 아니할 것을 요건으로 하여 본안판결이 있을 때까지 당해 행정처분의 집행을 잠정적으로 정지함으로써 위와 같은 손해를 예방하고자 함에 그 취지가 있고, 그 집행정지의 효력 또한 당해 결정의 주문에 표시된 시기까지 존속하다가 그 시기의 도래와 동시에 당연히 소멸한다.

[2] 일정한 납부기한을 정한 과징금부과처분에 대하여 '회복하기 어려운 손해'를 예방하기 위하여 긴급한 필요가 있고 달리 공공복리에 중대한 영향을 미치지 아니한다는 이유로 집행정지결정이 내려졌다면 그 집행정지기간 동안은 과징금부과처분에서 정한 과징금의 납부기간은 더 이상 진행되지 아니하고 집행정지결정이 당해 결정의 주문에 표시된 시기의 도래로 인하여 실효되면 그 때부터 당초의 과징금부과처분에서 정한 기간(집행정지결정 당시 이미 일부 진행되었다면 그 나머지 기간)이 다시 진행하는 것으로 보아야 한다.
(대법원 2003.7.11. 선고 2002다48023 판결【부당이득금】)

2. 행정처분의 효력정지나 집행정지를 구하는 신청사건의 판단 대상

행정처분의 효력정지나 집행정지를 구하는 신청사건에 있어서는 위 조항 소정의 요건의 존부만이 판단의 대상이 되는 것이고, 행정처분 자체의 적법 여부는 궁극적으로 본안재판에서 심리를 거쳐 판단할 성질의 것이어서 신청사건에서는 판단의 대상이 되지 아니한다.
(대법원 2008.8.26. 자 2008무51 결정【효력정지】)

3. 행정처분의 효력정지나 집행정지 사건 자체에 의하여 신청인의 본안 청구가 이유 없음이 명백하지 않아야 한다는 것이 효력정지나 집행정지의 요건인

지 여부(적극)

행정처분의 효력정지나 집행정지제도는 신청인이 본안 소송에서 승소판결을 받을 때까지 그 지위를 보호함과 동시에 후에 받을 승소판결을 무의미하게 하는 것을 방지하려는 것이어서 본안 소송에서 처분의 취소가능성이 없음에도 처분의 효력이나 집행의 정지를 인정한다는 것은 제도의 취지에 반하므로 효력정지나 집행정지사건 자체에 의하여도 신청인의 본안 청구가 이유 없음이 명백하지 않아야 한다는 것도 효력정지나 집행정지의 요건에 포함시켜야 한다.

(대법원 2008.5.6. 자 2007무147 결정 【집행정지】)

4. 효력정지신청을 구할 수 있는 요건으로서 법률상 이익의 의미

[1] 행정처분에 대한 효력정지신청을 구함에 있어서도 이를 구할 법률상 이익이 있어야 하는바, 이 경우 법률상 이익이라 함은 그 행정처분으로 인하여 발생하거나 확대되는 손해가 당해 처분의 근거 법률에 의하여 보호되는 직접적이고 구체적인 이익과 관련된 것을 말하는 것이고 단지 간접적이거나 사실적·경제적 이해관계를 가지는 데 불과한 경우는 여기에 포함되지 않는다.

[2] 경쟁 항공회사에 대한 국제항공노선면허처분으로 인하여 노선의 점유율이 감소됨으로써 경쟁력과 대내외적 신뢰도가 상대적으로 감소되고 연계노선망 개발이나 타항공사와의 전략적 제휴의 기회를 얻지 못하게 되는 손해를 입게 되었다고 하더라도 위 노선에 관한 노선면허를 받지 못하고 있는 한 그러한 손해는 법률상 보호되는 권리나 이익침해로 인한 손해라고는 볼 수 없으므로 처분의 효력정지를 구할 법률상 이익이 될 수 없다고 한 사례.

[3] 경쟁 항공회사에 대한 국제항공노선면허처분이 효력정지되면 행정청으로부터 항공법상의 전세운항계획에 관한 인가를 받아 취항할 수 있게 되는 지위를 가지게 된다고 하더라도, 행정청이 위 인가를 하여 줄 법률상 의무가 발생하는 것이 아니고, 다만 경쟁 항공회사와 함께 인가를 신청할 수 있음에 그치는 것이며, 그 인가 여부는 다시 행정청의 별도의 처분에 맡겨져 있으므로 위와 같은 이익은 처분의 효력정지를 구할 수 있는 법률상 이익이라고 할 수 없다고 한 사례.

(대법원 2000.10.10. 자 2000무17 결정 【집행정지】)

▶ 적법한 본안 소송의 계속

5. 본안소송의 취하가 집행정지결정에 미치는 영향

행정처분의 집행정지는 행정처분집행 부정지의 원칙에 대한 예외로서 인정되는 일시적인 응급처분이라 할 것이므로 집행정지결정을 하려면 이에 대한 본안소송이 법원에 제기되어 계속중임을 요건으로 하는 것이므로 집행정지결정을 한 후에라도 본안소송이 취하되어 소송이 계속하지 아니한 것으로 되면 집행정지결정은 당연히 그 효력이 소멸되는 것이고 별도의 취소조치를 필요로 하는 것이 아니다.

(대법원 1975.11.11. 선고 75누97 판결 【영업정지처분취소】)

6. 행정처분의 집행정지 요건에 본안청구의 적법성의 포함여부(적극)

가. 행정처분의 효력정지나 집행정지를 구하는 신청사건에 있어서는 행정처분 자체의 적법 여부는 궁극적으로 본안재판에서 심리를 거쳐 판단할 성질의 것이므로 원칙적으로 판단할 것이 아니고, 그 행정처분의 효력이나 집행을 정지할 것인가에 관한 행정소송법 제23조 제2항 소정의 요건의 존부만이 판단의대상이 된다고 할 것이지만, 나아가 집행정지는 행정처분의 집행부정지원칙의 예외로서 인정되는 것이고 또 본안에서 원고가 승소할 수 있는 가능성을 전제로 한 권리보호수단이라는 점에 비추어 보면 집행정지사건 자체에 의하여도 신청인의 본안청구가 적법한 것이어야 한다는 것을 집행정지의 요건에 포함시켜야 할 것이다.

나. 행정소송의 대상이 되는 행정처분이라 함은 행정청 또는 그 소속기관이나 법령에 의하여 행정권한의 위임 또는 위탁을 받은 공공단체가 국민의 권리의무에 관계되는 사항에 관하여 직접효력을 미치는 공권력의 발동으로서 하는 공법상의 행위를 말하며, 그것이 상대방의 권리를 제한하는 행위라 하더라도 행정청 또는 그 소속기관이나 권한을 위임받은 공공단체의 행위가 아닌 한 이를 행정처분이라고 할 수 없는 것이다.

다. 한국토지개발공사법의 규정에 의하여 설립된 자본금 전액 정부투자법인일 뿐인 한국토지개발공사가 행정소송법 소정의 행정청 또는 그 소속기관이거나 이로부터 일정기간 입찰참가자격을 제한하는 내용의 부정당업자제재처분의 권한을 위임받았다고 볼 만한 아무런 법적 근거가 없으므로, 한국토지개발공사가 한 그 제재처분은 행정소송의 대상이 되는 행정처분이 아니라 단지 상대방을 그 공사가 시행하는 입찰에 참가시키지 않겠다는 뜻의 사법상의 효력을 가지는 통지행위에 불과하고, 또한 그 공사의 이와 같은 통지행위가 있다고 하여 상대방에게 예산회계법 제95조 제2항, 지방재정법 제62조 제2항에 의한 국가 또는 지방자치단체에서 시행하는 모든 입찰에의 참가자격을 제한하는 효력이 발생한다고 볼 수도 없으므로 그 상대방이 한국토지개발공사를 상대로 하여 제기한 부정당업자제재처분 효력정지신청의 본안소송은 부적법하다는 이유로, 원심결정을 파기하여 그 효력정지신청을 각하한 사례.

(대법원 1995.2.28. 자 94두36 결정 【부정당업자제재처분효력정지】)

7. 본안소송에서 행정처분의 취소가능성 없음이 명백한 경우, 행정처분에 대한 효력정지의 가부(소극)

가. 지방의회를 대표하고 의사를 정리하며 회의장 내의 질서를 유지하고 의회의 사무를 감독하며 위원회에 출석하여 발언할 수 있는 등의 직무권한을 가지는 지방의회 의장에 대한 불신임의결은 의장으로서의 권한을 박탈하는 행정처분의 일종으로서 항고소송의 대상이 된다.

나. 행정처분의 효력정지는 공공복리에 중대한 영향을 미칠 우려가 없어야 허용되는데, 공공복리에 중대한 영향을 미칠 우려가 있다는 점에 대하여는 처분청에게 주장·소명책임이 있다.

다. 행정처분의 효력정지를 구하는 신청사건에 있어서는 행정처분 자체의 적법 여부는 궁극적으로 본안판결에서 심리를 거쳐 판단할 성질의 것이므로 원칙적으로는 판단할 것이 아니고, 그 행정처분의 효력을 정지할 것인가에 대한 행정소송법 제23조 제2항 소정의 요건의 존부만이 판단의 대상이 되나, 본안소송에서의 처분의 취소가능성이 없음에도 불구하고 처분의 효력정지를 인정한다는 것은 제도의 취지에 반하므로, 효력정지사건 자체에 의하여도 신청인의 본안청구가 이유 없음이 명백할 때에는 행정처분의 효력정지를 명할 수 없다.

(대법원 1994.10.11. 자 94두23 결정 【행정처분효력정지】)

▶ 처분 등의 존재

8. 행정처분의 효력정지신청을 기각한 결정에 대하여 행정처분 자체의 적법 여부가 불복사유가 되는지 여부(소극)

가. 행정처분의 효력정지나 집행정지를 구하는 신청사건에 있어서는 행정처

분 자체의 적법여부를 판단할 것이 아니고 그 행정처분의 효력이나 집행 등을 정지시킬 필요가 있는지의 여부 즉 행정소송법 제23조 제2항 소정 요건의 존부만이 판단대상이 되는 것이므로, 이러한 요건을 결하였다는 이유로 효력정지신청을 기각한 결정에 대하여 행정처분 자체의 적법 여부를 가지고 불복사유로 삼을 수는 없다.

나. 행정소송법 제23조 제2항 소정의 행정처분 등의 효력이나 집행을 정지하기 위한 요건으로서의 “회복하기 어려운 손해”라 함은 특별한 사정이 없는 한 금전으로 보상할 수 없는 손해로서 이는 금전보상이 불능인 경우뿐만 아니라 금전보상으로는 사회관념상 행정처분을 받은 당사자가 참고 견딜 수 없거나 또는 참고 견디기가 현저히 곤란한 경우의 유형·무형의 손해를 일컫는다.

다. 자동차운송사업면허 취소처분이 존속된다면 운송사업자의 종전의 경영정상화 노력이 수포로 돌아가게 되고, 대외적인 신용의 하락은 물론 사업면허의 반납으로 지금까지 보유하여 온 차량들을 모두 헐값에 처분하거나 폐차할 수밖에 없어 근로자나 그 가족들의 생계까지 위협받게 되는 결과가 초래될 수 있다는 등의 사정은, 다른 특별한 사정이 없는 한 취소처분의 존속으로 운송사업자에게 금전으로 보상할 수 없는 손해가 생길 우려가 있는 경우에 해당하지 아니한다고 한 사례.

(대법원 1994.9.24. 자 94두42 결정【자동차운송사업면허취소처분효력정지】)

9. 교도소장의 접견허가신청에 대한 거부처분과 효력정지의 필요성 유무(소극)

가. 행정처분의 효력정지나 집행정지를 구하는 신청사건에 있어서는 행정처분자체의 적법 여부를 판단할 것이 아니고 그 행정처분의 효력이나 집행 등을 정지시킬 필요가 있는지의 여부, 즉 행정소송법 제23조 제2항 소정 요건의 존부만이 판단대상이 되는 것이므로 이러한 요건을 결여하였다는 이유로 효력정지신청을 기각한 결정에 대하여 행정처분 자체의 적법 여부를 가지고 불복사유로 할 수 없다.

나. 허가신청에 대한 거부처분은 그 효력이 정지되더라도 그 처분이 없었던 것과 같은 상태를 만드는 것에 지나지 아니하는 것이고 그 이상으로 행정청에 대하여 어떠한 처분을 명하는 등 적극적인 상태를 만들어 내는 경우를 포함하지 아니하는 것이므로, 교도소장이 접견을 불허한 처분에 대하여 효력정지를 한다 하여도 이로 인하여 위 교도소장에게 접견의 허가를 명하는 것이 되는 것도 아니고 또 당연히 접견이 되는 것도 아니어서 접견허가거부처분에 의하여 생길

회복할 수 없는 손해를 피하는 데 아무런 보탬도 되지 아니하니 접견허가거부처분의 효력을 정지할 필요성이 없다.

(대법원 1991.5.2. 자 91두15 결정 【접견허가거부처분효력정지】)

10. 유효기간 만료 후 투전기업소갱신허가불허처분에 대하여 효력정지를 구할 이익 유무(소극)

사행행위등규제법 제7조 제2항의 규정에 의하면 사행행위영업허가의 효력은 유효기간 만료 후에도 재허가신청에 대한 불허가처분을 받을 때까지 당초 허가의 효력이 지속된다고 볼 수 없으므로 허가갱신신청을 거부한 불허처분의 효력을 정지하더라도 이로 인하여 유효기간이 만료된 허가의 효력이 회복되거나 행정청에게 허가를 갱신할 의무가 생기는 것도 아니라 할 것이니 투전기업소갱신허가불허처분의 효력을 정지하더라도 불허처분으로 입게 될 손해를 방지하는데에 아무런 소용이 없고 따라서 불허처분의 효력정지를 구하는 신청은 이익이 없어 부적법하다.

(대법원 1993.2.10. 자 92두72 결정 【투전기업소갱신허가불허처분효력정지】)

▶ 회복하기 어려운 손해

11. '회복하기 어려운 손해'의 의의와 주장·소명책임

[1] 행정소송법 제18조 제1항은 행정심판과 취소소송과의 관계에 관하여 규정하면서, 1994.7.27. 법률 제4770호로 개정되기 이전에는 법령의 규정에 의하여 당해 처분에 대한 행정심판을 제기할 수 있는 경우에는 그에 대한 재결을 거치지 아니하면 취소소송을 제기할 수 없다고 규정하여 이른바 재결전치주의를 택하고 있었으나, 위 개정 후에는 그와 같은 행정심판의 제기에 관한 근거 규정이 있는 경우에도 달리 그 행정심판의 재결을 거치지 아니하면 취소소송을 제기할 수 없다는 규정을 두고 있지 아니하는 한 그러한 행정심판의 재결을 거치지 아니하고도 취소소송을 제기할 수 있는 것으로 규정함으로써 이른바 자유선택주의로 전환하였으므로, 위 개정 조항이 같은 법 부칙(1994.7.27.) 제1조에 의하여 1998.3.1.자로 시행된 이후에는 법령의 규정에서 단지 행정심판의 제기에 관한 근거 규정만을 두고 있는 처분에 있어서는 위 개정 조항에 따라 그에 대한 행정심판 절차는 당연히 임의적 절차로 전환되었다.

[2] 독점규제및공정거래에관한법률은 1999.2.5. 법률 제5813호로 개정되기 이

전은 물론 그 이후에 있어서도 같은 법 제53조에서 공정거래위원회의 처분에 대하여 불복이 있는 자는 그 처분의 고지 또는 통지를 받은 날부터 30일 이내에 공정거래위원회에 이의신청을 할 수 있다고 규정하고 있을 뿐, 달리 그에 대한 재결을 거치지 아니하면 취소소송을 제기할 수 없다는 규정을 두고 있지 아니하므로, 행정소송법 제18조 제1항 개정 조항이 같은 법 부칙(1994.7.27.) 제1조에 의하여 1998.3.1.자로 시행된 이후에는 공정거래위원회의 처분에 대하여도 이의신청을 제기함이 없이 바로 취소소송을 제기할 수 있다.

[3] 1999.2.5. 법률 제5813호로 개정되어 그 부칙 제1항에 의하여 1999.4.1.부터 시행된 독점규제및공정거래에관한법률 제54조 제1항은 공정거래위원회의 처분에 대한 불복의 소에 관하여 '그 처분을 송달받은 날부터 30일 이내'라는 제소기간을 신설함으로써 행정소송법 제20조 제1항이 규정하고 있는 '처분 등이 있음을 안 날부터 90일 이내'라는 제소기간에 대한 특례를 규정하고 있으나, 이는 그 시행일인 1999.4.1. 이후에 이루어진 처분에 대하여 적용되는 규정일 뿐이라 할 것이어서 그 시행일 이전에 이루어진 처분에 대하여는 위와 같은 행정소송법상의 제소기간이 여전히 적용된다.

[4] 행정소송법 제23조 제2항에서 행정청의 처분에 대한 집행정지의 요건으로 들고 있는 '회복하기 어려운 손해'라고 하는 것은 원상회복 또는 금전배상이 불가능한 손해는 물론 종국적으로 금전배상이 가능하다고 하더라도 그 손해의 성질이나 태양 등에 비추어 사회통념상 그러한 금전배상만으로는 전보되지 아니할 것으로 인정되는 현저한 손해를 가리키는 것으로서 이러한 집행정지의 적극적 요건에 관한 주장·소명책임은 원칙적으로 신청인측에 있다.

[5] 행정소송법 제23조 제3항에서 집행정지의 요건으로 규정하고 있는 '공공복리에 중대한 영향을 미칠 우려'가 없을 것이라고 할 때의 '공공복리'는 그 처분의 집행과 관련된 구체적이고도 개별적인 공익을 말하는 것으로서 이러한 집행정지의 소극적 요건에 대한 주장·소명책임은 행정청에게 있다.

[6] 독점규제및공정거래에관한법률상의 과징금 부과의 사유와 그 산정시 참작하여야 할 사항 및 그 납부와 관련된 유예제도의 내용을 종합하여 보면, 같은 법의 과징금 납부명령은 그 발령과 집행에 있어 이미 위반행위의 태양과 같은 객관적 사유뿐만 아니라 해당 사업자의 사업여건이나 자금사정 등과 같은 주관적 사항을 아울러 고려하게 되어 있는 것이어서, 그 집행에 따른 손해도 통상의 경우에는 사후의 금전배상에 의하여 그 전보가 가능한 경제적 손실에 그치는 것으로 볼 수가 있으나, 그렇다고 하여 구체적인 경우에 그 집행에 따른 경제적 손실이 기업 경영 전반에 미치는 파급효과로 말미암아 해당 사업자의 전체 자

금사정이나 사업에 중대한 영향을 미칠 가능성을 일률적으로 배제할 수는 없고 그러한 사유가 있는 경우에는 과징금 납부명령의 집행으로 인한 손해의 추상적 성질 또는 태양이 재산상의 손해에 속한다고 하여 언제나 '회복할 수 없는 손해'에 해당하지 아니한다고 단정할 수 없지만, 구체적 사건에서 그러한 사유로 인하여 '회복할 수 없는 손해'가 발생할 것으로 인정하기 위하여는 어디까지나 당해 과징금 납부명령의 집행정지를 구하는 신청인측에서 그에 관한 주장·소명 책임을 다하여야만 한다.

(대법원 1999.12.20. 자 99무42 결정【시정명령등효력정지】)

12. 현역병입영처분의 효력이 정지되지 아니한 채 본안소송이 진행되는 경우 '회복하기 어려운 손해'에의 해당여부(적극)

가. 행정소송법 제23조 제2항 소정의 행정처분 등의 효력이나 집행을 정지하기 위한 요건으로서의 '회복하기 어려운 손해'라 함은 특별한 사정이 없는 한 금전으로 보상할 수 없는 손해로서 이는 금전보상이 불능인 경우뿐만 아니라 금전보상으로는 사회관념상 행정처분을 받은 당사자가 참고 견딜 수 없거나 또는 참고 견디기가 현저히 곤란한 경우의 유형, 무형의 손해를 일컫는다.

나. 현역병입영처분취소의 본안소송에서 신청인이 승소판결을 받을 경우에는 신청인이 특례보충역으로 해당 전문분야에서 2개월 남짓만 더 종사하여 5년의 의무종사기간을 마침으로써 구 병역법 제46조 제1항에 의하여 방위소집복무를 마친 것으로 볼 것이나, 만일 위 처분의 효력이 정지되지 아니한 채 본안소송이 진행된다면 신청인은 입영하여 다시 현역병으로 복무하지 않을 수 없는 결과 병역의무를 중복하여 이행하는 셈이 되어 불이익을 입게 되고 상당한 정신적 고통을 받게 될 것임은 짐작하기 어렵지 아니하며 이와 같은 손해는 쉽게 금전으로 보상할 수 있는 성질의 것이 아니어서 사회관념상 위 '가'항의 '회복하기 어려운 손해'에 해당된다고 한 사례.

(대법원 1992.4.29. 자 92두7 결정【현역병입영처분집행정지】)

13. 기업의 손해가 '회복하기 어려운 손해'에 해당하기 위한 요건

[1] 어떠한 고시가 일반적·추상적 성격을 가질 때에는 법규명령 또는 행정규칙에 해당할 것이지만, 다른 집행행위의 매개 없이 그 자체로서 직접 국민의 구체적인 권리의무나 법률관계를 규율하는 성격을 가질 때에는 항고소송의 대상이 되는 행정처분에 해당한다.

[2] 항정신병 치료제의 요양급여 인정기준에 관한 보건복지부 고시가 다른 집행행위의 매개 없이 그 자체로서 제약회사, 요양기관, 환자 및 국민건강보험공단 사이의 법률관계를 직접 규율한다는 이유로 항고소송의 대상이 되는 행정처분에 해당한다고 한 사례.

[3] 항정신병 치료제를 공급하는 제약회사는 국민건강보험 관련 법규 등에 의하여 보호되는 직접적이고 구체적인 이익을 향유한다는 이유로 그 치료제의 요양급여 인정기준에 관한 보건복지부 고시를 다툴 신청인적격이 인정된다고 한 사례.

[4] 행정소송법 제23조 제2항에 정하고 있는 행정처분 등의 집행정지 요건인 '회복하기 어려운 손해'라 함은 특별한 사정이 없는 한 금전으로 보상할 수 없는 손해로서 이는 금전보상이 불능인 경우 내지는 금전보상으로는 사회관념상 행정처분을 받은 당사자가 참고 견딜 수 없거나 또는 참고 견디기가 현저히 곤란한 경우의 유형, 무형의 손해를 일컫는다 할 것인바, 당사자가 처분 등이나 그 집행 또는 절차의 속행으로 인하여 재산상의 손해를 입거나 기업 이미지 및 신용이 훼손당하였다고 주장하는 경우에 그 손해가 금전으로 보상될 수 없어 '회복하기 어려운 손해'에 해당한다고 하기 위해서는 그 경제적 손실이나 기업 이미지 및 신용의 훼손으로 인하여 사업자의 자금사정이나 경영전반에 미치는 파급효과가 매우 중대하여 사업자체를 계속할 수 없거나 중대한 경영상의 위기를 맞게 될 것으로 보이는 등의 사정이 존재하여야 한다.

[5] 항정신병 치료제의 요양급여 인정기준에 관한 보건복지부 고시의 효력이 계속 유지됨으로 인한 제약회사의 경제적 손실, 기업 이미지 및 신용의 훼손은 행정소송법 제23조 제2항 소정의 집행정지의 요건인 '회복하기 어려운 손해'에 해당하지 않는다고 한 사례.

(대법원 2003.10.9. 자 2003무23 결정 【집행정지】)

▶ 긴급한 필요가 있을 것

14. 과세처분에 의한 손해의 경우

가. 행정처분의 무효확인을 본소로 하여 그 행정처분의 집행정지를 구하는 경우에도 행정소송법 제10조가 적용된다.

나. 과세처분에 의하여 입은 손해는 배상청구가 가능하므로 그 처분을 정지함에 회복할 수 없는 손해를 피하기 위하여 긴급한 사유가 있는 경우에 해당하지 아니한다.

(대법원 1971.1.28. 자 70두7 결정 【행정처분집행정지취소신청에대한항고】)

15. 산업기능요원편입취소처분의 경우, 그 절차의 속행정지 외에 효력정지의 허부(소극)

[1] 행정소송법 제23조 제2항과 제3항의 규정에 의하여, 처분에 대한 집행정지는 원칙적으로 처분이나 그 집행 또는 절차의 속행으로 인하여 생길 회복하기 어려운 손해를 예방하기 위하여 긴급한 필요가 있고 달리 공공복리에 중대한 영향을 미치지 아니할 것을 요건으로 하여 허용되지만, 그러한 집행정지 중 처분 자체에 대한 효력정지는 처분의 집행이나 절차의 속행을 정지함으로써 목적을 달성할 수 있는 경우에는 허용되지 아니한다.

[2] 산업기능요원 편입 당시 지정업체의 해당 분야에 종사하지 아니하였음을 이유로 산업기능요원의 편입이 취소된 사람은 편입되기 전의 신분으로 복귀하여 현역병으로 입영하게 하거나 공익근무요원으로 소집하여야 하는 것으로 되어 있는데, 그 취소처분에 의하여 생기는 손해로서 그 동안의 근무실적이 산업기능요원으로서 종사한 것으로 인정받지 못하게 된 손해 부분은 본안소송에서 그 처분이 위법하다고 하여 취소하게 되면 그 취소판결의 소급효만으로 그대로 소멸되게 되므로, 그 부분은 그 처분으로 인하여 생기는 회복할 수 없는 손해에 해당한다고 할 수가 없고, 결국 그 취소처분으로 인하여 입게 될 회복할 수 없는 손해는 그 처분에 의하여 산업기능요원 편입이 취소됨으로써 편입 이전의 신분으로 복귀하여 현역병으로 입영하게 되거나 혹은 공익근무요원으로 소집되는 부분이라고 할 것이며, 이러한 손해에 대한 예방은 그 처분의 효력을 정지하지 아니하더라도 그 후속절차로 이루어지는 현역병 입영처분이나 공익근무요원 소집처분 절차의 속행을 정지함으로써 달성할 수가 있으므로, 산업기능요원편입취소처분에 대한 집행정지로서는 그 후속절차의 속행정지만이 가능하고 그 처분 자체에 대한 효력정지는 허용되지 아니한다.

(대법원 2000.1.8. 자 2000무35 결정 【집행정지】)

▶ 공공복리에 중대한 영향을 미칠 우려가 없을 것

16. '공공복리에 중대한 영향을 미칠 우려'의 의미 및 그 주장·소명책임의 소재

[1] 행정소송법 제18조 제1항은 행정심판과 취소소송과의 관계에 관하여 규

정하면서, 1994.7.27. 법률 제4770호로 개정되기 이전에는 법령의 규정에 의하여 당해 처분에 대한 행정심판을 제기할 수 있는 경우에는 그에 대한 재결을 거치지 아니하면 취소소송을 제기할 수 없다고 규정하여 이른바 재결전치주의를 택하고 있었으나, 위 개정 후에는 그와 같은 행정심판의 제기에 관한 근거 규정이 있는 경우에도 달리 그 행정심판의 재결을 거치지 아니하면 취소소송을 제기할 수 없다는 규정을 두고 있지 아니하는 한 그러한 행정심판의 재결을 거치지 아니하고도 취소소송을 제기할 수 있는 것으로 규정함으로써 이른바 자유선택주의로 전환하였으므로, 위 개정 조항이 같은 법 부칙(1994.7.27.) 제1조에 의하여 1998.3.1.자로 시행된 이후에는 법령의 규정에서 단지 행정심판의 제기에 관한 근거 규정만을 두고 있는 처분에 있어서는 위 개정 조항에 따라 그에 대한 행정심판 절차는 당연히 임의적 절차로 전환되었다.

[2] 독점규제및공정거래에관한법률은 1999.2.5. 법률 제5813호로 개정되기 이전은 물론 그 이후에 있어서도 같은 법 제53조에서 공정거래위원회의 처분에 대하여 불복이 있는 자는 그 처분의 고지 또는 통지를 받은 날부터 30일 이내에 공정거래위원회에 이의신청을 할 수 있다고 규정하고 있을 뿐, 달리 그에 대한 재결을 거치지 아니하면 취소소송을 제기할 수 없다는 규정을 두고 있지 아니하므로, 행정소송법 제18조 제1항 개정 조항이 같은 법 부칙(1994.7.27.) 제1조에 의하여 1998.3.1.자로 시행된 이후에는 공정거래위원회의 처분에 대하여도 이의신청을 제기함이 없이 바로 취소소송을 제기할 수 있다.

[3] 1999.2.5. 법률 제5813호로 개정되어 그 부칙 제1항에 의하여 1999.4.1.부터 시행된 독점규제및공정거래에관한법률 제54조 제1항은 공정거래위원회의 처분에 대한 불복의 소에 관하여 '그 처분을 송달받은 날부터 30일 이내'라는 제소기간을 신설함으로써 행정소송법 제20조 제1항이 규정하고 있는 '처분 등이 있음을 안 날부터 90일 이내'라는 제소기간에 대한 특례를 규정하고 있으나, 이는 그 시행일인 1999.4.1. 이후에 이루어진 처분에 대하여 적용되는 규정일 뿐이라 할 것이어서 그 시행일 이전에 이루어진 처분에 대하여는 위와 같은 행정소송법상의 제소기간이 여전히 적용된다.

[4] 행정소송법 제23조 제2항에서 행정청의 처분에 대한 집행정지의 요건으로 들고 있는 '회복하기 어려운 손해'라고 하는 것은 원상회복 또는 금전배상이 불가능한 손해는 물론 종국적으로 금전배상이 가능하다고 하더라도 그 손해의 성질이나 태양 등에 비추어 사회통념상 그러한 금전배상만으로는 전보되지 아니할 것으로 인정되는 현저한 손해를 가리키는 것으로서 이러한 집행정지의 적

극적 요건에 관한 주장·소명책임은 원칙적으로 신청인측에 있다.

[5] 행정소송법 제23조 제3항에서 집행정지의 요건으로 규정하고 있는 '공공복리에 중대한 영향을 미칠 우려'가 없을 것이라고 할 때의 '공공복리'는 그 처분의 집행과 관련된 구체적이고도 개별적인 공익을 말하는 것으로서 이러한 집행정지의 소극적 요건에 대한 주장·소명책임은 행정청에게 있다.

[6] 독점규제및공정거래에관한법률상의 과징금 부과의 사유와 그 산정시 참작하여야 할 사항 및 그 납부와 관련된 유예제도의 내용을 종합하여 보면, 같은 법의 과징금 납부명령은 그 발령과 집행에 있어 이미 위반행위의 태양과 같은 객관적 사유뿐만 아니라 해당 사업자의 사업여건이나 자금사정 등과 같은 주관적 사항을 아울러 고려하게 되어 있는 것이어서, 그 집행에 따른 손해도 통상의 경우에는 사후의 금전배상에 의하여 그 전보가 가능한 경제적 손실에 그치는 것으로 볼 수가 있으나, 그렇다고 하여 구체적인 경우에 그 집행에 따른 경제적 손실이 기업 경영 전반에 미치는 파급효과로 말미암아 해당 사업자의 전체 자금사정이나 사업에 중대한 영향을 미칠 가능성을 일률적으로 배제할 수는 없고 그러한 사유가 있는 경우에는 과징금 납부명령의 집행으로 인한 손해의 추상적 성질 또는 태양이 재산상의 손해에 속한다고 하여 언제나 '회복할 수 없는 손해'에 해당하지 아니한다고 단정할 수 없지만, 구체적 사건에서 그러한 사유로 인하여 '회복할 수 없는 손해'가 발생할 것으로 인정하기 위하여는 어디까지나 당해 과징금 납부명령의 집행정지를 구하는 신청인측에서 그에 관한 주장·소명책임을 다하여야만 한다.

(대법원 1999.12.20. 자 99무42 결정【시정명령등효력정지】)

17. 강제퇴거명령의 집행을 위한 보호명령에 대한 집행정지

[1] 출입국관리법 제63조 제1항, 같은법시행령 제78조 제1항에 기한 보호명령은 강제퇴거명령을 받은 자를 즉시 대한민국 밖으로 송환할 수 없는 경우에 송환할 수 있을 때까지 일시적으로 보호하는 것을 목적으로 하는 처분이므로, 강제퇴거명령을 전제로 하는 것이나, 그렇다고 하여 강제퇴거명령의 집행이 정지되면 그 성질상 당연히 보호명령의 집행도 정지되어야 한다고 볼 수는 없다.

[2] 출입국관리법상의 강제퇴거명령 및 그 집행을 위한 같은 법 제63조 제1항, 같은법시행령 제78조 제1항 소정의 보호명령에 대하여 그 취소를 구하는 소송이 제기되고 나아가 강제퇴거명령의 집행이 정지되었다면, 강제퇴거명령의 집행을 위한 보호명령의 보호기간은 결국 본안소송이 확정될 때까지의 장기간으로 연장

되는 결과가 되어 그 보호명령이 그대로 집행된다면 본안소송에서 승소하더라도 회복하기 어려운 손해를 입게 된다고 할 것이나, 그 보호명령의 집행을 정지하면 외국인의 출입국 관리에 막대한 지장을 초래하여 공공복리에 중대한 영향을 미칠 우려가 있다는 이유로, 그 보호명령의 집행정지를 허용하지 않은 사례.

(대법원 1997.1.20. 자 96두31 결정【강제퇴거명령등처분효력정지】)

▶ 집행정지결정의 효과

18. 납부기한을 정한 과징금부과처분에 대한 집행정지결정이 내려진 경우 그 집행정지기간 동안 납부기간이 진행되는지 여부(소극)

[1] 행정소송법 제23조에 정해져 있는 처분에 대한 집행정지는 행정처분의 집행으로 인하여 회복하기 어려운 손해를 예방하기 위하여 긴급한 필요가 있고 달리 공공복리에 중대한 영향을 미치지 아니할 것을 요건으로 하여 본안판결이 있을 때까지 당해 행정처분의 집행을 잠정적으로 정지함으로써 위와 같은 손해를 예방하고자 함에 그 취지가 있고, 그 집행정지의 효력 또한 당해 결정의 주문에 표시된 시기까지 존속하다가 그 시기의 도래와 동시에 당연히 소멸한다.

[2] 일정한 납부기한을 정한 과징금부과처분에 대하여 '회복하기 어려운 손해'를 예방하기 위하여 긴급한 필요가 있고 달리 공공복리에 중대한 영향을 미치지 아니한다는 이유로 집행정지결정이 내려졌다면 그 집행정지기간 동안은 과징금부과처분에서 정한 과징금의 납부기간은 더 이상 진행되지 아니하고 집행정지결정이 당해 결정의 주문에 표시된 시기의 도래로 인하여 실효되면 그 때부터 당초의 과징금부과처분에서 정한 기간(집행정지결정 당시 이미 일부 진행되었다면 그 나머지 기간)이 다시 진행하는 것으로 보아야 한다.

(대법원 2003.7.11. 선고 2002다48023 판결【부당이득금】)

19. 행정처분에 정한 기간이 집행정지중에 이미 지나간 경우에 그 행정처분의 당부에 관한 본안심판을 요하는지 여부(적극)

행정처분의 효력정지가처분결정은 일시 잠정적으로 그 처분의 집행 혹은 효력발생을 정지하는 것이므로 집행정지가처분으로 인하여 그 행정처분이 정한 기간이 그 집행정지중에 이미 지나갔다 하여도 그 행정처분의 당부에 대한 본안심판을 하여야 하고 본소를 각하하지 못한다.

(대법원 1974.1.29. 선고 73누202 판결【국유임산물매수자격정지처분취소】)

20. 행정처분에 대한 집행정지결정의 효력시한

행정소송법 23조에 의한 집행정지결정의 효력은 결정 주문에서 정한시기까지 존속하며 그 시기의 도래와 동시에 효력이 당연히 소멸하는 것이다

(대법원 2007.11.30. 자 2006무14 결정 【행정처분효력정지】)

第 24 條 【執行停止의 取消】

1. 정지기간이 효력집행정지결정으로 이미 도과했어도 그 정지결정이 취소되는 경우 정지기간의 진행

가. 탁주제조 정지처분의 정지기간이 그 효력집행정지결정으로 이미 지나갔다 하여도 그 정지결정이 취소되면 그 정지기간은 특별한 사유가 없는 한 이때부터 다시 진행한다.

나. 행정처분 효력정지결정으로 행정처의 지정기간이 지나갔다 하여도 그 집행정지결정은 잠정적으로 그 처분의 집행 그 자체 내지 그 처분의 효력발생을 정지할 따름이고, 그 정지결정이 취소되면 그 정지기간은 특별한 사정이 없는 한 이때부터 다시 진행한다 할 것이므로 그 집행정지 결정을 취소할 실익이 있다.

(대법원 1970.11.20. 자 70그4 결정 【행정처분효력정지결정의취소결정에대한 특별항고】)

第 4 節 審 理

第 25 條 【行政審判記錄의 提出命令】

第 26 條 【職權審理】

▶ 직권심리주의

1. 직권심리주의의 의미

가. 행정소송에 있어서도 행정소송법 제14조에 의하여 민사소송법 제188조가

준용되어 법원은 당사자가 신청하지 아니한 사항에 대하여는 판결할 수 없는 것이고, 행정소송법 제26조에서 직권심리주의를 채용하고 있으나 이는 행정소송에 있어서 원고의 청구범위를 초월하여 그 이상의 청구를 인용할 수 있다는 의미가 아니라 원고의 청구범위를 유지하면서 그 범위내에서 필요에 따라 주장외의 사실에 관하여도 판단할 수 있다는 뜻이다.

나. 과세처분이란 당해 과세요건의 충족으로 객관적, 추상적으로 이미 성립하고 있는 조세채권을 구체적으로 현실화하여 확정하는 절차이고, 과세처분의 취소소송은 위와 같은 과세처분의 실체적, 절차적 위법을 그 취소원인으로 하는 것으로 서 그 심리의 대상은 과세관청의 과세처분에 의하여 인정된 조세채무인 과세표준 및 세액의 객관적 존부 즉 당해 과세처분의 적부가 심리의 대상이 되는 것이고 납세자의 실제의 과세표준이나 세액자체는 심리의 대상이 되는 것은 아니다.

다. 소득세법상 거주자의 소득은 종류에 따라 구분하여 분리과세하고 있고, 소득세의 과세표준은 각 소득금액에 따라 구분하여 계산하며 각 소득금액에 관한 소득공제나 세율 및 세액의 계산의 순서에 차이가 있어서 종합소득과 양도소득은 합산될 수 없을 뿐만 아니라 조세채권의 확정방식에 관하여도 원칙적으로 신고납세방식이 아닌 부과과세방식을 채택하고 있어 세무관청이 결정한 과세표준과 세액 기타 필요한 사항을 납세의무자에게 서면으로 통지함으로써 조세채권이 구체적으로 확정된다 할 것이므로 납세고지에 그와 같은 필요한 사항의 기재가 누락되었다면 과세처분 자체가 위법한 것이 되고 그 납세고지가 없으면 유효한 과세처분이 있었다고 볼 수 없다.

라. 원고가 종합소득세부과처분의 위법을 들어 그 취소를 구하고 있다면 법원은 위 과세처분에 의하여 인정된 종합소득의 과세표준과 종합소득세액의 객관적인 존부를 그 심리대상으로 삼아 그 부과처분의 위법여부만을 심리하여야 할 것임에도 원심이 위 과세처분의 위법을 인정하면서 과세관청의 납세고지통지가 없어 아직 유효한 과세처분이 있었다고도 볼 수 없고 또 당사자가 구하지도 아니하여 심리의 대상이 될 수 없는 양도소득의 과세표준과 양도소득세액을 산출하고 위 종합소득세과세처분중 위와 같이 산출한 양도소득세액의 범위내의 것은 적법하다고 판시한 것은 처분권주의에 위배한 것이다.

(대법원 1987.11.10. 선고 86누491 판결【종합소득세부과처분취소】)

2. 예외적 직권주의

[1] 행정소송법 제26조는 "법원은 필요하다고 인정할 때에는 직권으로 증거조사를 할 수 있고, 당사자가 주장하지 아니한 사실에 대하여도 판단할 수 있다."고 규정하여 변론주의의 일부 예외를 인정하고 있으므로, 행정소송에서는 법원이 필요하다고 인정할 때에는 당사자가 명백히 주장하지 아니한 사실도 기록에 나타난 자료를 기초로 하여 직권으로 판단할 수 있는바, 상속세등부과처분취소소송에서 당사자들이 다투지는 아니하였지만 기록에 현출된 자료에 의하여 상속세 신고세액 공제액에 관하여 법원이 심리·판단하는 것은 정당하고, 거기에 변론주의를 위반한 위법이 있다고 할 수 없다.

[2] 구 상속세법(1993.12.31. 법률 제4662호로 개정되기 전의 것) 제20조의2 제1항은 제20조 제1항의 규정에 의하여 신고기한 내에 신고서를 제출하는 자에 대하여는 '신고한 상속재산의 과세표준'에 제14조의 규정에 의한 세율을 곱한 금액에서 공제 또는 감면되는 금액 등을 공제한 금액의 100분의 10을 상속세산출세액에서 공제한다고 규정하고 있으며, 구 상속세법기본통칙(1994.4.8. 개정되기 전의 것) 66…20-2 제1항은 법 제20조의2에서 '신고한 상속재산의 과세표준'이라 함은 다음의 산식에 의하여 계산한 것을 말한다고 규정하면서 '정부가 결정한 과세표준×상속재산의 평가총액 중 신고한 상속재산의 평가액/상속재산의 평가총액'의 산식을 들고 있는바, 법 제20조의2 제1항 소정의 신고한 상속재산의 과세표준은 신고한 상속재산의 정당한 과세표준을 말하는 것이므로, 위 산식 중 '상속재산의 평가총액 중 신고한 상속재산의 평가액'은 신고한 상속재산의 신고가액을 말하는 것이 아니라 신고한 상속재산의 정당한 평가가액을 말하는 것이다.

(대법원 1997.10.28. 선고 96누14425 판결【상속세등부과처분취소】)

3. 기록상 자료가 있음에도 당사자의 주장이 없다는 이유로 판단하지 아니한 경우의 위법 여부

가. 토지의 소유자인 원고가 법인에게 토지를 매도하는 경우 양도소득세가 중과될 것을 염려하여 직접적인 거래를 기피하고 또 농지의 경우 법인 명의의 소유권이전등기가 불가능하자 법인이 그 직원을 내세워 토지를 매수하는 계약을 체결하고는 법인의 자금으로 매매대금을 지급한 후 농지에 대하여는 곧바로 법인 명의의 가등기를 경료하였으며, 나머지 토지에 대하여는 위 직원 명의의 소유권이전등기를 경료하였다가 신탁해지를 원인으로 한 확정판결에 따라 법인

앞으로 소유권이전등기를 경료하였다면 당사자의 의사나 매매대금의 실질적인 출연자 등 계약의 실질적인 내용에서 볼 때 원고는 법인과 위 토지에 대한 양도거래를 하였다고 할 것이어서 구 소득세법시행령 제170조 제4항제 1호(1989.8.1. 대통령령 제12767호로 삭제) 소정의 "법인과의 거래"에 해당된다고 한 사례.

나. 양도소득세부과처분취소소송에서 양도인인 원고가 취득일로부터 10년 이상 보유하던 토지를 양도하였음이 명백하다면 비록 소득세법 제23조 제2항 제2호 소정의 장기보유특별공제에 대한 주장을 한 바가 없더라도 이는 법률상 당연히 공제되어야 할 것이기 때문에 법원으로서는 그와 같이 확정한 보유기간에 따른 같은 법 소정의 특별공제를 하여 정당한 세액을 산출하여야 한다.

(대법원 1992.2.28. 선고 91누6597 판결【양도소득세등부과처분취소】)

▶ 법원의 석명권

4. 직권심리에 관한 행정소송법 26조의 법의와 법원의 석명권 한계

가. 행정처분의 당연무효를 주장하여 그 무효확인을 구하는 행정소송에 있어서는 원고에게 그 행정처분이 무효인 사유를 주장, 입증할 책임이 있다.

나. 납세의무자가 세금을 납부기한까지 납부하지 아니하기 때문에 과세청이 그 징수를 위하여 참가압류처분에 이른 것이라면 참가압류처분에 앞서 독촉절차를 거치지 아니하였고 또 참가압류조서에 납부기한을 잘못 기재한 잘못이 있다고 하더라도 이러한 위법사유만으로는 참가압류처분을 무효로 할 만큼 중대하고도 명백한 하자라고 볼 수 없다.

다. 과세관청이 국세징수법에 의한 참가압류처분을 한 후 같은 법 제86조의 규정에 의한 결손처분을 하여 납세의무자의 납세의무가 소멸하였다고 하여도 이와 같은 사유로 참가압류처분이 당연히 실효되거나 무효로 되는 것이 아니며 이는 압류처분이 있은 후 부과세액을 납부함으로써 납세의무가 소멸한 경우에도 그 압류처분이 당연무효로 되지 않는 것과 마찬가지이다.

라. 행정소송법 제26조는 법원이 필요하다고 인정할 때에는 직권으로 증거조사를 할 수 있고 당사자가 주장하지 아니한 사실에 대하여 판단할 수 있다고 규정하고 있으나, 이는 행정소송에 있어서 원고의 청구범위를 초월하여 그 이상의 청구를 인용할 수 있다는 뜻이 아니라 원고의 청구범위를 유지하면서 그 범위 내에서 필요에 따라 주장 외의 사실에 관하여 판단할 수 있다는 뜻이고 또 법원의 석명권은 당사자의 진술에 모순, 흠결이 있거나 애매하여 그 진술의 취

지를 알 수 없을 때 이를 보완하여 명료하게 하거나 입증책임 있는 당사자에게 입증을 촉구하기 위하여 행사하는 것이지 그 정도를 넘어 당사자에게 새로운 청구를 할 것을 권유하는 것은 석명권의 한계를 넘어서는 것이다.

마. 국세징수법 제24조 제1항에 의한 압류처분에 대한 무효확인청구와 같은 법 제53조에 의한 압류해제신청을 거부한 처분에 대한 취소청구는 각 별개의 독립된 청구이므로, 참가압류처분무효확인청구의 소송에서 심판의 대상이 되지 아니한 참가압류해제신청에 대한 거부처분에 관하여 직권으로 심리판단하지 아니하거나, 석명권을 행사하여 원고에게 예비적으로 위 거부처분의 취소청구로 갱정하도록 권유하지 아니하였다고 하여 행정소송에 있어서의 직권심리조사의 범위에 관한 법리오해나 석명권 불행사의 위법을 저질렀다고 할 수 없다.

(대법원 1992.3.10. 선고 91누6030 판결【참가압류무효확인】)

▶ 주장·입증책임

5. 행정소송에서의 주장·입증책임

[1] 행정소송에 있어서 특단의 사정이 있는 경우를 제외하면 당해 행정처분의 적법성에 관하여는 당해 처분청이 이를 주장·입증하여야 할 것이나 행정소송에 있어서 직권주의가 가미되어 있다고 하여도 여전히 변론주의를 기본 구조로 하는 이상 행정처분의 위법을 들어 그 취소를 청구함에 있어서는 직권조사사항을 제외하고는 그 취소를 구하는 자가 위법사유에 해당하는 구체적인 사실을 먼저 주장하여야 한다.

[2] 법원의 석명권 행사는 사안을 해명하기 위하여 당사자에게 그 주장의 모순된 점이나 불완전·불명료한 부분을 지적하여 이를 정정·보충할 수 있는 기회를 주고 또 그 계쟁사실에 대한 증거의 제출을 촉구하는 것을 그 내용으로 하는 것이며, 당사자가 주장하지도 않은 법률효과에 관한 요건사실이나 공격방어방법을 시사하여 그 제출을 권유하는 행위는 변론주의의 원칙에 위배되고 석명권 행사의 한계를 일탈한 것이다.

[3] 행정계획이라 함은 행정에 관한 전문적·기술적 판단을 기초로 하여 도시의 건설·정비·개량 등과 같은 특정한 행정목표를 달성하기 위하여 서로 관련되는 행정수단을 종합·조정함으로써 장래의 일정한 시점에 있어서 일정한 질서를 실현하기 위한 활동기준으로 설정된 것으로서, 도시계획법 등 관계 법령에는 추상적인 행정목표와 절차만이 규정되어 있을 뿐 행정계획의 내용에 대하여는

별다른 규정을 두고 있지 아니하므로 행정주체는 구체적인 행정계획을 입안·결정함에 있어서 비교적 광범위한 형성의 자유를 가지는 한편, 행정주체가 가지는 이와 같은 형성의 자유는 무제한적인 것이 아니라 그 행정계획에 관련되는 자들의 이익을 공익과 사익 사이에서는 물론이고 공익 상호간과 사익 상호간에도 정당하게 비교교량하여야 한다는 제한이 있는 것이고, 따라서 행정주체가 행정계획을 입안·결정함에 있어서 이익형량을 전혀 행하지 아니하거나 이익형량의 고려 대상에 마땅히 포함시켜야 할 사항을 누락한 경우 또는 이익형량을 하였으나 정당성·객관성이 결여된 경우에는 그 행정계획결정은 재량권을 일탈·남용한 것으로서 위법하게 된다.

[4] 도시계획법 제16조의2 제2항과 같은법시행령 제14조의2 제6항 내지 제8항의 규정을 종합하여 보면 도시계획의 입안에 있어 해당 도시계획안의 내용을 공고 및 공람하게 한 것은 다수 이해관계자의 이익을 합리적으로 조정하여 국민의 권리자유에 대한 부당한 침해를 방지하고 행정의 민주화와 신뢰를 확보하기 위하여 국민의 의사를 그 과정에 반영시키는데 있는 것이므로 이러한 공고 및 공람 절차에 하자가 있는 도시계획결정은 위법하다.

(대법원 2000.3.23. 선고 98두2768 판결【도시계획결정취소】)

6. 행정처분의 적법성에 관한 입증책임

가. 민사소송법의 규정이 준용되는 행정소송에 있어서 입증책임은 원칙적으로 민사소송의 일반원칙에 따라 당사자간에 분배되고 항고소송의 경우에는 그 특성에 따라 당해 처분의 적법을 주장하는 피고에게 그 적법사유에 대한 입증책임이 있다 할 것인바 피고가 주장하는 당해 처분의 적법성이 합리적으로 수긍할 수 있는 일응의 입증이 있는 경우에는 그 처분은 정당하다 할 것이며 이와 상반되는 주장과 입증은 그 상대방인 원고에게 그 책임이 돌아간다고 할것이다.

나. 주주가지급금계정, 받을어음계정, 대여금계정, 미결산금계정에 계상된 금액에 대하여 세무조사당시 근거와 증빙을 제시하지 못하였고 부사장이 사채이자를 변태기장한 것이라는 확인서까지 제출한 사실이 입증된 이상 그와 반대되는 부과처분의 위법사유는 원고에게 입증책임이 있다.

(대법원 1984.7.24. 선고 84누124 판결【법인세부과처분취소】)

7. 행정처분의 무효사유에 대한 주장·입증책임의 소재

[1] 도시계획결정의 효력은 도시계획결정고시로 인하여 생기고 지적고시도면

의 승인고시로 인하여 생기는 것은 아니라고 할 것이나, 일반적으로 도시계획결정고시의 도면만으로는 구체적인 범위나 개별토지의 도시계획선을 특정할 수 없으므로 결국 도시계획결정 효력의 구체적, 개별적인 범위는 지적고시도면에 의하여 확정된다.

[2] 도시계획결정고시 및 그 도면에 의하여도 특정 토지가 그 도시계획에 포함되지 않음이 명백한데도 지적고시도면에는 마치 위 토지가 도시계획에 포함된 것처럼 되어 있다면 그에 대한 지적승인은 실질적으로 도시계획결정의 변경을 초래하는 것으로 도시계획법 제12조 소정의 적법한 도시계획 변경절차를 거치지 않는 한 당연무효라고 할 것이다.

[3] 행정처분의 당연무효를 주장하여 그 무효확인을 구하는 행정소송에 있어서는 원고에게 그 행정처분이 무효인 사유를 주장·입증할 책임이 있다.

(대법원 2000.3.23. 선고 99두11851 판결【재개발편입지구에대한사업시행인가를위한공람공고무효확인등】)

8. 재량권일탈에 대한 입증책임

자유재량에 의한 행정처분이 그 재량권의 한계를 벗어난 것이어서 위법하다는 점은 그 행정처분의 효력을 다투는 자가 이를 주장·입증하여야 하고 처분청이 그 재량권의 행사가 정당한 것이었다는 점까지 주장·입증할 필요는 없다.

(대법원 1987.12.8. 선고 87누861 판결【공유수면점용료부과처분】)

9. 공시송달의 위법여부에 대한 입증책임

가. 납세고지서의 공시송달이 위법하여 효력이 없다는 납세자의 주장에 대하여 이를 인정할 증거가 없다고 판시함으로써 마치 공시송달의 위법 여부에 관한 입증책임이 납세자에게 있는 것처럼 설시하는 것은 잘못이다.

나. 해외파견근무로 가족과 함께 이주생활중 국내 주택양도에 대한 양도소득세 납세고지서가 공시송달된 경우, 과세관청이 선량한 관리자의 주의의무를 다하여 송달가능한 주소를 조사하였다고 보아 그 공시송달을 적법하다고 한 사례.

다. 비과세 소득인 1세대 1주택의 양도로 인한 양도소득에 대하여 행하여진 양도소득세 부과처분의 하자는 외형상 객관적으로 명백한 하자로 볼 수 없어 부과처분 자체가 당연무효라고 할 수 없다.

(대법원 1994.10.14. 선고 94누4134 판결【양도소득세부과처분부존재확인】)

10. 직권취소의 예외의 인정요건 및 입증 책임의 소재

행정처분의 성립과정에서 그 처분을 받아내기 위한 뇌물이 수수되었다면 특별한 사정이 없는 한 그 행정처분에는 직권취소사유가 있는 것으로 보아야 할 것이고, 이러한 이유로 직권취소하는 경우에는 처분 상대방측에 귀책사유가 있기 때문에 신뢰보호의 원칙도 적용될 여지가 없다 할 것이며, 다만 행정처분의 성립과정에서 뇌물이 수수되었다고 하더라도 그 행정처분이 기속적 행정행위이고 그 처분의 요건이 충족되었음이 객관적으로 명백하여 다른 선택의 여지가 없었던 경우에는 직권취소의 예외가 될 수 있을 것이지만, 그 경우 이에 대한 입증책임은 이를 주장하는 측에게 있다.

(대법원 2003.7.22. 선고 2002두11066 판결【의병전역취소및재복무통지처분취소】)

11. 세금부과처분취소소송에 있어서 과세요거사실에 관한 입증책임의 소재 및 입증 정도

[1] 일반적으로 세금부과처분취소소송에 있어서 과세요건사실에 관한 입증책임은 과세권자에게 있다 할 것이나, 구체적인 소송과정에서 경험칙에 비추어 과세요건사실이 추정되는 사실이 밝혀지면, 상대방이 문제로 된 당해 사실이 경험칙 적용의 대상적격이 되지 못하는 사정을 입증하지 않는 한, 당해 과세처분을 과세요건을 충족시키지 못한 위법한 처분이라고 단정할 수는 없다.

[2] 구체적인 사정에 비추어 어린이집의 시공을 건축주가 직영으로 시공한 것이 아니라 담당건축사사무소의 사무원이 도급받아 시공한 것으로 추정하여 부가가치세법상의 과세요건인 용역의 공급에 해당한다고 본 사례.

(대법원 2002.11.13. 선고 2002두6392 판결【부가가치세부과처분취소】)

12. 자백과 입증책임

가. 특수관계 있는 자로부터의 수입물품에 대하여 구 관세법(1988.12.26. 법률 제4027호 개정되기 전의 것) 제9조의8 및 그 위임을 받은 관세평가시행규칙(관세청 고시, 제86-428호) 제28조의 규정에 따라 과세가격을 정한 사례

나. 조세소송에서 과세요건사실인 필요경비의 입증책임이 과세관청에게 있다고 하더라도 원고가 이를 자백한 경우에는 그 필요경비에 관한 과세관청의 입증필요는 면제된다고 볼 것이다.

(대법원 1991.1.29. 선고 90누5054 판결【관세등부과처분취소】)

第5節 裁 判

第27條【裁量處分의 取消】

▶ 재량처분의 취소

1. 기속행위와 재량행위의 구별기준

[1] 어느 행정행위가 기속행위인지 재량행위인지 나아가 재량행위라고 할지라도 기속재량행위인지 또는 자유재량에 속하는 것인지의 여부는 이를 일률적으로 규정지을 수는 없는 것이고, 당해 처분의 근거가 된 규정의 형식이나 체제 또는 문언에 따라 개별적으로 판단하여야 한다.

[2] 구 주택건설촉진법(1994.1.7. 법률 제4723호로 개정되기 전의 것) 제44조 및 같은법시행령(1994.7.30. 대통령령 제14349호로 개정되기 전의 것) 제42조의 규정에 따라 설립인가를 신청한 주택조합의 사업내용이 같은 법 등 관계 법령의 규정에 위배되거나 사회질서를 해칠 우려가 있음이 명백한 때에는 인가를 거부할 수 있다고 보아야 하고 그 경우에 법규에 명문의 근거가 없더라도 거부처분을 할 수 있다.

(대법원 1995.12.12. 선고 94누12302 판결【주택조합설립인가신청거부처분취소】)

2. 사법심사의 대상이 되는 자유재량의 한계

행정청에 부여된 재량권은 그것이 기속재량의 경우는 물론 자유재량의 경우라도 스스로 지켜야 할 한계가 있고 그 한계는 법의 규정뿐만 아니라 관습법 또는 일반 조리에 의하여 정하여져야 할 것이므로 이와 같은 여러 기준에 비추어 심히 부당하다고 인정되는 경우에는 그 재량권행사는 부당하다기 보다는 사법심사의 대상이 되는 위법한 행위가 된다.

(대법원 1985.2.26. 선고 84누588 판결【해임처분취소】)

3. 기속행위 내지 기속재량행위와 재량행위 내지 자유재량행위의 구분 기준 및 그 각각에 대한 사법심사 방식

[1] 행정행위가 그 재량성의 유무 및 범위와 관련하여 이른바 기속행위 내지

기속재량행위와 재량행위 내지 자유재량행위로 구분된다고 할 때, 그 구분은 당해 행위의 근거가 된 법규의 체재·형식과 그 문언, 당해 행위가 속하는 행정 분야의 주된 목적과 특성, 당해 행위 자체의 개별적 성질과 유형 등을 모두 고려하여 판단하여야 하고, 이렇게 구분되는 양자에 대한 사법심사는, 전자의 경우 그 법규에 대한 원칙적인 기속성으로 인하여 법원이 사실인정과 관련 법규의 해석·적용을 통하여 일정한 결론을 도출한 후 그 결론에 비추어 행정청이 한 판단의 적법 여부를 독자의 입장에서 판정하는 방식에 의하게 되나, 후자의 경우 행정청의 재량에 기한 공익판단의 여지를 감안하여 법원은 독자의 결론을 도출함이 없이 당해 행위에 재량권의 일탈·남용이 있는지 여부만을 심사하게 되고, 이러한 재량권의 일탈·남용 여부에 대한 심사는 사실오인, 비례·평등의 원칙 위배, 당해 행위의 목적 위반이나 동기의 부정 유무 등을 그 판단 대상으로 한다.

[2] 구 도시계획법(2000.1.18. 법률 제6243호로 전문 개정되기 전의 것) 제21조와 같은법시행령(1998.5.19. 대통령령 제15799호로 개정되기 전의 것) 제20조 제1, 2항 및 같은법시행규칙(1998.5.19. 건설교통부령 제133호로 개정되기 전의 것) 제7조 제1항 제6호 (다)목 등의 규정을 살펴보면, 도시의 무질서한 확산을 방지하고 도시주변의 자연환경을 보전하여 도시민의 건전한 생활환경을 확보하기 위하여 지정되는 개발제한구역 내에서는 구역 지정의 목적상 건축물의 건축이나 그 용도변경은 원칙적으로 금지되고, 다만 구체적인 경우에 위와 같은 구역 지정의 목적에 위배되지 아니할 경우 예외적으로 허가에 의하여 그러한 행위를 할 수 있게 되어 있음이 위와 같은 관련 규정의 체재와 문언상 분명한 한편, 이러한 건축물의 용도변경에 대한 예외적인 허가는 그 상대방에게 수익적인 것에 틀림이 없으므로, 이는 그 법률적 성질이 재량행위 내지 자유재량행위에 속하는 것이라고 할 것이고, 따라서 그 위법 여부에 대한 심사는 재량권 일탈·남용의 유무를 그 대상으로 한다.

[3] 구 도시계획법(2000.1.18. 법률 제6243호로 전문 개정되기 전의 것)상의 개발제한구역 내에서의 건축물 용도변경에 대한 허가가 가지는 예외적인 허가로서의 성격과 그 재량행위로서의 성격에 비추어 보면, 그 용도변경의 허가는 개발제한구역에 속한다는 것 이외에 다른 공익상의 사유가 있어야만 거부할 수가 있고 그렇지 아니하면 반드시 허가를 하여야만 하는 것이 아니라 그 용도변경이 개발제한구역의 지정 목적과 그 관리에 위배되지 아니한다는 등의 사정이 특별히 인정될 경우에 한하여 그 허가가 가능한 것이고, 또 그에 관한 행정청의 판단이 사실오인, 비례·평등의 원칙 위배, 목적위반 등에 해당하지 아니하면 이를 재량

권의 일탈·남용이라고 하여 위법하다고 할 수가 없다.

[4] 구 도시계획법(2000.1.18. 법률 제6243호로 전문 개정되기 전의 것)상의 개발제한구역 내의 주택에 대하여 농업종사 등의 목적으로 이축허가를 받아 이를 신축한 후 취사용 가스판매장으로 용도변경신청을 하자 행정청이 당시 추진하여 온 '엘피지(LPG) 판매업소 외곽이전 공동화사업'과 그 주택에 대한 당초의 이축허가 목적 등에 적합하지 아니하다는 사유로 불허가처분을 한 경우, 재량권의 일탈·남용의 위법한 처분으로 단정하기 어렵다고 한 사례.

(대법원 2001.2.9. 선고 98두17593 판결【건축물용도변경신청거부처분취소】)

4. 수익적 행정처분과 재량행위성

[1] 구 주택건설촉진법(1994.1.7. 법률 제4723호로 개정되기 전의 것) 제33조에 의한 주택건설사업계획의 승인은 상대방에게 권리나 이익을 부여하는 효과를 수반하는 이른바 수익적 행정처분으로서 법령에 행정처분의 요건에 관하여 일의적으로 규정되어 있지 아니한 이상 행정청의 재량행위에 속한다.

[2] 민영주택건설사업계획 승인을 위하여 주택건설사업계획이 갖추어야 할 기준이나 이를 심사·확인하는 방법을 정하는 것 역시 법령에 특별히 규정된 바가 없으면 행정청의 재량에 속하는 것이므로, 행정청은 법규에 근거가 없더라도 주택건설사업계획이 입지 등의 면에서 승인기준에 적합한지 여부를 심사·확인하는 방법으로 사전에 입지심의 등의 절차를 거치도록 할 수 있고, 그것이 객관적으로 합리적이 아니라거나 타당하지 않다고 보이지 아니하는 이상 사전 입지심의 등을 거치지 않은 사업계획의 승인신청을 반려하는 처분을 하였다고 하더라도 그것이 위법하다고 할 수 없다.

(대법원 1996.10.11. 선고 95누9020 판결【민영주택건설사업계획승인신청반려처분취소】)

5. 도시계획결정의 재량행위성

[1] 주택건설촉진법 제33조 제1항이 정하는 주택건설사업계획의 승인은 이른바 수익적 행정처분으로서 행정청의 재량행위에 속하고, 따라서 그 전 단계로서 같은 법 제32조의4 제1항이 정하는 주택건설사업계획의 사전결정 역시 재량행위라고 할 것이므로, 사전결정을 받으려고 하는 주택건설사업계획이 관계 법령이 정하는 제한에 배치되는 경우는 물론이고, 그러한 제한사유가 없는 경우에도 공익상 필요가 있으면 처분권자는 그 사전결정 신청에 대하여 불허가결정을 할 수 있다.

[2] 당해 토지가 개발제한구역 내의 야산인 모락산 자락에 자리잡고 있어 고층 아파트단지로보다는 소규모 주택단지로 개발함이 주위 환경이나 경관과의 조화를 이룰 수 있고, 개설 중인 인접 우회도로에서의 조망을 확보할 수 있는 점, 주택회사가 사전결정을 신청하기 이전부터 도시계획전문용역업체에 의뢰하여 당해 계쟁 토지 일대를 소규모 주택단지로 개발하기 위한 지적고시 작업을 지방자치단체장이 추진하여 온 점 등에 비추어 볼 때 위 회사의 주택건설사업계획사전결정 신청을 불허가한 지방자치단체장의 처분은 재량권 일탈·남용이 아니라고 본 사례.

[3] 도시계획은 도시정책상의 전문적·기술적 판단에 기초하여 도시의 건설·정비·개량 등과 같은 특정한 행정목표를 달성하기 위하여 서로 관련되는 행정수단을 종합·조정함으로써 장래의 일정한 시점에 있어서 일정한 질서를 실현하기 위한 활동기준을 설정하는 것으로서 재량행위라 할 것이므로 재량권의 일탈·남용이 없는 이상 그 도시계획결정을 위법하다고 할 수 없다.

[4] 행정주체가 구체적인 도시계획을 입안·결정함에 있어서 비교적 광범위한 계획재량을 갖고 있지만, 여기에는 도시계획에 관련된 자들의 이익을 공익과 사익에서는 물론, 공익 상호간과 사익 상호간에도 정당하게 비교·교량하여야 한다는 제한이 있는 것이므로, 행정주체가 도시계획을 입안·결정함에 있어서 이익형량을 전혀 하지 아니하거나 이익형량의 고려대상에 마땅히 포함시켜야 할 사항을 누락한 경우 또는 이익형량을 하였으나 정당성·객관성이 결여된 경우에는 그 행정계획결정은 재량권을 일탈·남용한 위법한 처분이라 할 수 있고, 또한 비례의 원칙(과잉금지의 원칙)상 그 행정목적을 달성하기 위한 수단은 목적달성에 유효·적절하고 또한 가능한 한 최소침해를 가져오는 것이어야 하며 아울러 그 수단의 도입으로 인한 침해가 의도하는 공익을 능가하여서는 아니 된다.

[5] 도시의 건전한 발전에 기여하고 공공의 안녕질서와 공공복리의 증진에 기여하고자 하는 도시계획법의 목적에 비추어 볼 때, 당해 계쟁 토지상에 폭 6m의 도로신설에 관한 도시계획변경결정이 공익상의 필요에 터잡은 것으로서 그 행정목적에 적합하고 필요하며 상당성을 가진 것이라 인정할 수 있고, 그로 인하여 침해될 우려가 있는 개인의 법률상 이익 등을 고려한다고 하더라도, 위 결정이 비례의 원칙이나 평등의 원칙 등에 반하지 아니하고, 재량권 일탈·남용이 아니라고 본 사례.

(대법원 1998.4.24. 선고 97누1501 판결【주택건설사업계획사전결정불허가처분취소등】)

6. 한약조제시험 실시기관인 국립보건원장의 평가방법 및 채점기준 설정행위의 성질

[1] 당해 한약조제시험은 약사법이 위와 같이 개정되면서 의약분업의 시행을 위한 근거가 마련되고 한약조제를 담당할 한약사제도가 신설됨에 따라 위 개정법 시행 당시에 있어 약사면허 소지자와 약학을 전공하는 대학을 졸업하고 약사면허를 받지 아니한 자들의 기득권을 보호하는 차원에서 한시적으로 시행하는 자격시험으로서, 그 시험과목, 공고절차 및 합격기준을 대통령령으로 정하고 있는바, 위 시험에 있어서 평가방법 및 채점기준의 설정은 국립보건원장이 시험실시기관으로서 시험의 목적 및 내용 등을 고려하여 관계 법령이 정하는 범위 내에서 자유로이 정할 수 있는 재량행위라 할 수 있고, 그러한 기준 등에 의한 합격·불합격 처분은 그것이 재량권을 남용 내지 일탈하여 현저하게 불합리한 것이 아니라면 이를 위법하다고 할 수 없다.

[2] 국립보건원장이 당해 한약조제시험의 평가방법 및 채점기준 특히 답안카드의 책형란 표기에 관한 주의사항을 당해 응시자에게 충분히 고지한 당해 사안에 있어서 책형을 잘못 기재한 위 응시자의 답안카드에 대하여 위 채점기준 등에 따라 컴퓨터 채점을 하고 그 결과에 기하여 위 응시자를 불합격 처리한 당해 처분이 적법하다고 본 조치는 정당하고, 비록 시험감독관이 시험장에서 위 응시자의 답안카드와 문제지의 유형을 확인·지적하지 아니하였다거나 당해 시험에 있어서 책형을 기재하지 아니한 일부 응시자가 수작업에 의한 채점으로 구제된 바가 있다고 하여도 위 시험의 목적 및 내용, 그 평가방법 및 채점기준, 특히 위와 같은 오류의 객관적인 명백성의 정도나 그 내용 등에 비추어 보면 위 응시자 주장과 같은 사유만으로 위 결론이 달라진다고 할 수 없다.

(대법원 1998.7.10. 선고 97누13771 판결【한약조제시험불합격처분취소】)

7. 국가고시 문제 출제행위의 성질

[1] 행정행위로서의 시험의 출제업무에 있어서, 출제 담당위원은 법령규정의 허용범위 내에서 어떠한 내용의 문제를 출제할 것인가, 그 문제의 문항과 답항을 어떤 용어나 문장형식을 써서 구성할 것인가를 자유롭게 정할 수 있다는 의미에서 재량권을 가진다고 할 것이며, 반면에 그 재량권에는 그 시험의 목적에 맞추어 수험생들의 능력을 평가할 수 있도록 출제의 내용과 구성에서 적정하게 행사되어야 할 한계가 내재되는 바이어서 그 재량권의 행사가 그 한계를 넘을

때에는 그 출제행위는 위법하게 될 것이다.

[2] 국어학이나 논리학 과목이 아닌 전문분야 시험의 출제기법으로서 문항과 답항의 구성에서의 다의적 용어의 사용은 어느 정도 불가피한 면이 있어서 전문용어가 아닌 일반용어를 사용하는 과정에서 엄밀하게 정확한 용어를 사용하지 아니함으로써 생긴 모든 출제상의 잘못을 예외없이 재량권이 남용, 일탈된 것으로 그의 위법성을 단정할 것은 아니다.

[3] 사법시험 객관식 문제의 출제에 있어서, 법령규정이나 확립된 해석에 어긋나는 법리를 진정한 것으로 전제하여 출제한 법리상의 오류가 재량권의 남용 또는 일탈로서 위법한 것임은 당연하며, 법리상의 오류를 범하지는 아니하였더라도 그의 문항이나 답항의 문장구성이나 표현용어 선택이 지나칠 정도로 잘못되어 결과적으로 사법시험의 평균수준의 수험생으로 하여금 정당한 답항을 선택할 수 없게 만든 때에도 재량권의 남용 또는 일탈이라고 할 것이지만, 법리상의 오류는 없고 문항이나 답항의 일부 용어표현이 미흡하거나 부정확한 편으로서 객관식 답안작성 요령이나 전체의 문항과 답항의 종합·분석을 통하여 진정한 출제의도 파악과 정답선택에 있어 사법시험의 평균수준의 수험생으로서는 장애를 받지 않을 정도에 그친 때에는, 특별한 사정이 없는 한, 그러한 잘못을 들어 재량권의 남용 또는 일탈이라고 하기는 어려울 것이므로, 사법시험 출제행위에서 재량권을 벗어났다거나 재량권이 남용되었다고 할 수 있으려면 출제와 답안작성 관련 규정의 규제내용, 출제과목의 성격, 출제의 동기, 다툼이 된 문항과 답항의 내용과 표현 및 구성, 응시자의 이해능력의 수준 등 전체 법질서의 관점에서 관련되는 모든 사정에 관한 구체적이고도 종합적인 검토가 선행되어야 할 것이다.

[4] 사법시험 객관식 문제에 조금 미흡하거나 정확하지 못한 표현이 사용되었다 하더라도 평균적인 수험생으로 하여금 문제의 의미 파악과 정답항의 선택을 그르치게 할 정도는 아니어서 그 출제행위에 재량권을 일탈하거나 남용한 위법이 없다고 한 사례.

(대법원 2001.4.10. 선고 99다33960 판결【손해배상(기)】)

8. 재량일탈 남용여부의 판단 기준

[1] 타인 사이의 항고소송에서 소송의 결과에 관하여 이해관계가 있다고 주장하면서 민사소송법(2002.1.26. 법률 제6626호로 전문 개정된 것) 제71조에 의한 보조참가를 할 수 있는 제3자는 민사소송법상의 당사자능력 및 소송능력을 갖춘

자이어야 하므로 그러한 당사자능력 및 소송능력이 없는 행정청으로서는 민사 소송법상의 보조참가를 할 수는 없고 다만 행정소송법 제17조 제1항에 의한 소송참가를 할 수 있을 뿐이다(행정청에 불과한 서울특별시장의 보조참가신청을 부적법하다고 한 사례).

[2] 법원은 다른 행정청을 소송에 참가시킬 필요가 있다고 인정되는 때에 그 행정청을 소송에 참가시킬 수 있고, 여기에서 참가의 필요성은 관계되는 다른 행정청을 소송에 참가시킴으로써 소송자료 및 증거자료가 풍부하게 되어 그 결과 사건의 적정한 심리와 재판을 하기 위하여 필요한 경우를 가리킨다(상고심에서의 참가 필요성을 인정하지 않은 사례).

[3] 제재적 행정처분이 사회통념상 재량권의 범위를 일탈하였거나 남용하였는지 여부는 처분사유로 된 위반행위의 내용과 당해 처분행위에 의하여 달성하려는 공익목적 및 이에 따른 제반 사정 등을 객관적으로 심리하여 공익침해의 정도와 그 처분으로 인하여 개인이 입게 될 불이익을 비교 교량하여 판단하여야 한다.

[4] 성수대교를 부실시공하여 붕괴사고를 초래한 동아건설산업 주식회사에 대하여 한 건설업(철강재설치공사업)면허취소처분이 재량권을 일탈·남용한 경우에 해당하지 않는다고 한 사례.

(대법원 2002.9.24. 선고 99두1519 판결【건설업면허취소처분취소】)

9. 재량권일탈에 대한 주장·입증책임

자유재량에 의한 행정처분이 그 재량권의 한계를 벗어난 것이어서 위법하다는 점은 그 행정처분의 효력을 다투는 자가 이를 주장·입증하여야 하고 처분청이 그 재량권의 행사가 정당한 것이었다는 점까지 주장·입증할 필요는 없다.

(대법원 1987.12.8. 선고 87누861 판결【공유수면점용료부과처분】)

10. 학생에 대한 징계처분이 재량행위라는 이유로 사법심사 대상에서 제외되는지 여부(소극)

가. 행정소송의 대상이 되는 행정처분이란 행정청이 행하는 구체적 사실에 관한 법집행으로서의 공권력의 행사 또는 그 거부와 그 밖에 이에 준하는 행정작용을 말하는 것인바, 국립 교육대학 학생에 대한 퇴학처분은, 국가가 설립·경영하는 교육기관인 동 대학의 교무를 통할하고 학생을 지도하는 지위에 있는 학장이 교육목적실현과 학교의 내부질서유지를 위해 학칙 위반자인 재학생에

대한 구체적 법집행으로서 국가공권력의 하나인 징계권을 발동하여 학생으로서의 신분을 일방적으로 박탈하는 국가의 교육행정에 관한 의사를 외부에 표시한 것이므로, 행정처분임이 명백하다.

나. 학생에 대한 징계권의 발동이나 징계의 양정이 징계권자의 교육적 재량에 맡겨져 있다 할지라도 법원이 심리한 결과 그 징계처분에 위법사유가 있다고 판단되는 경우에는 이를 취소할 수 있는 것이고, 징계처분이 교육적 재량행위라는 이유만으로 사법심사의 대상에서 당연히 제외되는 것은 아니다.

다. 국립 교육대학의 학칙에 학장이 학생에 대한 징계처분을 하고자 할 때에는 교수회의 심의·의결을 먼저 거쳐야 하도록 규정되어 있는 경우, 교수회의 학생에 대한 무기정학처분의 징계의결에 대하여 학장이 징계의 재심을 요청하여 다시 개최된 교수회에서 학장이 교수회의 징계의결내용에 대한 직권 조정권한을 위임하여 줄 것을 요청한 후 일부 교수들의 찬반토론은 거쳤으나 표결은 거치지 아니한 채 자신의 책임 아래 직권으로 위 교수회의 징계의결내용을 변경하여 퇴학처분을 하였다면, 위 퇴학처분은 교수회의 심의·의결을 거침이 없이 학장이 독자적으로 행한 것에 지나지 아니하여 위법하다.

(대법원 1991.11.22. 선고 91누2144 판결【퇴학처분취소】)

11. 학생에 대한 징계처분이 재량행위라는 이유로 사법심사 대상에서 제외되는지 여부(소극)

[1] 서울특별시의사회가 진단서 등 의료기관 증명서의 발급수수료를 현행보다 2배 수준으로 인상하기로 의결하고 이를 소속 회원들에게 시행하도록 한 행위에 대하여 공정거래위원회가 과징금 납부를 명령한 사안에서, 그 행위가 경쟁질서의 저해 정도가 매우 강하고 다수 소비자에게 직접 피해가 발생할 우려가 있는 가격담합행위의 일종으로서 독점규제 및 공정거래에 관한 법률이 특히 금지하고자 하는 행위유형에 속하는 점 등에 비추어, 이를 과징금부과 세부기준 등에 관한 고시에 정한 '중대한' 위반행위로 보아 30%의 과징금 부과기준율을 적용하여 과징금을 산정한 것이, 재량권의 한계를 일탈하거나 남용한 것이 아니라고 한 사례.

[2] 처분을 할 것인지 여부와 처분의 정도에 관하여 재량이 인정되는 과징금 납부명령에 대하여 그 명령이 재량권을 일탈하였을 경우, 법원으로서는 재량권의 일탈 여부만 판단할 수 있을 뿐이지 재량권의 범위 내에서 어느 정도가 적정한 것인지에 관하여는 판단할 수 없어 그 전부를 취소할 수밖에 없고, 법원이

적정하다고 인정하는 부분을 초과한 부분만 취소할 수는 없다.
(대법원 2009.6.23. 선고 2007두18062 판결【시정명령등취소】)

▶ 위법판단 기준시

12. 행정처분의 위법 여부 판단의 기준시점

[1] 행정소송에서 행정처분의 위법 여부는 행정처분이 행하여졌을 때의 법령과 사실상태를 기준으로 하여 판단하여야 하고, 처분 후 법령의 개폐나 사실상태의 변동에 의하여 영향을 받지는 않는다.

[2] 지방자치단체장이 공장시설을 신축하는 회사에 대하여 사업승인 내지 건축허가 당시 부가하였던 조건을 이행할 때까지 신축공사를 중지하라는 명령을 한 경우, 위 회사에게는 중지명령의 원인사유가 해소되었음을 이유로 당해 공사중지명령의 해제를 요구할 수 있는 권리가 조리상 인정된다.
(대법원 2007.5.11. 선고 2007두1811 판결【공사중지명령처분취소】)

13. 위법판단 기준시인 처분시의 의미

가. 항고소송에 있어서 행정처분의 위법 여부를 판단하는 기준 시점에 대하여 판결시가 아니라 처분시라고 하는 의미는 행정처분이 있을 때의 법령과 사실상태를 기준으로 하여 위법 여부를 판단할 것이며 처분 후 법령의 개폐나 사실상태의 변동에 영향을 받지 않는다는 뜻이고 처분 당시 존재하였던 자료나 행정청에 제출되었던 자료만으로 위법 여부를 판단한다는 의미는 아니므로, 처분 당시의 사실상태 등에 대한 입증은 사실심 변론종결 당시까지 할 수 있고, 법원은 행정처분 당시 행정청이 알고 있었던 자료뿐만 아니라 사실심 변론종결 당시까지 제출된 모든 자료를 종합하여 처분 당시 존재하였던 객관적 사실을 확정하고 그 사실에 기초하여 처분의 위법 여부를 판단할 수 있다.

나. 자동차운수사업법에 의한 자동차운수사업면허는 특정인에게 권리를 설정하여 주는 행위로서 법령에 특별한 규정이 없으면 재량행위이고 면허기준을 정하는 것 또한 행정청의 재량에 속한다 할 것이나, 기준 등이 객관적으로 보아 타당하지 않다고 여겨지는 경우에는 재량권 남용의 위법이 있다고 할 수 있으므로 서울특별시의 개인택시면허에 관한 지침 등은 객관적 타당성이 유지되도록 합리적으로 해석되고 적용되어야 한다.

다. 무사고 운전경력을 도로교통법시행규칙 제45조 제3항의 자동차운전면허대장상 최종 교통사고기록을 기준으로 산정하도록 되어 있는 서울특별시 1991년도 개인택시면허에 관한 지침은 무사고 운전경력을 자동차운전면허대장의 기록을 주된 자료로 하여 산정한다는 취지이지 자동차운전면허대장의 기록이 절대적이고 일체의 반증이 허용되지 않는다는 취지로 이해할 수 없다.

라. 자동차운수사업법시행규칙 제15조나 서울특별시 개인택시면허에 관한 지침의 무사고 운전경력이라 함은 처벌 사실의 유무에 불구하고 운전자의 책임 있는 사유에 의한 사고가 없었다는 운전경력을 말한다고 봄이 상당하고 운전자의 고의·과실 없는 사고는 무사고 운전경력 산정에 방해가 되지 않는다.

(대법원 1993.5.27. 선고 92누19033 판결【개인택시운송사업면허제외처분취소】)

14. 인허가신청 후 처분 전에 관계 법령이 개정시행된 경우, 변경된 법령 및 허가기준에 따라서 한 처분의 직부(적극)

[1] 행정행위는 처분 당시에 시행중인 법령과 허가기준에 의하여 하는 것이 원칙이고 인·허가신청 후 처분 전에 관계 법령이 개정시행된 경우 신법령 부칙에 그 시행 전에 이미 허가신청이 있는 때에는 종전의 규정에 의한다는 취지의 경과규정을 두지 아니한 이상 당연히 허가신청 당시의 법령에 의하여 허가 여부를 판단하여야 하는 것은 아니며, 소관 행정청이 허가신청을 수리하고도 정당한 이유 없이 처리를 늦추어 그 사이에 법령 및 허가기준이 변경된 것이 아닌 한 변경된 법령 및 허가기준에 따라서 한 불허가처분은 적법하다.

[2] 입법목적 등을 달리하는 법률들이 일정한 행위에 관한 요건을 각기 정하고 있는 경우 어느 법률이 다른 법률에 우선하여 배타적으로 적용된다고 풀이되지 아니하는 한 그 행위에 관하여 각 법률의 규정에 따른 허가를 받아야 할 것인바, 이러한 경우 그 중 하나의 허가에 관한 관계 법령 등에서 다른 법령상의 허가에 관한 규정을 원용하고 있는 경우나 그 행위가 다른 법령에 의하여 절대적으로 금지되고 있어 그것이 객관적으로 불가능한 것이 명백한 경우 등에는 그러한 요건을 고려하여 허가 여부를 결정할 수 있다.

[3] 주유소배치계획의기준에관한관리규정 제5조의8 제1항 제1호, 제4항의 각 조항(1995.11.11. 개정시 신설된 것)은, 상급기관인 건설부장관이 법령에 의하여 권한을 수임한 하급기관인 시장·군수에 대하여 통일적이고도 동등한 재량행사를 확보하기 위하여 그 재량권 행사방법을 정하여 발하고 있는 것으로서 행정기관 내부의 사무처리준칙에 불과할 뿐 대외적인 구속력을 가지는 것은 아니라 할 것이므로, 당해 불허가처분이 위 규칙에 위배되는 것이라 하여 위법의 문제는

생기지 아니하고 또한 그 처분의 적법 여부는 위 규칙에 적합한지의 여부에 의하여 판단할 것이 아니고 관계 법령의 규정 및 취지에 적합한지의 여부에 따라 개별적·구체적으로 판단하여야 한다.

[4] 안산시고시에서 정한 허가기준에 터잡은 당해 주유소허가신청에 대한 불허가처분이 적법하다고 한 사례.

(대법원 1998.3.27. 선고 96누19772 판결【석유판매업불허가처분취소】)

▶ 처분사유의 추가변경

15. 처분사유의 추가변경의 허용한계

[1] 행정처분의 취소를 구하는 항고소송에 있어서 그 처분의 위법 여부는 처분 당시를 기준으로 판단하여야 하는 것이고, 처분청은 당초 처분의 근거로 삼은 사유와 기본적 사실관계에 있어서 동일성이 있다고 인정되지 않는 별개의 사실을 들어 처분사유로 주장함은 허용되지 아니한다.

[2] 주택건설촉진법 제33조에 의한 주택건설사업계획의 승인은 상대방에게 권리나 이익을 부여하는 효과를 수반하는 이른바 수익적 행정처분으로서 법령에 행정처분의 요건에 관하여 일의적으로 규정되어 있지 아니한 이상 행정청의 재량행위에 속한다 할 것이고, 이러한 승인을 받으려는 주택건설사업계획이 관계 법령이 정하는 제한에 배치되는 경우는 물론이고 그러한 제한사유가 없는 경우에도 공익상 필요가 있으면 처분권자는 그 승인신청에 대하여 불허가 결정을 할 수 있다.

(대법원 2005.4.15. 선고 2004두10883 판결【주택건설사업계획승인신청반려처분취소】)

16. 기본적 사실관계의 동일성 유무의 판단 기준

[1] 지적법상 신축주택의 부지가 될 수 없는 나머지 임야 부분은 사실상 신축주택의 부지로 사용될 것이 예상된다고 하더라도 구 국토이용관리법시행령(2002.12.26. 대통령령 제17816호 국토의계획및이용에관한법률시행령 부칙 제2조로 폐지) 제14조 제1항 제3호의2에서 정한 '부지면적'에 포함되지 아니한다고 한 사례.

[2] 행정처분의 취소를 구하는 항고소송에 있어서는 실질적 법치주의와 행정처분의 상대방인 국민에 대한 신뢰보호라는 견지에서 처분청은 당초 처분의 근거로 삼은 사유와 기본적 사실관계에 있어서 동일성이 있다고 인정되지 않는

별개의 사실을 들어 처분사유로 주장함은 허용되지 아니하나, 당초 처분의 근거로 삼은 사유와 기본적 사실관계에 있어서 동일성이 있다고 인정되는 한도 내에서는 다른 사유를 추가하거나 변경할 수 있고, 여기서 기본적 사실관계의 동일성 유무는 처분사유를 법률적으로 평가하기 이전의 구체적인 사실에 착안하여 그 기초가 되는 사회적 사실관계가 기본적인 점에서 동일한지 여부에 따라 결정된다.

[3] 주택신축을 위한 산림형질변경허가신청에 대하여 행정청이 거부처분을 하면서 당초 거부처분의 근거로 삼은 준농림지역에서의 행위제한이라는 사유와 나중에 거부처분의 근거로 추가한 자연경관 및 생태계의 교란, 국토 및 자연의 유지와 환경보전 등 중대한 공익상의 필요라는 사유는 기본적 사실관계에 있어서 동일성이 인정된다고 한 사례.

(대법원 2004.11.26. 선고 2004두4482 판결【산림형질변경불허가처분취소】)

17. 행정처분의 근거법령만 추가변경한 경우, 추가변경한 법령을 적용하여 처분의 적법여부를 판단할 수 있는지 여부

행정처분의 적법여부는 특별한 사정이 없는 한 처분당시의 사유를 기준으로 판단하는 것이나 처분청이 처분당시에 적시한 구체적 사실을 변경하지 아니하는 범위내에서 단지 그 처분의 근거법령만을 추가변경하는 것은 새로운 처분사유의 추가라고 볼 수 없으므로 이와 같은 경우에는 처분청이 처분당시에 적시한 구체적 사실에 대하여 처분후에 추가변경한 법령을 적용하여 그 처분의 적법여부를 판단하여도 무방하다.

(대법원 1987.12.8. 선고 87누632 판결【개인택시운송사업면허취소처분취소】)

18. 과세처분취소소송에서 처분사유 변경의 한계 및 국세부과의 제척기간 경과

[1] 과세처분취소소송에서의 소송물은 과세관청의 처분에 의하여 인정된 과세표준 및 세액의 객관적 존부이고, 과세관청으로서는 소송 도중이라도 사실심 변론종결시까지 그 처분에서 인정한 과세표준 또는 세액의 정당성을 뒷받침하기 위하여 처분의 동일성이 유지되는 범위 내에서 처분사유를 교환·변경할 수 있으며, 과세관청이 종합소득세부과처분의 정당성을 뒷받침하기 위하여 합산과세되는 종합소득의 범위 안에서 그 소득의 원천만을 달리 주장하는 것은 처분의 동일성이 유지되는 범위 내의 처분사유 변경에 해당하여 허용된다고 할 것

인바, 처분의 동일성이 유지되는 범위 내에서 처분사유를 변경하는 것은 새로운 처분이라고 할 수 없으므로 국세부과의 제척기간이 경과되었는지 여부도 당초의 처분시를 기준으로 판단하여야 하고 처분사유 변경시를 기준으로 판단하여서는 아니 된다.

[2] 과세관청이 과세대상 소득에 대하여 이자소득이 아니라 대금업에 의한 사업소득에 해당한다고 처분사유를 변경한 것은 처분의 동일성이 유지되는 범위 내에서의 처분사유 변경에 해당하여 허용되며, 또 그 처분사유의 변경이 국세부과의 제척기간이 경과한 후에 이루어졌는지 여부에 관계없이 국세부과의 제척기간이 경과되었는지 여부는 당초의 처분시를 기준으로 판단하여야 한다고 한 사례.

(대법원 2002.3.12. 선고 2000두2181 판결【종합소득세등부과처분취소】)

19. 추가된 사유가 당초의 처분시 이미 존재하고 있었고 당사자도 그 사실을 알고 있었다 하여 당초의 처분사유와 동일성이 있는 것인지 여부(소극)

[1] 공공기관의정보공개에관한법률의 목적, 규정 내용 및 취지 등에 비추어 보면, 국민의 정보공개청구권은 법률상 보호되는 구체적인 권리라 할 것이므로, 공공기관에 대하여 정보의 공개를 청구하였다가 공개거부처분을 받은 청구인은 행정소송을 통하여 그 공개거부처분의 취소를 구할 법률상의 이익이 있다.

[2] 공공기관의정보공개에관한법률 제1조, 제3조, 헌법 제37조의 각 취지와 행정입법으로는 법률이 구체적으로 범위를 정하여 위임한 범위 안에서만 국민의 자유와 권리에 관련된 규율을 정할 수 있는 점 등을 고려할 때, 공공기관의 정보공개에관한법률 제7조 제1항 제1호 소정의 '법률에 의한 명령'은 법률의 위임규정에 의하여 제정된 대통령령, 총리령, 부령 전부를 의미한다기보다는 정보의 공개에 관하여 법률의 구체적인 위임 아래 제정된 법규명령(위임명령)을 의미한다.

[3] 행정처분의 취소를 구하는 항고소송에 있어서, 처분청은 당초 처분의 근거로 삼은 사유와 기본적 사실관계가 동일성이 있다고 인정되는 한도 내에서만 다른 사유를 추가하거나 변경할 수 있고, 여기서 기본적 사실관계의 동일성 유무는 처분사유를 법률적으로 평가하기 이전의 구체적인 사실에 착안하여 그 기초인 사회적 사실관계가 기본적인 점에서 동일한지 여부에 따라 결정되며, 추가 또는 변경된 사유가 당초의 처분시 그 사유를 명기하지 않았을 뿐 처분시에 이미 존재하고 있었고 당사자도 그 사실을 알고 있었다 하여 당초의 처분사유와

동일성이 있는 것이라 할 수 없다.

[4] 당초의 정보공개거부처분사유인 검찰보존사무규칙 제20조 소정의 신청권자에 해당하지 아니한다는 사유는 새로이 추가된 거부처분사유인 공공기관의정보공개에관한법률 제7조 제1항 제6호의 사유와 그 기본적 사실관계의 동일성이 있다고 한 사례.

(대법원 2003.12.11. 선고 2003두8395 판결【정보공개거부처분취소】)

20. 취소소송에서 처분사유의 추가변경의 시한

[1] 공공용지의취득및손실보상에관한특례법 제8조 제1항이 사업시행자로 하여금 공공사업의 시행에 필요한 토지 등을 제공함으로 인하여 생활근거를 상실하게 되는 자에게 이주대책을 수립 실시하도록 하고 있는바, 택지개발촉진법에 따른 사업시행을 위하여 토지 등을 제공한 자에 대한 이주대책을 세우는 경우 위 이주대책은 공공사업에 협력한 자에게 특별공급의 기회를 요구할 수 있는 법적인 이익을 부여하고 있는 것이라고 할 것이므로 그들에게는 특별공급신청권이 인정되며, 따라서 사업시행자가 위 조항에 해당함을 이유로 특별분양을 요구하는 자에게 이를 거부하는 행위는 비록 이를 민원회신이라는 형식을 통하여 하였더라도, 항고소송의 대상이 되는 거부처분이라고 할 것이다.

[2] 공공용지의취득및손실보상에관한특례법 제8조 제1항에 의하면 사업시행자는 이주대책의 수립, 실시의무가 있고, 그 의무이행에 따른 이주대책계획을 수립하여 공고하였다면, 이주대책대상자라고 하면서 선정신청을 한 자에 대해 대상자가 아니라는 이유로 거부한 행정처분에 대하여 그 취소를 구하는 것은 이주대책대상자라는 확인을 받는 의미도 함께 있는 것이며, 사업시행자가 하는 확인, 결정은 이주대책상의 택지분양권이나 아파트 입주권 등을 받을 수 있는 구체적인 권리를 취득하기 위한 요건에 해당하므로 현실적으로 이미 수립, 실시한 이주대책업무가 종결되었고, 그 사업을 완료하여 이 사건 사업지구 내에 더 이상 분양할 이주대책용 단독택지가 없다 하더라도 보상금청구권 등의 권리를 확정하는 법률상의 이익은 여전히 남아 있는 것이므로 그러한 사정만으로 이 거부처분의 취소를 구할 법률상 이익이 없다고 할 것은 아니다.

[3] 행정청은 기본적 사실관계의 동일성이 있다고 인정되는 한도 내에서만 다른 처분사유를 추가, 변경할 수 있다고 할 것이나 이는 사실심 변론종결시까지만 허용된다.

[4] 공공용지의취득및손실보상에관한특례법 제5조 제1항, 제5항 및 제8조 제

1항의 각 규정 취지에 비추어 가옥 소유자는 대외적인 소유권을 가진 자를 의미하는 것이 아니라 실질적인 처분권을 가진 자를 의미하는 것으로 봄이 상당하고, 또한 건물등기부등본 이외의 다른 신빙성 있는 자료에 의하여 그와 같은 실질적인 처분권이 있음의 입증을 배제하는 것도 아니라고 할 것이다.

(대법원 1999.8.20. 선고 98두17043 판결【단독주택용지조성원가공급거부처분취소】)

第 28 條【事情判決】

1. 직권으로 사정판결을 할 수 있는지 여부(적극)

가. 행정소송법 제18조 제3항 제1호 소정의 '동종사건'에는 당해 사건은 물론이고, 당해 사건과 기본적인 점에서 동질성이 인정되는 사건도 포함되는 것으로서, 당해 사건에 관하여 타인이 행정심판을 제기하여 그에 대한 기각재결이 있었다든지 당해 사건 자체는 아니더라도 그 사건과 기본적인 점에서 동질성을 인정할 수 있는 다른 사건에 대한 행정심판의 기각재결이 있을 때도 여기에 해당한다.

나. 행정소송에 있어서 법원이 행정소송법 제28조 소정의 사정판결을 할 필요가 있다고 인정하는 때에는 당사자의 명백한 주장이 없는 경우에도 일건 기록에 나타난 사실을 기초로 하여 직권으로 사정판결을 할 수 있다.

다. 주택조합이 그 구성원에게 건설 공급하는 주택의 경우에는 원칙적으로 입주자모집공고일에 관한 주택공급에관한규칙 제7조 등의 규정이 적용되지 아니하여 입주자모집공고일을 확정할 수 없으므로 위 규칙 제4조 제1항을 근거로 하여 직장조합의 조합원이 될 수 있는 자격이 조합원이 되기 이전 1년 이내에 무주택자인 자로 한정된다고 할 수 없으나 당해 직장조합의 규약상 조합원이 될 수 있는 자를 그와 같이 한정하고 있는 경우에는 그 규약이 정하는 바에 따라 조합원의 자격이 가려져야 할 것이고 또 구 주택건설촉진법(1992.12.8. 법률 제4530호로 개정되기 전의 것) 제3조 제9호는 주택조합을 정의함에 있어서 주택이 없는 주민 또는 근로자들이 주택을 마련하기 위하여 설립한 조합을 지역조합 또는 직장조합이라고 하고 있으므로 지역조합이나 직장조합의 조합원이 되려면 조합원이 되기 이전에 무주택자일 필요는 없다 하더라도 적어도 조합원이 될 당시(원칙적으로 조합설립인가시)에는 무주택자라야 한다.

라. 같은 법 제33조의2 제1항, 같은법시행령(1992.5.30. 대통령령 제13655호로 개

정되기 전의 것) 제34조 제1항에 비추어 보면, 주택건설사업 완료 후 건축물에 대하여 준공검사를 받기 위하여는 승인받은 사업계획에 부합하는 사업을 시행하여야 하고, 만일 승인받은 사업계획에 대하여 변경승인을 얻어야 할 사정이 있을 경우에는 그러한 내용의 변경승인을 얻지 않은 한 그 사업으로 인한 건축물에 대한 준공검사신청은 받아들일 수 없다 할 것이므로 주택조합의 조합원들 중에 무자격자가 있다면 이를 정리하여 사업계획변경승인을 얻어야 하고, 그 승인을 얻지 못한 경우에는 그 사업으로 인한 건축물에 대한 준공검사신청 역시 받아들일 수 없다.

(대법원 1993.9.28. 선고 93누9132 판결【사업계획변경승인신청거부처분취소등】)

2. 행정처분이 무효인 경우 사정판결의 가부(소극)

[1] 소의 주관적 예비적 청구의 병합에 있어서 예비적 당사자 특히 예비적 피고에 대한 청구의 당부에 관한 판단은 제1차적 피고에 대한 청구의 판단결과에 따라 결정되므로 예비적 피고의 소송상의 지위가 현저하게 불안정하고 또 불이익하게 되어 이를 허용할 수 없으므로 예비적 피고에 대한 청구는 이를 바로 각하하여야 한다.

[2] 수용 대상 토지에 대하여 처분금지가처분의 등기가 경료되어 있는 경우에 그 사유만으로는 피보상자를 알 수 없다는 이유로 공탁할 수 없고, 다만 소유권등기말소청구권을 피보전권리로 하는 처분금지가처분등기가 경료되어 있는 등 수용 대상 토지에 대한 소유권의 귀속에 관하여 다툼이 있는 경우에는 기업자가 피보상자를 알 수 없다는 이유로 공탁을 할 수 있으나, 그 피보전권리가 소유권이전등기청구권인 때에는 피공탁자의 상대적 불확지를 이유로 하는 공탁을 할 수는 없다. 한편 토지수용법 제69조는 "담보물권의 목적물이 수용 또는 사용되었을 경우에는 당해 담보물권은 그 목적물의 수용 또는 사용으로 인하여 채무자가 받을 보상금에 대하여 행사할 수 있다. 다만, 그 지불 전에 이를 압류하여야 한다"고 규정하고 있으므로, 지불 전에 압류가 없는 한 보상금에 대하여 담보물권을 행사할 수 없고, 이 경우에도 보상금 채권의 압류가 없는 한 토지소유자에게 보상금 지급이 금지되는 것이 아니므로, 수용 대상 토지에 근저당권설정등기가 경료되어 있다는 사유를 들어 피보상자를 알 수 없다는 이유로 공탁할 수는 없다.

[3] 법원은 당사자의 고의 또는 중대한 과실로 시기에 늦게 제출한 공격 또는 방어방법이 그로 인하여 소송의 완결을 지연하게 하는 것으로 인정될 때에

는 이를 각하할 수 있고, 이는 독립된 결정의 형식으로 뿐만 아니라 판결 이유 중에서 판단하는 방법에 의하여 할 수도 있으나, 법원이 당사자의 공격 방어방법에 대하여 각하결정을 하지 아니한 채 그 공격 방어방법에 관한 증거조사까지 마친 경우에 있어서는 더 이상 소송의 완결을 지연할 염려는 없어졌으므로, 그러한 상황에서 새삼스럽게 판결 이유에서 당사자의 공격 방어방법을 각하하는 판단은 할 수 없고, 더욱이 실기한 공격 방어방법이라 하더라도 따로 심리하거나 증거조사를 하여야 할 사항이 남아 있어 어차피 기일의 속행을 필요로 하고 그 속행기일의 범위 내에서 공격 방어방법의 심리도 마칠 수 있거나 공격 방어방법의 내용이 이미 심리를 마친 소송자료의 범위 안에 포함되어 있는 때에는 소송의 완결을 지연시키는 것으로 볼 수 없으므로, 이와 같은 경우에도 각하할 수 없다.

[4] 당연무효의 행정처분을 소송목적물로 하는 행정소송에서는 존치시킬 효력이 있는 행정행위가 없기 때문에 행정소송법 제28조 소정의 사정판결을 할 수 없다.

(대법원 1996.3.22. 선고 95누5509 판결【토지수용재결처분취소등】)

3. 사정판결의 이유설시

구 행정소송법(51.8.24 법률 제213호) 제12조의 적용에 있어서는 법원이 보호하려는 사회적인 공동의 행복과 이익을 명시함은 물론 개인의 권리침해에 대한 구제를 희생하는 것이 필요불가결하다는 이유를 명백히 판시하여야 할 것이다.

(대법원 1968.7.30. 선고 62누191 판결【매매계약취소처분취소】)

4. 사정판결의 적용기준

가. 귀속잡종지의 매각에 있어서는 귀속재산관리법 제11조와 농지개혁법 제12조의 제한을 받지 아니한다.

나. 행정소송법 제12조는 위법 부당한 행정처분을 취소 변경해야 할 필요와 그 취소변경으로 인하여 발생할 수 있는 현저히 공공복리를 해치는 사태 등을 비교교량 하여 그 적용여부를 결정하여야 할 것이지만 개인의 적법한 기득권을 침해 희생시키는 것이 필요불가결하다고 볼 만한 명백한 사유가 있는 경우에 한하여 적용되어야 한다.

(대법원 1980.12.23. 선고 76누70 판결【행정처분취소·귀속재산임대차계약공매입찰행위취소】)

5. 사정판결제도의 위헌 여부(소극)

[1] 인·허가 등의 수익적 행정처분을 신청한 수인이 서로 경쟁관계에 있어서 일방에 대한 허가 등의 처분이 타방에 대한 불허가 등으로 귀결될 수밖에 없는 때 허가 등의 처분을 받지 못한 자는 비록 경원자에 대하여 이루어진 허가 등 처분의 상대방이 아니라 하더라도 당해 처분의 취소를 구할 원고 적격이 있다. 다만, 명백한 법적 장애로 인하여 원고 자신의 신청이 인용될 가능성이 처음부터 배제되어 있는 경우에는 당해 처분의 취소를 구할 정당한 이익이 없다.

[2] 법학전문대학원의 설치·운영에 관한 법률 제13조 제1호의 규정을 법학교수인 위원 본인과 심의대상 대학에 한정하여 보면 '법학교수인 위원이 심의대상인 대학에 재직하는 경우 당해 심의에 관여하지 못한다'라는 규정이 된다. 여기에서 '당해 심의'는 그 문언상 '법학교수인 위원이 재직하는 대학에 대한 심의'라고 볼 것이지만, 그것을 '법학교수인 위원이 재직하는 대학만을 다른 대학과 분리하여 독립적인 심의의 대상으로 삼은 경우'에 한정할 것은 아니다.

[3] 법학전문대학원의 설치인가 심사기준 중 법원행정처장 등에 대한 의견수렴절차 후에 추가·변경된 법조인 배출실적, 대학경쟁력 및 사회적 책무성 등의 사항에 대하여 다시 별도로 위 의견수렴절차를 거치지 않은 것이 법학전문대학원의 설치·운영에 관한 법률 제21조의 절차에 위배되었다고 할 수 없고, 그 심사기준들이 교육과학기술부장관이 재정지원하여 제출된 용역보고서에 제시되지 않았었다고 하더라도 설치인가 심사기준을 설정함에 있어 신뢰이익을 침해하였거나 재량권을 일탈·남용한 위법이 없다고 한 사례.

[4] 법학전문대학원의 설치·운영에 관한 법률이 우수한 법조인의 양성을 그 목적(제1조)으로 하면서도, 그 시행령에 교육과학기술부장관으로 하여금 법학전문대학원의 설치인가 등에서 지역 간 균형을 고려하도록 하는 규정(제5조)을 두고 있고, 헌법 제120조 제2항 및 제122조가 국토의 균형있는 발전에 관한 국가의 의무 등을 선언하고 있는 점을 종합하여 보면, 교육과학기술부장관은 교육역량이 우수한 대학의 선발과 지역 간 균형이 서로 조화를 이루는 범위 내에서 법학전문대학원에 대한 설치인가를 하여야 한다.

[5] 행정처분이 위법한 때에는 이를 취소함이 원칙이고 그 위법한 처분을 취소·변경하는 것이 도리어 현저히 공공의 복리에 적합하지 않은 경우에 극히 예외적으로 위법한 행정처분의 취소를 허용하지 않는다는 사정판결을 할 수 있으므로, 사정판결의 적용은 극히 엄격한 요건 아래 제한적으로 하여야 하고, 그

요건인 '현저히 공공복리에 적합하지 아니한가'의 여부를 판단할 때에는 위법·부당한 행정처분을 취소·변경하여야 할 필요와 그 취소·변경으로 발생할 수 있는 공공복리에 반하는 사태 등을 비교·교량하여 그 적용 여부를 판단하여야 한다. 아울러 사정판결을 할 경우 미리 원고가 입게 될 손해의 정도와 구제방법, 그 밖의 사정을 조사하여야 하고, 원고는 피고인 행정청이 속하는 국가 또는 공공단체를 상대로 손해배상 등 적당한 구제방법의 청구를 당해 취소소송 등이 계속된 법원에 청구할 수 있는 점(행정소송법 제28조 제2항, 제3항) 등에 비추어 보면, 사정판결제도가 위법한 처분으로 법률상 이익을 침해당한 자의 기본권을 침해하고, 법치행정에 반하는 위헌적인 제도라고 할 것은 아니다.

(대법원 2009.12.10. 선고 2009두8359 판결【예비인가처분취소】)

6. 공익성의 판단기준시

변론종결 당시의 정황으로 보아 처분을 취소함이 현저히 공공의 복리에 적합하지 아니하다고 판단한 실례.

(대법원 1970.3.24. 선고 69누29 판결【행정처분취소】)

7. 적법한 행정처분이라도 현저히 공공복리에 부적합한 경우 취소할 수 있는지 여부(소극)

행정소송법 제12조는 행정소송에서 다투어지고 있는 행정처분이 위법하여 그 취소를 구하는 원고의 청구가 이유있는 경우에도 이를 취소하거나 변경함이 현저히 공공의 복리에 적합하지 아니하다고 인정하는 때에는 이를 취소하지 아니하고 그 청구를 기각할 수 있다는 규정이고, 취소를 구하는 행정처분이 적법한 경우에도 그 행정처분이 현저히 공공의 복리에 적합하지 아니하다고 인정되는 경우에 그 취소를 할 수 있다는 규정은 아니므로, 설사 원고가 이 사건 행정소송에 의하여 취소를 구하고 있는 피고의 재결취소처분이 현저히 공공의 복리에 적합하지 아니한 것이었다 하더라도 법원이 위 행정소송법 제12조를 근거로 하여 이를 취소하는 판결을 할 수는 없다.

(대법원 1982.11.9. 선고 81누176 판결【토지수용재결처분취소처분취소】)

8. 재개발조합설립 및 사업시행인가처분이 법정요건을 충족하지 못하여 위법한 경우 사정판결 가부(적극)

가. 행정소송법 제26조, 제28조 제1항 전단의 각 규정에 비추어 보면, 법원은

행정소송에 있어서 행정처분이 위법하여 운전자의 청구가 이유 있다고 인정하는 경우에도 그 처분 등을 취소하는 것이 현저히 공공복리에 적합하지 아니하다고 인정하는 때에는 원고의 청구를 기각하는 사정판결을 할 수 있고, 이러한 사정판결을 할 필요가 있다고 인정하는 때에는 당사자의 명백한 주장이 없는 경우에도 일건 기록에 나타난 사실을 기초로 하여 직권으로 사정판결을 할 수 있다.

나. 재개발조합설립 및 사업시행인가처분이 처분 당시 법정요건인 토지 및 건축물 소유자 총수의 각 3분의 2 이상의 동의를 얻지 못하여 위법하나, 그 후 90% 이상의 소유자가 재개발사업의 속행을 바라고 있어 재개발사업의 공익목적에 비추어 그 처분을 취소하는 것은 현저히 공공복리에 적합하지 아니하다고 인정하여 사정판결을 한 사례.

(대법원 1995.7.28. 선고 95누4629 판결【주택개량재개발조합설립및사업시행인가처분무효확인】)

第29條【取消判決의 效力】

1. 취소확정판결의 형성력 발생에 행정처분 취소통지 등의 요부(소극)

가. 소득세법상의 기준시가도 토지보상가액을 평가함에 있어서 일반적인 거래수준을 파악하기 위한 자료로 할 수는 있으나 구 국토이용관리법(1989.4.1.자로 개정되기 전의 것) 제29조에 의한 기준지가와는 그 근본취지, 목적, 적용범위, 산정기준, 결정절차 등이 다르므로 토지수용을 위한 손실보상금 산정에 있어서의 기준이 될 수는 없다 할 것이므로 보상가액산정의 기준으로 삼은 기준지가가 기준시가에 비하여 저렴하다는 점만으로는 기준지가고시 자체가 위법하다거나 위와 같은 기준지가를 기준으로 보상가액을 산정한 이의재결이 위법하다고 할 수 없다.

나. 토지수용법 제46조 제1항, 제2항, 구 국토이용관리법 제29조 제3항, 제5항에 의하면 기준지가고시 대상지역 내의 토지를 수용함에 있어서 기준지가를 기준으로 보상가액을 산정하기 위하여는 그 기준지가가 수용재결당시에 고시되어 있으면 족하고 토지수용법 제14조의 사업인정 전에 고시되어 있어야만 하는 것은 아니다.

다. 토지수용 보상액을 산정함에 있어서는 토지수용법 제46조 제1항에 따라 당해 공공사업의 시행을 직접 목적으로 하는 계획의 승인 고시로 인한 가격변동은 고려함이 없이 수용재결당시의 가격을 기준으로 하여 정하여야 할 것이므로 당해 택지개발사업을 위한 택지개발예정지구의 지정이라는 사정은 고려하여서는 아니 되고 또한 수용재결시가 아닌 이의재결 당시의 가격도 조사 반영할 수 없다.

라. 공공용지의취득및손실보상에관한특례법시행규칙 제3조 제1항의 규정내용에 의하면 원칙적으로 위 규정에 따라 주된 방식으로 평가한 가격을 부수된 방식으로 평가한 가격과 비교하여 보상가액평가의 합리성을 기하도록 하라는 취지이므로 대상물건의 성격이나 조건에 따라서 위와 같은 두 가지 방식에 의한 비교가 부적당한 경우에는 어느 하나의 방식만에 의하여 보상가액을 평가할 수밖에 없다고 할 것이다.

마. 행정처분을 취소한다는 확정판결이 있으면 그 취소판결의 형성력에 의하여 당해 행정처분의 취소나 취소통지 등의 별도의 절차를 요하지 아니하고 당연히 취소의 효과가 발생한다.

(대법원 1991.10.11. 선고 90누5443 판결 【토지수용재결처분취소】)

2. 행정처분이 항고소송에서 취소된 사실만으로 당해 행정처분이 공무원의 고의 또는 과실로 인한 것으로서 불법행위를 구성하는지 여부(소극)

[1] 어떠한 행정처분이 후에 항고소송에서 취소되었다고 할지라도 그 기판력에 의하여 당해 행정처분이 곧바로 공무원의 고의 또는 과실로 인한 것으로서 불법행위를 구성한다고 단정할 수는 없는 것이고, 그 행정처분의 담당공무원이 보통 일반의 공무원을 표준으로 하여 볼 때 객관적 주의의무를 결하여 그 행정처분이 객관적 정당성을 상실하였다고 인정될 정도에 이른 경우에 국가배상법 제2조 소정의 국가배상책임의 요건을 충족하였다고 봄이 상당할 것이며, 이때에 객관적 정당성을 상실하였는지 여부는 피침해이익의 종류 및 성질, 침해행위가 되는 행정처분의 태양 및 그 원인, 행정처분의 발동에 대한 피해자측의 관여의 유무, 정도 및 손해의 정도 등 제반 사정을 종합하여 손해의 전보책임을 국가 또는 지방자치단체에게 부담시켜야 할 실질적인 이유가 있는지 여부에 의하여 판단하여야 한다.

[2] 개간허가 취소처분이 후에 행정심판 또는 행정소송에서 취소되었으나 담당공무원에게 객관적 주의의무를 결한 직무집행상의 과실이 없다는 이유로 국가배상책임을 부인한 사례.

[3] 구 농지확대개발촉진법(1994.12.22. 법률 제4823호 농어촌정비법 부칙 제2조로 폐지) 제24조와 제27조에 의하여 농수산부장관 소관의 국가사무로 규정되어 있

는 개간허가와 개간허가의 취소사무는 같은 법 제61조 제1항, 같은법시행령 제37조 제1항에 의하여 도지사에게 위임되고, 같은 법 제61조 제2항에 근거하여 도지사로부터 하위 지방자치단체장인 군수에게 재위임 되었으므로 이른바 기관위임사무라 할 것이고, 이러한 경우 군수는 그 사무의 귀속 주체인 국가 산하 행정기관의 지위에서 그 사무를 처리하는 것에 불과하므로, 군수 또는 군수를 보조하는 공무원이 위임사무처리에 있어 고의 또는 과실로 타인에게 손해를 가하였다 하더라도 원칙적으로 군에는 국가배상책임이 없고 그 사무의 귀속 주체인 국가가 손해배상책임을 지는 것이며, 다만 국가배상법 제6조에 의하여 군이 비용을 부담한다고 볼 수 있는 경우에 한하여 국가와 함께 손해배상책임을 부담한다.

(대법원 2000.5.12. 선고 99다70600 판결 【손해배상(기)】)

第 30 條 【取消判決등의 羈束力】

▶ 취소판결의 기속력

1. 행정처분을 취소하는 확정판결의 기속력

어떤 행정처분을 취소하는 판결이 확정된 경우 당사자인 행정청과 그 밖의 관계행정청은 동일한 사실관계 아래 동일당사자에 대하여 사실심변론종결 이전의 사유를 내세워 다시 확정판결에 저촉되는 새로운 행정처분을 할 수 없다.

(대법원 1989.2.28. 선고 88누6177 판결 【방위세부과처분취소】)

2. 확정판결 후 처분행정청이 사실심 변론종결 이전의 사유를 내세워 한 행정처분의 효력

확정판결의 당사자인 처분행정청이 그 행정소송의 사실심 변론종결 이전의 사유를 내세워 다시 확정판결과 저촉되는 행정처분을 하는 것은 허용되지 않는 것으로서 이러한 행정처분은 그 하자가 중대하고도 명백한 것이어서 당연무효라 할 것이다.

(대법원 1990.12.11. 선고 90누3560 판결 【토지형질변경허가신청불허가처분취소】)

3. 처분을 취소하는 확정판결의 기속력의 범위

[1] 행정소송법 제30조 제1항에 의하여 인정되는 취소소송에서 처분 등을 취

소하는 확정판결의 기속력은 주로 판결의 실효성 확보를 위하여 인정되는 효력으로서 판결의 주문뿐만 아니라 그 전제가 되는 처분 등의 구체적 위법사유에 관한 이유 중의 판단에 대하여도 인정되고, 같은 조 제2항의 규정상 특히 거부처분에 대한 취소판결이 확정된 경우에는 그 처분을 행한 행정청은 판결의 취지에 따라 다시 처분을 하여야 할 의무를 부담하게 되므로, 취소소송에서 소송의 대상이 된 거부처분을 실체법상의 위법사유에 기하여 취소하는 판결이 확정된 경우에는 당해 거부처분을 한 행정청은 원칙적으로 신청을 인용하는 처분을 하여야 하고, 사실심 변론종결 이전의 사유를 내세워 다시 거부처분을 하는 것은 확정판결의 기속력에 저촉되어 허용되지 아니한다.

[2] 구 하천법(1999.2.8. 법률 제5893호로 전문 개정되기 전의 것) 제10조와 같은법 시행령(1999.8.9. 대통령령 제16535호로 개정되기 전의 것) 제9조 제3항의 규정에 의한 준용하천의 경우에 제외지와 같은 하천구역에 편입된 토지의 소유자가 그로 인하여 받게 되는 그 사용수익권에 관한 제한내용과 헌법상 정당보상의 원칙 등에 비추어 볼 때, 준용하천의 제외지로 편입됨에 따른 같은 법 제74조 제1항의 손실보상은 원칙적으로 공용제한에 의하여 토지 소유자로서 사용수익이 제한되는 데 따른 손실보상으로서 제외지 편입 당시의 현황에 따른 지료 상당액을 기준으로 함이 상당하고, 달리 이를 같은 법 제25조에서 정한 점용허가 등이 허용되지 아니하는 데 따른 손실보상이라거나, 혹은 같은 법 제33조의 점용료가 그 기준이 되어야 한다고 보아야 할 근거가 없는 한편, 같은법시행령 제9조 제3항이 1994.10.11. 대통령령 제14400호로 개정되면서 토지 소유자에게는 준용하천구역 내에서의 토지점용허가 등의 경우에 점용료 징수에 관한 같은 법 제33조의 규정을 배제하는 규정을 두었으나, 이러한 규정에 기한 점용료의 징수 면제를 들어 준용하천의 제외지로 편입됨에 따른 손실보상 자체가 배제된다고 볼 수도 없다.

(대법원 2001.3.23. 선고 99두5238 판결【손실보상재결처분취소】)

4. 취소청구에 대한 기각판결이 확정된 경우 그 무효확인 청구의 가부(소극)

행정처분취소청구를 기각하는 판결이 확정되면 그 처분이 적법하다는 점에 관하여 기판력이 생기고 그 소의 원고뿐만 아니라 관계 행정기관도 이에 기속된다 할 것이므로 면직처분이 위법하지 아니하다는 점이 판결에서 확정된 이상 원고가 다시 이를 무효라 하여 그 무효확인을 소구할 수는 없다.

(대법원 1992.12.8. 선고 92누6891 판결【면직처분무효확인】)

5. 확정판결에서 징계사유가 될 수 없다는 사유와 동일한 사유를 내세운 징계처분의 가부(소극)

징계처분의 취소를 구하는 소에서 징계사유가 될 수 없다고 판결한 사유와 동일한 사유를 내세워 행정청이 다시 징계처분을 한 것은 확정판결에 저촉되는 행정처분을 한 것으로서, 위 취소판결의 기속력이나 확정판결의 기판력에 저촉되어 허용될 수 없다.

(대법원 1992.7.14. 선고 92누2912 판결【견책처분취소】)

6. 처분의 절차 또는 형식의 위법을 이유로 취소하는 판결이 확정된 후 행정관청이 그 위법사유를 보완하여 다시 새로운 행정처분한 경우

행정처분의 절차 또는 형식에 위법이 있어 행정처분을 취소하는 판결이 확정되었을 때는 그 확정판결의 기판력은 거기에 적시된 절차 및 형식의 위법사유에 한하여 미치는 것이므로 행정관청은 그 위법사유를 보완하여 다시 새로운 행정처분을 할 수 있고 그 새로운 행정처분은 확정판결에 의하여 취소된 종전의 행정처분과는 별개의 처분이라 할 것이어서 종전의 처분과 중복된 행정처분이 아니다.

(대법원 1992.5.26. 선고 91누5242 판결【과징금부과처분취소】)

7. 위법사유를 보완하여 정당한 세액을 산출한 다음 다시한 부과처분의 전 판결의 기판력 저촉여부

앞의 소송에서 원고가 과세가액평가방법이 잘못되어 부과된 세액이 정당한 세액을 초과한 것이라고 주장하자 법원이 이를 받아들여 초과 세액부분만이 아닌 전체 부과처분의 취소를 명하였는바, 이는 과세관청으로서 판시취지에 따라 정당한 세액을 산정하여 다시 부과할 수 있음을 당연한 전제로 하고 있는 것이고, 따라서 과세관청이 동일한 과세원인에 근거하여 전의 판결에서 적시된 위법사유를 보완하여 정당한 세액을 산출한 다음 다시 부과처분을 한 것은 전의 확정판결의 기판력에 저촉되지 아니한다.

(대법원 1992.9.25. 선고 92누794 판결【증여세등부과처분취소】)

▶ 30조 2항 재처분의무

8. 거부처분에 대한 취소판결의 확정 후 행정청의 조치

[1] 행정소송법 제30조 제1항에 의하여 인정되는 취소소송에서 처분 등을 취소하는 확정판결의 기속력은 주로 판결의 실효성 확보를 위하여 인정되는 효력으로서 판결의 주문뿐만 아니라 그 전제가 되는 처분 등의 구체적 위법사유에 관한 이유 중의 판단에 대하여도 인정되고, 같은 조 제2항의 규정상 특히 거부처분에 대한 취소판결이 확정된 경우에는 그 처분을 행한 행정청은 판결의 취지에 따라 다시 처분을 하여야 할 의무를 부담하게 되므로, 취소소송에서 소송의 대상이 된 거부처분을 실체법상의 위법사유에 기하여 취소하는 판결이 확정된 경우에는 당해 거부처분을 한 행정청은 원칙적으로 신청을 인용하는 처분을 하여야 하고, 사실심 변론종결 이전의 사유를 내세워 다시 거부처분을 하는 것은 확정판결의 기속력에 저촉되어 허용되지 아니한다.

[2] 구 하천법(1999.2.8. 법률 제5893호로 전문 개정되기 전의 것) 제10조와 같은법 시행령(1999.8.9. 대통령령 제16535호로 개정되기 전의 것) 제9조 제3항의 규정에 의한 준용하천의 경우에 제외지와 같은 하천구역에 편입된 토지의 소유자가 그로 인하여 받게 되는 그 사용수익권에 관한 제한내용과 헌법상 정당보상의 원칙 등에 비추어 볼 때, 준용하천의 제외지로 편입됨에 따른 같은 법 제74조 제1항의 손실보상은 원칙적으로 공용제한에 의하여 토지 소유자로서 사용수익이 제한되는 데 따른 손실보상으로서 제외지 편입 당시의 현황에 따른 지료 상당액을 기준으로 함이 상당하고, 달리 이를 같은 법 제25조에서 정한 점용허가 등이 허용되지 아니하는 데 따른 손실보상이라거나, 혹은 같은 법 제33조의 점용료가 그 기준이 되어야 한다고 보아야 할 근거가 없는 한편, 같은법시행령 제9조 제3항이 1994.10.11. 대통령령 제14400호로 개정되면서 토지 소유자에게는 준용하천구역 내에서의 토지점용허가 등의 경우에 점용료 징수에 관한 같은 법 제33조의 규정을 배제하는 규정을 두었으나, 이러한 규정에 기한 점용료의 징수 면제를 들어 준용하천의 제외지로 편입됨에 따른 손실보상 자체가 배제된다고 볼 수도 없다.
(대법원 2001.3.23. 선고 99두5238 판결 【손실보상재결처분취소】)

9. 거부처분 취소판결의 집행력 유무

[1] 거부처분 취소판결의 간접강제결정의 피신청인인 원고들은 그 신청인인

피고들이 간접강제결정을 채무명의로 하여 그 결정에서 명한 이행배상금을 강제집행절차에 의하여 추심하려고 하자, 이를 저지하고자 그 청구원인사실로서 거부처분 취소판결의 취지에 따른 처분을 하였다고 주장하면서 거부처분 취소판결에 기한 강제집행의 불허를 구하는 주위적 청구부분의 소를 제기함과 아울러, 원심법원에 판결 선고시까지 간접강제결정에 기한 강제집행의 정지를 구하는 신청을 하여, 원심이 이를 인용한 사실을 알 수 있으므로, 주위적 청구부분의 소는 비록 그 청구취지가 '거부처분 취소판결의 집행력 배제'를 구하는 것으로 기재되어 있기는 하나, 그 진정한 제소 목적은 '간접강제결정의 집행력 배제'를 구하는 데에 있음이 분명하고, 이러한 소송은 민사소송법상의 법률효과의 확정·형성을 목적으로 하는 순수한 민사소송, 즉 채무명의의 집행력 배제를 구하는 민사소송법 제505조 소정의 청구에 관한 이의의 소에 해당한다.

[2] 소송에 있어서 당사자가 누구인가는 당사자능력, 당사자적격 등에 관한 문제와 직결되는 중요한 사항이므로, 사건을 심리·판결하는 법원으로서는 직권으로 소송당사자가 누구인가를 확정하여 심리를 진행하여야 하는 것이며, 이 때 당사자가 누구인가는 소장에 기재된 표시 및 청구의 내용과 원인 사실 등 소장의 전취지를 합리적으로 해석하여 확정하여야 할 것이고, 소장에 표시된 원고에게 당사자능력이 인정되지 않는 경우에는 소장의 전취지를 합리적으로 해석한 결과 인정되는 올바른 당사자능력자로 그 표시를 정정하는 것은 허용되며, 소장에 표시된 당사자가 잘못된 경우에 당사자표시를 정정케 하는 조치를 취함이 없이 바로 소를 각하할 수는 없다.

[3] 청구취지상으로는 거부처분 취소판결의 집행력 배제를 구하고 있지만 그 청구원인에서는 거부처분 취소판결의 취지에 따른 처분을 하였음을 이유로 거부처분 취소판결의 간접강제결정의 집행력 배제를 구하고 있는 소송에서 원고가 간접강제결정의 피신청인이었던 행정청으로 표시되어 있는 경우, 원고 표시를 행정소송법 제34조 제2항, 제33조에 의하여 간접강제결정의 집행력이 미치는 행정청이 소속하는 권리의무 귀속주체로 정정하게 함이 없이 행정청의 당사자능력을 부인하여 바로 소를 각하한 원심의 조치를 위법하다고 한 사례.

[4] 청구취지 자체가 법률적으로 부당하거나 그 청구원인과 서로 맞지 아니함이 명백한 경우, 법원으로서는 원고가 소로써 달성하려는 진정한 목적이 무엇인가를 석명하여 청구취지를 바로잡아야 하고, 그 경우 원고가 청구원인사실을 그대로 유지하면서 청구취지만을 변경하였다면 동일한 청구원인사실을 기초로 청구취지만을 변경한 것에 불과하므로 이를 가리켜 청구의 기초에 변경이 있다

고 할 수는 없다.

[5] 거부처분 취소판결은 거부처분을 행한 행정청으로 하여금 그 판결의 취지에 따라 다시 이전의 신청에 대한 처분을 하도록 하는 기속력을 갖기는 하지만(행정소송법 제30조 제2항 참조), 그 판결을 채무명의로 하여 행정청의 재처분의무를 민사소송법상의 강제집행절차에 의하여 실현할 수 있는 집행력을 갖지는 못한다.

[6] 청구취지상으로는 거부처분 취소판결의 집행력 배제를 구하고 있지만 그 청구원인에서는 거부처분 취소판결의 취지에 따른 처분을 하였음을 이유로 거부처분 취소판결의 간접강제결정의 집행력 배제를 구하고 있는 소송에서 청구원인은 그대로 둔 채 청구취지만을 예비적으로 간접강제결정의 집행력 배제를 구하는 소로 변경한 경우, 청구의 기초에 변경이 없다고 한 사례.

(대법원 2001.11.13. 선고 99두2017 판결【청구이의】)

10. 위법사유를 보완하여 행한 새로운 처분

[1] 행정소송법 제30조 제2항의 규정에 의하면 행정청의 거부처분을 취소하는 판결이 확정된 때에는 그 처분을 행한 행정청이 판결의 취지에 따라 이전의 신청에 대하여 재처분할 의무가 있으나, 이 때 확정판결의 당사자인 처분 행정청은 그 확정판결에서 적시된 위법사유를 보완하여 새로운 처분을 할 수 있다.

[2] 행정처분의 적법 여부는 그 행정처분이 행하여 진 때의 법령과 사실을 기준으로 하여 판단하는 것이므로 거부처분 후에 법령이 개정·시행된 경우에는 개정된 법령 및 허가기준을 새로운 사유로 들어 다시 이전의 신청에 대한 거부처분을 할 수 있으며 그러한 처분도 행정소송법 제30조 제2항에 규정된 재처분에 해당된다.

[3] 건축불허가처분을 취소하는 판결이 확정된 후 국토이용관리법시행령이 준농림지역 안에서의 행위제한에 관하여 지방자치단체의 조례로써 일정 지역에서 숙박업을 영위하기 위한 시설의 설치를 제한할 수 있도록 개정된 경우, 당해 지방자치 단체장이 위 처분 후에 개정된 신법령에서 정한 사유를 들어 새로운 거부처분을 한 것이 행정소송법 제30조 제2항 소정의 확정판결의 취지에 따라 이전의 신청에 대한 처분을 한 경우에 해당한다.

(대법원 1998.1.7. 자 97두22 결정【간접강제】)

11. 거부처분 후 개정된 법령을 사유로 한 거부처분

[1] 행정소송법 제30조 제2항의 규정에 의하면 행정청의 거부처분을 취소하는 판결이 확정된 때에는 그 처분을 행한 행정청이 판결의 취지에 따라 이전의 신청에 대하여 재처분할 의무가 있으나, 이 때 확정판결의 당사자인 처분 행정청은 그 확정판결에서 적시된 위법사유를 보완하여 새로운 처분을 할 수 있다.

[2] 행정처분의 적법 여부는 그 행정처분이 행하여 진 때의 법령과 사실을 기준으로 하여 판단하는 것이므로 거부처분 후에 법령이 개정·시행된 경우에는 개정된 법령 및 허가기준을 새로운 사유로 들어 다시 이전의 신청에 대한 거부처분을 할 수 있으며 그러한 처분도 행정소송법 제30조 제2항에 규정된 재처분에 해당된다.

[3] 건축불허가처분을 취소하는 판결이 확정된 후 국토이용관리법시행령이 준농림지역 안에서의 행위제한에 관하여 지방자치단체의 조례로써 일정 지역에서 숙박업을 영위하기 위한 시설의 설치를 제한할 수 있도록 개정된 경우, 당해 지방자치 단체장이 위 처분 후에 개정된 신법령에서 정한 사유를 들어 새로운 거부처분을 한 것이 행정소송법 제30조 제2항 소정의 확정판결의 취지에 따라 이전의 신청에 대한 처분을 한 경우에 해당한다.

(대법원 1998.1.7. 자 97두22 결정【간접강제】)

12. 사실심변론종결 후 사유에 의한 재차 거부

거부처분 취소확정판결의 당사자인 처분 행정청은 그 행정소송의사실심변론종결 이후 발생한 새로운 사유를 내세워 다시 이전의 신청에 대한 거부처분을 할 수 있고 그러한 처분도 행소법 30조 2항에 규정된 재처분에 해당된다고 할 것이다.

(대법원 2004.1.15. 자 2002무30 결정【간접강제】)

13. 거부처분의 취소판결이 확정되었으나 재처분을 하지 않은 채 위 취소소송 계속중에 법령이 개정되었음을 이유로 다시 거부처분한 경우 그 효력

[1] 거부처분에 대한 취소의 확정판결이 있음에도 행정청이 아무런 재처분을 하지 아니하거나, 재처분을 하였다 하더라도 그것이 종전 거부처분에 대한 취소의 확정판결의 기속력에 반하는 등으로 당연무효라면 이는 아무런 재처분을 하지 아니한 때와 마찬가지라 할 것이므로 이러한 경우에는 행정소송법 제30조

제2항, 제34조 제1항 등에 의한 간접강제신청에 필요한 요건을 갖춘 것으로 보아야 한다.

[2] 주택건설사업 승인신청 거부처분의 취소를 명하는 판결이 확정되었음에도 행정청이 그에 따른 재처분을 하지 않은 채 위 취소소송 계속중에 도시계획법령이 개정되었다는 이유를 들어 다시 거부처분을 한 사안에서, 개정된 도시계획법령에 그 시행 당시 이미 개발행위허가를 신청중인 경우에는 종전 규정에 따른다는 경과규정을 두고 있으므로 위 사업승인신청에 대하여는 종전 규정에 따른 재처분을 하여야 함에도 불구하고 개정 법령을 적용하여 새로운 거부처분을 한 것은 확정된 종전 거부처분 취소판결의 기속력에 저촉되어 당연무효라고 한 사례.

(대법원 2002.12.11. 자 2002무22 결정【간접강제】)

14. 원심판결의 이유는 위법하지만 결론이 정당하다는 이유로 상고기각판결이 선고되어 원심판결이 확정된 경우, 행정소송법 30조 2항 소정의 '판결의 취지'의 의미

[1] 행정소송법 제34조 소정의 간접강제결정에 기한 배상금은 거부처분취소판결이 확정된 경우 그 처분을 행한 행정청으로 하여금 확정판결의 취지에 따른 재처분의무의 이행을 확실히 담보하기 위한 것으로서, 확정판결의 취지에 따른 재처분의무내용의 불확정성과 그에 따른 재처분에의 해당 여부에 관한 쟁송으로 인하여 간접강제결정에서 정한 재처분의무의 기한 경과에 따른 배상금이 증가될 가능성이 자칫 행정청으로 하여금 인용처분을 강제하여 행정청의 재량권을 박탈하는 결과를 초래할 위험성이 있는 점 등을 감안하면, 이는 확정판결의 취지에 따른 재처분의 지연에 대한 제재나 손해배상이 아니고 재처분의 이행에 관한 심리적 강제수단에 불과한 것으로 보아야 하므로, 특별한 사정이 없는 한 간접강제결정에서 정한 의무이행기한이 경과한 후에라도 확정판결의 취지에 따른 재처분의 이행이 있으면 배상금을 추심함으로써 심리적 강제를 꾀할 목적이 상실되어 처분상대방이 더 이상 배상금을 추심하는 것은 허용되지 않는다.

[2] 원심판결의 이유는 위법하지만 결론이 정당하다는 이유로 상고기각판결이 선고되어 원심판결이 확정된 경우 행정소송법 제30조 제2항에서 규정하고 있는 '판결의 취지'는 상고심판결의 이유와 원심판결의 결론을 의미한다.

(대법원 2004.1.15. 선고 2002두2444 판결【청구이의】)

第6節 補 則

第31條【第3者에 의한 再審請求】

1. 31조 1항 소정의 '자기에게 책임 없는 사유' 유무의 판단기준

가. 행정소송법 제31조 제1항에 의하여 제3자가 재심을 청구하는 소를 제기하는 경우에 갖추어야 할 요건의 하나인 '자기에게 책임 없는 사유'의 유무는 사회통념에 비추어 제3자가 당해 소송에 참가를 할 수 없었던 데에 자기에게 귀책시킬 만한 사유가 없었는지의 여부에 의하여 사안에 따라 결정되어야 하고, 제3자가 종전 소송의 계속을 알지 못한 경우에 그것이 통상인으로서 일반적 주의를 다하였어도 알기 어려웠다는 것과 소송의 계속을 알고 있었던 경우에는 당해 소송에 참가를 할 수 없었던 특별한 사정이 있었을 것을 필요로 한다.

나. '가'항의 사유에 관한 입증책임은 그러한 사유를 주장하는 제3자에게 있고, 더욱이 제3자가 종전 소송이 계속중임을 알고 있었다고 볼 만한 사정이 있는 경우에는 종전 소송이 계속중임을 알지 못하였다는 점을 제3자가 적극적으로 입증하여야 한다.

(대법원 1995.9.15. 선고 95누6762 판결【건축허가처분취소】)

2. 입증책임

가. 행정소송법 제31조 제1항에 의하여 제3자가 재심을 청구하는 소를 제기하는 경우에 갖추어야 할 요건의 하나인 '자기에게 책임 없는 사유'의 유무는 사회통념에 비추어 제3자가 당해 소송에 참가를 할 수 없었던 데에 자기에게 귀책시킬 만한 사유가 없었는지의 여부에 의하여 사안에 따라 결정되어야 하고, 제3자가 종전 소송의 계속을 알지 못한 경우에 그것이 통상인으로서 일반적 주의를 다하였어도 알기 어려웠다는 것과 소송의 계속을 알고 있었던 경우에는 당해 소송에 참가를 할 수 없었던 특별한 사정이 있었을 것을 필요로 한다.

나. '가'항의 사유에 관한 입증책임은 그러한 사유를 주장하는 제3자에게 있고, 더욱이 제3자가 종전 소송이 계속중임을 알고 있었다고 볼 만한 사정이 있는 경우에는 종전 소송이 계속중임을 알지 못하였다는 점을 제3자가 적극적으

로 입증하여야 한다.

(대법원 1995.9.15. 선고 95누6762 판결【건축허가처분취소】)

第32條【訴訟費用의 부담】

第33條【訴訟費用에 관한 裁判의 效力】

第34條【拒否處分取消判決의 間接强制】

1. 간접강제의 대상(=거부처분 취소판결)

[1] 행정소송법 제34조는 취소판결의 간접강제에 관하여 규정하면서 제1항에서 행정청이 같은 법 제30조 제2항의 규정에 의한 처분을 하지 아니한 때에 간접강제를 할 수 있도록 규정하고 있고, 같은 법 제30조 제2항은 "판결에 의하여 취소되는 처분이 당사자의 신청을 거부하는 것을 내용으로 하는 경우에는 그 처분을 행한 행정청은 판결의 취지에 따라 다시 이전의 신청에 대한 처분을 하여야 한다."라고 규정함으로써 취소판결에 따라 취소된 행정처분이 거부처분인 경우에 행정청에 다시 처분을 할 의무가 있음을 명시하고 있으므로, 결국 같은 법상 간접강제가 허용되는 것은 취소판결에 의하여 취소된 행정처분이 거부처분인 경우라야 할 것이다.

[2] 행정소송법 제38조 제1항이 무효확인 판결에 관하여 취소판결에 관한 규정을 준용함에 있어서 같은 법 제30조 제2항을 준용한다고 규정하면서도 같은 법 제34조는 이를 준용한다는 규정을 두지 않고 있으므로, 행정처분에 대하여 무효확인 판결이 내려진 경우에는 그 행정처분이 거부처분인 경우에도 행정청에 판결의 취지에 따른 재처분의무가 인정될 뿐 그에 대하여 간접강제까지 허용되는 것은 아니라고 할 것이다.

(대법원 1998.12.24. 자 98무37 결정【건축허가무효확인판결에기한간접강제】)

2. 거부처분취소판결의 간접강제신청에 필요한 요건

[1] 거부처분에 대한 취소의 확정판결이 있음에도 행정청이 아무런 재처분을 하지 아니하거나, 재처분을 하였다 하더라도 그것이 종전 거부처분에 대한 취소의 확정판결의 기속력에 반하는 등으로 당연무효라면 이는 아무런 재처분을 하지 아니한 때와 마찬가지라 할 것이므로 이러한 경우에는 행정소송법 제30조

제2항, 제34조 제1항 등에 의한 간접강제신청에 필요한 요건을 갖춘 것으로 보아야 한다.

[2] 주택건설사업 승인신청 거부처분의 취소를 명하는 판결이 확정되었음에도 행정청이 그에 따른 재처분을 하지 않은 채 위 취소소송 계속중에 도시계획법령이 개정되었다는 이유를 들어 다시 거부처분을 한 사안에서, 개정된 도시계획법령에 그 시행 당시 이미 개발행위허가를 신청중인 경우에는 종전 규정에 따른다는 경과규정을 두고 있으므로 위 사업승인신청에 대하여는 종전 규정에 따른 재처분을 하여야 함에도 불구하고 개정 법령을 적용하여 새로운 거부처분을 한 것은 확정된 종전 거부처분 취소판결의 기속력에 저촉되어 당연무효라고 한 사례.

(대법원 2002.12.11. 자 2002무22 결정【간접강제】)

3. 거부처분 취소판결의 간접강제결정의 집행력 배제를 구하고 있는 경우와 그 소송의 법적 성질

[1] 거부처분 취소판결의 간접강제결정의 피신청인인 원고들은 그 신청인인 피고들이 간접강제결정을 채무명의로 하여 그 결정에서 명한 이행배상금을 강제집행절차에 의하여 추심하려고 하자, 이를 저지하고자 그 청구원인사실로서 거부처분 취소판결의 취지에 따른 처분을 하였다고 주장하면서 거부처분 취소판결에 기한 강제집행의 불허를 구하는 주위적 청구부분의 소를 제기함과 아울러, 원심법원에 판결 선고시까지 간접강제결정에 기한 강제집행의 정지를 구하는 신청을 하여, 원심이 이를 인용한 사실을 알 수 있으므로, 주위적 청구부분의 소는 비록 그 청구취지가 '거부처분 취소판결의 집행력 배제'를 구하는 것으로 기재되어 있기는 하나, 그 진정한 제소 목적은 '간접강제결정의 집행력 배제'를 구하는 데에 있음이 분명하고, 이러한 소송은 민사소송법상의 법률효과의 확정·형성을 목적으로 하는 순수한 민사소송, 즉 채무명의의 집행력 배제를 구하는 민사소송법 제505조 소정의 청구에 관한 이의의 소에 해당한다.

[2] 소송에 있어서 당사자가 누구인가는 당사자능력, 당사자적격 등에 관한 문제와 직결되는 중요한 사항이므로, 사건을 심리·판결하는 법원으로서는 직권으로 소송당사자가 누구인가를 확정하여 심리를 진행하여야 하는 것이며, 이 때 당사자가 누구인가는 소장에 기재된 표시 및 청구의 내용과 원인 사실 등 소장의 전취지를 합리적으로 해석하여 확정하여야 할 것이고, 소장에 표시된 원고에게 당사자능력이 인정되지 않는 경우에는 소장의 전취지를 합리적으로 해석한 결과 인정되는 올바른 당사자능력자로 그 표시를 정정하는 것은 허용되며, 소장

에 표시된 당사자가 잘못된 경우에 당사자표시를 정정케 하는 조치를 취함이 없이 바로 소를 각하할 수는 없다.

[3] 청구취지상으로는 거부처분 취소판결의 집행력 배제를 구하고 있지만 그 청구원인에서는 거부처분 취소판결의 취지에 따른 처분을 하였음을 이유로 거부처분 취소판결의 간접강제결정의 집행력 배제를 구하고 있는 소송에서 원고가 간접강제결정의 피신청인 이었던 행정청으로 표시되어 있는 경우, 원고 표시를 행정소송법 제34조 제2항, 제33조에 의하여 간접강제결정의 집행력이 미치는 행정청이 소속하는 권리의무 귀속주체로 정정하게 함이 없이 행정청의 당사자능력을 부인하여 바로 소를 각하한 원심의 조치를 위법하다고 한 사례.

[4] 청구취지 자체가 법률적으로 부당하거나 그 청구원인과 서로 맞지 아니함이 명백한 경우, 법원으로서는 원고가 소로써 달성하려는 진정한 목적이 무엇인가를 석명하여 청구취지를 바로잡아야 하고, 그 경우 원고가 청구원인사실을 그대로 유지하면서 청구취지만을 변경하였다면 동일한 청구원인사실을 기초로 청구취지만을 변경한 것에 불과하므로 이를 가리켜 청구의 기초에 변경이 있다고 할 수는 없다.

[5] 거부처분 취소판결은 거부처분을 행한 행정청으로 하여금 그 판결의 취지에 따라 다시 이전의 신청에 대한 처분을 하도록 하는 기속력을 갖기는 하지만(행정소송법 제30조 제2항 참조), 그 판결을 채무명의로 하여 행정청의 재처분의무를 민사소송법상의 강제집행절차에 의하여 실현할 수 있는 집행력을 갖지는 못한다.

[6] 청구취지상으로는 거부처분 취소판결의 집행력 배제를 구하고 있지만 그 청구원인에서는 거부처분 취소판결의 취지에 따른 처분을 하였음을 이유로 거부처분 취소판결의 간접강제결정의 집행력 배제를 구하고 있는 소송에서 청구원인은 그대로 둔 채 청구취지만을 예비적으로 간접강제결정의 집행력 배제를 구하는 소로 변경한 경우, 청구의 기초에 변경이 없다고 한 사례.

(대법원 2001.11.13. 선고 99두2017 판결【청구이의】)

4. 간접강제결정에 기한 배상금의 성질 및 그 배사금의 추심이 허용되는지 여부(소극)

[1] 거부처분 취소판결의 간접강제결정의 피신청인인 원고들은 그 신청인인 피고들이 간접강제결정을 채무명의로 하여 그 결정에서 명한 이행배상금을 강제집행절차에 의하여 추심하려고 하자, 이를 저지하고자 그 청구원인사실로서

거부처분 취소판결의 취지에 따른 처분을 하였다고 주장하면서 거부처분 취소판결에 기한 강제집행의 불허를 구하는 주위적 청구부분의 소를 제기함과 아울러, 원심법원에 판결 선고시까지 간접강제결정에 기한 강제집행의 정지를 구하는 신청을 하여, 원심이 이를 인용한 사실을 알 수 있으므로, 주위적 청구부분의 소는 비록 그 청구취지가 '거부처분 취소판결의 집행력 배제'를 구하는 것으로 기재되어 있기는 하나, 그 진정한 제소 목적은 '간접강제결정의 집행력 배제'를 구하는 데에 있음이 분명하고, 이러한 소송은 민사소송법상의 법률효과의 확정·형성을 목적으로 하는 순수한 민사소송, 즉 채무명의의 집행력 배제를 구하는 민사소송법 제505조 소정의 청구에 관한 이의의 소에 해당한다.

[2] 소송에 있어서 당사자가 누구인가는 당사자능력, 당사자적격 등에 관한 문제와 직결되는 중요한 사항이므로, 사건을 심리·판결하는 법원으로서는 직권으로 소송당사자가 누구인가를 확정하여 심리를 진행하여야 하는 것이며, 이 때 당사자가 누구인가는 소장에 기재된 표시 및 청구의 내용과 원인 사실 등 소장의 전취지를 합리적으로 해석하여 확정하여야 할 것이고, 소장에 표시된 원고에게 당사자능력이 인정되지 않는 경우에는 소장의 전취지를 합리적으로 해석한 결과 인정되는 올바른 당사자능력자로 그 표시를 정정하는 것은 허용되며, 소장에 표시된 당사자가 잘못된 경우에 당사자표시를 정정케 하는 조치를 취함이 없이 바로 소를 각하할 수는 없다.

[3] 청구취지상으로는 거부처분 취소판결의 집행력 배제를 구하고 있지만 그 청구원인에서는 거부처분 취소판결의 취지에 따른 처분을 하였음을 이유로 거부처분 취소판결의 간접강제결정의 집행력 배제를 구하고 있는 소송에서 원고가 간접강제결정의 피신청인이었던 행정청으로 표시되어 있는 경우, 원고 표시를 행정소송법 제34조 제2항, 제33조에 의하여 간접강제결정의 집행력이 미치는 행정청이 소속하는 권리의무 귀속주체로 정정하게 함이 없이 행정청의 당사자능력을 부인하여 바로 소를 각하한 원심의 조치를 위법하다고 한 사례.

[4] 청구취지 자체가 법률적으로 부당하거나 그 청구원인과 서로 맞지 아니함이 명백한 경우, 법원으로서는 원고가 소로써 달성하려는 진정한 목적이 무엇인가를 석명하여 청구취지를 바로잡아야 하고, 그 경우 원고가 청구원인사실을 그대로 유지하면서 청구취지만을 변경하였다면 동일한 청구원인사실을 기초로 청구취지만을 변경한 것에 불과하므로 이를 가리켜 청구의 기초에 변경이 있다고 할 수는 없다.

[5] 거부처분 취소판결은 거부처분을 행한 행정청으로 하여금 그 판결의 취지

에 따라 다시 이전의 신청에 대한 처분을 하도록 하는 기속력을 갖기는 하지만(행정소송법 제30조 제2항 참조), 그 판결을 채무명의로 하여 행정청의 재처분의무를 민사소송법상의 강제집행절차에 의하여 실현할 수 있는 집행력을 갖지는 못한다.

[6] 청구취지상으로는 거부처분 취소판결의 집행력 배제를 구하고 있지만 그 청구원인에서는 거부처분 취소판결의 취지에 따른 처분을 하였음을 이유로 거부처분 취소판결의 간접강제결정의 집행력 배제를 구하고 있는 소송에서 청구원인은 그대로 둔 채 청구취지만을 예비적으로 간접강제결정의 집행력 배제를 구하는 소로 변경한 경우, 청구의 기초에 변경이 없다고 한 사례.

(대법원 2001.11.13. 선고 99두2017 판결【청구이의】)

第 3 章 取消訴訟외의 抗告訴訟

第 35 條【無效등確認訴訟의 原告適格】

1. 행정처분 무효확인의 소에 있어서 확인의 이익의 의미

[1] 토지소유권의 상실 원인이 되는 포락이라 함은 토지가 바닷물이나 적용하천의 물에 개먹어 무너져 바다나 적용하천에 떨어져 그 원상복구가 불가능한 상태에 이르렀을 때를 말하고, 그 원상회복의 불가능 여부는 포락 당시를 기준으로 하여 물리적으로 회복이 가능한지 여부를 밝혀야 함은 물론, 원상회복에 소요될 비용, 그 토지의 회복으로 인한 경제적 가치 등을 비교 검토하여 사회통념상 회복이 불가능한지 여부를 기준으로 하여야 하는 것으로서, 복구 후 토지 가액보다 복구공사비가 더 많이 들게 되는 것과 같은 경우에는 특별한 사정이 없는 한 사회통념상 그 원상복구가 불가능하게 되었다고 볼 것이며, 또한 원상복구가 가능한지 여부는 포락 당시를 기준으로 판단하여야 하므로 그 이후의 사정은 특별한 사정이 없는 한 이를 참작할 여지가 없다.

[2] 조선하천령(1927.1.22 제령 제2호)에 의하면, 사유지가 하천부지가 되어 포락되었다고 하더라도 그것만으로 포락지에 대한 사권이 소멸되는 것이 아니고, 조선하천령상의 절차에 따라 하천구역으로 인정될 때 사권이 소멸하므로, 포락되었다는 사실만을 들어 포락지에 대한 종전 사권이 소멸되었다고 볼 수는 없으나, 구 하천법(1971.1.19. 법률 제2292호로 개정되기 전의 것) 제2조, 제4조 및 제12조에

의하면, 종전까지 국유 하천으로 되지 아니한 하천의 하상으로 된 토지일지라도 동법에 의하여 각령으로 국유 하천으로 명칭과 구간이 지정되고, 하천의 구역을 관리청이 인정 고시하게 되면, 그 고시된 하천구역에 속하는 토지는 관리청의 인정 고시와 동시에 국유로 되고, 포락지에 대한 종전 사권은 소멸하게 된다.

[3] 구 하천법(1971.1.19. 법률 제2292호로 개정되기 전의 것) 제12조, 같은법시행령(1963.12.16. 각령 제1753호) 제8조의2의 규정에 근거를 둔 1964.6.1. 자 건설부 고시 제897호 '건설부 장관이 관리하는 하천의 구역 인정의 건' 제1항에서는 '하수가 계속하여 흐르고 있는 토지 및 지형, 초목의 생무의 상황 기타의 상황이 하수가 미치는 부분으로서 매년 1, 2회 이상 상당한 유속으로 흐른 흔적을 나타낸 토지의 구역'을 하천구역으로 결정 고시하고 있는바, 위 건설부 고시에 의한 하천구역에 관한 인정 고시는 위 구 하천법 제12조 단서에 의한 하천구역 결정에 관한 관계도면이 정비될 때까지의 잠정적 조치이고, 이와 같은 인정구역은 위 시행령에서 정한 하천구역 인정의 기준 내에 속하고 있으므로, 위 건설부 고시에 해당되는 한 비록 그 인정 고시에 해당 지번이나 지역에 관한 표시가 없더라도 구 하천법에 의한 절차에 따라 인정 고시한 하천구역으로서의 효력에는 영향이 없다

[4] 어느 토지가 위 건설부 고시가 있은 1964.6.1. 당시에, 각령으로 국유하천으로 명칭과 구간이 지정된 하천에 포락되어 하상을 이루면서, 위 건설부 고시 제1항 소정의 토지의 성상을 나타내고 있는 경우에는 그 토지는 위 1964.6.1. 시점에서 국유로 되고, 그 토지에 대한 종전 사권은 소멸하게 된다 할 것이며, 그 후 그 토지가 다시 성토되어도 종전의 소유자가 다시 소유권을 취득할 수는 없다 할 것이고, 그 토지에 관한 등기부 등 지적공부가 현재에도 존재하는지 여부는 종전의 소유권의 소멸 여부 판단에 아무런 영향을 미치지 못한다.

[5] 행정처분에 대한 무효확인의 소에 있어서 확인의 이익은 그 대상인 법률관계에 관하여 당사자 사이에 분쟁이 있고, 그로 인하여 원고의 권리 또는 법률상의 지위에 불안·위험이 있어 판결로써 그 법률관계의 존부를 확정하는 것이 위 불안·위험을 제거하는 데 필요하고도 적절한 경우에 인정된다 할 것이므로, 원고의 권리가 존재하지 아니하고, 그 판결을 받는다 할지라도 그 권리가 회복될 가능성이 전혀 없다면 그러한 원고의 확인의 소는 그 확인의 이익이 없다.

[6] 하천에 포락되었다가 공유수면매립으로 성토화 된 토지의 소유자가 공유수면매립면허 및 매립공사 준공인가처분 당시 위 토지가 공유수면이 아니었음을 이유로 위 각 처분의 무효확인을 구한 경우, 위 토지가 1964.6.1. 건설부 고

시 제897호 당시 하천의 성상을 가지고 있어 국유로 귀속됨으로써 종전의 사권이 소멸되었고, 위 각 처분의 무효확인 판결을 받아도 종전의 소유권이 원상회복되는 것이 아니라는 이유로 확인의 이익이 없다고 한 사례.

(대법원 2002.6.14. 선고 2002두1823 판결【공유수면매립면허무효확인】)

2. 부과고지된 개발부담금을 이미 납입한 자가 그 처분의 무효선언을 구하는 뜻에서의 처분취소를 구할 법률상 이익유무(소극)

부과고지된 개발부담금을 이미 납입하였다면 그 부과처분에 따른 현재의 개발부담금납부의무를 부담하고 있지 아니함이 명백하므로, 그 부과처분이 무효라는 이유로 무효선언을 구하는 뜻에서 처분취소를 구하는 행정소송을 소구할 소송상의 이익이 없다.

(대법원 1995.6.9. 선고 94누15271 판결【개발부담금부과처분취소】)

3. 당연무효인 당초의 환지처분이 있은 뒤에 새로운 환지처분이 유효하게 이루어진 경우, 당초의 환지처분에 대한 무효확인을 구할 법률상 이익 유무(소극)

환지처분이 공고되어 효력을 가지게 되면 환지예정지지정처분의 효력은 소멸되므로 그 때부터는 환지예정지지정처분이 무효라는 확인을 구할 법률상 이익이 없어지고, 당초의 환지처분이 환지계획의 내용에 따르지 아니하여 무효이면 시행자는 환지계획변경 등의 절차를 거쳐 다시 환지처분을 할 수 있고, 이러한 새로운 환지처분이 적법하게 이루어지면 당초의 환지처분이 무효라는 확인을 구할 법률상의 이익도 없어진다.

(대법원 2002.4.23. 선고 2000두2495 판결【환지계획등무효확인및취소】)

4. 압류처분에 기한 압류등기가 경료된 경우에도 압류처분의 무효확인을 구할 법률상 이익 유무(적극)

[1] 체납처분에 기한 압류처분은 행정처분으로서 이에 기하여 이루어진 집행방법인 압류등기와는 구별되므로 압류등기의 말소를 구하는 것을 압류처분 자체의 무효를 구하는 것으로 볼 수 없고, 또한 압류등기가 말소된다고 하여도 압류처분이 외형적으로 효력이 있는 것처럼 존재하는 이상 그 불안과 위험을 제거할 필요가 있다고 할 것이므로, 압류처분에 기한 압류등기가 경료되어 있는 경우에도 압류처분의 무효확인을 구할 이익이 있다.

[2] 사립학교법 제28조 제1항, 제2항, 사립학교법시행령 제12조 제1항에 의하

면, 학교법인이 매도하거나 담보에 제공할 수 없는 교지, 교사 등을 제외한 기본재산에 대하여는, 학교법인이 이를 매도, 증여, 임대, 교환 또는 용도변경하거나 담보에 제공하고자 할 때 또는 의무의 부담이나 권리의 포기를 하고자 할 때에는 관할청의 허가를 받아야 한다고 제한하고 있을 뿐이므로, 관할청의 허가를 받을 수 없는 사정이 확실하다고 인정되는 등의 특별한 사정이 없는 한, 이러한 기본재산에 대한 압류는 허용된다.

[3] 과세처분의 취소소송은 과세처분의 실체적, 절차적 위법을 그 취소원인으로 하는 것으로서 그 심리의 대상은 과세관청의 과세처분에 의하여 인정된 조세채무인 과세표준 및 세액의 객관적 존부, 즉 당해 과세처분의 적부가 심리의 대상이 되는 것이며, 과세처분 취소청구를 기각하는 판결이 확정되면 그 처분이 적법하다는 점에 관하여 기판력이 생기고 그 후 원고가 이를 무효라 하여 무효확인을 소구할 수 없는 것이어서 과세처분의 취소소송에서 청구가 기각된 확정판결의 기판력은 그 과세처분의 무효확인을 구하는 소송에도 미친다.

(대법원 2003.5.16. 선고 2002두3669 판결【기본재산압류등기말소】)

5. 행정소송법 35조의 '무효확인을 구할 법률상 이익' – 무효확인소송의 보충성

[1] 행정소송은 행정청의 위법한 처분 등을 취소·변경하거나 그 효력 유무 또는 존재 여부를 확인함으로써 국민의 권리 또는 이익의 침해를 구제하고 공법상의 권리관계 또는 법 적용에 관한 다툼을 적정하게 해결함을 목적으로 하므로, 대등한 주체 사이의 사법상 생활관계에 관한 분쟁을 심판대상으로 하는 민사소송과는 목적, 취지 및 기능 등을 달리한다. 또한 행정소송법 제4조에서는 무효확인소송을 항고소송의 일종으로 규정하고 있고, 행정소송법 제38조 제1항에서는 처분 등을 취소하는 확정판결의 기속력 및 행정청의 재처분 의무에 관한 행정소송법 제30조를 무효확인소송에도 준용하고 있으므로 무효확인판결 자체만으로도 실효성을 확보할 수 있다. 그리고 무효확인소송의 보충성을 규정하고 있는 외국의 일부 입법례와는 달리 우리나라 행정소송법에는 명문의 규정이 없어 이로 인한 명시적 제한이 존재하지 않는다. 이와 같은 사정을 비롯하여 행정에 대한 사법통제, 권익구제의 확대와 같은 행정소송의 기능 등을 종합하여 보면, 행정처분의 근거 법률에 의하여 보호되는 직접적이고 구체적인 이익이 있는 경우에는 행정소송법 제35조에 규정된 '무효확인을 구할 법률상 이익'이 있다고 보아야 하고, 이와 별도로 무효확인소송의 보충성이 요구되는 것은 아니므

로 행정처분의 무효를 전제로 한 이행소송 등과 같은 직접적인 구제수단이 있는지 여부를 따질 필요가 없다고 해석함이 상당하다.

[2] 구 하수도법(2006.9.27. 법률 제8014호로 전문 개정되기 전의 것) 제32조 제2항 및 구 수원시 하수도사용조례(2007.1.3. 조례 제2659호로 개정되기 전의 것) 제17조 제2항 제2호 (나)목 (1)에서 타행위로 인하여 필요하게 된 공공하수도에 관한 공사에 요하는 비용의 전부를 타행위자가 부담하도록 한 것은, 타행위에 해당하는 사업으로 인하여 발생할 것이 예상되는 하수를 처리하는 데 필요한 공공하수도 설치에 소요되는 비용에 대하여는 그 원인을 조성한 타행위자로 하여금 이를 부담하게 하려는 데 그 취지가 있으므로, 이러한 타행위자가 그 사업으로 인하여 발생할 것으로 예상되는 하수의 처리에 필요한 공공하수도 공사비용을 부담한 부분에 대하여는 이와 별도로 하수도법 제32조 제4항 및 이 사건 조례 제17조 제2항 제4호에 따른 원인자부담금을 부과할 수 없다. 그리고 이러한 타행위에 해당하는 사업의 기본 또는 실시 설계보고서에 반영된 하수량은 당해 사업으로 조성된 토지의 이용을 포함하여 사업계획에 따라 그 사업을 시행할 경우에 발생할 것으로 예상되는 하수량을 의미하고, 여기에는 당해 사업으로 조성된 토지에 그 사업계획에서 정해진 규모 및 용도에 따라 건축할 건축물로부터 발생할 것으로 예상되는 하수량도 포함된다. 따라서 건축물에 관하여 공공하수도 공사비용을 부담한 부분에 대하여도 마찬가지다.

(대법원 2008.3.20. 선고 2007두6342 전원합의체 판결【하수도원인자부담금부과처분취소】)

6. 압류 후 공매처분한 경우 압류처분 및 개각처분에 대한 무효확인을 구할 법률상 이익 유무(적극)

국세청이 국세체납을 이유로 토지를 압류한 후 공매처분한 경우, 그 소유권자는 국가 또는 매수인을 상대로 부당이득반환청구의 소나 소유권이전등기말소청구의 소를 제기하여 직접 위법상태를 제거할 수 있는지 여부에 관계없이 압류처분 및 매각처분에 대한 무효확인을 구할 수 있다.

(대법원 2008.6.12. 선고 2008두3685 판결【압류처분등무효확인】)

7. 소유자 아닌 사람이 건물에 대한 사용승인처분을 받아 이를 사용수익하고 있는 경우, 그 사용승인처분에 대하여 무효확인을 구할 소유자의 법률상 이익 유무(소극)

[1] 행정처분에 대한 무효확인의 소에 있어서 확인의 이익은 그 대상인 법률관계에 관하여 당사자 사이에 분쟁이 있고, 그로 인하여 원고의 권리 또는 법률상의 지위에 불안·위험이 있어 판결로써 그 법률관계의 존부를 확정하는 것이 위 불안·위험을 제거하는 데 필요하고도 적절한 경우에 인정된다.

[2] 건물에 대한 사용승인의 처분은 건축허가를 받아 건축된 건물이 건축허가사항대로 건축행정목적에 적합한가의 여부를 확인하고 사용승인서를 교부하여 줌으로써 허가받은 자로 하여금 건축한 건물을 사용·수익할 수 있게 하는 법률효과를 발생시키는 것에 불과하다.

[3] 소유자 아닌 다른 사람이 행정청으로부터 건물에 대한 사용승인의 처분을 받아 이를 사용·수익함으로써 소유자의 권리행사가 방해를 받고 있는 경우 사용승인의 처분이 그러한 침해행위까지 정당화하는 것은 아니므로, 건물의 소유자로서는 사용승인처분에 대한 무효확인의 판결을 받을 필요 없이 직접 민사소송을 제기하여 소유권에 기한 방해의 제거나 예방을 청구함으로써 그 소유물에 대한 권리를 보전하려는 목적을 달성할 수가 있으므로 그 사용승인처분에 대하여 무효확인을 구하는 것은 분쟁해결에 직접적이고도 유효·적절한 수단이라 할 수 없어 소의 이익이 없다.

(대법원 2001.9.18. 선고 99두11752 판결【건축허가명의변경신고수리처분취소】)

8. 양도행위가 무효라고 주장하는 양도자의 사업양도·양수에 따른 허가관청의 지위승계 신고 수리처분의 무효확인을 구할 법률상 이익 유무(적극)

[1] 사업양도·양수에 따른 허가관청의 지위승계신고의 수리는 적법한 사업의 양도·양수가 있었음을 전제로 하는 것이므로 그 수리대상인 사업양도·양수가 존재하지 아니하거나 무효인 때에는 수리를 하였다 하더라도 그 수리는 유효한 대상이 없는 것으로서 당연히 무효라 할 것이고, 사업의 양도행위가 무효라고 주장하는 양도자는 민사쟁송으로 양도·양수행위의 무효를 구함이 없이 막바로 허가관청을 상대로 하여 행정소송으로 위 신고수리처분의 무효확인을 구할 법률상 이익이 있다.

[2] 하자 있는 행정처분을 놓고 이를 무효로 볼 것인지 아니면 단순히 취소할 수 있는 처분으로 볼 것인지는 동일한 사실관계를 토대로 한 법률적 평가의 문제에 불과하고, 행정처분의 무효확인을 구하는 소에는 특단의 사정이 없는 한 그 취소를 구하는 취지도 포함되어 있다고 보아야 하는 점 등에 비추어 볼 때, 동일한 행정처분에 대하여 무효확인의 소를 제기하였다가 그 후 그 처분의 취

소를 구하는 소를 추가적으로 병합한 경우, 주된 청구인 무효확인의 소가 적법한 제소기간 내에 제기되었다면 추가로 병합된 취소청구의 소도 적법하게 제기된 것으로 봄이 상당하다.

(대법원 2005.12.23. 선고 2005두3554 판결【채석허가수허가자변경신고수리처분취소】)

9. 행정처분의 직접 상대방이 아닌 제3자가 행정처분의 무효확인을 구할 수 있는 요건으로서 '법률상 보호되는 이익'의 의미

[1] 행정처분의 직접 상대방이 아닌 제3자라 하더라도 당해 행정처분으로 인하여 법률상 보호되는 이익을 침해당한 경우에는 그 처분의 무효확인을 구하는 행정소송을 제기하여 그 당부의 판단을 받을 자격이 있다 할 것이며, 여기에서 말하는 법률상 보호되는 이익이라 함은 당해 처분의 근거 법규 및 관련 법규에 의하여 보호되는 개별적·직접적·구체적 이익이 있는 경우를 말하고, 공익보호의 결과로 국민 일반이 공통적으로 가지는 일반적·간접적·추상적 이익이 생기는 경우에는 법률상 보호되는 이익이 있다고 할 수 없다.

[2] 공유수면매립면허처분과 농지개량사업 시행인가처분의 근거 법규 또는 관련 법규가 되는 구 공유수면매립법(1997.4.10. 법률 제5337호로 개정되기 전의 것), 구 농촌근대화촉진법(1994.12.22. 법률 제4823호로 개정되기 전의 것), 구 환경보전법(1990.8.1. 법률 제4257호로 폐지), 구 환경보전법 시행령(1991.2.2. 대통령령 제13303호로 폐지), 구 환경정책기본법(1993.6.11. 법률 제4567호로 개정되기 전의 것), 구 환경정책기본법 시행령(1992.8.22. 대통령령 제13715호로 개정되기 전의 것)의 각 관련 규정의 취지는, 공유수면매립과 농지개량사업시행으로 인하여 직접적이고 중대한 환경피해를 입으리라고 예상되는 환경영향평가 대상지역 안의 주민들이 전과 비교하여 수인한도를 넘는 환경침해를 받지 아니하고 쾌적한 환경에서 생활할 수 있는 개별적 이익까지도 이를 보호하려는 데에 있다고 할 것이므로, 위 주민들이 공유수면매립면허처분 등과 관련하여 갖고 있는 위와 같은 환경상의 이익은 주민 개개인에 대하여 개별적으로 보호되는 직접적·구체적 이익으로서 그들에 대하여는 특단의 사정이 없는 한 환경상의 이익에 대한 침해 또는 침해우려가 있는 것으로 사실상 추정되어 공유수면매립면허처분 등의 무효확인을 구할 원고적격이 인정된다. 한편, 환경영향평가 대상지역 밖의 주민이라 할지라도 공유수면매립면허처분 등으로 인하여 그 처분 전과 비교하여 수인한도를 넘는 환경피해를 받거나 받을 우려가 있는 경우에는, 공유수면매립면허처분 등으로 인

하여 환경상 이익에 대한 침해 또는 침해우려가 있다는 것을 입증함으로써 그 처분 등의 무효확인을 구할 원고적격을 인정받을 수 있다.

[3] 헌법 제35조 제1항에서 정하고 있는 환경권에 관한 규정만으로는 그 권리의 주체·대상·내용·행사방법 등이 구체적으로 정립되어 있다고 볼 수 없고, 환경정책기본법 제6조도 그 규정 내용 등에 비추어 국민에게 구체적인 권리를 부여한 것으로 볼 수 없다는 이유로, 환경영향평가 대상지역 밖에 거주하는 주민에게 헌법상의 환경권 또는 환경정책기본법에 근거하여 공유수면매립면허처분과 농지개량사업 시행인가처분의 무효확인을 구할 원고적격이 없다고 한 사례.

[4] 공공사업의 경제성 내지 사업성의 결여로 인하여 행정처분이 무효로 되기 위하여는 공공사업을 시행함으로 인하여 얻는 이익에 비하여 공공사업에 소요되는 비용이 훨씬 커서 이익과 비용이 현저하게 균형을 잃음으로써 사회통념에 비추어 행정처분으로 달성하고자 하는 사업 목적을 실질적으로 실현할 수 없는 정도에 이르렀다고 볼 정도로 과다한 비용과 희생이 요구되는 등 그 하자가 중대하여야 할 뿐만 아니라, 그러한 사정이 객관적으로 명백한 경우라야 한다. 그리고 위와 같은 공공사업에 경제성 내지 사업성이 있는지 여부는 공공사업이 그 시행 당시 적용되는 법률의 요건을 모두 충족하고 있는지 여부에 따라 판단되어야 함은 물론, 경제성 내지 사업성 평가와 관련하여서는 그 평가 당시의 모든 관련 법률의 목적과 의미, 내용 그리고 학문적 성과가 반영된 평가기법에 따라 가장 객관적이고 공정한 방법을 사용하여 평가되었는지 여부에 따라 판단되어야 한다.

[5] 간척지의 매립사업과 같이 어떠한 항목을 편익이나 비용항목에 넣을 수 있는지 여부와 그러한 항목에 대한 평가방법이나 기법에 관하여 확립된 원칙이나 정설이 존재하지 아니한 경우에는, 경제성 내지 사업성 평가 당시의 공공사업의 투자분석이론이나 재정학 또는 경제학 이론 등에 따라 그 분야의 전문가들에 의하여 가능한 한 가장 객관적이고 공정한 방법을 사용하여 편익과 비용을 분석한 후 공공사업에 경제성 내지 사업성이 있는지 여부를 평가하는 것이 바람직하다.

[6] 환경영향평가법령에서 정한 환경영향평가를 거쳐야 할 대상사업에 대하여 그러한 환경영향평가를 거치지 아니하였음에도 승인 등 처분을 하였다면 그 처분은 위법하다 할 것이나, 그러한 절차를 거쳤다면, 비록 그 환경영향평가의 내용이 다소 부실하다 하더라도, 그 부실의 정도가 환경영향평가제도를 둔 입법 취지를 달성할 수 없을 정도이어서 환경영향평가를 하지 아니한 것과 다를 바

없는 정도의 것이 아닌 이상, 그 부실은 당해 승인 등 처분에 재량권 일탈·남용의 위법이 있는지 여부를 판단하는 하나의 요소로 됨에 그칠 뿐, 그 부실로 인하여 당연히 당해 승인 등 처분이 위법하게 되는 것이 아니다.

[7] 공유수면을 매립하여 조성된 매립간척지에 농지와 담수호를 만들기 위하여 공유수면매립면허처분과 사업시행인가처분이 이루어졌다가 그 후 위 각 처분으로 인하여 조성되는 담수호가 농업용수로서의 수질기준을 달성하지 못할 것이 예상되는 경우에는 농지 및 담수호를 조성하려는 사업목적을 달성할 수 없게 될 것이므로 그 경우에는 위 각 처분이 무효로 될 것인바, 위와 같이 담수호가 농업용수로서의 수질기준을 달성하지 못함으로써 사업목적을 달성할 수 없을 것인지 여부는 수질대책 수립 당시의 과학적 수준이나 토목공학적 방법 또는 생물학적·생화학적 방법이나 수질예측에 관한 각종 상황 등에 비추어 보아 수질대책이 실현가능한지 여부, 수질대책비용이 사회통념상 감당할 수 없는 정도에 이른 것인지 여부 등에 따라 판단하여야 하나, 수질대책 수립 당시의 과학적 수준과 수질예측에 관한 각종 상황 등에 비추어 보아 수질대책이 실현 가능하고, 또한 수질대책비용이 사회통념상 감당할 수 없을 정도에 이르지 않은 경우라면 위 각 처분에 의하여 조성되는 담수호가 농업용수로서의 수질기준을 달성하지 못함으로써 사업목적을 달성할 수 없는 경우에 해당한다고 볼 수는 없다.

[8] 새만금간척종합개발사업을 위한 공유수면매립면허처분 및 농지개량사업 시행인가처분의 하자인 사업의 경제성 결여, 사업의 필요성 결여, 적법한 환경영향평가의 결여, 담수호의 수질기준 및 사업목적 달성 불능 등의 사유가 새만금간척종합개발사업을 당연무효라고 할 만큼 중대·명백하다고 할 수 없다고 한 원심의 판단을 수긍한 사례.

[9] 구 공유수면매립법(2005.3.31. 법률 제7482호로 개정되기 전의 것) 제32조 제3호, 제40조, 같은 법 시행령(2005.9.30. 대통령령 제19080호로 개정되기 전의 것) 제40조 제4항, 제1항의 규정을 종합하면, 구 농림수산부장관은 매립공사의 준공인가 전에 공유수면의 상황 변경 등 예상하지 못한 사정변경으로 인하여 공익상 특히 필요한 경우에는 같은 법에 의한 면허 또는 인가를 취소·변경할 수 있는바, 여기에서 사정변경이라 함은 공유수면매립면허처분을 할 당시에 고려하였거나 고려하였어야 할 제반 사정들에 대하여 각각 사정변경이 있고, 그러한 사정변경으로 인하여 그 처분을 유지하는 것이 현저히 공익에 반하는 경우라고 보아야 할 것이며, 위와 같은 사정변경이 생겼다는 점에 관하여는 그와 같은 사정변경을 주장하는 자에게 그 입증책임이 있다.

[10] [다수의견]　농업기반공사나 전라북도가 복합산업단지 개발을 검토하고 대통령이 공단과 국제항 조성에 관한 종합개발계획 추진안에 관한 발언을 하였다는 사정들만으로는 현재 농지조성과 농업용수 개발을 주목적으로 한 새만금간척종합개발사업의 토지이용계획이 복합산업단지 개발로 변경되었다고 볼 수 없다. 또한 향후 사업목적의 변경 가능성이 있다고 하여 현재의 사업목적 달성이 불가능하다거나 법률적으로 또는 실질적으로 사업목적이 변경되었다고 볼 수 없다. 쌀 공급과잉 현상으로 쌀 재배면적을 감소시킬 필요성이 있다고 하더라도 일정수준의 식량자급을 유지하기 위한 우량농지의 확보의 필요성이 줄어든 것은 아니므로, 필요 이상의 과다한 우량농지가 전용되고 있다는 사정만으로 농지의 필요성이 줄어들었다고 단정할 수 없다. 갯벌 내지는 환경 보전의 중요성을 참작한다고 하더라도 새만금간척종합개발사업을 통하여 이루려고 하는 국가의 발전이라는 실질적인 목적을 달성할 수 없을 정도로 과다한 비용과 희생이 요구되어 경제성 내지는 사업성이 없다고 인정하기에 부족하므로, 결국 새만금간척종합개발사업의 경제적 타당성에 있어서 공유수면매립면허처분 등을 취소하여야 할 만큼 예상하지 못한 사정변경이 있다고 할 수 없다. 장차 형성될 새만금 담수호에서 농업용수로서의 수질을 유지하는 것이 사회통념상 불가능하다고 할 수 없으므로, 농림부장관의 수질개선대책 수립의 실현가능성이 불확실하다거나 그 수질개선대책을 시행하더라도 목표수질을 달성할 수 없는 사정변경이 생겼다고 할 수는 없다. 또한 농림부장관이 환경부의 수질관리에 관한 환경영향평가 협의내용을 지키지 아니하고 결과적으로 방조제를 우선 완공함으로써 협의내용을 위반하였다는 사유만으로는 수질관리에 예상하지 못한 사정변경이 발생하였다거나 그 사정변경이 공유수면매립면허처분 등을 취소할 정도로 중대하다고 할 수도 없다. 방조제 축조로 인하여 생길 수 있는 자연적인 해안선의 변화나 물질순환의 차단, 퇴적환경이 달라지는 등의 해양환경상의 영향은 새만금사업시행계획 당시부터 예상하였던 것으로서 이를 들어 예상하지 못한 사정변경이라고 할 수 없다. 해류 순환의 변화는 당초 환경영향평가에서도 고려된 사정으로 보일 뿐 아니라, 그로 인하여 수질에 미치는 악영향을 새만금사업시행계획 당시 충분히 예상하지 못하였던 사정변경 사유로 본다고 하더라도, 그로 인해 발생할 수 있는 피해가 어느 정도인가에 관하여는 한국해양연구원의 조사연구 결과로도 명확하지 않고 달리 그 피해 정도를 인정할 만한 증거도 없다. 따라서 새만금간척종합개발사업을 중단하여야 할 정도로 중대한 사정변경이나 공익상 필요가 있다고 인정하기에 부족하다고 한 원심의 판단을 수긍한 사례.

[반대의견] 환경 변화를 수반하는 대규모 개발행위를 결정함에 있어, 물질문명의 편리함에 깊이 빠져든 오늘날의 사람들은 물질적 필요의 충족에 우선적 가치를 두고 당장 눈에 보이고 금전으로 계산이 가능한 경제적인 이해타산과 수치 비교만으로 개발행위에 나아가고 있다. 자연환경은 경제적 이익이나 금전적 가치와 동일한 평면에서 비교되고 대체될 수 있는 가치가 아니다. 물론 환경 변화를 수반하는 대규모 개발행위를 결정함에 있어서 희생되는 환경의 가치를 포함한 손실과 개발로 인한 이득(편익)을 비교하여 결정하는 것이 부득이할 것이겠지만, 그 가치를 산정함에 있어서는 당시까지 밝혀진 환경의 기능과 효용 중 금전으로 환산할 수 있는 가치만을 평가하여 그 손실보다 이득이 큰 경우에는 환경을 희생시키는 것으로 개발 여부를 결정하는 방식은 허용되어서는 아니 된다. 환경의 가치 중 아직 밝혀지지 않은 부분이 많고 환경의 훼손이 인간의 생존에 심각한 영향을 미칠 수 있는 가능성이 항상 잠재하고 있다는 점을 고려하면, 환경의 변화나 훼손은 이를 감수하고서라도 반드시 확보하여야 할 필수불가결한 가치를 얻기 위한 것이거나 아니면 적어도 환경의 희생을 대가로 얻을 수 있는 가치가 월등히 큰 경우에만 허용될 수 있는 것이며, 그 경우에도 필요한 최소한의 범위 내에서만 훼손이 가능한 것으로 보아야 한다. 우리 헌법이나 환경 관련 법령에서도 인류 생존의 토대를 이루는 자연환경을 무분별한 개발과 이용으로부터 보호하여야 한다는 시대적 요청을 반영하여, 자연환경 보전의 가치가 개발에 따른 가치보다 우선적으로 보호되어야 할 가치임을 분명히 하고 있는 것으로 보아야 한다. 한편으로 자연환경을 보전할 필요성 못지않게 국민경제의 균형있는 발전을 위하여 개발사업을 추진할 필요성 또한 부인할 수 없는 것이므로, 개발사업을 추진할 것인지 여부는 당해 사업으로 얻을 수 있는 국민경제적인 가치와 이로 인하여 훼손되는 자연환경의 가치를 비교하여 결정할 수밖에 없고, 이러한 가치비교를 위해서는 일단은 개발사업의 가치와 자연환경의 가치를 모두 경제적인 가치로 환산하여 비교·교량하는 방법을 따를 수밖에 없다. 그런데 개발사업의 가치는 경제적 가치로 환산하여 평가하기가 용이한 반면, 자연환경의 가치에는 생물종의 다양성, 생태적 안정성의 유지 등과 같이 경제적인 가치로 평가하기 어려운 가치도 있고, 장래에 이용될 가능성은 있으나 현재로는 이용되지 않고 있는 가치나 현재의 환경에 대한 지식으로는 제대로 알 수 없는 가치와 같이 평가의 대상 자체에 포함시키기 어려운 가치도 있다. 따라서 훼손되는 자연환경의 가치를 경제적인 가치로 환산할 수 있는 부분만을 평가하여 개발사업의 가치와 비교·교량하는 것만으로 자연환경의 가치를 충분

히 고려하였다고 할 수 없고, 개발사업의 국민경제적인 이득이 당해 사업에 소요되는 비용과 이로 인하여 훼손되는 자연환경 가치의 경제적 평가액 등의 손실을 합한 것보다 상당한 정도로 우월한 경우에 비로소 개발사업을 추진할 수 있는 당위성이 인정될 수 있다. 또한 개발사업을 취소하여야 할 정도의 사정변경이 생겼는지 여부를 판단함에 있어서도, 환경 변화로 인하여 나타날 구체적 위험성이나 훼손될 환경 가치의 중대성 등에 관하여 어느 정도의 가능성까지는 입증하였지만 정확하게 확인되는 정도까지는 이르지 못한 입증의 중간영역이 있을 때에, 그 사업이 대규모 사업으로서 환경 변화의 영향력이 미치는 범위가 아주 넓고 예측되는 환경 변화의 폐해가 심각한 것이어서 혹시라도 그 가능성이 현실화되는 것을 도저히 용인하기 어려운 사정이 있는 경우라면, 무조건 원고측이 그 사정변경과 취소의 필요성에 대하여 입증을 다하지 못한 것으로 보아 원고의 청구를 기각할 것이 아니라, 희생되는 환경의 가치나 환경 훼손으로 인한 폐해의 위험성과 관련하여 경제성이나 안전성이 확인되지 않은 것으로 보아 사업의 강행을 재고할 상황에 처한 것으로 판단하는 것이 더 합리적이다. 새만금간척종합개발사업과 같이 갯벌 등 생태계와 자연환경에 광범위하고도 심각한 영향을 미칠 대규모 개발사업에서, 당초 예상하지 못한 중대한 사정변경이 발생하였는지 여부 및 처분을 취소하여 사업을 중단하는 것이 공익상 특히 필요한지 여부를 판단함에 있어서도 위와 같은 관점과 기준에 따라 자연환경이 가지는 가치와 특수성을 우선적으로 배려하여 결정하여야 한다. 제반 사정에 비추어 보면, 새만금간척종합개발사업에는 농지의 필요성, 수질관리, 해양환경 및 경제적 타당성과 사업성 등의 측면에서 당초 예상하지 못한 사정변경이 생겼다고 할 것인데, 그와 같은 사정변경은 사업을 계속 시행하는 경우 과다한 비용과 희생이 요구됨으로써 사업을 통하여 달성하고자 하는 종국적인 목적을 실현할 수 없을 정도로 중대한 경우에 해당하고, 새만금간척종합개발사업을 위한 공유수면매립면허처분 및 농지개량사업 시행인가처분을 취소하여 새만금간척종합개발사업 자체를 중단하는 것 외에 다른 조치 또는 처분만으로 적절하게 대응하기 어렵다고 보이므로, 새만금간척종합개발사업을 취소할 공익상 필요가 있다고 봄이 상당하다. 따라서 구 농림수산부장관이 환경영향평가 대상지역 주민으로부터 위 공유수면매립면허처분 등을 취소해 달라는 신청을 받았음에도 필요한 처분을 하지 아니한 채 이를 거부한 것은 재량권을 일탈·남용한 것으로 위법하다.

(대법원 2006.3.16. 선고 2006두330 전원합의체 판결【정부조치계획취소등】)

第 36 條 【不作爲違法確認訴訟의 原告適格】

1. 부작위위법확인의 소의 제도적 취지

[1] 부작위위법확인의 소는 행정청이 당사자의 법규상 또는 조리상의 권리에 기한 신청에 대하여 상당한 기간 내에 그 신청을 인용하는 적극적 처분을 하거나 각하 또는 기각하는 등의 소극적 처분을 하여야 할 법률상의 응답의무가 있음에도 불구하고 이를 하지 아니하는 경우, 그 부작위의 위법을 확인함으로써 행정청의 응답을 신속하게 하여 부작위 내지 무응답이라고 하는 소극적인 위법상태를 제거하는 것을 목적으로 하는 것이고, 나아가 그 인용 판결의 기속력에 의하여 행정청으로 하여금 적극적이든 소극적이든 어떤 처분을 하도록 강제한 다음, 그에 대하여 불복이 있을 경우 그 처분을 다투게 함으로써 최종적으로는 당사자의 권리와 이익을 보호하려는 제도이므로, 당사자의 신청이 있은 이후 당사자에게 생긴 사정의 변화로 인하여 위 부작위가 위법하다는 확인을 받는다고 하더라도 종국적으로 침해되거나 방해받은 권리와 이익을 보호·구제받는 것이 불가능하게 되었다면 그 부작위가 위법하다는 확인을 구할 이익은 없다.

[2] 지방자치단체가 조례를 통하여 노동운동이 허용되는 사실상의 노무에 종사하는 공무원의 구체적 범위를 규정하지 않고 있는 것에 대하여 버스전용차로 통행위반 단속업무에 종사하는 자가 부작위위법확인의 소를 제기하였으나 상고심 계속중에 정년퇴직한 경우, 위 조례를 제정하지 아니한 부작위가 위법하다는 확인을 구할 소의 이익이 상실되었다고 한 사례.

(대법원 2002.6.28. 선고 2000두4750 판결【조례제정부작위위법확인】)

2. 부작위위법확인의 소의 적법요건

가. 행정처분의 직접 상대방이 아닌 제3자도 행정처분의 취소를 구할 법률상 이익이 있는 경우에는 원고적격이 인정된다 할 것이나, 법률상 이익은 당해 처분의 근거법률에 의하여 보호되는 직접적이고 구체적 이익이 있는 경우를 말하고, 간접적이거나 사실적, 경제적 이해관계를 가지는 데 불과한 경우는 포함되지 아니한다.

나. 행정소송법 제4조 제3호에 규정된 부작위위법확인의 소는 행정청이 당사자의 법규상 또는 조리상의 권리에 기한 신청에 대하여 상당한 기간 내에 신청을 인용하는 적극적 처분 또는 각하하거나 기각하는 등의 소극적 처분을 하여

야 할 법률상 응답의무가 있음에도 불구하고 이를 하지 아니하는 경우 부작위가 위법하다는 것을 확인함으로써 행정청의 응답을 신속하게 하여 부작위 또는 무응답이라고 하는 소극적 위법상태를 제거하는 것을 목적으로 하는 제도이다.

다. 부작위위법확인소송은 처분의 신청을 한 자로서 부작위의 위법확인을 구할 법률상 이익이 있는 자만이 제기할 수 있다 할 것이며 이를 통하여 구하는 행정청의 응답행위는 행정소송법 제2조 제1항 제1호 소정의 처분에 관한 것이라야 하므로 당사자가 행정청에 대하여 어떠한 행정행위를 하여 줄 것을 신청하지 아니하였거나 신청을 하였더라도 당사자가 행정청에 대하여 그러한 행정행위를 하여 줄 것을 요구할 수 있는 법규상 또는 조리상 권리를 갖고 있지 아니하든지 또는 행정청이 당사자의 신청에 대하여 거부처분을 한 경우에는 원고적격이 없거나 항고소송의 대상인 위법한 부작위가 있다고 볼 수 없어 그 부작위위법확인의 소는 부적법하다.

(대법원 1993.4.23. 선고 92누17099 판결【부작위위법확인등】)

3. 부작위 위법 여부의 판단 기준 시

부동산강제경매사건의 최고가매수신고인이 애당초 농지취득자격증명발급신청을 한 목적이 경락기일에서 경매법원에 이를 제출하기 위한 데에 있고 행정청이 적극적인 처분을 하지 않고 있는 사이 위 경락기일이 이미 도과하였다 하더라도, 위 사실만으로 위 신고인이 부동산을 취득할 가능성이 전혀 없게 되었다고 단정할 수는 없으므로 위 경락기일이 이미 도과함으로써 위 신고인이 농지취득자격증명을 발급받을 실익이 없게 되었다거나 행정청의 부작위에 대한 위법확인을 구할 소의 이익이 없게 되었다고 볼 수는 없으며, 또한 부작위 위법 여부의 판단 기준시는 사실심의 구두변론종결시이므로 행정청이 원심판결선고 이후에 위 신고인의 위 신청에 대하여 거부처분을 함으로써 부작위 상태가 해소되었다 하더라도 달리 볼 것은 아니다.

(대법원 1999.4.9. 선고 98두12437 판결【농지취득자격증명발급거부처분취소】)

4. 부작위위법확인소송의 변론종결시까지 행정청의 처분으로 부작위 상태가 해소된 경우와 소의 이익유무(소극)

가. 서울교육대학에서 전임강사 이상의 신규교원을 임용함에 있어 학장이 소정의 전형을 거쳐 임용후보자를 최종 결정하여 1년을 기한으로 상근강사로 근무시킨 뒤, 교수로서의 자질, 능력, 학생지도실적 및 근무상황 등을 평가하여 그

중 적격판정을 받은 자만을 대학인사위원회의 동의를 얻어 정규교원으로 임용하게 되어 있는 제도에 의하여 그 대학의 상근강사로 채용된 자는 교육법시행령 제35조 제2항 소정의 정원 이외에 교원의 직무를 보조하기 위하여 상시 근무하는 전임강사를 의미하는 것이나, 이는 교육법 제75조 제1항 제2호 소정의 정규교원인 전임강사와는 구별되는 것이므로 위 상근강사제도는 교육법이나 교육공무원법상의 명문의 근거를 둔 교원의 임용방법은 아니고, 국가공무원법상의 이른바 시보임용제도에 의하여 조건부로 채용된 공무원에 해당한다고 보아야 할 것인바, 상근강사로 채용된 자는 그 시보임용 내지 조건부채용시 장차 소정의 조건부 채용기간중 근무성적이 양호하여 적격판정을 받는 것을 조건으로, 특별한 사정이 없는 한 위 기간의 종료와 더불어 바로 정규공무원으로 임용될 권리를 취득하고 임용권자는 이에 대응하는 법률상의 의무를 부담한다고 할 것이며, 또한 교육공무원법상 시보임용에 의한 교육공무원으로서의 지위를 누리면서 그 조건부채용기간 중 면직 등의 처분이나 징계처분과 같은 신분상의 불이익한 처분을 받거나 또는 시보임용기간 종료 후 정규공무원 내지 교원으로서의 임용이 거부된 경우에는 행정소송 제기를 위한 전치절차로서의 교육공무원법 제52조에 의한 소청심사청구권도 가진다고 보아야 한다.

나. 부작위위법확인의 소는 행정청이 국민의 법규상 또는 조리상의 권리에 기한 신청에 대하여 상당한 기간내에 그 신청을 인용하는 적극적 처분 또는 각하하거나 기각하는 등의 소극적 처분을 하여야 할 법률상의 응답의무가 있음에도 불구하고 이를 하지 아니하는 경우, 판결(사실심의 구두변론 종결)시를 기준으로 그 부작위의 위법을 확인함으로써 행정청의 응답을 신속하게 하여 부작위 내지 무응답이라고 하는 소극적인 위법상태를 제거하는 것을 목적으로 하는 것이고, 나아가 당해 판결의 구속력에 의하여 행정청에게 처분 등을 하게하고 다시 당해 처분 등에 대하여 불복이 있는 때에는 그 처분 등을 다투게 함으로써 최종적으로는 국민의 권리이익을 보호하려는 제도이므로, 소제기의 전후를 통하여 판결시까지 행정청이 그 신청에 대하여 적극 또는 소극의 처분을 함으로써 부작위상태가 해소된 때에는 소의 이익을 상실하게 되어 당해 소는 각하를 면할 수가 없는 것이다.

다. 행정청의 부작위상태를 소멸시키는 행정청으로부터의 일정한 처분, 특히 거부처분이 있었다고 하기 위하여는 그 처분을 위한 의사결정이 어떠한 형식으로든 행정청의 권한 있는 자에 의하여 외부로 표시되고 그 신청이 거부 내지 각하되었다는 취지가 신청자에게 오해 없이 정확하게 전달되어 이를 알 수 있는 상태에 놓여진 경우에 한하는 것인바, 이 사건에서 상근강사로서의 직무를 마친 원고가 정규교원에 임용하여 줄 것을 요청하는 내용으로 문교부에 낸 탄원서를 이첩받은 피고가 이에 대한 민원서류처리 결과통보의 형식으로 원고에 대한 상근강사 근무성적평가 결과는 특별한 결격사유가 없었으나 인사위원회에서 임용동의가 부결됨으로써 정규교원으로 임용하지 못한다는 내용의 설명을 담은 서신을 보냈다면, 피고가 위 민원서류처리결과통보라는 형식으로 그 임용거절의 의사를 명백히 함으로써 적어도 이 무렵에는 원고에 대하여 거부처분을 하였다고 보아야 한다.

(대법원 1990.9.25. 선고 89누4758 판결【교원임용의무불이행위법확인등】)

5. 행정청이 거부처분을 한 경우 부작위위법확인소송을 제기할 수 있는지 여부(소극)

행정소송법 제4조 제3호에 규정된 부작위위법확인소송은 행정청이 당사자의 신청에 대하여 상당한 기간내에 일정한 처분을 하여야 할 법률상 의무가 있음에도 불구하고 이를 하지 아니하는 경우에 그 부작위가 위법하다는 것을 확인하는 소송으로서 당사자의 신청에 대한 행정청의 처분이 존재하지 아니하는 경우에 허용되는 것이므로, 당사자의 신청에 대하여 행정청이 거부처분을 한 경우에는 그 거부처분에 대하여 취소소송을 제기하여야 하고 행정처분의 부존재를 전제로 한 부작위위법확인소송을 제기할 수 없는 것이다.

(대법원 1990.12.11. 선고 90누4266 판결【건축물관리대장발급거부처분위법확인】)

6. 검사가 압수 해제된 것으로 간주된 압수물의 환부신청에 대하여 아무런 결정·통지도 하지 아니한 경우, 부작위위법확인소송의 대상이 되는지 여부(소극)

가. 형사본안사건에서 무죄가 선고되어 확정되었다면 형사소송법 제332조 규정에 따라 검사가 압수물을 제출자나 소유자 기타 권리자에게 환부하여야 할 의무가 당연히 발생한 것이고, 권리자의 환부신청에 대한 검사의 환부결정 등 어떤 처분에 의하여 비로소 환부의무가 발생하는 것은 아니므로 압수가 해제된 것으로 간주된 압수물에 대하여 피압수자나 기타 권리자가 민사소송으로 그 반환을 구함은 별론으로 하고 검사가 피압수자의 압수물 환부신청에 대하여 아무런 결정이나 통지도 하지 아니하고 있다고 하더라도 그와 같은 부작위는 현행 행정소송법상의 부작위위법확인소송의 대상이 되지 아니한다.

나. 검사에게 압수물 환부를 이행하라는 청구는 행정청의 부작위에 대하여 일정한 처분을 하도록 하는 의무이행소송으로 현행 행정소송법상 허용되지 아니한다.

(대법원 1995.3.10. 선고 94누14018 판결【부작위위법확인】)

第 37 條【訴의 變更】

第 38 條【準用規定】

第 4 章 當事者訴訟

第 39 條【被告適格】

1. 화랑무공훈장을 수여받은 것으로 기재되어 있는 자가 태극무공훈장을 수여받은 자임의 확인을 구하는 소송의 피고적격(=국가)

국가의 훈기부상 화랑무공훈장을 수여받은 것으로 기재되어 있는 원고가 태극무공훈장을 수여받은 자임을 확인하라는 이 소 청구는, 이러한 확인을 구하는 취지가 국가유공자로서의 보상 등 예우를 받는 데에 필요한 훈격을 확인받기 위한 것이더라도, 항고소송이 아니라 공법상의 법률관계에 관한 당사자소송에 속하는 것이므로 행정소송법 제30조의 규정에 의하여 국가를 피고로 하여야 할 것이다.
(대법원 1990.10.23. 선고 90누4440 판결【훈장종류확인】)

2. 재향군인회장과 국방부장관을 피고로 하여 제기한 공법상의 권리관계의 확인을 구하는 당사자소송의 적부(소극)

공법상의 권리관계의 확인을 구하는 당사자소송은 그 권리주체인 국가 또는 공공단체 등을 피고로 하여야 하므로 그 권리주체가 아닌 재향군인회장과 국방부장관을 피고로 하여 제기한 소는 부적법하다.
(대법원 1991.1.25. 선고 90누3041 판결【영관생계보조기금권리자확인등】)

3. 광주민주화운동관련자보상심의위원회의 보상금지급신청에 대한 결정이 행정처분인지 여부(소극)

가. 광주민주화운동관련자보상등에관한법률 제15조 본문의 규정에서 말하는

광주민주화운동관련자보상심의위원회의 결정을 거치는 것은 보상금 지급에 관한 소송을 제기하기 위한 전치요건에 불과하다고 할 것이므로 위 보상심의위원회의 결정은 취소소송의 대상이 되는 행정처분이라고 할 수 없다.

나. 같은 법에 의거하여 관련자 및 유족들이 갖게 되는 보상 등에 관한 권리는 헌법 제23조 제3항에 따른 재산권침해에 대한 손실보상청구나 국가배상법에 따른 손해배상청구와는 그 성질을 달리하는 것으로서 법률이 특별히 인정하고 있는 공법상의 권리라고 하여야 할 것이므로 그에 관한 소송은 행정소송법 제3조 제2호 소정의 당사자소송에 의하여야 할 것이며 보상금 등의 지급에 관한 법률관계의 주체는 대한민국이다.

다. 취소소송 등을 제기한 당사자가 당해 처분 등에 관계되는 사무가 귀속되는 국가 또는 공공단체에 대한 당사자소송을 행정소송법 제10조 제2항에 의하여 관련 청구로서 병합한 경우 위 취소소송 등이 부적법하다면 당사자는 위 당사자소송의 병합청구로서 같은 법 제21조 제1항에 의한 소변경을 할 의사를 아울러 가지고 있었다고 봄이 상당하고, 이러한 경우 법원은 청구의 기초에 변경이 없는 한 당초의 청구가 부적법하다는 이유로 병합된 청구까지 각하할 것이 아니라 병합청구 당시 유효한 소변경청구가 있었던 것으로 받아들여 이를 허가함이 타당하다.

라. 취소소송을 제기하였다가 나중에 당사자 소송으로 변경하는 경우에는 행정소송법 제21조 제4항, 제14조 제4항에 따라 처음부터 당사자 소송을 제기한 것으로 보아야 하므로 당초의 취소소송이 적법한 기간 내에 제기된 경우에는 당사자소송의 제소기간을 준수한 것으로 보아야 할 것이다.

(대법원 1992.12.24. 선고 92누3335 판결【보상금지급결정취소】)

4. 납세의무부존재확인의 소의 성격 및 피고적격

[1] 납세의무부존재확인의 소는 공법상의 법률관계 그 자체를 다투는 소송으로서 당사자소송이라 할 것이므로 행정소송법 제3조 제2호, 제39조에 의하여 그 법률관계의 한쪽 당사자인 국가·공공단체 그 밖의 권리주체가 피고적격을 가진다.

[2] 구 지방세법(1997.8.30. 법률 제5406호로 개정되기 전의 것) 제6조 제1항 제1호 (가)목, 제53조, 구 지방세법시행령(1997.10.1. 대통령령 제15489호로 개정되기 전의 것) 제41조 제1항을 종합하여 볼 때, 구가 특별시세인 취득세를 신고 납부받아 특별시에 납입하는 것은 특별시 사무의 처리에 불과하여 구가 취득세를 신고 납부받는다고 하더라도 이로 인한 취득세의 귀속주체는 특별시라 할 것이고,

국세기본법 제2조 제1호 (거)목, 농어촌특별세법 제3조 제5호, 제5조 제1항 제6호, 제7조 제4항, 제5항, 제10조, 같은법시행령 제6조 제1항, 제10조 제1항, 제2항을 종합하여 보면, 구가 국세인 농어촌특별세를 지방세인 취득세에 부가하여 신고 납부 받아 국고에 납입하는 것은 국가 사무의 처리에 불과하여 구가 농어촌특별세를 신고 납부 받는다고 하더라도 이로 인한 농어촌특별세의 귀속주체는 국가라 할 것이다.

(대법원 2000.9.8. 선고 99두2765 판결【취득세등부과처분취소】)

第 40 條【裁判管轄】

第 41 條【提訴期間】

第 42 條【訴의 變更】

第 43 條【假執行宣告의 제한】

1. 국가에 대한 가집행 금지 규정의 위헌여부(적극)

소송촉진등에관한특례법 6조1항 중 "다만, 국가를 상대로 하는 재산권의 청구에 관하여는 가집행의 선고를 할 수 없다"라는 부분은 재산권과 신속한 재판을 받을 권리 보장에 있어서 합리적 이유 없이 소송당사자를 차별하여 국가를 우대하고 있는 것이므로 헌법 11조 1항에 위반된다.

(헌재 1989.1.25, 88헌가7)

第 44 條【準用規定】

第 5 章 民衆訴訟

第 45 條【訴의 제기】

1. 예산삭감조정재의결과 제소

지방자치법 98조는 지방의회의 의결이 월권 또는 법령에 위반되거나 공익을 현저히 해한다고 인정하는 때에는 재의를 요구할 수 있다고 규정하는 바, 법령 자체에 위반되는 예산삭감의 경우에는 지방자치법 99조에 해당하는 경우보다 그 시정의 필요성이 더한 점, 지방자치법 99조의 규정이 이에 해당하지 않는 예산에 관련된 모든 의결의 재의를 봉쇄하고 있다고는 보이지 않는 점 등을 고려할 때, 예산삭감에 관한 의결도 지방자치법 98조 1항의 요건을 충족할 경우에는 그 조문에 의하여 재의요구가 가능하고 지방의회가 같은 내용으로 재의결 할 때에는 법령위반이라고 인정되는 경우 소를 제기할 수도 있다고 해석된다.

(대법원 2004.5.27. 선고 2003추68 판결【추가경정예산안삭감조정재의결무효확인의소개선명령처분무효확인】)

2. 시·도지사의 동의 없는 자치단체장의 소취하와 제소기간

[1] 지방자치법 제159조 제4항은, 행정자치부장관 또는 시·도지사(이하 '시·도지사 등'이라 한다)는 재의결된 사항이 법령에 위반된다고 판단됨에도 당해 지방자치단체의 장이 소를 제기하지 아니하는 때에는 당해 지방자치단체의 장에게 제소를 지시하거나 직접 제소할 수 있도록 규정하고 있는바, 지방자치단체의 장이 재의결된 사항이 법령에 위반된다고 판단됨에도 재의결된 날부터 20일 이내에 대법원에 소를 제기하지 아니하던 중 시·도지사 등의 제소지시를 받고 제소를 하였다가 시·도지사 등의 동의 없이 이를 취하하였다면 소취하의 소급효에 의하여 처음부터 소가 제기되지 아니한 셈이므로, 이는 결국 지방자치법 제159조 제4항의 '당해 지방자치단체의 장이 소를 제기하지 아니하는 때'에 준하는 경우로 볼 수 있고, 따라서 시·도지사 등은 직접 제소할 수 있다 할 것인데, 이 경우의 제소기간은 지방자치법 제159조 제6항에서 시·도지사 등의 독자적인 제소기간을 당해 지방자치단체의 장의 제소기간 경과일부터 7일로 규정한 취지에 비추어 지방자치단체의 장에 의한 소취하의 효력 발생을 안 날로부터 7일 이내로 봄이 상당하다.

[2] 조례안의 규정을 종합하여 보면, 구청장은 개발제한구역의지정및관리에관한특별조치법시행령 제13조 제1항 [별표 1]에서 규정한 농림수산업용 시설의 경우와 주택·근린생활시설 건축을 위하여 기존 면적을 포함 330㎡ 이내로 대지를 조성하는 경우를 제외한 토지형질변경이 수반되는 모든 행위와 대상 토지면적 1,000㎡ 이상인 물건의 적치행위 등을 허가함에 있어 구도시계획위원회의 심의를 거쳐야 하도록 규정한 것으로 해석되는바, 이는 개발제한구역의지정및관리에관한특별조치법 제11조 제3항 본문, 같은법시행령 제20조의 규정에 비하여 구

도시계획위원회의 심의를 거쳐야 할 행위의 대상과 범위를 확대한 것일 뿐만 아니라, 같은 법 제11조 제3항 단서에서 이미 구도시계획위원회의 심의대상에서 제외하고 있는 도시계획시설 또는 국방·군사에 관한 시설의 설치와 그 시설의 설치를 위한 토지의 형질변경의 경우를 배제하지 아니하고 있으므로 위 법령에 위반된다고 봄이 상당하다.

[3] 개발제한구역의지정및관리에관한특별조치법 제11조 제3항, 같은법시행령 제22조 [별표 2] 제1항 (가)목에서 "개발제한구역의 훼손을 최소화할 수 있도록 필요한 최소규모로 하여야 한다."고 정한 것은 개발제한구역의 필요 최소한의 개발원칙을 선언한 것에 불과하고, 같은 법 제11조 제1항 제1호, 같은법시행령 제13조 제1항 [별표 1]에도 행위허가 부지면적에 대한 일반적인 범위를 제한하는 규정이 없으며, 달리 행위허가의 최대부지면적을 제한하는 법령의 규정을 찾아볼 수 없다 할 것인바, 행위허가 부지면적은 허가될 행위의 내용과 성질에 따라 다양할 수 있음에도 모든 시설을 망라하여 이를 30,000㎡ 이하로 일률적으로 제한한 조례안 규정은, 비록 그 단서에서 국방·군사 기타 이에 준하는 국가목적에 필수적인 시설을 제외하고 있다 하더라도 다른 공공용시설, 공익시설, 주민공동이용시설 등에 대하여는 여전히 그 제한이 그대로 적용되므로, 행위허가의 최대부지면적을 제한하지 아니한 위 법령의 취지에 위반된다.

[4] 개발제한구역에서의 행위허가 여부는 행정청의 재량행위라 할 것이므로, 조례로 행정청의 재량행사의 준칙이 되는 기준을 정할 수 있다 할 것이고, 위 조례안 규정은 행위허가를 받는 자의 이익과 그로 인하여 피해를 입는 자의 손해를 비교형량 하여 이러한 사정도 행위허가 재량행사에 있어서 참작하여야 할 사유의 하나로 삼도록 하겠다는 취지에서 '이해관계인의 보호 여부'를 규정한 것으로 이해할 수 있으므로, 이를 가지고 법령에 위반되는 것으로 볼 수는 없다.
(대법원 2002.5.31. 선고 2001추88 판결【조례안재의결무효】)

第46條【準用規定】

사항색인

【ㅅ】

【ㅊ】

【ㅌ】

최 우 용(崔 祐 溶)

동아대학교 법학전문대학원 원장

동아대학교 법과대학 졸업
일본 와세다대학(早稻田大學)대학원 법학석사 및 법학박사, 同대학 助手(전임대우)
University of Illinois, Law School, Visiting Scholar(2005)
九州大學 방문교수(일본 국제교류기금초청, 2010)

동아학술상 수상(2005)
한국공법학회 신진학술상 수상(2009)
동아대학교 최우수 강의교수상 수상(2003, 2008, 2011, 2014)
한국비교공법학회 우수논문상 수상(2018)

사법시험, 행정고시, 변호사시험, 국가직 및 지방직 공무원시험, 감정평가사, 공인노무사, 세무사, 공인중개사시험 등 출제 및 채점위원
국회 입법자문위원, 부산시의회 자문위원, 부산광역시 소청심사위원회위원, 부산광역시 규제개혁위원회위원, 부산광역시 공론화위원회위원, 부산지방검찰청 시민옴부즈맨 등 정부 및 지방자치단체의 각종 위원 역임

현재)
동아대학교 법학전문대학원 원장
한국비교공법학회, 한국지방자치법학회 부회장
한국공법학회, 한국행정법학회 상임이사
대통령소속 자치분권위원회 제2전문위원회 위원장
행정안전부 정책자문위원
법제연구원 자문위원
부산광역시 행정심판위원회위원
부산지방노동위원회 공익심판위원

[단독저서]
현대행정과 지방자치법, 세종출판사, 2002
지방자치의 기초이론[번역서], 동아대학교 출판부, 2006
지방자치법 강의(제3판), 동아대학교출판부, 2008
행정법총론요해, 동아대학교출판부, 2009
행정법주요판례집(상·하), 동아대학교출판부, 2009
로스쿨 일본 변호사시험 행정법 완전분석, 한국학술정보(주), 2011.
지방자치법의 주요 쟁점, 동방출판사, 2014
논점·판례 행정법총론, 법영사, 2015
행정법 종합연습, 동방출판사, 2016

[공저]
韓國憲法裁判所10年史, 日本 信仙社, 2000
지방자치법 주해, 박영사, 2004
부산의 도시혁신과 거버넌스, 한국학술정보(주), 2008
일본의 행정과 공공정책, 법문사, 2009
分權改革下の地方自治法制の國際比較, 有信堂, 2019

〈제2판〉 논점·판례 행정법총론

2019년 9월 10일 제2판 인쇄
2019년 9월 15일 제2판 발행

저 자 최 우 용
발행인 고 호 균
발행처 법 영 사

06302 서울시 강남구 논현로 130
전화 (501)8898(대) Fax (501)8895
등록 1987. 5. 11. 제3-125호(윤)
Homepage : www.bubyoungsa.co.kr
E-mail : bys1986@hanmail.net

저자와의 협의하에 인지첩부를 생략함

※ 파본은 교환해 드립니다. 정가 28,000원

ISBN 978-89-7032-323-7